JN437646

루소전집
6

Jean-Jacques Rousseau

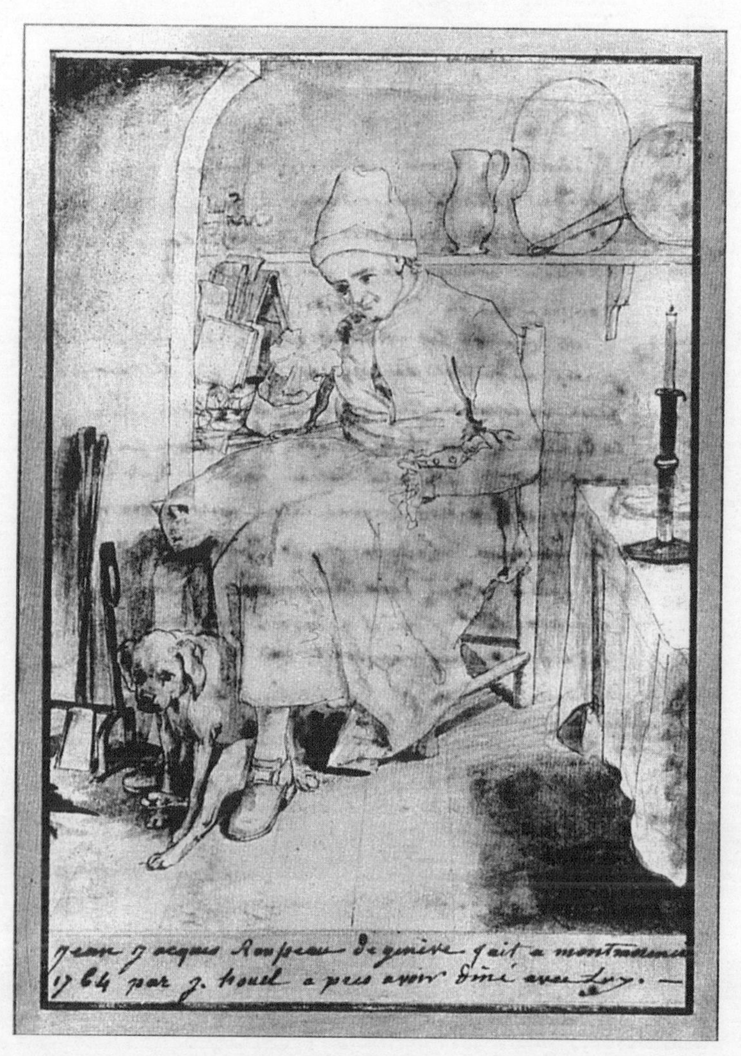

우엘이 그린 루소의 초상화

몽모랑시에 머물며《신엘로이즈》를 집필하던 당시의 루소. 장 우엘이 루소의 거처를 방문해 연필로 그린 그림이다.

《신엘로이즈》의 자필 원고

이 작품은 1761년 1월 출간되자마자 큰 성공을 거두었다. 1800년까지 불법 복사본을 포함해 최소한 100종의《신엘로이즈》간행본이 등장할 정도로 당대 최고의 베스트셀러로서 큰 인기를 누렸다.

1 두드토 부인

2 루소가 두드토 부인에게 헌정한《신엘로이즈》친필 사본

3 두드토 부인을 위한 사본의 본문

루소는《신엘로이즈》를 집필 중이던 1757년 봄에 두드토 부인에게 매료된다. "그녀가 왔고, 나는 그녀를 만났다. 나는 대상 없는 사랑에 도취되어 있었는데, 이 도취에 눈이 현혹되어, 그녀가 그 대상으로 정해졌다. 나는 두드토 부인에게서 나의 쥘리를 보았다."

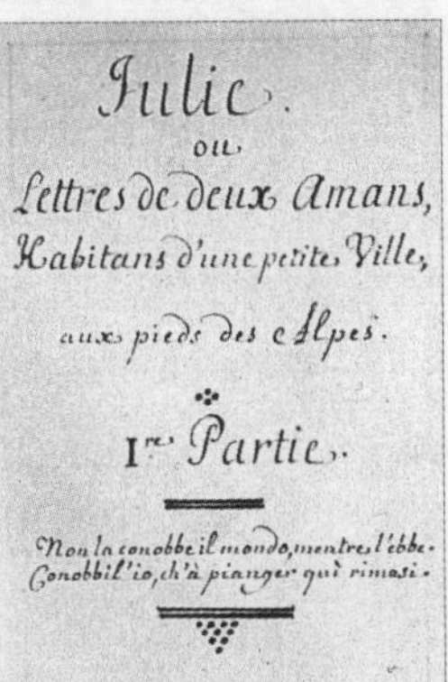

Julie.
ou
Lettres de deux Amans,
Habitans d'une petite Ville,
aux pieds des Alpes.

Ire Partie.

Non la conobbe il mondo, mentre l'ebbe.
Conobbil'io, ch'à pianger quì rimasi.

Lettre XVI.
à Julie.

Que les passions impetueuses rendent les hommes enfans! Qu'un Amour forcené se nourrit souvent de chiméres, et qu'il est aisé de donner le change à des desirs extrêmes par les plus frivoles objets! J'ai reçu ta Lettre avec les mêmes transports que m'auroit causés ta présence; et dans l'emportement de ma joye, un vain papier me tenoit lieu de toi. Un des plus grands maux de l'absence, et le seul auquel la raison ne peut rien, c'est l'inquiétude sur l'état actuel de ce qu'on aime. Sa santé, sa vie, son repos, son amour, tout échape à qui peut tout perdre; on n'est pas plus sur du présent que de l'avenir, et tous

〈고매한 정신의 소유자들의 신뢰〉(제4부 편지 6)

쥘리가, 오랜 여행에서 돌아온 친구 생 프뢰를 남편에게 소개하고 있다. 그러자 남편이 그를 포옹하기 위해 다가선다. 여행복 차림의 젊은이 또한 공손한 태도로 그와 인사를 나눈다. 하지만 그의 태도에는 어색함과 당혹감이 묻어난다.

〈너는 어디로 달아나려 하니? 환영은 네 마음속에 있어〉(제5부 편지 9)

새벽빛에 몇몇 대상들이 드러나 보이기 시작한다. 고통스러운 꿈에 시달린 생 프뢰가 침대 아래로 뛰어 내려와, 자신을 두려움에 떨게 했던 것 같은 환영들을 손으로 걷어내려고 애쓰고 있다.

판화 제목 없음(제6부 편지 11)

죽은 쥘리가 침대에 단정한 차림으로 누워 있고, 주위에 사람들이 무릎을 꿇고 있다. 침대 곁에 선 클레르가 자수가 놓인 화려한 베일을 두 손으로 들고 있다. 그녀는 베일로 죽은 쥘리의 얼굴을 덮어주려 한다. 그녀의 얼굴은 하늘을 향하고 두 눈은 눈물로 젖어 있다. 침대 발치에는 볼마르 씨가 슬퍼하며 서 있다.

JEAN-JACQUES ROUSSEAU

루소전집
6

신엘로이즈 2

장 자크 루소 지음 | 김중현 옮김

책세상

일러두기

1. 이 책은《루소 전집 *Jean-Jacques Rousseau. Oeuvres complètes*》 2권(Paris : Gallimard, 1964)에 수록된《신엘로이즈 *Julie, ou La nouvelle Héloïse*》를 옮긴 것이다.
2. 6~8쪽에 수록한 판화는 조각가 그라블로Hubert-François Bourguignon Gravelot의 판화집《발행자가 제공한 그대로의 주제들에 기초한《신엘로이즈》를 위한 판화 모음집》(1761)에 실린 작품 중 일부이다.
3. 각주는 원작에 속하는 것이며 미주는 옮긴이의 주이다.
4. 책(단행본)·잡지·신문은《 》로, 논문·희곡·시·연극·오페라 등은〈 〉로 표시했다.

차례

제4부

JEAN-JACQUES ROUSSEAU

:: 편지 1

볼마르 부인이 도르브 부인에게

너는 어떻게 그렇게 오랫동안 안 돌아오는 거니! 난 이 모든 왕래가 전혀 마음에 안 들어. 네가 늘 있어야 할 곳에 가느라, 더욱 나쁘게는 네게서 멀리 있는 사람에게 가느라 네가 낭비하는 시간이 얼마나 많니! 너무 짧은 시간 동안밖에 서로를 보지 못한다는 생각 때문에 함께 있는 기쁨이 훼손돼버려. 그렇게 우리가 너의 집과 나의 집을 번갈아 왕래하는 것은 누구의 집에도 함께 있지 않는 것이나 다름없다는 생각이 들지 않니? 너의 집과 나의 집에 동시에 있을 수 있는 방법을 좀 생각해볼 수 없니?

사랑하는 클레르, 우리가 지금 뭘 하고 있는 거지? 더는 낭비할 시간이 없는데, 우리가 소중한 시간을 얼마나 허비하고 있는지! 세월이 덧없이 흐르고 있고, 젊음은 멀리 달아나기 시작했고, 인생은 흘러가고 있고, 인생이 주는 잠깐 동안의 행복이 우리 수중에 있어. 그런데도 우리는 그 행복을 누리는 것을 잊고 있지! 우리가 아직 처녀였던 때를, 인생의 어느 시기에도 다시 경험할 수 없는 아주 매혹적이고 감미로웠던 때, 그렇지만 마음이 너무도 힘들게 잊고 있는 그때를 기억하니? 단 며칠, 아니 단 몇 시간이라도 떨어져 있지 않을 수 없게 될 때면 우리는 슬프게 포옹하며 수없이 이렇게 말했지. "아! 언젠가 우리 마음대로 할 수 있는 때가 오면 우린 다시는 떨어지지 않을 거야." 지금 우리는 자유로운데, 벌써 반년을 이렇게 서로 멀리 떨어져서 보내고 있구나. 글쎄! 우리가 서로를 덜 사랑하게 된 걸까? 사랑하는 다정한 친구, 우리 둘 다 느끼고 있어. 시간과 자주 만나는 것과 너의 친절이 우리의 애정을 얼마나 더 강하고 굳게 만들어주었는지를 말이야. 날이 갈수록 더 너의 부재가 끔찍하게 느껴지고, 더 이상은 한 순간도 너 없이 살 수가 없구나. 우리의 우정이 깊어진 것은 생각보다 더 자연스러운 일이야. 그것은 우리의 성격과 상황 때문이지. 사람은 나이가 들수록 모든 감정이 더 집중돼. 그리고 자기에게 소중했던 어떤 것을 매일 잃게 돼. 그런데 그것을 다른 것으로 대체하지 못해. 그렇게 사람은 점점 죽어가지. 자기 자신밖에 사랑할 사람이 없게 되어, 느끼는 것과 삶을 즐기는 것을 멈추다가 결국 존재하는 것을 그치게 되는 거야. 하지만 감수성 예민한 마음은 예감되는 죽음에 온 힘을 다해 맞서지. 팔다리가 차가워지기 시작하면 그 마음은 자신의 타고난 모든 열기를 자기 주위에 끌어 모으지. 그 마음은 잃으면 잃을수록 자신에게 남은 것에 더 애착을 가져. 이를테면 다른 모든 것들과의 관계를 거친 뒤, 마지막 대상에 집착하지.

이것은 내가 비록 젊지만 이미 경험한 듯한 이야기야. 아! 사랑하는 친구, 나의 가난한 마음은 사랑을 너무 많이 했어! 그 마음은 너무 일찍 소진되어, 때 이르게 늙어버렸어. 그 마음은 너무 많은 종류의 애정으로 채워져, 새로운 애정을 채울 여지가 더 이상 없어. 너는 딸인 나를, 친구인 나를, 연인인 나를, 아내인 나를, 그리고 어머니인 나를 순차적으로 보았어. 그리고 그 모든 명칭이 내게 소중했다는 것을 알아! 그 인연들 중 어떤 것은 끝이 났고 어떤 것은 느슨해졌어. 어머니, 나의 다정한 어머니는 더 이상 살아 계시지 않아. 그분을 생각하면 눈물만 나. 그렇기에 나는 육친의 정의 가장 감미로운 감정을 절반밖에 누리지 못하고 있어. 사랑은 식어버렸어, 영원히 식어버렸어. 그 역시 채워지지 않고 남을 공간이지. 우리는 너의 훌륭하고 선량한 남편을 잃었어. 나는 그 사람을 너 자신의 소중한 반쪽으로서 사랑했어. 그는 너의 사랑과 우정을 받을 자격이 충분한 사람이었어. 내 아들들이 더 컸다면 모성애가 그 빈 공간들을 모두 채워줄 텐데. 그런데 다른 모든 사랑과 마찬가지로 모성애도 소통이 필요해. 그런데 네다섯 살 먹은 아이의 어머니가 아이에게 무슨 상호성을 기대할 수 있겠니? 우리의 아이들은 우리에게 소중해. 하지만 그 애들이 그것을 느끼고 보답으로 우리를 사랑하려면 아직 멀었어. 그렇지만 우리는 자기 말에 귀 기울여주는 누군가에게 자기가 아이들을 얼마나 사랑하는지 늘어놓지 않고는 못 배기지! 남편은 내 말을 잘 들어줘. 하지만 제멋대로 떠들어대는 내 말에 대꾸는 별로 해주지 않아. 그는 나처럼 그렇게 아이들 때문에 정신 못 차리지는 않아. 아이들에 대한 그의 애정은 너무 이성적이야. 나는 그가 아이들에 대해 더 적극적인 애정, 나의 애정과 더 흡사한 애정을 갖기를 원해. 나는 내 아이와 자기 아이에게 나만큼이나 미쳐 있는 친구, 어머니가 필요해. 한마디로, 모성애로 인해 나는 우정을 훨씬 더 필요로 하게 되었어. 누구도 지루하게 만들지 않으면서 내 아이들에 대해 끊임없이 이야기하는 기쁨을 위해서 말이야. 네가 내 귀여운 마르슬랭을 안아주는 것을 보면 나는 그 애를 안아주는 기쁨을 두 배로 크게 느끼게 되는 것 같아. 내가 너의 딸을 안아줄 때면 꼭 너를 안아주는 듯한 기분이 들어. 우리는 많이도 말했지. 우리의 애들이 함께 노는 것을 보고 있노라면 하나로 결합된 우리의 마음이 그 세 아이를 구분하지 못하여, 우리는 그 애들 하나하나가 누구 아이인지도 모르게 된다고 말이야.

너를 항상 내 곁에 두고 싶은 이유는 그 밖에도 아주 많아. 너의 부재는 내게는 정말 가혹한 일이야. 뭔가를 숨기는 행동에 대한 나의 반감과, 세상에서 내게 가장 소중한 사람과 6년 가까이 살면서 내가 지속적으로 지켜오고 있는 비밀에 대해 생각해봐. 내 끔찍한 비밀은 갈수록 무거운 짐이 되어, 하루하루 더 놓여나기 힘든 부담이 되고 있는 것 같아. 정직이 내가 그것을 털어놓기를 원할수록 신중은 반대로 털어놓지 말라고 강요해. 남편의 품속에서까지 경계심과 거짓과 두려움을 안고 있는 것, 자신을 소유하고 있는 사람에게 감히 마음을 열지 못하는 것, 남편의 마음의 평화를 위해 자신의 지난 삶을 그에게 숨기는 것, 그것이 아내로서 겪기에 얼마나 끔찍한 상황인지 이해할 수 있겠니? 아, 정말, 내가 그토록 기쁘게 해주어야 할 사람에게 나의 가장 비밀스러운 생각을 감추고, 내 영혼의 깊숙한 곳을 숨겨야 하겠니? 나의 남편인, 아니 자신의 미덕 덕분에 하늘에 의해 정숙한 처녀로 보상받을 수도 있었을 더할 나위 없이 존경할 만한 남편인 볼마르 씨에게 말이야. 그를 한번 속이고 나니, 이제 날마다 속이지 않을 수 없고, 내가 그의 친절을 받을 자격이 없음을 끊임없이 느끼지 않을 수 없어. 나의 마음은 나에 대한 그의 존경의 표시를 감히 받아들이지 못해. 그의 아주 따뜻한 포옹은 나로 하여금 얼굴을 붉히게 해. 그가 내게 보내는 존경과 배려의 모든 표시는 나의 양심 속에서 치욕으로, 경멸의 표시로 변해 버려. "그가 존경하는 사람은 내가 아닌 다른 사람이야. 아, 그가 나를 안다면 나를 이렇게 대접하지 않을 거야!"라고 나 자신에게 끝없이 말해야 한다는 건 정말 힘든 일이야. 그래, 나는 이 끔찍한 상황을 견딜 수 없어. 나는 그의 앞에서 무릎을 꿇고 그에게 나의 과오를 고백하고 그의 발아래서 고통과 수치심으로 죽으려 하게 될까 봐 그 존경할 만한 사람과 절대로 단둘이 있지 않아. 그렇지만 처음부터 비밀을 말하지 못하게 나를 붙들었던 이유들이 날이 갈수록 다시 힘을 얻어. 나는 침묵할 이유는 찾을 수 있어도 말해야 할 동기는 더 이상 찾지 못해. 가족의 평화롭고 안락한 상태를 고려하면, 단 한 마디 말이 그 상태에 돌이킬 수 없는 혼란을 야기할 수 있다는 생각에 두렵기만 해. 그토록 완벽한 부부 관계 속에서 6년을 살아온 지금, 아내의 행복 외에는 바라는 것이 없고 가정에 유지되는 평화와 규율을 보는 것 외에는 다른 즐거움이 없는 너무도 정결하고 선량한 남편의 평화로운 마음을 동요시킬 것인가? 자기 딸과 친구의 행복에 너무도 기뻐하는 노년의 나의 아버지를 가정불화로 인해 슬픔에 빠뜨릴 것인가? 사랑스러운 아이들, 앞길이 창창한 그 소중한 아이들을, 정당한 분노와 질투심으로 흥분한 아버지와 눈물 마르지 않는 불행하고 비난받아 마땅한 어머니 사이에서 소홀하게 교육받거나 부모의 불화의 우울한 희생자가 되는 위험으로 내몰 것인가? 나는 볼마르 씨가 아내를 존경한다는 것을 잘 알아. 그런데 그가 아내를 더 이상 존경하지 않을 때 어떤 모습이 될지 내가 어떻게 알겠니? 그가 그렇게 절도 있는 것은, 어쩌면 그의 성격에서 지배적인 것일 수도 있는 격정이 아직 폭발할 동기를 만나지 못했기 때문인지도 몰라. 어쩌면 그는, 화낼 거리가 없는 한 온화하고 조용한 사람인 만큼 분노가 치밀었을 때는 난폭해질지도 몰라.

나는 모든 주변 사람에게 경의를 표해야 하겠지만 나 자신에게는 전혀 그럴 필요가 없겠지? 6년 동안의 성실하고 착실한 생활도 젊은 시절의 과오를 전혀 씻어줄 수 없는 걸까? 그토록 오랫동안 한탄해온 과오에 대한 고통을 아직도 감내해야 하는 걸까? 클레르, 고백하는데, 나는 과거를 돌아볼 때마다 혐오감을 느껴. 과거는 나로 하여금 낙담에 빠질 지경으로 창피를 느끼게 해. 나는 너무 수치심을 느껴서, 절망감 같은 것을 느끼지 않고는 과거에 대한 생각을 견딜 수가 없어. 결혼한 이후의 세월은 나를 안심시키기 위해 집중해야만 하는 세월이었어. 나의 지금 상황은 몇몇 불행한 기억이 내게서 빼앗아 가고자 하는 안정된 마음을 내게 불어넣어 줘. 나는 내 안에서 되찾을 수 있을 듯한 정숙한 감정으로 내 마음을 살찌우고 싶어. 아내와 어머니라는 신분은 내 영혼을 고양하며, 이전의 상황에 대한 양심의 가책으로부터 나를 지탱해줘. 내 곁에 있는 아이들과 남편을 보고 있으면 모든 것이 미덕을 환기하는 것처럼 보여. 그들은 내 마음에서 바로 내 과거의 과오에 대한 생각까지 쫓아버려. 그들의 순결은 내 순결의 보호 장치야. 그들은 내가 더 나은 사람이 되게 해주기에 내게 더 소중한 존재가 되지. 나는 정숙을 해치는 모든 것이 너무 두려워서, 예전에 내가 그 두려움을 어떻게 망각할 수 있었는지 믿기지 않아. 나는 과거의 나와는 너무 멀어졌고 현재의 나를 너무나 신뢰하기 때문에, 내가 해야 할 말을 자칫하면 내게 생소한, 그리하여 더 이상 털어놓지 않아도 되는 고백쯤으로 간주하게 될 지경이야.

이런 것들이 네가 없는 사이에 내 마음속에 끊임없이 느껴진 불안과 걱정이었어. 그 모든 것이 어느 날 어떤 결과를 초래할지 알지? 아버지는 곧 베른으로 떠나셔. 그 긴 소송의 끝을 본 뒤에야 돌아오겠다고 마음먹고 계셔. 아버지는 그 소송으로 우리를 귀찮게 하고 싶어 하지 않으셔. 내 생각엔, 아버지를 쫓아가겠다는 우리의 열의도 믿지 않으시는 것 같아. 아버지가 돌아오실 때까지 나는 남편하고 둘이 지내게 돼. 내 운명적인 비밀이 내 입 밖으로 나가는 것은 아마 거의 불가능할 거야. 우리 집에 사람들이 있을 때는, 너도 알다시피, 볼마르 씨는 흔히 그들을 남겨두고 홀로 주변을 산책해. 그는 농민들과 담소를 나눠. 그들의 상황에 대한 정보를 얻기도 하고. 또 그들의 농지 상태를 점검하여 필요하면 돈과 조언으로 그들을 돕지. 그러나 우리끼리만 있을 때는 나하고만 산책을 해. 그는 아내와 아이들 곁을 거의 떠나지 않아. 그는, 너무도 매력적이어서 보통 때보다 훨씬 더 그에게 다정함을 느끼게 하는 그런 천진난만한 모습으로 아이들과 놀아줘. 그 감동적인 순간들은 내가 비밀을 지키기에는 훨씬 더 위험하지. 그 자신이 내게 그 조심성 결여의 기회를 주기 때문이며, 그에게 비밀을 털어놓도록 나를 부추기는 듯한 이야기를 그가 수없이 했기 때문이야. 조만간 그에게 마음을 털어놔야 하리라는 생각이 들어. 그렇지만 너는 우리가 협력해서 그 일을 하기를, 최대한 신중하게 대비해서 하기를 원하지. 그러니 가능한 한 빨리 돌아와. 그렇지 않으면 나는 더 이상 아무것도 책임 못 져.

사랑하는 친구야, 다 말해버려야겠어. 남은 할 말은 내게는 너무 중요한 것이라서 말하기가 더 힘들구나. 너는 내가 아이들이나 남편과 함께 있을 때만 필요한 존재가 아니야. 내가 너의 가엾은 쥘리와 단둘이 있을 때 더 필요해. 고독은 내게 위험해. 내게는 고독이 달콤하게 느껴지고 그래서 나도 모르게 고독을 찾게 되기 때문이야. 너도 알겠지만, 내 마음이 아직까지 예전의 상처를 느끼기 때문에 그런 건 아니야. 그래, 그 상처는 아물었다고 생각돼. 그 점 아주 확신해. 나는 감히 이제 나 자신이 정숙하다고 믿어. 나를 두렵게 하는 것은 현재가 아니야. 과거가 나를 고통스럽게 해. 몇몇 기억들은 현재의 일처럼 두려움을 느끼게 해. 기억에 의해 눈시울이 뜨거워져. 눈물이 나는 것을 느끼면 수치스러워져. 그래서 더 눈물을 흘릴 뿐이지. 그 눈물은 민망스러움과 후회와 뉘우침에서 나오는 거야. 사랑과는 관련이 없어. 사랑은 이제 내게 아무것도 아니야. 하지만 나는 그것이 야기한 불행을 애석히 여겨. 경솔하게 품게 된 불같은 사랑 때문에 평화를, 그리고 어쩌면 목숨을 빼앗긴 한 훌륭한 남자의 운명을 애석히 여겨. 아! 어쩌면 그 사람은 절망하여 떠난 그 길고 험난한 여행에서 죽었을지도 몰라. 그가 살아 있다면 지구 끝에서라도 우리에게 소식을 보냈을 거야. 그가 떠난 지 4년 가까이 지났어. 그가 속한 함대는 수많은 재변을 당해 원정대의 4분의 3이 죽고 여러 척의 배가 침몰했으며, 나머지도 어떻게 됐는지 모른다는 말을 들었어. 그는 살아 있지 않아. 더 이상 살아 있지 않은 거야. 어떤 은밀한 예감이 내게 그렇게 알려주고 있어. 그 불행한 사람은 다른 사람들처럼 죽고 말았을 거야. 바다와 질병, 그리고 그보다 훨씬 더 가혹한 우울이 그의 목숨을 단축시켰을 거야. 한동안 지상에서 반짝이는 존재는 모두 그렇게 사라져가지. 내 양심의 고통들 중에는, 한 신사의 죽음에 대해 나 자신을 탓하는 고통만 없었어. 아, 사랑하는 클레르!…… 그의 영혼이 얼마나 고상했니!…… 그는 얼마나 사랑할 줄 아는 사람이었니! 그는 살 가치가 있는 사람이었어…… 그는 최후의 심판자에게 나약하지만 건전한, 미덕을 사랑하는 영혼을 바쳤을 거야…… 그 우울한 생각을 떨치려 해도 소용이 없어. 그 생각은 순간순간 나도 모르게 떠오르고는 해. 그 생각을 떨쳐버리거나 제어하기 위해 이 친구는 너의 도움이 필요하단다. 그 불행한 사람을 잊을 수 없어서, 나 혼자 그 사람을 생각하기보다는 너와 함께 그에 대해 이야기를 나누고 싶어.

너와 함께 있어야만 하는 필요성을 끊임없이 증대시키는 이유들이 얼마나 많은지 몰라! 더 현명하고 행복한 너의 마음은, 나와 같은 이유는 아닐지라도, 그 같은 필요성을 덜 느끼는 거니? 가정을 갖는 것에서 만족을 얻을 수 없어서 네가 재혼을 원하지 않는다는 것이 진정 사실이라면, 너의 가정보다 네 마음에 들 수 있는 집이 어느 집일까? 나는 네가 너의 가정에서 어떨지 알기 때문에 고통스러워. 너는 숨기지만, 나는 네가 너의 가정에서 어떻게 살고 있는지 알아. 네가 클라랑에 와서 우리에게 쾌활한 태도를 보여도 나를 속일 수는 없어. 너는 내 과오들을 매우 질책했지. 그런데 이번에는 내가 너의 큰 과오 하나를 질책해야겠구나. 너의 고뇌는 여전히 침묵하고 있고 고독해. 너는 남몰래 몹시 슬퍼하고 있어. 이 친구 앞에서 눈물 흘리는 것을 부끄럽게 여기기라도 하는 듯이 말이야. 클레르, 그러지 말았으면 좋겠어. 나는 너와 마찬가지로 불공평한 사람이 아니야. 나는 너의 그리움을 탓하지 않아. 나는 2년 뒤, 10년 뒤, 아니 너의 인생이 끝날 때까지도 네가 그토록 다정했던 남편을 계속 기리기를 바라. 하지만 나는 너를 비난해. 너의 한창 때를 쥘리와 함께 눈물을 흘리면서 보내놓고 이번에는 쥘리에게서 너와 함께 눈물 흘리고 너의 가슴에 흘린 눈물에 대한 부끄러움을 더 가치 있는 눈물로 씻어버리는 즐거운 기회를 빼앗는 것에 대해서 말이야. 네가 자신이 슬퍼하는 것을 유감스럽게 여긴다면, 아, 너는 진정한 슬픔을 알지 못하는 거야. 네가 그 슬픔에서 즐거움 같은 것을 얻는다면 너는 왜 내가 그 즐거움을 함께 나누기를 원하지 않는 거니? 너는 마음의 교감이 슬픔에, 뭔가 달콤하고 감동적인 것을 심어준다는 것을 모르니? 우정은 마음의 아픔을 완화하고 마음의 고뇌를 위로하기 위해 불행한 자들에게 특별히 주어진 게 아니니?

사랑하는 클레르, 이상이 네가 잘 생각해야 할 것들이야. 덧붙여야 할 말은, 내게 와서 함께 살자는 제안이 나의 제안인 동시에 내 남편의 제안이기도 하다는 거야. 우리 같은 두 친구가 함께 살지 않는 것에 대해 그가 놀라워하고 거의 분개하는 듯한 모습을 나는 여러 번 보았어. 그가 너에게 직접 그 얘기를 꺼냈었다며. 그는 무분별하게 말할 사람이 아니야. 나의 권고에 대해 네가 어떤 결심을 할지 모르겠구나. 당연히 내가 원하는 방향의 결심이기를 바라. 어쨌든 나의 결심은 섰으며, 그 결심은 바뀌지 않을 거야. 나는 네가 영국으로 나를 따라가고 싶어 했던 때를 잊지 않았어. 둘도 없는 내 친구, 이젠 내 차례야. 너는 내가 도시를 매우 싫어하고 시골과 농촌 일을 좋아하며, 3년간의 체류로 인해 클라랑에 있는 나의 집에 애착을 갖고 있다는 것을 알아. 가족 전체가 이사하는 것이 얼마나 곤란한 일이며, 내 아버지를 그렇게 자주 이사시키는 것이 아버지의 호의를 얼마나 남용하는 것인지 너는 모르지 않아. 좋아, 네가 너의 가족을 떠나 나의 가족과 함께 살기를 원하지 않을 경우에는, 나는 로잔에 집을 마련하고 그곳으로 가서 너를 포함한 모두와 같이 살기로 결심했어. 잘 생각해봐. 모두가 원하고 있으니까. 나의 마음과 의무, 행복, 지켜진 명예, 되찾은 이성, 아내의 신분, 나의 남편, 아이들, 그리고 나 자신까지 나는 모든 것을 너에게 빚지고 있어. 내가 갖고 있는 좋은 것은 모두 네 덕택이야. 나의 좋은 점들은 모두 너를 떠올리게 해. 네가 없으면 나는 아무것도 아니야. 그러니 돌아와 주렴, 나의 사랑, 나의 수호천사여. 돌아와서 네가 만든 작품을 보호해줘. 돌아와서 네가 베푼 은혜의 결과물을 향유해줘. 이후로는 우리가 하나의 영혼을 공유하듯이 하나의 가정만 갖고 그것을 소중히 여기도록 하자. 너는 내 아들들의 교육을 맡아줘. 나는 네 딸의 교육을 맡아줄게. 어머니의 의무를 공유하자. 그러면 우리의 즐거움은 두 배가 될 거야. 너의 도움을 빌려 내 마음을 정화해준 그 마음에 닿도록 우리의 마음을 함께 고양하자. 우리는 이 세상에서 더 바랄 것이 없기에, 순결과 우정의 품속에서 저세상의 삶을 편안히 기다리게 될 거야.

:: **편지 2**

답장

오, 쥘리, 너의 편지가 나를 얼마나 즐겁게 했는지 몰라! 매력적인 설교였어!…… 매력적이었어, 정말이야. 하지만 설교였어. 황홀하게 장광설을 늘어놓는. 새로운 소식이라고는 거의 없이. 아테네의 건축가!…… 그 훌륭한 연설자!…… 너도 잘 알지…… 너의 오래된 플루타르코스 작품에 나오는…… 장중한 묘사들, 멋진 사원!…… 그가 모든 것을 말하고 나면 이제 다른 사람이 오지. 꾸밈없는 사람. 소박하고 진중하고 침착한 외모…… 너의 사촌 클레르 같은…… 희미하고 느리고 비음(鼻音)까지 조금 섞인 목소리로…… "나는 그가 말한 것을 실행할 거야"라고 말하는. 그는 입을 다물고 박수를 치지! 이만 안녕, 젠체하며 말하는 사람이여. 사랑스러운 쥘리, 우리가 그 두 건축가들이야. 문제의 그 사원은 우정의 사원이고.

네가 내게 한 그 많은 말을 좀 요약해보기로 하자. '우리는 서로 사랑한다. 너는 나를 필요로 한다. 나 또한 너를 필요로 한다. 우리가 함께 사는 것은 자유이지만, 그래도 함께 살아야 한다.' 그런데 그 모든 말을 네가 전적으로 혼자서 생각해낸 거지? 진심으로 하는 말인데, 너는 구변이 좋은 사람이야! 오, 네가 고심해서 이 멋진 편지를 쓰는 동안 내가 무슨 일에 신경 썼는지 말해줄게. 그런 뒤에, 네가 말한 것과 내가 하고 있는 일 중 어느 쪽이 더 나은지 네가 판단해봐.

너는 내가 남편을 잃자마자 그가 내 마음에 남긴 빈 공간을 채워주었어. 그가 살아 있었을 때, 내 마음은 그에 대한 애정을 너와 공유했어. 그가 세상을 뜨고서는 나는 오직 너에게만 속하게 되었어. 모정과 우정 사이의 조화에 대한 너의 의견에 따르면, 심지어 나의 딸도 우리를 이어주는 또 하나의 끈일 뿐이었어. 그때부터 나는 여생을 너와 함께 보내기로 결심했을 뿐 아니라 더 다양한 계획을 세웠어. 우리 두 가족이 하나의 가족이 되기 위해서, 나는 적절한 모든 관계를 생각해보다가 어느 날 내 딸을 너의 큰아들과 결혼시키기로 결심했어. 남편이라는 말이 장난처럼 떠올랐고, 그것이 내게는 언젠가 정말로 내 딸에게 너의 아들을 주게 될 길조처럼 보였어.

그러한 구상 속에서, 나는 먼저 복잡한 상속에 따르는 장애물들을 제거하려고 노력했어. 부채를 정리하더라도 재산이 남는다고 생각한 나는 딸의 몫을 확실하게 한 뒤 어떠한 소송으로부터도 보호해야 한다는 생각만 했어. 너도 알다시피, 내가 공상을 많이 하잖아. 나는 이런 터무니없는 짓으로 너를 깜짝 놀래주고 싶었어. 나는 어느 좋은 아침에 한 손으로는 내 아이를 붙잡고 다른 손에는 지갑을 든 채 네 방으로 들어가 너에게 즐겁게 그 양손을 내보이며 너의 손에 어머니와 딸, 그리고 그들의 재산을, 다시 말해 딸의 결혼 지참금을 맡기기로 마음을 정했어. 나는 너에게 이렇게 말하고 싶었어. '네 아들을 위해 적절하게 운용하고 처분해. 이제 그것은 네 아들의 일이고 너의 일이니까. 나는 더 이상 개입하지 않겠어.'

그런 아주 즐거운 생각으로 가득 찬 나는 그 생각을 실천하는 데 도움이 될 누군가에게 그것을 털어놓을 필요가 있었어. 그 상대로 내가 누구를 선택했는지 알아맞혀 봐. 볼마르라는 사람이야. 너는 그가 어떤 사람인지 모를걸? 네 남편을 말하는 거냐고? 그래, 네 남편 말이야. 네가 그토록 힘들어하면서 그가 알아서는 안 될 어떤 비밀을 그에게 감추고 있다면, 바로 그 사람은 네가 알면 너무나 좋아할 어떤 비밀을 너에게 숨길 줄 아는 사람이었어. 바로 그것이 네가 그토록 우스꽝스럽게 책망했던 우리의 그 모든 비밀 대화의 진짜 주제였어. 남편들이란 얼마나 솔직하지 못한 존재인지 너도 알지. 그런 사람들이 우리보고 솔직하지 못하다고 비난하니 정말 재미있지 않니? 나는 네 남편에게 훨씬 더 많은 것을 요구했어. 나는 네가 나와 같은 계획을 그러나 더 은밀하게 숙고하고 있다는 것을 아주 잘 알고 있었어. 감정에 몰두함으로써만 감정을 드러내게 되는 여자처럼 말이야. 너에게 더 기분 좋은 깜짝쇼를 마련해주고자 나는, 네가 그에게 우리의 합가를 제안할 때 그가 그 배려에 선뜻 동의하지 말고 조금 냉담함을 보여주었으면 했어. 그에 대해 그는 내가 잊지 못할, 너 역시 틀림없이 잊을 수 없을 그런 답변을 했어. 나는 세상에 남편들이 존재한 이래 그런 답변을 하는 남편은 아무도 없었으리라 생각하니까. 이런 답변이었어. "귀여운 사촌, 나는 쥘리를 알아요…… 그녀를 잘 알아요…… 아마 그녀가 생각하는 것보다 더요. 그녀의 마음은 너무나 올발라서 그녀가 바라는 것에 대해서는 조금도 반대하면 안 돼요. 그녀의 마음은 너무나 예민해서 그러한 반대는 그녀를 큰 슬픔에 빠뜨리고 말아요. 우리가 결혼한 지 5년이 되었지만, 나는 그녀가 나로 인해 조금이라도 슬퍼한 적이 있다고는 생각지 않아요. 나는 그녀에게 조금의 슬픔도 주지 않고 죽고 싶어요." 쥘리, 잘 생각해봐. 네가 계속해서 무분별하게도 마음의 평화를 어지럽힐 생각을 하는 상대, 바로 네 남편이 어떤 사람인지를 말이야.

나는 덜 섬세해. 혹은 너의 온화함을 더 믿어. 너의 마음이 자주 가는 화제를 내가 너무도 자연스럽게 피했기에, 너는 너에 대한 내 마음이 식었다고 비난할 수는 없을지언정 내가 재혼을 기대하고 있다고, 그리고 또 내가 남편만 빼고 다른 어떤 누구보다 너를 더 사랑하는 것이라고 생각했을지도 몰라. 가엾은 쥘리, 너도 알겠지만 네 은밀한 마음의 움직임은 내 눈을 피하지 못해. 나는 너의 마음을 간파하고, 너의 마음을 읽어. 나는 너의 마음속을 훨씬 더 깊은 곳까지 꿰뚫고 있어. 그랬기 때문에 변함없이 너를 너무나 좋아했어. 매우 다행스럽게도 네 마음을 딴 데로 돌리게 했던 그 의심은 내게는 아주 부추길 만한 것으로 보였어. 나는 너조차 속을 만큼 교태부리는 미망인의 생활을 훌륭하게 시작했어. 그런 생활을 하고픈 마음은 없어도 그런 역할을 위한 재능은 있는 것 같아. 나는 어떻게 취해야 하는지 잘 아는 그 짓궂게 괴롭히는 태도를 솜씨 좋게 사용해, 때로 잘난 체하는 여러 젊은 남자를 야유하는 것을 즐겼어. 너는 거기에 완전히 속았어. 그래서 내가 보기 드문 인물이었던 내 남편의 후임자(두 번째 남편)를 찾을 준비가 되어 있다고 생각했어. 그런데 나는 너무 솔직해서 오랫동안 속일 수가 없었고, 너는 곧 안심했지. 그렇지만 나는 그 점에 대한 내 진실한 감정을 설명해 네 마음을 훨씬 더 안심시켜주고 싶어.

처녀 시절에 너에게 백 번은 말했을 거야. 나는 아내가 되기에 적합한 여자가 아니라고. 내 마음대로 할 수 있었다면 나는 결혼하지 않았을 거야. 하지만 여자들은 예속에 의해서만 자유를 획득해. 그러므로 어느 날 자유로운 몸이 되기 위해서는 하인으로 시작할 필요가 있어. 나의 아버지가 나를 억압하지는 않았지만 나는 우리 집에서 우울했어. 나는 그 우울에서 벗어나기 위해 도르브 씨와 결혼했어. 그는 너무 신사였고, 나를 너무 다정하게 사랑해주어서 나 역시 그를 진정으로 사랑했어. 결혼의 경험은 내가 결혼에 대해 품었던 것보다 더 좋은 생각을 심어주었고, 샤요가 내게 남겼던 결혼에 대한 인상을 제거해주었어. 도르브 씨는 나를 행복하게 해주었고, 그 점에서 결혼에 대해 후회가 없었어. 다른 남자와 살았더라도 나는 내 의무를 다했겠지만 나는 그 남자를 실망시켰을 거야. 그래서 나는 나를 훌륭한 아내로 만들기 위해서는 그렇게 훌륭한 남편이 필요했다고 느껴. 너는 내가 불평한 것이 그런 문제에 대해서였다고 생각하니? 불쌍한 줄리, 우리는 서로를 너무 좋아했어. 하지만 전혀 즐겁지 않았어. 좀 더 가벼운 우정이었다면 더 흥겨웠을 거야. 나는 그런 우정을 더 좋아했을 거야. 나는 덜 만족스럽더라도 더 자주 웃을 수 있는 삶을 더 원했을 거야.

그 외에, 너의 상황이 내게 주는 불안이라는 특별한 원인들도 있었어. 깨끗이 정리되지 못한 사랑이 네게 초래한 위험들을 다시 환기해줄 필요는 없겠지. 나는 그 위험들을 보며 두려움에 떨었어. 네가 네 목숨만 위험에 처하게 했다면, 아마도 내게서 기쁨이 완전히 사라지지는 않았을 거야. 하지만 우울과 두려움이 내 마음속까지 파고들었어. 네가 결혼하는 것을 볼 때까지 나는 한순간도 순수하게 즐거움을 느끼지 못했어. 너는 나의 고통을 알고 있었어. 너도 그 고통을 함께 느꼈어. 그 고통은 너의 착한 마음에 많은 영향을 끼쳤어. 나는 아마도 네가 옳은 길로 되돌아오는 동기가 될 그 행복한 눈물에 대해 진심으로 기뻐하기를 멈추지 않을 거야.

남편과 함께 산 모든 시간은 그렇게 흘러갔어. 신이 내게서 그를 빼앗아 간 뒤 내가 그 사람만 한 다른 사람을 다시 찾기를 기대할 수 있을지, 그런 사람을 찾고픈 마음이 들지 한번 생각해봐. 아니야, 쥘리, 결혼은 너무 엄숙한 상태야. 결혼의 위엄은 내 성격에 전혀 어울리지 않아. 그것은 나를 우울하게 만들고, 내게 잘 어울리지 않아. 견딜 수 없는 모든 거북함은 차치하더라도 말이야. 나를 잘 아는 쥘리, 한번 생각해봐. 7년 동안 일곱 번도 편하게 웃어보지 못하게 한 관계를 내가 어떻게 봐야 하는지! 나는 스물여덟 살 나이에 너처럼 그렇게 중년 주부가 되고 싶지는 않아. 나는 내가 아직 충분히 매력적이고 재혼도 할 수 있는 사랑스러운 미망인이라고 생각해. 그리고 내가 남자라면 나에게 만족하리라 생각해. 하지만 재혼이라니? 쥘리! 들어봐. 나는 불쌍한 내 남편을 진정으로 애도해. 나는 평생 그와 함께 살았을 거야. 그러나, 만일 그가 다시 돌아올 수 있다면 내가 그를 다시 남편으로 받아들이기는 하겠지만 그것은 어디까지나 과거에 이미 내가 그를 남편으로 받아들였기 때문일 거야.

이로써 내 진짜 계획을 너에게 밝혔어. 볼마르 씨의 배려에도 불구하고 내가 그 진짜 계획을 아직 실행에 옮기지 못한 것은, 어려움이 커갈 것으로 보여서야. 동시에, 그 어려움을 극복하려는 나의 열의도 함께 커가고 있지. 나의 열의는 최고조에 이르게 될 것이고, 나는 여름이 가기 전에 너에게 돌아가 우리의 여생을 함께 보내게 되기를 바라.

이제, 네게 내 괴로움을 숨기고, 네게서 멀리 떨어져 눈물 흘리려 한다는 너의 비난에 대해 해명할 일이 남았어. 나는 부인하지 않아. 여기에서 보내는 가장 행복한 시간을 나는 그런 식으로 보내고 있으니까 말이야. 나는 우리 집에 들어갈 때마다 그 집을 내게 소중한 것으로 만들어준 사람의 흔적을 발견하지 않을 수 없어. 우리 집에서는 한 걸음 한 걸음 뗄 때마다, 물건 하나하나를 볼 때마다 그의 애정과 선량한 마음의 어떤 표시를 접하게 돼. 그런데도 너는 나의 마음이 흔들리지 않았기를 바라니? 여기에 있으면 내가 잃은 것만 생각나. 네 곁에 있으면 내게 남은 것만 봐. 너는 나의 기분에 대한 너의 영향력을 내 책임인 듯 책망할 수 있니? 내가 네 곁을 떠나서는 울고 네 곁에서는 웃는다면, 그 차이는 어디서 비롯되는 것일까? 배은망덕한 쥘리, 그것은 모든 일에서 네가 내게 위안이 되는 사람이기 때문이며, 내가 너를 차지하고 있을 때는 어떤 일로도 더 이상 슬퍼할 줄 모르기 때문이야.

너는 우리의 오랜 우정을 위하여 많은 이야기를 했어. 하지만 내가 가장 자랑스러워하는 부분을 빼먹은 건 용서 못해. 네가 나를 능가하는데도 불구하고 내가 너를 극진히 사랑한다는 것 말이야. 쥘리, 너는 군림하기 위해 태어났어. 너의 힘은 내가 아는 한 가장 절대적인 것이야. 그것은 타인의 의지에까지 영향을 줘. 나는 누구보다 더 많이 그 점을 경험하고 있어. 어떻게 그럴 수 있니, 쥘리? 너와 나는 모두 미덕을 사랑해. 우리는 마찬가지로 정숙함을 소중히 여겨. 우리는 같은 재능을 지녔어. 나는 거의 너만큼 재치가 있고 너보다 못생기지도 않았어. 나는 이 모든 걸 아주 잘 알고 있어. 그럼에도 불구하고 너는 내게 찬양의 마음을 불러일으켜. 나를 매료시켜. 나를 압도해. 너의 천분은 나의 천분을 압도해. 그리하여 나는 너에 비하면 아무것도 아니야. 심지어, 네가 스스로 자책하는 그 관계를 유지하고 있던 때에도, 너의 과오를 본받지 않아 이번에는 내가 영향력을 행사해야 했던 때에도 너의 영향력은 여전했어. 내가 책망하는 너의 유약함이 내게는 오히려 거의 미덕처럼 보였어. 다른 사람에게서는 비난거리로 보였을 점도 너에게서는 감탄스러운 점이 되지 않을 수 없었어. 정말, 심지어 그 시기에도 나는 너에게 다가갈 때면 나도 모르게 어떤 존경의 마음을 갖지 않을 수 없었어. 너의 모든 다정스러움과 친밀함이 내가 너의 친구가 되는 데 필요했던 게 사실이야. 나는 너의 하인으로 태어났음에 틀림없어. 할 수 있다면 그 수수께끼 같은 일에 대해 설명해줘. 나는 도무지 이해 못하겠어.

아니야, 조금은 이해가 돼. 예전에는 이렇게 이해하기까지 했던 것 같아. 너의 마음은 주위의 모든 사람의 마음에 생기를 불어넣어, 그 마음들에 이를테면 새 생명을 주기 때문이라고 말이야. 그 마음들은 너의 마음 없이는 새 생명을 가질 수 없으므로 너의 마음에 경의를 표하지 않을 수 없지. 내가 너에게 큰 도움을 주었다는 것을 인정해. 네가 그 점을 워낙 자주 환기해주어서 잘 알고 있어. 내가 없었다면 너는 망가지고 말았으리라는 것을 나는 조금도 부인하지 않아. 그렇지만 내가 너한테 받은 것을 생각하면, 내가 너에게 돌려준 것이 비교나 되겠니? 너를 오래 보고도 자기 영혼 속에 매력적인 미덕과 다정스러운 우정이 스며드는 것을 느끼지 않을 수 있을까? 너에게 다가가는 모든 사람은 바로 너 자신에게 감화되어 너를 방어하는 입장에 서게 된다는 것을, 내가 가진 장점이라고는 세소스트리스의 근위대[1]와 같은 장점, 즉 너와 나이가 같고 너처럼 여자이고 너와 함께 자랐다는 장점밖에 없다는 것을 너는 모르는 거니? 어쨌든 이 클레르는 쥘리보다 가치가 덜 나가도 위로가 돼. 네가 없으면 나는 더 가치가 없을 테니까. 진정으로 하는 말인데, 우리는 서로를 너무나 필요로 해서, 운명이 우리를 갈라놓을 시에는 우리는 많은 것을 잃게 될 거야.

나를 계속 여기에 붙잡아두고 있는 일도 일이지만, 나를 가장 괴롭히는 것은 네 입에서 언제 새어 나갈지 모르는 네 그 위험한 비밀이야. 너로 하여금 그 비밀을 지키게 하는 것은 강하고 견고한 이성이라는 것, 반면에 그 비밀을 털어놓게 하는 것은 분별없는 감정일 뿐이라는 것을 부디 명심해. 그 비밀이 관련자에게 이미 알려졌다고 네가 의심할 때조차 그에게 그것을 말하는 것은 신중에 신중을 기해야 하는 일이야. 어쩌면 네 남편의 신중함은 우리에게 본보기이자 교훈이 될 거야. 그와 같은 문제에서는 흔히 모른 체하는 것과 알도록 강요당하는 것 사이에 큰 차이가 있으니까. 그러니 꼭 기다려. 나중에 우리가 그것에 대해 한 번 더 의논할 때까지. 만일 너의 예감이 근거 있어서 너의 가엾은 친구가 더 이상 살아 있지 않다면, 최선의 결정은 그의 이야기와 너의 불행이 그와 함께 묻혀버리도록 내버려두는 거야. 만일 나의 바람대로 그가 살아 있다면 상황은 달라질 수 있어. 그렇지만 그런 상황으로 가야지. 여하튼 너는 너 때문에 그 모든 고통을 겪은 그 불행한 사람의 마지막 조언을 전혀 고려하지 않아도 된다고 생각하는 거야?

고독의 위험에 대한 너의 불안을 나는 이해하고 인정해. 그 불안의 근거가 아주 박약하다는 것을 알고 있지만 말이야. 너는 지난날의 과오 때문에 두려워하고 있어. 그 때문에 나는 현재에 대해서는 훨씬 더 낙관적으로 예측해. 만일 두려워할 이유가 여전히 네게 많이 남아 있다면, 너는 너의 과거를 훨씬 덜 두려워할 테니까. 하지만 나는 우리의 불쌍한 친구의 운명에 대해 네가 두려워하는 것은 용납할 수 없어. 네 애정의 성격이 달라진 지금 그는 내게 너만큼이나 소중한 존재라는 것을 믿어줘. 그렇지만 나는 네 예감과는 정반대의, 이성에 더 부합하는 예감을 가지고 있어. 에드워드 경은 그에게서 두 번 소식을 받았어. 이어 그는, 네가 말하는 그 위험들은 이미 지나갔고 자신은 남양에 있다고 내게 편지를 보냈어. 너도 그 사실들을 나만큼이나 잘 알고 있으면서 마치 아무것도 모르는 사람처럼 몹시 괴로워하고 있어. 그런데 네가 모르는 것, 내가 알려줘야 할 것이 있어. 그가 탄 배가 두 달 전 카나리아 제도와 같은 위도에서 유럽으로 항해하는 것이 목격됐다는 거야. 네덜란드에 있는 어떤 사람이 나의 아버지에게 보낸 편지에 의해 알게 된 소식이야. 아버지는 놓치지 않고 그 소식을 내게 전해주셨어. 아버지는 남의 일은 자신의 개인적인 일보다 훨씬 더 정확히 알려주는 습관이 있지. 나는 머지않아 우리가 우리의 철학자에 대한 소식을 들을 수 있게 되고, 네가 눈물 흘린 것이 괜한 일이 되리라는 기분이 들어. 그가 죽었다며 몹시 슬퍼했던 네가 그가 아직 살아 있는 것을 슬퍼하게 되지 않는 한 말이야. 그러나 다행히도 너는 더 이상 그 정도는 아니야.

> 아, 이미 고통스러워하는 것과 사는 것에 지쳐버린 그 불행한 자는
> 왜 잠시일지언정 이곳에 머물려 하지 않는지!

이상이 내가 너에게 답해야 했던 것들이야. 너를 사랑하는 나는 너에게 영원한 재회에 대한 달콤한 희망을 전하며 함께 나누고 있어. 너 혼자만 그런 계획을 세운 게 아니라는 것을, 그리고 그 계획의 실행이 네가 생각했던 것보다 더 진척되어 있다는 것을 이제 알겠지. 그러니 다정한 친구, 이 여름을 더 인내해. 또다시 헤어져야 하는 것보다 재회가 늦어지는 것이 나아.

자, 아름다운 부인, 내가 약속을 지켰지? 그러니 내가 완전히 이긴 거지? 자, 무릎을 꿇고 이 편지에 공손하게 키스해. 인생에서 적어도 한 번은 쥘리가 우정 싸움에서 졌다는 것을 겸허하게 인정해.*

---

* 이 착한 스위스 여인은 명랑할 때 재치도 순박함도 세련됨도 없으면서 그 명랑함에 얼마나 만족해하는지! 그녀는 좋은 기분을 전하기 위해서는 받는 사람들 사이에 준비가 필요하다는 것을 생각지 못한다. 그녀는, 사람들이 자신을 위해서가 아니라 다른 사람들을 위해서 이런 좋은 기분을 느낀다는 것을, 그리고 또 웃기 위해서가 아니라 박수갈채를 받기 위해서 웃는다는 것을 모른다.

:: **편지 3**

도르브 부인에게

나의 사촌, 나의 은인, 나의 친구, 나는 지구 끝에서 막 돌아왔습니다. 내 마음은 당신으로 가득 차 있었습니다. 나는 적도를 네 번이나 통과했고, 두 반구를 편력했습니다. 나는 세상 곳곳을 보았으며, 당신과의 대척지에 있었어요. 세계를 일주했지만 단 한 순간도 당신을 잊어본 적이 없습니다. 우리에게 소중한 것들을 떨쳐버리려 해도 소용이 없습니다. 그것들의 모습은 바다와 바람보다 더 빨리 세상 끝까지 우리를 따라오며, 어디를 가든 우리의 생명의 근원은 우리와 함께 있습니다. 나는 많은 고생을 했습니다. 하지만 나보다 더 큰 고통을 겪는 사람들도 보았습니다. 불행한 동료들이 죽어가는 것을 얼마나 많이 보았는지! 아아, 그들은 목숨이라는 너무도 큰 희생을 치렀습니다! 그런데 나는 이렇게 살아남았습니다…… 어쩌면 나는 사실 덜 불쌍한 사람이었습니다. 나로서는 동료들의 고난이 나의 고난보다 더 견디기 힘들었습니다. 나는 그들 모두가 고통스러워하는 것을 보았습니다. 그들은 나보다 더 큰 고통을 당했음에 틀림없습니다. 나는 이렇게 생각하곤 했습니다. '나는 지금 여기에서 힘들다. 그렇지만 지구상에는 내가 행복하고 편안할 수 있는 곳이 있다.' 나는 대양에서 참고 견딘 것에 대해 제네바 호숫가에서 보상받고 있었습니다. 나는 도착하여 다행스럽게도 나의 기대들이 확인되는 것을 봅니다. 에드워드 경은 당신들 둘 다 평화와 건강을 누리고 있으며, 특히 당신은 아내라는 기분 좋은 칭호를 잃었지만 친구와 어머니라는 칭호가 아직 당신에게 남아 있다는 것을, 그리고 그 칭호만으로도 당신의 행복에 충분하리라는 것을 내게 알려주었습니다.

몹시 급하게 이 편지를 보내는 터라 지금은 당신에게 나의 여행에 대해 자세히 말해줄 수 없습니다. 머지않아 더 편안하게 자세한 이야기를 해줄 기회가 있을 것으로 감히 기대합니다. 이 편지에서는 내 여행에 대한 가벼운 생각을 전하는 것으로 그치겠습니다. 당신의 호기심을 만족시키기보다는 자극하기 위해서 말입니다. 방금 말한 나의 엄청난 여정에는 약 4년이 걸렸습니다. 나는 내가 타고 떠났던 배로 돌아왔는데, 함대 중 유일하게 돌아온 배입니다.

나는 먼저 아메리카 대륙을 보았습니다. 그 거대한 대륙은 힘이 모자라 유럽인들의 손아귀에 들어갔는데, 유럽인들은 지배력을 확보하기 위해 그곳을 황폐한 땅으로 만들었습니다. 나는 리스본과 런던이 보물을 퍼내고 있는 브라질 해안을 보았습니다. 비참한 주민들은 금과 다이아몬드를 밟고 다니지만 그것들에 감히 손도 못 댑니다. 나는 남회귀선 아래의 풍랑 거친 바다를 평화롭게 통과했습니다. 그런데 오히려 평화로운 바다에서 아주 무시무시한 폭풍우를 만났습니다.

> 수상쩍은 바다 미지의 한 극지에서
> 나는 파도의 배신과 바람의 배반을 겪었네.

나는 오직 용기에서 위대한, 그리고 큰 키보다는 소박하고 검소한 생활 때문에 더 확고하게 자립을 유지하고 있는 그 소위 거인들*을 멀리서 보았습니다. 나는 사람이 살지 않는 한 섬에서 3개월을 보냈는데, 자연의 태고의 아름다움을 잃지 않은 그 섬은 아주 매력적이고 감미롭고 감동적인 경관을 보존하고 있었습니다. 그리하여 그 섬은 박해받은 순수와 사랑의 피난처로 이용되기 위해 세상 끝에 틀어박혀 있는 것 같았습니다. 그러나 탐욕스러운 유럽인들은 잔인한 기질대로 행동해 평화롭게 사는 인디언들을 쫓아내고는, 거기 직접 살지도 않으면서 그곳에 대한 권리를 주장합니다.

---

* 파타고니아 사람들.

나는 멕시코와 페루의 연안에서 브라질 해안에서와 동일한 광경을 보았습니다. 그곳의 불행한 몇 안 되는 주민들을 보았는데, 풍요로운 지하자원을 가졌음에도 불구하고 노예 상태와 오욕과 가난에 짓눌려 사는 그 두 강한 국민의 우울한 후예들은 자신들에게 그렇게 풍요로운 보물을 준 하늘을 탓하며 한탄했습니다. 나는 한 마을이 저항도 방어도 전혀 못한 채 온통 끔찍한 화재에 휩싸이는 것을 보았습니다. 유식하고 인간적이고 예의바른 유럽 국민들 사이의 전쟁의 권리라는 것이 바로 그런 것입니다. 그들은 이익을 얻기 위해 적에게 온갖 고통을 가하는 것에서 그치지 않습니다. 자신들이 가하는 아무 쓸데 없는 온갖 고통까지도 자신들의 이익으로 생각합니다. 나는 아메리카 대륙 서부 거의 대부분을 해안을 끼고 항해했습니다. 이를테면 지구의 한쪽 반구의 요충지들을 장악한 유일 강대국의 지배하에 있는 375킬로미터나 되는 엄청나게 긴 해안과 지구상에서 가장 큰 바다를 바라보면서 감탄하지 않을 수 없었습니다.

그 거대한 대양을 가로질러 다른 대륙에 다다랐는데, 그곳에서는 새로운 광경을 접했습니다. 나는 지구상에서 가장 인구가 많고 가장 유명한 나라가 소수의 보병에 의해 점령당한 상황을 보았습니다. 그 유명한 국민을 가까이서 보았는데, 그들이 노예 상태에 있음을 발견하고도 더 이상 놀랍지 않았습니다. 공격받는 족족 정복되었기에 그 나라는 항상 먼저 침략해오는 나라의 먹이가 되었습니다. 그 상황은 몇 세기가 흘러도 마찬가지일 겁니다. 나는 그 나라 국민이 자신들의 운명을 탄식할 용기조차 갖고 있지 않은 것을 보고 그런 운명에 처해 마땅하다고 생각했습니다. 그들은 학식이 있지만 비열한, 위선적이고 교활한, 말은 많이 하지만 내용이 없는, 재치는 있지만 재능은 전혀 없는, 제스처는 많지만 생각은 메마른, 정중하지만 아첨하고 교활하고 음흉하고 권모술수를 잘 쓰는, 모든 의무를 이행하고 모든 도덕을 실천하는 척하는, 인사와 절 외에는 어떤 인간미도 알지 못하는 그런 국민이었습니다. 나는 첫 번째 섬보다는 덜 알려졌지만 더 매혹적인, 사람이 살지 않는 또 다른 섬에 우연히 당도했는데, 더할 수 없이 끔찍한 사고 때문에 우리는 영원히 그곳에 갇힐 뻔했습니다. 아마 나는 그토록 기분 좋은 유배에 두려움을 갖지 않은 유일한 사람이었을 겁니다. 그러니 이후 내가 어디로든 유배를 마다하겠습니까? 나는 그 환희와 두려움의 장소에서, 인간의 산업이라는 것이 개화된 사람을 그에게 부족할 것이 전혀 없는 은둔으로부터 끌어내어 새로운 욕망의 구렁텅이에 다시 빠트리기 위해 어떤 시도를 할 수 있는지를 보았습니다.

드넓은 대양에서 큰 배 두 척이 서로 마주치는 것은 사람들에게는 아주 기분 좋은 일이 될 텐데도, 나는 그 대양에서 되레 그 큰 배들이 서로를 추격하고 찾아내어 공격하고 광란하듯 싸우는 것을 보았습니다. 마치 그 광대한 공간이 그 배들 각각에게 너무 좁다는 듯이 말입니다. 나는 배들이 서로에게 철과 화염을 토해내는 것을 보았습니다. 아주 잠깐의 전투에서 나는 지옥의 모습을 보았습니다. 이긴 자들의 환성이 부상자들의 울부짖음과 죽어가는 자들의 신음 소리에 뒤덮이는 것을 목격했습니다. 나는 엄청난 전리품 중 내 몫을 얼굴을 붉히며 받았습니다. 나는 그것을 받았지만 기탁해버렸습니다. 그 전리품이 불행한 자들에게서 획득된 것이라면 그것을 돌려받을 사람은 바로 그 불행한 자들입니다.

나는 유럽이 아프리카의 끝으로 옮겨진 것을 보았습니다. 다른 나라 국민들의 모든 용맹이 한 번도 극복하지 못한 고난을 시간과 끈기로 이겨낸 그 탐욕스럽지만 인내력 있고 근면한 국민의 노고에 의해서 말입니다. 나는 오로지 지구를 노예들로 뒤덮는 운명만을 타고난 것처럼 보이는 그 거대하고 불행한 국가들을 보았습니다. 나는 그 국가들의 비루한 모습에 경멸과 혐오와 연민의 시선을 보냈습니다. 다른 사람들에게 봉사하기 위해 나와 같은 인간들의 4분의 1이 짐승으로 변한 것을 보며 나는 인간인 것이 슬펐습니다.

마지막으로, 나는 동료들에게서 용감하고 자존심 강한 사람들의 모습을 보았으며, 그들의 모범과 자유가 인간의 명예를 회복해주는 것 같았습니다. 그처럼, 그들에게는 고통과 죽음이 아무것도 아니며 그들은 기아와 권태 외에는 아무것도 두려워하지 않습니다. 나는 그들의 함대 사령관에게서 지휘자, 병사, 지도자, 현명한 사람, 위대한 사람의 모습을, 아니 어쩌면 이 말이 더 낫겠는데 에드워드 봄스턴의 훌륭한 친구의 모습을 보았습니다. 하지만 내가 세상 어디에서도 보지 못한 것은 사랑했던 동료들을 잃어버린 내 마음을 위로해줄 수 있는, 클레르 도르브와 쥘리 데탕주 같은 사람입니다.

나의 치유에 대해서는 뭐라 말해야 할지? 내가 치유되었는지는 당신이 평가해주어야겠지요. 나는 떠날 때보다 더 자유롭고 현명해져서 돌아왔을까요? 감히 그렇게 생각하기는 하지만 확신할 수는 없습니다. 어떤 한 사람의 모습이 여전히 내 마음을 지배합니다. 그 모습이 내 마음에서 지워질 수 있는 것인지 아닌지 당신은 압니다. 그렇지만 그 모습의 지배력이 그 모습보다 더 가치 있습니다. 내가 착각한 게 아니라면, 그 모습이 당신의 마음을 지배하는 것처럼 이 불행한 마음을 지배합니다. 그래요, 나의 사촌, 그녀의 미덕이 나를 사로잡은 것 같습니다. 그래서 이제 나는 그녀에게 세상에서 가장 다정하고 가장 좋은 친구일 뿐이고, 당신이 그녀를 경애하듯이 그녀를 경애할 뿐인 것 같습니다. 더 정확히 말하면, 나의 감정은 약해지지는 않았지만 바로잡아진 것 같고, 아무리 나 자신을 주의 깊게 들여다보아도 그 감정은 그 감정을 야기하는 대상만큼 순수한 것 같습니다. 내게 가르침을 줄 수 있는, 나를 평가할 시험까지 말해주었는데 내가 당신에게 무슨 말을 더 할 수 있겠습니까? 나는 솔직하고 진실합니다. 나는 내가 되어야 하는 사람이 되고 싶습니다. 하지만 경계할 이유가 너무도 많은데 어떻게 내 마음을 보증할 수 있겠습니까? 내가 과거를 마음대로 할 수 있겠습니까? 과거에 불같은 열정에 사로잡혔던 것을 지금 내가 어떻게 부인할 수 있겠습니까? 어떻게 내가 단지 상상만으로 과거와 현재를 구분하겠습니까? 어떻게 내가 연인으로만 생각했던 여인을 친구로 생각할 수 있겠습니까? 당신이 내 친절의 동기에 대해 어떻게 생각하든 그 친절은 정직하고 분별 있습니다. 당신이 그 친절을 인정하는 것이 마땅합니다. 나는 적어도 나의 의지에 대해서는 미리 보증합니다. 당신을 만나는 것을 허락해주세요. 당신 스스로 나를 시험해보세요. 그렇지 않으면 내가 쥘리를 보러 가도록 내버려두세요. 그러면 나는 내가 어떤 상태인지 알게 될 겁니다.

나는 에드워드 경을 따라 이탈리아에 가야 합니다. 당신에게서 가까운 곳을 지나가면서도 당신을 보지 않는다니요! 그것이 있을 수 있는 일이라고 생각합니까? 아! 만일 당신이 잔인하게도 그렇게 하기를 요구한다면, 내가 그 요구를 따르지 않아도 당신은 할 말이 없을 겁니다! 그런데 왜 당신은 그렇게 하기를 요구하는 겁니까? 당신은 아주 어릴 때부터 나를 사랑한, 지금 나를 훨씬 더 사랑해주어야 할, 내가 모든 것을 빚지고 있는,* 정숙하고 현명하고 착하고 동정심 넘치는 그 클레르가 아닙니까? 그래서는 안 됩니다, 매력이 흘러넘치는 사랑하는 친구, 그토록 매정한 거절은 당신다운 일이 아니며, 내게 해서는 안 될 일입니다. 그것은 내 불행의 극치는 아닐 겁니다. 다시 한번, 내 인생에 다시 한번, 나는 당신의 발아래 내 마음을 맡깁니다. 나는 당신을 만나렵니다. 당신은 동의할 겁니다. 나는 그녀를 만나렵니다. 그녀는 동의할 겁니다. 당신들 두 사람은 그녀에 대한 나의 존경심을 잘 압니다. 당신은 내가 그녀 앞에 나타날 자격이 없다고 스스로 느끼면서도 그녀의 눈앞에 나타나는 그런 사람인지 아닌지 압니다. 그녀는 너무 오랫동안 자신의 매력의 성과에 대해 한탄했습니다. 아, 그녀

---

* 그는 그녀에게 도대체 무슨 빚을 그토록 많이 지고 있는 것인가? 자신의 인생을 불행하게 만든 그녀에게? 한심한 질문자 같으니! 그는 자신이 사랑하는 여자의 명예, 미덕, 평화로운 마음을 그녀에게 빚지고 있음에 틀림없다. 그러니 그녀에게 모든 것을 빚지고 있는 것이다.

에게 자신의 미덕의 성과를 한번 보게 해주세요!

추신. 에드워드 경은 일 때문에 한동안 이곳에 더 붙잡혀 있습니다. 당신을 보러 가는 것이 허락된다면, 내가 앞질러 당신 곁으로 달려가지 않을 이유가 있습니까?

:: **편지 4**

볼마르 씨로부터

우리가 아직 서로를 잘 알지는 못하지만 저는 당신에게 편지 쓰는 일을 위임받았습니다. 여인들 중 가장 정숙하고 사랑스러운 여인이 자신의 행복한 남편에게 얼마 전 속마음을 털어놓았습니다. 나는 당신이 그녀의 사랑을 받기에 족했던 사람이라고 생각합니다. 당신에게 내 집을 제공하겠습니다. 그 집에는 순결과 평화가 가득합니다. 당신은 그 집에서 우정과 환대와 호의와 신뢰를 접할 것입니다. 잘 생각해보세요. 그리고 두려울 것이 없다면 걱정 말고 오세요. 당신이 이곳을 떠날 때는 반드시 여기에 친구가 하나 생겨 있을 겁니다.

볼마르.

추신. 오세요, 친구. 우리는 간절히 당신을 기다리고 있어요. 당신이 우리의 제안을 거절해도 저는 고통스럽지 않을 거예요.

쥘리.

:: 편지 5

도르브 부인으로부터

앞의 편지는 이 편지에 동봉되었음

여행에서 돌아온 것을 축하합니다! 정말 축하합니다, 친애하는 생 프뢰. 당신이 이 이름*을 쓰기를 바라요. 적어도 우리끼리는요. 그러한 바람이 우리가 당신을 거부하고 싶어 하지 않는다는 것을 당신에게 충분히 말해준다고 생각해요. 당신이 우리를 거부하지 않는 이상 말이에요. 제가 당신이 요구한 것 이상을 했다는 것을 동봉한 편지에서 확인하시고, 당신 친구들을 더 신뢰하는 법을, 또한 당신 친구들이 이성적인 판단에 따라 당신에게 안겨준, 그렇지만 마음속으로는 당신과 함께 나누어 가진 그 비애에 대해 더 이상 책망하지 않는 법을 배우세요. 볼마르 씨는 당신을 보기를 원해요. 당신에게 자신의 집과 우정과 조언을 제공하고 싶어 해요. 당신의 방문에 대한 저의 모든 염려를 진정시키는 데 그렇게 많은 것은 필요하지 않았어요. 만일 제가 당신을 한순간이라도 의심할 수 있었다면 저 자신을 모욕하는 일이 될 거예요. 그는 그 이상을 원해요. 그는 당신의 마음을 치유해주기를 원해요. 그렇지 않고는 줠리도 그도 당신도 저도 완전히 행복할 수 없다고 말해요. 제가 그의 지혜와 당신의 미덕에 많은 기대를 걸고 있긴 하지만 이 시도가 성공을 가져올지는 알 수 없어요. 제가 아는 것은, 그가 자기 아내와 함께 배려를 베풀고자 하는 것은 당신에 대한 순수한 아량이라는 점이에요.

그러니 사랑스러운 친구, 정직한 마음에 대해 안심하고 오세요. 그리하여 당신을 포옹하고, 평화롭고 흡족해하는 당신을 보고 싶어 하는 우리 모

---

* 그의 이전 여행 때, 그녀가 자기 하인들 앞에서 붙여준 것이 바로 이 이름이다. 제3부 편지 14를 보라.

두의 열망을 채워주세요. 당신의 나라에서, 당신의 친구들 사이에서 여행의 피로를 풀고 당신이 겪은 모든 불행을 잊으세요. 당신을 마지막으로 보았을 때 저는 신중한 중년 여인이었어요. 쥘리는 빈사 상태에 있었고요. 쥘리는 잘 지내고 저는 혼자가 된 지금, 이렇게 저는 결혼 전만큼이나 쾌활하고 예쁘답니다. 그러나 어쨌든 확실한 것은 당신에 대한 제 마음이 전혀 변하지 않았다는 것, 그리고 당신이 세계 일주를 아무리 많이 해도 저만큼 당신을 사랑하는 사람은 만나지 못하리라는 것이에요.

:: **편지 6**

에드워드 경에게

밤중에 일어나 이렇게 당신에게 편지를 씁니다. 한순간도 마음의 평화를 찾을 수 없습니다. 뒤숭숭하고 흥분된 마음을 억누를 수 없습니다. 그러니 토로해야겠습니다. 그렇게 자주 저를 절망으로부터 지켜준 당신, 제가 그토록 오래전부터 맛보았던 최초의 기쁨의 소중한 수탁자가 되어주세요.

저는 그녀를 보았어요, 에드워드 경! 두 눈으로 그녀를 보았어요! 그녀의 목소리도 들었습니다. 손도 만졌습니다. 그녀는 저를 알아보고 인사했습니다. 저를 보고 기뻐했습니다. 저를 친구, 사랑하는 친구라고 불렀습니다. 그녀는 저를 집으로 맞아들였습니다. 저는 어느 때보다 행복하게 그녀와 한 지붕 아래에서 살고 있습니다. 당신에게 편지를 쓰는 이 순간 그녀는 저에게서 몇 걸음밖에 떨어져 있지 않습니다!

생각들이 너무 살아 있어서 차례차례 이어지지가 않습니다. 생각들이 한꺼번에 떠올라 뒤죽박죽되는 바람에 서로를 방해해요. 잠시 편지를 멈추고 숨을 좀 돌리겠습니다. 저의 이야기를 차근차근 풀어나가기 위해서요.

그렇게 오랜 부재 끝에 돌아와 당신을 포옹하며 한껏 열광에 취하자마자 곧 저의 친구이자 해방자이자 아버지인 당신은 이탈리아 여행을 생각했습니다. 당신에게 아무 도움도 안 되는 존재라는 저의 부담을 덜어주려는 희망에서 당신은 저로 하여금 그 여행을 함께 할 마음을 갖게 했습니다. 당신을 런던에 붙잡아두고 있는 일을 당장 끝낼 수 없어서, 당신은 제게 이곳에서 당신을 기다리며 머물 시간을 더 벌어주기 위해 먼저 이곳으로 떠날 것을 제안했습니다. 저는 이곳에 오기 위한 허락을 청했고, 마침내 허락을 얻어 출발했습니다. 쥘리에게 가까이 간다는 생각을 하니 벌써 그녀의 모습이 상상되었지만, 반대로 당신에게서 멀어져간다고 생각하니 후회의 감정이 느껴졌습니다. 에드워드 경, 우리는 대차 관계가 없습니다. 그 감정 하나만으로도 당신에게 모든 것을 갚았어요.

오는 동안 내내 제가 제 여행의 목적만 생각했다는 것은 굳이 말씀드릴 필요가 없겠지요. 하지만 말씀드려야 할 것 한 가지는, 제 마음을 떠나지 않은 그 목적을 제가 다른 관점에서 바라보기 시작했다는 것입니다. 그때까지 저는 여전히 쥘리를 아주 젊은 시절의 매력 넘치는 찬란한 모습으로 기억하고 있었습니다. 저는 항상 제게 영감을 불러일으켰던 그 열정으로 반짝이는 그녀의 아름다운 눈을 떠올리곤 했었습니다. 제 눈에는 그녀의 사랑스러운 얼굴에서 오직 저의 행복의 보증밖에 보이지 않았습니다. 그녀의 사랑과 저의 사랑이 그녀의 얼굴과 너무 결합되어서 저는 그녀의 얼굴과 그 사랑들을 구분할 수 없었습니다. 이제 저는 결혼한 쥘리, 어머니가 된 쥘리, 담담한 쥘리를 보게 될 것이었습니다! 저는 8년이라는 간격이 그녀의 아름다움에 가져올 수 있었던 변화에 대해 불안해했습니다. 그녀는 천연두를 앓아서 달라졌습니다. 그녀는 어느 정도까지 달라질 수 있었을까? 저의 상상력은 그 매력적인 얼굴의 흠을 끈질기게 거부했습니다. 그리하여 제가 천연두 자국을 하나 상상하기만 해도 그것은 더 이상 쥘리의 얼굴이 아니었습니다. 저는 또한 우리가 나누게 될 대화와 그녀가 저를 맞을 때의 태도에 대해 생각했습니다. 그 첫 재회는 제 마음속에 수많은 모습으로 그려졌습니다. 너무도 빠르게 지나갈 그 순간이 제게는 하루에도 수없이 떠올랐습니다.

산등성이가 눈에 들어왔을 때 저의 가슴은 크게 두근거렸습니다. 저는 생각했습니다. '저기에 그녀가 있어.' 바다에서 유럽 해안을 볼 때도 그렇게 생각했었습니다. 예전에 메유리에서 데탕주 남작의 집을 발견하고도 그렇게 생각했었지요. 제게는 세상이 단 두 영역으로 나뉩니다. 그녀가 있는 영역과 그녀가 있지 않은 영역으로요. 그녀가 있는 영역은 제가 거기서 멀어질 때 확대되고, 제가 거기에 가까워짐에 따라 축소됩니다. 마치 제가 결코 이르지 못할 한 장소인 것처럼 말이에요. 현재 그 영역은 그녀 방의 네 벽에 한정되어 있습니다. 아! 그곳에만 사람이 삽니다. 세상의 그 밖의 장소는 비어 있습니다.

스위스에 가까워질수록 제 마음은 더욱더 감격했습니다. 쥐라 산맥의 고지에서 제네바 호수를 발견한 순간은 황홀과 도취의 순간이었습니다. 내 나라의 풍경, 내 마음에 기쁨이 넘쳐나게 하는 너무 사랑스러운 그 나라의 풍경, 그토록 심신에 유익하고 맑은 알프스의 공기, 동양의 향수보다 더 그윽한 조국의 신선한 대기, 풍요롭고 비옥한 토양, 인간의 눈이 이제껏 접해본 적이 없는 가장 아름다운 그 독특한 풍경, 세계 일주에서도 그에 버금가는 것을 본 적이 없는 그 매력적인 주거, 사람들의 행복하고 자유로운 모습, 포근한 계절, 청명한 날씨, 제가 맛본 모든 감정을 일깨우는 수많은 달콤한 추억들. 그런 모든 것이 저를 말로 표현할 수 없는 열광에 빠트려 제 인생 전체의 즐거움을 한꺼번에 제게 돌려주는 것 같았습니다.

구릉을 향해 내려갈 때 저는 의식해본 적 없는 어떤 새로운 느낌을 받았습니다. 그것은 가슴이 메게 하고 저도 모르게 불안해지게 하는 어떤 두려움의 꿈틀거림이었습니다. 이유를 알 수 없는 그 두려움은 그 도시에 가까워질수록 커갔습니다. 그 두려움이 그 도시에 이르려는 저의 열망을 억제했습니다. 그리하여 마침내 너무 가까워지자, 저는 그때까지 저의 느림이 걱정되었던 만큼 저의 서두름이 걱정되었습니다. 브베에 들어가면서 제가 느낀 감정은 결코 좋은 것만은 아니었습니다. 숨을 못 쉴 정도로 가슴이 두근거렸습니다. 저는 그곳 사람에게 떨리는 목소리로 띄엄띄엄 말했습니다. 볼마르 씨를 찾아왔노라고 어렵사리 말했습니다. 그의 아내의 이름을 감히 댈 수 없었기 때문입니다. 그런데 그는 클라랑에 살고 있다는 것이었습니다. 그 말은 제 마음의 중압감을 크게 덜어주었습니다. 그리하여 저는 휴식을 좀 취하기 위해 8킬로미터 정도를 걸으면서 옛날 같았으면 저를 당황시켰을 그 상황을 즐겼습니다. 그러나 저는 도르브 부인이 로잔에 있다는 것을 알고 정말 마음이 아팠습니다. 힘이 빠진 저는 원기를 회복하기 위해 여관으로 들어갔습니다. 하지만 단 한 조각의 빵도 삼킬 수 없었습니다. 물을 마시는 것도 어려워 한 잔을 여러 번에 걸쳐 마시며 비울 수 있었습니다. 다시 출발하기 위해 마차에 오르자 두려움이 배가 되었습니다. 마차 바퀴가 부서지는 것을 볼 수 있다면 세상의 그 무엇이라도 다 주었을 겁니다. 저는 더 이상 쥘리를 상상하지 않았습니다. 저의 불안한 상상력은 제게 흐릿한 대상들만 보여주었습니다. 저의 마음은 너무 산란했습니다. 저는 고통과 절망에 익숙해 있었기에 그 지독한 상태보다는 차라리 고통과 절망을 택했을 겁니다. 어쨌든 저는 지금까지 그 짧은 여행 동안에 느낀 것보다 더 지독한 불안을 느껴본 적이 없다고 말할 수 있습니다. 그렇기에 그런 상태에서는 제가 단 하루도 제대로 버티지 못했을 것이라고 확신합니다.

저는 도착하여 창살 대문 앞에 마차를 세웠습니다. 한 발짝도 뗄 수 없을 것 같아서 마부를 시켜 어떤 손님이 볼마르 씨를 찾아왔다고 전하게 했습니다. 그는 아내와 산책하는 중이었습니다. 전갈을 받은 두 사람이 예상과는 다른 쪽에서 왔습니다. 저는 길에서 눈을 떼지 않은 채 몹시 겁먹은 상태로 누군가 나타나기를 기다리고 있었습니다.

쥘리는 저를 발견하자 곧 알아보았습니다. 순간적으로 저를 보고 소리를 지르고 달려와 제 품에 몸을 던졌는데, 그것이 모두 동시에 이루어진 것 같았습니다. 그 목소리에 제 마음이 설렜습니다. 저는 그녀가 달려오는 쪽으로 몸을 돌려 그녀를 보았습니다. 마침내 저는 그녀를 느낄 수 있었습니다. 오, 에드워드 경! 오, 나의 친구!…… 말이 나오지 않습니다…… 잘 가라, 두려움이여. 잘 가라, 공포여, 불안이여, 타인의 이목이여. 그녀의 시선과 탄성과 몸짓은 일순간에 저의 신뢰와 용기와 힘을 회복해주었습니다. 저는 그녀의 포옹에서 온정과 생명을 얻었습니다. 그녀를 포옹하면서 기쁨에 안절부절못했습니다. 성스러운 황홀이 꼭 껴안은 우리를 침묵 속에 붙들어두었어요. 그렇게 감미로운 급격한 감동이 있은 뒤에야 우리의 목소리가 섞이고 우리 눈에서 눈물이 터져 나오기 시작했습니다. 볼마르 씨도 옆에 있었습니다. 저는 그것을 알았고, 그를 보았습니다. 그렇지만 제가 무엇을 볼 수 있었겠습니까? 그렇습니다. 세상 전체가 제게 반대하여 뭉쳤을지언정, 제가 고문 도구들에 에워싸였을지언정 저는 우리가 신에게 가져갈 순수하고 신성한 우정의 감미로운 만물인 그 포옹을 조금이라도 거절하지 않았을 것입니다!

처음의 그 격렬한 감동이 잦아들자 볼마르 부인은 저의 손을 잡고 남편을 바라보며 말했습니다. 저를 감동시키는 어떤 순결하고 순진한 매력을 풍기면서요. "이분은 제 오랜 친구이지만 제가 이분을 당신께 소개하는 것이 아니에요. 제가 당신에게서 이분을 받아들이는 거예요. 이분은 당신의 우정을 얻는 영광을 입었다는 오직 그 이유로 이제 저의 우정을 얻게 될 거예요." 그는 나를 포옹하며 말했습니다. "새 친구들이 오랜 친구들보다 열정은 덜할지언정 그들 역시 오랜 친구가 될 것입니다. 그리하여 다른 사람들의 우정에 지지 않을 것입니다." 저는 그의 포옹을 받았습니다. 그렇지만 마음이 너무 지쳐서 그저 수동적으로 받기만 했습니다.

그 짧은 장면 뒤, 저는 하인이 마차에서 제 짐을 내리고 제가 앉았던 자리를 정리하는 것을 곁눈질로 보았습니다. 쥘리가 저를 가볍게 안으며 안내했습니다. 저는 그들과 함께 집으로 향했습니다. 그 사람들이 저를 거기에 붙잡아두는 것을 보며 거의 숨이 막힐 지경으로 기뻐하면서요.

그때에야 비로소 저는 추해졌을 줄만 알았던 그 숭배하는 얼굴을 보다 차분한 마음으로 바라볼 수 있었는데, 그녀가 정말 어느 때보다 더 아름답고 찬란한 것을 알아보고는 씁쓸하면서도 달콤한 놀라움에 사로잡혔습니다. 그녀의 매혹적인 얼굴은 훨씬 더 원숙해져 있었습니다. 몸은 좀 불어 있었지만, 눈부신 백색을 더할 뿐이었습니다. 천연두는 거의 보이지 않는 희미한 자국을 뺨에 몇 개 남겼을 뿐이었습니다. 전에 그녀로 하여금 계속 눈을 내리깔게 했던 그 편치 않은 수줍음 대신, 그녀의 정숙한 시선 속에서 미덕으로 인한 안심이 온화함, 다정다감함과 결합되어 있는 것이 보였습니다. 그녀의 태도는 전과 마찬가지로 겸손했지만 수줍음은 덜했습니다. 더 자유로운 태도와 더 여유 있는 매력이 친절과 부끄러움이 혼합된 그 부자연한 태도를 대체했습니다. 자신의 과오에 대한 의식이 그 당시 그녀를 더 애처롭게 만들었던 반면, 오늘 자신의 순결성에 대한 의식은 그녀를 더 천사처럼 만듭니다.

우리가 응접실에 들어서자 그녀는 잠시 자리를 떴다가 다시 돌아왔습니다. 그녀는 혼자가 아니었습니다. 그녀가 데리고 온 사람들이 누구일 것 같습니까? 에드워드 경, 그녀의 아이들이었습니다! 두 아이는 너무도 고왔습니다. 그들의 어린 모습에서 이미 어머니의 아름다운 매력이 보였습니다. 그 상황에서 제가 어땠겠습니까? 그것은 말해질 수도, 이해될 수도 없습니다. 그저 느껴야 합니다. 수많은 상반되는 감정들이 한꺼번에 교차했습니다. 가혹하지만 감미로운 기억이 마음을 가득 채웠습니다. 오, 그 광경! 오, 그 회한! 저는 괴로움으로 마음이 찢어지면서 동시에 어쩔 줄 모르게 기뻤습니다. 이를테면 저는, 제게 그토록 소중한 것이 더 늘어났음을 보고 있었던 것입니다. 아! 동시에 저는 이제 그녀가 제게 아무것도 아니라는 너무도 확실한 증거를 보고 있었던 것입니다. 그 증거와 함께 저의 상실이 증폭되는 것 같았습니다.

그녀는 아이들의 손을 잡고 그들을 제게 데리고 왔습니다. 저의 영혼을 파고드는 목소리로 그녀가 말했습니다. "자, 당신 친구의 아이들이에요. 이 아이들은 언젠가 당신의 친구가 될 거예요. 오늘부터 이들의 친구가 되어주세요." 귀여운 두 아이는 즉각 내게 달려들어 내 손을 잡더니, 천진난만한 포옹을 퍼부으며 나의 모든 감동을 애정으로 돌려놓았습니다. 저는 그 아이들을 두 팔로 감싸 이 흥분된 가슴에 꼭 안아주었습니다. 저는 한숨을 내쉬며 말했습니다. "귀하고 사랑스러운 아이들아, 너희가 달성해야 하는 큰 과업이 있단다. 너희를 낳아준 분들을 닮아라. 그분들의 미덕을 본받아라. 그리하여 너희의 미덕으로 어느 날 그분들의 불행한 친구들을 위로해주어라." 볼마르 부인은 기뻐하며 잠시 내 목을 껴안아주었는데, 그 포옹으로 제가 두 아이에게 해준 포옹의 대가를 치르려는 것 같았습니다. 하지만 그 포옹은 처음 보았을 때 했던 포옹과는 얼마나 달랐는지! 저는 그 차이를 느끼고 놀랐습니다. 그것은 한 가정의 어머니로서의 포옹이었던 것입니다. 저는 남편과 아이들에게 둘러싸여 있는 그녀를 보았습니다. 그 모습은 제게 존경의 마음을 불러일으켰습니다. 저는 그녀의 얼굴에서 처음에는 느끼지 못했던 어떤 위엄 있는 표정을 보았습니다. 저는 그녀에게 새로운 종류의 어떤 존경심을 갖지 않을 수 없음을 느꼈습니다. 그녀의 친밀함이 거의 부담스러울 정도였습니다. 그녀가 제게 아무리 아름답게 보여도 저는 기꺼이 그녀의 뺨보다는 그녀의 옷자락에 키스했을 겁니다. 그 순간부터 요컨대 저는, 그녀도 저도 더 이상 과거의 저와 그녀가 아니라는 것을 알게 되었습니다. 그리하여 저는 저 자신에 대해 진심으로 낙관적인 예측을 하기 시작했습니다.

볼마르 씨는 제 손을 잡고 저를 위해 마련해둔 거처로 저를 데려갔습니다. 그는 안으로 들어가며 말했습니다. "보세요, 당신의 거처입니다. 낯선 사람의 거처가 아닙니다. 더 이상 다른 사람이 쓰지 못합니다. 이제부터 이곳은 비어 있거나 당신이 머물러 있는 공간이 될 것입니다. 이런 말을 하는 나의 마음이 얼마나 기쁠지 상상해보세요!" 그렇지만 저는 아직 그럴 자격이 충분하지 않았으므로 그 말을 따르기가 너무 송구스러웠습니다. 볼마르 씨는 뭐라 답할지 모르는 저의 난처함을 면해주었습니다. 제게 정원이나 한 바퀴 돌고 오자고 제안한 것입니다. 정원에서 그가 너무 잘 대해주어서 저는 마음이 더 편해졌습니다. 그는 제 과거의 과오를 알고 있는 듯한, 그러나 저의 정직을 깊이 신뢰하는 듯한 태도를 취하면서 아버지가 아이를 대하듯이 말했고, 나로 하여금 존경하는 마음 때문에 정직을 저버릴 수 없게끔 했습니다. 그래요, 에드워드 경, 그는 틀리지 않았습니다. 저는 그와 당신의 저에 대한 존중의 정당함을 증명해 보이는 일을 잊지 않겠습니다. 그런데 왜 그의 고마운 행동에 제 가슴이 메어야 합니까? 왜 제가 좋아해야 하는 사람이 쥘리의 남편이 되어야 합니까?

그날은 제가 겪을 수 있는 모든 종류의 시련이 예정되어 있었던 것 같습니다. 우리가 볼마르 부인에게 돌아왔을 때 그녀의 남편은 어떤 일을 지시하기 위해 나가야 했습니다. 그래서 저는 그녀와 단둘이 남게 되었습니다.

그래서 저는 또다시 어찌할 바를 몰랐습니다. 어느 때보다도 더 고통스러웠는데, 그것은 전혀 예상하지 못한 일이었습니다. 그녀에게 무슨 말을 해야 하는지? 어떤 말부터 시작해야 하는지? 우리의 이전의 관계와 아직도 너무 생생한 그 시절을 감히 환기해야 하는지? 그것들을 다 잊었다고 생각해야 하는지, 아니면 그런 것들을 더 이상 개의치 않는다고 생각해야 하는지? 마음 깊숙한 곳에 간직하고 있는 여인을 모르는 사람 취급하는 것은 얼마나 큰 고통인지! 그녀가 더 이상 듣지 않을 말을 그녀에게 하기 위해 환대를 악용하는 것은 얼마나 큰 모욕인지! 그와 같은 난처한 상황에서 저는 완전히 침착성을 잃었습니다. 얼굴이 달아올랐습니다. 저는 감히 말을 하지도, 눈을 들지도, 몸을 달싹이지도 못했습니다. 그녀가 그토록 힘든 상태에서 저를 끌어내 주지 않았더라면 저는 그녀의 남편이 돌아올 때까지 영락없이 그 상태에 갇혀 있었을 겁니다. 그처럼 단둘이 있는 것이 그녀에게는 전혀 거북스럽지 않은 것 같았습니다. 그녀는 예전과 다름없는 몸가짐과 태도를 취했습니다. 어조도 예전과 다름이 없었습니다. 그렇지만 그녀는 훨씬 더 명랑하고 자유로운 모습을 보여주려는 것 같았습니다. 마치 저를 안심시키고, 그녀가 당연히 눈치 채고 있는 그 거북함에서 빠져나오도록 제게 용기를 주려는 것처럼, 수줍지도 상냥하지도 않지만 친절하고 애정이 넘치는 눈길을 보내면서요.

그녀는 저의 긴 여행에 관해 물었습니다. 그녀는 그 여행에 대해 자세히 알고 싶어 했습니다. 무엇보다 제가 겪은 위험들과 제가 견뎌낸 고통들에 대해서요. 왜냐하면, 그녀의 말에 따르면, 그녀는 자신의 우정이 제가 겪은 위험과 고통을 보상해주어야 한다는 것을 모르지 않기 때문이었습니다. 저는 그녀에게 우울하게 말했습니다. "아, 쥘리! 방금 당신을 만났는데 당신은 벌써 나를 인도로 돌려보내고 싶은 겁니까?" 그러자 그녀가 웃으며 말했습니다. "아니에요, 절대 그렇지 않아요. 갈 수만 있다면 이번에는 제가 가고 싶은걸요."

저는 제 여행에 관해 당신에게 해준 것과 같은 이야기를 해줄 수 있다고 그녀에게 말했습니다. 그러자 그녀는 금방 당신의 안부를 물었습니다. 저는 그녀에게 당신에 대해 말해주었습니다. 제가 겪은 고통과 제가 당신에게 준 고통에 대해서도 이야기하지 않을 수 없었습니다. 그녀는 그 고통들에 충격을 받았습니다. 그래서 더 심각한 어조로 자신에 대한 해명을 시작했으며, 자기가 했던 모든 일의 불가피성에 대해 말하기 시작했습니다. 그녀가 그런 이야기를 하고 있을 때 볼마르 씨가 들어왔습니다. 저를 당황시킨 것은 볼마르 씨가 옆에 있는데도 그가 없는 것처럼 그녀가 그 이야기를 계속하는 것이었습니다. 그는 제가 놀라는 것을 보고 웃음을 참지 못했습니다. 그녀의 이야기가 끝나자 그가 제게 말했습니다. "당신이 지금 그 실례를 보고 있듯이, 여기에서는 모두가 솔직합니다. 당신이 진정 미덕을 가지기를 원한다면 그 예를 본받도록 하세요. 이것이 제가 당신에게 해야 하는 유일한 부탁이자 유일한 충고입니다. 악덕을 향하는 첫걸음은 순수한 행동을 비밀스러운 것으로 만드는 것입니다. 숨기기 좋아하는 사람은 누구나 조만간 숨기는 것을 당연하게 생각하게 돼 있습니다. 단 하나의 도덕적 교훈으로 다른 모든 교훈을 대신할 수 있습니다. 그 교훈은 이런 것입니다. '당신이 누구도 보고 듣지 않았기를 바라는 일이라면 무엇이든 하지도 말고 말하지도 말라.' 나는 자기 집을 안에서 일어나는 모든 것을 밖에서 들여다볼 수 있게 짓고 싶어 했던 그 로마인을 항상 세상에서 가장 존경할 만한 사람으로 여겼습니다."[2] 그가 말을 이었습니다. "당신에게 두 가지 안을 제시하겠습니다. 당신에게 더 편리한 쪽을 자유롭게 선택하세요. 하지만 하나만 선택하세요." 그러고는 자기 아내와 저의 손을 꼭 쥐며 이렇게 말했습니다. "우리의 우정은 시작되었습니다. 소중한 관계입니다. 깨지지 않았으면 합니다. 내 아내를 누이동생으로서 포옹하든지 아니면 친구로서 포옹하세요. 그리고 항상 그녀를 그렇게 대하세요. 당신이 그녀와 친숙하게 지내면 지낼수록 나는 당신에 대해 더 많이 생각할 것입니다. 단, 둘이 있을 때에는 내가 옆에 있는 것처럼 행동하고, 내가 옆에 있을 때에는 내가 없는 것처럼 행동하세요. 내가 당신에게 부탁하는 것은 그것밖에 없습니다. 내 아내를 친구로 여기는 쪽을 택하고 싶다면 염려 말고 그렇게 하세요. 나는 나를 불쾌하게 하는 모든 것에 대해 당신에게 주의를 줄 권리를 가지고 있기에, 내가 아무 말 않는 한은 당신이 나를 불쾌하게 하지 않은 것이 확실할 것이기 때문입니다."

두 시간 전이었다면 저는 그 이야기에 아주 어리둥절했을 겁니다. 그러나 볼마르 씨는 이미 제게 너무도 큰 영향력을 발휘하고 있어서 저는 이미 그에게 거의 길들어 있었습니다. 우리는 셋이서 다시 편안하게 대화를 나누기 시작했습니다. 쥘리에게 말할 때마다 저는 그녀를 '부인'이라 부르는 것을 잊지 않았습니다. 마침내 그녀의 남편이 제게 물었습니다. "솔직하게 말해보세요. 방금 당신은 '부인'이라고 불렀지요?" 저는 좀 당황하며 대답했습니다. "아닙니다, 그게 아니라 예절을……" 그가 다시 말했습니다. "예절이라는 것은 악덕의 가면일 뿐입니다. 미덕이 존재하는 곳에서는 예절은 불필요합니다. 나는 그런 예절을 원치 않습니다. 내 아내를 내 앞에서 '쥘리'라고 부르건, 그녀하고 단둘이 있을 때 '부인'이라고 부르건 내게는 아무 상관이 없습니다." 저는 그때 제가 어떤 사람을 대하고 있는지를 깨닫기 시작했습니다. 그리하여 저는 진심으로 결심했습니다. 제 마음을 그가 훤히 볼 수 있는 상태로 유지하기로요.

피곤에 지친 저의 몸은 먹을 것이 필요했고 마음은 휴식이 필요했습니다. 저는 식탁에서 그 두 가지를 얻었습니다. 그토록 오랜 세월 동안의 부재와 고통, 그리고 긴 여행 뒤에 저는 황홀감 같은 것을 느끼며 저 자신에게 말했습니다. '나는 그녀와 함께 있다. 나는 그녀를 보고 있다. 나는 그녀에게 말하고 있다. 나는 그녀와 함께 식탁에 앉아 있다. 그녀는 나를 편한 마음으로 보고 있다. 그녀는 나를 두려움 없이 받아주고 있다. 우리가 함께 있는 기쁨을 누구도 방해하지 않는다. 감미롭고 고귀한 순결이여, 나는 너의 매력을 맛보지 못했었다. 비로소 오늘부터 나는 고통 없이 살게 되었다!'

그날 저녁 식탁을 떠나 헤어질 때 저는 집 주인들의 방 앞을 지나갔습니다. 저는 그들이 그 방으로 함께 들어가는 것을 보았습니다. 저는 우울하게 제 방으로 들어왔습니다. 그 순간은 제게는 그날 중 그렇게 기분 좋은 순간은 아니었습니다.

에드워드 경, 그토록 열렬히 원하고 몹시 두려웠던 첫 만남은 그렇게 지나갔습니다. 혼자 있게 되자 저는 조용히 저 자신을 돌아보려고 애썼습니다. 또한 제 마음을 살펴보려고 애썼습니다. 그렇지만 전날의 흥분이 아직도 지속되고 있습니다. 그리하여 저는 제 실제 상황을 그렇게 빨리 판단할 수가 없습니다. 제가 아주 확실히 아는 것이라고는, 그녀에 대한 저의 감정이 종류는 바뀌지 않았을지언정 적어도 형태는 바뀌었다는 것, 제가 우리 사이에 항상 제삼자가 끼어 있기를 바란다는 것, 그리고 옛날에 단둘이 있기를 원했던 만큼 이제는 단둘이 있기를 두려워한다는 것뿐입니다.

저는 이삼일 후에 로잔에 갈 생각입니다. 쥘리의 사촌을 아직 보지 않았으니 쥘리를 아직 반밖에 보지 않은 셈입니다. 제가 그토록 많은 빚을 지고 있는 그 상냥하고 사랑스러운 친구, 저의 우정과 염려와 고마움, 그리고 아직 제가 마음대로 할 수 있는 감정들 모두를 당신과 함께 나누어 가질 그 친구 말입니다. 돌아오면 지체 없이 더 많은 이야기를 해드리겠습니다. 저에게는 당신의 조언이 필요합니다. 저는 저 자신을 세밀히 관찰하고 싶습니다. 저는 제 의무가 무엇인지 알며, 그 의무를 이행할 것입니다. 이 집에서 사는 것이 아무리 즐거워도 그렇게 하기로 결심했고, 그렇게 할 것을 맹세합니다. 언젠가 제가 이 집에서 지나치게 즐거워하는 저를 깨닫게 된다면 저는 그 즉시 떠날 것입니다.

:: **편지 7**

볼마르 부인이 도르브 부인에게

우리가 부탁한 대로 네가 출발을 늦췄다면 너는 떠나기 전에 너의 피보호자를 포옹하는 기쁨을 누렸을 거야. 그는 그저께 도착했는데, 오늘 너를 보러 가고 싶어 했어. 하지만 심한 여독 때문에 방에서 꼼짝 못하고 있지. 그는 오늘 아침에 사혈(瀉血)*을 했어. 게다가 나는 너를 벌주려고, 그가 즉시 네게 떠나도록 내버려두지 않기로 단단히 별렀어. 그러니 네가 이곳

* 웬 사혈인가? 그 역시 스위스에서 유행하는 것인가?

으로 그를 보러 와야 해. 그렇지 않으면, 장담하는데, 너는 그를 오랫동안 못 볼 거야. 떨어져서는 못 사는 사람들이 떨어져 사는 것을 그가 보고 어땠겠는지 한번 상상해봐!

정말이지, 그 여행 때문에 얼마나 쓸데없는 두려움이 내 마음을 괴롭혔었는지 몰라. 나는 그렇게 끈질기게 그 여행에 반대했던 것을 부끄럽게 생각해. 그를 다시 보는 것을 두려워했다는 생각이 들수록, 나는 오늘 그를 진작 보지 못했다는 것이 몹시 유감스러워. 그를 봄으로써, 그동안 나를 괴롭혔던, 그에 대해 많이 생각하는 것을 정당화해줄 수 있었던 그 두려움이 사라졌기 때문이야. 이젠 그에 대해 느끼는 애정 때문에 불안하기는커녕, 오히려 그가 내게 덜 소중해진다면 내가 나 자신을 더 불신하게 될 것 같아. 하지만 지금 나는 일찍이 그랬던 것만큼 그에게 다정한 사랑을 느껴. 단, 예전과 같은 식의 사랑은 아니야. 나의 현 상태에 대해 내가 안심할 수 있는 것은, 지금 그를 보며 내가 느끼는 것과 과거에 느꼈던 것 사이의 비교를 통해서야. 너무나 다양한 감정들에서는 감정들의 강도에 따라 차이가 느껴지는 법이지.

나는 그를 바로 알아봤지만, 그가 많이 변했다는 것을 발견했어. 예전 같으면 나는 그가 변할 수 있으리라고는 상상도 못했을 거야. 많은 면에서 그는 더 좋게 변한 것 같아. 첫날, 그는 당혹스러운 듯이 보였어. 나도 그에게 나의 당혹스러움을 숨기느라 힘들었어. 그렇지만 그는 곧 단호한 어조와 그의 성격에 걸맞은 솔직한 태도를 취했어. 나는 항상 그가 소심하고 두려움이 많다고 생각했었어. 나를 기분 나쁘게 하지 않을까 하는 두려움과, 아마도 신사에게는 어울리지 않는 역할에 대한 은밀한 수치심 때문에 그는 내 앞에 있을 때면 뭔지 모르게 비굴한 저자세를 취하곤 했어. 당연히 너도 그 점을 놀리곤 했지. 이제 그는 노예처럼 복종하는 대신, 자신이 존경하는 사람을 존경할 줄 아는 한 친구에게 경의를 표하고 있어. 자신 있게 자기의 솔직한 생각을 말하고 있어. 그는 자신의 도덕 원칙이 자신의 이익에 배치될까 봐 걱정하지 않아. 그는 칭찬받을 만한 것을 칭찬할 때 그것이 혹시 자신에게 잘못하는 것은 아닐까, 혹은 내게 창피를 주는 것은 아닐까 하는 두려움도 갖지 않아. 그리하여 그의 모든 말에서 자기 자신을 믿는 바른 사람의 자신감이 느껴져. 옛날에 그는 오로지 나의 눈빛에서 자신의 행동에 대한 찬동을 구했었는데, 이제는 자기 자신의 마음에서 구하고 있어. 나는 또한, 세상 경험과 지혜가 공부에서 얻게 되는 그 독단적이고 단정적인 어조를 그에게서 제거해주었고, 그가 많은 사람들을 관찰한 덕분에 사람들을 판단하는 데 좀 더 신중해지고 예외들을 너무 많이 본 덕분에 일반적인 명제를 세우는 데 좀 더 신중해졌으며, 전체적으로 보아 진실에 대한 사랑이 만사를 자기 방식대로만 처리하려는 그의 융통성 없는 정신을 치유해주었다고 생각해. 그리하여 그는 이제 재기는 덜하지만 더 분별 있는 사람이 되었고, 더 이상 그렇게까지 박식하지 않은 그에게서 사람들은 훨씬 더 많은 것을 배우고 있어.

그의 얼굴 역시 달라졌지만 잘생긴 것은 여전해. 발걸음은 더 자신감 있고 몸가짐은 더 자유로워. 풍모는 더 당당해. 게다가 흥분하면 격하고 조급해지던 그의 몸짓이 예전보다 더 무게 있고 침착해진 만큼, 그는 그에게 더 어울리는 어떤 씩씩한 태도로 원정에서 돌아왔어. 그는 침착하고 신중한 태도와 팔팔하고 격렬한 말투의 수병이야. 서른이 넘은 그의 얼굴은 남자의 얼굴로서 더할 나위 없는 상태로, 청년의 열정과 중년의 위엄을 겸비하고 있어. 그의 안색은 쉽게 알아볼 수가 없어. 그는 무어인처럼 검고 천연두 자국이 더 많아. 사랑하는 클레르, 네게는 다 털어놓아야겠다. 그 자국들을 보면 나는 얼마간 괴로움을 느껴. 그런데도 나도 모르게 자주 그 자국들을 바라보게 돼.

나는 그를 유심히 지켜보는데, 그 역시 나를 주의 깊게 지켜보는 것 같아. 그토록 오랫동안 떨어져 있었으니 호기심 같은 것을 가지고 서로를 지켜보는 것은 당연해. 그러나 그 호기심은 옛날의 열의를 유지하고 있는 것처럼 보여도 방식에서나 동기에서나 얼마나 다른지 몰라! 우리의 시선은 옛날보다 덜 자주 부딪치지만 서로를 더 자유롭게 바라봐. 우리는 서로를 번갈아 쳐다보기로 어떤 암묵적인 약속이라도 한 것 같아. 이를테면, 언제가 상대편의 차례인지를 느끼고 눈을 다른 데로 돌리지. 옛날에는 그토록 다정하게 사랑했지만 오늘은 그토록 맑게 사랑하는 대상을 바라보고 있으면 감동은 더 이상 없을지언정 어떻게 즐겁지 않을 수 있겠어? 이기심이 지난날의 과오를 변호하려고 애쓰지 않을지도 모르지. 열정이 눈멀게 하기를 그친 상황에서 두 사람 각자가 '내가 너무 잘못된 선택을 하지는 않았는지' 계속해서 자문하고 싶어 하지 않을지도 모르지. 어쨌든, 부끄럼 없이 다시 말하는데, 나는 살아 있는 동안 그에 대해 아주 좋은 감정들을 간직할 거야. 나는 그 감정들 때문에 나를 질책하기는커녕 오히려 칭찬해. 그런 감정들을 갖고 있지 않다면 나는 오히려 부끄러울 거야. 사악한 성격과 사악한 마음의 증거에 대해 부끄러워하는 것처럼 말이야. 나는 그가 세상에서 미덕 다음으로 나를 가장 사랑한다고 감히 믿어. 나는 그가 나의 존경을 자랑으로 여긴다는 것을 느껴. 나 역시 그의 존경을 자랑으로 여기며, 그의 존경을 받을 자격이 있도록 노력할 거야. 아! 그가 얼마나 애정 깊게 나의 아이들을 껴안아주는지 네가 보았으면! 그가 네 얘기를 하면서 얼마나 즐거워하는지 네가 알았으면! 클레르, 내가 그에게 여전히 소중한 존재라는 것을 알겠지!

그에 대한 우리 둘의 생각에 대해 더 신뢰를 갖게 하는 것은 볼마르 씨 역시 그에 대해 우리와 같은 생각을 가지고 있다는 것이며, 그가 우리의 친구를 본 이래 우리가 그에 대해 했던 모든 칭찬에 스스로 동의하고 있다는 거야. 그 이틀 저녁 동안 그는 내게 그 사람 이야기를 많이 했어. 자신이 한 결심에 만족스러워하고 나의 반감을 나무라면서 말이야. 어제 그는 내게 이렇게 말했어. "그래요, 우리는 저토록 훌륭한 신사를 자기 자신에 대해 의심하도록 내버려둬서는 안 돼요. 그에게 자신의 미덕을 한층 더 믿는 것을 가르쳐야 해요. 그러면 아마도 언젠가 우리는 우리가 베푸는 배려의 결실을 생각보다 더 많이 향유하게 될 거예요. 현재로서는, 그의 성격이 내 마음에 든다는 것, 그리고 무엇보다 그가 거의 알아채지 못하는 어떤 측면, 즉 그가 내게 보이는 냉담함 때문에 내가 그를 존경한다는 것만 말해두지요. 그가 내게 우정을 덜 보일수록 그는 내게 우정을 더 불어넣어요. 나는 우정이 싹트게 되는 것을 얼마나 두려워했는지 몰라요. 그것은 내가 그에게 준비해둔 첫 번째 시험이었어요. 이제 그는 내가 마련한 두 번째 시험*에 응해야 해요. 그것이 끝나면 나는 더 이상 그를 관찰하지 않을 거예요." 나는 그에게 말했어. "두 번째 시험은 그의 솔직한 성품밖에 증명해주지 않을 거예요. 예전에 그에게 큰 이익이 걸린 일이 있었는데, 제가 간곡히 부탁했음에도 불구하고 그는 제 아버지에게 순종하며 잘 보이려는 태도를 취하는 쪽을 택하지 않았었거든요. 저는 그가 그 유일한 생계 방편을 포기하는 것을 보고 마음이 아팠고, 그러면서도 그의 위선적이지 못함에 대해 화를 낼 수가 없었어요." 그러자 남편이 다시 말했어. "경우가 전혀 달라요. 당신 아버지와 그 사람 사이에는 서로의 대립되는 원칙 때문에 당연히 반감이 도사리고 있어요. 융통성 없는 정신이나 편견 따위는 갖고 있지 않은 나는 당연히 그가 나를 미워하지 않으리라고 확신해요. 누구도 나를 싫어하지 않아요. 감정적이지 않은 사람은 아무에게도 미움을 사지 않는 법이에요. 하지만 나는 그에게서 그의 소유물을 빼앗았어요. 그는 그렇게 금방 나를 용서하지는 않을 거예요. 내가 그에게 준 고통 때문에 내가 그를 좋은 시선으로 보지 않을 수 없다는 것을 그가 완벽하게 이해할 때에만 그는 나를 다정하게 사랑할 거예요. 만일 그가 지금 나를 포옹한다면 그는 위선자일 거예요. 또한 만일 그가 나를 결코 포옹하지 않는다면 그는 극악무도한 사람일 거예요."

---

* 이 두 번째 시험을 다룬 편지는 빠졌다. 그러나 기회가 되면 그것에 관해 말하도록 배려하겠다.

사랑하는 클레르, 우리는 지금 이런 상황에 있어. 그렇기에 나는 하늘이 우리의 정직한 마음과 남편의 인정 어린 의도를 축복하리라 믿기 시작했어. 이 모든 것을 자세하게 말하는 것이 아주 즐거워. 그렇지만 너는 내가 너와 즐거이 이야기하지 않아도 할 말이 없어. 그래서 나는 네게 더 이상 아무 말 않기로 결심했어. 그러니 더 알고 싶다면 네가 와서 알아봐.

추신. 그렇지만 이 편지와 관련하여 방금 있었던 일에 대해 말해야겠어. 그 예기치 못한 귀환으로 인해 내가 하지 않을 수 없었던 그 뒤늦은 고백을 볼마르 씨가 얼마나 관대하게 받아주었는지 너는 알아. 그가 얼마나 친절하게 나의 눈물을 닦아주고 나의 수치심을 없애주었지 너는 보았어. 네가 아주 당연히 짐작했겠지만, 내가 그에게 아무것도 알려주지 않았든, 아니면 오직 참회에서만 비롯될 수 있었던 행동에 그가 실제로 감동받았든, 그는 전과 다름없이 계속 나와 살고 있을 뿐 아니라, 배려와 신뢰와 존경을 더 보여줌으로써 그 고백으로 인해 내가 치러야 했던 창피함을 보상해주고자 했어. 클레르, 너는 내 마음을 잘 아니, 그런 행동이 내 마음에 얼마나 감명을 주었을지 생각해봐!

그가 우리의 옛 선생님을 부르기로 결심한 것을 보고 곧 나는 최선을 다해 조심하겠다고 마음먹었어. 그 조심이란 바로, 속내를 털어놓을 상대로 남편을 택하는 것, 사적인 대화에 대해서는 반드시 그에게 내용을 보고하는 것, 그에게 쓴 편지는 반드시 남편에게 보여주는 것이었어. 심지어 나는, 그가 꼭 읽어보지 않아도 될 만한 편지를 쓸 것, 그리고 편지를 쓴 후에는 그에게 보여줄 것을 원칙으로 정하기까지 했어. 너는 이 편지에서 그런 원칙을 의식하고 쓴 부분을 발견하게 될 거야. 이 편지를 쓰면서 남편이 그 부분을 보게 되리라는 것을 늘 염두에 두었지만, 그렇다고 해서 내가 그 부분에서 단어 하나라도 바꾸는 일은 없었어. 하지만 내가 편지를 가지고 가자 그는 나를 놀리며 읽지 않았어.

나의 선의가 의심받는 것 같아서 내가 그 거절로 마음이 좀 상했다는 것을 시인해. 그런 마음 상태는 그의 시선을 따돌리지 못했어. 세상에서 가장 성실하고 아량 있는 사람인 그가 곧 나를 안심시키며 말했어. "당신, 이 편지에서 당신이 보통 때보다 나에 관한 얘기를 덜 했다는 것을 인정해요." 나는 인정했어. 내가 그에 대해 무슨 말을 했는지 그에게 다 보여줄 거면서 그에 관해 많은 말을 하는 것이 적절한 일이었겠어? 그가 미소 지으며 다시 말했어. "그래요, 나는 오히려 당신이 내 얘기를 더 많이 하기를 바라지만, 무슨 말을 했는지는 알고 싶지 않아요." 이어 그는 더 진지한 어조로 말했어. "결혼은 너무도 엄숙하고 신성한 상태여서 마음속에 있는 모든 자잘한 것까지 다 드러내는 것은 감당할 수가 없어요. 다정한 우정이라면 감당할 수 있겠지만. 때로 우정은 결혼의 지나친 엄격함을 알맞게 누그러뜨려주지요. 정숙하고 현명한 부인이 충직한 친구에게 위안과 깨달음, 그리고 감히 남편에게 요구하지 못할 조언을 구할 수 있다면 바람직한 일이에요. 당신은 내게 하고 싶지 않은 말이라면 당신들끼리도 전혀 하지 않겠지만, 그 의무가 구속이 되지 않도록, 당신의 속내 이야기가 더 확대됨으로써 듣는 사람의 마음이 덜 부담스러워지도록, 그것을 규칙으로 삼지는 말아요. 내 말을 믿어요. 우정의 표명은, 그가 누구든, 목격자 앞에서는 억제되기 마련입니다. 세 친구가 알아야 하지만 둘씩 있을 때만 이야기될 수 있는 비밀도 수없이 많아요. 당신의 사촌과 남편에게 가리지 말고 같은 말을 많이 하도록 해요. 물론 같은 방식으로 말하는 것은 아니지만. 만일 당신이 양쪽을 합치려 한다면 당신의 편지들은 당신 사촌에게 쓴 것이라기보다 내게 쓴 것이 될 것이며, 그렇게 되면 당신은 이쪽과도 저쪽과도 편하지 못할 거예요. 내가 이렇게 말하는 것은 당신을 위해서일 뿐 아니라 나를 위해서이기도 해요. 내 면전에서 나를 칭찬하는 그 당연한 부끄러움을 당신이 이미 꺼리고 있다는 것을 모르겠어요? 어째서 당신은, 남편이 자신에게 얼마나 소중한지 사촌에게 이야기하는 즐거움을 자신에게서 빼앗으려 하고, 또 당신이 가장 은밀한 대화에서 남편에 대해 좋게 말하기를 좋아한다고 생각하는 즐거움을 내게서 빼앗으려 하는 거지요?" 그는 내 손을 꼭 쥐고 나를 다정하게 바라보면서 이렇게 덧붙였어. "쥘리! 쥘리! 당신답지 않게 그토록 비굴하게 신중을 기할 건가요? 당신의 진정한 가치를 올바로 인식하는 법을 배우지 않을 건가요?"

사랑하는 친구야, 그 비길 데 없는 사람의 행동 방식을 설명하기란 쉬운 일이 아니구나. 그렇지만 나는 더 이상 그의 앞에서 부끄러움을 느낄 줄 몰라. 나도 어쩔 수 없이, 그는 나를 나 이상으로 높여줘. 그는 내게 신뢰를 보냄으로써 내게 신뢰받을 만한 사람이 되는 법을 가르쳐주고 있는 것 같아.

:: **편지 8**

답장

뭐라고! 우리의 여행자가 도착했는데 그가 아직 아메리카의 전리품을 가지고 내 앞에 나서지 않았다는 게 말이 돼? 미리 말해두는데, 나는 그를 보는 것이 이렇게 지체되는 것에 대해 그를 탓하지 않아. 그도 나처럼 이 늦어짐에 대해 힘들어하리라는 것을 아니까. 그렇지만 나는, 그가 노예 같았던 자신의 지난날의 일을 네 말처럼 그렇게 깡그리 잊은 것은 아니라고 생각해. 그렇기에 나는 그의 태만보다는 너의 횡포가 더 불만스러워. 너는 나처럼 엄숙하고 형식에 사로잡힌 정숙한 여인이 먼저 접근하기를 원하고, 또 내가 모든 일을 중단한 채, 태양 아래를 네 번이나 지나고 향료들의 나라를 보고 온, 검게 그을린 얽은crotu* 얼굴에 키스하러 달려가기를 원하는가 본데, 그런 너를 보니 정말 즐거운걸! 그렇지만, 내가 먼저 불평

* 천연두 자국이 있는. 그 지방 방언.

할까 봐 선수 치며 불평할 때의 너는 특히 웃겨. 네가 무슨 생각으로 그러는지 내가 모를 것 같아? 나는 싸우는 일에 익숙해. 싸우는 데서 기쁨을 느끼거든. 나는 싸움을 멋지게 잘해. 그것은 내게 아주 어울리는 일이야. 하지만 너는 어색해. 나보다 잘하지 못해. 싸움은 너에게 전혀 익숙하지 않아. 반면에, 네가 과오를 범할 때조차 얼마나 우아한지, 또 너의 아주 수줍어하는 태도와 애원하는 듯한 눈이 너를 얼마나 매력적이게 만드는지를 네가 안다면, 너는 불평을 하는 대신 용서를 구하는 것으로 삶을 보낼 거야. 의무에서가 아니라면 적어도 우아하게 보이기 위해서라도 말이야.

현재로서는, 어쨌든 내게 용서를 구해. 남편을 자기 내심을 들어주는 사람으로 삼는다니 그 얼마나 멋진 계획인지! 우리의 우정처럼 신성한 우정에 대한 얼마나 친절한 예방 조치인지! 옳지 못한 친구, 소심한 여자! 네 감정과 내 감정을 믿지 못한다면 너는 이 세상 누구에게 네 미덕에 대해 내심을 털어놓을 거야? 너는 이 신성한 인연에서 너의 마음과 나의 관용을 우려하면서도 우리 둘의 감정을 상하게 하지 않을 수 있어? 두 여자의 은밀한 수다에 제삼자를 허락한다는 바로 그 발상이 어떻게 너를 격분시키지 않았는지 이해하기 어려워! 나는 너와 편하게 수다 떠는 것이 너무 좋아. 그런데 한 남자의 눈이 나의 편지들을 샅샅이 뒤졌다는 것을 안다면 나는 네게 편지를 쓰는 기쁨을 더 이상 갖지 못할 거야. 냉기류가 조심스럽게 천천히 우리 사이에 유입되겠지. 그리하여 우리는 여느 두 여자처럼 더 이상 서로 사랑하지 않게 될 거야. 너의 남편이 너보다 현명하지 않았다면 너의 우둔한 불신이 우리를 어떤 위험에 처하게 했겠는지 생각해봐.

그가 너의 편지를 읽으려 하지 않은 것은 아주 사려 깊은 처사였어. 그는 어쩌면 네가 기대한 것보다 너의 편지에 대해 만족스러워하지 않았을 수도 있고, 과거의 너에 비추어 지금의 너를 더 잘 판단할 수 있는 나 역시 더 만족스럽지 않았을 거야. 사람의 마음을 연구하는 데 평생을 보낸 그 모든 명상적인 현자들도 사랑의 참된 표지에 대해서는 분별 있는 여인들 중 가장 우둔한 여인만큼도 알지 못해. 볼마르 씨는 네 편지가 온통 우리의 친구에 대해 말하는 데 할애돼 있다는 것을 즉시 알아챘을 거야. 그렇지만 네가 그에 대해 한마디도 언급하지 않은 추신은 아예 보지도 않았을 거야. 만일 네가 10년 전에 그 추신을 썼다면 어린애 같은 네가 어떻게 썼을지 감이 안 잡힌다. 하지만 남편이 추신을 보지 않을 것이므로, 그 친구는 항상 추신에서 은근슬쩍 언급되었을 거야.

볼마르 씨는 네가 주의를 기울여 그의 손님을 관찰하는 것과 네가 그 손님에 대해 이야기하며 즐거워하는 것을 더욱 눈여겨봤을 거야. 하지만 그 손님은 누가 자신을 바라보되 관찰하지는 않는다는 것을 알게 되기 전에는 아리스토텔레스와 플라톤에 탐닉할 거야. 모든 시험에는 냉정함이 요구되지만, 사랑하는 사람을 바라보면서 냉정을 유지할 수는 없는 법이지.

결국 그는 네가 관찰한 그 모든 변화를 네가 알아채지 못했을 것이라고 생각할 거야. 그런데 나는 반대로, 네가 알아채지 못한 변화까지 내가 발견하게 될까 봐 아주 두려워. 너의 손님이 과거의 그와 아무리 달라도, 그는 더욱 변할 거야. 네 마음이 변하지 않았다면 너는 여전히 그를 똑같은 사람으로 보겠지만 말이야. 어쨌든 너는 그가 너를 쳐다보면 눈을 다른 데로 돌리지. 그것은 또 하나의 아주 좋은 징조야. 너, 눈을 다른 데로 돌리는 거 맞지? 그러니까 더 이상 눈을 내리깔지 않는 거지? 네가 단어를 착각했을 리 없으니까. 우리의 현자 또한 그것을 알아차렸겠지?

남편을 불안하게 할 가능성이 아주 큰 또 다른 것은, 너의 말 속에 남아 있는, 네가 소중히 여겼던 사람에 대한 뭔가 애처롭고 다정한 기색이야. 너의 편지를 읽거나 네가 하는 말을 들을 때는 너의 감정을 착각하지 않기 위해 너를 잘 알 필요가 있어. 네가 단지 친구 얘기를 하는 것일 뿐이라는 것을, 또는 너는 어느 친구에 대해서나 그런 식으로 말한다는 것을 알 필요가 있어. 그렇지만 그것은 너의 성격에서 오는 당연한 결과야. 네 남편은 그 성격을 너무 잘 알고 있어서 그런 것에 불안해하지 않지. 그런데 그토록 상냥한 마음속에서 어떻게 순수한 우정이 전혀 사랑 같아 보이지 않을 수 있겠어? 잘 들어, 쥘리. 내가 하는 말은 모두 너에게 정말 용기를 북돋아주겠지만, 무모함을 부추기지는 않을 거야. 너의 발전은 주목할 만해. 아니 대단해. 나는 너의 미덕만을 믿었어. 그런데 이젠 너의 이성도 믿기 시작했어. 나는 지금 너의 회복을 보고 있어. 완전한 회복은 아니지만 적어도 용이한 수준의 회복 정도는 말이야. 너는 분명 꽤 회복되었기 때문에, 완전히 회복되지 못한다 해도 용서받을 만해.

너의 추신에 이르기 전에, 나는 네가 남편이 볼 것이라고 생각하면서도 정직하게도 빼거나 수정하지 않은 부분을 알아챘어. 나는 그가 만일 추신을 읽었다면 너에 대해 더 큰 존경심을 가지게 되었으리라 확신해. 하지만 그는 빼거나 수정하지 않은 그 부분에 대해서도 즐거웠을 거야. 전체적으로 보아 너의 편지는 그에게 너의 행동에 대한 많은 신뢰와 너의 성향에 대한 많은 불안을 불러일으키는 데 아주 적절했어. 나는 네가 그렇게 자주 바라보는 그 천연두 자국들이 두렵다는 것을 고백해야겠어. 사랑은 그보다 더 위험한 화장은 생각지 못했지. 나는 그 자국이 다른 여자에게는 아무것도 아니리라는 것을 알아. 그렇지만 쥘리, 명심해. 애인의 젊음과 얼굴에도 마음을 빼앗길 수 없었던 여인이, 자기 때문에 애인이 겪은 고통을 생각할 때 혼란에 빠지고 말았다는 것을. 아마 하늘은 너의 미덕을 훈련하기 위해 그 병의 자국을 그에게 남겨두고, 그의 미덕을 훈련하기 위해 너에게는 그 자국을 남겨두지 않기를 원했을 거야.

네 편지의 주요 주제로 돌아오겠어. 너도 알다시피 나는 우리 친구의 편지를 받은 즉시 쏜살같이 달려갔어. 사태가 심각했지. 그런데 그 짧은 부재가 나를 어떤 어려움에 처하게 했는지, 그리하여 내게 얼마나 많은 일이 밀려 있는지를 지금 네가 안다면, 내가 다시 집을 떠난다 해도, 새로운 족쇄로 집에 발이 묶인 탓에 이번 겨울도 이곳에서 보낸 후에야 가능하리라는 것을 너는 알아챌 수 있을 거야. 그것은 나를 위해서도 너를 위해서도 바람직한 일이 아니야. 이삼일 허둥지둥 만나는 것을 포기하고, 6개월 먼저 만나는 것이 더 낫지 않을까? 또한 나는 내가 우리의 철학자와 개인적으로 좀 한가하게 이야기를 나누는 것이 무익하지 않으리라고 생각해. 그의 마음을 알아보고 북돋아주기 위해서든, 아니면 그에게 너의 남편과 나아가 너를 대하는 행동 방식에 대한 어떤 유익한 정보를 주기 위해서든 말이야. 나는 네가 그 점에 대해 그와 아주 자유롭게 이야기를 나눌 수 있다고 생각하지 않거든. 나는 그가 조언을 필요로 한다는 것을 너의 편지를 통해 알고 있어. 우리는 너무 오랫동안 그의 행동을 좌우하는 데 익숙해 있었기 때문에, 양심상 그에 대해 좀 책임이 있어. 그리하여 그의 판단력이 완전히 자립할 때까지 우리가 그의 판단력을 보충해주어야 해. 나는 그것이 내가 항상 즐겁게 배려해야 하는 부분이라고 생각해. 그는 나의 견해에 대해 결코 잊지 못할 값비싼 경의를 보여주었기 때문이야. 나의 사람이 세상을 뜬 이래 그만큼 내가 존경하고 사랑하는 사람은 세상에 없어. 또한 나는 이곳에서 그의 도움을 몇 가지 받기를 바라고 있어. 내게는 그가 정리를 도와줄 많은 뒤죽박죽된 서류와, 이번에는 내 쪽에서 그의 지식과 손길을 필요로 할 몇 가지 힘든 일이 남아 있어. 게다가 나는 적어도 오륙일은 그를 붙잡아둘 생각이야. 어쩌면 바로 다음 날 그를 네게 돌려보낼지도 모르지. 나는 너무 자존심이 강해서 돌아가고 싶어 안달하는 그를 두고 볼 수 없기 때문이며, 눈이 너무 좋아서 그 안달을 못 보고 지나칠 수 없기 때문이야.

그러니 그가 회복되는 즉시 꼭 내게 그를 보내. 말하자면 그가 내게 오도록 내버려둬. 그렇지 않으면 내게 농담이 안 통할 거야. 너도 잘 알잖아. 나는 울거나 그만큼 애통할 때도 웃지만, 호통을 칠 때나 그만큼 화가 났을 때도 웃는다는 것을 말이야. 네가 착하게도 불평 없이 그대로 따른다면, 그가 돌아갈 때 네가 기뻐할, 아주 기뻐할 작고 예쁜 선물을 하나 딸려 보내겠다고 약속할게. 하지만 네가 나를 애태운다면 너는 아무것도 갖지 못할 것임을 경고해두겠어.

추신. 그건 그렇고, 말 좀 해봐. 우리의 수병은 담배를 피워? 욕도 해? 술은 마셔? 장검을 가지고 있어? 정말 해적처럼 보여? 아, 정말, 대척점에서 돌아온 사람의 모습이 어떤지 너무 보고 싶어!

:: 편지 9

클레르가 쥘리에게

자, 쥘리, 이제 너의 노예를 돌려보낼게. 이 일주일 동안은 내가 그를 나의 노예로 만들었고, 그는 봉사할 만반의 준비가 된 너무도 선량한 마음을 보여주었어. 일주일 더 그를 데리고 있지 않은 것에 대해 내게 고마워해. 미안하지만, 만약 내가 그를 나와 함께 있는 것에 싫증을 느낄 때까지 기다렸다가 돌려보낼 생각을 했다면 이렇게 일찍 그를 보낼 수는 없었을 테니까. 나는 그를 주저 없이 데리고 있었어. 하지만 감히 그를 나의 집에 머무르게 하는 것에는 망설임이 있었어. 나는 때로, 맹목적인 예의범절을 무시하는, 그렇지만 미덕에 조금도 어긋남이 없는 그런 영혼에 긍지를 느꼈어. 이유는 모르겠지만 나는 이번에는 더 조심스러웠어. 확실한 것은, 내가 나의 그 조심성에 대해 칭찬하기보다는 책망하게 되리라는 것뿐이야.

그런데 쥘리, 너는 우리의 친구가 여기에서 어째서 그렇게 편안히 견딜 수 있었는지 잘 알지? 우선, 그는 나와 함께 있었어. 그것만으로도 이미 그렇게 견딜 수 있는 상당한 이유가 되었다고 생각해. 다음으로, 그는 내게 걱정을 끼치지 않고 내 일을 도와주었어. 친구라면 그렇게 하는 것을 전혀 성가시게 여기지 않는 법이지. 셋째, 네가 모르는 체하면서도 이미 짐작했겠지만, 그는 내게 너에 대한 이야기를 했어. 그가 여기서 보낸 시간 중 너에 대해 이야기한 시간을 빼면 나를 위한 시간은 거의 남지 않았다는 것을 너는 알 필요가 있어. 그런데 너에게서 멀리 떨어진 곳에서 너에 대해 이야기하며 즐거워하는 것은 정말 이상하고 엉뚱한 일 아니겠어? 어찌 보면 그렇게 이상한 일은 아닐지도 몰라. 그는 네 앞에서는 편치 못해. 그래서 줄곧 언행을 조심해야 하지. 아주 작은 부주의도 죄가 될 테니까. 그래서 그런 위험한 순간에 유일하게 해야 할 일은 정직한 마음의 소리에 귀 기울이는 것이지. 그러나 우리는 우리에게 소중했던 것에서 멀리 떨어져 있으면서도 여전히 그것을 생각하고 있지. 온당치 못한 것이 된 감정은 억누르겠지만, 그 감정이 온당치 못한 것이 아니었던 때에 그러한 감정을 품었었던 것을 왜 자책해야 하지? 당연했던 행복에 대한 달콤한 기억이 언젠가 죄가 될 수 있는 거야? 내 생각엔, 그것은 너답지 않은, 그렇지만 결국 네가 할 만한 추론인 것 같아. 그는 이를테면, 그의 옛 사랑의 행로를 다시 따라가기 시작했어. 대화 중에 그는 자신의 지난 청춘기에 대해 다시 이야기했어. 그는 모든 속내 이야기를 내게 다시 했어. 그는 너를 사랑하는 것이 허락되었던 그 행복한 시절을 회상했어. 그는 순수한 열정의 매력에 대해 말해주었어…… 당연히 그는 그것을 미화했지!

그는 너에 대한 얘기는 그렇게 많이 했지만 자신의 현재 상황에 대해서는 별로 이야기하지 않았어. 그가 말하는 것은 사랑보다는 존경과 찬미에 가까운 것이었어. 그리하여 그는 이곳에 도착했을 때보다 자기 마음에 대해 훨씬 안심한 채로 돌아가는 것 같아. 그것은, 그가 너의 문제로 돌아가는 순간, 그의 너무 예민한 마음 깊숙한 곳에서, 역시 감동적인 것인 우정에 의해서만 그러나 다른 어조로 표출되는 어떤 감동이 간파되기 때문은 아니야. 그렇지만 나는 너를 바라보고 생각할 때 침착함을 유지할 수 있는 사람은 아무도 없다는 것을 오래전부터 알고 있었어. 너의 모습이 불러일으키는 전반적인 감정에다가, 지울 수 없는 기억이 그에게 남겨놓았을 그런 더 감미로운 감정을 더해본다면, 그가 가장 엄격한 미덕을 가졌을지라도 지금과 다른 사람이 되어 있기는 어렵거나 아마도 불가능하리라는 것을 사람들은 알게 될 거야. 나는 그에게 많은 질문을 했어. 그를 잘 관찰했고 잘 지켜봤어. 할 수 있는 데까지 그를 시험했어. 나는 그의 마음을 잘 읽을 수 없어. 그 자신도 자기 마음을 읽는 데 나보다 나을 것이 없어. 그러나 나는 적어도, 그가 자신의 의무와 너의 의무에 지배되고 있다는 것, 그에게는 쥘리의 타락하고 경멸할 만한 생각이 그 자신의 소멸에 대한 생각보다 더 끔찍하게 느껴진다는 것을 말할 수 있어. 쥘리, 내가 너에게 해줄 조언은 하나뿐이니, 이 조언에 귀 기울여주기 바라. 과거의 자질구레한 일들에서 벗어나. 그러면 나는 너의 미래를 보증할 수 있어.

네가 내게 말하는 그 초상화 반환에 대해서는 더 이상 생각하지 마. 나는 상상할 수 있는 모든 추론을 다 해본 뒤 그에게 부탁도 하고 압박도 하고 간청도 하고 실쭉한 낯도 보이고 키스도 했어. 나는 그의 두 손을 잡았고, 그가 그냥 놔두었다면 그에게 무릎도 꿇었을 거야. 그는 내 말을 들으려고도 하지 않았어. 그는 언짢음과 완강함으로 인해, 너의 초상화를 포기하느니 차라리 너를 더 이상 보지 않겠다고 단언하기까지 했어. 끝내, 버럭 화를 내면서 가슴에 안고 있던 너의 초상화를 나로 하여금 만지게 하더니, 너무 흥분해서 숨도 제대로 못 쉬는 음색으로 이렇게 말해 나를 감동시켰어. "이게 그거예요. 그 초상화란 말입니다. 내게 남은, 당신이 탐내는 내 유일한 재산이에요. 나는 죽어도 뺏길 수 없어요." 정말이야, 쥘리. 우리 현명하게 행동하자. 그에게 초상화를 맡겨두기로 하자. 사실, 그에게 맡겨둔다 해서 너에게 무슨 문제가 있지? 그가 그것을 간직하겠다고 고집을 부린다면 어쩔 수 없어.

자신의 생각을 토로하여 마음이 좀 가벼워지자 그는 내가 그의 일에 관해 이야기를 꺼내도 좋을 만큼 평온해 보였어. 나는 세월과 이성이 그의 정신을 변화시키지 않았으며, 그가 에드워드 경 곁에서 생을 보내는 것 이외의 바람을 갖고 있지 않다는 것을 알게 되었어. 나는, 너무도 정직하고 그의 성격에 너무도 걸맞은, 그리고 비할 데 없는 은혜에 대해 그가 감사를 표하기에 적당한 그런 계획에 동의할 수밖에 없었어. 그는 내게, 너도 생각이 같았지만 볼마르 씨는 침묵을 지켰다고 말했어. 불쑥 이런 생각이 떠오르네. 네 남편의 아주 이상한 그 행동과 여러 징후들로 미루어, 그가 우리의 친구에 대해, 말은 안 하지만 어떤 은밀한 의도를 가지고 있는 게 아닌가 하는. 우린 그냥 내버려두기로 하자. 그의 분별을 믿자고. 그가 취하는 태도는, 내 추측이 옳다면, 그가 자신이 그토록 배려하는 사람에게 이로운 것만 생각한다는 것을 충분히 증명하고 있어.

너는 그의 얼굴과 태도에 대해 잘못 말하지 않았어. 너는 생각보다 더 정확하게 그를 관찰했는데, 그것은 상당히 유리한 징조지. 한데, 그의 오랜 고통과 그 고통을 견디는 습관이 그의 용모를 옛날보다 훨씬 더 매력적으로 만든 것 같지 않아? 네가 편지에 써 보낸 내용에도 불구하고, 나는 그 부자연스러운 정중함과, 빈둥빈둥 하루를 보내는 무가치한 인간들 사이에서 아주 상이한 모습을 가지고 있다고 자랑하는, 파리에 살면 반드시 물들게 되는 그 우스꽝스러운 태도를 그에게서도 보게 되지 않을까 걱정하고 있었어. 어떤 영혼들에는 그 겉치레가 전혀 뿌리박지 못해서든, 바다의 대기가 그 겉치레를 완전히 제거해버려서든 간에, 나는 그것의 흔적을 전혀 보지 못했어. 그가 내게 보인 모든 친절에서 나는 자기 마음을 만족시키려는 욕구밖에 보지 못했어. 그는 내 불쌍한 남편에 대해 이야기했어. 나를 위로하기보다는 나와 함께 그의 죽음을 애도하는 쪽을 택했지만, 죽음에 대한 자기 생각을 아첨하듯 늘어놓지는 않았어. 그는 내 딸을 포옹해주었어. 그렇지만 그 아이에 대한 나의 감탄을 함께 나누기는커녕 너처럼 그 아이의 결점에 대해 말하며 나를 질책했고, 내가 아이를 너무 애지중지한다고 불평했어. 그는 열성적으로 나의 일을 도와주었는데, 거의 모든 것에서 나와 생각이 달랐어. 게다가, 그가 창문에 방풍막을 칠 생각을 하지 않았다면 나는 바람 때문에 눈을 잃었을지도 몰라. 그가 점잖게 옷자락을 잡고 나를 도와주러 오지 않았다면 나는 이 방 저 방으로 옮겨 다니면서 피곤했을 거야. 어제는 내 부채가 오랫동안 바닥에 떨어져 있었어. 난롯불로부터 부채를 보호하려는 듯 방 저쪽에서부터 부채를 집으러 달려오는 그가 없어서. 그는 오전에는, 나를 보러 오기 전에는 단 한 번도 내 소식을 물으러 사람을 보내지 않았어. 산책할 때 그는, 지금 어떤 게 유행인지 안다는 것을 과시하기 위해 모자를 머리에 꾹 눌러쓰는 그런 부자연스러운 짓은 하지 않았어.* 식탁에서 나는 자주 그에게 그의 코담뱃갑──그는 담뱃갑을 그렇게 불렀어──을 달라고 부탁했는데, 그때마다 그는 손으로 집어서 내게 건넸어. 절대로 하인처럼 접시에 담아서 주지 않았지. 그는 식사 때마다 나의 건강을 위해 적어도 두 번 축배를 들었어. 그리하여 만일 우리가 이번 겨울에 그와 함께 있게 된다면, 우리는 우리와 함께 난롯불 주위에 앉아 불을 쬐는 나이 들어 보이는 부르주아 같은 그를 보게 되리라고 확신해. 지금 웃고 있겠지, 쥘리. 그렇지만 파리에서 막 도착한 사람들 중에 그런 순박함을 보존하고 있는 사람이 있으면 어디 한번 내게 보여줘 봐. 게다가 너는 단 한 가지 점에서 틀림없이 우리의 철학자가 나빠졌다고 생각하게 될 것 같아. 그가 자신에게 말 거는 사람들에게 좀 더 관심을 기울이게 되었기 때문이지. 그것은 너에게 해가 될 수 있을 뿐이야. 그렇다고 그가 블롱 부인과 화해까지 하게 되는 것은 아니야. 그는 어느 때보다 엄숙하고 진지한데, 나는 그것이 더 낫다고 생각해. 귀여운 쥘리, 내가 갈 때까지 그를 잘 보살펴줘. 그는 정말 내게 필요한 사람이야. 하루 종일 그를 괴롭히는 즐거움을 갖기 위해서 말이야.

나의 신중함을 칭찬해줘. 나는 네게 보내는 선물에 대해 아직 아무 말 안 했어. 그 선물은 네게 곧 또 다른 선물을 예고하는 것이지. 그런데 너는

---

* 파리에서 사람들은 무엇보다 사교계를 안락하고 수월하게 만드는 것을 뽐내는데, 이 수월성은 다름 아닌 그 거드름에 관한 수많은 규칙에서 나온다. 상류 사회에는 오직 관습과 규칙밖에 없다. 이 모든 관습은 번개처럼 생겨나고 사라진다. 처세술은 항상 주의해서 살펴보고, 잠시 있더라도 관습을 파악하고, 그것을 애지중지하며, 오늘날의 관습을 알고 있다는 것을 보여주는 것이다. 가장 중요한 것은 단순해지는 것이다.

내 편지를 열기 전에 이미 그 선물을 받았어. 내가 그 선물을 얼마나 열렬히 사랑하는지, 그럴 만한 이유가 얼마나 많은지 아는 너, 그토록 간절히 이 선물을 열망했던 너, 너는 내가 약속한 것 이상을 이행하고 있다는 것을 인정할 거야. 아, 그 어린 것! 네가 이 편지를 읽을 때면 내 딸은 이미 네 품에 안겨 있겠지. 내 딸은 제 어머니보다 행복하구나. 그렇지만 두 달 후에는 내가 그 애보다 더 행복하겠지. 나는 나의 행복을 더 많이 느끼게 될 테니까. 아! 사랑하는 쥘리, 너는 이미 나를 다 갖지 않았니? 네가 있고 나의 딸이 있는 곳에서 나의 무엇이 더 부족할까? 사랑스러운 딸을 보내니 너의 딸인 것처럼 받아줘. 너에게 내 딸을 양도하겠어. 너에게 주겠어. 너에게 어머니의 권한을 맡기겠어. 내가 잘못 키운 점들을 교정해줘. 네가 보기에 나는 아이를 돌보는 데 너무 서툴렀으니 네가 돌봄을 베풀어줘. 오늘부터, 네 며느리가 될 그 아이의 어머니가 되어줘. 내가 그 애를 더욱더 소중히 여기도록, 가능하면 그 애를 또 다른 쥘리로 만들어줘. 그 애는 이미 너와 얼굴이 닮았어. 그 애의 성격상, 나는 그 애가 엄숙하고 잔소리가 많으리라고 추측해. 내가 조장했다고 비난받는 딸아이의 그 변덕을 네가 교정해주면 너는 그 아이가 너와 같은 태도를 지니게 되는 것을 보게 될 거야. 그렇지만 그 애가 행복할수록 그 애가 흘릴 눈물도, 그 애가 치를 투쟁도 더 적을 거야. 하늘이 그 애한테서 세상에서 가장 훌륭한 아버지를 데려가지 않았더라도 아버지는 그 애의 성향을 조금도 방해하지 않았을 것이고, 우리도 그 성향을 조금도 방해하지 않을 거야! 그 성향이 이미 우리의 계획에 부합되는 것을 보니 얼마나 즐거운지 몰라! 너는 그 애가 더 이상 자신의 귀여운 장난꾸러기 없이 지낼 수 없다는 것을, 내가 너에게 그 애를 보내는 것은 얼마간은 그 때문이라는 것을 잘 알고 있지? 어제 나는 그 애와 대화를 나누었는데, 우리의 친구는 그 대화를 들으며 웃겨 죽을 뻔했어. 우선, 그 애는 나를 떠나는 것에 대해 조금도 섭섭해하지 않았어. 하루 종일 하인처럼 자기를 보살펴주고, 자기가 원하는 것이면 무엇 하나 거부하지 못하는 나를 말이야. 그 애가 무서워하고, 하루에도 스무 번은 '안 돼'라고 그 애에게 말하는 너는 훌륭한 귀여운 엄마야. 사람들이 흔쾌히 바라는, 나의 모든 사탕보다 엄마의 그 '안 돼'를 오히려 더 좋아하게 만드는 그런 훌륭한 귀여운 엄마. 너에게 보내겠다고 말하자 그 애는, 너도 상상이 되겠지만, 기뻐서 어쩔 줄 몰랐어. 그렇지만 그 애를 당황하게 만들기 위해 나는, 내가 그 애를 보내는 대신 네가 그 귀여운 장난꾸러기를 내게 보낼 것이라고 덧붙였어. 그것은 그 애에게 득이 되는 일이 아니었지. 그 애는 내게 그 장난꾸러기에 대해 하려는 일을 금해줄 것을 요구했어. 나는 그 장난꾸러기를 내 아들로 삼고자 한다고 말했어. 그러자 그 애는 언짢은 빛을 드러냈어. "앙리에트, 너는 너의 그 귀여운 장난꾸러기를 내게 양도하고 싶지 않니?" "안 돼요"라고 그 애가 아주 쌀쌀맞게 말했어. "안 된다고? 하지만 나도 그 애를 네게 양보하고 싶지 않다면 누가 우리를 화해시키지?" "엄마, 그 귀여운 엄마가 우리를 화해시켜줄 거야. 그래서 나는 좋아하는 사람을 갖게 될 거야. 엄마도 알듯이, 귀여운 엄마는 내가 좋아하는 건 다 좋아하니까. 오, 귀여운 엄마는 분별 있는 행동만을 하기 원해!" "뭐라고, 요 아가씨야? 그건 나도 마찬가지 아닌가?" 꾀바른 그 애는 웃기 시작했어. 나는 계속해서 말했어. "그런데 정말 그녀는 왜 그 귀여운 장난꾸러기를 내게 주지 않을까?" "왜냐하면 그 장난꾸러기는 엄마에게 어울리지 않으니까." "왜 그 애가 내게 안 어울리지?" 아이가 처음과 같은 심술궂은 웃음을 또 한번 웃었어. "솔직히 말해봐. 너는 내가 그 애에 비해 너무 늙었다고 생각하니?" "아니야, 엄마. 하지만 그 애는 엄마한테 너무 어려……" 쥘리, 일곱 살 먹은 아이의 말이란다!…… 정말이지, 그때 내 머리가 몽롱하지 않았다면 그 전에 이미 몽롱해 있었던 것이 분명해.

나는 장난삼아 그 애를 다시 한번 자극했어. 진지한 태도로 그 애에게 말했지. "사랑하는 앙리에트, 확신하는데 그 애는 너한테도 맞지 않아." "아니 왜?" 그 애가 불안한 태도로 외쳤어. "너에 비해 너무 침착하지 못하니까." "오 엄마, 단지 그 때문이야? 내가 그 애를 얌전하게 만들게." "불행하게도 그 애가 너를 무분별하게 만들면?" "아, 착한 엄마, 내가 얼마나 엄마를 닮고 싶어 하는데!" "나를 닮고 싶다고! 너 엉뚱한 애구나?" "그래 엄마, 엄마는 하루 종일 나를 죽도록 사랑한다고 말하잖아. 그래, 나도 그 애를 죽도록 사랑해. 그게 다야."

나는 네가 이 귀여운 수다에 찬성하지 않기에 곧 그것을 제지시키리라는 것을 알아. 나는 그 수다가 즐겁지만, 나 역시 그것을 변호하고 싶지는 않아. 하지만 네 딸이 이미 자신의 귀여운 장난꾸러기를 아주 사랑하고 있다는 것, 그리고 그 애가 네 아들보다 두 살 많지만 장자 상속권에 따른 권한을 가질 자격은 없다는 것, 이것만은 너에게 알려주고 싶어. 그뿐만 아니라 나는, 불쌍한 네 어머니의 예에 너의 예와 나의 예를 견줘보건대 아내가 가정을 휘어잡을 때 가정이 나빠지지 않는다는 것을 알고 있어. 이만 안녕, 사랑하는 쥘리. 안녕, 떨어져서는 살 수 없는 사랑하는 친구. 알아두렴. 때가 가까웠고, 내가 나서지 않으면 수확이 제대로 이루어지지 않으리라는 것을.

:: 편지 10

에드워드 경에게

때늦게 알게 된 많은 기쁨을 3주 전부터 누리고 있습니다! 격렬한 감정의 폭풍을 피해, 편안한 우정의 품속에서 한가하게 세월을 보내는 것이 얼마나 감미로운지요! 에드워드 경, 질서와 평화와 정숙이 지배하며, 지상에서의 인간의 진정한 사명에 부합되는 모든 것이 자만도 과시도 없이 어울려 존재하는 잘 정리된 소박한 집의 풍경이 얼마나 즐겁고 감동적인지요! 시골, 은둔, 휴식, 계절, 제 눈에 들어오는 물을 흠뻑 머금은 광대한 평야, 산들의 원시적인 풍경 등 그 모든 것이 이곳에 있는 저에게 저의 감미로운 티니안 섬을 환기합니다. 그곳에서 그토록 많이 했던 열성적인 기도가 이루어지는 것을 보는 듯합니다. 저는 이곳에서 제 취향에 맞는 삶을 살고 있습니다. 이곳에서 저는 마음에 드는 어떤 공동체를 발견합니다. 그 공동체에서 제 행복에 부족한 것이라고는 오직 두 사람밖에 없습니다. 그렇기에 곧 그들을 보는 것이 저의 바람입니다.

저는 이곳에서 이토록 달콤하고 순수한 기쁨을 느끼는 것을 배우고 있는데, 당신과 도르브 부인이 이곳에 와 이런 기쁨을 절정에 올려놓을 날을 기다리면서, 이 집 주인들의 지복을 보여주고 이곳에 사는 사람들과 그 지복을 나누어 가지게 하는 어떤 가정 경제에 대한 저의 소상한 견해를 피력해보고자 합니다. 저는 제가 숙고하여 얻은 생각이 당신이 몰두하고 있는 그 계획에 언젠가 사용되기를 바라며, 이러한 바람은 다시 성찰을 자극하는 계기가 됩니다.

저는 클라랑의 집에 대해서는 기술하지 않겠습니다. 당신은 잘 알고 있습니다. 그 집이 어떤 매력을 지니고 있는지, 제게 어떤 흥미로운 추억을 불러일으키는지, 그리고 그 집이 제게 보여주는 것들과 제게 환기하는 것들로 말미암아 그 집이 제게 얼마나 소중한지는 당신도 잘 압니다. 볼마르 부인은, 멋있고 크지만 오래되고 침울하고 불편한데다가 주변 환경에 있어서 클라랑의 집과는 비교도 안 되는 데탕주 저택보다 이 저택에 머물기를 당연히 더 좋아합니다.

이 집의 두 주인은 이곳에 머물러 살게 된 이래 그동안 장식으로만 이용되었던 모든 것을 삶에 유용한 것으로 바꾸어놓았습니다. 그리하여 이제 이 집은 바라보기에 적합한 집이 아닌 거주하기에 적합한 집이 되었습니다. 한 줄로 길게 늘어선 문들을 폐쇄해 불편하게 위치한 방문들을 바꾸었고, 너무 큰 방들은 분할해 더 짜임새 있는 방들로 만들었습니다. 옛날의 화려한 가구들은 소박하고 편한 것으로 바꾸었습니다. 이 집의 모든 것이 쾌적하고 아름답습니다. 어떤 것에서나 유복함과 청결함이 느껴질 뿐 화려함과 사치는 전혀 느껴지지 않습니다. 시골에 있는 느낌을 주면서도 도시의 모든 편리를 느끼게 하지 않는 방은 하나도 없습니다. 같은 변화는 밖에서도 일어났습니다. 헛간을 줄여 가금 사육장을 넓혔습니다. 파손된 낡은 당구대가 있던 곳은 훌륭한 압착실로 만들고, 공작들이 떠들썩하게 살고 있던 곳은 그것들을 처분한 뒤 우유 보관소로 만들었습니다. 채소밭은 너무 좁아서 화단을 개조해 하나 더 만들었습니다. 이제 아주 청결하고 훨씬 더 넓어져서 개조하기 전보다 보기가 좋습니다. 담벼락을 뒤덮고 있던 음침한 주목들은 멋진 과수장들로 바뀌었습니다. 쓸모없던 인도 마로니에 대신 싱싱한 검은색 오디나무가 안뜰에 그늘을 드리우기 시작했습니다. 길을 따라 양쪽으로 늘어서 있었던 늙은 보리수들 자리에는 호두나무를 심었습니다. 어디서나 쾌적한 것을 실용적인 것으로 대체했는데도, 여전히 쾌적함은 유지되고 있습니다. 가금장의 소음, 수탉 우는 소리, 가축 우는 소리, 짐수레 다니는 소리, 들판에서의 식사, 일꾼들이 귀가하는 모습, 그리고 시골 농사에 필요한 모든 도구는 그 집에 더욱 전원적이고 활기 넘치고 생기 있고 즐거운 분위기를 부여하여, 그 집이 침울한 위엄을 지니고 있던 때에는 주지 못했던 기쁨과 행복을 느끼게 하는 것 같습니다.

땅은 임대하지 않고 그들이 손수 경작합니다. 그들의 일과 재산과 기쁨의 대부분이 경작에서 비롯됩니다. 데탕주 남작의 남작령으로는 목초지와 밭과 숲밖에 없습니다. 하지만 클라랑에서는 포도를 생산하며 생산량은 상당합니다. 그곳의 다른 재배 방식이 작은 마을들보다 더 큰 수확을 낳습니다. 클라랑에서 사는 것을 선호하는 것은 경제적인 이유 때문이기도 합니다. 그렇지만 그들은 거의 매년 자신들의 경작지로 수확을 하러 가며, 볼마르 씨는 꽤 자주 그곳에 혼자 갑니다. 그들은 경작으로부터 경작이 줄 수 있는 모든 것을 얻는 것을 원칙으로 삼고 있습니다. 더 많은 이익을 얻기 위해서가 아니라 더 많은 사람을 먹여 살리기 위해서입니다. 볼마르 씨는 땅은 그 땅을 경작하는 사람의 수에 비례하여 곡물을 산출한다고 주장합니다. 땅은 더 잘 경작되면 더 많은 것을 돌려줍니다. 풍요로운 생산은 그 땅을 더 잘 경작하는 데 필요한 것을 줍니다. 땅은 사람과 짐승을 더 많이 투입할수록 그들에게 먹을 것을 풍부하게 제공해줍니다. 생산물과 경작자 사이의 그 지속적이고 상호적인 비례 관계가 어디까지 갈지는 알 수 없다고 그는 말합니다. 그와 반대로, 등한시되는 땅은 산출력을 잃습니다. 인구가 줄면 줄수록 산출물은 줄어듭니다. 주민이 소수이면 그 얼마 안 되는 주민을 먹여 살리지도 못합니다. 어떤 나라에서든 인구가 줄면 머지않아 주민들은 기아로 죽게 되어 있습니다.

그러므로, 넓은 땅을 가지고 있을 뿐 아니라 그 땅을 아주 정성들여 가꾸는 그들에게는 가금장의 일꾼들 외에도 아주 많은 일꾼이 필요한데, 그 덕분에 그들은 많은 사람들을 모자람 없이 먹여 살리는 즐거움을 얻게 됩니다. 날품팔이 일꾼을 선택할 때 그들은 항상 외지인이나 낯선 사람보다는 그 지역 사람이나 이웃을 선호합니다. 그래서 늘 최고로 건장한 사람만을 쓰지는 못하지만, 그러한 결함은 그러한 선호가 그 집에서 일하는 일꾼에게 불러일으키는 애정에 의해서, 그리고 비록 연중 한때만 노임을 지불할지라도 그들을 항상 곁에 두고서 언제나 그들의 도움을 기대할 수 있다는 장점에 의해서 만회되고도 남습니다.

일꾼들 모두에게는 항상 두 가지 형태로 노임이 지불됩니다. 하나는, 어길 수 없는 당연한 권리를 지닌 노임, 일을 시키면 반드시 주어야 하는, 이 지방에서 통용되는 시세의 노임입니다. 다른 하나는, 좀 더 많이 주는 것으로서 은전의 노임입니다. 일이 만족스러울 때만 그것을 지불합니다. 일꾼들은 주인이 만족스러워할 만큼 열심히 일하기 때문에 거의 항상 그들에게 지불되는 은전 이상의 것을 가져다줍니다. 왜냐하면 볼마르 씨는 공정하고 엄격해서, 특별한 배려와 후의의 관습들을 절대로 관례나 남용으로 변질시키지 않기 때문입니다. 일꾼들에게는 그들을 고무하고 지켜보는 감시자들이 있습니다. 그들은 마찬가지로 함께 일하면서 급료 이외에 적은 액수의 수고비를 받으며 다른 사람들의 일에도 관심을 갖는, 가금장의 일꾼들입니다. 물론 볼마르 씨도 거의 매일, 때로는 하루에도 몇 번씩 일꾼들을 둘러보러 갑니다. 그의 아내는 남편과 함께 가는 것을 좋아하지요. 일이 가장 많은 시기에는 쥘리는 매주 일꾼이든 하인이든 주인이 판단하기에 그 주에 가장 열심히 일한 사람을 선정해서 20바츠*를 상여금으로 줍니다. 신중하고 공평하게 적용되는, 비용이 많이 드는 것처럼 보이는 그 경쟁심을 유발하는 방법은 모든 일꾼들이 열심히 일하도록 유도해 결국 그 비용 이상의 이득을 돌려줍니다. 그렇지만 그 방법은 인내와 시간을 요하기 때문에 그것을 이용할 줄 아는 사람도, 이용하고자 하는 사람도 별로 없습니다.

하지만 훨씬 더 효과적인 수단은 유일하게 경제적인 고려에서 나온 것이 아니면서 지극히 볼마르 부인다운 것으로서, 그 선량한 사람들에게 정을 주어 그들의 정을 얻는 것입니다. 그녀는 자신을 위한 타인의 수고를 돈으로 갚는 것은 전혀 생각하지 않으며, 자신을 위해 수고해준 사람이면 누구에게나 돌봄으로 갚아야 한다고 생각합니다. 일꾼, 하인 등 그녀를 도운 사람은 누구나 단 하루 동안이나마 그녀의 아들이 됩니다. 그녀는 그들의 즐거움과 슬픔과 처지에 관심을 갖습니다. 그녀는 그들의 일에 관해 묻습니다. 그들의 이익은 곧 그녀의 이익이 되며, 그녀는 백방으로 그들을 보살피는 일을 떠맡습니다. 그녀는 그들에게 조언을 해줍니다. 그들의 분쟁을 조정해주며, 쓸데없는 입에 발린 말이 아니라 진정한 돌봄과 지속적인 선행을 통해서 자신의 상냥한 성격을 그들에게 각인시킵니다. 그들은 그녀의 아주 작은 몸짓 하나에도 하던 일을 모두 멈춥니다. 그녀가 부르면 날듯이 달려갑니다. 그녀의 단 한 번의 눈길이 그들의 열의를 부추

* 이 지방의 동전.

깁니다. 그녀가 곁에 있으면 그들은 기뻐하고, 그녀가 곁에 없을 때는 그녀 이야기를 하면서 서로 부추겨가며 열심히 일합니다. 그녀의 매력과 말은 많은 도움이 되며, 그녀의 친절함과 미덕은 더욱 도움이 됩니다. 아, 에드워드 경! 자비의 아름다움이란 얼마나 숭배할 만한 강력한 영향력을 발휘하는지요!

집에서 주인 가족을 모시는 하인들로는 여자 셋, 남자 다섯, 도합 여덟 명이 있습니다. 남작의 시종과 가금장의 일꾼들은 제외하고도 말입니다. 어떤 하인도 자기 일에 소홀하지 않습니다. 하인들의 열성에 대해서는, 각자가 자기 일 외에 다른 일곱 명의 일까지도 할 마음이 되어 있어서 서로 간에 합의만 있으면 모든 일이 단 한 사람에 의해 이루어지는 듯하다고 말할 수 있습니다. 그들이 응접실이나 안마당에서 장난치면서 빈둥거리거나 한가하게 지내는 모습은 전혀 볼 수 없습니다. 그들은 항상 어떤 유용한 일에 바쁩니다. 이를테면 그들은 가금장과 지하 저장실과 부엌에서 일손을 돕습니다. 정원사를 돕는 일손은 오직 그들뿐입니다. 더 기분 좋은 것은 그들이 그 모든 일을 즐겁고 기쁘게 한다는 것입니다.

주인들은 자신이 원하는 방향으로 하인들을 교육합니다. 파리나 런던에서는 자기가 일해본 모든 집에서 하인의 결점과 주인의 결점을 모두 받아들여, 아무에게도 애착을 갖지 않고 모두를 모시는 역할을 하는 고용살이꾼으로 철저히 훈련된 하인들, 즉 이미 닳고 닳은 자들을 고른다는 원칙이 널리 퍼져 있지만, 여기서는 그렇지 않습니다. 그런 사람들에게는 정직도 충직도 열성도 없습니다. 그런 불한당 같은 자들은 주인을 파멸시키며, 유복한 모든 집의 아이들을 타락시킵니다. 이곳에서는 하인을 고르는 일이 중요합니다. 하인은 그저 돈을 받는 고용인으로서 성실하게 주인을 섬기기만 하면 되는 존재로 간주되지 않고, 잘못 고를 경우 가족에게 괴로움을 안겨줄 수 있는 가족 구성원으로 간주됩니다. 하인에게 첫 번째로 요구되는 것이 정직입니다. 다음은 주인에 대한 사랑입니다. 셋째는 주인의 마음에 들게 주인을 섬기는 것입니다. 그런데 주인이 조금이라도 분별 있고 하인이 영리하다면 세 번째 사항은 언제나 앞의 두 사항의 당연한 결과로 따라옵니다. 그러므로 이 집 주인들은 도시가 아닌 시골에서 하인을 구합니다. 이 집 하인들의 가장 중요한 임무는 이 집 주인들만큼 지체 높은 다른 집 주인들에게는 분명 가장 중요하지 않은 임무일 겁니다. 이 집 주인들은 아이들이 많은 대가족에서 하인을 뽑는데, 부모들이 직접 아이들을 데리고 옵니다. 그중에서 젊고 착하고 건강하고 외모가 양호한 사람이 선택됩니다. 볼마르 씨는 그들에게 질문을 하며 자세히 관찰한 뒤 아내에게 소개합니다. 두 사람의 마음에 드는 사람이 있으면, 그는 먼저 시험을 거친 후 하인으로, 이를테면 그 집의 아이로 받아들여집니다. 주인은 그가 해야 할 일을 인내와 정성으로 며칠 동안 가르칩니다. 그들이 해야 할 일이란 너무 간단하고 일정하고 단조롭습니다. 주인 부부는 변덕이 거의 없고 신경질도 내지 않습니다. 하인은 너무도 금방 주인에게 애정을 갖기 때문에 그 모든 일에 이내 익숙해집니다. 하인의 생활 여건은 쾌적합니다. 그렇기에 하인은 자기 집에서 맛보지 못했던 안락함을 느낍니다. 하지만 주인 부부는 악의 근원인 무위로 인해 하인이 나약해지게 내버려두지는 않습니다. 그가 못된 녀석이 되어 하인 노릇에 자만하는 것을 용납지 않습니다. 그는 자기 아버지 집에서 했던 것처럼 일을 계속합니다. 이를테면 부모만 바뀌, 더 부유한 부모를 얻게 되는 것입니다. 그래서 그는 이전의 자신의 시골 생활을 멸시하지 않습니다. 그는 언젠가 이곳을 나가더라도 다른 신분을 용납하지 않고 자신의 농민 신분을 다시 택할 겁니다. 요컨대 저는 하인들 각자가 이처럼 열심히 일하고 잘 섬기는 집을 본 적이 없습니다.

그래서 하인들을 양성하고 키우면서도 주인들은 그토록 흔하고 분별없는 이런 이의를 마음에 두지 않아도 됩니다. '나는 다른 사람을 위해 하인들을 양성하는 거야.' 그는 이렇게 대답할 겁니다. '그들을 훌륭하게 양성하세요. 그러면 보상이 있을 겁니다. 그들은 다른 사람은 결코 섬기지 않을 테니까요.' 당신이 하인들을 양성하면서 당신만 생각한다면, 그들은 당신을 떠나면서 당연히 자기 자신만 생각할 겁니다. 하지만 그들에게 좀 더 신경을 써보세요. 그러면 그들은 당신에게 더 애정을 가질 겁니다. 의무를 지우려는 마음만 있고, 나 자신의 이익만을 위해 이용되는 자는 내게 고마워해야 할 것이 아무것도 없는 법입니다.

동일한 어려움을 두 배로 예방하기 위해 볼마르 씨 부부는 제가 보기에 아주 잘 계획된 또 다른 방법을 사용합니다. 이곳에 살기 시작하면서 그들은 자신들의 재산 상태에 걸맞게 정비된 그 집에 하인을 몇 명쯤 데리고 있으면 될지 따져봤습니다. 그들은 15~16명이면 적당하다고 생각했지만 하인들이 성실히 일하도록 하기 위해 그 수를 반으로 줄였습니다. 결과적으로, 인원은 더 적지만 섬김은 훨씬 더 완전했습니다. 하인들이 더 성실히 일하도록 하기 위해, 이번에는 그들에게 더 오랫동안 그 집에서 일할 동기를 주었습니다. 하인은 처음에는 보통 급료를 받습니다. 그러나 매년 5퍼센트씩 급료가 오릅니다. 그렇다면 20년 후에는 급료가 두 배가 될 겁니다. 그때쯤이면 하인을 유지하는 것이 거의 주인의 재력에 비례하게 될 것입니다. 그러나 그 비용 증가는 실제적이기보다는 표면적이라는 것, 두 배의 급료를 받을 자가 거의 없으리라는 것, 그리고 그들이 모든 하인에게 그렇게 지불한다 해도 20년 동안 잘 섬김을 받은 데 따른 이익이 그 비용 증가를 보상하고도 남으리라는 것은 훌륭한 대수학자가 아니어도 알 수 있는 사실입니다. 에드워드 경, 당신은 그 방법이 하인들의 정성을 끊임없이 증대시키고, 주인이 하인들에게 애정을 주는 만큼 그들에게 애정을 돌려받는 확실한 방법임을 잘 아실 겁니다. 이와 같은 것을 정착시키는 데는 신중함만 필요한 것이 아니라 공정함도 필요합니다. 오랜 섬김을 통해 열의와 충직을 증명했지만 이제 늙어서 더 이상 자기 생계비를 벌 수 없게 된 하인과, 좋지 못한 하인에 불과할 수도 있는데다가 아직 정도 들지 않은 갓 들어온 새내기가 똑같은 급료를 받는 것이 정당한 일입니까? 게다가 이곳에서는 늙어서 버려지는 것은 어떤 이유로도 용납되지 않습니다. 아주 인간적인 주인들은 자비심 없는 많은 주인들이 그저 과시욕에서 이행할 뿐인 그런 의무도 가벼이 여기지 않으며, 불구가 되거나 늙어서 더 이상 섬길 힘이 없는 하인들을 버리지 않는다고 보셔도 됩니다.

저는 그와 같은 배려에 대한 아주 감동적인 예 하나를 바로 들 수 있습니다. 데탕주 남작은 자기 시종의 오랜 섬김에 대해 명예로운 퇴직으로 보답하고 싶어서 베른 당국으로부터 그를 위한 힘들지 않은 유급 일자리 하나를 약속받았습니다. 쥘리는 바로 얼마 전에 그 늙은 하인으로부터 그 일자리를 고사하는 내용의 편지를 받았습니다. '저는 이제 늙었습니다. 가족도 다 잃었습니다. 제게는 제 주인 외에는 친지가 없습니다. 그러니 저의 유일한 소망은 그동안 일해온 집에서 평화롭게 여생을 마치는 것입니다…… 부인, 당신이 태어났을 때 저는 당신을 품에 안고 언젠가 당신의 아이들도 그처럼 안아줄 수 있게 해달라고 신께 빌었습니다. 신은 그렇게 할 수 있는 은혜를 베풀어주셨습니다. 그 아이들이 당신처럼 커가고 발전해가는 것을 보는 은혜를 제게서 빼앗지 말아주십시오…… 평화로운 집에서 사는 것에 익숙해진 제게서요. 저 같은 늙은이가 휴식을 취할 만한 그런 집을 어디서 찾겠습니까?…… 저를 위해 남작님께 몇 자 써주는 자비를 베풀어주십시오. 그분이 제게 만족하지 않으신다면 저를 이 집에서 내보내시라 해주십시오. 반대로 제가 그분을 40년 동안 충실히 모셨다면, 그분과 부인을 모시며 여생을 마치게 해달라고 해주십시오. 제게 그보다 더 큰 보상은 없을 겁니다.' 쥘리가 편지를 썼는지는 물어볼 필요가 없습니다. 그 선량한 사람이 그녀를 떠나는 것을 아쉬워하는 만큼 그녀 역시 그를 잃는 것을 아쉬워하리라는 것을 저는 압니다. 에드워드 경, 하인들에게 그토록 사랑받는 주인을 부모에, 그리고 그 하인들을 자식에 비유하는 것이 틀린 일입니까? 당신도 아시다시피 그들은 그렇게 서로를 생각합니다.

이 집에서는 하인이 떠난 예가 없습니다. 하인을 해고하겠다고 위협하는 일도 마찬가지로 드뭅니다. 그 위협은 하인으로 일하는 것이 유쾌하고 즐거울수록 더 두려운 것이 됩니다. 가장 성실한 하인일수록 언제나 가장 불안해합니다. 이 집 주인들은 별로 애석하지 않은 사람들에게만 그런 위협을 합니다. 거기에도 규칙이 있습니다. 볼마르 씨가 하인에게 '당신을 해고한다'고 말할 경우 그 하인은 부인의 중재를 간청하며, 때로는 그 중재를 얻어내어 그녀의 청원 덕분에 해고 취소의 자비를 얻을 수 있습니다. 그렇지만 그녀가 하는 해고는 돌이킬 수 없습니다. 더 이상 자비를 기대할 수 없습니다. 그 합의는 서로 간에 아주 잘 이루어져 있어서, 아내의 상냥함이 줄 수 있는 지나친 안심과 남편의 엄격함이 야기할 수 있는 지나친 불안을 동시에 완화합니다. 그렇지만 공정하고 화를 내지 않는 주인의 그 말은 언제나 매우 두려울 수밖에 없습니다. 왜냐하면, 자비를 얻어내리라는 보장이 없고 설령 얻어낸다 해도 자비가 두 번 주어지지는 않을 뿐만 아니라, 그 한마디에 근속 연수의 모든 권리가 날아가 버리고, 결국 그 집에서 하인 노릇을 처음부터 다시 시작하는 상황에 처하게 되기 때문입니다. 이는, 늙은 하인들이 잃을 것이 많아짐에 따라, 그들의 불손함을 방지하고 그들의 주의를 증대시킵니다.

여자가 세 명 있는데, 한 명은 하녀이고 또 한 명은 아이들의 가정교사이며 나머지 한 명은 요리사입니다. 그 요리사는 볼마르 부인에게 요리를 배운 농부로, 아주 정결하며 음식을 아주 잘 만듭니다. 아직도 검소한* 이 나라에서는 처녀들은 신분을 불문하고 언젠가 아내가 되어 하게 될 모든 일을 배웁니다. 필요할 경우 자신들이 가정을 이끌어나갈 줄 앎으로써 힘들어하지 않기 위해서 말입니다. 바비는 더 이상 하녀로 일하고 있지 않습니다. 그녀는 자기 고향인 데탕주로 보내졌습니다. 그녀에게 그곳 저택의 관리와 수납 감독을 맡겼습니다. 어떻게 보면 그녀는 경리 담당자이기

* 검소하다고! 이 나라도 정말 많이 변했다.

도 합니다. 볼마르 씨는 이미 오래전부터 아내에게 그렇게 할 것을 부추겼습니다. 하지만 아내는 그녀에 대해 불만이 많았음에도 어머니의 옛 하녀인 그녀를 보낼 결심을 좀체 하지 못했습니다. 마침내 아내는 최근에 남편과 상의한 후 남편의 그 제안에 동의했습니다. 그리하여 바비는 떠났습니다. 그 여인은 영리하고 충직합니다. 그렇지만 입이 가볍고 수다스럽습니다. 그녀가 자신이 모시는 여주인의 비밀을 여러 번 발설했고 볼마르 씨가 그 사실을 알았던 게 아닐까, 그리하여 같은 부주의를 어떤 외지인에게 반복하는 것을 예방하기 위해 그 지혜로운 사람이 그녀의 좋은 자질만을 이용하도록 그렇게 조치한 게 아닐까 생각됩니다. 그녀 대신에 들어온 하녀는 예전에 제가 당신에게 너무 즐겁게 이야기했던 그 팡숑 르가르입니다. 쥘리의 예측과 호의, 쥘리의 아버지와 당신의 호의에도 불구하고 그토록 정직하고 얌전한 그 젊은 여자는 결혼 생활에서 행복하지 못했습니다. 클로드 아네는 이전의 가난은 아주 잘 견뎌냈으면서도 그보다 더 나은 상황은 지켜내지 못했습니다. 생활이 여유 있게 되자 그는 일을 게을리했습니다. 그리하여 완전히 망해먹고는 달아나 버렸습니다. 아내와 아이를 남겨둔 채 말입니다. 그러고 나서 그의 아내는 그 아이도 잃었습니다. 쥘리는 그녀를 데리고 와서 하녀가 해야 할 모든 잔일을 가르쳤습니다. 저는 제가 돌아온 날 자기 일을 하고 있는 그녀를 보았을 때처럼 그렇게 기분 좋게 놀라본 적이 없습니다. 볼마르 씨는 그녀를 매우 아낍니다. 볼마르 씨 부부는 그녀에게 자기 아이들과 아이들의 가정교사를 보살피는 일을 맡겼습니다. 가정교사 역시 소박하고 순진한, 그러면서도 세심하고 인내심 있고 온순한 시골 처녀입니다. 이처럼, 주인들이 가지고 있지도 않고 용납하지도 않는 도시의 악덕이 집에 스며들지 않도록, 이곳에서는 어느 것 하나 간과되지 않았습니다.

하인들은 모두 한 식탁에서 식사를 하지만 남녀 사이에는 거의 말이 없습니다. 여기에서는 이 문제를 중요하게 여깁니다. 하인들의 행실에 대해서는 전혀 신경 쓰지 않고 오로지 대접만 잘 받기를 원하는, 자신의 이익 이외에는 모든 것에 무관심한 그런 주인들에게 이곳 주인들은 동의하지 않습니다. 그와는 반대로 그들은, 대접만 잘 받으려 하는 주인들은 오랫동안 그렇게 대접받을 수는 없다고 생각합니다. 남녀 간의 너무 밀접한 관계는 문제만 야기합니다. 집안의 혼란은 바로 하녀들 사이에 오가는 밀담들에서 유래합니다. 하인장은 만일 마음에 드는 하녀가 있으면 주인을 희생시키며 그녀를 유혹합니다. 남자들 사이의 합의나 여자들 사이의 합의는 중요하지 않습니다. 결국 아주 부유한 가정들을 망하게 하는 그 은밀한 독점권이 체결되는 것은 항상 남자와 여자들 사이에서입니다. 그러므로 이곳에서는 좋은 품행과 정직 때문만이 아니라 매우 수긍할 만한 이익 때문에도 여자들의 정숙과 겸양에 신경을 씁니다. 이러니저러니 해도 자기 의무를 사랑하지 않는 사람이라면 자기 의무를 잘 이행하지 않는 법이니까요. 자기 의무를 사랑할 줄 아는 사람들은 명예를 중시하는 사람들뿐입니다.

남녀 사이의 위험한 친교를 예방하기 위해 이곳에서는, 은밀히 어기려는 마음을 품게 하는 실정법으로 그들을 제약하지는 않습니다. 그 대신에, 그럴 생각까지는 없지만, 강제력 자체보다 더 강력한 관례를 세웁니다. 남녀가 서로 만나는 것을 막지는 않지만 만날 기회와 의지를 갖지 않게 하는 겁니다. 그들에게 서로 완전히 다른 일과 습관과 취향과 즐거움을 줌으로써 그 목적을 이룹니다. 이곳에서 유지되는 찬미할 정도의 질서 속에서 그들은 틀이 아주 잘 잡힌 집에서는 남자와 여자가 서로 교류할 필요가 거의 없다는 것을 느낍니다. 그 점에 있어서 주인의 의도를 전횡으로 여길 사람은, 누가 공식적으로 명령한 삶의 방식이 아니라 스스로 가장 훌륭하고 당연하다고 판단하는 삶의 방식을 반감 없이 따릅니다. 쥘리는 사실 자신이 그러하다고 주장합니다. 그녀는 남녀의 지속적인 교류는 사랑이나 부부 간의 결합에서 결과하는 것이 아니라고 주장합니다. 그녀에 의하면, 부부는 물론 함께 살게 되어 있지만 같은 식으로 살기까지 해야 하는 것은 아닙니다. 그들은 같은 일을 하지 않지만 일치 협력해서 행동해야 합니다. 한쪽을 매료하는 삶은 다른 한쪽에게는 견딜 수 없는 일일 것이라고 그녀는 말합니다. 자연이 그들에게 부여하는 성향은 자연이 그들에게 부과하는 역할만큼 다양합니다. 그들의 즐거움 역시 그들의 의무 못지않게 다릅니다. 한마디로 두 사람은 다른 방식으로 공동의 행복에 협력합니다. 그러므로 그 역할과 책임의 분담은 그들을 결합하는 가장 튼튼한 끈입니다.

저 자신의 관찰들이 그 원칙을 충분히 증명해주었음을 저는 인정합니다. 실제로, 프랑스 사람들과 그들을 모방하는 사람들을 제외하면 남자들은 남자들끼리, 여자들은 여자들끼리 사는 것이 세상 모든 국민들의 변함없는 관례가 아닙니까? 그들은 그들 안에 있는 자연의 가장 지혜로운 차이를 교란하거나 왜곡할 수 있는 부주의하고 끊임없는 뒤섞임에 의해 서로 만나기보다는 스파르타의 부부들처럼 거의 모르게 만납니다. 심지어 야만인들 사이에서도 남녀가 무차별하게 뒤섞이지는 않습니다. 밤이 되면 가족이 모입니다. 남편은 아내 곁에서 밤을 보냅니다. 날이 밝으면 다시 서로 떨어집니다. 이 두 남녀는 기껏해야 식사 외에는 공유하는 것이 아무것도 없습니다. 보편성으로 인해 가장 자연스러운 것임을 드러내는 질서는 바로 이러한 것입니다. 그 질서가 변질된 나라들에서조차 그 흔적은 아직 남아 있습니다. 남자들이 여자들의 방식에 따라 살고 끊임없이 여자들과 방에 틀어박혀 사는 것을 받아들인 프랑스에서 남자들이 품고 있는 무의식적인 불안은 그들이 그렇게 살기 위해 태어나지 않았다는 것을 증명해줍니다. 여자들이 긴 의자에 평화롭게 앉아 있거나 누워 있는 동안 남자들이 계속 불안해하며 일어나 서성거리다가 다시 앉곤 한다는 것을 당신은 알지요. 남자들 자신이 처한 답답한 상태에 끊임없이 저항하는, 그리하여 자연이 자신에게 명한 능동적이고 부지런한 그 삶을 자기도 모르게 자신에게 촉구하는 무의식인 순간인 것입니다. 그들은, 마치 남자들이 하루 종일 살롱에 앉아 있다가 극장 뒷좌석으로 피로를 풀러 가는 것이기라도 한 양, 세상에서 유일하게 극장에서 서서 관람하는 국민입니다. 마침내 그들은 유약하고 외출을 싫어하는 그 나태에 너무 권태를 느낀 나머지, 적어도 그 삶에 어떤 활동을 덧붙이기 위해서 자기 집을 이방인들에게 양보하고 다른 사람의 아내 곁으로 가 그 권태를 달래려 합니다.

볼마르 부인의 원칙은 그녀의 집으로 미루어 볼 때 아주 잘 지켜지고 있습니다. 이를테면 각자가 전적으로 자기 성별에 어울리게 행동하며, 여자들은 남자들과 완전히 따로 삽니다. 그들 사이의 의심스러운 관계를 예방하기 위한 그녀의 중요한 비법은 남녀를 끊임없이 바쁘게 만드는 것입니다. 그들의 일은 서로 너무 달라서 그들을 한자리에 모이게 하는 것은 빈둥거리며 노는 일밖에 없기 때문입니다. 아침이 되면 각자가 맡은 바 일에 열중합니다. 그들에게는 다른 사람의 일을 방해할 여유가 없습니다. 점심식사가 끝나면 남자들은 정원이나 가금장, 또는 들판의 다른 일을 맡아 합니다. 여자들은 그들끼리 쉬거나, 방에서 아이들을 돌보다가 산책 시간이 되면 아이들과 산책을 나갑니다. 때로는 여주인도 함께 나갑니다. 산책은 그녀들이 바람을 쐴 수 있는 유일한 기회로, 그녀들에게 아주 유쾌한 시간입니다. 남자들은 낮에 아주 열심히 일을 해서 산책 나가고 싶은 마음이 없고, 집을 지키며 휴식을 취합니다.

일요일이면 저녁 예배가 끝난 뒤 여자들이 다시 아이들 방에 모입니다. 여주인의 동의하에 번갈아가며 그녀들에 의해 초대되는 친척이나 친구도 함께합니다. 그곳에서 그녀들은 여주인이 제공하는 조촐한 음식을 기다리며 이야기를 나누거나 노래를 부르기도 하고, 배드민턴이나 막대 놀이, 또는 어린애들의 눈을 즐겁게 할 만한 아주 재치 있는 놀이를 아이들과 같이 합니다. 아이들이 스스로 그 놀이들을 할 수 있을 때까지요. 제공되는 간식은 몇몇 유제품과 와플, 에쇼데, 메르베유*, 그리고 어린애들과 여자들이 좋아하는 몇 가지 음식입니다. 포도주는 언제나 제외됩니다. 남자들은 그 작은 규방Gynécée**에 들어가지 못하므로 쥘리가 거의 항상 함께 하는 그 간식에 전혀 참여할 수 없습니다. 지금까지 오직 저만이 남자로서 거기에 참여하는 특권을 누렸습니다. 지난 일요일에 저는 성가시게 굴며 부탁한 끝에 그 특권을 얻어냈습니다. 그녀는 그 호의가 예외적인 것임을 제게 확실히 하기 위해 크게 신경 썼습니다. 그것이 마지막이 될 것이며, 심지어 볼마르 씨도 거기 참여하는 것을 거절당했다고 제게 큰 소리로 말한 것입니다, 여성적인 작은 허영심이 얼마나 만족되었겠는지, 주인을 따돌린 채 받아들여지고 싶어 하는 한 하인에게 얼마나 적절한 일이었겠는지 한번 상상해보십시오.

저는 맛있는 간식을 먹었습니다. 이 지방의 유제품에 견줄 만한 음식이 세상에 있을까요? 쥘리가 돌보는 낙농업의 유제품들을 그녀 곁에서 먹는 맛이 어떠할지 한번 생각해보십시오. 팡숑이 제게 그뤼, 세라세***, 와플, 에크를레를 가져다주었습니다. 저는 모든 음식을 게 눈 감추듯 먹어치웠습니다. 쥘리는 저의 식욕에 대해 농담을 했습니다. 그녀가 크림 한 접시를 더 주면서 말했습니다. "당신의 위는 어디에 가나 배부르게 먹는 것 같고, 당신은 발레 지방 사람들의 회식 못지않게 여자들의 회식에서도 요령 있게 행동하는 것 같네요." 저는 이렇게 대꾸했습니다. "탈이 없는 것은 아니에요. 때로는 이런 것 저런 것에 다 취하니까요. 이성은 포도주를 저장하는 지하 저장실에서나 치즈를 만드는 오두막집에서나 마찬가지로 혼란스러울 수 있지요." 그녀는 대답을 못하고 고개를 숙이며 얼굴을 붉히더니 자기 아이들을 껴안았습니다. 그 모습은 제게 양심의 가책을 느끼게 하기에 충분했습니다. 에드워드 경, 바로 그것이 저의 첫 번째 부주의였습니

* 그 지방에서 나는 과자의 일종.

** 여자들의 방.

*** 살레브 산에서 만들어지는 맛있는 유제품. 그것이 쥐라 지역, 특히 호수 반대편 끝 지역에서도 이 이름으로 알려져 있는지는 잘 모르겠다.

다. 저는 그것이 마지막 부주의이기를 바랍니다.

그 작은 모임에는 제 마음을 감동시키는 옛적의 어떤 소박한 분위기가 감돌았습니다. 저는 모든 여자들에게서 남자들과 함께 있을 때 못지않은 명랑함과, 어쩌면 그때보다 더 솔직한 모습을 보았습니다. 신뢰와 애정에 기초한, 하인과 여주인 사이의 친숙은 존경과 신망을 더욱 두텁게 해주었습니다. 주고받는 마음은 상호 우정의 표시처럼 보였습니다. 음식 선택에 이르기까지, 그 간식 시간을 재미있게 만드는 데 기여하지 않는 것은 없었습니다. 유제품과 설탕은 여성이 태어날 때부터 좋아하는 음식이며, 여성을 더 매력적이게 만드는 순결과 부드러움의 상징과 같습니다. 반대로 남자들은 보통 강한 맛과 강한 술, 자연이 자신들에게 요구하는 활동적이고 고된 삶에 더 적합한 음식을 찾습니다. 그런데 그 상이한 취향이 변질되어 뒤섞이는 것, 그것은 곧 남녀의 무질서한 뒤섞임의 확실한 증거입니다. 실제로 저는 여성들이 끊임없이 남자들과 함께 지내는 프랑스에서는 여성들이 유제품에 대항 취향을 완전히 잃었고 남자들 역시 술에 대한 취향을 많이 잃었음을, 그리고 양성의 뒤섞임이 덜한 영국에서는 각 성별의 취향이 더 잘 보존되고 있음을 발견했습니다. 일반적으로, 사람들이 좋아하는 음식을 보면 그들의 성격을 어느 정도 알 수 있다고 저는 생각합니다. 채식을 많이 하는 이탈리아 사람들은 유약하고 무릅니다. 고기를 많이 먹는 당신의 영국인들은 강직한 정신력 속에 야만성을 지닌 어떤 거친 면을 가지고 있습니다. 지리적으로 추우며, 평화롭고 검소하지만 거칠고 화를 잘 내는 스위스 사람들은 초식과 육식을 동시에 좋아하며 우유와 술을 마십니다. 경쾌하고 변덕스러운 프랑스 사람들은 모든 음식을 먹으며 모든 기질에 순응합니다. 쥘리는 저의 주장에 대한 한 예가 되어줄 수 있을 겁니다. 그녀는 감각적이고 미식을 즐기지만 고기도 스튜 요리도 소금도 좋아하지 않습니다. 물을 타지 않은 포도주는 마시지 않습니다. 싱싱한 채소, 계란, 크림, 과일. 바로 이것들이 그녀가 매일 먹는 음식입니다. 그녀가 또한 아주 좋아하는 어류가 없다면 그녀는 정말 피타고라스학파 신봉자일 겁니다.[3] 여자들을 억제한다 해도 남자들을 억제하지 못하면 아무 의미가 없습니다. 규칙에서 여자들의 규칙 못지않게 중요한 남자들의 규칙은 훨씬 더 까다롭습니다. 왜냐하면 일반적으로 공격은 방어보다 더 격렬하기 때문입니다. 그런데 그것은 자연의 보존자의 의도입니다. 공화국에서는 시민들을 도덕과 원칙과 미덕으로 억제합니다. 그런데 하인과 용병은 구속과 강요가 아니면 무엇으로 억제하겠습니까? 주인의 기술이라고는 그 강요를 기쁨이나 이익이라는 미명 아래 감추는 것밖에 없습니다. 그들이 강요받는 모든 일을 그들 자신이 원하는 것인 양 생각하게 하기 위해서 말입니다. 일요일의 빈둥거림과, 일이 자신을 집에 붙잡아두지 않을 때 가고 싶은 곳에 갈, 아무도 빼앗을 수 없는 권리는 흔히 단 하루 만에 나머지 6일의 경험에서 얻은 지혜와 모범을 잃게 만듭니다. 선술집에 다니는 습관, 동료들과의 교류와 그들의 행동 원칙들, 방탕한 여자들과의 잦은 만남은 이내 그들을 타락시켜, 그들이 수많은 과실로 말미암아 주인을 섬길 수 없게 만들며, 자유를 누릴 자격이 없게 만듭니다.

이 문제는 그들을 밖으로 이끄는 것과 동일한 동기에 의하여 그들을 집에 붙잡아둠으로써 해결됩니다. 그들은 뭣하러 다른 곳에 갈까요? 선술집에서 술을 마시고 노름을 하기 위해서입니다. 그들은 이제 집에서 술을 마시고 놀이를 합니다. 그렇지만 완전히 다른 것은 술이 공짜라는 것, 술에 취하지 않는다는 것, 놀이를 하지만 잃는 사람은 아무도 없고 이기는 사람만 있다는 것입니다. 여기에서는 사람들이 바로 그렇게 처신합니다.

집 뒤에는 가로수가 하늘을 덮은 길이 하나 있습니다. 주인 부부는 그 길에 놀이를 할 수 있는 장소를 마련해놓았습니다. 여름이면 일요일마다 하인들과 가금장 일꾼들이 설교가 끝난 뒤 바로 그곳에 모여 3판 2승 놀이를 즐깁니다. 내기 놀이는 용납되지 않기에 돈도 포도주도 걸지 않습니다. 포도주는 주인집에서 좀 보내줍니다. 주인의 관대함에 의해 상품이 내

걸립니다. 그것은 언제나 그들에게 필요한 조그만 가구나 옷가지입니다. 놀이의 횟수는 내걸린 상품에 따라 달라집니다. 상품이 은 버클, 칼라 버클, 비단 스타킹, 고급 모자 같은 것들로 가격이 좀 나가는 것일 때는 그것들을 따기 위해 보통 여러 번 놀이를 진행합니다. 한 가지 놀이에 그치지 않고 다양한 놀이를 합니다. 하나의 놀이에서 가장 강한 사람이 상품을 다 가져가지 않도록 하기 위해서, 그리고 모두가 많은 연습을 통해 더 잘하고 더 튼튼하게 되기 위해서입니다. 상품은 때로는 길 반대편까지 달리기에서 우승한 사람에게 돌아가기도 하고, 때로는 돌을 가장 멀리 던진 사람에게 돌아가기도 하며, 또 때로는 무거운 물건을 가장 멀리 나른 사람에게 돌아가기도 합니다. 표적 맞히기를 통해 상품을 겨루기도 합니다. 그 대부분의 놀이에는 그 놀이를 더 연장하고 더 재미있게 만드는 조촐한 의식이 더해집니다. 주인 부부는 종종 그들이 노는 곳에 나타나 그들을 영광스럽게 합니다. 때로 그들은 아이들을 그곳에 데려오기도 합니다. 모르는 사람들조차 호기심에 이끌려 그곳으로 다가옵니다. 여러 사람들이 그 놀이에 참여하겠다며 허락을 청하기도 합니다. 그렇지만 주인 부부의 허락과 놀이하는 사람들의 동의가 있을 때에만 받아들여지는데, 놀이하는 사람들로서는 쉽게 동의해봐야 득이 될 게 없습니다. 그 관습은 조금씩 일종의 구경거리로 변했는데, 구경꾼들에 의해 고무되는 경기자들은 상품보다는 박수로 칭찬받는 것을 더 원합니다. 더 원기왕성해지고 민첩해진 그들은 그로 말미암아 더욱더 자부심을 갖습니다. 그들은 소유 재산보다는 자기 자신에게서 자기 가치를 끌어내는 데 익숙해져서 돈보다 명예를 더 소중히 여기게 됩니다.

소소한 수단들로 큰 효과를 산출하는 것이 진정한 재능의 속성인데도 저속한 사람들에게 항상 비웃음을 사는, 겉으로 보기에는 너무 유치한 그런 배려를 통해 이곳 사람들이 얻는 모든 행복을 당신에게 하나하나 말씀드리자면 시간이 많이 걸릴 겁니다. 볼마르 씨는 아내가 아이디어를 제공한 그 조촐한 상품들을 마련하는 데 일 년에 고작 50에퀴밖에 들지 않는다고 제게 말했습니다. 그는 이렇게 말했습니다. "그렇지만 주인에게서 모든 기쁨을 얻는 충실한 하인들이 자신들의 일에 기울이는 주의와 경계에 의해, 그들이 자기 집처럼 생각하는 집의 일에 쏟는 관심에 의해, 그들이 놀이에서 얻는 활력을 일에 이용한다는 이점에 의해, 그들과 같은 다른 집 하인들에게 습관적인 무절제와 그 무절제가 야기하는 질병으로부터 그들의 건강을 보호한다는 이점에 의해, 무질서가 그들에게 야기하게 되어 있는 사기 행위를 예방하여 항상 정직한 사람으로 살게 한다는 이점에 의해, 마지막으로 집에서 적은 비용으로 우리 자신을 위한 유쾌한 오락을 갖는 즐거움에 의해 내가 가정과 사업에서 받는 보상은 몇 배나 될까요? 만일 우리 하인들 중에 여자든 남자든 우리의 규칙에 적응하지 못하고 이런저런 핑계를 대면서 자기가 가고 싶은 곳으로 갈 자유를 원하는 사람이 있다면 우리는 그 자유를 절대로 빼앗지 않습니다. 그렇지만 우리는 그 방종의 취향을 아주 의심스러운 표지로 여겨서 그런 취향을 가진 사람들을 곧 해고합니다. 그러므로 우리로 하여금 훌륭한 하인들을 보존하게 해주는 그 오락들은 또한 하인을 뽑는 데 시금석이 됩니다." 에드워드 경, 고백건대 저는 이곳 아닌 어디에서도 주인이 자기 집에 데리고 있는 사람들을 자기 주인을 섬기는 훌륭한 하인으로, 자기 땅을 경작하는 훌륭한 농부로, 조국을 지키는 훌륭한 군인으로, 행운의 부름을 받을 수도 있는 모든 상황에 준비된 사람으로 동시에 양성하는 것을 보지 못했습니다.

겨울에는 일의 종류가 바뀌듯이 오락의 종류도 바뀝니다. 일요일에는 집안 사람들 전체와 이웃 사람들까지 남녀를 불문하고 예배 후에 실내에서 모입니다. 그곳에는 불도 있고 포도주와 과일과 과자도 있으며, 바이올린이 있어 춤도 출 수 있습니다. 볼마르 부인은 잠시라도 꼭 그 자리에 참석합니다. 자신의 참석으로 질서와 정숙을 유지하기 위해서지요. 그녀 자신도 그곳에서 곧잘 춤을 춥니다. 하인들과 함께 있을지라도 말입니다. 처음 그런 관례를 접했을 때는 신교도들의 엄격한 풍속에 적합하지 않은 것처럼 보였습니다. 저는 쥘리에게 그런 생각을 밝혔습니다. 다음은 그녀가 제게 한 대체적인 답변입니다.

"순수한 도덕은 너무 엄격한 의무의 짐을 지고 있어서, 그에 더하여 하찮은 형식들로 과다하게 부담을 지울 경우 그것은 거의 항상 본질을 희생하는 일이 됩니다. 수많은 쓸데없는 규율에 순응하느라 명예와 미덕이 무엇인지 모르는 대부분의 수도승들이 그렇다고들 하지요. 우리에게서는 그러한 단점이 덜하지만 완전히 없지는 않아요. 우리의 종교가 신성함에서 다른 모든 종교보다 우월하듯 지혜에서 다른 모든 종류의 성직자보다 우월한 우리의 성직자들은 여전히 이성보다는 편견에 더 기초한 듯한 몇몇 원칙을 가지고 있어요. 마치 노래를 부르는 것보다 춤을 추는 것에 더 악덕이 있는 것처럼, 그 오락 하나하나가 다 자연의 권고가 아닌 것처럼, 순수하고 정숙한 오락을 통해 함께 흥겨워하는 것이 죄악인 것처럼 춤과 회합을 비난하는 것이 바로 그런 원칙이에요. 반대로 저는 아무리 남녀가 함께 모여 놀아도 공개적인 오락이라면 공개적이라는 사실 자체만으로 순수해진다고 생각해요. 더할 수 없이 칭찬받을 만한 일도 단둘이서 하면 수상쩍은 반면에요.* 남녀는 서로를 위해 태어났어요. 자연의 목적은 그들이 결혼을 통해 결합하는 것입니다. 잘못된 종교란 모두 자연을 억압하지요. 자연을 따르고 바로잡아 주는 우리의 종교만이 인간에게 적합한 신성한 체제를 예고해줍니다. 그러므로 우리의 종교는 결혼과 관련해서는 복음서가 규정하고 있지 않은, 기독교 정신에 역행하는 어려움으로 시민 질서에 폐를 주지 않아요. 그런데 끊임없이 사람들의 시선에 노출되는 탓

* 《달랑베르에게 보내는 연극에 관한 편지》에서 나는 이 편지의 바로 다음 부분과 몇 개의 다른 부분을 옮겨 썼다. 하지만 당시는 이 편지들의 출판을 준비하는 단계였으므로, 나는 이 편지의 내용을 인용하기 위해서는 편지가 출판되기를 기다려야 한다고 생각했다.

에 아주 조심스럽게 서로를 관찰해야 하는 그런 모임이 아니라면 어디에서 결혼 적령기의 남녀 젊은이들이 그렇게 품위 있고 신중하게 서로에 대해 좋은 감정을 품고 서로를 바라볼 기회를 가질 수 있겠어요. 서로에게 매력 있고 품위 있게 보이려는 것인, 젊은이들의 발랄함에 걸맞은 유쾌하고 유익한 행동, 그러면서도 지켜보는 사람들의 엄숙한 시선에서 감히 자유로울 수 없는 그런 행동에 의해 신이 모욕당할 이유가 뭐가 있지요? 적어도 생김새에 관해 아무도 속이지 않을, 그리하여 서로 사랑을 약속하기 전에 서로를 잘 알아보고 싶어 하는 사람들에게, 있을 수 있는 매력과 약점을 가진 자신들을 그대로 보여줄 더 정직한 방법을 상상할 수 있나요? 서로를 소중히 해야 한다는 의무에는 서로의 마음에 들어야 한다는 의무가 수반되지 않나요? 그처럼 신이 명령하는 상호적인 사랑에 대해 마음의 준비를 시키는 것은 결혼할 생각을 하는 두 정숙한 기독교도 남녀에게 합당한 배려가 아닌가요?

끊임없는 구속이 지배하고 가장 순수한 쾌락이 죄악으로서 벌을 받는 곳, 남녀 젊은이들이 감히 공개적으로 회합하지 못하고 목사의 주제넘은 엄격함이 신의 이름으로 맹신적 구속과 우울과 권태만 설교하는 곳에서는 어떤 일이 일어나겠어요? 자연과 이성이 인정하지 않는 견딜 수 없는 횡포가 어물쩍 자리 잡아요. 그 횡포는 쾌활하고 장난기 있는 젊은이들에게서 그들에게 허락된 쾌락을 빼앗고 더 위험한 쾌락으로 대체해요. 교활하게 꾸며낸 단둘의 만남이 공개적인 모임을 대신해요. 마치 죄인인 것처럼 자신을 감추다가 결국 그들은 죄를 짓는 것에 솔깃해집니다. 순수한 기쁨은 백주에 발산되고 싶어 하지만 악덕은 어둠의 친구예요. 그렇기에 순수와 감춤은 오래 동거하지 못합니다." 그녀는 자신의 뉘우침과 순수를 제 마음에 전하려는 것처럼 제 손을 꼭 잡으며 이렇게 말했습니다. "사랑하는 친구, 우리보다 이 원칙의 모든 중요성을 더 잘 느낄 사람이 누가 있겠어요. 변함없이 미덕을 사랑해온 우리 두 사람이 단둘이 있을 때 그 미덕이 처하게 되는 위험을 더 일찍 예견할 줄 알았다면 우리는 그토록 오랜 세월에 걸친 많은 고통과 고뇌, 후회와 눈물을 피할 수 있었을 텐데!"

볼마르 부인은 더 차분한 어조로 이야기를 계속했습니다. "다시 말씀드리지만, 풍속은 모든 이의 이목에 노출되는 사람 많은 모임이 아니라 비밀과 방종이 지배하는 개인적인 만남에서 위험에 처합니다. 우리 집 남녀 하인들이 모일 때면 저는 그들이 모두 한데 모이는 것이 편한데, 바로 그런 원칙 때문입니다. 심지어 저는 그들에게, 이웃 젊은이들 중에도 교류해서 해가 되지 않을 사람이 있다면 초대하라고 합니다. 그리하여 우리 이웃 젊은이들 중 누군가의 품행을 칭찬할 때 사람들이 '그는 볼마르 씨 집에 초대되었어'라고 말한다는 것을 알고 저는 아주 기뻤답니다. 그 점에서 우리는 또 다른 목적을 가지고 있어요. 우리 집에서 일하는 남자는 모두가 총각이에요. 여자들 중 아이들 가정교사는 아직 처녀예요. 여기에 사는 남녀가 취해야 하는 조심성 때문에 그들이 정숙한 결혼의 기회를 빼앗기는 것은 옳지 못해요. 우리는 그 작은 모임들을 통해 우리가 보는 앞에서 그들에게 기회를 마련해줌으로써 그들이 배우자를 더 잘 선택할 수 있도록 도우려고 노력해요. 그리고 그렇게 행복한 부부를 맺어주는 일에 힘씀으로써 우리 부부의 행복을 증대시키지요.

제가 그 선량한 사람들과 함께 춤을 추는 것에 대해 변호하는 일이 남았군요. 하지만 저는 그 점에 대해서는 차라리 비난을 감수하겠어요. 제가 춤을 추는 가장 큰 동기는 춤에서 느끼는 즐거움에 있다는 것을 저는 솔직히 인정해요. 당신도 알다시피, 저는 제 사촌이 춤에 대해 갖고 있는 열정을 항상 함께 나눴어요. 그러나 어머니가 돌아가신 후 무도회와 모든 공개적인 모임을 단념했어요. 저는 결혼식에서조차 저 자신에게 한 그 약속을 지켰고 앞으로도 지킬 거예요. 그렇지만 때로 우리 집에서 손님이나 하인들과 춤을 추는 것이 그 약속에 위배된다고는 생각하지 않아요. 그것은 겨울이면 여기서 칩거 생활을 할 수밖에 없는 저의 건강에 유익한 운동이에요. 그것은 순수하게 제게 즐거움을 줘요. 제가 춤을 잘 추었을 때 제 마음이 저를 조금도 나무라지 않기 때문이에요. 그것은 또한 볼마르 씨에게도 즐거움을 줘요. 제가 춤을 추면서 보이는 모든 애교는 오로지 그를 즐겁게 하기 위한 것이에요. 춤추는 곳에 그가 오는 것은 바로 저 때문이에요. 하인들은 주인이 지켜보는 것에 대해 영광스러워하며 더 즐거워해요. 그들은 또한 제가 자기들 사이에 끼어 있는 것을 보고 기뻐해요. 요컨대 저는 그 절제된 친숙함이 예속 상태의 비천함과 권위의 엄격함을 완화함으로써, 타고난 인성을 조금 되돌려주는 부드럽고 애정 어린 유대를 우리 사이에 형성해준다고 생각해요."

에드워드 경, 이상이 쥘리가 춤에 대해 제게 한 말입니다. 어떻게 그토록 상냥하고 호의적인 마음으로 종속된 사람들을 다스릴 수 있는지, 그녀와 그녀의 남편이 어떻게 그렇게 자주 하인들 수준으로 낮추어 그들과 어울릴 수 있는지 저는 감탄했습니다. 하인들로 하여금 주인들의 말을 곧이곧대로 받아들여 주인들과 맞먹으려는 유혹을 품지 않게 하면서 말입니다. 저는 아시아의 군주들도 자기 궁궐에서, 쥘리 부부가 자기 집에서 받는 존경보다 더 큰 존경을 받지는 못하리라고 생각합니다. 그 부부의 명령보다 더 거역하기 어려운 명령이 있을지 모르겠습니다. 그 부부의 명령처럼 그렇게 신속하게 실행되는 명령이 있을지 모르겠습니다. 그들이 부탁하면 하인들은 날듯이 달려갑니다. 그들이 용서하면 하인들은 자기 잘못을 느낍니다. 저는 말의 힘이 사용되는 단어에는 거의 좌우되지 않는다는 것을 과거에는 이해하지 못했습니다.

이를 계기로 저는 주인의 쓸데없는 근엄함에 대해 다시 한번 숙고하게 되었습니다. 말하자면, 하인들로 하여금 주인을 경멸하게 하는 것은 주인의 친밀함보다는 결점이며, 하인들이 무례하게 행동하는 것은 주인이 약하다는 방증이라기보다는 주인이 악하다는 방증이에요. 주인의 악덕을 아는 것보다 그들로 하여금 더 뻔뻔스럽게 행동하게 하는 것은 없으며, 그들이 주인에게서 발견하는 모든 악덕은 그들에게 더 이상 존경할 수 없는 사람에 대한 불복종의 이유가 되어주기 때문입니다.

하인들은 주인을 따라 합니다. 그들은 주인을 꼴사납게 따라 하기 때문에 겉치레 교육에 의해 다른 사람들에게서는 더 잘 감춰지는 결함들도 그들의 행동에서는 현저하게 눈에 띕니다. 파리에서 저는 제가 아는 부인들의 품행을 그들의 하녀들의 태도와 어조를 보고 판단했는데, 그 방식은 전혀 틀리지 않았습니다. 여주인의 비밀을 일단 알게 된 하녀는 자신의 부주의로 여주인이 비싼 대가를 치르도록 하는 것에 그치지 않습니다. 그녀는 여주인처럼 행동하고 생각하며, 여주인의 모든 원칙을 어설픈 실천으로써 드러내 보입니다. 모든 면에서 주인의 모범은 주인의 권위보다 더 강력합니다. 따라서 하인이 주인보다 더 정직하기를 바라는 것은 자연스럽지 않습니다. 아무리 고함치고 욕하고 구박하고 해고하고 새 하인을 구해도 소용없습니다. 그 모든 행동은 전혀 훌륭한 섬김을 낳지 못합니다. 하인들에게 멸시당하거나 미움 받는 것에 신경 쓰지 않는 사람이 그럼에도 자신이 훌륭한 섬김을 받고 있다고 생각한다면, 그것은 그가, 하인들이 끊임없이 그에게 저지르지만 그로서는 누가 그러는지 알지 못하는 수많은 은밀한 나쁜 짓을 고려하지 않고 그저 자기 눈에 보이는 것이나 하인의 표면상의 면밀함에 만족하기 때문입니다. 하지만 자기 하인들의 경멸을 견딜 수 있을 만큼 자존심 없는 사람이 어디 있습니까? 자신에 대한 모욕에 예민하지 않을 만큼 타락한 여자가 어디 있습니까? 파리와 런던에서는 얼마나 많은 부인들이 자신을 아주 명예롭게 여깁니까? 대기실에서 하인들이 그녀들 자신들에 대해 하는 말을 듣는다면 울음을 터뜨리고 말 그런 부인들이 말입니다. 그녀들의 평화로운 마음을 위해서는 다행스럽게도, 그녀들은 그 엄중한 감시자들을 어리석은 인간으로 여기면서 자신들이 그들에게 숨기려고 애쓰지 않아도 그들은 아무것도 모를 것이라고 우쭐해하며 마음을 놓습니다. 또한 그들 역시 내키지 않는 복종에서 그녀들에 대한 자신들의 경멸을 숨기지 못합니다. 주인과 하인은 서로 상대편이 자신을 존중하게 만들 필요가 없다고 느낍니다.

제게는 하인들의 판단이 주인의 덕망에 대한 가장 확실하고 까다로운 증언으로 보입니다. 에드워드 경, 저는 발레 지방에서 당신을 알기도 전에, 당신이 하인들에게 아주 거칠게 말함에도 그들이 당신에게 애정이 없지 않다는 사실, 또 당신이 있을 때나 없을 때나 마찬가지로 그들이 자기들끼리 당신에게 존경을 표한다는 사실만으로 당신의 덕망에 대해 좋게 생각했던 것을 기억합니다. 영웅의 하인에게는 영웅이 없다는 말이 있습니다. 그럴 수 있겠지요. 그렇지만 올바른 사람은 자기 하인의 존경을 받습니다. 그것은 영웅적 행위는 헛된 겉치레일 뿐이라는 것을, 덕망 이외에는 실속 있고 믿을 수 있는 것이 아무것도 없다는 것을 충분히 증명해 줍니다. 무엇보다 이 집에서는 하인들의 동의에서 덕성의 영향력을 알아봅니다. 그 동의는 쓸데없는 칭찬이 아니라 그들이 느끼는 바의 자연스러운 발로인 만큼 더 확실합니다. 여기에서 하인들은 다른 집 주인들은 자기 주인들과는 다르다고 믿게 하는 따위의 얘기를 전혀 들을 수 없기 때문에, 자신들이 생각하기에 모두에게 공통적으로 존재하는 것인 미덕을 이유로 주인들을 칭찬하지 않습니다. 그 대신에 그들은, 하인들의 행복을 위해, 가난한 사람들의 위안을 위해 지상에 부유한 사람들을 보내신 거라고 신을 순박하게 찬미합니다.

예속 상태는 인간에게 너무 자연스럽지 못한 것이어서 어느 정도 불만을 수반하지 않을 수 없습니다. 그런데도 그들은 주인을 존경하며, 예속 상태에 대해 아무 말도 하지 않습니다. 만약 여주인에 대한 어떤 불평이 터져 나온다면 그 불평은 칭찬보다 나은 불평입니다. 자신에 대한 그녀의 온정이 부족하다는 불평은 없고 그녀가 다른 사람들에게도 똑같이 온정을 베푼다는 불평만 있습니다. 하인들 각자는 그녀가 자신의 열의와 동료 하인들의 열의를 비교하는 것을 참지 못합니다. 그리고 그녀에 대한 애정에서 자신이 최고라고 믿듯이 신임을 받는 데서도 최고가 되기를 원합니다. 바로 그것이 그들의 유일한 불평이며 그들이 생각하는 가장 큰 부당함입니다.

아랫사람들의 복종에는 동등한 사람들 사이의 화합이 필요한데, 이 부분은 하인들을 관리하는 데 있어서 가장 어려운 부분입니다. 이 집처럼 하인 수가 얼마 안 된다 해도, 하인들을 끊임없이 분열시키는 질투와 이기심의 경쟁에서 그들은 주인을 희생시키지 않고는 결코 화목할 수 없습니다. 만일 그들이 의견 일치를 본다면 그것은 일치단결하여 도둑질을 하기 위함입니다. 만일 그들이 헌신적이라면 각자 타인을 희생시켜 자신을 돋보이게 하기 위함입니다. 그러므로 그들은 서로 적이거나 아니면 공범자임에 틀림없습니다. 그들의 교활함과 분쟁을 동시에 피하는 방법을 알기란 쉽지 않습니다. 대부분의 가장은 그 두 어려움 사이에서 하나를 택하는 것밖에 알지 못합니다. 어떤 가장들은 정직보다는 자기 이익 쪽을 택하여 밀고를 하는 하인들의 성향을 부추기며, 그들을 염탐꾼으로 만들어 서로 감시하게 하면서도 자신이 아주 신중하고 현명하게 행동한다고 생각합니다. 또 더 나태한 가장들은 하인들이 도둑질을 하더라도 내버려두어 모두가 평화롭게 살기를 더 바랍니다. 그들은 충직한 하인이 순순한 열의에서 알려주는 정보를 잘 받아들이지 않는 것을 일종의 자랑으로 여깁니다. 양쪽 모두 잘못 생각하고 있는 것입니다. 첫 번째 부류의 가장들은 자기 집에 규칙과 질서와는 양립할 수 없는 끊임없는 동요를 부추김으로써, 동료를 배신하면서 어쩌면 언젠가 주인들을 배신할 연습을 하는 밀고자와 음흉한 인간들을 떼거리로 모아들이게 됩니다. 두 번째 부류의 가장들은 자기 집에서 일어나는 일을 알기를 거부함으로써 자신에게 맞서는 동맹을 허락하고 악인들을 고무하고 선한 사람들에게 반감을 일으키며, 주인을 희생시키는 데 의견 일치를 봄으로써 자신들의 일을 호의로, 자신들의 도둑질을 권리로 생각하는 오만하고 무위도식하는 사기꾼들만을 큰 비용을 들여가며 유지하게 됩니다.*

하나의 악덕을 다른 악덕을 통해 제거하려 하거나 그 악덕들 사이에 일종의 균형을 이루려 하는 것은 국가 관리에서와 마찬가지로 가정 관리에서도 커다란 실수입니다. 질서의 토대를 무너뜨리는 것이 언젠가 질서를 구축하는 데 이용될 수 있다고 믿는 것처럼 말입니다! 그런 부적절한 관리로는 결국 온갖 난관을 초래할 뿐입니다. 어떤 집에서 악덕이 묵인되면 그 집에서 악덕만 번성하는 것이 아닙니다. 한 가지 악덕이 싹트는 것을 내버려둬 보세요. 천 가지 악덕이 그 뒤를 이을 겁니다. 그 악덕들은 머지않아 악덕에 물든 하인들을 망하게 하고 악덕을 용인한 주인을 파멸시킬 것이며, 그 하인들을 주의 깊게 지켜보는 아이들을 타락시키거나, 아니면 죄를 범하게 할 것입니다. 어떤 비열한 아버지가 감히 이 후자의 악덕을 원할까요? 자기 집에 평화와 충성을 겸비할 수 없고, 하인들 상호 간의 온정을 희생시켜 그들의 열성을 얻어야 한다면 어떤 성실한 사람이 가장이 되고 싶겠어요?

이 집만 본 사람이라면 그와 같은 어려움이 존재할 수 있다는 것을 상상조차 못했을 겁니다. 그만큼 이 집 식솔들의 단결은 주인에 대한 그들의 애착에서 유래하는 것 같습니다. 바로 이 집에서 우리는 자기 집에 사는 모든 식솔을 사랑하지 않는 주인은 진정으로 사랑받을 수 없다는 아주 좋은 예를 볼 수 있습니다. 이것은 기독교의 애덕의 원리로 이용되는 진리입니다. 한 아버지의 아이들이 서로를 형제로 대하는 것은 아주 당연한

---

* 나는 대저택들의 질서 유지에 대해 아주 자세히 관찰했는데, 스무 명의 하인을 둔 주인에게는 그 하인들 가운데 정직한 하인이 있는지 알아내는 것도, 그 모든 하인들 중 가장 악독한 사기꾼을 정직한 하인으로 간주하지 않는 것도 불가능하다는 것을 분명히 알게 되었다. 그 일 하나만으로도 나는 부자들 중 하나가 되기를 꺼릴 것 같다. 인생에서 가장 달콤한 즐거움 중 하나인 신뢰와 존중의 기쁨이 이 불행한 사람들에게서는 상실되었다. 그들은 자신들의 모든 금을 아주 비싼 대가를 치르고 사는 것이다.

일이 아닙니까? 교회에서는 우리에게 매일 그것을 말하지만 우리는 그것을 지각하지 못합니다. 하지만 이 집에 사는 모든 사람은 그 말을 듣지 않고도 그것을 압니다.

이러한 화합의 경향은 하인들을 선택하는 일에서부터 시작됩니다. 볼마르 씨는 하인들을 고용할 때 그들이 자기와 자기 아내에게 적합한지만을 생각하지 않고 하인들 서로에게 적합한지도 생각합니다. 두 훌륭한 하인 사이의 눈에 띄는 반감만으로도 즉각 둘 중 하나를 해고하기에 충분합니다. 왜냐하면 그렇게 하인이 몇 안 되는 집, 하인들이 웬만해서는 떠나지 않고 항상 서로 얼굴을 맞대고 사는 그런 집은 그들 모두가 마음에 들어 하는 집이어야 하며, 만일 그 집이 평화롭지 못한 집이라면 그들에게 지옥과 같은 곳일 것이기 때문이라고 쥘리는 말합니다. 계속된 그녀의 말은 이렇습니다. "하인들은 그 집을 모두가 한 가족인 아버지의 집처럼 여겨야 해요. 다른 하인들에게 불쾌감을 주는 하인이 한 명만 있어도 그들에게는 그 집이 지긋지긋한 곳이 될 수 있을 것이며, 그 불쾌한 대상이 계속 눈에 거슬리다 보면 그들은 자신들에게나 우리에게나 좋게 대하지 못할 것입니다."

이 집 주인들은 하인들을 가능한 한 서로 잘 조화시킨 뒤, 말하자면 하인들로 하여금 서로를 위해 수고하게 함으로써 그들의 의지와 상관없이 이를테면 그들을 단결시키며, 각자가 모든 동료에게 사랑받는 것이 매우 이롭도록 만듭니다. 타인보다 자기 자신을 위해 호의를 구하는 사람은 환영받지 못할 것입니다. 그래서 호의를 구하려는 사람은 다른 사람이 자기 대신 말해주게 하려고 애씁니다. 요청받은 호의를 수락하든 거절하든 주인이 중재하는 사람의 공로를 인정해주는 만큼, 그 편이 더 용이합니다. 그와 반대로 주인은 자기 자신에게만 친절한 사람들은 매정하게 거절합니다. 주인은 그들에게 이렇게 묻습니다. "다른 사람을 위해 아무것도 요구해본 적이 없는 당신인데, 다른 사람이 당신을 위해 요구한 것을 내가 왜 들어주겠소? 당신 동료들이 당신보다 더 친절한데도 당신이 그들보다 더 행복하다면 그것이 옳은 일이겠소?" 거기에서 그치지 않습니다. 주인은 과시하지 않고 자신을 내세우지 않으면서 남몰래 서로를 돕도록 권유합니다. 그 신중함의 목격자인 주인이 그 때문에 그들을 더 높이 평가한다는 사실을 그들이 잘 아는 만큼, 이는 실현하기 더 쉬운 사항입니다. 그러므로 이곳에서는 타인에 대한 관심이 이로운 것이며, 자존심은 잃을 게 하나도 없습니다. 그들은 그 전반적인 경향을 너무 잘 깨닫고 있습니다. 그들 사이에는 아주 큰 신뢰가 자리 잡고 있어서, 호의를 구할 일이 있는 사람은 식사 시간에 말을 꺼내 대화를 나눕니다. 흔히 그렇게만 해도 그는 자신이 구하는 것을 얻게 되는데, 감사할 대상이 누구인지 몰라 모두에게 감사합니다.

바로 그런 방법과 그와 유사한 다른 방법들에 의해 주인은 그들 모두가 주인에게 갖는 애정에서 싹튼, 그 애정에 종속된 어떤 애정이 그들 사이에 감돌게 합니다. 그처럼 그들 모두는 주인에게 해를 끼치기 위해 동맹하기는커녕 주인을 더 잘 섬기기 위해 뭉칩니다. 그들이 아무리 서로를 사랑하는 일에 관심을 가져도 그들은 주인을 기쁘게 하는 일에 훨씬 더 큰 관심을 갖습니다. 주인을 섬기려는 열의는 그들 서로에 대한 호의보다 앞섭니다. 그들 모두는 훌륭한 한 하인에게 보상하는 주인의 능력을 훼손할 수도 있는 손실이 생길 경우 자신들의 이익이 침해받았다고 생각하기 때문에, 자신들 중 누군가가 주인에게 손해를 입힌다고 여겨질 때는 가만히 입 다물고 있지 못합니다. 이 집에 정착된 가정 관리의 측면에는 어떤 탁월한 점이 있는 것 같습니다. 볼마르 씨 부부가 어떻게 비열한 고발자의 역할을 로마인들 사이에서 그랬던 것처럼 고상한 역할, 혹은 적어도 칭찬할 만한 열정적이고 정직하고 용기 있는 역할로 변모시킬 수 있었는지 저로서는 아무리 감탄해도 모자랄 것입니다.

그 부부는 나쁜 하인이 애덕의 원칙을 가장해 착한 하인들에게 장려하는, 주인을 희생시키는 그 범죄적이고 비굴한 소행, 그 상호 용인을, 확연한 본보기를 통해 분명하고 단호하게 근절하거나 예방하는 일로 시작했습니다. 이웃의 잘못을 덮어준다는 교훈은 다른 누구에게도 해를 끼치지 않는 잘못에만 관련되기에, 제삼자에게 해를 끼치는 불의를 보고도 침묵을 지키는 것은 자신도 그 불의를 저지르는 일이라는 것을, 우리로 하여금 타인의 결함을 용서하게 하는 것은 우리 자신의 결함에 대한 의식인 만큼 사기꾼이 아닌 사람은 사기꾼을 용납하려 하지 않는다는 것을 그들은 하인들에게 잘 이해시켰습니다. 그 원칙은 일반적으로 사람 대 사람 간에도 진실한 것이지만 하인과 주인이라는 더 밀접한 관계 속에서는 훨씬 더 엄격한 것인데, 그 원칙에 기초하여 이곳에서는 주인에게 해를 끼치는 것을 보고도 알리지 않은 사람이 해를 끼친 사람보다 훨씬 더 죄가 크다고 이론의 여지 없이 간주됩니다. 왜냐하면 주인에게 해 끼치는 행동을 한 사람은 예견되는 이익에 현혹되어 그런 행동을 한 것이지만, 냉정하고 무심한 다른 사람은 단지, 정의나 자신이 섬기는 주인집의 행복 따위에 대한 깊은 무관심으로 인해, 그리고 자신이 눈감아준 그 불의한 본보기를 따라 하려는 은밀한 욕망으로 인해 침묵하는 것이기 때문입니다. 그리하여 큰 잘못이 있을 때 잘못을 저지른 사람은 때로 주인의 용서를 기대할 수 있지만 그에 대해 침묵한 목격자는 악행을 저지를 경향이 있는 사람으로서 반드시 해고됩니다.

그 반면에 불의와 중상모략으로 의심받을 수 있는 비난은 어떠한 것도 용서되지 않습니다. 이 집 주인은 이를테면 비난받는 당사자가 출석하지 않은 상태에서는 그에 대한 어떤 비난도 받아들이지 않습니다. 만일 누가 개인적으로 동료에게 불리한 이야기를 하거나 동료에 대해 개인적으로 불평하면 그 사람에게, 사실을 충분히 알아봤는지, 이를테면 그가 비난하는 상대에게 먼저 진상을 알아봤는지를 묻습니다. 만일 그가 그렇지 않다고 대답하면, 그럼 어떤 행동의 동기도 확실히 모르면서 어떻게 그 행동을 판단할 수 있느냐고 다시 그에게 묻습니다. 주인은 그에게 이렇게 말합니다. "그 행동은 어쩌면 당신이 알지 못하는 다른 것과 관련된 것일 수도 있소. 그 행동에는 어쩌면 당신이 모르는, 그 행동을 정당화하고 변호해주는 어떤 정황이 있을지도 모르오. 그런 행동을 한 사람이 왜 그랬는지도 알지 못하면서 감히 어떻게 그 행동을 비난하는 것이오? 어쩌면 단 한 마디의 설명이 당신에게 그 행동을 이해시킬 수도 있소. 어떻게 그렇게 부당하게 그 행동을 비난하고 나를 당신의 불의에 끌어들이려 하는 것이오?" 만일 그가 사전에 상대방에게 진상을 알아봤다고 주장하면 주인은 다시 이렇게 묻습니다. "왜 그 사람과 같이 오지 않았소? 당신이 하는 말을 그가 부인할까 봐 걱정하기라도 하는 것처럼 말이오. 무슨 권리로 당신은 자신을 위해서는 대비하면서 내가 대비하는 것은 무시하는 것이오? 당신이 어떤 행동을 명백한 증거에 의해 판단하려 하지 않았는데 내가 그런 당신 말만 듣고 그 행동을 판단하는 것이 바람직한 일이오? 내가 당신의 증언에만 의존한다면 편파적인 판단을 하게 될 텐데 그에 대해 당신에게 책임이 있지 않겠소?" 그러고 나서 주인은 그에게 그가 비난하는 사람을 데리고 오라고 말합니다. 그가 동의하면 그 일은 곧 해결됩니다. 만일 그가 반대하면 그를 크게 질책한 뒤 돌려보냅니다. 그러나 주인은 그 일에 대해 비밀을 지킵니다. 그리고 비난하는 자와 비난받은 자를 아주 면밀히 관찰해, 머지않아 어느 쪽이 진실인지를 알아냅니다.

이 규칙은 너무도 잘 알려져 있을 뿐만 아니라 너무도 잘 정착돼 있어서, 이 집의 어떤 하인도 그 자리에 없는 동료 하인에 대해 나쁘게 말하는 법이 없습니다. 그것이 자신을 비열한 자나 거짓말쟁이로 통하게 하는 길임을 그들 모두가 알고 있기 때문입니다. 하인 하나가 다른 하인을 비난할 때면 그는 당사자뿐만 아니라 당사자의 동료들도 있는 곳에서 공개적으로 숨김없이 합니다. 자기 말을 듣는 그 증인들을 자신의 선의에 대한 보증인으로 삼기 위해서 말입니다. 개인적인 분쟁이 발생하면 그것은 주인 부부에게 폐를 끼치지 않고 거의 항상 중재자들에 의해 해결됩니다. 그렇지만 주인의 신성불가침한 이익이 관련돼 있을 경우에는 그 일이 주인 모르게 남겨질 수가 없습니다. 죄를 지은 자가 스스로 잘못을 밝히거나, 아니면 고발자가 나타납니다. 그런 소소한 변론들은 아주 드문데, 쥘리가 매일 하인들의 점심 식사 때나 저녁 식사 때 하는, 볼마르 씨가 웃으면서 그녀의 '대심판의 시간'이라고 부르는 순시 중에 식탁에서만 행해집니다. 그때 그녀는 비난과 반박을 조용히 들어본 뒤, 만일 문제가 자신을 섬기는 일과 관계된 것이라면 비난자의 열의에 감사를 표합니다. 그녀는 그에게 이렇게 말합니다. "나는 당신이 동료를 사랑한다는 것을 알고 있어요. 당신이 그에 대해 항상 좋게 말했으니까요. 의무와 정의에 대한 사랑으로 사적인 애정을 눌러 이긴 당신에게 찬사를 보냅니다." 그녀는 성실한 하인과 정직한 사람에게는 그렇게 행동합니다. 그러고 나서, 비난받은 자가 잘못이 없을 경우에는 항상 그의 자기변호에 대한 칭찬의 말을 빼먹지 않습니다. 그러나 그가 실제로 잘못이 있을 경우에는, 다른 사람들 앞에서 그에게 모욕을 주는 일을 피합니다. 그녀는 그에게 변명의 기회를 줍니다. 많은 사람들 앞에서 할 말이 없는지 묻습니다. 그녀는 그의 말을 개인적으로 듣기 위해 시간을 냅니다. 그때 그녀나 그녀의 남편은 그에게 예의에 어긋나지 않게 말합니다. 그런데 재미있는 것은 둘 중 더 엄격한 사람을 하인들이 덜 두려워한다는 것입니다. 그래서 그들은 볼마르 씨의 엄숙한 견책보다는 쥘리의 감동시키는 질책을 더 두려워합니다. 볼마르 씨는 정의와 진실을 거론하면서 잘못을 저지른 하인에게 모욕을 주고 어쩔 줄 모르게 합니다. 반면에 쥘리는 잘못을 저지른 하인에게서 자신의 온정을 철회할 수밖에 없음에 대한 유감을 표함으로써 그로 하여금 견딜 수 없는 뉘우침을 갖게 합니다. 흔히 그녀는 그로 하여금 고통과 수치의 눈물을 흘리게 합니다. 하지만 그의 뉘우침을 보며 자신이 한 말을 지킬 필요가 없을 것이라는 희망으로 그녀의 마음이 누그러지는 경우도 많습니다.

자기 집이나 이웃에서 일어나는 일을 바탕으로 그 모든 배려에 대해 생각하는 사람은 아마 그 배려들을 쓸데없는 것이나 힘든 것으로 여길 겁니다. 그러나 에드워드 경, 가장의 의무와 즐거움들에 대해 그토록 고귀한 생각을 가지고 있으며, 인간의 마음에 대한 천분과 미덕의 당연한 영향력을 잘 아는 당신은 이 사소한 일들의 중요성을 아시겠지요. 그러니 당신은 볼마르 부부의 성공이 어디에 기인하는지 아실 겁니다. 재산이 사람을 부자로 만드는 것은 아니라고《장미 이야기》는 말합니다. 한 인간의 재산은 금고 안에 있지 않고 금고에서 꺼내어 사용하는 데 있습니다. 사람이 가진 것은 그것을 사용함으로써만 자기 것이 되고, 남용은 언제나 재산보다 더 끝이 없기 때문입니다. 그러므로 우리의 즐거움은 지출이 아니라 그 지출을 조절하는 능력에 비례합니다. 미친 사람은 지금(地金)을 바다에 던지고는 즐거웠다고 말할 수 있습니다. 그러나 그 낭비하는 즐거움과 지혜로운 사람이 아주 적은 액수로 얻을 수 있는 즐거움은 서로 얼마나 대조적입니까? 재산 사용을 늘리고 영속시키는 질서와 규범만이 즐거움을 행복으로 변화시킬 수 있습니다. 만일 우리와 사물의 관계에서 진정한 재산이 생겨나는 것이라면, 만일 우리에게 부를 가져다주는 것이 부의 획득보다는 부의 사용이라면, 가장에게 가정 경제와 자기 가정의 훌륭한 관리보다 더 중요한 임무가 뭐가 있겠습니까? 그의 집에서는 식솔들 사이의 가장 훌륭한 관계가 무엇보다 더 가장 자신에게 달려 있고 각 식솔의 행복이 가장의 행복에 더해지니 말입니다.

가장 부자인 사람이 가장 행복한 사람인가요? 도대체 부유함이 행복에 무슨 소용이 있나요? 그러나 질서가 잘 잡힌 집은 주인의 마음의 모습입니다. 금빛 화장돌, 사치품들, 호화로움은 그것들을 과시하는 사람의 허영을 보여줄 뿐입니다. 그와 반대로 침울함 없이 규율이 지배하는 곳이면 어디에나 예속 없는 평화, 낭비 없는 풍성함이 있습니다. 그렇다면 이곳을 다스리는 사람은 행복한 사람임을 확신을 가지고 말해도 좋습니다.

저는 마음의 진정한 만족의 가장 확실한 표지는 조용히 은둔해서 영위하는 가정생활이라고 생각하며, 노상 다른 사람의 집으로 행복을 찾으러 가는 사람들은 자기 집에서는 전혀 행복을 누리지 못한다고 생각합니다. 자기 집에서 만족을 얻는 가장은 그가 끊임없이 집을 보살피는 데 헌신한 대가로 자연의 가장 달콤한 감정을 지속적으로 향유할 수 있는 것입니다. 인간들 중에서 그만이 자기 자신의 천복의 주인입니다. 왜냐하면 그는 자기가 향유하는 것 이상을 욕망하지 않는 신처럼 행복하기 때문입니다. 그 무한한 존재처럼 그는 자신의 소유물을 증대시키는 데 부심하는 것이 아니라, 가장 완벽한 관계와 빈틈없는 관리로 그 소유물을 진정 자신의 것으로 만드는 데 부심합니다. 그리하여 비록 새로운 획득으로 부자가 되지는 못할지언정 자기가 갖고 있는 것을 더 잘 소유함으로써 부자가 됩니다. 그는 자기 땅에서 발생하는 수입만을 가집니다. 그는 자기 땅의 경작을 감독하고 끊임없이 자기 땅을 두루 돌아다님으로써 그 땅을 더욱더 향유합니다. 그의 하인들은 그가 모르는 사람들이었습니다. 그렇지만 그는 그들을 자기 사람으로, 자기 자식으로 만들어 자기 것으로 삼습니다. 그는 하인들의 행동에 대해서만 권리가 있었지만 이제는 그들의 의지에 대한 권리도 갖습니다. 그는 돈을 치름으로써 주인이 됐을 뿐이었지만 이제는 존경과 자비로운 행동의 신성한 지배력에 의해 주인이 됩니다. 불운이 그에게서 재산을 앗아 가더라도 그를 사랑하는 사람들은 앗아 가지 못할 것입니다. 불운은 아버지에게서 자식을 빼앗아 가지 못합니다. 어제 그가 아이들을 먹여 살렸다면 이제 내일은 아이들이 아버지를 먹여 살릴 것입니다. 그런 식으로 그는 자신의 재산과 가정과 자기 자신을 진정으로 향유하는 법을 배웁니다. 그렇게 한 가정의 세세한 일들은 그것의 가치를 아는 존경할 만한 사람에게는 더없이 기분 좋은 것이 됩니다. 그렇게 그는 자신의 의무를 부담으로 여기기는커녕 그것을 자신의 행복으로 만들며, 자신의 감동적이고 고귀한 임무에서 인간으로서의 영광과 기쁨을 얻습니다.

만일 이 소중한 특권들이 무시되거나 거의 알려지지 않았다면, 만일 이 특권들을 추구하는 많지 않은 사람들조차 그것들을 좀체 획득하지 못한다면, 그것은 모두 동일한 이유에 기인합니다. 소수의 사람들만의 것인, 소중히 여기고 이행해야 할 순수하고 숭고한 의무들이 있습니다. 아버지의 의무가 바로 그것인데, 사교계의 분위기와 소란은 그 의무에 대한 혐오감만을 고취하며, 탐욕과 이익이라는 동기에서만 그 의무를 이행하는 경우에는 제대로 이행하기가 한층 더 어렵습니다. 어떤 사람은 자신을 훌륭한 아버지로 여기지만 주의 깊게 지키는 경리 담당자일 뿐입니다. 그리하여 그의 재산은 늘어날 수 있지만 가정은 좋지 않게 되어갑니다. 그 중요한 관리를 잘 알고 수행해서 성공적인 가정을 이루기 위해서는 더 고매한 시각이 필요합니다. 가정의 질서를 잡는 데 있어서 가장 신경 써야 하는 것은 그 질서를 동요시키려는 숨은 욕망을 품지 않은 정직한 하인만을 두는 것입니다. 그런데 정직한 사람인 하인을 구할 수 있을 만큼 그렇게 예속과 정직이 양립 가능한 것인가요? 그렇지 않습니다, 에드워드 경. 정직한 하인을 구하기 위해 정직한 하인을 찾을 필요는 없습니다. 정직한 하인을 만들어야 합니다. 정직한 사람만이 다른 사람을 정직한 사람으로 만들 줄 압니다. 위선적인 사람이 미덕을 지닌 체해봐야 소용없습니다. 그는 아무에게도 미덕에 대한 취향을 불러일으키지 못하기 때문입니다. 만일 그가 미덕을 사랑스러운 것으로 만들 줄 안다면 그 자신이 이미 미덕을 사랑하고 있을 겁니다. 계속해서 보여주는 실례와 모순되는 형식적인 교훈들이 무슨 소용이 있습니까? 그 교훈들을 보여주는 사람이 타인의 경신(輕信)을 이용한다고 생각게 하려는 것이 아니라면 말입니다. 자신은 행하지 않으면서 우리에게는 자신이 말하는 바를 행하라고 훈계하는 사람은 얼마나 터무니없는 말을 하는 것인지요! 자기가 말하는 바대로 실천하지 않는 사람은 그 말을 결코 제대로 전달하지 못합니다. 감동을 주고 설득하는 마음의 말이 거기에는 없기 때문입니다. 저는 때로 주인들이 완곡하게 하인들을 가르치기 위해서 마치 아이들을 상대하듯이 하인들을 상대로 몹시 부자연스러운 대화를 나누는 것을 들은 적이 있습니다. 저는 하인들이 주인의 가르침에 잠시 속아 넘어갔다고 생각하기는커녕, 하인들이, 주인 자신의 것이 아닌 행동 준칙——하인들은 그 사실을 잘 압니다——을 하인들에게 엄격하게 떠들어대면서 하인들을 바보 취급하는 주인의 어리석은 행동을 뒤에서 항상 비웃는 것을 보았습니다.

이 집에서는 이 모든 무익한 교활함을 모릅니다. 하인들을 자신이 원하는 모습으로 만들기 위한 주인들의 가장 훌륭한 기교는 있는 그대로의 자기 모습을 그들에게 보여주는 것입니다. 이 집 주인들의 행동은 언제나 솔직하고 숨김이 없습니다. 그들은 자기 행동과 말이 배치될 것을 우려하지 않으니까요. 그들 자신의 윤리와 그들이 타인에게 주고자 하는 윤리가 다르지 않기 때문에 그들은 자기 말에 신중할 필요가 없습니다. 경솔하게 튀어나온 한마디도 그들이 노력하여 세운 원칙들을 무너뜨리지 않습니다. 그들은 자신들의 모든 일에 대해 가벼이 이야기하지 않습니다. 하지만 자신들의 모든 행동준칙에 대해서는 자유롭게 말합니다. 식사할 때나 산책할 때, 단둘이 있든 모든 사람과 함께 있든, 그들은 늘 한결같이 말합니다. 각각의 문제에 대한 자기 생각을 있는 그대로 말합니다. 누구 한 사람을 겨냥해서 말하지 않지만, 각자는 그 말에서 항상 어떤 가르침을 얻습니다. 하인들은 주인에게서 옳지 않고 정당하지 않고 공평하지 않은 행동은 전혀 보지 못하기 때문에, 올바른 행동을 가난한 자의 의무로, 불행한 자의 멍에로, 자기 신분의 비참 중의 하나로 여기지 않습니다. 일꾼들이 공연히 이리저리 뛰어다니지 않게 배려하고 일꾼들이 품삯 지불을 청하러 오느라 괜히 며칠을 허비하지 않게 배려하는 주인의 태도는 그들로 하여금 시간을 소중히 하는 습관을 갖게 합니다. 남의 시간을 아껴주는 주인의 배려를 보면서 일꾼들 각자는 자기 시간이 주인에게 소중하다는 결론에 도달하며, 빈둥빈둥 노는 것을 가장 큰 죄악으로 여기게 됩니다. 주인의 정직에 대한 하인들의 신뢰는 주인의 훈육에, 그 훈육을 돋보이게 하고 잘못을 예방하는 힘을 부여합니다. 하인들은 매주 여주인이 상여금을 주는 가장 근면한 하인에 언제나 가장 젊은 하인이나 가장 강건한 하인만 뽑힐까 봐 걱정하지 않습니다. 늙은 하인은 주인이 무슨 트집을 잡아 자신의 급료 인상을 거절할까 봐 걱정하지 않습니다. 하인들은 자신의 가치를 높이기 위해서, 그리고 주인 부부 중 한 사람이 거절한 것을 다른 한 사람으로부터 얻기 위해서 주인 부부의 불화를 이용하려는 생각을 하지 않습니다. 결혼할 하인들은 주인이 자신들을 더 오래 잡아두기 위해 결혼을 방해할까 봐, 그래서 자신들의 훌륭한 섬김이 오히려 자신들에게 해가 될까 봐 걱정하지 않습니다. 다른 집 하인이 와서 이 집 하인들에게, 주인과 하인들 사이에는 정말 전쟁 같은 상황이 펼쳐지고 있다는 둥, 하인들은 보복을 위해 할 수 있는 가장 악한 짓을 다 하고 있다는 둥, 주인들은 찬탈자, 거짓말쟁이, 사기꾼이어서 그들이 왕이나 민중이나 개인들을 대하는 것처럼 그들을 대하거나 그들이 노골적으로 행하는 해악을 솜씨 좋게 그들에게 돌려주어도 나쁘지 않다는 둥 이야기해도 아무도 이해하지 못할 겁니다. 이곳 사람들은 그런 말을 반박하거나 예방할 생각조차 하지 않습니다. 그런 말을 반박해야 할 사람은 그런 말을 유발하는 사람들이기 때문입니다.

복종에는 언짢은 기분이나 반항이 조금도 담겨 있지 않습니다. 명령에 거만도 변덕도 담겨 있지 않으며, 명령하는 사람이 합리적이지 않거나 유용하지 않은 것은 요구하지 않고, 예속 상태에서도 인간의 존엄을 존중해 인간의 가치를 떨어뜨리는 일은 절대로 시키지 않기 때문입니다. 게다가 이곳에서는 악덕보다 더 천한 것은 없으며, 유용하고 올바른 것은 모두 적절하고 격에 맞습니다.

주인이 어떤 음모도 용납하지 않는 사람으로 보이면 아무도 음모를 꾸밀 마음을 갖지 않습니다. 그들은 자기의 가장 안정된 운명이 주인의 운명에 달려 있다는 것, 주인집이 번영을 누리는 한 자기에게 부족함이 없으리라는 것을 잘 압니다. 따라서 그들로서는 그 집에 훌륭히 봉사하는 것이 자기 재산을 돌보는 것입니다. 유쾌한 마음으로 봉사하는 것이 자기 재산을 증대시키는 것입니다. 바로 그것이 그들의 가장 큰 이득인 것입니다. 그러나 이 말은 이 경우에는 거의 적절치 않습니다. 저는 이러한 이득이 이토록 슬기롭게 인도된, 그렇지만 이 집에서보다 그 이득이 영향을 미미하게 미치는 그런 관리 방식을 본 적이 없기 때문입니다. 모든 것은 애정으로 행해집니다. 돈에 좌우되는 그러한 영혼들도 이 집에 들어오면 지혜와 단결로 정화되는 것 같습니다. 주인의 지혜와 여주인의 애정의 일부가 그들의 하인 각자에게 전해지는 것 같습니다. 그만큼 주인들은 그들을 현명하고 인정 많고 정직하고 그들의 신분 이상 가는 사람으로 생각합니다. 존경받고 존중받으며 필요한 존재가 되는 것이 그들의 가장 큰 소망입니다. 그리고 그들은 주인에게 듣는 친절한 말을 다른 집에서 주인이 하인들에게 주는 새해 선물처럼 여깁니다.

에드워드 경, 이상이 하인들 및 일꾼들과 관련된 이 집 경제 부분에 대해 제가 관찰한 주요 내용입니다. 주인 부부의 생활과 아이들 교육 방식에 대해서는 별도의 편지 한 통이 족히 필요합니다. 당신은 어떤 의도에서 제가 이런 관찰을 시작했는지 아실 겁니다. 그런데 사실 그 모든 것이 너무도 매력적인 정경을 이루어서, 즐거이 그 정경을 바라보는 데는 그 정경이 주는 즐거움 이외의 다른 흥미는 필요하지 않습니다.

:: 편지 11

에드워드 경에게

에드워드 경, 약속을 지키겠습니다. 이 집에서는 모든 것이 유쾌함과 유익함을 겸비하고 있습니다. 하지만 유익한 일도 이득을 가져다주는 배려에 한정되지 않습니다. 그것은 순수하고 소박한 온갖 즐거움도 포함하는데, 이 즐거움은 운둔과 노동과 절제에의 취향을 키워주고, 그 일에 전념하는 사람에게 건전한 마음뿐 아니라 열광이 야기하는 동요로부터 자유로운 마음도 유지해줍니다. 무기력한 안일은 우울과 권태밖에 야기하지 않지만 즐겁고 유쾌한 여가는 근면한 생활의 결실입니다. 사람들은 오직 즐기기 위해서 일합니다. 그처럼 일과 즐김을 번갈아가며 사는 것이 우리의 진정한 사명입니다. 일로 인한 피로를 풀어주는 것으로, 해야 할 또 다른 일에 대한 격려로 이용되는 휴식은 일 자체와 마찬가지로 인간에게 필요한 것입니다.

그 최고로 존경받는 주부가 자기 집에 이루어놓은 세심함과 정성의 효과에 탄복한 저는 그녀가 '나의 엘리시온[4]'이라고 부르는, 그녀가 가장 산책하기 좋아하는 한 호젓한 곳에서 그녀의 휴식의 효과를 보았습니다.

며칠 전 저는 제게는 비밀에 부쳐져 있는 그 엘리시온에 대한 이야기를 들었습니다. 마침내 어제 점심 식사가 끝난 뒤, 날이 너무 더워 집 안과 밖 어디에서도 견딜 수가 없던 볼마르 씨는 아내에게 오후에는 휴식을 갖자고 제안했습니다. 여느 때처럼 저녁 무렵까지 아이들 방에 틀어박혀 있는 대신 우리와 함께 과수원에 가서 숨을 돌리자는 것이었습니다. 그녀는 남편 말에 동의했으며, 그리하여 우리는 함께 그곳으로 갔습니다.

그곳은 집에서 아주 가깝지만 집과 그곳을 가르는 그늘진 길에 의해 감쪽같이 가려져 있어서 어느 쪽에서도 보이지 않았습니다. 그곳을 감싸고 있는 빽빽한 나뭇잎은 그 안을 들여다볼 수 없게 했습니다. 그곳은 항상 자물쇠로 굳게 잠겨 있습니다. 안으로 들어가자마자 오리나무와 개암나무들로 문이 가려지면서 옆쪽으로 난 두 좁은 길만 보였는데 뒤를 돌아보니 제가 어디로 들어왔는지 더 이상 알 수가 없었습니다. 들어온 문을 알아보지 못한 저는 마치 구름에서 뚝 떨어진 것만 같은 기분이 들었습니다.

그 소위 과수원으로 들어서자 어두컴컴한 그늘의 쾌적하고 시원한 느낌이 밀려들었고, 싱싱하고 선명한 빛깔의 녹음, 사방에 피어 있는 꽃들, 흐르는 물소리, 수많은 새들의 노랫소리가 저의 감각만큼 저의 상상력 또한 자극했습니다. 하지만 동시에, 자연의 가장 야생적이고 외딴 곳을 보는 것만 같았고, 제가 그 외딴 곳에 발을 들여놓은 첫 번째 인간인 것만 같았습니다. 너무도 뜻밖의 경치에 놀라고 강한 충격을 받아 흥분한 저는 한동안 발을 떼지 못한 채 저도 모르게 황홀경에 빠져 외쳤습니다. "오, 티니안이여! 오, 후안페르난데스여!* 쥘리, 지구의 끝이 당신 문 앞에 있군요!" 그녀는 웃으며 말했습니다. "많은 사람들이 이곳에 오면 당신처럼 생각해요. 하지만 스무 걸음만 더 걸어가다 보면 어느새 다시 클라랑으로 돌아오게 되지요. 이 마법이 당신에게서는 그보다 오래갈지 어디 두고 보기로 해요. 여기는 당신이 예전에 산책했던, 그리고 제 사촌과 복숭아를 던지며 서로 때리기도 했던 바로 그 과수원인걸요. 당신도 알다시피 그때는 식물이 별로 없었어요. 나무가 듬성듬성해서 그늘도 별로 없었고요. 물도 전혀 없었지요. 그랬던 곳이 지금은 이렇게 시원하고 녹음으로 뒤덮이고 성장(盛裝)을 하고 꽃이 피고 물이 흐르게 되었어요. 지금의 이 상태로 만들기 위해 비용이 얼마나 들었을 것 같아요? 이곳의 감독관은 저이고 남편은 제게 이곳에 대한 전권을 맡겼음을 당신에게 말씀드리는 게 좋겠군요." 그러자 제가 말했습니다. "이런, 그냥 내버려두었으니 비용은 들지 않았겠는데요. 이곳은 매력적인 것이 사실이지만 황량하고 버려진 곳 같아요. 사람의 손길이 전혀 느껴지지 않거든요. 당신은 문을 잠가놓았어요. 어떻게 한 것인지는 모르겠지만 물을 끌어들였고요. 그 외의 것은 오로지 자연이 다 만들었겠지요. 당신은 결코 자연만큼 잘할 수는 없었을 테니까요." 그녀가 말했습니다. "자연이 모든 것을 만든 것은 사실이에요. 그렇지만 저의 관리하에서예요. 제가 계획하지 않은 것은 아무것도 없어요. 다시 한번 추

---

* 앤슨 제독의 항해로 유명해진 남양(南洋)의 무인도들.

측해보세요." 저는 다시 말했습니다. "우선, 시간을 대신하기 위해 얼마나 많은 노동과 돈이 들어갔을지 전혀 감이 잡히지 않습니다. 나무들이……" 그러자 볼마르 씨가 말을 받았습니다. "보시다시피 아주 큰 나무들은 그렇게 많지 않습니다. 저쪽에 있는 나무들은 그전부터 있었던 것이고요. 게다가 쥘리는 이 일을 결혼하기 오래전부터, 그러니까 어머니가 돌아가신 직후부터 시작했어요. 이곳에 아버지와 함께 조용히 지내러 왔을 때였어요." 제가 말했습니다. "하지만 이 잡목들, 넝쿨 식물로 이루어진 큰 아치들, 빽빽이 들어선 수목들, 그늘져 너무도 시원한 수풀들이 칠팔 년 만에 이렇게 우거지려면 일손도 필요했을 것이기에, 이 정도 넓이에서는 모든 것을 조성하는 데 2,000에퀴 정도 들지 않았을까 추측됩니다. 아주 절약했더라도 말이에요." "당신은 2,000에퀴를 더 불렀어요." 그녀가 대답했습니다. "돈이 하나도 들지 않았어요." "뭐라고요, 돈이 전혀 안 들었다고요?" "그래요, 전혀요. 우리 정원사가 일 년에 12일 정도 애쓴 것과 하인 두세 명이 역시 그 정도의 시간을 투자한 것, 그리고 때때로 정원사 소년이 되기를 거절하지 않은 볼마르 씨가 며칠씩 수고한 것을 제외하면요." 저는 그 수수께끼 같은 말을 전혀 이해하지 못했습니다. 그런데 그때까지 저를 붙잡아 세워두고 있던 쥘리가 저를 놓아주며 말했습니다. "앞으로 나아가보세요. 이해가 될 거예요. 잘 있거라, 티니안, 후안페르난데스. 잘 있거라, 모든 마법이여! 당신은 곧 지구의 끝에서 돌아와 있을 거예요."

저는 그렇게 탈바꿈한 과수원을 황홀하게 누비고 다니기 시작했습니다. 비록 이국의 식물과 인도의 과수는 발견하지 못했지만, 더 기분 좋고 쾌적한 효과를 위해서 이 지방의 식물과 과수가 가지런히 많이 심어져 있음을 알 수 있었습니다. 빽빽하지만 짧고 땅에 착 붙어 있는 푸른 잔디에는 세르폴레, 방향성 식물, 백리향, 꽃박하, 그리고 또 다른 여러 가지 향내 나는 식물들이 섞여 자라나 있었습니다. 수많은 야생화가 화려하게 피어 있었는데, 그 사이에 섞여 자연스럽게 함께 자라고 있는 듯이 보이는 몇몇 정원의 꽃을 보고 놀랐습니다. 때때로 아주 빽빽한 숲 속에 있는 것처럼 햇빛이 스며들지 않는 어두운 수풀들도 종종 나타났습니다. 그 수풀들은 가지가 더할 수 없이 나긋나긋한 나무들로 이루어져 있었고, 그 나뭇가지들은 아메리카의 맹그로브들이 자연적으로 보여주는 모습처럼 인공적으로 구부러지고 축축 늘어져 뿌리를 내리고 있었습니다. 초목이 덜 빽빽한 곳들에서는 장미나무 덤불, 나무딸기 덤불, 까치밥나무 덤불, 라일락 덤불, 개암나무 덤불, 딱총나무 덤불, 고광나무 덤불, 금작화 덤불, 그리고 토끼풀 무더기가 여기저기 아무렇게나 자리 잡고 있었습니다. 이것들은 황무지 같은 분위기를 주면서 땅을 장식하고 있었습니다. 저는 꽃이 만발한 그 작은 수풀들을 따라 난, 유대 포도나무와 개머루와 홉과 메꽃과 브리오니아와 클레마티스와 그런 종류의 여러 다른 식물의 수많은 꽃줄들로 뒤덮인 구불구불하고 고르지 않은 길을 따라갔습니다. 그 식물들 중에는 인동덩굴과 재스민도 섞여 있었습니다. 꽃줄들은 전에 때때로 숲에서 본 것처럼 이 나무에서 저 나무로 아무렇게나 걸쳐져 있어 우리의 머리 위에서 우리를 태양으로부터 보호해주는 일종의 천막을 이루고 있었습니다. 반면에 발밑은 모래도 풀도 울퉁불퉁한 새싹도 없이 고운 이끼를 딛는, 부드럽고 편안하고 보송보송한 길이었습니다. 그제야 저는 멀리서부터 저를 압도했던 그 녹음의 진한 그늘이 놀랍게도 오직, 나무줄기들을 따라 기어올라 나무 꼭대기들을 아주 빽빽한 잎들로 둘러쌈으로써 아랫부분들을 그늘지게 하고 시원하게 해주는 그 기생하는 덩굴 식물들로만 이루어져 있다는 것을 알게 되었습니다. 아주 간단한 기술로 나무줄기들에 덩굴 식물을 여러 그루 뿌리내리게 한 것까지 저는 관찰했습니다. 그리하여 그것들은 덜 자랐지만 더 멀리까지 뻗어나갈 수 있었습니다. 당신은 그것들 사이에 과일들도 있을 것으로 물론 상상하시겠지요. 하지만 그곳에서만은 쾌적한 것을 위해 실용적인 것을 희생했습니다. 나머지 땅에 있는 묘목과 유실수에 너무도 정성을 들이기에 이 과수원을 빼고도 과일 수확은 전보다 모자라지 않습니다. 때로 숲 속에서 야생 과일을 발견하거나 나아가 그 과일로 목을 축이는 것이 얼마나 황홀한 일인지 생각해보신다면 당신은 이 인공적인 황무지에서 비록 드물고 못생겼지만 맛있게 익은 과일들을 발견할 때 느끼게 되는 기쁨을 이해하실 겁니다. 여기에서는 과일을 찾고 고르는 기쁨도 맛볼 수 있습니다.

맑고 투명한 물이 그 모든 작은 길들을 따라 흐르거나 그 길들을 가로질렀습니다. 때로는 거의 눈에 띄지 않는 가는 물줄기들을 이루어 목초와 꽃 사이를 흘렀고, 또 때로는 더 큰 흐름을 이루어 조약돌 위를 지나며 더욱 반짝였습니다. 곳곳에서 샘이 솟아 물이 땅 밖으로 흘러나왔고, 때로는 경치를 반사하는 고요하고 평화로운 물이 흐르는 더 깊은 수로도 보였습니다. 저는 쥘리에게 말했습니다. "이제야 다 이해가 되는군요. 하지만 사방에서 보이는 저 물들에 대해서는 잘……" "물은 저기에서 흘러와요." 그녀는 정원 테라스가 있었던 쪽을 가리켰습니다. "화단 안에 있는 분수의 물도 바로 저 개울을 끌어들인 거예요. 비용이 많이 들었어요. 아무도 관심 갖지 않는 분수지만 볼마르 씨는 그 분수를 없애고 싶어 하지 않아요. 그것을 만들게 한 제 아버지를 존중하는 뜻에서요. 그렇지만 우리는 매일 이곳에 와서, 정원에서는 근접할 수 없는 저 개울의 흐름을 얼마나 즐겁게 바라보는지 몰라요! 분수는 손님들을 위한 것이고, 개울은 우리를 위해 이곳으로 흘러요. 사실, 큰길을 따라 흘러 행인들과 모든 사람에게 해를 끼침으로써 큰길의 품위를 떨어뜨리며 호수로 흘러들던 공동 우물을 이곳으로 끌어들인 거예요. 물은 두 줄로 늘어선 버드나무 사이로 흐르다가 과수원 아랫부분에서 휙 굽어 흘렀어요. 저는 버드나무들을 울타리로 둘러싸고는, 다른 길들로 그 물을 끌어들인 거예요."

그때 저는, 물줄기를 연장하고 졸졸 흐르는 몇 개의 작은 폭포를 만들기 위해서는 물을 효과적으로 꾸불꾸불 흘러가게 하는 것이 관건임을 알게 되었습니다. 물을 가르기도 하고 적절히 다시 합류시키기도 하면서, 또한 가능한 한 경사를 줄이면서 말입니다. 호수로부터 유입된 약간의 자갈이 깔려 있고 조개껍질이 드문드문 흩어져 있는 점토층이 개울의 하상을 이루고 있었습니다. 그 같은 개울은 때로는 땅에 깔아놓은 넓적한 기왓장들――그 위에는 흙과 잔디가 덮여 있었어요――아래로 흘러가, 끝에서 저 나름의 인공적인 샘을 이루고 있었습니다. 몇몇 작은 물줄기가 바닥이 울퉁불퉁한 곳을 지날 때면 솟아올랐다가 거품을 내며 다시 떨어지곤 했습니다. 그렇게 끊임없이 물을 보충받아 축축해진 땅은 계속 꽃을 피웠고 목초를 푸르고 아름답게 유지하고 있었습니다.

그 상쾌한 안식처를 돌아보면 돌아볼수록 그곳에 들어서면서 느꼈던 그지없는 달콤한 감동이 커가는 것을 느꼈습니다. 그렇지만 호기심 때문에 숨을 돌릴 여유가 없었습니다. 저는 대상들의 인상을 살펴보는 것보다는 대상들을 보는 것에 더 정신이 팔려 있었습니다. 생각하는 수고를 하지 않고 그 매력적인 관조에 탐닉하는 것이 더 좋았습니다. 그런데 볼마르 부인이 저를 가볍게 껴안아 몽상에서 깨어나게 하면서 말했습니다. "지금 당신이 보고 있는 것은 모두 움직임이 없는 식물의 자연일 뿐이에요. 어쨌든 이런 자연은 항상 슬픔을 주는 고독한 생각을 남겨요. 저기 있는 움직이고 지각 능력이 있는 자연을 보세요. 저기에서 당신은 매 순간 새로운 매력을 느끼게 될 거예요." 그러자 제가 말했습니다. "알겠습니다. 지저귀는 소리가 시끄럽고 어수선하게 들려오는데 새는 별로 보이지 않는군요. 새 사육장이 있나 봅니다." 그녀가 말했습니다. "맞아요. 가까이 가보지요." 저는 그 새 사육장에 대한 생각을 아직은 감히 말하지 못했습니다. 하지만 그 발상은 별로 마음에 들지 않았고, 나머지 풍경과 전혀 조화를 이루지 못하는 것처럼 보였습니다.

우리는 과수원 아래쪽으로 구불구불한 길을 돌아 내려갔습니다. 거기서 저는 물이 모두 모여 하나의 물줄기를 이루면서, 자주 가지치기를 해준 두 줄로 늘어선 오래된 버드나무들 사이로 조용히 흐르는 것을 보았습니다. 버드나무들의 꼭대기는 움푹 파이고 반쯤 헐벗어서 마치 꽃병 같았고, 바로 그 꽃병으로부터 인동덩굴 뭉치가 제가 말씀드린 그런 교묘한 조작에 의해 아래로 뻗어 내려오고 있었습니다. 일부는 나뭇가지들을 감싸고 서로 얽혀 있었고 또 일부는 개울을 따라 우아하게 드리워져 있었습니다. 울타리가 끝나가는 부분에는 목초와 등심초와 갈대로 둘러싸인 작은 연못이 있었는데, 그곳은 새 사육장의 새들이 물을 마시는 곳으로, 그토록 귀하고 신경 써 관리된 그 물의 종착지였습니다.

연못 저편에서는 담 모퉁이에서 평지가 끝나고 온갖 종류의 많은 관목으로 덮인 구릉이 시작되었습니다. 꼭대기에는 아주 작은 관목들이 있었고, 아래로 내려올수록 나무가 더 크게 자라 있었습니다. 그래서 관목들의 꼭대기들은 거의 수평을 이루었습니다. 적어도, 언젠가는 틀림없이 완전히 수평이 될 듯했습니다. 그 앞쪽으로는 너도밤나무, 느릅나무, 서양물푸레나무, 아카시아나무 등 아직 어리지만 아주 크게 자랄 열두어 그루의 나무가 보였습니다. 제가 멀리에서 지저귀는 소리를 들었던 그 많은 새들의 은신처로 이용되는 것은 그 구릉의 나무들이었습니다. 새들은 큰 파라솔 아래 있는 듯한 바로 그 녹음 속에서, 마치 우리를 보지 못한 것처럼, 솟구쳐 날거나 뛰어다니거나 노래하거나 서로를 성가시게 하거나 서로 싸우는 것이었습니다. 새들은 우리가 다가가도 별로 달아나지 않았기에, 먼저 들은 말도 있고 해서 저는 처음에는 그것들이 철망 안에 갇혀 있다고 생각했습니다. 그렇지만 연못가에 다다르자 새 몇 마리가 날아와 앉아, 평지를 둘로 가르며 연못에서 새 사육장으로 이어지는 일종의 짧은 오솔길을 따라 우리에게 다가왔습니다. 그때 연못을 한 바퀴 둘러보고 오던 볼마르 씨가 호주머니에 넣어두었던 두세 줌의 혼합 곡물을 길 위에 뿌려주었고, 그가 뒤로 물러서자 새들이 달려와 마치 닭처럼 쪼아 먹기 시작했습니다. 너무도 스스럼없는 모습이어서 저는 새들이 그렇게 길들이기에 적합한 동물이라는 것을 잘 알 수 있었습니다. "그것들 참 귀엽군요!"라고 제가 소리쳤습니다. "당신이 새 사육장이라는 말을 했을 때 사실 저는 놀랐습니다. 하지만 이제 이해가 됩니다. 당신이 포로가 아니라 손님을 원한다는 것을 알겠습니다." 그러자 쥘리가 대답했습니다. "누가 손님이라는 건가요? 다름 아닌 우리가 저것들의 손님인걸요. 저것들이 이곳의 주인이에요. 그렇기에 때로 우리는 저것들이 우리를 받아주도록 공물을 바치지요." "아, 그렇군요." 저는 대답했습니다. "그런데 어떻게 저 주인들이 이곳을 차지하게 된 거지요? 저렇게 많은 주민이 자발적으로 모여들게 만든 방법이 무엇입니까? 이제까지 이런 시도가 있었다는 말을 들어본 적이 없군요. 눈앞에서 이 증거를 보고 있지 않다면 저는 이런 시도가 성공할 수 있다고 믿지 않았을 겁니다."

볼마르 씨가 말했습니다. "인내와 시간이 이 기적을 만들어냈습니다. 향락에 빠진 부자들이라면 거의 고려하지 않는 방편들이지요. 항상 즐기기에 바쁜 그들이 아는 방편이라고는 오직 힘과 돈뿐입니다. 그들은 새장 속에 있는 새를 갖고, 친구도 한 달에 얼마씩 주고 갖습니다. 하인들이 이곳에 가까이 온다면 당신은 새들이 곧 달아나는 것을 보게 될 겁니다. 지금 여기 새들이 저렇게 많은 것은 항상 몇 마리가 있기 때문입니다. 한 마리도 없으면 저것들을 이곳에 모여들게 하지 못합니다. 그렇지만 몇 마리가 있을 때는, 저것들에게 필요한 것을 미리 만족시켜주거나 두려움을 주지 않거나 안전하게 부화하게 내버려두거나 새끼들을 둥지에서 끄집어내지 않기만 하면 더 많이 모여들게 하는 것이 쉽습니다. 그렇게만 하면 여기 있던 것들도 계속 남아 있고 우연히 날아들게 된 것들 역시 계속 남아 있게 되니까요. 이 숲은 과수원과 분리되어 있었을 뿐, 과거에도 있었습니다. 쥘리가 한 일이라고는 산울타리를 이용해 이 숲을 과수원에 포함시킨 것, 그것들을 가르고 있던 기존의 울타리를 제거한 뒤 숲을 확장하고 새로운 식물들로 장식한 것뿐입니다. 과수원으로 가는 길 좌우로 풀과 지푸라기와 온갖 종류의 식물이 섞여 가득 들어차 있는 두 공간이 보이지요. 그녀는 그곳에 매년 밀, 옥수수, 해바라기, 삼, 프제트pesette* 등 일반적으로 새가 좋아하는 모든 곡류를 파종하게 합니다. 물론 수확은 전혀 하지 않습니다. 그 외에도 여름과 겨울에 거의 매일 그녀나 내가 새들에게 먹이를 가져다줍니다. 우리가 오지 못할 때는 대개 팡숑이 대신 옵니다. 보시다시피, 가까이에 저것들이 먹을 물도 있습니다. 볼마르 부인은 매년 봄, 둥지를 만들기에 적합한 말총, 짚, 양털, 이끼를 비롯한 여러 재료들을 조그맣게 뭉치로 만들어 저것들에게 가져다줍니다. 가까이에 널려 있는 이런 재료들에다가 풍성한 먹이, 모든 적**으로부터 보호해주는 인위적 배려, 새들이 누리는 변함없는 평화는, 새들로 하여금 아무런 모자람도 없고 아무도 불안을 주지 않는 안락한 곳에 알을 낳게 합니다. 그렇게 어미들의 보금자리는 다시 새끼들의 보금자리가 되며 무리는 유지되고 증가합니다."

쥘리가 말했습니다. "아, 당신은 이제 아무것도 보지 못하겠군요! 새들은 각자 자기 자신만 생각하지요. 당신은 떨어질 수 없는 부부, 가사에 대한 열의, 부모의 사랑 같은 것들을 모두 놓쳤어요. 자연의 가장 아름다운 광경에 눈을 맡기고 자연의 가장 감미로운 정조에 마음을 맡기기 위해서는 이곳에 두 달은 머물러야 했어요." 제가 매우 우울하게 말했습니다. "부인, 당신은 아내이자 어머니입니다. 그것들은 당신이 느껴 마땅한 즐거움들입니다." 그러자 볼마르 씨가 저의 손을 덥석 잡아 꼭 쥐면서 말했습니다. "당신에게는 친구들이 있고 그 친구들에게는 아이들이 있어요. 그러니 어떻게 아버지로서의 애정이 당신에게 낯선 것일 수 있겠습니까?" 저는 그를 바라보고 또 쥘리를 바라보았습니다. 그들은 서로를 바라본 뒤 제게 너무도 감동적인 시선을 보내서, 저는 그들을 차례로 포옹하고 흐뭇한 마음으로 말했습니다. "그 아이들은 당신들만큼이나 제게도 소중합니

---

* 잠두.

** 설치류, 생쥐, 올빼미, 그리고 특히 아이들.

다.” 말 한마디가 어떤 야릇한 효과를 낳기에 그렇게 한 영혼을 변화시킬 수 있는지는 잘 모르겠지만, 어쨌든 그때부터 볼마르 씨는 제게 다른 사람처럼 보였습니다. 그리하여 저는 그에게서 제가 그토록 사랑했던 여인의 남편의 모습보다는 제가 목숨 바쳐 보호해야 할 두 아이의 아버지의 모습을 더 봅니다.

저는 그 매력적인 안식처와 그곳에 사는 ‘귀여운 주민들’을 더 가까이에서 보기 위해 연못을 한 바퀴 돌고 싶었습니다. 그러나 볼마르 부인이 만류하며 말했습니다. “새들의 집에는 아무도 가지 않아요. 새들이 불안해할 테니까요. 당신은 제가 여기까지만이라도 데리고 온 첫 번째 손님이에요. 이 과수원 문 열쇠는 네 개밖에 없어요. 제 아버지와 우리 부부, 그리고 팡숑이 하나씩 가지고 있는데, 팡숑은 관리자로서, 그리고 제 아이들을 종종 데리고 오기 위해서 지니고 있어요. 아이들은 이곳에 올 때 극도로 조심할 것을 요구받는데, 그러한 조심이 이런 배려를 더 가치 있게 만들지요. 귀스탱도 여기 들어올 때는 꼭 그 네 사람 중 한 명과 같이 와야 해요. 게다가 그의 작업이 필요한 봄철 두 달이 지나면 더 이상 이곳에 들어오지도 않아요. 나머지 일은 모두 우리가 하지요.” 그러자 제가 말했습니다. “그렇다면 새들이 당신의 노예가 되지 않게 당신이 그것들의 노예가 된 것이군요.” 그녀가 대답했습니다. “그건, 타인의 자유를 방해하는 한에서만 자기 자유를 향유한다고 여기는 그런 폭군의 말이에요.”

돌아오기 위해 연못을 떠날 때 볼마르 씨는 연못 안에 보리를 한 줌 뿌렸습니다. 연못 안을 보니 작은 고기 몇 마리가 놀고 있었습니다. 제가 즉각 말했습니다. “아하! 그러나 이것들은 결국 포로가 아닙니까?” 그가 말했습니다. “그렇습니다. 저것들은 전쟁 포로들이에요. 우리가 저들 목숨을 살려주었거든요.” “정말 그래요.” 그의 아내가 맞장구를 쳤습니다. “얼마 전 팡숑이 저도 모르게 부엌에서 농어 몇 마리를 훔쳐 이곳으로 가져왔어요. 저는 그것들을 이 연못에 놓아주었어요. 호수로 돌려보내면 그녀가 자존심을 상할까 봐요. 믿음직한 사람을 기분 나쁘게 하는 것보다는 좀 좁더라도 이곳에 고기들이 살게 하는 것이 훨씬 더 나을 테니까요." 제가 대답했습니다. "당신 말이 옳습니다. 이 정도 대가면 고기들도 프라이팬을 피한 것을 아쉬워하지는 않을 듯합니다."

돌아오면서 그녀가 제게 물었습니다. "자, 어떤가요? 아직도 세상 끝에 있는 것 같은가요?" 제가 대답했습니다. "아닙니다. 이제 그곳을 완전히 벗어났습니다. 당신은 나를 그야말로 엘리시온으로 데려갔군요." 그러자 볼마르 씨가 말을 이었습니다. "그녀가 이 과수원에 붙인 그 요란한 이름은 충분히 이런 놀림을 받을 만합니다. 어린애 같은 유희일랑 적당히 칭찬하시고, 그 유희 때문에 그녀가 주부로서의 의무를 어긴 일은 전혀 없다는 것을 기억해주세요." 제가 대답했습니다. "잘 압니다. 그러리라고 아주 확신합니다. 그리고 저로서는 이런 종류의 어린애 같은 유희가 어른들의 일보다 더 마음에 듭니다."

제가 말을 계속했습니다. "이해할 수 없는 것이 한 가지 있습니다. 과거의 모습과 판연히 다른 이곳의 모습은 지속적인 가꿈과 유지에 의해서만 가능할 겁니다. 그런데 가꾼 흔적이 전혀 보이지 않아요. 하나같이 푸르고 신선하고 생기 있지만 정원사의 손길이 전혀 드러나지 않습니다. 이곳에 들어설 때 떠올랐던, 사람이 살지 않는 섬 같다는 생각이 지워지지 않습니다. 사람의 흔적이 전혀 안 보였어요." 볼마르 씨가 말했습니다. "아! 사람의 흔적을 지우려고 크게 신경을 썼기 때문이지요. 나는 흔히 그 장난질의 목격자였고 때로는 공범자이기도 했어요. 밭갈이가 된 모든 곳에는 건초를 뿌리게 했습니다. 그러면 곧 목초가 사람이 작업한 흔적들을 감춥니다. 겨울에는 불모의 장소에 거름을 많이 뿌립니다. 그러면 거름이 이끼를 먹어치우고 목초와 식물을 되살립니다. 나무들에도 나쁠 것이 없고, 여름이면 거름이 더 이상 보이지 않게 됩니다. 몇몇 오솔길을 뒤덮고 있는 이끼에 대해 말하자면, 이끼가 생기게 하는 비법을 영국으로부터 우리에게 보내준 사람이 바로 에드워드 경입니다." 그는 계속 이야기했습니다. "이 두 쪽은 벽들로 막혀 있었고, 벽들은 과수장에 의해서가 아니라 과수장의 경계를 숲의 시발점으로 착각하게 하는 빽빽한 관목들에 의해서 가려져 있었습니다. 다른 두 쪽은, 울타리의 모습을 불식하고 잡목림 모습을 갖게 하는, 단풍나무, 서양산사나무, 호랑가시나무, 쥐똥나무, 그 밖의 여러 다른 관목들이 뒤섞여 우거진 빽빽한 산울타리로 둘러쳐져 있습니다. 줄지어 늘어선 모습, 그리고 평평한 모습을 가진 것은 전혀 볼 수 없지요. 이곳에는 직선을 긋기 위한 먹줄이 들어온 적이 없습니다. 그래서 불규칙하게 보이도록 만들어진 굴곡들은 산책로를 연장하고, 섬 같은 이곳의 가장자리들을 숨기고, 면적이 커 보이게 하고, 그러면서도 불쾌할 만큼 너무 많은 우회로를 양산하지 않도록 교묘하게 만들어졌습니다.*"

"이 모든 것을 바라보면서 저는 들인 수고를 숨기려고 그토록 많은 수고를 했다는 것이 매우 이상하게 생각되었습니다. 차라리 그런 수고를 하지 않는 것이 더 낫지 않았을까요?" 쥘리가 제게 답했습니다. "당신은 우리 얘기를 다 듣고도 우리의 작업을 결과로만 판단하시는데, 그러면 안 돼요. 당신이 보는 것은 모두 땅에 심기만 하면 되는, 이후로는 스스로 자라는 야생적이거나 생명력 강한 식물들이에요. 게다가 자연은 인간의 눈에 자신의 진정한 매력을 숨기고 싶어 하는 것 같아요. 인간은 그 매력에 너무 둔감하고, 할 수 있는 한 그것을 훼손시키지요. 자연은 인간이 자주 찾아오는 곳은 피해요. 자연이 가장 감동적인 매력을 펼치는 곳은 산 정상, 깊은 숲 속, 인적이 닿지 않은 섬들이에요. 자연을 사랑하지만 그렇게 멀리 자연을 찾아갈 수 없는 사람들은 자연에 폭력을 쓰게 됩니다. 말하자면

---

* 그러므로 이것은 현재 유행 중인 작은 숲들과 같은 부류가 아니다. 유행하는 그 숲들은 우스꽝스러울 정도로 너무나 꼬불꼬불하게 조성되어서 갈지자로 걸을 수밖에 없고, 걸음마다 반회전을 해야 한다.

자기들에게 와서 함께 살 것을 자연에 강요하지요. 그런 일에는 다 어느 정도 환상이 따르기 마련이에요."

그 말에 제게 어떤 상상이 떠올라 그들에게 웃음을 주게 되었습니다. 저는 그들에게 말했습니다. "저는 파리나 런던의 한 부유한 사람이 이 집 주인일 경우를 생각해봅니다. 자연을 망쳐버리려고 비싼 돈을 주고 건축가를 데려오는 그런 주인 말입니다. 그라면 이 소박하고 빈약해 보이는 곳에 들어와 얼마나 깔보는 태도를 취할까요! 이 하잘것없어 보이는 것들을 얼마나 경멸하며 죄다 걷어내게 할까요! 그는 아주 훌륭하게 정렬시키겠지요! 아주 아름답게 길도 만들겠지요! 피라미드형 아름다운 골조물, 파라솔과 부채 모양의 아름다운 나무들! 잘 조각된 격자 세공들! 잘 디자인되고 다듬어지고 전지된 아주 부자연스러운 소사나무 가로수들! 둥글거나 각진, 초승달 모양이거나 타원형인, 고급 영국 잔디가 깔린 잔디밭! 용, 탑, 난쟁이 등 온갖 괴물의 모습으로 전지된 아름다운 주목들! 정원을 장식하는 아름다운 청동 꽃병들과 석재 과일들!……*" 볼마르 씨가 저의 말을 받았습니다. "그런 것들이 다 만들어지면 아름답기는 하겠지만 그곳을 찾아가는 사람이 거의 없을 겁니다. 그나마 찾아갔던 사람도 시골을 찾기 위해 서둘러 그곳을 빠져나올 겁니다. 전혀 산책하고 싶지 않을 그곳을요. 반면, 저는 논밭을 둘러보다가도 이곳으로 산책 나오기 위해 자주 서둘러 돌아오고는 합니다.

나는 그토록 화려하게 장식된 그런 아주 넓은 땅에서는 주인과 예술가의 허영밖에 보지 못합니다. 주인은 자신의 부를, 예술가는 자신의 재능을 과시하려고 끊임없이 안달하지만 그들의 작품을 향유하고자 하는 사

---

* 나는, 들판에 있는 것은 무엇이든 더 이상 정원에 가져다놓지 않으려 하는 시대가 곧 오리라고 확신한다. 사람들은 정원에 식물도 관목도 더 이상 들여놓지 않을 것이다. 도자기 꽃, 도자기 인형, 격자 세공품, 온갖 색깔의 모래, 보잘것없는 것들이 가득 꽂혀 있는 아름다운 꽃병들만을 정원에 두려 할 것이다.

람 누구나에게 그 비싼 비용으로 권태만을 안겨줍니다. 인간에게 전혀 적절하지 않은 웅대함에 대한 그릇된 취향은 인간의 즐거움을 망칩니다. 웅대한 모습은 언제나 우울합니다. 그것은 그것을 가장하는 사람의 초라함을 생각하게 합니다. 그의 큰 화단과 넓은 길들 한가운데서도 그의 작은 개체는 전혀 커지지 않습니다. 7미터의 나무 한 그루가 20미터의 나무쯤 되는 듯이 그를 덮어버립니다.* 그는 1제곱미터의 공간밖에 차지하지 않습니다. 그리하여 그는 그의 거대한 소유지 안에서 진드기처럼 눈에 잘 띄지도 않을 겁니다.

반면, 그와 정반대되는 또 다른 취향이 있습니다. 정원이란 산책을 위해 만들어진 것인데도 산책을 즐기도록 내버려두지 않는다는 점에서 더욱 우스꽝스러운 취향입니다." 그러자 제가 말했습니다. "알겠습니다. 그것은 미나리아재비속의 모습에 황홀해하고 튤립 앞에서 무릎을 꿇는 그 하찮은 구경꾼들, 그 하찮은 꽃장수들의 취향이라는 거지요." 에드워드 경, 그 점과 관련해 저는, 전에 우리가 안내되었던 그토록 화려한 정원, 네 개의 퇴비 묘상에서 모든 귀한 네덜란드산 꽃들이 그토록 화려하게 피어 있었던 그 런던의 꽃 정원에서 어떤 일이 있었는지 그들에게 이야기해주었습니다. 그럴 자격도 없는 제게 영광스럽게도 다른 구경꾼들과 마찬가지로 파라솔과 지팡이 의식을 베풀어준 것 역시 빠뜨리지 않았습니다. 저는 열심히 정원을 둘러보고 싶어 하고 강렬한 색상과 우아한 형태의 튤립을 보며 감히 황홀경에 빠지고 싶어 한 제가 어떻게 모든 지식인에게 조롱과

---

* 나무들을 구름 속으로 뻗게 하기 위해서, 아름다운 끝 부분과 무성한 잎사귀를 제거하고 수액을 고갈시키고 발육을 방해하면서 나뭇가지를 괴상하게 치는 좋지 않은 취향에 대해 그는 약간 상술해야 했다. 그 방법은 정원사들에게는 나무를 제공해주는 것이 사실이지만, 이미 나무가 그리 많지 않은 나라에서는 나무를 완전히 없애버리게 된다. 세상의 다른 모든 나라에서와 달리 프랑스에서는 자연이 만들어진다고 여겨지는 것 같다. 그만큼 그곳에서는 자연을 흉하게 만드는 데 신경을 쓴다. 그곳 정원들에는 긴 막대기 같은 나무들만 심어져 있다. 그것은 돛대나 '오월제(五月祭) 기념수'[5] 같은 나무들의 숲이어서, 숲을 산책해도 그늘을 찾을 수 없다.

야유와 비난을 받았는지, 원예 선생이 꽃에 대한 경멸에서 꽃을 찬양하는 사람에 대한 경멸로 옮겨 가면서 어떻게 그 의식이 끝날 때까지 더 이상 제게 눈길도 주지 않았는지를 그들에게 겸손하게 말해주었습니다. 그리고 이렇게 덧붙였습니다. "저는 그가 자신의 세속의 지팡이와 파라솔에 대해 미련이 많았다고 생각합니다."

볼마르 씨가 말했습니다. "그 취향은 편집증으로 변질될 경우에는 하잘것없고 변변찮은 어떤 면모로 인해서 유치한 것, 터무니없이 큰 희생을 치르게 하는 것이 됩니다. 앞서 말했던 취향에는 적어도 고상함과 장중함, 그리고 모종의 진실이 있습니다. 하지만, 곤충이 갉아 먹거나 아마도 망쳐버린 알뿌리나 양파가 그것을 팔기 위해 흥정할 때 무슨 가치가 있으며, 또 소중한 꽃일지언정 정오에 피었다가 해가 지기도 전에 시들어버리는 꽃이 무슨 가치가 있습니까? 도락가들의 눈에나 감지되는, 단지 도락가들이 감지하기 좋아하는 것이라는 이유에서 아름다움일 뿐인 그런 상투적인 아름다움 따위가 대체 무엇입니까? 사람들이 어떤 타당한 이유에서, 오늘날 꽃에서 찾는 것과 정반대되는 것을 꽃에서 찾을 날이 올 수 있습니다. 그때가 오면 이번에는 당신이 박식한 사람이 될 것이고 당신의 도락가들은 무지한 자들이 될 것입니다. 연구로 변질되는 그 모든 보잘것없는 관찰은 자기 몸을 적당히 운동시키거나 친구들과 담소를 나누며 산책하는 것으로 정신에 휴식을 주고자 하는 분별 있는 사람에게는 전혀 어울리지 않는 일입니다. 꽃은 그렇게 세밀하게 해부하기 위한 대상이 아니라, 지나가면서 바라보는 우리의 눈을 즐겁게 해주기 위해 만들어진 것입니다.* 꽃의 여왕이 이 과수원 곳곳에서 빛나는 것을 보세요. 그것은 대기에 향기를 뿌

* 현명한 볼마르가 이 점에 관해서는 세심한 주의를 기울이지 않았다. 인간을 그렇게도 잘 관찰할 줄 아는 그가 자연에 대한 관찰에는 그토록 서툴렀던가? 자연의 창조주는 큰일에서 위대하다면 작은 일에서도 아주 위대하다는 것을 그는 몰랐던가?

리고 있습니다. 그것은 우리의 눈을 황홀하게 하며 돌봄도 가꿈도 필요로 하지 않습니다. 바로 그런 이유에서 꽃을 가꾸는 사람들은 그것을 거들떠보지 않습니다. 자연이 그것을 워낙 아름답게 만들어놓아서 그들은 그것에 상투적인 아름다움을 덧붙일 수가 없습니다. 그것을 적극적으로 가꾸려 애써볼 수 없기에 그들은 그것에서 자신들을 즐겁게 해주는 것을 전혀 발견하지 못합니다. 이른바 고상한 취향을 가졌다는 사람들의 오류는 어디서나 인공적인 것을 원한다는 것이며, 인공적인 것이 보이지 않는 한 전혀 만족스러워하지 않는다는 것입니다. 진정한 취향은 인공을 드러내지 않는 것에 있는데 말입니다. 특히 자연의 소산이 관계될 때는요. 어디서나 발견되는 그토록 곧고 모래가 많이 깔린 산책로들이 무슨 의미가 있습니까? 예상과 달리, 공원을 커 보이게 하기는커녕 공원의 경계들을 꼴사납게 보여줄 뿐인 그 원형 광장들이 무슨 의미가 있습니까? 숲에 강모래가 깔려 있는데, 이끼나 잔디를 밟는 것보다 그 모래를 밟는 것이 더 편합니까? 자연이 그렇게 열심히 직각자와 자를 사용합니까? 그들은 자연의 외관을 훼손하기 위해 열심히 노력했음에도 불구하고 사람들이 어떤 것에서 자연을 알아볼까 봐 걱정하는 걸까요? 마지막으로, 산책을 시작하자마자 벌써 지쳐버리기라도 한 것처럼 종착점에 더 빨리 이를 수 있도록 산책길을 직선으로 만들려 하는 것이 우스꽝스럽지 않습니까? 최단거리를 택함으로써 그들은 산책보다는 오히려 여행을 하는 것 같지 않습니까? 산책로에 들어서자마자 곧 서둘러 빠져나오려는 것 같지 않습니까?

살기 위해 살며 자신을 향유할 줄 아는, 소박하고 진정한 기쁨을 추구하며 집 근처에서 산책하기를 원하는 고상한 취향의 소유자라면 어떻게 할까요? 그는 너무도 편안하고 즐겁게 산책을 해서, 하루 중 어느 때든 산책을 즐길 수 있습니다. 그러면서도 너무도 소박하고 자연스럽게 산책을 해서, 아무것도 하지 않은 것처럼 보입니다. 그는 물과 초목과 그늘과 서늘함을 모을 것입니다. 자연 또한 그 모든 것을 모으기 때문입니다. 그는 어떤 것에도 대칭을 허락하지 않을 것입니다. 대칭은 자연과 다채로움의 적이며, 어느 정원의 모든 산책로는 서로 너무나 흡사해서 그곳에서 사람들은 늘 같은 곳에 있는 듯한 느낌을 받습니다. 그는 편안하게 산책하기 위해 쓸데없는 지면을 쳐낼 것입니다. 그러나 그의 산책로는 양옆이 항상 정확히 나란하지는 않을 것입니다. 늘 직선으로 나아가지는 않을 것입니다. 그것은 산책하며 돌아다니는 한가로운 사람의 행동처럼 뭔지 모를 어떤 불규칙함을 가질 것입니다. 그는 경치가 아름다운 먼 곳으로 스며드는 것을 두려워하지 않을 것입니다. 전망 좋은 곳과 먼 곳에 대한 취향은 대부분의 사람들이 가지고 있는, 자기가 있는 데가 아닌 곳을 좋아하는 성향에서 유래한 것일 뿐입니다. 그들은 항상 자신에게서 멀리 있는 것을 갈망합니다. 사람들을 그들 주변에 있는 것들로 충분히 만족시킬 줄 모르는 예술가는 그들을 즐겁게 하는 데 그 방편을 이용합니다. 그러나 제가 말하는 그 사람은 그런 걱정을 하지 않습니다. 그리하여 그는 자기가 있는 곳에서 편안하면 다른 곳에는 관심이 없습니다. 예를 들면 이곳에서 우리는 이곳 밖의 경치를 볼 수 없고, 밖의 경치를 볼 수 없다는 것에 아주 만족스러워합니다. 우리는 자연의 모든 매력이 이 안에 다 들어 있다고 기꺼이 믿을 것입니다. 저는 시선을 조금만 다른 데로 돌려도 이 산책의 많은 매력이 사라지지 않을까 걱정합니다.* 이토록 소박하고 기분 좋은 곳에서 화창한

---

* 사람들이 원형 광장의 긴 오솔길에 가벼운 굴곡을 주는 것을 시도해보았는지 모르겠다. 눈이 각 오솔길을 끝까지 완전히 따라갈 수 없도록, 그리고 각 길의 반대편 끝이 구경꾼에게 감춰질 수 있도록 말이다. 조망의 매력을 잃게 되는 것은 사실이지만, 주인으로서는 자신이 있는 곳을 상상 속에서 확대할 수 있기에 아주 소중한 이점을 얻게 될 것이다. 그리고 아주 한정된 공간인 원형 광장의 한가운데 있어도 엄청나게 큰 정원 속에서 길을 잃은 듯이 여겨질 수 있을 것이다. 나는 그곳에서의 산책이 고독하더라도 훨씬 덜 지루하리라고 확신한다. 왜냐하면 상상력의 대상이 되는 모든 것이 생각을 야기해 정신을 살찌우기 때문이다. 그런데 정원을 만드는 사람들은 이런 것을 느끼지 못하는 사람들이다. 만일 그들이 르 노트르처럼 자연에 생명을 불어넣고 그 풍경에 흥미를 줄 줄 안다면 시골에서 얼마나 여러 번 손에서 연필을 떨어뜨리겠는가. 세인트제임스 공원에서 르 노트르가 그랬듯이 말이다.

날을 보내는 것을 좋아하지 않는 사람이라면 분명 순수한 취향도 건강한 영혼도 가지고 있지 않은 사람일 겁니다. 나는 낯선 자들을 화려하게 이곳에 데려올 필요가 없다는 것을 인정합니다. 그 반면에 우리는 이곳에서 스스로 즐거울 수 있습니다. 아무에게도 이곳을 보여주지 않고도 말입니다."

저는 그에게 말했습니다. "볼마르 씨, 그토록 아름다운 정원을 꾸민 그 부유한 사람들에게는 혼자 산책하는 것도 좋아하지 않고 자기 자신과 직면하는 것도 좋아하지 않을 충분한 이유가 있습니다. 그러니 그 점에서는 타인만을 생각하는 것이 잘하는 일이겠지요. 게다가 저는 중국에서 당신이 바라는 그런 정원들을 보았는데, 매우 인공적으로 만들어졌으면서도 인공이 드러나 보이지 않는 정원이었으나, 너무나 사치스럽고 유지비가 많이 드는 양식이어서, 그런 것을 생각하면 그 정원들을 보며 느낄 수 있을 모든 즐거움이 달아나 버렸습니다. 샘물밖에 없을 편평하고 모래가 많은 곳에 바위, 동굴, 인공 폭포들이 있었습니다. 중국과 타타르의 모든 기후의 희귀한 꽃과 식물들이 한곳에 모아져 길러지고 있었습니다. 그곳에서는 사실 아름다운 산책로도 단정한 구획들도 보이지 않았습니다. 그렇지만 경이로운 것들이 듬성듬성 풍요롭게 들어차 있는 것이 보였습니다. 그곳의 자연은 수많은 다양한 모습을 띠고 있었지만 그 모든 것이 함께 어우러진 모습은 전혀 자연스럽지 못했습니다. 이곳에서는 흙도 돌도 옮겨다 놓지 않았고, 펌프도 저수지도 만들어놓지 않았으며, 온실도 화덕도 유리 뚜껑도 작물 보호용 덮개도 필요하지 않습니다. 거의 편평한 땅에는 아주 간단한 장식밖에 되어 있지 않습니다. 흔한 목초와 관목들, 자연스럽게 흐르는 몇몇 물줄기가 그 땅을 아름답게 하기에 충분했습니다. 그것은 힘이 들지 않는, 그 용이함이 보는 이에게 또 다른 즐거움을 주는 그런 놀이입니다. 저는, 이 장소가 훨씬 더 쾌적하지만 별로 마음에 들지는 않는다고 느낍니다. 예를 들어 스토에 있는 코범 경의 정원처럼 말입니다. 그 정원은 여러 나라에서 선택된 조망들로 이루어진, 아주 아름답고 정취 있는 장소들의 합성물이며, 제가 아까 언급한 중국 정원들이 그렇듯이, 한데 결합해놓은 점을 제외하면 그곳의 모든 것이 자연스럽게 보입니다. 그 훌륭한 은거지의 주인이자 창조자는 그곳에 폐가와 사원, 오래된 건물들을 짓게 했습니다. 그리하여 그곳에는 시간과 장소가 인간적인 것 이상으로 멋지게 집결되어 있습니다. 제가 불평하는 것은 바로 그 점입니다. 저는 인간들의 기분 전환이 그들의 나약함을 전혀 상기시키지 않는 평온한 모습을 갖기를, 사람들이 그 경이로운 것들을 찬미하면서도 거기에 들인 돈과 노력으로 상상력을 혹사당하지 않기를 원합니다. 우리가 우리의 놀이에까지 고통을 들이지 않아도 운명은 이미 우리에게 충분한 고통을 주고 있지 않습니까?"

저는 쥘리를 보며 덧붙였습니다. "내가 당신의 엘리시온에 대해 불만스러워하는 점은 단 한 가지밖에 없습니다. 그렇지만 그 불만은 당신에게는 중대한 것으로 보일 겁니다. 그 불만은 바로, 당신의 엘리시온은 필요 이상의 휴식 장소라는 것입니다. 집 반대쪽에 그토록 매력적인 자연 그대로의 작은 숲들이 있는데 또 산책길을 만드는 것이 무슨 소용이 있습니까?" 그러자 그녀는 좀 당혹스러워하며 말했습니다. "그렇지만 저는 정말로 이 산책길을 더 좋아하는걸요." 볼마르 씨가 그녀의 말을 중단시키며 제게 말했습니다. "만약 당신이 그 질문을 일부러 깊이 생각했다가 한 거라면 그것은 훨씬 더 조심성 없는 질문이 되었을 겁니다. 결혼 후 제 아내는 당신이 말하는 그 작은 숲들에 발을 들여놓은 적이 없습니다. 그녀는 여전히 그 이유를 말하지 않지만 나는 이유를 알고 있습니다. 당신도 그 이유를 모르지 않습니다. 당신이 지금 서 있는 그곳을 소중히 여길 줄 아세요. 그곳은 미덕의 손에 의해 식물들이 심어진 곳입니다."

제가 그 정당한 질책을 듣자마자 팡숑이 그 사랑스러운 가족을 데리고 들어왔습니다. 우리는 나오려는 참이었습니다. 사랑스러운 세 아이가 볼마르 부부의 품 안으로 달려들었습니다. 저 또한 아이들의 포옹을 받았습니다. 쥘리와 저는 그들과 함께 엘리시온 안쪽으로 다시 몇 걸음 걸어갔다가, 몇몇 일꾼들과 이야기를 나누고 있는 볼마르 씨를 향해 걸어갔습니다. 걸으면서 그녀는, 어머니가 된 뒤에 이 산책로에 대한 아이디어가 떠올라 이 산책로를 아름답게 꾸미려는 열의가 솟아났다고 말했습니다. 그녀가 말했습니다. "저는 아이들이 더 나이가 들었을 때의 그들의 재밋거리와 건강을 생각했어요. 이곳을 유지하는 데는 노고보다는 정성이 더 요구돼요. 땅을 파고 가는 것보다는 나뭇가지들에 어떤 형태를 주느냐가 더 중요해요. 저는 언젠가 저 애들을 저의 귀여운 정원사로 만들 생각이에요. 그러면 아이들은 체질을 강화하는 데 필요한 피곤하지 않을 만큼의 운동을 하게 될 거예요. 나이에 맞지 않게 너무 힘든 일은 하지 않을 것이며, 기분 전환에 적절한 정도로만 일하게 될 거예요." 그리고 그녀는 덧붙였습니다. "자신들을 위해 제가 아주 즐거운 마음으로 쏟는 작은 정성들에 보답하기 위해 아이들이 열심히 일하는 것, 자신들의 손으로 가꾼 나무 그늘 밑을 어머니가 즐겁게 산책하는 것을 보며 아이들의 그 사랑스러운 마음이 느끼게 될 기쁨을 생각하면 정말 얼마나 행복한지 몰라요." 그녀는 감동한 목소리로 이야기를 계속했습니다. "사실, 친구, 이처럼 보내는 날들은 내세의 행복에 가까워요. 제가 일찍이 이곳에 엘리시온이라는 이름을 붙인 데는 이유가 없지 않아요." 에드워드 경, 이 비길 데 없이 훌륭한 여인은 아내이자 친구이자 딸인 것처럼 어머니이기도 합니다. 그리고 끝없이 괴롭게도, 여전히 그녀는 그런 식으로 연인이기도 했습니다.

너무도 매력적인 장소에 열광한 저는 저녁에 그들에게 제가 이 집에 체류하는 동안 팡숑의 열쇠와 팡숑이 하는 새 돌보는 일을 제게 맡겨달라고 간청했습니다. 쥘리는 즉각 제 방으로 곡물 자루와 그녀 자신의 열쇠를 보내주었습니다. 이유는 모르겠지만, 저는 편치 못한 마음으로 그것을 받았습니다. 볼마르 씨의 열쇠를 받는 게 더 나았을 것 같았습니다.

오늘 아침, 저는 일찍 일어났습니다. 애처럼 들떠서 인적 드문 그 섬으로 숨어들었습니다. 저를 그토록 불행하게 만든 그 모든 사회적이고 인위적인 질서를 그 독특한 자연의 아름다움으로 제 기억에서 없애줄 것임에 틀림없는 그 인적 드문 곳에서 얼마나 기분 좋은 상념에 빠지게 될지 저는 기대가 되었습니다! 내가 주위에서 보게 될 모든 것은 내게 그토록 소중했던 사람이 이루어놓은 것이다, 나는 그녀가 바로 내 곁에 있다고 생각할 것이다, 내가 보는 모든 것은 그녀의 손길이 닿은 것이다, 나는 그녀의 발이 가볍게 밟은 꽃들에 키스할 것이다, 나는 그녀가 호흡했던 공기를 이슬과 함께 들이마실 것이다, 그녀의 기분 전환 취향이 나로 하여금 그녀의 모든 매력을 다시 느끼게 할 것이니 나는 그녀가 내 마음속에 있는 것처럼 사방에서 그녀를 발견할 것이다.

이런 생각들을 하며 엘리시온으로 들어가고 있는데 갑자기 어제 이쯤에서 볼마르 씨가 제게 한 마지막 말이 떠올랐습니다. 그 한마디에 대한 기억이 즉각 저의 마음 상태를 완전히 바꿔버렸습니다. 제가 쾌락의 형상을 찾던 곳에서 미덕의 형상이 보이는 것 같았습니다. 그 형상은 제 마음속에서 볼마르 부인의 모습과 뒤섞였습니다. 저는 돌아온 이래 처음으로 제 앞에 없는 쥘리의 모습을 생각한 것이었습니다. 과거에 제게 보여주었던 모습, 지금도 제가 마음에 떠올리기를 좋아하는 그 모습이 아니라, 매일 제 눈에 보이는 모습으로 말입니다. 에드워드 경, 어제 그 일행 속에 둘러싸여 있던 너무도 매력적이고 정숙하고 덕성스러운 그 여인이 눈에 보이는 듯했습니다. 저는 그녀 곁에서, 결혼과 다정한 우정의 명예롭고 소중한 증표인 그녀의 세 아이가 그녀와 감동적인 포옹을 수없이 주고받는 것을 보았습니다. 저는 그녀 곁에서, 너무도 사랑받는, 행복하고 그럴 만한 자격이 있는 남편인 엄숙한 볼마르 씨를 보았습니다. 그의 예리하고 지혜로운 눈이 제 마음속으로 파고들어 저를 다시 부끄럽게 하는 듯했습니다. 너무도 당연한 질책과 듣는 이가 제대로 새기지 못한 훈계가 그의 입에서 흘러나오는 것이 들리는 듯했습니다. 그녀를 따라가다가 저는 가장 열정적인 사랑에 대한 미덕과 인정(人情)의 승리의 산증인인 팡숑 르가르를 보았습니다. 아아! 어떤 악한 감정이 그 불가침의 호위를 뚫고 그녀에게까지 스며들었던 걸까요? 저는 잘 꺼지지 않는 범죄적인 정열의 타락한 격정을 얼마나 분개하며 억눌렀는지 모릅니다! 그토록 매혹적인 순결하고 정숙한 정경을 단숨에 더럽히려던 제가 얼마나 경멸스러웠는지 모릅니다! 저는 그녀가 나가면서 제게 했던 말을 떠올렸습니다. 그리고, 그녀가 그토록 매력적으로 마음에 그리는 미래로 그녀와 함께 다시 올라가, 그 다정한 어머니가 자식들의 이마의 땀을 닦아주고 불그레한 뺨에 키스해주며 사랑하기 위해 태어난 그 마음을 본성의 가장 달콤한 감정에 내맡기는 것을 보았습니다. 바로 그 엘리시온이라는 이름조차 저의 상상력의 일탈을 교정해주어, 제 마음속에 가장 유혹적인 정열의 동요보다 더 바람직한 평온을 가져다주었습니다. 그 이름은 어떻게 보면 그 이름을 생각해낸 그녀의 내면을 제게 보여주고 있었습니다. 불안정한 의식으로는 그와 같은 이름을 결코 선택하지 못했으리라는 생각이 들었습니다. '그녀가 이름붙인 그 신성한 장소가 그렇듯이 그녀의 마음속에도 평화가 자리 잡고 있다.' 저는 이렇게 생각했습니다.

저는 기분 좋은 몽상을 기대했었는데, 기대했던 것보다 더 기분 좋게 몽상에 잠겼습니다. 그리하여 엘리시온에서 제 인생의 어느 때보다도 더 좋은 두 시간을 보냈습니다. 너무도 매혹적으로, 너무도 빨리 그 두 시간이 지나가는 것을 보고 저는 올바른 사고에 대한 명상 속에는 악한들은 결코 느껴보지 못한 일종의 평안이 있다는 것을 알게 되었습니다. 그것은 자기 자신과 어울리기를 좋아하는 평안인 것입니다. 선입관 없이 그러한 평안을 생각해본다면 그것에 비견될 만한 기쁨이 과연 뭐가 있을지 모르겠습니다. 저는 적어도 저만큼 고독을 사랑하는 사람이라면 그 고독이 자신에게 가져다주는 고통을 두려워하리라는 것을 느낍니다. 악덕의 이점과 미덕의 이점에 관한 사람들의 잘못된 판단의 실마리는 어쩌면 동일한 원리에서 도출될 것입니다. 왜냐하면, 미덕의 기쁨은 전적으로 내적이어서 그것을 느끼는 사람만이 알아차리지만, 악덕의 모든 이점은 타인의 눈에 강한 인상을 주며, 그 이점이 어떤 대가를 치르게 하는지 아는 사람만이 오로지 그 이점을 얻는 사람이기 때문입니다.

오, 만일 마음을 갉아먹는 고통을
얼굴에서 읽을 수 있다면
우리가 부러워하는 얼마나 많은 사람을
우리는 동정할 것인가?*

저도 모르는 새에 시간이 많이 흘러, 볼마르 씨가 와서 쥘리가 차를 준비해놓고 기다리고 있다고 알려주었습니다. 저는 그들에게 사과하며 말했습니다. "제가 당신들과 함께 있지 못한 것은 바로 당신들 때문입니다. 어제의 파티에 너무 매료되어서, 오늘 아침에 다시 파티를 즐기러 갔었거든요. 다행히도 손해 본 것은 전혀 없어요. 당신들이 저를 기다려주셨으니 저의 오전은 무익하지 않았습니다." 그러자 볼마르 부인이 대답했습니다. "말씀 아주 잘하셨어요. 점심을 함께 하는 즐거움을 잃는 것보다는 정오까지 기다리는 편이 나을 거예요. 국외자들은 오전에는 제 방에 들어올 수 없고 자기 방에서 점심 식사를 해요. 점심은 친구들과의 식사예요. 하인들은 같이 하지 않아요. 그러니 귀찮은 방해자들이 전혀 없지요. 식사

---

* 그는 아주 아름답고 마찬가지로 주제에 적합한 다음 시를 첨가할 수도 있었을 것이다.

그들을 집어삼키는 적이
그들 자신의 마음속에 숨어 있다면
그들의 이른바 모든 행복이
단지 행복해 보이는 것일 뿐임을 알게 될 것이다.

때에는 각자가 자기 생각을 모두 말해요. 각자가 자신의 모든 비밀을 털어놓아요. 어떠한 생각도 마음속에 묻어두지 않아요. 우리는 조심스럽게 신뢰와 친밀감의 즐거움에 빠질 수 있어요. 각자가 있는 그대로의 자기 모습을 보여줄 수 있는 유일한 시간이지요. 그 시간이 하루 종일 지속될 수 있다면!" 그때 저는 이렇게 말할 뻔했습니다. '아, 쥘리! 그것은 아주 불순한 소망입니다!' 그러나 저는 입을 다물었습니다. 제가 사랑과 함께 가장 먼저 억제한 것은 칭찬하는 것이었습니다. 자기 애인이 아닌 이상 어떤 여인을 면전에서 칭찬하는 것은 그녀를 허영심 있다고 비난하는 것이 아니고 뭐겠습니까? 에드워드 경, 그런 비난을 볼마르 부인에게 할 수 있는지 없는지는 당신이 잘 압니다. 그래요, 할 수 없습니다. 저는 그녀를 너무도 존경해서 말없이 그녀를 존경하는 수밖에 없습니다. 그녀를 바라보고 그녀의 목소리를 듣고 그녀의 행동을 관찰하는 것, 그만하면 그녀를 충분히 칭찬하는 것이 아닌가요?

:: 편지 12

볼마르 부인이 도르브 부인에게

사랑하는 친구, 너는 숙명적으로 늘 나 자신으로부터 나를 보호해주어야 해. 그토록 힘들게 내 마음의 덫으로부터 나를 구해주었으니 이젠 내 이성의 덫으로부터 다시 나를 보호해주어야 해. 그토록 많은 가혹한 시련을 겪은 나는, 과오를 낳기 십상인 정열에 대해 경계하듯이 과오에 대해 경계하는 것을 배우고 있어. 나는 늘 열심히 그렇게 조심했지! 만일 내가 지난날 내 통찰력에 좀 덜 의지했다면 내 감정에 대한 부끄러움이 덜했을 거야.

이 서두가 너를 불안하게 만들지 않기를 바라. 만일 내가 중대한 문제들에 대해 다시 너의 우정에 의견을 물어야 한다면 나는 너의 우정을 받을 자격이 없을 거야. 죄악은 언제나 내 마음에는 이질적인 것이었어. 그리고 나는 지금 그 어느 때보다 그 죄악에서 멀리 떨어져 있다고 감히 믿어. 그러니 클레르, 차분하게 내 말 좀 들어봐. 그리고 나는 정직만이 해결해줄 수 있는 의심들에 대한 조언은 결코 필요로 하지 않으리라는 것을 믿어줘.

부부 사이에 있을 수 있는 가장 완벽한 결합 속에서 내가 볼마르 씨와 6년을 살아오고 있지만 그는 자기 가족과 자기 자신에 대해 내게 전혀 말하지 않았다는 것을 너는 알아. 자기 가정의 명예 못지않게 딸의 행복을 갈망하는 아버지의 요구에 따라 그를 남편으로 맞아놓고도 그가 적절한 시기에 그런 이야기를 해주겠거니 생각했을 뿐 내가 그것들에 대해 알려고 애쓰지 않았다는 것 또한 너는 알아. 나를 낳아준 분의 생명, 나의 명예와 평화와 되찾은 분별력과 아이들, 그리고 내가 중요하게 여기는 것을 내게 줄 수 있는 모든 것이 다 그의 덕택이라는 데 만족하는 나는 내가 그에 대해 모르는 것이 내가 알고 있는 것과 모순되지는 않으리라고 확신하고 있었어. 그래서 나는 그에 대해 더 많은 것을 알지 않아도 할 수 있는 만큼 그를 사랑하고 존중하고 존경할 수 있었어.

오늘 아침, 식사 중에 그는 우리에게 더워지기 전에 산책을 하자고 제안했어. 그러더니 실내복 차림으로 들판을 돌아다니지는 못하지 않느냐면서 우리를 작은 숲으로, 사랑하는 클레르, 정확히 말하면 내 모든 불행이 시작된 그 작은 숲으로 데리고 갔어. 그 운명적인 장소에 다가가자 나는 가슴이 아주 심하게 뛰는 것을 느꼈어. 만일 부끄러움이 나를 붙들었다면, 만일 일전에 엘리시온에서 나왔던 말 한마디에 대한 기억이 나로 하여금 그 말에 대한 해석을 두려워하게 했다면, 나는 그 숲으로 들어가기를 거절했을 거야. 그 철학자는 더 마음이 편했는지 어땠는지 모르겠어. 하지만 얼마 후 우연히 그에게 눈을 돌렸는데 그의 얼굴이 창백하게 변해 있었어. 그 모든 것이 내게 얼마나 고통스러웠는지 몰라.

숲으로 들어가면서 나는 남편이 나를 힐끗 보며 미소 짓는 것을 보았어.

그는 우리 사이에 앉았어. 잠시 침묵이 흐른 뒤 그는 우리 두 사람의 손을 잡으며 이렇게 말했어. "사랑스러운 사람들, 나는 내 계획이 헛되지 않을 것이며, 우리의 공통의 행복을 이루어주고 다가오는 노년의 우울 속에서 나를 위로해주기에 적절한 어떤 변치 않는 애정에 의해 우리 세 사람이 결합될 수 있다는 것을 알게 되었습니다. 그런데 내가 당신들을 아는 것에 비하면 당신들은 나를 그만큼 잘 알지 못합니다. 상황을 평등하게 만드는 것이 공평합니다. 비록 당신들에게 알려줄 아주 재미있는 사실은 전혀 없지만, 당신들이 내게 더 이상 비밀이 없기에 나도 당신들에게 더 이상 비밀을 갖고 싶지 않습니다."

그리하여 그는 이제까지 내 아버지만 알고 있던 자신의 출생의 비밀을 우리에게 털어놓았어. 네가 그것을 알면, 그와 같은 비밀을 6년 동안이나 아내에게 숨길 수 있는 한 남자의 절제와 냉정이 어느 정도인지를 가늠하게 될 거야. 하지만 그에게는 그 비밀이 아무것도 아니야. 그는 워낙 그 비밀을 염두에 두고 있지 않아서 그것을 숨기려고 애써 노력할 필요도 없어.

그는 우리에게 계속 말했어. "내 인생의 사건들에 대해 계속 이야기해드리지요. 당신들에게 중요할 수 있는 것은 나의 모험들을 아는 것이라기보다는 내 성격을 아는 것입니다. 내 모험들은 내 성격처럼 단순합니다. 그래서 내가 어떤 사람인지를 잘 알면 당신들은 내가 어떤 일을 할 수 있었는지를 쉽게 이해할 겁니다. 나는 당연히 침착한 영혼과 냉정한 마음을 가지고 있습니다. 나는 '저 사람들은 아무것도 느낄 줄 몰라', 다시 말해 '저 사람들은 인간의 진정한 안내자를 따라가도록 방향을 바꿔줄 정열을 전혀 가지고 있지 않아'라는 말로 모욕당해도 싸다고 여겨지는 그런 유의 사람들에 속합니다. 기쁨과 고통에 거의 무감각한 나는 우리로 하여금 타인의 애정을 얻게 하는 관심과 인정을 아주 희미하게밖에 느끼지 못합니다. 저는 착한 사람들이 고통 받는 것을 보기 힘들어하지만, 그것은 동정과는 아무 관련이 없습니다. 악한 사람들이 고통을 겪는 것을 볼 때도 전혀 마음이 아프지 않으니까요. 나의 유일한 행동 원칙은 질서에 대한 타고난 취향입니다. 그래서 운명의 장난과 인간 행동의 잘 짜인 협력은 그림의 아름다운 조화처럼, 또는 극장의 잘 연출된 연극처럼 내 마음에 꼭 듭니다. 내게 어떤 두드러진 열정이 있다면 그것은 관찰의 열정입니다. 나는 인간의 마음을 읽기를 좋아합니다. 내 마음은 나를 거의 속이지 않기 때문에, 나는 이해타산 없이 냉정하게 관찰하기 때문에, 그리고 오랜 경험이 내게 통찰력을 주었기 때문에, 내 판단은 거의 틀리지 않습니다. 그것이야말로 나의 부단한 연구에서 자부심을 보상해주는 것이기도 합니다. 나는 어떤 역할을 하는 것을 좋아하는 것이 아니라, 그저 다른 사람들이 역할을 맡는 것을 보기를 좋아하기 때문입니다. 사회는 내가 사회의 일원이어서가 아니라 내가 사회를 관찰하기 때문에 내 마음에 듭니다. 만일 내가 내 존재의 본성을 바꾸어 살아 있는 눈이 될 수 있다면 나는 쾌히 그렇게 할 것입니다. 그러므로 사람들에 대한 나의 무심함이 나를 사람들로부터 자유롭게 만들어주는 것은 아닙니다. 나는 사람들에게 나를 보이고 싶지는 않지만 사람들을 봐야만 하며, 사람들은 내게 소중하지는 않지만 내게 필요합니다.

내가 맨 처음에 관찰할 기회를 가진 두 사회 신분은 궁정 신하들과 하인들이었습니다. 실제에 있어서는 겉으로 보이는 것보다 차이가 덜한, 연구될 가치가 거의 없고 이해하기 너무 쉬운 그 두 부류의 인간들은 관찰하자마자 곧 싫증을 느끼게 했습니다. 모든 것이 즉시 알려지는 궁중을 떠남으로써 나는 그곳에서 나를 위협하던, 어쩌면 피하지 못했을 위험을 나도 모르게 피하게 되었습니다. 나는 이름을 바꾸었습니다. 그러고는 군인이라는 인간 부류를 알기 위해 외국 왕의 군대에 들어갔습니다. 바로 그곳에서 나는 운 좋게도 당신의 아버지에게 도움이 되었습니다. 친구를 죽인 것에 대한 절망 때문에 그는 무모하게도 자신의 의무를 거스를 위험에 직면해 있었습니다. 그 선량한 장교의 다정하고 고마운 마음으로 인해 나는 그때부터 인간에 대해 더 좋은 생각을 갖기 시작했습니다. 나는 그에게 우정을 주지 않을 수 없었고, 그리하여 그와 나는 깊은 우정으로 맺어졌습니다. 그때부터 우리는 날이 갈수록 더 끈끈해지는 관계를 계속 유지했습니다. 그 새로운 상황에서 나는, 내가 생각했던 것처럼 이익만이 인간 행동의 동기는 아님을, 그리고 미덕을 공격하는 편견에 사로잡힌 사람들 중에도 미덕을 장려하는 사람들이 있음을 알게 되었습니다. 나는 인간의 보편적인 특성은 자존심이라는 것을 알게 되었습니다. 그 자체로는 중립적이지만 그것을 변화시키는 사건들에 따라 좋은 것이 되기도 하고 나쁜 것이 되기도 하는, 관습과 법과 신분과 재산과 인간의 모든 제도에 좌우되는 자존심 말입니다. 그리하여 나는 나의 성향에 몸을 맡겼습니다. 사회적 신분에 대한 쓸데없는 견해를 무시하고, 모든 신분을 비교하여 서로를 통해 서로를 알게끔 도와줄 수 있는 다양한 신분 속으로 차례차례 뛰어들었습니다." 이어 그는 생 프뢰에게 말했어. "당신이 어떤 편지에서 지적한 것처럼, 나는 바라보는 것에 만족하면 아무것도 보지 못한다는 것, 사람들이 행동하는 것을 보기 위해서는 자기 자신이 행동해야 한다는 것을 느꼈습니다. 그래서 나는 관객이 되기 위해 나 자신을 배우로 만들었습니다. 자신을 낮추는 일은 항상 쉬운 법입니다. 나는 나와 같은 신분의 사람은 결코 생각해보지 못한 많은 신분을 시도해보았습니다. 농부까지 돼보았습니다. 그래서 쥘리가 나를 정원사로 만들었을 때 그녀는 추측했던 것과 달리 내가 그 일에 그렇게 무경험자는 아니라고 생각했던 것입니다.

나는 인간에 대한 진정한 지식——쓸데없는 철학은 인간에 대한 허울뿐인 지식만을 주지요——과 함께, 기대하지 않았던 또 다른 이점을 발견했습니다. 그것은 활동적인 삶을 통해 질서에 대한 나의 그 타고난 사랑을 강화하는 것이었으며, 미덕에 기여하는 즐거움을 통해 미덕에 대한 새로운 취향을 갖게 되는 것이었습니다. 그 생각은 나를 좀 덜 사변적이게 만들었으며, 나로 하여금 나 자신에게 좀 더 다가가게 했습니다. 그러한 진전의 아주 당연한 결과로 나는 내가 혼자라는 것을 깨달았습니다. 언제나 나를 괴롭힌 고독이 끔찍해졌고, 오랫동안 나는 그 고독에서 벗어날 수 있으리라 더 이상 기대할 수 없었습니다. 나는 냉정을 잃지 않았지만 애정을 필요로 했습니다. 나를 위안해줄 사람 없이 늙어가는 나의 모습이 때 이르게 나를 괴롭혔습니다. 그리하여 난생 처음으로 나는 불안과 우울을 느꼈습니다. 나는 데탕주 남작에게 나의 고뇌에 대해 말했습니다. 그러자 그가 이렇게 말했습니다. '총각으로 늙어서는 안 됩니다. 나 자신도, 결혼이라는 구속 안에서조차 거의 자유롭게 살았지만, 남편과 아버지로 다시 돌아갈 필요를 느끼고 있어요. 그래서 가정의 품으로 돌아갈 것입니다. 당신의 가정을 만들어 내가 잃은 아들을 내게 돌려주는 것은 전적으로 당신에게 달려 있습니다. 내게는 결혼시킬 외동딸이 있어요. 장점이 없는 애는 아닙니다. 마음이 곱고 정이 많아요. 의무를 사랑하는 애여서 의무에 부합하는 모든 것을 사랑합니다. 그 애는 아름답거나 뛰어난 재능을 가지고 있지는 않지요. 하지만 그 애를 한번 보러 와요. 그 애를 보고도 아무 느낌이 없다면 당신은 세상의 어떤 여자를 봐도 절대로 아무 느낌이 없을 겁니다.' 나는 와서 당신을 보았어요, 쥘리. 그리고 당신의 아버지가 당신에 대해 겸손하게 말했다는 것을 알게 되었어요. 아버지를 포옹할 때의 당신의 그 열광과 기쁨의 눈물은 내게 생애에서 처음 맛본 감동, 혹은 유일하게 맛본 감동을 안겨주었어요. 그 감동은 크지는 않았지만 유례없는 것이었습니다. 그런데 감정이 작용하는 데 필요한 힘은 그에 저항하는 감정에 비례하는 것입니다. 3년 동안 당신을 보지 못했어도 내 마음 상태는 전혀 변하지 않았어요. 내가 돌아왔을 때 나는 당신의 마음 상태를 알 수 있었어요. 당신에게 그토록 큰 고통을 안겨준 그 고백을 이로써 당신에게 벌충해주어야겠군요." 사랑하는 클레르, 생각해봐. 나의 모든 비밀을 결혼 전에 그가 알고 있었다는 것, 내가 다른 사람의 것임을 알고도 그가 나와 결혼했다는 것을 알고 내가 얼마나 끔찍하게 놀랐겠는가를.

볼마르 씨는 이야기를 계속했어. "그런 행동[6]은 용서할 수 없는 것이었어요. 나는 신중치 못하게 행동했어요. 현명하지 못했어요. 당신과 나의 명예를 위태롭게 했어요. 우리 두 사람을 속수무책의 불행으로 몰아넣게 될까 봐 두려워해야 했어요. 그러나 나는 당신을 사랑했어요. 오직 당신만을 사랑했어요. 당신 이외의 어떤 것에 대해서도 관심이 없었어요. 정열에는 억제력이 없는데, 가장 약한 정열일지언정 어떻게 정열을 억제하겠습니까? 바로 그것이 냉정하고 침착한 성격을 가진 사람의 불리한 점입니다. 그의 냉정함이 그를 유혹에서 보호해주는 한은 모든 것이 잘 되어갑니다. 그렇지만 유혹 하나가 나타나 그를 치면 그는 공격을 받자마자 정복당하고 맙니다. 제어하는 이성은 단독으로는 아주 약한 공격에도 저항할 힘을 전혀 갖지 못합니다. 나는 단 한 번 유혹을 받았고, 그 유혹에 굴복했습니다. 만일 또 다른 어떤 정열에의 도취가 나를 다시 동요시켰다면 나는 비틀거릴 때마다 넘어졌을 겁니다. 싸워 이길 줄 아는 영혼은 불같은 열정을 가진 영혼뿐입니다. 모든 위대한 노력과 숭고한 행동은 그런 열정의 소산입니다. 차가운 이성은 아무런 훌륭한 일도 이룰 수 없습니다. 한 열정은 다른 열정에 의해서만 극복될 수 있습니다. 미덕에 대한 열정이 생겨날 때, 오로지 그 열정만이 모든 것을 억제하고 균형을 유지해줍니다. 진정한 지혜는 그렇게 해서 만들어집니다. 진정한 지혜는 다른 지혜보다 더 열정으로부터 안전하게 해주는 지혜가 아니라, 항해사가 거친 바람을 뚫고 항해하듯 열정 자체로 열정을 억제할 줄 아는 유일한 지혜입니다.

당신은 내가 감히 내 과오를 축소하려 하는 것이 아님을 압니다. 만약 그것이 하나의 과오였다면 나는 빠져나오지 못하고 그 과오를 저질렀을 것입니다. 그렇지만 쥘리, 나는 당신을 이해했기에 당신과 결혼함으로써 과오를 저지른 것은 아닙니다. 나는 내가 향유할 수 있는 모든 행복은 오로지 당신에게 달려 있다고, 누군가 당신을 행복하게 해줄 수 있다면 그것은 바로 나라고 느꼈어요. 그리고 순결과 평화가 당신의 마음에 필요하다고, 당신의 마음을 빼앗은 그 사랑은 당신에게 절대로 그 순결과 평화를 가져다주지 않을 것이라고, 당신의 마음에서 그 사랑을 쫓아낼 수 있는 것은 죄악에 대한 두려움밖에 없다고 생각했어요. 당신의 영혼은 새로운 투쟁에 의해서만 벗어날 수 있는 어떤 낙담에 빠져 있다고, 당신은 자신이 여전히 얼마나 존경받을 만한 사람인지를 느껴야만 존경받을 만한 사람이 될 수 있으리라고 나는 생각했습니다.

당신의 마음은 사랑 때문에 지쳐 있었습니다. 그래서 나는, 그 사랑의 대상이었던 남자가 결코 가질 수 없었던, 그렇다고 다른 어떤 남자도 가질 수 없었던 당신의 마음을 열망할 권리를 내게서 빼앗는 나이 차이를 무시했습니다. 그와 반대로, 절반 이상이 흘러가 버린 인생에서 내가 처음으로 어떤 애착을 느끼게 된 것을 보고 나는 그 애착이 지속될 것이며 여생 동안 그 애착을 간직하는 것이 행복할 것이라고 판단했습니다. 나는 오랫동안 찾아보았으나 당신만 한 사람을 발견하지 못한 터였습니다. 나는 당신 외에는 세상의 그 어떤 여인도 내 마음에 들지 않을 것이라고 생각했습니다. 그리하여 감히 미덕을 믿고 당신과 결혼했습니다. 당신이 내게 과거의 일을 감추는 것에 나는 전혀 놀라지 않았습니다. 나는 이유를 알고 있었고, 당신의 분별 있는 행동을 보며 비밀을 계속 유지하는 이유를 알아챘습니다. 당신을 존중하여 나는 당신처럼 조심했고, 매 순간 당신의 입가에 멈춰 있는 고백을 어느 날 당신이 자발적으로 내게 하는 그 명예로움을 당신에게서 빼앗고 싶지 않았습니다. 나는 전혀 틀리지 않았습니다. 당신은 내가 당신에게 기대한 것을 모두 채워주었습니다. 나는 아내를 선택하고자 했을 때 아내가 사랑스럽고 정숙하며 행복한 동반자가 되어주기를 원했습니다. 처음 두 조건은 만족되었습니다. 사랑스러운 사람, 나는 세 번째 조건도 우리에게 결핍되지 않으리라 기대합니다."

그 말에 나는, 내 눈물만으로 그의 말을 중단시키려고 몹시 애썼음에도 불구하고 결국 그에게 달려들어 목을 껴안으며 이렇게 외치지 않을 수 없었어. "사랑하는 내 남편! 아아, 세상에서 누구보다 사랑하는 훌륭한 사람!

저의 행복에 부족한 것이 당신이 가져 마땅한 당신의 행복 이외에 또 뭐가 있겠어요……" 그는 내 말을 끊으며 이렇게 말했어. "당신은 어쨌든 행복해야 해요. 당신은 그럴 자격이 있어요. 지금까지 당신에게 많은 조심을 요한 행복을 이제 편안하게 누릴 때입니다. 내가 당신의 충실로 족했다면 당신이 내게 충실을 약속하는 순간에 이미 다 이루어진 일이었겠지요. 더 나아가 나는 당신의 충실이 당신에게 마음 편하고 기분 좋은 것이기를 바랐어요. 그리하여 우리는 서로에게 말은 안 했지만 이렇게 일치 협력하여 충실해왔습니다. 쥘리, 우리는 잘해왔어요. 어쩌면 당신이 생각하는 것보다 더 잘해왔지요. 내가 당신에게서 발견하는 단 하나의 잘못은 당신이 응당 가져야 할 자신감을 회복하지 않았다는 것, 당신이 당신 자신을 과소평가한다는 것입니다. 지나친 겸손은 오만만큼이나 위험하지요. 우리의 능력을 과신하게 하는 만용이 우리의 능력을 되레 무력하게 만드는 것처럼 우리의 능력을 불신케 하는 두려움은 우리의 능력을 무용하게 만듭니다. 진정한 신중함은 우리의 능력을 잘 알고 그 능력 범위 안에서 처신하는 것입니다. 당신은 당신의 상황을 변화시킴으로써 새로운 능력을 얻었어요. 당신은 자신의 나약함에 굴복하며 자신의 나약함을 한탄했던 그 불행한 처녀가 더 이상 아닙니다. 당신은 의무와 명예의 법칙밖에 모르는, 질책받아 마땅한 과오라고는 자신의 과오를 지나치게 생생하게 기억한다는 것밖에 없는, 세상의 여인들 중에서도 가장 정숙한 여인입니다. 당신 자신에 대해 모욕적인 조치를 취하는 대신 당신을 더 신뢰할 수 있도록 당신을 믿는 것을 배우도록 해요. 부당한 불신은 때로는 그 불신을 야기한 감정들을 일깨울 수 있으니, 그런 부당한 불신일랑 떨쳐버리도록 해요. 선택에서 실수를 범하기 쉬운 나이에 한 신사를 선택할 줄 알았다는 것, 남편의 면전에서 오늘 친구로 가질 수 있는 그런 남자를 과거에 애인으로 가졌었다는 것을 오히려 자랑스러워하도록 해요. 나는 당신들의 관계를 알게 되자마자 당신들 서로를 통해 당신들 각자가 어떤 사람인지를 알게 되었습니다. 나는 어떤 현혹적인 열정이 당신들을 혼란케 했는지를 이해했습니다. 그 현혹적인 열정은 아름다운 영혼에만 작용합니다. 그 열정은 때로 그 영혼을 망치기도 하지만, 그것은 어디까지나 그런 아름다운 영혼만이 매료되는 어떤 매력에 의해서입니다. 나는 당신들을 결합시킨 그 같은 취향은 그 결합이 범죄적인 것이 되는 즉시 결합을 약화시킬 것이며, 당신들과 같은 사람들의 마음에는 악덕이 스며들 수는 있지만 악덕이 뿌리를 내리지는 못한다고 생각했습니다.

그때부터 나는 당신들 사이에는 끊어서는 안 되는 끈이 이어져 있다는 것, 당신들 상호 간의 애정에는 칭찬할 만한 점이 너무 많아서 그 애정을 제거하기보다는 오히려 잘 조정할 필요가 있다는 것, 그리고 둘 중 누구든 상대방을 잊게 되면 그와 동시에 자신의 가치 또한 많이 상실할 수밖에 없다는 것을 이해할 수 있었습니다. 또한 나는 큰 갈등은 큰 열정만 부추길 뿐이라는 것, 영혼에 과격한 노력이 가해지면 영혼이 고통을 느끼게 되며 그 고통이 지속될 경우 영혼이 무너질 수도 있다는 것을 알게 되었습니다. 나는 쥘리의 엄격함을 누그러뜨리기 위해 그녀의 상냥함을 이용했습니다." 그리고 그는 생 프뢰에게 이렇게 말했어. "나는 당신에 대한 그녀의 우정을 키워주었습니다. 그렇지만 우정에 남아 있을 수 있는 불필요한 부분은 제거했습니다. 그리하여, 내가 비록 그녀의 마음을 그녀 자신에게 맡겼지만, 그녀가 당신에게 남기는 마음이 당신이 간직한 그녀의 마음보다 크지 않았을 겁니다.

내 성공은 내게 용기를 북돋워주었고, 나는 쥘리를 치유한 것처럼 당신의 치유를 시도하고 싶었습니다. 나는 당신을 존경했고, 부도덕함에 대한 선입관들에도 불구하고 나는, 신뢰와 솔직함을 보이면 훌륭한 영혼으로부터 얻지 못할 좋은 것은 아무것도 없다는 것을 늘 인정했으니까요. 나는 당신을 보았고, 당신은 나의 기대를 전혀 저버리지 않았습니다. 그것은 지금도 변함이 없습니다. 비록 당신의 모습을 아직 다 본 것은 아니지만 나는 당신이 생각하는 것 이상으로 당신을 좋게 보고 있으며, 당신이 당신 자신에게 만족하는 것보다 더 당신에게 만족합니다. 나는 내 행동이 이상하게 보이고 모든 일반적인 원칙에 어긋난다는 것을 잘 알고 있습니다. 그러나 원칙은 마음을 더 잘 간파할수록 덜 보편적인 것이 됩니다. 그러니 쥘리의 남편은 다른 남자들처럼 행동해서는 안 됩니다." 그는 차분한 사람에게서 나오는 것인 만큼 더 감동적인 말투로 우리에게 이렇게 말했어. "사랑스러운 사람들, 당신들 자신으로 돌아가세요. 그러면 우리 모두 만족할 것입니다. 위험은 오직 생각 속에만 있습니다. 당신들 자신에 대해 두려워하지 마세요. 당신들은 두려워할 이유가 전혀 없습니다. 현재만 생각하세요. 그러면 당신들의 미래는 내가 책임지겠습니다. 오늘은 그 문제에 대해 더 이상은 말할 수 없군요. 하지만 내 계획이 결실을 거두어 내 희망이 나를 속이지 않는다면 우리의 생애는 더 충만할 것이며, 당신들 두 사람은 서로에게 속했던 것보다 더 행복할 것입니다."

그는 일어나면서 우리를 포옹했어. 그리고 우리 역시 서로 포옹하기를 바랐어. 그 장소에서…… 옛날에 우리가…… 바로 그 장소에서 말이야…… 클레르, 오 착한 클레르, 너는 늘 나를 얼마나 사랑해주었는지! 나는 그 포옹을 거절하지 않았어. 아! 만일 그랬다면 얼마나 큰 실수였을지! 그 포옹은 나로 하여금 그 숲을 두려워하게 했던 그 포옹과는 전혀 달랐어. 나는 그 포옹에 기뻐했지만 한편으로는 우울했어. 나는 내 마음이 그때까지 내가 감히 생각했던 것 이상으로 변해 있다는 것을 깨달았어.

집을 향해 걸어갈 때, 남편이 내 손을 잡아 나를 멈춰 세우더니, 우리가 빠져나온 숲을 가리키면서 미소 지으며 말했어. "쥘리, 더 이상 저 성역을 두려워하지 말아요. 그곳은 신성을 잃었어요." 클레르, 너는 내 말을 안 믿으려 하겠지만, 나는 그가 사람들 마음을 읽는 어떤 초자연적인 능력을 가지고 있다고 단언해. 하늘이 언제나 그에게 그러한 능력을 주셨으면! 나를 경멸할 이유가 많음에도 불구하고 그가 내게 관용을 베푸는 것은 분명 바로 그 기술 덕분이야.

너는 내게 무슨 조언을 해줘야 하는 것인지 아직은 잘 모르겠지. 조금만 기다려, 나의 천사야. 곧 알게 될 테니. 하지만 방금 네게 들려준 대화는 나머지를 설명하는 데 필요해.

집에 돌아왔을 때, 오래전부터 에탕주에 다녀올 생각을 해온 남편은 내일 그곳으로 떠나 대엿새 머물다 올 것이라고 말했어. 가는 길에 너도 만나보겠다고 했고. 나는 그렇게 멀리 떠나는 것에 대한 내 생각을 다 말하지는 않고, 자기 집에 손님을 불러놓고 떠나야 할 만큼 그렇게 불가피한 일로 보이지는 않는다고 그에게 말했어. 그러자 그가 이렇게 대꾸했어. "당신은 내가 그에게 여기가 그의 집이 아니라고 친절하게 말하기를 바라는 건가요? 나는 발레 사람들의 환대에 찬성해요. 나는 그가 이곳에서 발레 사람들의 솔직함을 발견하기를, 우리에게 그들 식의 자유로움을 갖게 해주기를 바랍니다." 그가 내 말을 들으려 하지 않는다는 것을 알고, 나는 화제를 돌려 우리의 손님도 그의 여행에 따라가게 해보려고 노력했어. 나는 그에게 이렇게 말했어. "당신은 아름다운 저택을 발견할 거예요. 그것도, 당신이 좋아하는 식으로 아름다운 저택을요. 당신은 제 조상의 재산이자 저의 재산인 그 저택을 보게 되겠지요. 당신은 제게 관심을 갖고 있으니, 그 집을 아무 감동 없이 볼 수는 없을 거예요." 나는 그 저택이 에드워드 경의 저택과 닮았다고 덧붙이려고 입을 뗐으나, 다행히도 곧 입을 다물어도 되었어. 그가 내 말이 옳으며 내가 바라는 대로 하겠노라고 아주 간단히 대답했거든. 그렇지만 나를 난감하게 만들고 싶어 하는 사람처럼 볼마르 씨는, 그는 그가 원하는 대로 해야 한다고 반박했어. "당신은 어느 쪽을 원합니까? 함께 가는 것과 이곳에 남는 것 중에서요?" "남는 거요." 그는 주저하지 않고 대답했어. 그러자 남편이 그의 손을 잡으며 말했어. "그렇다면 남아 있어요. 정직하고 진실한 사람, 나는 그 말이 아주 만족스럽습니다." 우리의 말에 귀 기울이고 있던 그 제삼자 앞에서 그 문제에 대해 말다툼을 할 수는 없었어. 나는 침묵을 지켰어. 그렇지만 우울을 잘 숨기지 못해 남편에게 들켜버렸지. 그리하여 생 프뢰가 잠시 나간 사이에 그가 내게 불만스럽게 말했어. "도대체 왜 그래요? 내가 공연히 당신의 입장에 반대했겠습니까? 당신은 때와 장소를 가려 보여주는 정숙에 만족하겠어요? 나는 당신보다 더 만족 못합니다. 나는 내 아내가 우연이 아닌 자의에 의해 내게 충실하기를 원해요. 나는 그녀가 서약을 지키는 것만으로 만족하지 않아요. 게다가 그녀가 자신의 서약을 의심하는 것은 내게 모욕이에요."

그러고는 그는 우리를 자기 서재로 데리고 갔어. 그곳에서 나는, 내가 그에게 준 우리 친구의 편지 사본 몇 장과 함께 옛날 내 어머니의 방에서 바비가 태워버렸다고 믿고 있었던 모든 편지의 원본까지 그가 서랍에서 꺼내는 것을 보고는 나자빠질 뻔했어. 그는 우리에게 그것들을 보여주며 말했어. "자, 내 안심의 근거들이에요. 이 근거들이 나를 배신한다면, 그 사람들이 존중하는 것을 사소한 것이라도 신뢰하는 것은 미친 짓일 겁니다. 나는, 처녀 때 남자에게 매료되었지만 둘만의 안전한 밀회보다는 자비로운 행동을 택했던 여인에게 내 아내와 내 명예를 다시 위탁합니다. 나는, 자신의 욕망을 만족시킬 수 있었지만 애인이자 처녀인 쥘리를 소중히 여길 줄 알았던 남자에게 아내이자 어머니인 쥘리를 맡깁니다. 두 사람 중 내 말이 틀렸다고 생각할 만큼 자기 자신을 무시하는 사람이 있다면 내게 말해주세요. 그러면 즉각 내 말을 취소하겠습니다." 클레르, 그 말에 감히 대꾸하는 것이 쉬운 일이었겠어?

하지만 나는 오후에 남편을 따로 만날 시간을 가졌어. 나로서는 요구할 권리가 너무 없기에 따지려 들지 않고, 그냥 출발을 이틀 늦춰달라는 부탁만 했어. 그는 당장 동의했어. 나는 그 이틀을 이용해 이 속달 편지를 보내고 너의 답장을 받으려는 거야. 내가 어떻게 해야 할지 몰라서.

나는 남편에게 떠나지 말라고 간청만 하면 된다는 것을 알아. 내게 어떤 거절도 해본 적이 없는 사람인 만큼 그렇게 가벼운 호의를 거절하지는 않을 테니까. 그렇지만 사랑하는 클레르, 나는 그가 내게 신뢰를 보여주는 데서 기쁨을 느낀다는 것을 알아. 그리고, 내게는 그가 내게 허락하는 것보다 더 큰 조심성이 필요하다는 인상을 줌으로써 그의 존경을 잃게 될까 봐 걱정돼. 또한 나는 생 프뢰에게 한마디만 하면 그가 남편과 함께 떠나는 것에 주저하지 않으리라는 것을 잘 알아. 그렇지만 남편이 그렇게 속아 넘어갈까? 내가 생 프뢰에게 권위적인 태도를 취하는 일 없이 그렇게 조치할 수 있을까? 그에게 어떤 권리를 맡겨놓기라도 한 것처럼 구는 그런 권위적인 태도 말이야. 게다가 그가 그 조심성을 보고 내가 조심할 필요를 느낀다는 결론을 끌어낼까 봐 겁이 나. 그러니 언뜻 생각하면 가장 쉬워 보이는 그 방법은 사실 가장 위험할 수 있어. 마지막으로, 나는 어떠한 고려도 실제의 위험에 비견될 수 없다는 것을 알아. 한데 그 위험은 실제로 존재하는 것일까? 바로 이것이 네가 풀어주어야 할 의문이야.

내 영혼의 현 상태를 가늠하고 싶어 할수록 나는 내 영혼에서 나를 안심시키는 어떤 것을 발견하게 돼. 내 마음은 정결해. 내 의식은 평온해. 나는 동요도 두려움도 느끼지 않아. 내 내면의 모든 움직임 속에서 남편에 대한 내 진실성은 어떠한 노력도 요하지 않아. 가끔 몇몇 무의식적인 기억이 그로서는 더 많이 피하고 싶을 어떤 감동을 내게 불러일으키는 일이 없어서가 아니라, 그 기억들이 그것을 야기한 사람을 봄으로써 살아나기는커녕 그가 돌아온 뒤로는 더 드물어진 것 같기 때문이야. 그를 보는 것이 아무리 즐거워도, 무슨 조화인지는 모르겠지만 그를 생각하는 것이 더 즐겁기 때문이야. 한마디로 나는, 내가 미덕의 도움을 받지 않고도 그의 앞에서 평온한 마음을 유지할 수 있다고 생각하며, 또한 죄악에 대한 혐오가 없더라도 그 혐오가 파괴한 감정들이 다시 생겨나기는 아주 힘들 것이라고 생각해.

그렇지만 나의 천사여, 이성이 내게 경각심을 불러일으키지 않을 수 없는 때에 내가 그냥 마음 놓고 있어도 되는 것일까? 나는 나를 믿을 권리를 잃었어. 내 신뢰가 아직 악덕에 대한 환상은 아니라고 누가 말할 수 있을까? 나를 그토록 많이 속인 감정을 어떻게 믿을 수 있을까? 죄악은 언제나, 유혹을 경멸하게 하는, 또한 자기가 굴복했었고 다시는 굴복하고 싶지 않은 위험에 맞서게 하는 오만에서 시작되는 것이 아닐까?

클레르, 이 모든 생각을 숙고해봐. 그러면 이런 생각들이 그 자체로는 무익할지 몰라도, 생각해볼 만한 주제로 인해 꽤 중요한 것임을 알게 될 거야. 그러니 이런 생각들이 불러일으킨 불안으로부터 나를 꺼내줘. 이 어려운 상황에서 내가 어떻게 행동해야 할지 말해줘. 과거의 내 과오가 나의 판단력을 해쳐, 나는 어떤 일에서나 결정을 내리는 데 무기력해졌으니까. 네가 너 자신에 대해 어떻게 생각하든, 나는 너의 영혼이 평온하고 한결같다고 믿어. 대상들은 있는 그대로의 모습으로 네 영혼에 그려져. 하지만 넘실대는 파도처럼 늘 동요하고 있는 내 영혼은 그 대상들을 뒤섞어 흉하게 만들어버리지. 나는 내가 보는 것이나 내가 느끼는 것에 대해 이제 감히 아무것도 믿지 못해. 그토록 긴 뉘우침에도 불구하고 나는 지난날의 과오라는 짐이 평생 짊어지고 가야 하는 짐이라는 것을 고통스럽게 느끼고 있어.

:: **편지 13**

답장

불쌍한 쥘리! 평화롭게 살 수 있는 많은 이유에도 불구하고 너는 끊임없이 그토록 많은 고통을 자초하는구나! 오 이스라엘이여, 너의 모든 불행은 너에게서 유래하나니! 네가 너 자신의 규칙을 따른다면, 감정에 관한 문제에서 오직 내면의 목소리에만 귀 기울인다면, 너의 마음이 너의 이성을 침묵시킨다면, 너는 그 마음이 불러일으키는 안도감에 주저 없이 빠져들 거야. 그리고, 마음의 증언을 거슬러, 오직 마음에서 비롯될 수 있을 뿐인 그런 위험을 두려워하느라 노심초사하는 일 따위는 하지 않을 거야.

나는 너를 이해해. 잘 이해해, 쥘리. 자신을 믿는 체하는 것 이상으로 자신을 믿는 너는 또 다른 과오를 예방한다는 구실 아래 과거의 과오로 너 자신을 모욕하려 해. 그런데 너의 불안은 미래에 대한 대비라기보다는 옛날에 너의 명예를 망쳤던 그 경솔에 가해지는 벌에 가까워. 너는 두 시기를 비교하고 있지? 두 시기를 생각하고 있지? 상황도 비교해봐. 그 당시 내가 너의 자신감을 질책했던 것을 떠올려봐. 내가 오늘 너의 두려움을 질책하는 것처럼 말이야.

사랑하는 쥘리, 너는 잘못 생각하고 있어. 사람이 그런 식으로 자신을 속일 수는 없는 법이야. 자신의 상태에 대해 생각하지 않음으로써 그 상태를 망각할 수 있을지는 몰라도, 그 상태에 신경을 쓰는 순간 있는 그대로의 상태를 보게 되지. 그렇기에 사람들은 자신의 악덕과 마찬가지로 미덕 또한 감출 수 없어. 너의 친절과 헌신은 너에게 겸허의 성향을 주었어. 자존심을 억제함으로써 자존심에 혼을 불어넣을 뿐인 그 위태로운 미덕을 경계해. 그리고 곧은 영혼의 고귀한 솔직성은 비천한 사람들의 오만보다 낫다는 것을 믿어. 지혜에 절제가 필요하다면 그 지혜가 불러일으키는 신중함에도 역시 절제가 필요해. 미덕에 유해한 신중함이 영혼의 품격을 손상시키고, 공상적인 위험의 힘으로 우리를 불안하게 하여 영혼에 그 위험을 현실화하지 않을까 두려우니 말이야. 쓰러졌다가 다시 일어난 뒤에는 서 있어야 한다는 것, 넘어진 쪽과 반대되는 쪽으로 몸을 기울이는 것은 다시 넘어지는 길이라는 것을 몰라? 쥘리, 너는 엘로이즈[7] 같은 연인이었어. 너는 그녀처럼 믿음이 깊은 사람이야. 더 큰 성공이 함께하면 좋으련만! 사실, 내가 너의 천성적인 소심함을 잘 모른다면 너의 두려움이 나를 걱정시킬 수도 있을 거야. 그리고 내가 마찬가지로 소심하다면 너를 걱정한 나머지 나까지도 두려워 떨게 될 거야.

사랑하는 친구, 이 점을 한번 곰곰이 생각해봐. 정직하고 순수하며 너그럽고 유순한 도덕을 갖고 있는 네가 남녀의 구별에 대한 너의 원칙을 너의 성격처럼 너무 엄격하게 적용하고 있는 것이 아닌지? 나도 너처럼 남녀가 함께 살아도, 같은 방식으로 살아도 안 된다고 생각해. 그렇지만 이 중요한 규칙이 실제에서 여러 구별을 요하지 않을지, 그 규칙을 부인과 처녀에게, 사회 전체와 개인적인 대화에, 일과 오락에 일률적으로 예외 없이 적용해야 하는 것인지, 그 규칙의 동기가 되는 예절과 정숙이 때로 그 규칙을 완화해서는 안 되는 것인지 한번 생각해봐. 결혼 생활에서 자연스러운 예절을 추구하는 미풍양속의 나라에서 젊은 남녀들이 서로 만나 알고 어울리는 모임들이 있기를 너는 원해. 하지만 너는 그들이 개인적으로 만나 대화를 나누는 것은 아주 당연하게도 금지하지. 그것은 공적인 장소에 모습을 드러내는 데 정당하게 관심을 가질 수 없고, 가정을 돌봐야 하기에 집 안에 머물러 있어야 하며, 가정의 여주인에게 걸맞은 일은 어떤 것도 거절하지 말아야 하는 어머니들과 아내들에게는 아주 불리한 주장이 아닐까? 나는 네가 상인들에게 포도주 맛을 보여주기 위해 지하 저장고에 가거나 회계 관계를 정리하기 위해 아이들을 두고 은행에 가는 것을 원치 않아. 하지만 만일 네 남편을 만나기 위해서 혹은 네 남편과 함께 일을 처리하기 위해서 한 신사가 뜻밖에 찾아온다면 너는 남편이 없을 때 그 손님을 맞아 너의 집에 머물게 하기를 거절할 거야? 그 사람과 대면해야 하는 상황이 두려워서 말이야. 원칙으로 돌아가. 그러면 모든 규칙이 설명될 거야. 왜 우리는 여자는 뒤로 물러나 남자들로부터 떨어져 살아야 한다고 생각하지? 여자의 나약함에 기인한 이유들 때문이라고, 그리고 오직 유혹의 위험을 피하기 위해서라고 생각한다면 우리 성별을 모욕하는 것일까? 그렇지 않아, 사랑하는 쥘리. 그 가당치 않은 두려움은 선량한 여인에게는, 즉 자신에게 명예로운 감정을 느끼게 하는 대상들에 끊임없이 둘러싸여 자연의 가장 존경할 만한 의무들에 헌신하는 어머니에게는 어울리지 않

아. 우리를 남자들로부터 떨어져 살게 하는 것은 우리에게 서로 다른 일을 하도록 명령하는 자연 그 자체야. 꼭 정숙까지 생각하지 않더라도 여성의 가장 확실한 보호자는 바로 그 상냥하고 수줍은 겸양이야. 남자들의 마음속에 욕망과 존경을 동시에 품게 하면서 이를테면 미덕에 애교로 이용되는 것은 바로 그 상냥하고 자극적인 겸양이야. 부부조차 이 규칙에서 예외가 될 수 없는 것은 바로 이 때문이야. 가장 정숙한 여자들이 일반적으로 남편에 대해 가장 큰 영향력을 가지는 것은 바로 이 때문이야. 즉, 그 분별 있고 삼가는 겸양의 도움으로, 그녀들은 변덕을 부리거나 거절하는 일 없이, 더할 수 없이 다정한 결혼 생활 중에도 남편과의 거리를 어느 정도 유지함으로써 남편이 아내에게 절대로 싫증 나지 않게 하기 때문이지. 너의 규범은 너무 보편적이어서 예외를 수반하지 않을 수 없다는 것, 그 규범을 수립한 그 같은 예의범절은 어떤 엄격한 의무에 바탕을 둔 것이 아니어서 때로는 예외를 허락할 수 있다는 것을 너도 나처럼 인정할 거야.

과거의 과오에 근거한 너의 신중함은 너의 현 상태에는 모욕적이야. 나는 네 마음속의 그 신중함을 절대로 용서하지 않을 거야. 나로서는 너의 이성을 용서하기가 아주 힘들어. 너를 보호해주는 그 방어물이 어떻게 불명예스러운 두려움으로부터 너를 보호해주지 못했을까? 내 사촌, 내 자매, 내 친구, 내 쥘리가 너무 정 많은 한 처녀의 품행상의 과오를 불륜을 저지른 기혼 여성의 부정함과 혼동하는 일이 어떻게 일어날 수 있을까? 네 주위를 잘 살펴봐. 네 영혼을 고양하고 지탱해주지 않는 것은 아무것도 없을 거야. 네 영혼을 그토록 높이 평가하고 또한 네게 당연한 존경을 받는 남편, 네가 잘 기르고 싶어 하는, 언젠가 너를 어머니로 가진 것을 자랑스러워할 아이들, 네게 그토록 소중한, 너의 행복을 기뻐하며 심지어 조상들보다 딸로 인해 더 이름을 빛내는 존경할 만한 아버지, 너의 운명에 자신의 운명이 달려 있는, 너의 개심에 기여했고 이제 그 개심에 대한 너의 설명을 들어줄 친구인 나, 네가 미덕의 본보기가 되어 미덕을 불어넣어 주고 싫어 하는 내 딸, 너보다 네 아이들을 백배는 더 열렬히 사랑하며, 네가 그를 두려워하는 것보다 훨씬 더 많이 너를 존경하는 네 친구 생 프뢰, 마지막으로 네 지혜로운 행동에서 그것이 너에게 요한 노력이라는 대가를 발견하는, 그토록 많은 노력의 결실을 한순간에 잃기를 결코 바라지 않을 너 자신. 너의 용기를 고무할 수 있는 얼마나 많은 동기가 가당찮게 자신을 의심하는 너를 부끄러워하게 만드니! 그런데 나의 쥘리를 보증하기 위해, 내가 뭐 때문에 현재의 너를 검토해야 하는 거지? 네가 한탄하는 그 과오를 범하던 때의 너를 아는 것으로 내게는 충분해. 아! 너의 마음이 언젠가 부정한 행동을 할 수 있었다면 나는 네가 늘 그 부정한 행동을 두려워하도록 내버려둘 테지. 그러나 네가 반감을 느끼며 부정한 행동을 생각하는 바로 그 순간에, 그 행동을 생각한 것만으로도 그 행동을 범한 것처럼 너를 엄습하는 공포가 얼마나 너를 두렵게 했을지 이해는 돼.

나는, 결혼한 여자의 불륜이 연애라는 부드러운 말로 불리면서 사랑에 빠진 처녀의 품행상의 과오는 용서할 수 없는 죄악이 되고, 처녀 시절에 잠시 제약받고 산 것에 대해 결혼한 뒤에 공공연하게 보상을 요구하는 그런 나라들이 있다는 것을 알고 우리가 놀라워했던 것을 기억해. 나는 미덕이 무가치하게 여겨지고 모든 것이 가식일 뿐인, 죄악이 그 죄악을 증명하는 일의 어려움 때문에 지워지고 죄악의 증거조차 그 죄악을 허락하는 관습에 직면하여 우스꽝스러운 것이 되어버리는 상류 사회에서 그 문제에 대해 어떤 원칙들이 지배하고 있는지 알고 있어. 그렇지만 오 쥘리, 순수하고 정숙한 사랑의 불꽃을 태워, 남자들의 눈에나 책망받아 마땅할 뿐 하늘을 우러러서는 두려워할 것이 아무것도 없었던 너! 과오 가운데서도 존경받았던 너. 쓸데없는 비탄에 빠져서도, 더 이상 네게 없는 너의 미덕을 우리로 하여금 여전히 사랑하게 한 너. 모든 것이 너를 용서받을 만하게 만들어주는데도 자신에게 경멸받는 것에 분노했던 너. 너는 품행상의 과오에 대해 그토록 비싼 대가를 치르고도 감히 그 죄악을 두려워하는 거야? 너에게 그토록 많은 눈물을 흘리게 한 그 시기보다 지금 너의 가치가 덜할까 봐 감히 두려워하는 거야? 아니야, 사랑하는 쥘리. 예전의 마음의 혼란은 너를 불안하게 하기는커녕 너의 용기를 되살렸을 거야. 그토록 혹독한 참회는 결코 후회로 이끌지 못해. 수치심에 너무 민감한 사람은 누구나 치욕을 무릅쓸 줄을 몰라.

만약 어떤 나약한 영혼에 그 나약함에 맞서도록 받쳐주는 버팀목이 있었다면 지금도 네게 그런 버팀목이 제공돼 있어. 만약 어떤 강한 영혼이 혼자서 지탱할 수 있었다면 너의 영혼에 버팀목이 필요할까? 그러니 말해봐, 두려워할 만한 그럴듯한 이유가 무엇인지. 지금까지의 네 삶은 네가 패배한 후에도 명예와 의무가 계속 저항하여 마침내 승리를 거둔 끊임없는 싸움이나 다름없었어. 아, 쥘리! 그토록 많은 고통과 고뇌에 이어 12년 동안의 비탄과 6년 동안의 영광이 있었는데, 고작 일주일의 시련을 두려워하다니 말이 돼? 몇 마디만 할게. 너 자신에게 진실해. 만일 위험이 존재한다면 네 몸을 안전하게 하고 네 마음을 부끄러워해. 위험이 존재하지 않는데도 불구하고 마음에 영향을 주지 못하는 어떤 위험을 두려워하는 것은 네 이성을 해치는 일이며 미덕을 잃게 하는 일이야. 정숙한 영혼 곁에는 절대로 다가갈 수 없는 수치스러운 유혹들이 있다는 것, 그런 수치스러운 유혹들은 극복된다 해도 수치스럽다는 것, 그리고 수치스러운 유혹들을 경계하는 것은 겸허해지는 것이라기보다는 오히려 자신의 품격을 떨어뜨리는 것이라는 걸 몰라?

나는 내 주장을 반박할 수 없는 것으로서 제시하려는 것이 아니라, 단지 너의 주장에 반대하는 주장도 있다는 것을 보여주고 싶을 뿐이야. 나의 견해를 정당화하기 위해서는 그것으로 충분해. 자신을 정당하게 평가할 줄 모르는 너나, 너의 결점들에도 불구하고 오로지 너의 착한 마음밖에 볼 줄 몰라 언제나 너를 몹시 사랑한 나에게 의지할 것이 아니라, 너를 네 모습 그대로 바라보며 너의 장점에 따라 정확히 너를 판단하는 네 남편에게 의지해. 모든 정 많은 사람들처럼 그렇지 않은 사람들을 곧잘 잘못 판단하는 나는 다정한 사람들의 마음의 비밀을 그가 간파했다는 것을 믿지 않았어. 그러나 우리의 여행자가 도착한 뒤 그에게서 받은 편지를 통해 나는 그가 네 마음을 아주 잘 읽고 있다는 것, 네 마음속에서 일어나는 단 하나의 움직임도 그의 관찰을 피해 가지 못한다는 것을 알게 되었어. 그 관찰이 너무 섬세하고 정확하다고까지 여겨져 내 생각이 완전히 바뀌었어. 그래서 나는 자기 마음보다는 눈에 더 의지하는 냉정한 사람이 타인의 열정을 더 잘 판단하는 것 같다는 생각을 해. 항상 타인들의 입장에 서보는 것에서 시작하지만 그들이 무엇을 느끼는지 전혀 알지 못하는 나 같은 부산하고 흥분하기 쉬운, 혹은 변변찮은 사람들보다 말이야. 어쨌든 볼마르 씨는 너를 잘 이해하고 있으며 너를 존경하고 사랑해. 그리고 그의 운명은 너의 운명과 결합되어 있어. 잘못할까 봐 걱정하는 너의 행동에 대한 지휘권을 온전히 그에게 맡김에 있어 그에게 모자랄 게 뭐가 있겠어? 아마 노년이 다가오는 것을 느끼고 있을 그는 자신을 안심시키기에 적합한 노력을 통해서, 일반적으로 젊은 아내가 늙은 남편에게 불러일으키는 질투 어린 불안을 예방하고 싶을 거야. 아마 그의 계획은 네가 남편도 너 자신도 불안하게 하는 일 없이 네 친구와 스스럼없이 살아갈 수 있을지 묻는 것일 거야. 아마도 그는 너에 대한 신뢰와 그 신뢰에 합당한 존경의 표시를 네게 주기만을 바랄 거야. 그 같은 감정들의 무게를 견뎌낼 수 없었다는 듯 그 감정들을 멀리해서는 절대 안 돼. 한마디로 말해서, 나는 네가 그의 애정과 통찰력에 전적으로 신뢰를 보내는 것보다 신중과 절제에 더 잘 부응할 방법은 없다고 생각해.

너는 거만하지도 않으면서 자신의 거만을 벌하고자 하고 더 이상 존재하지 않는 위험을 예방하고자 하는데, 그러면 볼마르 씨가 기분 나쁘지 않겠니? 철학자와 단둘이 있게 되면, 전에 너에게 그토록 필요했을 그에 대한 모든 대비를 해둬. 너의 정숙에도 불구하고 네가 여전히 네 마음과 그의 마음을 믿지 못했던 것과 같은 그런 신중함을 갖도록 해. 지나치게 다정한 대화와 과거에 대한 달콤한 추억은 피해. 단둘이서 지나치게 오래 있지 마. 혹은 그럴 기회를 피해. 네 곁에 항상 아이들이 있게 해. 방과 엘리시온, 그리고 이제 속화되긴 했지만 그 숲에서 그와 단둘이 있지 마. 무엇보다 아주 자연스럽게 그런 절도를 지킴으로써 그것이 일부러 계획한 일이 아닌 것처럼 보이게 해. 네가 그를 두려워한다는 생각을 그가 한순간이라도 하지 않게 해. 너는 뱃놀이를 좋아하지만, 물을 두려워하는 남편과 네가 물에 데리고 가고 싶어 하지 않는 아이들 때문에 뱃놀이를 안 하고 있어. 남편이 없는 동안 그 놀이를 즐겨. 아이들은 팡숑에게 맡겨두고. 그것은 위험 없이 우정을 달콤하게 표출하면서 사공들의 보호 아래 평화롭게 오래 마주함을 즐기는 방법이야. 그들에게 너와 친구의 말은 들리지 않겠지만 행동은 보일 것이며, 너희 두 사람은 그럴 의도가 없는 한 그들에게서 멀어질 수 없을 거야.

또 다른 생각이 떠올랐어. 웃기는 생각이겠지만 틀림없이 네 마음에 들 거야. 남편이 없는 동안 그가 돌아왔을 때 보여줄 일기를 성실하게 쓰는 것, 그 일기에 모든 대화 내용을 적는 것, 바로 그거야. 사실 나는 그런 방법이 많은 아내들에게 유용하리라고는 생각지 않아. 그러나 속이지 못하는 정숙한 영혼에게는 악덕에 대비할 방법이 많은 법이야. 다른 사람들에게는 늘 방법이 부족하지만 말이야. 순결을 지키기 위한 일이라면 무엇이든 멸시당할 이유가 없어. 위대한 미덕들을 보존해주는 것은 작은 조심들이야.

게다가, 네 남편이 지나는 길에 나를 보러 들를 테니, 바라건대 그가 이번 여행의 진짜 이유를 내게 말해주겠지. 만일 그 이유가 타당하지 않다고 생각되면, 나는 그에게 그 일을 단념시키거나, 아니면 무슨 일이 있어도 그가 좋아하지 않을 행동을 할 거야. 그 점은 믿어도 좋아. 어쨌든 당장은, 일주일 동안의 시험에 대비하여 너를 안심시키는 데 필요한 것은 이 정도면 충분하다고 생각해. 쥘리, 나는 너를 너무 잘 알아서 나 자신에 대해서 만큼, 아니 그보다 더 너에 대해서 책임을 지지 않을 수 없어. 너는 항상 네가 되어야 할 사람, 네가 원하는 사람이 될 거야. 오로지 너의 정숙한 영혼에 몸을 맡겨. 그러면 다시는 어떤 위험에도 처하지 않을 거야. 나는 예기치 않은 패배란 절대 믿지 않거든. 언제나 의도적인 것인 과오를 나약함이라는 헛된 명사로 가려봐야 소용없어. 여자는 스스로 무릎을 꿇기 원할 때만 무릎을 꿇으니까. 그와 같은 운명이 너를 기다리고 있다고 내가 생각한다면, 나는 그 운명으로부터 너를 보호하는 일에 너무 관심이 커서 너를 너 자신에게 버려둘 수가 없을 거야. 정말이야, 나의 다정한 우정을 믿어줘, 너의 불쌍한 클레르의 마음에서 생겨날 수 있는 모든 감정을 믿어줘.

볼마르 씨가 결혼 전부터 이미 다 알고 있었음을 밝혔다는 건 내게 별로 놀라운 일이 아니야. 너도 알다시피 나는 줄곧 그런 의심을 해왔으니까. 게다가 나는 바비의 경솔함에만 혐의를 두지 않았어. 나는 네 아버지 같은 곧고 진실한 사람이 적어도 스스로 의심을 품고 있는 마당에 사위이자 친구를 속일 결심을 할 수 있으리라고는 결코 생각할 수 없었어. 만일 네 아버지가 비밀을 털어놓지 말라고 네게 아주 강력하게 권고했다면 그것은 비밀을 털어놓는 그분의 방식과 너의 방식이 아주 다를 것이고, 그래서 그분은 네가 직접 털어놓는 방식보다는 아마 볼마르 씨에게 반감을 덜 불러일으킬 만한 방식을 원했기 때문일 거야. 이런, 너의 심부름꾼을 돌려보내야 할 것 같아. 남은 모든 이야기는 한 달 후에 천천히 하자.

이만 안녕. 훈계자에게 훈계를 너무 많이 한 것 같아. 너의 오래된 역할로 돌아가. 당연한 일이야. 아직도 너와 함께 있지 못해서 마음이 조급해. 나는 모든 일을 서둘러 끝내려다가 되레 뒤죽박죽으로 만들고 있어. 아, 샤요, 샤요!…… 내가 좀 덜 왈가닥이었으면…… 하지만 나는 내가 언제까지나 왈가닥이었으면 좋겠어.

추신. 너의 전하에게 인사 전해달라는 말을 잊었네. 어디 말 좀 해봐. 네 남편 전하는 아트만이야, 크네스야, 아니면 보야르야? 너를 보야르 부인이라고 부르면 모욕적인 말을 내뱉는 것 같아.* 오, 불쌍한 쥘리! 아씨로 태어난 것에 대해 그토록 한탄한 너였는데 이제 왕의 아내가 되었으니 얼마나 행운이야! 그렇지만 우리 사이에서는 네가 그토록 훌륭한 자질을 가진 귀부인이라도 조금 평민적인 공포를 가진 사람으로 여겨져. 사소한 불안은 평민들에게나 어울리는 것이고, 자기 아버지의 아들임을 주장하는 양가의 아이는 사람들에게 조롱당한다는 것을 모르는 건 아니겠지?

:: **편지 14**

볼마르 씨가 도르브 부인에게

나는 에탕주로 출발합니다. 가는 길에 당신을 볼 생각이었어요. 그러나 그렇게 지체하다 보면 이후에 발걸음을 더 재촉해야 하니, 차라리 돌아갈 때 로잔에 머물면서 당신과 함께 조금 더 시간을 보내는 게 좋겠습니다. 게다가 당신과 상의할 일이 몇 가지 있습니다. 당신이 생각해볼 시간을 가진 뒤에 의견을 제시할 수 있도록, 미리 말해두는 것이 좋을 것 같습니다.

나는 그 젊은이에 대해 가지고 있었던 좋은 생각을 그를 직접 만나 확인하기 전에는 그에 대한 나의 계획을 당신에게 밝히고 싶지 않았습니다. 이제는 이미 그를 충분히 신뢰한다고 생각되어, 우리 아이들의 교육을 그에게 맡기는 것이 바로 그 계획임을 당신에게 털어놓습니다. 나는 그 중요한 책임이 아버지의 첫 번째 의무라는 것을 압니다. 그런데 그 책임을 져

* 도르브 부인은 앞의 두 명칭이 실제로 뛰어난 작위이고 보야르란 단순한 귀족일 뿐이라는 것을 분명 모르고 있었다.

야 할 때 내가 너무 늙어서 책임을 다하지 못할 것 같습니다. 기질적으로 조용하고 명상적인 나는 늘 별로 활동적이지 못해서 청소년의 활기에 맞출 수가 없습니다. 게다가 당신도 잘 아는 이유에서* 쥘리는 불안한 마음 없이 나를 보지 못할 것입니다. 그녀의 마음에 들게 하려면 힘이 들 그 임무를 수행하는 나를 말입니다. 다른 많은 이유에서 여성은 그 임무에 적합하지 않습니다. 애들 엄마는 앙리에트를 잘 키우기 위해 혼신을 다 바칠 것입니다. 당신은, 당신이 승인했고 실현되는 것을 보게 될 그 계획에 따라 집안 관리를 맡아주었으면 합니다. 내 몫은 성실한 세 사람이 집안의 행복을 위해 협력하는 것을 보는 것이며 노년에 그들의 작품인 평화를 맛보는 것입니다.

나는 아내가 아이들을 돈으로 고용된 사람에게 맡기는 것에 큰 반감을 느낄 거라고 항상 생각해왔고, 그녀의 그런 세심함을 비난할 수 없었습니다. 가정교사라는 존경할 만한 신분은 돈으로 살 수 없는 너무도 큰 재능과 값을 매길 수 없는 너무도 많은 미덕을 요구하는 것이기에 돈으로 그것을 구하는 것은 쓸데없는 일입니다. 천재적인 사람에게서만 선생이 줄 수 있는 앎을 얻기를 기대할 수 있으며, 선생의 마음은 아주 다정한 친구에게만 아버지의 열의를 불러일으킬 수 있습니다. 재능은 파는 것이 아닙니다. 하물며 애정은 더하겠지요.

내가 보기에 당신의 친구는 적절한 자질들을 다 갖추고 있는 것 같았습니다. 비록 내가 그의 마음을 잘 알게 되긴 했지만, 나는 그가 사랑스러운 그 아이들에게 그들의 어머니가 주는 것보다 더 큰 기쁨을 주리라고는 생각하지 않습니다. 내가 예견할 수 있는 유일한 장애물은 에드워드 경에 대한 그의 애정입니다. 그 애정 때문에 그로서는 자신에게 그토록 소중하고 고마운 친구와 떨어지는 것이 쉽지 않을 것입니다. 에드워드 경이 그것을

---

* 독자는 아직 그 이유를 모르지만 조급하게 생각하지 말기를 부탁한다.

요구하지 않는 한 말입니다. 우리는 벌써부터 그 훌륭한 사람을 기다리고 있습니다. 당신은 그의 마음에 대해 큰 영향력을 가지고 있으니, 만일 당신이 내게 불어넣은 그에 대한 생각이 잘못된 것이 아니라면 나는 그와의 교섭을 쾌히 당신에게 맡길 수 있습니다.

당신은 지금 이 설명이 없다면 아주 이상하게만 보일, 차후에 쥘리와 당신에게 칭찬받게 되기를 희망하는 내 모든 행동의 성공에 대한 열쇠를 쥐고 있습니다. 내 아내 같은 여자와 사는 이점 때문에 나는 다른 여자와 산다면 실행할 수 없을 방법을 시도할 수 있었습니다. 만약 내가 그녀의 덕성 하나만 믿고 그녀를 전적인 신뢰 속에 옛 애인과 함께 놓아둔다면, 그가 애인이기를 영원히 그만둘 것이라는 확신이 들기도 전에 그를 내 집에 살게 한 나는 분별없는 인간일 것입니다. 내가 아내를 덜 믿는다면 어떻게 그 점을 확신할 수 있겠습니까?

나는 종종 당신이 사랑에 관한 내 의견을 비웃는 것을 보았습니다. 그렇지만 이번에는 뭔가 당신에게 겸손한 마음을 갖게 할 만한 것을 알아냈습니다. 나는 어떤 발견을 했습니다. 당신도, 세상의 어떠한 여인도 여성에게 주어진 모든 섬세함을 갖고도 결코 해내지 못했을, 그렇지만 아마 당신이 즉각 확실하다고 인정하게 될, 그리고 그것의 근거가 무엇인지에 대한 내 설명을 들으면 당신이 적어도 증명된 것으로 간주할 그런 발견입니다. 나의 그 두 젊은이가 어느 때보다 더 애정을 품고 있다고 당신에게 말하는 것은 분명 당신에게 알려줄 놀라운 일이 아닙니다. 그와 반대로, 그들이 완전히 치유되었다고 당신에게 단언하는 것이 놀라운 일입니다. 당신은 이성과 미덕이 할 수 있는 것이 무엇인지 알기에, 그 또한 그들의 가장 놀라운 일은 아닙니다. 반대로 가장 놀라운 일은 두 사람이 동시에 진실하다는 것, 그들이 그 어느 때보다 더 서로에게 열렬하다는 것, 그들 사이에는 오로지 정숙한 애정만 존재한다는 것, 그들은 여전히 연인이지만 친구일 뿐이라는 것, 그리고 내가 생각하기에 당신의 예상과 잘 안 맞아서 당신이 이해하기 더 힘들겠지만, 이는 틀림없는 사실에 의거하고 있다는 것입니다.

그것이 바로 그들의 말에서든 편지에서든 그들에게서 당신이 틀림없이 감지했을 빈번한 모순들이 만들어내는 수수께끼인 것입니다. 당신이 쥘리에게 쓴 초상화에 관한 편지는 다른 모든 편지보다 그 초상화의 수수께끼를 내게 더 잘 해명해주었습니다. 나는 그들이 여전히 솔직하다는 것을 압니다. 끊임없이 모순을 드러내기는 하지만 말입니다. 내가 '그들'이라고 말할 때 그것은 무엇보다 그 젊은이를 말합니다. 당신의 사촌에 대해서는 그저 짐작해서 말할 수밖에 없으니까요. 정숙과 덕성의 베일이 그녀의 마음 주위에 너무도 많은 주름을 만들어놓아 인간의 눈으로 그 마음을 꿰뚫어 보는 것이 더 이상 가능하지 않습니다. 심지어 그녀 자신의 눈으로도 마찬가지일 겁니다. 그녀에게 극복해야 할 어떤 불안이 남아 있는 것은 아닌지 나로 하여금 의심하게 하는 유일한 것은, 그녀가 만약 자신이 치유되었다면 자신의 행동이 어떠해야 할지를 끊임없이 생각한다는 점이지요. 엄밀하게 따지면, 실제로 치유되었을 때 생각처럼 꼭 그렇게 행동하게 되지는 않을 텐데도 말입니다.

정숙하긴 하지만 자신에게 아직 남아 있는 사랑의 감정을 덜 두려워하는 당신 친구에게서 나는 그가 젊음의 초년기에 가졌던 모든 감정을 아직도 봅니다. 그러나 그 사랑을 보되 그 사랑에 대해 화를 낼 권리는 없습니다. 그가 사랑하는 것은 쥘리 드 볼마르가 아니라 쥘리 데탕주입니다. 그리하여 그는 나를 자신이 사랑하는 사람의 소유자로서가 아니라 자신이 사랑한 사람을 빼앗아 간 사람으로서 미워합니다. 다른 남자의 아내는 자신의 애인이 아닙니다. 두 아이의 어머니는 더 이상 그의 옛 학생이 아닙니다. 그녀가 그 옛 학생을 많이 닮은 것과 그녀가 자주 그 학생에 대한 그의 추억을 환기하는 것은 사실입니다. 그는 과거의 그녀를 사랑하고 있습니다. 바로 그 점이 그 수수께끼의 진정한 해답입니다. 그에게서 추억을 빼앗아보세요. 그러면 그에게는 더 이상 사랑이 남아 있지 않을 겁니다.

사촌, 이것은 쓸데없는 궤변이 아닙니다. 이것은 다른 사람들의 사랑으로 확대하더라도 아마 생각보다 훨씬 더 보편적으로 적용될 아주 확실한 소견입니다. 심지어 나는 이 기회에 이 소견을 당신 자신의 생각에 기초하여 설명해보는 것도 어렵지 않으리라고 생각합니다. 당신이 그 두 연인을 헤어지게 한 것은 그들의 열정의 강도가 최고조에 달했던 때였습니다. 만일 그들이 더 오랫동안 함께 있었다면 아마 그들의 사랑은 조금씩 식어갔을 겁니다. 하지만 격하게 요동치는 그들의 상상력은 헤어질 당시의 모습을 계속해서 그들에게 떠올려주었습니다. 그는 연인에게서 시간의 경과가 가져온 변화를 전혀 보지 못한 채, 그녀의 변한 모습이 아니라 과거에 보았던 모습의 그녀를 사랑했습니다.* 그를 행복하게 해주려면 그에게 그녀를 줄 것이 아니라, 그들이 사랑하기 시작했을 때와 동일한 나이, 동일한 상황으로 그녀를 되돌려놓아야 합니다. 그렇기에 그 모두에서 조금의 변화만 있어도 그가 기대했던 행복이 그만큼 줄어들게 됩니다. 그녀는 더 아름다워졌습니다. 그러나 그녀는 변했습니다. 그녀가 얻은 것은 그런 점에서 그녀에 대한 손상이 됩니다. 왜냐하면 그가 사랑하는 것은 달라진 쥘리가 아니라 예전의 쥘리이기 때문입니다.

그를 현혹하고 동요시키는 실수는, 과거와 현재를 혼동하여, 너무도 달콤한 추억의 효과일 뿐인 감정에 대해 현재의 감정인 양 자책한다는 것입니다. 하지만 나는 그를 치유하는 것보다 그를 망상에서 깨어나게 하는 쪽

---

* 당신들 여성들은 아주 어리석다. 사랑만큼 변덕스럽고 덧없는 감정에 일관성을 부여하려 하니 말이다. 자연의 모든 것은 변화하며, 모든 것은 끊임없는 흐름 속에 있다. 그런데 당신들은 변함없는 불같은 사랑을 불러일으키고자 하는 것인가? 당신들은 무슨 권리로 어제 사랑받았다고 오늘도 사랑받기를 바라는 것인가? 그렇다면 같은 얼굴, 같은 나이, 같은 기분을 간직하라. 언제나 한결같으라. 그러면 언제까지나 사랑받을 것이다. 하지만 끊임없이 변하면서도 언제나 사랑받고자 하는 것, 그것은 곧 매 순간 사랑받기를 멈추기를 바라는 것이다. 그것은 변함없는 마음을 찾는 것이 아니라, 당신만큼 변화하는 마음을 찾는 것이다.

으로 밀고 나가는 것이 더 나은 일인지는 잘 모르겠습니다. 그래서 우리는 아마 그의 깨우침보다는 그의 과오를 더 잘 활용할 수 있을 것입니다. 그로 하여금 그녀의 정확한 마음 상태를 알게 하는 것은 그에게 그가 사랑하는 사람의 사망을 알려주는 일일 겁니다. 그것은 우울한 상태가 항상 사랑에 도움이 된다는 점에서 그에게 위험스러운 고통을 가하게 될 것입니다.

자신을 제약하는 가책에서 자유로워진 그는 사라져버릴 추억에 더 탐닉할 것입니다. 그는 더 조심성 없이 추억을 이야기할 것입니다. 그러면 그의 쥘리의 모습이 볼마르 부인에게서 아주 많이 지워지지는 않아서, 그는 볼마르 부인에게서 쥘리의 모습을 찾아보려 애쓴 끝에 그것을 다시 발견할 수 있겠지요. 나는, 자신이 진전을 이루어왔다고 여기는 사고, 그 진전을 끝까지 밀고 나가도록 고무하는 데 이용되는 사고를 그에게서 빼앗는 대신에 그가 그토록 소중히 여기는 관념들을 다른 관념들로 솜씨 좋게 대체함으로써 그로 하여금 잊어야 할 시기의 추억을 잊게 해야 한다고 생각했습니다. 그 관념들이 생겨나는 데 이바지한 당신은 누구보다도 그것들을 제거하는 데 도움을 줄 수 있습니다. 그러나 그러기 위해서 어떻게 해야 하는지는 당신이 전적으로 우리와 함께 있게 될 때 당신에게 말해주고자 합니다. 내 생각이 틀리지 않다면, 당신에게 그렇게 큰 부담이 되는 일은 아닐 겁니다. 그사이 나는 그를 겁먹게 하는 대상들을 그에게 더 이상 위험스럽지 않은 것으로 보여줌으로써 그가 그것들과 친숙해질 수 있도록 노력할 겁니다. 그는 열정적지만 나약해서 열정을 꺾기도 쉽습니다. 나는 이러한 특징을 이용해 그의 상상력을 속입니다. 나는 그에게 자기 애인 대신에 한 신사의 아내와 내 아이들의 어머니를 끊임없이 보게 합니다. 나는 어떤 한 풍경을 다른 풍경으로 지웁니다. 현재로 과거를 가립니다. 사람들은 겁 많은 말을 그 말이 두려워하는 대상에게로 끌고 갑니다. 말이 그 대상을 더 이상 두려워하지 않게 하기 위해서 말입니다. 가슴은 식었지만 아직도 상상력이 불타고 있어서, 가까이 가서 보면 아무것도 아닌 것을 멀리서 괴물로 보고 있는 그 젊은이들에게는 이런 식으로 행동해야 합니다.

나는 그들 두 사람의 저항력을 잘 알고 있어서, 그들에게 견뎌낼 수 있을 만한 시련만을 줍니다. 무차별적으로 온갖 종류의 대비책을 취하는 것이 아니라, 유용한 대비책을 선택하고 쓸데없는 대비책은 무시하는 것이 지혜로운 일이기 때문입니다. 내가 그들을 함께 놓아둘 일주일은 아마 그들이 자신들의 진짜 감정을 파악하고 자신들이 서로에게 어떤 존재인지를 이해하는 데 충분한 시간이 될 겁니다. 단둘이 있으면서 서로를 바라볼수록 그들은 그 상황에서 자신들이 느끼는 것과 옛날에 느꼈을 것을 비교함으로써 자신들의 착각을 쉽게 깨닫게 될 겁니다. 게다가, 내 목표가 실현될 경우 그들이 반드시 누리게 될 친숙한 삶에 위험 없이 익숙해지는 것 또한 그들에게 중요한 문제입니다. 나는 쥘리의 행동을 통해, 그녀가 따르지 않으면 손해인 당신의 조언을 받아들였다는 것을 알 수 있습니다. 그녀가 남편으로 하여금 아내에 대한 신뢰를 자랑스러워하게 하는 그런 여인이라면, 그녀를 상대로 하는, 내가 전적으로 가치를 느끼는 이러한 시험을 통해서 내가 얼마나 큰 기쁨을 느끼게 될지! 그러나 설령 그녀가 자기 마음을 전혀 다스리지 못할지라도 그녀의 정숙은 변함이 없을 겁니다. 이 시험은 그녀에게 더 비싼 대가를 치르게 하겠지만 그래도 역시 성공적일 것입니다. 반면에, 오늘도 여전히 그녀에게 겪어야 할 어떤 내면의 고통이 남아 있다면 그것은 추억 어린 어떤 대화로 마음이 여려질 때 찾아들텐데, 그녀는 필요 이상으로 그런 대화를 예감할 수 있으니 언제나 그것을 피할 겁니다. 그러니 여기에서 내 행동을 일상적인 규범에 의해서 판단하지 말고, 나를 그런 행동으로 이끄는 의도에 의해서, 그리고 나로 하여금 그런 행동을 취하게 하는 여인의 탁월한 성격에 의해서 판단해야 한다는 것을 당신은 이해할 겁니다.

내가 돌아오는 길에 들를 때까지 잘 있어요, 사촌. 나는 쥘리에게 이 모든 설명을 해주지 않았지만, 그녀에게 비밀로 해줄 것을 당신에게 요구하지는 않겠습니다. 친구 사이에는 비밀을 두지 않는 것이 나의 원칙입니다. 그러므로 이 비밀을 당신의 처분에 맡기겠습니다. 사리 분별과 우정이 당신에게 지시하는 대로 하세요. 나는 당신이 오직 가장 좋은 방향으로, 가장 정직하게 처신하리라는 것을 압니다.

:: 편지 15

에드워드 경에게

볼마르 씨는 어제 에탕주로 떠났습니다. 그의 출발로 제가 울적한 기분에 빠진 것이 이해하기 힘듭니다. 차라리 그의 아내가 멀리 떠나는 것이 제게는 덜 울적할 것 같습니다. 심지어 그가 함께 있던 때보다 더 부자연스럽게 느껴집니다. 제 마음속에는 우울한 정적뿐입니다. 살그머니 이는 공포가 그 정적의 투덜거림을 억누릅니다. 욕망보다는 공포로 더 불안정한 저는 죄악에 대한 공포를 느낍니다. 죄악에 대한 유혹이 없는데도 말입니다.

에드워드 경, 제 영혼이 안심하며 이런 가치 없는 두려움을 떨치는 곳이 어딘지 당신은 아시지요? 바로 볼마르 부인 곁입니다. 그녀에게 가까이 가자마자 그녀의 모습이 저의 동요를 가라앉히고 그녀의 시선이 저의 마음을 정화합니다. 그것이 바로 타인에게 항상 자신의 순결한 감정과, 그 감정의 결실인 마음의 평화를 불러일으키는 그녀의 마음의 영향력입니다. 제게는 불행한 일이지만, 생활 규범상 그녀는 하루 종일 친구들과 어울릴 수가 없습니다. 그녀를 못 보고 지내야 하는 때에는 차라리 그녀에게서 멀리 떨어져 있는 게 낫겠다 싶을 정도로 괴롭습니다.

제가 고통스럽게 느끼고 있는 우울을 더욱 키운 것은 어제 그녀의 남편이 떠난 뒤 그녀가 제게 한 말 한마디입니다. 남편이 출발할 때까지 아주 침착했던 그녀가, 그 훌륭한 남편과 처음으로 떨어지게 된 탓인지 슬픈 모습으로, 그의 뒷모습을 오래도록 바라보았습니다. 그러나 그 슬픔에는 제가 알지 못한 또 다른 이유가 있다는 것을 저는 그녀의 말을 통해 알게 되었습니다. 그녀가 제게 말했습니다. "당신은 우리 부부가 어떻게 살고 있는지 알지요. 그가 제게 얼마나 소중한지도 알고요. 그렇지만 그와 나를 결합하는, 사랑만큼 부드럽고 사랑보다 강한 감정이 사랑의 나약함 역시 가지고 있다고는 생각지 마세요. 함께 사는 달콤한 습관이 중단되면 고통스럽지만, 곧 그 습관을 되찾게 된다는 희망이 우리에게 위안을 줘요. 그와 같은 변함없는 상황에서는 두려워할 변화의 여지가 거의 없어요. 며칠 동안 떨어져 있는 것은 아주 짧은 기간 동안의 고통보다는 그 기간이 끝나기를 기대하는 기쁨을 더 많이 안겨줘요. 당신이 제 눈빛에서 읽는 고뇌는 더 심각한 문제에서 비롯된 것이에요. 볼마르 씨와 관련 있는 고뇌이기는 하지만, 그 고뇌의 원인은 그가 멀리 떠난 것과는 전혀 상관이 없어요."

그녀는 감동적인 어조로 이렇게 덧붙였습니다. "사랑하는 친구, 지상에는 진정한 행복은 없어요. 저는 세상에서 가장 성실하고 친절한 남편을 가졌어요. 우리를 묶어주는 의무에 서로에 대한 애정이 결합되어 있어요. 그에게는 제가 바라는 것 말고는 달리 바라는 것이 없어요. 제게는 어머니에게 오직 기쁨만을 안겨주고 또 기쁨만을 약속하는 아이들이 있어요. 제가 너무나 사랑하는 친구 클레르보다 더 애정 깊고 정숙하고 사랑스러운 친구는 없을 거예요. 저는 그녀와 함께 살 거예요. 당신도 당신에 대한 저의 존경과 감정의 정당성을 아주 잘 증명해줌으로써 저의 삶을 제게 소중한 것으로 만들어주지요. 이제 멀지 않은 길고 유감스러운 소송의 종결은 세상에서 가장 훌륭한 아버지를 우리의 품 안으로 다시 데려다줄 거예요. 모든 것이 희망대로 되고 있어요. 우리 집에는 규범과 평화가 존재해요. 하인들은 열의가 있고 충실해요. 이웃은 우리에게 큰 애정을 보이며 우리는 공중의 호의를 받고 있어요. 모든 일에서 하늘과 운과 사람들의 호의를 받는 저는 모두가 저의 행복에 협력하는 것을 보아요. 그런데 은밀한 슬픔이, 단 하나의 슬픔이 저의 행복을 깨뜨리고 있어요. 그래서 저는 행복하지 않아요." 그녀는 이 마지막 말을 제 영혼을 꿰뚫는 듯한 한숨을 내쉬면서 했고, 저는 너무도 조심스러워 아무 말도 할 수 없었습니다. '그녀가 행복하지 않다. 그런데 그녀의 행복을 방해하는 것은 더 이상 내가 아니겠지!' 이번에는 제가 한숨지으며 이렇게 생각했습니다.

그 불길한 생각은 잠깐 사이에 저의 모든 생각을 뒤죽박죽으로 만들어 제가 누리기 시작한 마음의 평화를 흔들어놓았습니다. 그녀의 말이 갖게 한 견딜 수 없는 의심에 초조해진 나머지 저는 마음을 토로하라고 그녀를 몹시 압박하게 되었고, 마침내 그녀가 중대한 비밀을 털어놓아 제가 당신에게 그 비밀을 알려드릴 수 있게 되었습니다. 하지만 산책 시간이 되었군요. 볼마르 부인은 이제 방에서 나와 아이들과 산책하러 갑니다. 산책 나간다는 그녀의 전갈을 방금 받았습니다. 에드워드 경, 서둘러 그녀를 따라가야 하므로 이만 펜을 놓겠습니다. 이번에 말씀드리지 못한 것은 다음 편지에서 자세히 쓰겠습니다.

:: **편지 16**

볼마르 부인이 남편에게

당신이 알려주신 대로 화요일을 기다리고 있어요. 당신은 의도한 바대로 모든 것이 잘 정리되었음을 알게 되실 거예요. 돌아오는 길에 도르브 부인을 보고 오세요. 당신이 없는 동안 있었던 일을 그녀가 얘기해줄 거예요. 저는 당신이 저보다는 그녀에게 그 얘기를 들었으면 해요.

볼마르, 정말이지 저는 당신의 존경을 받을 자격이 있다고 생각해요. 하지만 당신의 행동은 당신의 존경을 받기에 적절하지 않아요. 당신은 당신 아내의 정숙을 몰인정하게 즐기고 있어요.

:: 편지 17

에드워드 경에게

에드워드 경, 우리가 지난 며칠 동안 겪은 위험에 대해 말씀드리고자 합니다. 다행히도 우리는 두려움과 다소의 근심을 겪고서 그 위험에서 벗어났어요. 이것은 따로 한 통의 편지를 할애해야 할 만한 이야기입니다. 읽어보시면 왜 제가 당신에게 이 편지를 쓰는지 이해하실 겁니다.

아시는 바와 같이 볼마르 부인의 집은 호수에서 멀리 떨어져 있지 않고, 그녀는 뱃놀이를 좋아합니다. 3일 전, 그녀 남편의 출타로 우리가 갖게 된 한가함과 밤의 아름다움이 우리로 하여금 다음 날 뱃놀이를 계획하게 했습니다. 날이 밝자 우리는 호숫가로 갔습니다. 그리고 고기를 잡기 위해 그물을 가지고 배에 올랐습니다. 세 명의 뱃사공과 한 명의 하인이 동행했습니다. 점심으로 몇 가지 먹을 것도 함께 실었습니다. 저는 브졸레*가 보이면 잡으려고 총을 가져갔습니다. 그러나 그녀는 아무 쓸데 없이, 오로지 고통을 주는 것을 즐기기 위해서 새를 죽이는 것에 대해 부끄러워하게 만들었습니다. 그리하여 저는 종종 요란한 휘파람 소리로 그로시플레, 티우티우, 크르네, 시플라송** 들을 불러 모으며 놀았습니다. 그러다가 단 한 번 멀리서 논병아리 한 마리를 쏘았는데 맞히지 못했습니다.

우리는 호숫가에서 많이 벗어나지 않고 고기를 잡으며 한두 시간을 보냈습니다. 고기를 많이 잡았습니다. 그러나 쥘리는 노에 맞은 송어만 빼고 모든 고기를 다시 호수 안으로 던져 넣어버렸습니다. 그녀는 말했습니다. "이것들이 고통스러워해요. 살려주지요. 이것들이 위험에서 벗어나 얼마나 좋아할지를 생각하는 것으로 즐거움을 느끼기로 해요." 그 작업은 천

* 제네바 호수의 철새. 먹기에는 적합하지 않은 새다.

** 제네바 호수의 새 종류들. 모두 먹기에 적합한 새다.

천히 행해졌습니다. 마지못해서요. 항의가 전혀 없는 것은 아니었습니다. 함께 간 사람들이 잡은 고기를 살려주는 윤리보다는 잡은 고기를 맛보기를 더 좋아한다는 것을 쉽게 알 수 있었습니다.

그러고 나서 우리는 호수 가운데로 나아갔습니다. 회복기 젊은이의 활력으로 '수영'*을 시작한 저는 호수 가운데로 많이 나아갔고, 우리는 곧 호숫가에서 4킬로미터 이상 떨어진 곳에 가 있었습니다.** 그곳에서 저는 쥘리에게 사방에 보이는 멋진 수평선의 부분부분들에 대해 모두 설명해주었습니다. 1킬로미터 저쪽 끝에서 갑자기 격렬한 흐름을 멈추는, 자기 흙탕물로 호수의 하늘빛 맑은 물을 더럽히지 않을까 걱정하는 듯한 론 강의 하구를 멀리서 그녀에게 가리켜 보여주었습니다. 그녀에게 산의 돌출부들을 살펴보라 했습니다. 이어지거나 평행을 이루는 그것들의 모서리들은 그 돌출부들을 갈라놓는 공간을 채우는 큰 강에 적합한 하상을 형성하고 있었습니다. 저는 그녀를 우리 쪽 호숫가로부터 멀리 데려가 보 지방의 다채롭고 매력적인 호숫가에 매료되게 만들고 싶었습니다. 보 지방은 많은 마을과 사람들, 사방에서 보이는 녹음 짙은 아름다운 비탈들이 어우러져 아주 멋진 풍경을 보여주는 곳입니다. 보 지방 도처에서 보이는 풍성하게 경작된 땅은 농부와 목동과 포도 재배자에게 그들이 흘린 땀을 확실하게 보상해줍니다. 공화주의자들의 탐욕도 그 결실을 집어삼키지는 못합니다. 그다음으로 저는, 자연의 혜택을 적지 않게 받은 지방인, 반대편 구릉에 자리 잡고 있는 샤블레를 보여주었습니다. 하지만 그 지방의 풍경은 썰렁했는데, 그로써 저는 자원과 주민 수와 주민의 행복에 대한 두 지방 행정의 상이한 결과를 확실히 보여준 셈입니다. 제가 그녀에게 말했습니다. "저처럼 대지는 자신의 비옥한 가슴을 열어, 자기 자신을 위해 경작하

* 제네바 호수의 뱃사공들의 용어. 노를 잡아 다른 사람들을 인도하는 것을 의미한다.

** 어떻게 그럴까? 클라랑과 마주하고 있는 그 호수는 폭이 8킬로미터 정도도 채 안 된다.

는 훌륭한 사람들에게 대지의 보석들을 아낌없이 줍니다. 대지가 웃고 있는 것 같아요. 대지가 자유의 안락한 풍경을 보고 소생하는 것 같아요. 대지의 기쁨은 인간에게 양식을 제공하는 데 있습니다. 그와 반대로 저쪽 반쯤 버려진 대지를 덮고 있는 우울한 누옥들, 히스, 가시덤불들은 부재지주가 그곳의 주인이며, 그곳이 먹지 못할 형편없는 산물을 노예들에게 마지못해 좀 내줄 뿐이라는 것을 말해줍니다.

그처럼 근처 연안을 기분 좋게 둘러보는 동안 우리를 반대편 호숫가로 45도 각도로 밀어붙이는 북동풍이 일어 상당히 서늘했습니다. 그런데 방향을 전환해야겠다는 생각을 했을 때는 이미 저항이 너무 커서 우리의 약한 배로는 그 저항을 이겨낼 수가 없었습니다. 곧 물결이 거칠어지기 시작했습니다. 사부아 쪽으로 다시 돌아와, 맞은편에 있는, 모래톱이 있어서 편하게 접근할 수 있는 그 연안의 거의 유일한 마을인 메유리 마을에 상륙하려고 애써야 했습니다. 그러나 방향이 바뀌며 더 강해진 바람이 우리 뱃사공들의 노력을 헛되게 만들어, 우리는 피난처가 더 이상 보이지 않는, 가파른 바위들이 늘어선 연안을 따라 더 아래쪽에서 표류하게 되었습니다.

우리 모두는 힘을 합쳐 노를 저었습니다. 그때쯤, 힘이 다 빠진 쥘리가 배 가장자리에서 토하는 것을 고통스럽게 바라보아야 했습니다. 다행스럽게도 그녀는 물에 익숙한 사람이어서, 그 상태가 지속되지는 않았습니다. 그렇지만 우리의 노고는 위험과 함께 커갔습니다. 태양, 피로, 땀이 우리 모두를 숨 막히게 하여 너무도 진이 빠졌습니다. 바로 그때 쥘리가 온 용기를 회복하여 동정 어린 포옹으로 우리의 용기를 북돋워주었습니다. 그녀는 우리 모두의 얼굴을 닦아주었습니다. 취하기까지는 하지 않도록 포도주에 물을 타서 가장 기력이 떨어진 사람들에게 돌아가면서 마시게 했습니다. 그래요, 당신의 그 사랑스러운 친구가 열의와 흥분으로 더할 수 없이 빨갛게 얼굴을 물들였던 그 순간보다 더 강렬하게 빛을 발한 적은 없었습니다. 그녀의 매력을 더욱 강화한 것은, 그녀의 모든 노력이 그녀 자신의 두려움이 아니라 우리에 대한 연민의 정에서 나왔다는 것이 그녀의 감동된 얼굴에서 너무도 명백히 드러난다는 점이었습니다. 순식간에 우리 모두를 흠뻑 젖게 한 파도로 두꺼운 판자 두 개가 갈라지자 그녀는 배가 깨졌다고 생각했습니다. 그 다정한 어머니의 외침에서 이런 말이 똑똑히 들렸습니다. "오, 내 아이들아, 이제 너희를 못 보는 것이냐?" 제 경우 상상력에 의해 항상 피해를 실제보다 훨씬 부풀리기 마련이어서, 저는 위험 상태가 어떤 수준인지 제대로 알고 있었음에도, 때때로 배가 침몰하고 그토록 감동적인 그 아름다운 사람이 풍랑 속에서 발버둥치고 죽음의 창백함으로 얼굴에서 홍조가 사라지는 것이 눈에 보이는 것만 같았습니다.

열심히 수고한 끝에 우리는 마침내 메유리로 다시 올라왔습니다. 호숫가 지척에서 한 시간 이상 씨름하다가 드디어 육지에 닿은 것이었습니다. 도착하자 모든 피곤이 씻은 듯이 사라졌습니다. 쥘리는 모두의 수고에 고마움을 표했습니다. 위험이 절정에 이르렀을 때 그녀가 우리만을 생각했던 것처럼, 육지에 올라온 그녀에게는 모두가 오직 자신을 구하기 위해 수고한 것처럼 보였습니다.

격렬한 일을 한 뒤에 그런 것처럼 우리는 아주 맛있게 점심을 먹었습니다. 송어가 식탁에 올랐는데 쥘리는 그 생선을 아주 좋아하는데도 별로 먹지 않았습니다. 저는, 뱃사공들에게 그들의 희생에 대한 미안함을 갚기 위해서 그녀가 저도 많이 먹지 않기를 바란다는 것을 깨달았습니다. 에드워드 경, 당신은 수없이 말했습니다. 큰일에서나 작은 일에서나 그 사랑스러운 영혼은 항상 생생하게 드러나게 되어 있다고 말입니다.

점심 식사가 끝난 뒤에도 호수는 여전히 풍랑이 심했고 배는 수리가 필요했기에 저는 쥘리에게 산책을 다녀오자고 했습니다. 하지만 그녀는 바람과 태양을 이유로 반대했습니다. 그녀는 저의 피로를 걱정하고 있었던 것입니다. 저는 저 나름대로 생각이 있었기 때문에 반박했습니다. 제가 말했습니다. "나는 어렸을 때부터 힘든 일에 익숙해요. 힘든 일은 건강을 해치기는커녕 나를 더 건강하게 만들어주었어요. 게다가 지난번 여행은 나를 훨씬 더 강건하게 만들어주었고요. 태양과 바람이 문제라면 당신에게 밀짚모자가 있고, 우리는 피난처와 숲으로 가게 될 거예요. 바위 사이로 좀 올라가는 것 말고는 문제 될 게 없습니다. 평야를 좋아하지 않는 당신이니 피로를 잘 견뎌낼 겁니다." 그녀는 제가 바라는 대로 했습니다. 그리하여 우리는 다른 일행이 식사를 하는 사이에 출발했습니다.

제가 십 년 전 그녀와 떨어져 발레 지방에서 지낸 뒤 메유리로 와 귀향 허가를 기다렸던 일을 당신은 압니다. 거기에서 저는 아주 우울하지만 달콤한 날들을 보냈습니다. 오로지 그녀만을 생각하면서요. 그녀에게 큰 감동을 준 편지를 쓴 곳도 바로 그곳이었습니다. 저는 피난처로 이용했던 곳, 세상에서 가장 소중한 사람과 마음속으로 대화를 나누며 즐거워했던 곳인, 얼음들 사이의 그 외진 은거지에 늘 다시 가보고 싶었습니다. 더 아름다운 계절에, 당시에는 이미지로만 내 곁에 있었던 그녀와 함께 그토록 각별히 소중한 그 장소에 가봐야겠다는 것이 제 산책의 숨겨진 동기였습니다. 저는 그녀에게 그토록 변함없고 그토록 불행한 어떤 열정의 오래된 기념물들을 보여주게 되어 기뻤습니다.

우리는, 나무들과 바위들 사이로 완만하게 뻗어 올라가 있어 시간이 오래 걸리는 것밖에 불편할 게 없는 구불구불하지만 서늘한 오솔길을 한 시간 동안 걸어 그곳에 도착했습니다. 그곳에 가까워지면서 옛날에 제가 남겨놓은 흔적들을 접하게 되자 마음이 불편해지는 듯했습니다. 그렇지만 저는 마음을 다잡으며 동요를 감추었습니다. 마침내 그곳에 도착했는데, 그 외진 곳은 야생적이고 황량했습니다. 그렇지만 민감한 영혼에만 마음에 들 뿐 그렇지 않은 사람들에게는 지겹게 보이는 그런 유의 아름다움이 가득했습니다. 우리로부터 스무 걸음쯤 앞에서는 눈이 녹아 형성된 급류가 진흙과 모래와 돌을 휩쓸며 흙탕물이 되어서 시끄럽게 흘러가고 있었습니다. 우리 뒤쪽에서는 접근할 수 없이 늘어선 일련의 바위가 우리가 서 있는 평지와, 끊임없이 커져가는 어마어마한 얼음 봉우리들이 지구가 생겨날 때부터 그곳을 덮고 있었기에 '빙하'라고 불리는 그 알프스의 일부를 갈라놓고 있었습니다.* 오른쪽에는 컴컴한 전나무 숲이 우울하게 그늘을 드리우고 있었습니다. 급류 건너편 왼쪽으로는 넓은 떡갈나무 숲이 보였으며, 아래쪽으로는 알프스 한가운데 호수가 이루어놓은 평평하고 거대한 수면이 우리와 보 지방의 화려한 연안들을 갈라놓고 있었고, 웅장한 쥐라 산맥의 산봉우리가 보 지방의 풍경을 장식하고 있었습니다.

우리가 서 있는 좁은 지역은 그 거대하고 멋진 대상들 사이에서 전원의 아름다운 장소의 매력을 발산하고 있었습니다. 몇몇 물줄기가 바위들을 가로질러 크리스털처럼 반짝이면서 초목 사이로 흘러내리고 있었습니다. 몇 그루의 야생 유실수들이 우리의 머리 위로 가지를 드리우고 있었고, 축축하고 시원한 지표는 초목과 꽃으로 덮여 있었습니다. 그토록 아름다운 그 장소를 그곳을 에워싸고 있는 대상들과 비교하자 인적 드문 그곳은 지구의 대격변에서 유일하게 살아남은 두 연인의 피난처임에 틀림없어 보였습니다.

그 고립 지대에 다다라 잠시 그곳을 바라보며 눈물이 난 저는 젖은 눈으로 쥘리를 바라보며 말했습니다. "이런! 당신은 이곳에 전혀 흥미가 없군요. 그토록 당신으로 가득 찬 장소를 보고도 마음속에서 어떤 감동을 느끼지 못한다는 말인가요?" 그래서 저는 그녀의 대답을 기다리지 않고 바위 쪽으로 그녀를 데리고 가, 수많은 곳에 새겨진 그녀 이름의 첫 글자들과, 그것들을 새길 때의 내 심정과 관련된 페트라르카와 타소의 여러 시구들을 그녀에게 보여주었습니다. 그토록 오랜 세월이 지난 뒤 그것들을

* 이 산들은 너무 높아서 해가 지고 30분이 지나도 꼭대기들은 여전히 햇빛으로 밝다. 그 붉은 빛은 하얀 정상을 아주 멀리서도 볼 수 있을 정도로 아름다운 장밋빛으로 물들인다.

다시 보며 저는 사물들의 존재가 과거에 그것들 곁에서 느꼈던 격렬한 감정들을 얼마나 강력하게 되살리는지를 경험했습니다. 그리하여 그녀에게 좀 격하게 말했습니다. "오 쥘리, 내 마음의 영원한 마력이여! 세상에서 가장 충실한 연인은 예전에 바로 여기에서 당신 때문에 한숨지었습니다. 바로 이곳이 당신의 사랑스러운 이미지가 그에게 행복을 주고, 훗날 진짜 당신으로부터 얻게 될 행복을 미리 준비시켰던 곳입니다. 그때는 이 과일들도 이 그늘도 없었습니다. 푸른 녹음과 꽃도 없었고, 저 개울들의 물줄기도 없었습니다. 새들의 이런 지저귐도 들리지 않았습니다. 알프스의 탐욕스러운 새매와 음산한 까마귀와 무시무시한 독수리의 소리만이 저 동굴들에 울려 퍼졌습니다. 바위마다 커다란 얼음들이 매달려 있었고 눈 덮인 가지들만이 저 나무들의 유일한 장식물이었습니다. 이곳의 모든 생물은 혹한과 끔찍하게 차고 짙은 안개만을 들이마셔야 했습니다. 열정만이 이곳에서 내 마음의 불안을 견디게 해주었습니다. 그 날들을 나는 오로지 당신만을 생각하며 보냈습니다. 저 바위가 바로 멀리 당신의 축복받은 안식처를 바라보며 앉아 있곤 했던 바위입니다. 저 바위 위에서 당신의 마음을 감동시킨 편지를 썼습니다. 이 날카로운 조약돌들을 끌처럼 사용해 당신 이름의 첫 글자를 새겼습니다. 여기서는 소용돌이치는 바람에 날아간 당신의 편지를 줍기 위해 저 차가운 물을 건넜습니다. 저기서는 당신의 마지막 편지를 다시 읽으며 편지에 수없이 키스했습니다. 저 가장자리에서 나는 갈망하는 우울한 눈으로 이 심연의 깊이를 가늠해봤습니다. 마침내 내 우울한 출발에 앞서 바로 이곳에 와, 죽어가는 당신을 슬퍼하며 울었고 당신이 죽으면 나 또한 죽기로 결심했습니다. 한순간도 변함없이 너무나 사랑했던 이, 오 당신, 나는 당신을 위해 태어났습니다! 바로 이곳에 당신과 함께 와놓고도 당신이 곁에 없음을 슬퍼하며 보냈던 시간들을 그리워해야만 하는 것인가요?……" 저는 말을 계속하려 했지만, 제가 가장자리로 다가가는 것을 본 쥘리가 두려워하며 제 손을 잡았습니다. 그녀는 다정하게 저를 쳐다보고 고통스럽게 한숨을 억누르면서 아무 말 없이 그저 제 손을 꼭 쥐었습니다. 그러더니 돌연 몸을 돌리며 제 팔을 잡아당겼습니다. 그녀는 떨리는 목소리로 말했습니다. "가요, 친구. 이곳의 공기는 제게 좋지 않아요." 저는 괴로웠지만 아무 대꾸도 못하고 그녀와 함께 출발했습니다. 그렇게 저는 그 우울한 곳을 영원히 떠났습니다. 마치 쥘리를 놓고 떠나는 것처럼 말입니다.

여러 곳을 돌아 천천히 배가 있는 곳으로 돌아온 우리는 서로 떨어졌습니다. 그녀는 혼자 있고 싶어 했습니다. 저는 다시 정처 없이 혼자 계속 걸었습니다. 돌아와서는 물이 아직 잔잔해지지 않았고 출발 준비도 되어 있지 않아서 우리는 우울하게 저녁 식사를 했습니다. 우리는 꿈꾸듯 고개를 숙인 채 서로를 쳐다보지도 않았고 많이 먹지도 않았으며, 말수는 훨씬 더 적어졌습니다. 식사를 마친 뒤 우리는 출발을 기다리며 모래사장에 앉았습니다. 어느새 달이 떠올랐고 물이 더 잔잔해졌습니다. 쥘리가 출발하자고 제안했습니다. 그녀가 배에 오를 때 저는 그녀에게 손을 내밀었습니다. 그녀 곁에 앉으며 저는 그녀의 손을 놓을 생각을 하지 않았습니다. 우리는 깊은 침묵에 빠졌습니다. 간단없는 노 소리가 저를 몽상에 빠뜨렸습니다. 꺅도요새들*의 아주 명랑한 노랫소리에 저는 즐겁기보다는 지난날의 기쁨을 회상하며 오히려 슬퍼질 뿐이었습니다. 저를 짓누르는 우울이 조금씩 강도를 더해갔습니다. 고요한 하늘과 부드러운 달빛, 우리 주위에서 반짝이는 호수의 은빛 물결, 교차하는 아주 유쾌한 감동들, 함께 있는 그 소중한 사람. 그렇지만 그중 어떤 것도 제 마음속의 수많은 고통스러운 회상들을 막지 못했습니다.

* 제네바 호수의 꺅도요새는 프랑스에서 동일한 이름으로 불리는 그 새가 아니다. 더 생생하고 더 생동감 넘치는 우리나라 꺅도요새의 노랫소리는 여름밤 동안 호수에 생기 있고 신선한 분위기를 주어 호숫가를 훨씬 더 매력적으로 만든다.

저의 회상은 옛날 우리 사랑의 마력이 계속되던 때에 그녀와 함께 했던 이와 유사한 산책을 떠올리는 것으로 시작되었습니다. 그 당시 저의 마음을 가득 채웠던 온갖 감미로운 감정이 떠오르면서 제 마음을 괴롭혔습니다. 젊은 시절의 모든 사건들, 즉 우리의 공부, 대화, 편지, 만남, 기쁨,

그리고 그토록 순결한 신뢰와 그 달콤한 추억들,
그리고 그 오랜 친교!

제게 지난날의 행복의 이미지를 떠올려주는 그 많은 소소한 대상들. 모든 것이 되살아나 저의 현재의 비참을 증대시키며 제 기억 속에 자리 잡았습니다. 저는 생각했습니다. '이제 다 끝났다. 그 시절, 그 행복했던 시절은 더 이상 존재하지 않는다. 영원히 가버렸다. 아, 그 시절은 다시 오지 않으리. 그런데도 우리는 살고 있고 함께 있으며, 우리의 마음은 여전히 결합되어 있다니!' 차라리 그녀의 죽음이나 그녀의 부재가 더 참을 만할 것 같았고, 그녀에게서 멀리 떨어져 보낸 모든 시간이 덜 고통스러웠던 것 같았습니다. 멀리 떨어져 있어 괴로워할 때는 그녀를 다시 볼 수 있다는 희망이 제 마음을 달래주었습니다. 그녀가 곁에 있게 되는 순간 제 모든 괴로움이 사라지리라 은근히 기대했고, 적어도 그때의 상황보다는 덜 가혹해지리라 예상했습니다. 그렇지만 그녀 곁에 있는 것, 그녀를 보고 그녀와 접촉하고 그녀에게 말을 하고 그녀를 사랑하고 그녀를 존경하고, 여전히 그녀를 소유하다시피 하고 있으면서도 그녀를 정녕 잃었다고 느끼는 것. 그 모든 것이 저를 분노와 격심한 고통에 빠뜨려 결국 서서히 절망에 이르게 했습니다. 곧 저는 마음속으로 치명적인 계획을 궁리하기 시작했습니다. 그 계획에 대한 생각에 떨리고 흥분되어, 저는 그녀와 함께 물속으로 뛰어들어 그녀의 품속에서 제 목숨과 오랜 고통을 끝내고픈 유혹을 강하게 느꼈습니다. 그 무시무시한 유혹이 결국 너무 커져서 저는 그녀의 손을

뿌리치고 배의 끝 부분으로 달아나야 했습니다.

그때 저의 격렬한 흥분이 수그러들기 시작했습니다. 더 부드러운 어떤 감정이 마음속에서 조금씩 고개를 들었습니다. 감격이 절망을 이겨냈습니다. 저는 소나기 같은 눈물을 흘리기 시작했습니다. 제가 빠져나온 조금 전의 상태와 비교되는 그 상태에는 어떤 기쁨이 없지 않았습니다. 저는 오랫동안 하염없이 울었습니다. 그러고 나니 마음이 편해졌습니다. 마음이 완전히 안정되었을 때 저는 쥘리 곁으로 돌아왔습니다. 저는 다시 한번 그녀의 손을 잡았습니다. 그녀는 자신의 손수건을 쥐고 있었습니다. 손수건이 푹 젖은 것이 느껴졌습니다. 저는 아주 작은 목소리로 그녀에게 말했습니다. "아아, 나는 우리가 서로의 마음을 이해하지 못한 적은 한 번도 없다고 생각합니다!" 그러자 그녀가 끊기는 목소리로 대답했습니다. "그것은 사실이에요. 하지만 우리가 이런 마음 상태로 이야기를 나누는 것은 마지막이기를 바라요." 그리하여 우리는 다시 침착하게 이야기를 나누기 시작했습니다. 한 시간 동안 호수를 가로질러 우리는 무사히 돌아왔습니다. 집에 도착했을 때 밝은 불빛 아래에서 저는 그녀의 눈이 붉고 많이 부어 있는 것을 보았습니다. 그녀 역시 제 눈에서 그보다 나은 상태를 보지는 못했을 겁니다. 고된 하루를 보낸 탓에 그녀는 푹 쉬어야 했습니다. 그녀는 자기 방으로 돌아갔고 저는 잠자리에 들었습니다.

친구, 이상이 제가 인생에서 최고로 생생한 감동을 경험한 날의 자세한 이야기입니다. 저는 그 감동이 저 자신을 완전히 되찾게 해주는 고비가 되기를 바랍니다. 그뿐 아니라, 그 모험이 그 어떤 논증보다 더 인간의 자유와 미덕의 가치를 제게 입증해주었다고 말할 수 있습니다. 얼마나 많은 사람이 쉽게 유혹에 넘어가 무릎을 꿇습니까? 하지만 쥘리는 어떤가요? 제 눈이 보았고 제 마음이 느꼈으니, 쥘리는 그날 인간의 영혼이 경험할 수 있는 가장 큰 싸움을 겪었습니다. 그렇지만 그녀는 이겨냈습니다. 하지만 저는 대체 무슨 짓을 했기에 그녀에게서 그토록 멀어지게 된 거지요? 오, 에드워드 경! 애인에게 매혹당한 당신이 당신의 욕망과 그녀의 욕망을 동시에 이겨냈을 때 그때의 당신이 그저 그런 한 남자에 불과했을까요? 당신이 없었다면 저는 아마 벌써 끝났을 겁니다. 그 위험한 날, 당신의 정숙에 대한 기억이 저의 정숙을 잃지 않도록 수없이 도와주었습니다.

제5부

JEAN-JACQUES ROUSSEAU

:: 편지 1

에드워드 경으로부터*

친구, 이제 어린애 같은 행동 좀 그만 하세요. 각성하세요. 그렇게 너무 이성 없이 살지 마세요. 세월은 흘러갑니다. 당신은 현명해져야 합니다. 이제 서른 살이니 자신을 생각해볼 때입니다. 그러니 당신을 되찾으세요. 죽기 전에 한번 어른이 되어보세요.

사랑하는 친구, 당신은 오랫동안 가슴이 머리보다 앞섰어요. 추론할 능력도 없으면서 추론하기를 원했어요. 당신은 감정을 이성으로 착각했어요. 사물을 그것에서 받은 인상으로 평가하는 데 그침으로써 그 진정한 가치가 무엇인지 깨닫지 못했어요. 올바른 마음이 진실의 가장 중요한 전달 수단임을 나는 인정합니다. 그렇지만 아무것도 느끼지 못한 마음은 아무것도 배울 수 없으며 이런저런 과오만을 범할 뿐입니다. 그 마음은 헛되

* 이 편지는 이전 편지를 받기 전에 쓴 것 같다.

고 쓸데없는 지식만을 습득할 뿐인데, 인간의 주요한 지혜인 인간과 사물 간의 진정한 관계를 결코 알지 못하기 때문입니다. 그런데 사물 간의 관계를 계속 연구하지 않는 것은 사물과 우리의 관계를 판단하는 데 필요한 지혜의 반쪽에 머무르는 일입니다. 우리가 우리의 열정의 대상을 존중할 줄 모른다면 그 열정을 안다 해도 충분히 안다고 할 수 없습니다. 그런데 사물과 인간의 관계에 대한 연구는 명상에 침잠함으로써만 이루어질 수 있습니다.

지혜로운 사람의 청춘 시절은 경험의 시간입니다. 그의 열정들은 그 경험의 도구들입니다. 그는 외부의 대상들을 지각하기 위해 그것들에 자신의 영혼을 집중한 뒤, 영혼을 다시 뒤로 물러나게 하여 그 대상들을 관찰하고 비교하며 식별합니다. 이런 일은 세상 누구보다 당신에게 더욱 필요합니다. 감수성 예민한 마음이 느낄 수 있는 모든 기쁨과 고통이 당신의 마음을 꽉 채웠습니다. 한 인간이 볼 수 있는 모든 것을 당신은 보았습니다. 당신은 긴 인생에 걸쳐 산발적으로 표현될 수 있는 모든 감정을 12년 동안에 다 소진해버렸습니다. 그리하여 당신은 아직 젊은데도 늙은 사람 못지않게 많은 경험을 했습니다. 당신의 초반의 관찰은 자연의 손에서 거의 벗어난 순수한 사람들을 향했습니다. 마치 당신에게 비교의 자료로 쓰이기 위해서인 것처럼 말입니다. 세상에서 가장 유명한 국민의 수도로 유배된 당신은 이를테면 정반대쪽 끝으로 건너 뛰어버린 것입니다. 비범한 재능이 중간 단계의 국민들에 대한 이해를 보충해주겠지요. 지구를 채우고 있는 각양각색의 무리들 사이에 유일하게 남아 있는 인간다운 나라[8]로 간 당신은 비록 법이 지배하는 것을 보지는 못했을지언정 적어도 법이 아직 존재하는 것은 보았을 것입니다. 당신은 사람들이 어떤 표시로 한 국민의 의사의 신성한 목소리를 알아보는지, 대중의 이성의 영향력이 어떻게 자유의 진정한 토대를 이루는지를 배웠습니다. 당신은 온갖 국가를 돌아다녔습니다. 당신은 태양이 비치는 지역은 모두 가보았습니다. 현명한 사람의 눈길을 끌 만한 보다 진귀한 광경, 즉 숭고하고 순수한 영혼이 자신의 열정을 억제하고 자기 자신을 지배하는 광경을 당신은 지금 즐기고 있습니다. 당신의 눈에 강한 인상을 준 최초의 대상은 아직도 강한 인상을 주고 있는데, 그 대상에 대한 찬탄은 그렇게도 많은 다른 대상들을 관조한 뒤이기에 더 근거가 있습니다. 당신에게는 더 이상 당신의 마음을 사로잡을 만한 볼 것도 느낄 것도 없습니다. 당신에게는 당신 자신 외에는 바라볼 것이 더 이상 남아 있지 않으며, 지혜의 기쁨 외에는 느낄 기쁨이 남아 있지 않습니다. 당신은 지금까지 짧은 삶을 살았을 뿐입니다. 이제는 남은 인생을 위해 사는 것에 대해 생각해보세요.

당신은 오랫동안 정열의 노예로 살았지만 미덕을 잃지 않았습니다. 그것이야말로 정말 당신의 큰 영예입니다. 물론 그 영예는 크지만 그것을 뽐내지는 마세요. 당신의 힘까지도 당신의 나약함의 산물입니다. 당신으로 하여금 변함없이 미덕을 사랑하게 하는 것이 뭔지 압니까? 미덕은 자신을 너무도 잘 환기해주는 그 숭배할 만한 여인의 얼굴을 당신의 마음에 새겨놓았습니다. 그러므로 그토록 소중한 얼굴이 당신을 미덕에 대한 애착을 잃게 내버려두기는 쉽지 않을 것입니다. 한데 당신은 오로지 미덕을 위해 미덕을 사랑하는 것은 아니겠지요? 쥘리가 스스로의 노력으로 그랬던 것처럼 당신도 스스로의 노력으로 덕행을 위해 노력하지 않으렵니까? 당신은 한가로이 그녀의 미덕에 열광하는데, 그녀의 미덕은 전혀 본받지 않고 그저 끊임없이 찬미하는 것으로만 만족하렵니까? 당신은 그녀가 아내로서 어머니로서 의무를 이행하는 태도에 대해 열렬히 이야기합니다. 그런데 당신은 어떻습니까? 당신은 언제쯤 그녀를 본받아 어른으로서 친구로서 의무를 다할 것입니까? 한 여자는 자신을 이겨냈습니다. 그런데 한 철학자는 자신을 이겨내기 힘들어하다니! 당신은 도대체 언제까지 다른 사람들처럼 수다쟁이로 머물 생각입니까? 훌륭한 행동을 하는 대신에 좋은 책을 쓰는 것에 만족할 생각입니까?* 소중한 친구, 그러지 마세요. 당신의 편지에는 여전히 나를 불쾌하게 만드는, 당신의 성격의 결과이기보다는 당신의 정열의 잔재일 뿐인 유약하고 무기력한 어조가 감돕니다. 나는 언제나 나약함을 미워합니다. 내 친구한테서도 그 나약함을 보고 싶지 않습니다. 힘없는 미덕은 없으며, 악덕에 이르게 하는 것은 비열함입니다. 당신은 정말, 용기도 없으면서 감히 당신을 믿을 수 있습니까? 딱한 사람이여! 만일 쥘리가 나약한 사람이라면 당신은 곧 유혹에 굴복하여, 비열한 간통자 이상은 되지 못할 것입니다. 그렇지만 당신은 지금 그녀와 단둘이 있습니다. 그녀를 알려고 노력하세요. 그리고 당신에 대해 부끄러워할 줄 아세요.

곧 당신과 합류할 수 있기를 바랍니다. 당신은 이 여행의 목적이 무엇인지 압니다. 12년 동안의 과오와 혼란은 나로 하여금 나 자신에 대해 반신반의하게 합니다. 견뎌내기 위해서라면 나 혼자의 힘으로 충분할 수 있었겠지만, 선택을 위해서는 친구의 눈이 필요합니다. 나는 우리가 서로에 대해 모든 것을 공유할 때 기쁩니다. 애착도 감사의 마음도 말입니다. 그렇지만 오해는 마세요. 당신에게 신뢰를 보내기에 앞서 나는 당신이 그럴 만

---

* 아니다. 이 철학의 세기가 진정한 철학자 하나 배출하지 않고 지나가지는 않을 것이다. 나는 진정한 철학자를 단 하나밖에 모른다는 것을 인정하는데, 사실 하나도 대단하다. 게다가 너무 다행스럽게도 그는 바로 내 나라에 있다. 여기서 그 철학자의 이름을 밝혀도 될까? 용케도 그의 진정한 영광이 사람들에게 알려지지 않고 있었는데? 박식하고 겸손한 아보지Abauzit[9]여, 당신의 이름을 염두에 두고 있지 않은 나를 당신의 숭고한 소박함이 용서해주기를. 아니다, 당신을 찬미할 자격이 없는 이 세기에게 내가 알리고 싶은 대상은 당신이 아니다. 내가 이름을 빛내고 싶은 대상은 당신이 체류하는 제네바이다. 나는 당신에게 경의를 표하는 제네바인들에게 경의를 표하고 싶다. 자신을 숨기는 재능이 그로 인해 그만큼 더 평가받는 나라에 복 있으리라! 오만한 젊은이들이 현명한 자의 박식한 무지 앞에서 자신의 독단적인 어조를 낮추고 헛된 지식을 부끄러워하는 그런 국민에게 복 있으리라! 존경할 만하고 덕망 높은 노인들이여! 훌륭한 정신의 소유자들은 당신들을 격찬하지 않았을 것이다. 그들의 떠들썩한 아카데미들에서는 당신들에 대한 칭찬이 울려 퍼지지 않았을 것이다. 당신들은 그들처럼 책 속에 지혜를 쌓아두는 대신, 당신들이 선택한, 당신들이 사랑하고 당신들을 존경하는 나라의 모범이 되기 위해 생활 속에 지혜를 써놓았을 것이다. 당신들은 소크라테스처럼 살았다. 그러나, 그는 동포의 손에 죽었지만 당신들은 동포의 사랑을 받고 있다.

한 자격이 있는 사람인지, 내가 당신에게 배려를 아끼지 않는 만큼 당신도 내게 배려를 아끼지 않는 사람인지를 먼저 살펴볼 것입니다. 나는 당신의 마음을 잘 알며, 당신의 그 마음에 만족합니다. 그렇지만 그것만으로 충분치 못합니다. 오직 이성에 의해 해결되어야 하지만 나의 이성이 실수를 범할 수도 있는 어떤 선택에서 내가 필요로 하는 것은 바로 당신의 판단력입니다. 나는 정열을 두려워하지 않습니다. 정열은 우리에게 공개적인 싸움을 통보하기에 우리로 하여금 방어 태세를 취하게 하며, 무엇을 하건 간에 우리로 하여금 우리의 온갖 과오를 의식하게 합니다. 그러니 우리는 굴복하고 싶은 만큼만 정열에 굴복합니다. 내가 두려워하는 것은 그 열정의 환영입니다. 강제하는 대신 속이고, 우리에게 우리가 원하는 것이 아닌 것을 부지중에 하게 하는 그 환영 말입니다. 자신의 마음을 억제할 수 있는 것은 오직 자신밖에 없습니다. 때로 우리는 어떤 것을 택하는 것이 옳은지 판단하기 위해 타인을 필요로 하기도 합니다. 잘 알게 될 경우 우리에게 득이 되는 대상들을 우리와는 다른 관점에서 보는 현명한 사람의 우정이 도움이 되기 때문이지요. 그러니 당신 자신을 살피는 일에 유념하세요. 쓸데없는 회한에 사로잡혀 영원히 자신과 타인들에게 무익한 인간이 될 것인지, 아니면 어떻게든 자제력을 되찾아 당신의 영혼을 당신 친구의 영혼을 한 번쯤 밝혀줄 수 있는 상태로 만들 것인지 생각해보세요.

나는 일 때문에 2주 정도 런던에 머물 것입니다. 그 후 다시 플랑드르 주둔 부대에 들러 거기서도 그 정도 머물 것입니다. 그러므로 당신은 다음 달 말이나 10월 초까지는 나를 기다릴 필요가 없습니다. 이제 편지를 런던으로 보내지 말고 여기 동봉한 주둔 부대 주소로 하세요. 당신의 이야기를 계속 써 보내주세요. 거친 어조이지만 당신의 편지는 내게 감동을 주고 가르침을 줍니다. 당신의 편지는 나의 원칙과 나이에 걸맞은 은퇴와 휴식에 대해 계획해보게 합니다. 무엇보다 당신 때문에 내가 갖게 된 볼마르 부인에 대한 불안을 진정시켜주세요. 그녀의 운명이 행복하지 않다면 누가 감히 행복을 바랄 수 있겠습니까? 그녀가 당신에게 했던 자세한 이야기를 들었으니, 이제 나는 그녀의 행복에 무엇이 부족한지 이해할 수가 없습니다.*

:: 편지 2

에드워드 경에게

맞습니다, 에드워드 경. 저는 당신의 그 말씀, 즉 메유리의 사건이 저의 비이성과 고통의 임계점이었다는 말씀을 아주 기쁘게 시인합니다. 제 마음의 진정한 상태에 대한 볼마르 씨의 설명은 저를 완전히 안심시켜주었습니다. 너무도 나약한 그 마음은 최대한 치유되었습니다. 그리고 저로서는 끊임없이 죄에 시달리는 끔찍한 상황보다는 상상에 의한 후회에서 느끼는 우울이 더 낫습니다. 그 '훌륭한 친구'가 돌아온 이후, 저는 당신이 그 모든 가치를 너무도 잘 느끼게 해준 아주 소중한 명칭, 즉 친구라는 명칭으로 그를 부르는 것에 더 이상 주저하지 않습니다. 그것은 제가 미덕을 되찾도록 도와주는 사람이라면 누구에게나 붙여주어야 할 최소한의 명칭입니다. 저의 마음은 제가 사는 집처럼 평화롭습니다. 저는 제 집처럼 불안을 느끼지 않고 이곳에서 살기 시작했습니다. 여기서는 저는 주인으로서의 전적인 권한은 갖지 못하지만 저 자신을 이 집의 아이처럼 생각하는 것에서 더욱 큰 기쁨을 느낍니다. 이 집에 넘쳐나는 소박함과 평등은 제게 감동과 존경심을 불러일으키는 매력을 지니고 있습니다. 저는 살아 있는 이성과 다감한 미덕 사이에서 평온한 날들을 보내고 있습니다. 이 행복한 부부를 자주 방문하는데, 그들의 영향력이 저를 휘어잡아 조금씩 조금씩

---

* 이 편지의 횡설수설이 마음에 든다. 선량한 에드워드의 성격과 완전히 어울리기 때문이다. 그는 어리석은 짓을 할 때 가장 철학자 같고, 자기가 무슨 말을 하는지도 모르고 말할 때 가장 설득력이 있다.

저를 감동시킵니다. 그리하여 저의 마음이 점점 그들의 마음과 일치해갑니다. 마치 이야기를 나누다 보면 자기도 모르게 상대방의 어조를 따라가게 되는 것처럼 말입니다.

얼마나 감미로운 은거지인지! 얼마나 매혹적인 집인지! 이곳에 사는 달콤함이 이 집의 가치를 얼마나 증대시키는지! 처음에는 이 집이 별로 훌륭해 보이지 않을지 몰라도, 일단 알고 나면 곧장 이 집을 사랑하지 않기가 얼마나 어려운지! 자신의 고귀한 의무를 다하고 주변 사람들을 행복하고 선량하게 만들려는 볼마르 부인의 의욕은 그 의욕의 대상이 되는 모든 사람들, 즉 남편과 아이들과 손님들, 그리고 하인들에게까지 전염됩니다. 소동이나 시끌벅적한 놀이, 길게 터뜨리는 폭소 등은 이 평온한 집에서는 전혀 볼 수 없습니다. 그러나 만족스러운 마음과 명랑한 얼굴들을 이 집 곳곳에서 마주치게 됩니다. 때로 혹시 눈물 흘리는 일이 있다면 그것은 연민과 기쁨의 눈물일 겁니다. 불길한 걱정과 근심, 불안, 우울은 그러한 것들의 원천인 회한이나 악덕과 마찬가지로 이곳에는 발을 들이지 못합니다.

지난번 편지*에서 제가 이유를 말씀드린, 그녀를 괴롭히는 그 은밀한 괴로움만 빼면 모든 것이 확실히 협력하여 그녀를 행복하게 해줍니다. 그렇지만 다른 많은 부인들이 그녀와 같은 처지에 놓인다면, 행복할 만한 많은 이유에도 불구하고 괴로워할 겁니다. 그 부인들로서는 그녀의 은거지 안에서의 단조로운 삶을 견디기 힘들 겁니다. 그 부인들은 아이들의 소동에 짜증을 낼 것이고 가사에 권태를 느낄 겁니다. 그녀들은 시골에만 머물러 있는 것을 견딜 수 없을 것이며, 별로 다정하지 않은 남편의 덕성과 좋은 평판이 그녀들에게서는 그의 냉정함과 많은 나이를 보상해주지 못할 겁니다. 남편이 옆에 있는 것이, 심지어는 남편의 애정조차 그녀들에게는 부담이 될 겁니다. 그녀들은 남편이 집에서 멀리 떠날 방도를 찾아내 자유롭

---

* 이 이전 편지는 발견되지 않는다. 뒤에 가서 그 이유를 알게 될 것이다.

게 살려 하거나 아니면 스스로 남편을 멀리할 것이며, 자신들이 처한 상황이 주는 기쁨을 경멸할 겁니다. 그녀들은 남편에게서 멀리 떨어져 더 위험한 기쁨을 찾을 것이며, 자기 집에서 자신들이 낯선 존재가 될 때만 마음이 편할 겁니다. 은거지의 매력을 느끼기 위해서는 건전한 영혼이 필요합니다. 선량한 사람들만이 자기 가정에서 스스로 만족하며 자발적으로 가정에 틀어박혀 삽니다. 이 세상에 행복한 삶이 있다면 그것은 당연히 각자가 자기 가정에서 보내는 삶일 것입니다. 그러나 행복의 수단도 그것을 사용할 줄 모르는 자에게는 무용지물입니다. 그리하여 우리는 진정한 행복을 맛볼 능력이 있는 한에서만 그 행복이 어떤 것인지를 의식할 것입니다.

이 집에서 행복하려면 어떻게 해야 하는지 콕 집어 말해야 한다면 '이 집 사람들은 사는 법을 안다'라고 말하는 것이 제대로 된 답변이 아닐까 생각합니다. 이것은 프랑스에서 이 말에 주어지는 의미, 즉 유행에 의해 확립된 몇몇 예의범절을 타인에게 지킨다는 의미에서가 아니라, 인간이 당연이 그렇게 살아야 할 삶, 당신이 제게 이야기하고 모범을 보여주었던 삶, 삶 자체가 끝나더라도 지속되는 삶, 죽는 날에도 허비한 것으로 생각되지 않는 그런 삶의 의미에서 말입니다.

쥘리에게는 가정의 행복을 걱정하는 아버지가 계십니다. 그녀에게는 적절히 생계를 돌봐주어야 할 자식들이 있습니다. 그것은 사회적인 인간의 주된 책무이자 그녀가 남편과 함께 떠맡은 일차적인 책무입니다. 결혼생활을 시작하면서 그들은 자신들의 재산 상태를 살펴보았으며, 그 재산 상태가 신분보다는 필요에 걸맞은 것인지를 고려했습니다. 그리하여 올바른 가정이라면 이 정도에 만족해야 한다는 것을 알고 그들은 자신들이 남겨줄 재산이 자식들에게 충분하지 않을까 봐 걱정할 정도로 자식들을 그렇게 과소평가하지 않았습니다. 그러므로 그들은 물려받은 전답을 늘리기보다는 개량하는 데 전념했습니다. 그들은 더 많은 이익보다는 더 안전한 수익을 보고 돈을 투자했습니다. 땅을 사기보다는 이미 소유하고 있는 땅의 가치를 더욱 증대시켰습니다. 행동을 통해 보여주는 모범이야말로 그들이 보태고자 하는 유일한 보물입니다.

증식되지 않는 재산은 수많은 사고(事故)에 의해 쉽게 줄어드는 것이 사실입니다. 하지만, 만일 이러한 이유가 일단 재산을 증식해야 하는 동기가 된다면 그 이유는 언제쯤에야 재산을 계속 증식하려는 핑계이기를 그치겠습니까? 여러 아이들에게 그 재산을 나누어 주어야 할 것입니다. 그런데 그 아이들이 하는 일 없이 놀기만 합니까? 각자의 노동은 그들 각자의 몫에 추가분을 가져오지 않을까요? 각자의 솜씨가 자신들의 재산의 계산에 포함되지 말아야 합니까? 만족을 모르는 탐욕은 이처럼 조심성이라는 가면을 쓰고 진행되어, 지나치게 안전을 추구한 나머지 악덕에 이르게 됩니다. 볼마르 씨는 이렇게 말합니다. "인간의 일에는 본래 확실한 것이 없으니 확실성을 주려 해보았자 소용없는 일입니다. 이성조차도 우리가 많은 일을 우연에 맡기기를 원합니다. 만일 우리의 삶과 운명이 우리의 뜻에 반하여 언제나 우연에 좌우된다면 불안한 화(禍)와 피할 수 없는 위험을 방지하기 위해 현실에서 끊임없이 자신을 고통스럽게 하는 것은 얼마나 어리석은 짓인가요!" 그 문제에 대해 그가 강구한 유일한 대비책은 자신의 자산에 맞춰 일 년을 사는 것이었습니다. 즉, 일 년 전 수입에 맞춰 살아가는 것이지요. 따라서 수익은 항상 지출을 일 년 앞지릅니다. 그는 수입의 증식을 끊임없이 추구하느니 차라리 기본 지출을 좀 줄이는 것이 낫다고 생각합니다. 그 이점은 아주 사소한 뜻밖의 사건으로 파멸의 궁지에 몰아넣지 않는 것인데, 이미 여러 번 그 앞지름에 대해 보상을 해주었습니다. 이처럼 그에게서는 규율과 자제가 절약을 대신하며, 그는 지출한 바에 따라 부유해집니다.

이 집 주인 부부는 세상 사람들이 갖고 있는 재산에 대한 관념에 견주면 하찮은 것에 불과한 재산을 가지고 있습니다. 그렇지만 사실 저는 그들보다 더 부유한 사람을 단 한 사람도 알지 못합니다. 절대적인 부는 없습니다. 절대적인 부라는 말은 부자의 욕망과 능력 사이의 과잉 관계를 의미할 뿐입니다. 어떤 사람은 1아르팡의 땅만 가지고도 부유합니다. 반면에 어떤 사람은 산더미 같은 금을 가지고도 거지입니다. 방탕과 일시적 욕망들은 한이 없어서, 이 때문에 진짜로 가난한 사람들보다 가난한 사람들이 더 많이 생깁니다. 이 집에서는 균형의 토대가 튼튼해서 균형이 흔들리지 않습니다. 즉, 부부가 완벽하게 화합을 이루고 있습니다. 남편은 수입의 징수를 책임집니다. 아내는 그 수입의 사용을 관리합니다. 그들의 부의 원천은 그들 사이에 존재하는 바로 그 조화로움 속에 있습니다.

처음에 이 집에서 가장 인상 깊었던 점은 규율과 성실함 가운데 편안함과 자유와 기쁨이 있다는 것이었습니다. 잘 정리된 집들의 가장 큰 결함은 우울하고 부자연스러운 분위기를 준다는 것입니다. 주인들의 지나친 염려의 표현은 항상 좀 인색함의 기미를 풍깁니다. 주인들 곁에서는 모두가 갑갑함을 느낍니다. 엄격한 질서에는 고통 없이는 참아내기 힘든 어떤 노예적인 면이 있습니다. 하인들은 의무를 이행하지만, 불만스럽고 불안한 기색으로 합니다. 손님들은 잘 대접받지만 자기에게 주어진 자유를 경계심을 가지고 행사할 뿐입니다. 그러한 집에서는 손님들이 항상 자신들이 규율을 어기는 모습을 상상하게 되므로 행여 주제넘은 짓을 하게 될까 봐 걱정하느라 행동이 자유롭지 못합니다. 사람들은 이런 속박된 아버지들이 그들 자신을 위해서가 아니라 자식들을 위해서 산다고 느낄 것입니다. 자신이 아버지일 뿐만 아니라 인간이기도 하다는 것을, 그러므로 자신이 자식들에게 인간의 삶과 덕성을 겸비한 행복의 모범이 되어야 한다는 것을 생각지 않은 채 말입니다. 이 집 주인들은 더 현명한 규율들을 따릅니다. 훌륭한 가장의 주된 의무 중 하나는 자식들이 즐겁게 살 수 있도록 집을 즐겁게 만들 뿐만 아니라 스스로도 유쾌하고 행복한 삶을 사는 것이라고 이 집의 가장은 생각합니다. 아이들이 아버지처럼 살면서 행복하다고 느끼도록, 아버지의 행동과 상반되는 행동에 절대로 유혹당하지 않도록 하기 위해서입니다. 볼마르 씨가 두 사촌의 기분 전환과 관련해 가장 자주 언급하는 원칙 중 하나는, 아이들의 무질서한 생활의 제1근원은 거의 언제나 부모의 음울하고 욕심 사나운 삶이라는 것입니다.

자기 마음 외에 다른 규칙을 갖고 있지 않으며, 그 마음보다 더 신뢰하는 규칙을 갖고 있지 않은 쥘리는 거리낌 없이 그 마음에 자신을 맡기며, 올바르게 행동하기 위해 마음이 요구하는 모든 것을 행합니다. 마음은 그녀에게 계속해서 많은 것을 요구하며, 그녀보다 더 삶의 평온한 즐거움에 가치를 부여할 줄 아는 사람은 없습니다. 그토록 예민한 영혼이 어떻게 즐거움에 무감각하겠습니까? 반대로 그녀는 즐거움을 원하고 추구하며, 자신에게 기쁨을 주는 어떤 즐거움도 거절하지 않습니다. 저는 그녀가 즐거움을 향유할 줄 안다고 생각합니다. 하지만 그 즐거움은 쥘리만의 즐거움입니다. 그녀는 자신의 안락도, 그리고 자신에게 소중한 사람들, 이를테면 모든 주변 사람들의 안락도 소홀히 하지 않습니다. 그녀는 분별 있는 사람의 행복에 기여할 수 있는 것이라면 그 무엇도 불필요한 것이 아니라고 생각합니다. 그녀는 타인에게 잘나 보이는 데만 이용되는 것은 무엇이건 '쓸데없는 것'이라고 부릅니다. 그리하여 그녀의 집에서는 지나친 꾸밈새나 무기력이 없는, 즐거움과 감각적 쾌락의 호사를 보게 되며, 화려함과 허영의 호사라는 측면에서는 그녀가 아버지의 취향에서 거부할 수 없었던 것들만을 보게 됩니다. 또한 그녀의 집에서는 언제나 사물들에 광채와 화려함을 주기보다는 우아함과 매력을 주는 그녀의 취향을 보게 됩니다. 호화로운 사륜 포장마차를 더 안락하게 매달기 위해 끊임없이 파리나 런던에서 고안되는 방법들에 대해 제가 말해주면 그녀는 그것을 아주 칭찬합니다. 그러나 얼마나 많은 돈을 들여 마차의 외양을 꾸미는지를 말해주면 그녀는 더 이상 제 말을 이해하지 못하고 그 아름다운 외양이 그 마차를 더 편안하게 해주느냐고 계속해서 묻습니다. 마치 행인들에게 귀족보다는 행실 나쁜 사람으로 보이는 것이 더 즐거운 양, 사람들이 예전처럼 마차에 문장을 부착하는 대신 큰돈 들여 터무니없는 그림으로 마차를 치장한다고 제가 얘기해주면, 그녀는 제가 부풀려 말한다고 믿습니다. 무엇보다 그녀가 격분한 것은 부인들이 그런 관례를 도입했거나 옹호했다는 것과, 부인들의 호화 사륜마차는 좀 더 선정적인 그림에 의해서만 남자들의 마차와 구별된다는 것을 알고서였습니다. 저는 그 점과 관련해 그녀에게 당신의 훌륭한 친구의 말을 인용하지 않을 수 없었는데, 그녀는 그 말을 쉽게 이해하지 못했습니다. 어느 날 제가 그의 집에 있는데, 마침 누군가 그런 종류의 2인용 마차를 타고 나타났습니다. 마차의 외판(外板)을 보자마자 그는 마차 주인에게 이렇게 말하며 자리를 떴습니다. "저 마차는 궁정의 부인들에게나 보여주세요. 신사는 감히 저런 마차를 사용하지 않을 겁니다."

선행을 향한 첫걸음이 남에게 고통을 주지 않는 것인 것처럼 행복을 향한 첫걸음은 고통을 느끼지 않는 것입니다. 잘 이해되면 많은 도덕적 교훈도 필요 없을 이 두 원칙은 볼마르 부인에게 소중합니다. 그녀는 자신과 타인들 양쪽 모두의 가난에 아주 민감합니다. 곧은 사람이 끊임없이 악인들 가운데서 살면서 순수한 미덕을 변함없이 보존하는 것이 쉽지 않은 것과 마찬가지로 그녀가 가난한 사람들을 보면서 행복하기는 쉽지 않을 겁니다. 그녀의 동정심은 자신이 덜어줄 수 없는 고통에 대해서는 눈을 돌려버리는 그런 무정한 동정심이 아닙니다. 그녀는 그 고통을 찾아가서 덜어줄 것입니다. 그녀를 괴롭히는 것은 불행한 사람들을 보는 것이 아니라 불행한 사람들이 존재한다는 것입니다. 그녀는 불행한 사람들이 있다는 사실을 모르는 것만으로는 충분하지 않습니다. 자신의 평화를 위해서는 적어도 자기 주위에 불행한 사람들이 없다는 것을 알아야 합니다. 자신의 행복과 만인의 행복을 연계시키는 것은 이성적인 생각에서 나올 것이기 때문입니다. 그녀는 자신의 이웃이 무엇을 필요로 하는지를 알아봅니다. 자신의 이익을 위해 바치는 그런 열성을 가지고 말입니다. 그녀는 이웃의 모든 주민을 알고 있습니다. 이를테면 가정의 울타리를 그들에게로 넓혀, 인간의 삶에서 오는 모든 고통과 고뇌에서 그들이 벗어날 수 있도록 온갖 정성을 아끼지 않습니다.

에드워드 경, 저는 당신의 가르침을 받아들이고 싶습니다. 하지만 제가 더 이상 자책감을 느끼지 않는, 당신도 함께하실 수 있는 저의 열정만은 용서해주세요. 세상에는 한 명의 쥘리밖에 없을 것입니다. 신은 그녀를 지켜주셨습니다. 그러니 그녀와 관련된 것 중 어느 하나도 우연의 소산이 아닙니다. 하늘은 인간의 영혼이 그 자체 이상으로 고양할 수 있는 빛나는 미덕의 도움 없이도, 또 그런 미덕을 영광스럽게 해줄 수 있는 명예의 도움 없이도, 인간의 영혼이 가질 수 있는 탁월함과 사생활에 파묻혀 향유할 수 있는 행복을 동시에 이 지상에 보여주기 위해 그녀를 내려보내신 것 같습니다. 혹시 그녀의 과오가 한 가지라도 있었다면 그 과오는 오로지 그녀의 힘과 용기를 발휘하는 데 이용되었을 뿐입니다. 그녀의 부모, 친구, 하인들 등 행복하게 태어난 이 모든 사람들은 그녀를 사랑하고 그녀의 사랑을 받기 위한 사람들입니다. 그녀의 나라는 그녀가 태어나기에 적합한 유일한 곳이었으며, 그녀를 고귀하게 만드는 소박함이 그녀 주변에 감돌았을 것입니다. 다행히도 그녀는 행복한 사람들 틈에서 살았음에 틀림없습니다. 만일 불행히도 그녀가 고난의 무게에 짓눌려 신음하며 희망도 성과도 없이 자신들을 초췌하게 만드는 고통과 싸우는 불운한 국민들의 나라에서 태어났다면 고난 받는 사람들의 탄식이 그녀의 삶을 질식시켰을 것입니다. 누구에게나 흔한 비탄이 그녀를 짓눌러, 그녀는 고뇌와 근심으로 지친 인정 많은 마음 때문에 끊임없이 큰 고통을 겪었을 것입니다.

그 반면에 이곳에서는 모든 것이 그녀의 타고난 선량함을 자극하고 고무합니다. 그녀는 사람들의 불행에 대해 눈물 흘리지 않아도 됩니다. 그녀의 눈앞에 비참과 절망의 끔찍한 모습이 보이지 않기 때문입니다. 편안한 마을 사람들*은 그녀의 기부보다는 그녀의 조언을 더 필요로 합니다. 너무 어려서 먹고살 것을 벌지 못하는 고아나 사람들에게 잊혀 남몰래 고통스러워하며 사는 미망인, 자식도 없이 나이 들어 수족이 약해져서 생계에 필요한 것을 더 이상 마련하지 못하는 노인을 돕더라도 그녀는 자신의 자선이 그들에게 부담을 주거나, 공공의 부담만 가중시키고 신용 있는 양심 불량 인간들에게는 부담을 면해줄까 봐 걱정하지 않습니다. 그녀는 자신의 선행을 즐기며 그 선행의 과실이 자라는 것을 봅니다. 그녀가 맛보는 행복은 커져 그녀의 주변으로 확산됩니다. 그녀가 들르는 집은 모두 곧 그녀의 집과 같은 분위기를 갖게 됩니다. 편안함과 안락은 그녀의 최소한의 영향 가운데 하나일 뿐입니다. 그녀가 들르는 가정마다 화합과 미풍양속이 따라갑니다. 그녀는 집에서 나오면 유쾌한 대상들만 마주치게 되고, 집으로 돌아오면 훨씬 더 친절하고 다정한 대상들을 만납니다. 그녀는 어디를 가나 마음에 드는 것을 만납니다. 자존심이 별로 강하지 않은 그 영혼은 자신의 자선에서 자신을 사랑하는 법을 배웁니다. 정말입니다, 에드워드 경, 다시 말씀드리지만 진리와 관계있는 것 중에서 미덕과 관련 없는 것은 아무것도 없습니다. 그녀의 매력과 재능, 멋, 노력, 과오, 후회, 거주지, 친구, 가정, 고뇌, 기쁨 그리고 그녀의 운명 전체는 그녀의 삶을 하나의 훌륭한 모범으로 만듭니다. 그 모범을 따르고 싶어 하는 여인들은 거의 없겠지만 그녀들은 저도 모르게 그 모범을 사랑할 것입니다.

이곳에서 타인의 행복을 위해 취하는 배려들에서 가장 제 마음에 드는 점은 그 배려가 모두 사려 깊게 이루어진다는 점, 그리고 배려를 남용하는 일이 없다는 점입니다. 하고 싶다고 해서 항상 그렇게 선행을 하기란 쉽지 않은 법이어서, 자기 눈에 보이는 작은 선을 행하기 위해 보이지 않는 큰 해를 입힌 자들이 자주 자신들은 큰 봉사를 행하고 있다고 생각하고는

---

* 클라랑 근처에 무트뤼라는 마을이 있다. 그 마을은 공유지만으로도 마을 주민 전체를 먹여 살릴 만큼 부유하다. 마을 사람들은 조금의 땅도 소유하고 있지 않다. 그런 만큼 그 마을의 주민권은 베른의 시민권만큼이나 획득하기가 쉽지 않다. 무트뤼의 신사들을 더 사교적으로 만들고 그들의 주민권을 좀 덜 귀하게 만들 수 있는 어떤 정직한 대리인이 없다는 것이 얼마나 유감인지!

합니다. 훌륭한 성격을 가진 여인들에게서나 볼 수 있는 보기 드문 자질이 볼마르 부인의 성격에서는 매우 현저하게 눈에 띄는데, 자선을 유익하게 만드는 수단의 선택에 의해서건, 자선의 대상의 선정에 의해서건, 자선의 배분을 섬세하게 판별한다는 것입니다. 그녀는 스스로 규칙을 세우고 그 규칙을 포기하지 않습니다. 그녀는 마음이 약해 친절을 보이거나 기분에 따라 거절하는 일 없이 자신이 요구받은 선행을 베풀거나 아니면 거절할 줄 압니다. 삶에서 악한 행동을 한 사람은 누구나 그녀에게서 정의밖에 기대할 것이 없고, 그녀를 모욕했다면 용서밖에 기대할 것이 없습니다. 그녀가 아주 모범적인 하인에게나 보여줄 수 있는 호의나 보호 같은 것은 기대할 수 없습니다. 저는 그녀가 오로지 그녀 자신에게 달려 있는 친절을 그런 유의 인간에게는 아주 냉혹하게 거절하는 것을 보았습니다. 그녀는 그에게 이렇게 말했습니다. "나는 당신이 행복하기를 바라지만 내가 그 행복에 도움이 되어주고 싶지는 않아요. 상황이 되면 당신이 타인들에게 해를 끼치지 않을까 걱정스럽거든요. 세상에는 선량하지만 고통을 겪고 있는 사람들이 꽤 많아요. 그렇기에 당신 같은 사람까지 챙길 겨를이 없어요." 사실, 그런 냉엄한 처사는 그녀에게 매우 고통스러운 일이며, 그녀가 그렇게까지 행동하는 경우는 많지 않습니다. 악한 인간으로 확인되지 않은 사람은 모두 선한 사람으로 간주한다는 것이 그녀의 원칙입니다. 하지만 악한 인간이면서 그녀에게 교묘하게 그 증거를 숨길 수 있는 사람은 거의 없습니다. 돈 몇 푼 던져주는 것으로 불행한 사람들에 대한 도리가 끝났다고 여기는, 자비를 간청하는 사람에게 그저 적선만을 베풀 뿐인 부자들의 그런 안일한 동정심은 그녀에게는 없습니다. 그녀의 지갑은 무궁무진한 것이 아니어서, 가정주부가 된 이래 그녀는 그 지갑의 사용을 더 잘 조절할 줄 알게 되었습니다. 불행한 자들의 고통을 덜어줄 모든 도움 중에서 사실 적선은 가장 힘이 들지 않는 것입니다. 그러면서도 가장 일시적이며 가장 지속적이지 못합니다. 쥘리는 그들에게서 벗어나려고 애쓰는 것이 아니라 그들에게 유익해지려고 애씁니다.

그녀는 충고와 도움을 줄 때, 그 용도가 적절하고 올바른지를 잘 알지도 못한 채 무차별적으로 주지 않습니다. 그녀의 보호는 그것을 진정으로 필요로 하고 또 그것을 받을 자격이 있는 사람에게는 누구에게나 결코 거절되지 않습니다. 그러나 불안이나 야심에서 현재의 안락한 상태를 포기하고 지위를 상승시키고자 하는 사람들은 좀처럼 그녀의 도움을 받을 수 없을 것입니다. 인간에게 자연스러운 조건은 땅을 경작해 그 산물을 먹고 사는 것입니다. 전원의 평화로운 주민들이 행복을 느끼기 위해서는 그 행복을 이해하는 것밖에 달리 필요한 것이 없습니다. 그 주민들은 인간의 참된 즐거움을 모두 느낄 수 있습니다. 그들에게는 인간이면 누구나 갖는 고통 외에 다른 고통은 없으며, 그 고통으로부터 자유로울 수 있다고 생각하는 사람은 더 가혹한 다른 고통들에 얽혀들 뿐입니다.* 이 신분만이 유일하게 필요한 신분이며 가장 유용한 신분입니다. 이 신분은 다른 신분들이 폭력으로 괴롭히거나 악덕의 예로 유혹할 때에만 불행해집니다. 한 나라의 진정한 번영, 그리고 한 국민이 자기 자신에게서 끌어내는 힘과 강성함——결코 다른 나라에 의존하지 않고 공격하지 않아도 유지되며 가장 확실한 자기 방어 수단이 되어주는 힘과 강성함——은 바로 이 신분에서 나옵니다. 나라의 힘을 가늠할 때 재사(才士)는 군주의 궁정과 항구, 군대, 병기고, 도시들을 보러 갑니다. 반면에 진정한 정치가는 경작지를 돌아보며 농부들의 초가집으로 갑니다. 전자는 그 나라 국민이 무엇을 해놓았는지를 보고, 후자는 그 나라 국민이 무엇을 할 수 있는지를 봅니다.

이 집에서는, 나아가 에탕주에서는, 이 원칙에 근거하여 최대한 농부들의 형편을 안락하게 해주는 것을 중시하지만, 그들이 이곳을 떠나는 것은

---

* 최초의 소박함에서 벗어난 인간은 너무도 어리석어져서 심지어 원할 줄조차 모르게 된다. 그가 원하는 것들이 채워질지라도 그것은 그를 출세로 이끌 뿐 행복으로 이끌지는 않는다.

결코 돕지 않습니다. 가장 부유한 사람들이나 가장 가난한 사람들이나 모두 자기 아이들을 도시로 보내려고 애씁니다. 그런데 전자는 아이들을 공부시켜 유력한 인사로 키우기 위해서이고, 후자는 아이들을 하인으로 보내 부모의 부양의 짐을 덜기 위해서지요. 젊은 사람들은 흔히 속박에서 벗어나고 싶어 합니다. 젊은 여자들은 부르주아식 치장을 갈망합니다. 젊은 남자들은 외국으로 군 복무를 떠납니다. 그들은 조국과 자유에 대한 사랑 대신 용병의 건방지고 천한 태도와 자신들의 옛 신분에 대한 터무니없는 경멸을 품고 귀향하는 것을 더 훌륭하게 여깁니다. 쥘리 부부는 그들 모두에게 그런 편견들의 결함, 아이들의 퇴폐와 부모 유기, 생명과 재산과 미풍양속이 처한 끊임없는 위험을 지적합니다. 그런 상태에서는 성공하는 한 명을 위해 백 명이 타락하게 되어 있습니다. 만일 그들이 고집을 부리면 이 부부는 그들의 무분별하고 엉뚱한 망상을 두둔하지 않고, 그들이 악덕과 불행을 향해 치닫도록 내버려둡니다. 설득당한 사람들에게 그들의 분별 있는 포기에 대해 보상하는 데만 전념합니다. 부부는 그들의 태생적 조건을 소중히 여김으로써 그들 스스로가 자신들의 조건을 소중히 여기도록 가르칩니다. 부부는 또 농민들과 마찬가지로, 도시적 생활 방식을 취하지 않습니다. 각자 자기 조건을 소중히 여기고 존중하도록 가르치면서 정직하고 친숙하게 그들을 대합니다. 이 부부가 마을에 잠시 화려하게 나타나 자기 조상을 더럽히는 그 별 볼일 없는 벼락 출세자들과의 차이를 보여주면 자기 자신을 소중히 여기지 않는 선량한 농부는 한 사람도 없습니다. 볼마르 씨와 남작은 이곳에 있을 때면 이 마을과 주변 마을에서 열리는 운동 경기나 상금이 걸린 경주, 열병식에 거의 빠지지 않습니다. 태어날 때부터 정열적이고 용맹한 이곳 젊은이들은 퇴역 장교들이 자신들의 모임을 좋아하는 것을 보고는 더욱더 자긍심과 자신감을 갖게 됩니다. 외국에서 복무한, 모든 면에서 자신들보다 무지한 퇴역 군인들을 보며 청년들은 훨씬 더 자신감을 갖게 됩니다. 어쨌든 5수의 급여와 채찍질에 대한 두려움은 자유 의지로 국방의 의무를 수행하는 사람에게 부모, 이웃, 친구, 애인, 그리고 조국의 영광이 고취하는 것과 같은 경쟁심은 결코 불러일으키지 못할 것이기 때문입니다.

그러므로 볼마르 부인의 훌륭한 원칙은 신분을 바꾸는 것을 돕는 것이 아니라 각자의 신분 속에서 행복해지도록 돕는 것이며, 무엇보다 모든 신분 중에서 가장 행복한, 자유 국가에서의 촌민의 신분이 다른 신분에 대한 선호로 줄어드는 것을 막는 것입니다.

저는 이 점과 관련해 자연은 인간의 태생적 신분을 고려하지 않고, 각자에게 그들의 일을 주기 위해 다양한 재능을 나누어 준 것 같다고 이의를 제기했습니다. 그러자 그녀는 재능 이전에 두 가지, 즉 품성과 행복을 고려해야 한다면서 이렇게 말했습니다. "인간은 너무도 고귀해서 타인들에게 단순히 도구로 이용되어서는 안 되는 존재예요. 그 자신에게 적합한 자리인지는 고려하지 않고 타인들에게 적합한 자리에 그를 이용해서도 안 됩니다. 인간이 자리를 위해 만들어진 것이 아니라 자리가 인간을 위해 만들어진 것이니까요. 그러므로 일을 적절히 분배하기 위해 그 분배에서 각자에게 가장 적절한 자리, 가장 적성에 맞는 자리를 찾아줄 필요가 있어요. 가능한 한 그들을 즐겁고 행복하게 해주기 위해서요. 남들의 이익을 위해 한 인간의 영혼을 해쳐서도 안 되며, 신사들에게 봉사하느라고 중죄를 저질러서도 결코 안 돼요.

그런데 시골을 떠나는 천 명의 사람 중에 도시에 가서 타락하지 않거나, 또는 도시의 악덕을 가르쳐준 도시인들보다 더 그 악덕을 멀리 옮기지 않는 사람은 열 명도 안 돼요. 성공해서 재산을 모으는 사람들은 거의 모두가 부정직한 방법으로 그렇게 해요. 운이 따르지 않은 불행한 사람들은 자신의 옛 신분을 되찾아 다시 농부가 되기보다는 차라리 거지나 도둑이 되지요. 설령 그 천 명 가운데 단 한 명이 그런 본보기에 포함되지 않고 끝까지 정직하게 남을지라도 과연 그 사람이 원래 신분의 평온함 속에서 난폭한 열정으로부터 안전하게 살았던 것만큼 행복한 삶을 살 수 있다고 생각하세요?

자신의 재능을 따르려면 자신의 재능이 어떤 것인지를 알아야 하지요. 각자의 재능을 알아내는 것이 그리 쉬운 일인가요? 방향을 정할 나이에, 가장 잘 관찰된 아이들에게서도 그들의 재능이 무엇인지 파악하기가 아주 힘든데 어떻게 어린 촌민이 자신의 재능이 무엇인지 스스로 식별할 수 있겠어요? 어린 시절부터 보인다고 이야기되는 성향의 징후보다 모호한 것은 없어요. 그 성향에서는 흔히 모방성이 재능보다 더 많이 관여하지요. 그 징후는 뚜렷한 성향의 표시이기보다는 오히려 우연히 표출되는 것인 경우가 더 많아요. 게다가 성향조차 항상 재능을 말해주는 것은 아니에요. 진짜 재능, 진짜 소질에는 어떤 단순성이 있어요. 그 단순성 때문에 이런 재능은 진짜로 여겨지는 거짓 재능, 눈에 띄고 싶어 하지만 그럴 수단을 갖지 못한 헛된 열기일 뿐인 표면상의 거짓 재능에 비해 덜 불안하고 덜 수선스러우며 덜 즉각적으로 나타나요. 어떤 아이는 북소리를 듣고 장군이 되고 싶어 하고 또 어떤 아이는 건물 짓는 것을 보고 건축가가 된 자신을 상상합니다. 우리 정원사 귀스탱은 제가 그림 그리는 것을 본 뒤 그림 취미를 갖게 되었어요. 그래서 저는 그를 로잔으로 그림을 배우러 보냈어요. 그는 이미 자신을 화가로 생각하고 있지만 정원사일 뿐이에요. 기회와 향상하려는 욕망이 각자가 택하는 직업을 좌우해요. 자신의 재능을 느끼는 것만으로는 충분하지 않아요. 그 재능에 전력을 다할 필요가 있어요. 군주가 자기 마차를 잘 끈다고 해서 마부가 되나요? 어떤 공작이 맛있는 스튜 요리를 생각해냈다고 해서 요리사가 되나요? 재능은 자신의 가치를 증대시키기 위해 있는 것이지, 자신의 가치를 떨어뜨리기 위해 재능을 갖고 있는 사람은 없어요. 당신은 그것이 자연의 질서라고 생각하세요? 각자 자신의 재능을 알고 그 재능을 따르고자 할 때, 얼마나 많은 사람이 그렇게 할 수 있을까요? 얼마나 많은 사람이 부당한 장애물들을 극복할까요? 얼마나 많은 사람이 비열한 경쟁자들을 물리칠까요? 자신의 약점을 아는 사람은 책략과 술책에 의지하지요. 반면에 자신을 신뢰하는 사람은 그런 것들을 경멸해요. 예술을 위한답시고 있는 그토록 많은 학교가 되레 예술에 해만 끼칠 뿐이라고 당신이 백 번은 말하지 않았던가요? 그런 학교들에서는 학생들을 지각없이 늘려, 진정한 재능을 구분해내지 못해요. 진정한 재능은 군중 속에 억눌려 있어요. 최고의 능력에 돌아가야 할 모든 영광이 음모를 가장 잘 꾸미는 사람에게 돌아가지요. 일자리와 지위가 정확히 개인의 능력과 자질에 따라 결정되는 사회가 있다면 각자 자신이 가장 잘 수행할 수 있는 자리를 열망할 수 있을 거예요. 그러나 세상에서 가장 비열한 인간만이 출세할 수 있다면 사회 구성원은 보다 더 확실한 규칙에 따라 행동해야 하고 재능의 가치는 포기해야 하지요."

그녀는 말을 계속했습니다. "더 얘기해보지요. 저는 그토록 많은 각종 재능을 모두 계발해야 한다고는 생각하지 않아요. 그러려면 재능을 가진 사람의 수가 사회의 필요에 정확히 일치해야 할 테니까요. 만일 농사짓는 데 훌륭한 재능을 가진 사람만 농업에 남겨두거나, 아니면 다른 일에 더 적합한 사람들을 모두 농업에서 빼내면 경작에 종사해 우리를 먹여 살릴 농부가 충분하지 않을 거예요. 저는 인간의 재능은 자연이 병을 치유하도록 우리에게 주는 약의 효능과 같다고 생각해요. 비록 자연은 우리가 그것을 필요로 하지 않기를 바라겠지만 말이에요. 우리를 독살시키는 식물이 있고, 우리를 집어삼키는 동물이 있듯이 우리에게 해로운 재능도 물론 있어요. 각 재능을 항상 그것들의 주요 성질에 부합되게 이용해야 한다면 아마 인간에게 유익하기보다는 해가 될 거예요. 선량하고 소박한 사람들에게는 그렇게 많은 재능이 필요하지 않아요. 그들은 다른 사람들과 달리 온갖 간계보다는 순박함만으로도 자신들을 더 잘 지켜요. 그러나 그들이 타락함에 따라 그들의 재능은 계발되지요. 그들이 잃어버리게 되는 미덕의 대체물로 이용되도록, 그리고 악인들에게조차 자기 의지와 관계없이 유익하도록 하기 위해서인 양 말이에요.”

제가 그녀에게 동의하기 어려운 또 한 가지는 거지들의 구제에 관한 것이었습니다. 여기에는 큰길이 있어서 걸인이 많이 지나다닙니다. 그녀는 어떤 걸인에게도 적선을 거절하지 않습니다. 저는 그녀에게, 그런 적선은 쓸데없이 던져주는 것일 뿐이어서 그 때문에 진짜로 가난한 자에게서 재산을 빼앗는 셈이 된다고, 그뿐만 아니라 이런 습관은 자신의 비열한 직업에 만족하는 비렁뱅이와 떠돌이들을 늘리는 데 기여해 사회에 부양의 부담을 안겨주며 그들의 노동력을 사회에서 다시 빼앗아버린다고 주장했습니다.

그러자 그녀는 이렇게 대답했습니다. “제가 생각하기에 당신은 대도시에서 아첨하는 추론가들이 부자들의 냉혹함을 미화하고자 내세우는 그런 원칙을 받아들인 것 같군요. 당신이 쓰는 어휘조차 그래요. 가난한 자에게 비렁뱅이라는 경멸적인 말을 사용하면 그의 인간적 자격을 박탈할 수 있다고 생각하세요? 당신처럼 동정심이 흘러넘치는 사람이 어떻게 그런 말을 사용할 수 있지요? 친구, 그런 말은 더 이상 쓰지 마세요. 당신에게 그런 말은 어울리지 않아요. 그런 말은 그 말을 듣는 불행한 사람보다 그 말을 사용하는 냉혹한 사람에게 더 불명예스러워요. 저는 적선에 대해 비방하는 사람들이 옳은지 아닌지에 대해서는 판단하지 않겠어요. 제가 아는 것은, 양식에 관한 한 당신의 그 철학자들에게 뒤지지 않는 제 남편이 제게, 철학자들이 타고난 동정심을 마음속에 억누르고 또 냉혹과 무관심에 단련되기 위해 그런 주제에 관해 논하는 모든 것을 자주 제게 말해주었다는 것과, 그는 언제나 그 논의들을 경멸하는 듯했고 또 저의 행위를 비난하지 않았다는 것이에요. 그의 추론은 간단해요. 그는 이렇게 말하지요. ‘우리는 괴로워하지요. 그러면서도 우리는 많은 경우 풍속을 타락시키고 해치는 데 소용될 뿐인 무익한 직업을 큰 대가를 치르며 유지하지요. 걸인 신분을 하나의 직업으로서만 보면, 뭔가 두려워할 만한 것이 있기는커녕 모든 사람을 결속해주는 인정과 관심을 마음속에 품게 해주는 것만 발견됩니다. 만일 우리가 걸인 신분을 재능과 관련하여 고찰하기 원한다면, 내 마음을 움직여 도울 마음이 들게 하는 그 걸인의 감동적인 표현에 대해 왜 내가 보답해주지 않겠습니까. 말라버렸던 눈물을 흘리게 만드는 배우에게 관람료를 지불하는 것처럼 말이에요. 후자가 나로 하여금 타인의 선행을 사랑하게 한다면 전자는 나로 하여금 그 선행을 직접 하게 합니다. 우리가 비극에서 느끼는 모든 것은 극장 밖으로 나오는 순간 잊히지만, 우리가 도와준 불행한 사람들에 대한 기억은 끊임없이 되살아나는 기쁨을 주지요. 만일 많은 수의 걸인들이 국가에 부담이 된다면, 사람들이 장려하고 묵인하는 다른 직업들 중에서 그렇게 말할 수 없는 직업이 얼마나 될까요? 걸인이 없게 해야 하는 것은 군주의 의무입니다. 그런데 그들의 직업*을 버리게 하기 위해 시민들을 비인간적이고 악독하게 만들 필요가 있을까요?'" 쥘리가 말을 계속했습니다. "가난한 사람들이 국가에 어떤 존재인지는 몰라도, 저는 그들이 모두 저의 형제라는 것, 용서받지 못할 냉혹함 없이는 그들이 요구하는 조금의 도움을 제가 거절할 수 없다는 것을 알아요. 대부분이 떠돌이 신세라는 것을 저는 인정해요. 그러나 저는 인생의 고뇌를 너무 잘 알아서, 정직한 사람을 떠돌이의 운명으로 내모는 인생의

---

* 구걸하는 사람들을 먹이는 것은 도둑 양성소를 만드는 것이라고 그들은 말하지만, 그와는 정반대로 그것은 그들이 도둑이 되는 것을 막는다. 가난한 자들을 구걸하는 사람이 되도록 장려해서는 안 된다는 것에는 나도 동의하지만, 일단 그렇게 되면 그들이 도둑이 되지 않을까 걱정되니 그들을 먹여 주어야 한다. 자신의 직업으로 먹고살 수 없는 것만큼 직업을 바꾸도록 권장하는 것은 없다. 그런데 그 무위도식하는 직업을 한번 맛본 사람은 모두 일을 너무 싫어하게 되어, 자기 팔을 다시 사용하기보다는 차라리 도둑질하다가 교수형 당하는 쪽을 더 좋아한다. 1리야르를 요구하자마자 곧 거절당한다. 그런데 20리야르는 가난한 사람이 저녁 식사 비용을 지불할 수 있을 돈인데, 스무 번의 거절은 가난한 자를 참을 수 없게 만들 수 있다. 만일 자신의 아주 얼마 안 되는 적선이 두 사람을, 즉 한 사람은 범죄로부터 그리고 또 한 사람은 죽음으로부터 구할 수 있다고 생각한다면, 누가 그 적선을 거절하려 하겠는가? 구걸하는 사람들은 부자들에게 빌붙어 사는 기생충이라고 어디에선가 읽은 적이 있다. 아이들이 아버지에게 붙어사는 것은 당연한데도, 부유하면서도 냉혹한 아버지들은 아이들을 돌보지 않고 그들을 먹여 살리는 일을 가난한 사람들에게 맡겨버린다.

불행이 얼마나 많은지 아주 잘 알고 있어요. 그러니 제게 신의 이름으로 도움을 구하고 빵 한 조각을 구걸하러 오는 낯선 사람이 빈곤으로 죽을 찰나에 있는, 저의 거절로 절망에 빠질 그 정직한 사람이 아니라고 제가 어떻게 확신할 수 있겠어요? 문전에서 제가 주게 하는 적선은 아주 사소한 것이에요. 반 크뤼츠*와 빵 한 조각은 누구에게도 거절해서는 안 됩니다. 불구자임이 확실한 사람에게는 그것의 두 배를 줍니다. 모든 부유한 집들에서 그 정도를 구걸하면 떠돌면서 생존하기에 충분하지요. 지나가는 낯선 걸인에게 적어도 그 정도는 주어야 해요. 그것이 그들에게 진정한 도움이 되어주지는 못할지라도 적어도 그것은 그들의 고통을 함께 느낀다는 것을 보여주는 행동이자, 거절의 냉혹함을 완화하는 행동이자, 그들에게 보내는 일종의 인사예요. 반 크뤼츠와 빵 한 조각은 주기 어려운 것이 아니에요. 그리고 그것을 주는 것은 마치 신의 선물이 인간의 손에 있지 않은 것처럼, 그리고 부자들의 창고 외에 신이 지상에 다른 곡식 창고를 가지고 있기나 한 것처럼 '신이 당신을 도울 것이오'라고 말하는 것보다 더 주기 쉽고 또 더 정직한 답변이 아니겠어요? 어쨌든, 그 불행한 사람들을 어떻게 생각하든, 걸인에게 빚진 것이 아무것도 없다 해도 적어도 고통 받는 인간들을 존중할 의무가 있으며, 또한 인간의 그런 비참한 모습에 무감각하지 말아야 할 의무가 있어요.

저는 핑계를 대지 않고 솔직하게 구걸하는 사람들을 이런 식으로 대해요. 자신은 노동자인데 일이 없다고 한탄하는 사람들을 위해 이곳에서는 항상 농기구와 일이 기다리고 있어요. 그런 식으로 저는 그들을 돕고 그들의 선의를 시험하지요. 거짓말쟁이들은 그런 사실을 너무 잘 알기에 우리 집에 이제는 나타나지 않아요."

에드워드 경, 이렇게 그 천사 같은 영혼은 잔혹한 사람들이 자신들의 악

* 이 지방의 동전.

덕을 변명하는 공허한 교활함을 타파할 수단을 자신의 미덕 속에서 발견합니다. 이 모든 배려나 또 다른 유사한 배려의 행동은 즐겁게 행해지며, 그녀가 자신의 가장 소중한 의무들에 할애하는 시간의 일부가 그런 배려에 사용됩니다. 타인에게 해야 할 의무를 다한 뒤에 자신의 삶을 즐겁게 하는 일을 하는 것 역시 그녀의 미덕 가운데 하나입니다. 그 정도로 그녀의 동기는 언제나 칭찬받을 만하며 정직합니다. 또한 그 정도로 그녀가 자신의 욕망에 따라 하는 모든 행동에 절도와 이성이 있습니다! 그녀는 자신이 만족스럽고 명랑한 것을 보기 좋아하는 남편을 기쁘게 해주고 싶어 합니다. 또한 자식들에게는 절제와 규율과 소박함에 의해 증진되는, 마음을 난폭한 정열에서 벗어나게 해주는 순수한 즐거움에 대한 취향을 불어넣어 주고 싶어 합니다. 그녀는 아이들과 놀아주는 것을 즐깁니다. 마치 비둘기가 새끼에게 먹일 곡식을 자기 위 속에 넣어 부드럽게 만드는 것처럼 말입니다.

쥘리는 마음과 몸이 똑같이 예민합니다. 똑같은 섬세함이 그녀의 감정과 오감을 지배합니다. 그녀는 모든 즐거움을 알고 맛보기 위해 태어났으며, 오랫동안 미덕 자체를 관능 가운데 가장 감미로운 관능인 것처럼 너무도 극진히 사랑했습니다. 이 최고의 관능을 평화롭게 느끼는 오늘 그녀는 이 관능에 어울릴 수 있는 관능이면 어떠한 것도 거부하지 않습니다. 그러나 이 관능들을 맛보는 그녀의 방법은 이를 멀리하는 사람들의 엄격함을 닮아서, 그녀에게 즐김의 기술은 곧 절도의 기술이기도 합니다. 자연에 어긋나는, 자연의 창조주라면 경의의 대상으로 삼는 것을 분별없는 일로 여길 그런 고통스럽고 괴로운 절도가 아니라 이성의 지배 아래, 즐거움에 조미료로 이용됨으로써 그 즐거움에 대한 혐오감과 남용을 막는 일시적이고 절제된 절도의 기술 말입니다. 감각에 기인하지만 삶에 꼭 필요하지는 않은 모든 것은 그것이 습관으로 변하는 순간 성질이 변해버린다고, 욕망이 되면서 즐거움이기를 그친다고, 자신에게 가하는 구속인 동시에 자신에게 금하는 기쁨이라고, 욕망을 언제나 미리 만족시키는 것은 욕망을 만족시키는 기술이 아니라 욕망을 진정시키는 기술이라고 그녀는 주장합니다. 그녀가 아주 사소한 일에 가치를 부여하는 데 사용하는 유일한 기술은 그것을 한 번 향유하기에 앞서 먼저 스무 번을 멀리하는 것입니다. 이 순수한 영혼은 이렇게 자신의 최초의 기력을 보존합니다. 이 영혼의 미각은 전혀 약화되지 않아서, 결코 과도한 것으로 그 미각을 되살릴 필요가 없습니다. 그리하여 저는 그녀가 다른 영혼에게는 전혀 재미를 주지 못할 유치한 쾌락을 기쁘게 만끽하는 것을 자주 봅니다.

그녀가 여전히 이 일에서 보다 더 고상한 목표로 삼는 것은 자기 자신을 억제하는 것, 자신의 열정을 고분고분하게 길들이는 것, 자신의 모든 욕망을 규율에 복종시키는 것입니다. 이것은 행복해지는 새로운 방법입니다. 잃어도 고통이 없는 것만을 걱정하지 않고 즐기기 때문입니다. 참된 행복이 슬기로운 사람에게 속하는 것이라면 그것은 그가 모든 인간 중에서 운에 의해 빼앗길 수 있는 것을 가장 적게 가지고 있는 사람이기 때문입니다.

그녀의 절제에서 가장 이상하게 보이는 것은, 향락주의자들을 방종에 빠지게 만드는 것과 똑같은 이유로 그녀가 절제를 따른다는 것입니다. 그녀는 이렇게 말합니다. "사실 인생은 짧아요. 그렇기에 인생을 끝까지 이용해야 하고, 가능한 한 가장 잘 이용하기 위해 그 기간을 수완 좋게 배분해야 해요. 만일 하루의 포만이 우리에게서 일 년의 즐거움을 빼앗는다면, 우리의 생애가 끝나기도 전에 우리의 능력이 소진되지 않을지, 그리하여 우리의 마음이 소진되어 우리의 육체보다 먼저 죽어버리지 않을지 고려하지 않은 채 늘 욕망이 이끄는 데까지 가고야 마는 것은 좋지 못한 철학이에요. 저는 그 하찮은 쾌락주의자들이 한 번의 기회도 결코 놓치지 않으려다가 모든 기회를 놓쳐버리며, 쾌락의 한가운데에서도 항상 권태를 느껴 어떤 쾌락도 결코 느낄 줄 모르는 것을 봐요. 그들은 시간을 아낀다고 생각하지만 시간을 낭비하고 있으며, 적절히 잃을 줄도 알아야 하는데 수전노처럼 전락해 아무것도 잃을 줄을 모르게 되지요. 저는 그와 정반대되는 원칙에 대해 만족스럽게 여기며, 바로 그 점에서 저는 과도한 느슨함보다는 과도한 엄격함을 훨씬 더 좋아할 거예요. 즐거운 일이 저를 지나치게 즐겁게 해준다는 바로 그 이유 때문에 그 일을 중단하는 일이 가끔 생기기도 해요. 중단했던 그 즐거운 일을 다시 시작함으로써 저는 그것을 두 번 즐기게 되는 것이지요. 그러면서 저는 제 의지에 대한 자제력을 유지하는 연습을 하는데, 망상에 지배받느니 차라리 변덕스럽다고 비난받는 것이 나아요."

이곳에서 삶의 행복과 순수하게 즐거운 일들은 바로 이런 원칙에 기초해 있습니다. 쥘리에게는 식도락적인 성향이 있습니다. 그녀가 모든 가사에 기울이는 배려 가운데서도 특히 요리는 소홀히 되지 않습니다. 식탁은 전체적으로 풍성하지만 이 풍성함에는 절대로 비용이 많이 들지 않습니다. 식도락의 추구가 있지만 지나치지 않습니다. 음식은 모두 평범하지만, 그 종류의 선택은 뛰어나며 맛은 담백하지만 훌륭합니다. 허례허식일 뿐인 음식, 사람들이 좋다고 하는 음식, 진귀해서 비싼 음식, 이름을 대야만 맛있다고 생각되는 모든 인기 있는 정제된 음식은 이 식탁에서는 영원히 추방됩니다. 세련된 맛과 좋은 품질의 몇몇 요리는 일상적으로는 삼가다가 축제 기분을 내야 할 때만 내놓는데, 그렇기에 비용을 더 들이지 않고도 더 유쾌하게 해주지요. 그토록 검소하게 준비된 요리들은 어떤 것들일까요? 사냥해서 잡은 진귀한 고기 요리요? 바다 생선 요리요? 외국에서 수입한 재료로 만든 요리요? 그런 것들보다 더 좋은 것입니다. 이 지방의 훌륭한 채소들, 우리 정원에서 자라는 맛있는 채소, 일정한 방법으로 요리된 호수의 어류들, 우리 산악 지대에서 나는 유제품, 독일식 빵들, 하인들이 사냥해 잡은 고기들이 우리 식탁에서 발견할 수 있는 모든 특별 요리들입니다. 이것들이 이 집 식탁을 채우고 장식하는 요리들로, 축제의 날들이면 우리의 입맛을 돋우고 만족시켜줍니다. 식사 대접은 조촐하고 시골풍이지만 정갈하고 유쾌합니다. 우아함과 즐거움이 있지요. 거기에서는 즐거움과 식욕이 양념이 되어줍니다. 몹시 배가 고픈 사람들에게는 금빛 장식 그릇이나 꽃을 잔뜩 꽂은 디저트용 화려한 크리스털들이 요리가 담긴 접시들을 대신하지 못합니다. 그곳 사람들은 눈으로 배를 채워주는 기교가 아니라 맛있는 음식에 매력을 더해주는 법, 체하지 않고 많이 먹는 법, 이성을 약화시키지 않고 마시며 즐기는 법, 권태롭지 않게 식탁에 오래 앉아 있는 법, 언제나 거부감 없이 그 식탁에서 물러나는 법을 알고 있습니다.

이층에 작은 식당이 하나 있는데, 그것은 평소에 식사를 하는 일층의 식당과는 다릅니다. 그 특별 식당은 집 모퉁이에 자리 잡고 있어서 빛이 두 면에서 들어옵니다. 한쪽으로는 정원이 보이며 그 정원 저편에는 나무들 사이로 호수가 보입니다. 다른 쪽으로는 두 달 뒤면 수확할 보물을 눈앞에 펼쳐 보여주기 시작하는 거대한 포도 구릉이 보입니다. 그 방은 작지만, 온갖 것이 방을 아름답고 쾌적하게 장식하고 있습니다. 쥘리가 아버지와 남편, 사촌, 저, 그녀 자신, 그리고 때로 자녀들을 위해 조촐한 향연을 여는 곳은 바로 그 방입니다. 그녀가 그 방에 식탁을 차리라는 말만 해도 하인들은 이미 그 의미를 알아차립니다. 볼마르 씨는 농담 삼아 그 방을 '아폴론의 방'이라고 부릅니다. 그러나 그 방은 회식자와 요리의 선택에서는 루쿨루스[10]의 방이나 다름없습니다. 보통의 손님은 그 방에 초대되지 않습니다. 외부 손님에게도 절대로 그 방에서 식사 대접을 하지 않습니다. 그 방은 누구도 침범할 수 없는 신뢰와 우정과 자유의 안식처입니다. 그곳에서 식탁의 친교를 맺는 것은 바로 마음의 친교를 맺는 것입니다. 그 친교는 친밀한 관계에 들어가는 일종의 입문식이어서, 더 이상 헤어지고 싶지 않은 사람들만 그곳에 모입니다. 에드워드 경, 향연이 당신을 기다리고 있습니다. 당신이 이곳에 오면 맨 처음 식사를 할 곳은 바로 그 방입니다.

저는 처음에는 그와 같은 영광을 갖지 못했습니다. 제가 '아폴론의 방'에서 대접받은 것은 도르브 부인의 집에서 돌아온 뒤였습니다. 저는 제가 받은 접대에 어떤 다른 배려가 추가되리라고는 상상하지 않았습니다. 그러나 그날의 저녁 식사는 제게 다른 생각을 갖게 했습니다. 그 식사에서 알 수 없는 어떤 달콤한 혼합, 즉 친숙함과 즐거움과 화합과 편안함의 혼합을 발견했던 것입니다. 그것은 제가 그동안 경험해본 적이 없는 것이었습니다. 자유롭게 지내라고 제게 말하는 사람도 없었건만 저는 더욱 자유로움을 느꼈습니다. 우리는 이전보다 서로를 더 잘 이해하는 것 같았습니다. 하인들이 곁에 없으니 더 이상 조심스러운 마음을 가질 필요가 없었습니다. 오래전에 그만둔, 식사 뒤 물을 타지 않은 포도주를 마시는 습관을 저는 그곳에서 쥘리의 요청에 의해 다시 갖게 되었습니다.

그 식사는 무척 즐거웠습니다. 우리의 모든 식사가 그런 식으로 이루어졌으면 하고 바랐습니다. 제가 볼마르 부인에게 말했습니다. "이런 매력적인 방이 있는 줄 몰랐습니다. 왜 당신은 늘 이 방에서 식사하지 않는 거지요?" 그러자 그녀가 대답했습니다. "보세요. 이 방은 너무 예뻐요! 그러니 망가뜨린다면 애석한 일 아니겠어요?" 그 대답은 그녀의 성격과 너무 동떨어져 보여서 저는 그 말에 어떤 감추어진 뜻이 있다고 의심하지 않을 수 없었습니다. 저는 다시 물었습니다. "이곳의 이런 안락한 시설들을 계속 사용하면 하인들과 떨어져 더 자유롭게 담소를 즐길 수 있을 텐데 왜 안 그러는 거지요?" 그녀는 다시 이렇게 대답했습니다. "너무 쾌적해서요. 늘 편하게 지내는 데서 오는 권태는 결국 가장 위험한 것이에요." 그녀의 사고를 이해하는 데 더 이상의 말이 필요 없었습니다. 저는 즐거움을 돋우는 방법은 결국 즐거움에 인색해지는 방법이나 다름없다고 생각했습니다.

저는 그녀가 전에 비해 몸단장에 더 신경 쓴다는 것을 알게 되었습니다. 전에 그녀가 비난받는 유일한 오만은 몸단장에 신경을 쓰지 않는다는 것이었습니다. 이 자긍심 강한 여인은 그럴 만한 이유가 있었고, 제게 그녀의 영향력을 인정하지 않을 구실을 전혀 남기지 않았습니다. 그녀가 몸단장에 신경 쓰지 않아도 소용이 없었는데, 그녀가 너무도 매력적이어서 저는 그것이 꾸미지 않은 모습이라고는 생각할 수 없었거든요. 저는 그녀의 그 신경 쓰지 않은 외모에서 어떤 기교를 찾아보기 위해 끈질기게 노력했습니다. 설사 그녀가 자루를 머리에 뒤집어썼다 해도 저는 그녀가 애교 부린다고 비난했을 것입니다. 그녀는 지금도 여전히 영향력을 가지고 있지만, 그 영향력의 사용을 경멸합니다. 만일 제가 그녀가 그렇게 새로이 몸단장을 하는 이유를 알아차리지 못했다면, 저는 그녀가 이제는 오직 예쁜 여인으로 보이기 위해 몸치장에 더욱 신경 쓴다고 말했을 겁니다. 저는 처음 며칠 동안은 잘못 생각했습니다. 예기치 않게 제가 도착했던 날과 다른 치장이 아니라는 것을 생각하지도 않고 저는 감히 그 치장이 저 때문에 한 것이라고 생각했던 것입니다. 저는 볼마르 씨가 없는 동안 진실을 깨닫게 되었습니다. 볼마르 씨가 떠난 다음 날이 되자, 아무리 봐도 싫증이 나지 않던 전날의 그 아름다움도, 과거에 저를 황홀하게 만들었던 감동적이고 관능적인 그 순진함도 온데간데없었습니다. 그 대신에 눈으로 마음에 말을 하는, 존경심만을 불러일으키는, 아름다움 때문에 위엄이 더해지는 어떤 겸손이 그 자리를 차지하고 있었습니다. 아내와 어머니로서의 위엄이 그녀의 모든 매력을 압도하고 있었습니다. 수줍고 상냥한 시선은 보다 더 엄해졌습니다. 더 당당하고 고상한 모습이 그녀의 용모의 부드러움을 덮고 있는 것 같았습니다. 그녀의 풍모나 태도에 조금이라도 변화가 생겨서가 아닙니다. 그녀의 한결같음과 솔직함은 결코 거짓 꾸밈을 지니지 않았으니까요. 그녀는 다만 다른 치장, 다른 모양의 머리, 다른 색상의 옷을 통해 때때로 우리의 감정과 생각을 변화시키는, 또 아무것도 아닌 것으로도 무언가를 만들어냄으로써 마음의 취향에 영향력을 행사하는 여자들의 타고난 재능만을 사용할 뿐입니다. 남편이 돌아오기를 기다리던 날에는 타고난 매력을 덮어 숨기지 않고 살아 움직이게 하는 기술을 되찾았습니다. 그녀는 화장을 하고 나왔는데, 눈부셨습니다. 저는 그녀가 가장 간단하게 치장하는 방법 못지않게 가장 빛나는 치장을 지우는 방법도 알고 있다는 것을 깨닫게 되었습니다. 저는 그녀의 배려의 목적을 알고는 분해하며 이렇게 중얼거렸습니다. “그녀가 사랑을 위해서도 저렇게 한 적이 있었던가?”

이런 취향의 치장은 이 집 여주인에게서 모든 식솔들에게로 확산됩니다. 주인과 아이들, 하인들, 말, 건물, 정원, 가구 등 모든 것에서 신경 쓴 모습이 보입니다. 이 모든 것은 정성스럽게 정리되어 있어서, 화려함에 압도되지 않았음을 보여주는 것에 그치지 않고 오히려 화려함을 경멸한다는 것을 보여줍니다. 그래요, 여기에는 실제로 화려함이 있습니다. 사물들의 화려함이 호화로움보다는 각 부분 간의 조화나 정돈하는 자의 의도의 통일성을 드러내는 전체의 훌륭한 질서에 있는 것이 사실이라면 말입니다.* 저는 궁정에서 불화와 혼란, 그리고 그곳에 사는 사람들이 저마다 타인의 파멸과 총체적 무질서 속에서 자신의 출세와 행복을 추구하며 사는 것을 보기보다는 적어도 크지 않은 소박한 집에서 소수의 사람들이 평범한 행복을 누리며 사는 것을 보는 것이 더 고귀하고 더 고상하다고 생각합니다. 잘 정돈된 집은 일체감이 있어서, 바라보기에 즐거운 전체를 이룹니다. 반면에 궁정에서는 가지각색의 물건들이 혼란스럽게 모여 있는 것을 발견하는데, 그것들은 표면적으로만 결합되어 있을 뿐입니다. 언뜻 보면 공통의 목적이 보이는 것 같지만 더 자세히 들여다보면 그것이 착오임을 곧 깨닫게 됩니다.

가장 자연스러운 인상만 고려하면 화려함과 사치를 경멸하는 데는 절제보다는 오히려 취향이 필요한 것 같습니다. 대칭적 균형과 정연함은 눈을 즐겁게 해줍니다. 안락함과 지복의 모습은 그것을 갈망하는 사람의 마

* 그것은 내게 이론의 여지가 없는 것처럼 보인다. 큰 궁정의 균형미에는 화려함이 있지만 어지럽게 밀집된 많은 집들에는 화려함이 없다. 전투 대형을 취한 연대의 제복에는 화려함이 있지만 그것을 바라보는 사람들에게는 화려함이 없다. 혹, 개별적으로는 군복보다 더 비싼 옷을 입지 않은 사람이 단 한 사람도 없다 해도 말이다. 요컨대 진정한 화려함이란 위대한 것 안에서 감지되는 질서일 뿐이다. 그것은 상상할 수 있는 모든 광경 중에서 가장 훌륭한 광경은 자연의 광경임을 의미한다.

음을 감동시킵니다. 그러나 질서나 행복과 관련이 없는, 사람의 눈을 사로잡는 것만을 목적으로 하는 허영 섞인 화려함이라면 그것을 바라보는 사람의 마음에 그것을 드러내 보이는 자에 대한 어떤 호의적인 생각을 불러일으킬 수 있을까요? 취향에 대한 생각일까요? 취향은 호화로움으로 덮여 있는 것들보다 소박한 것들에서 백배는 더 잘 드러나지 않습니까? 편리함에 대한 생각일까요? 호사보다 더 불편한 것이 있습니까?* 영화로움이나 권세에 대한 생각일까요? 정확히 그 반대입니다. 누가 거창한 궁정 같은 집을 짓고 싶어 했다는 것을 알게 되면 저는 곧 이렇게 생각합니다. '왜 더 크게 짓지 않았지? 하인을 쉰 명 두느니 왜 아예 백 명을 두지 않았지? 왜 저 아름다운 은 쟁반을 금 쟁반으로 바꾸지 않았지? 호화로운 사륜 포장마차를 금빛으로 장식했으면서 왜 집 안은 금빛으로 호화롭게 장식하지 않지? 실내장식이 금빛으로 되어 있다면 왜 지붕은 그렇게 하지 않지?' 높은 탑을 세우고자 하는 사람은 그것을 하늘까지 쌓으려 하는 편이 나았습니다. 하늘까지가 아니면 아무리 높이 쌓아도 소용없었을 겁니다. 그가 멈춘 지점은 자신의 힘없음을 훨씬 더 잘 증명하는 것 외에 아무 소용이 없었을 겁니다. 오, 하찮고 허영심 많은 인간이여, 내게 너의 힘을 보여다오. 그러면 나는 네게 너의 비참을 보여줄 테니!

그와 반대로, 세상 사람의 입방아에 오르내리지 않고 모든 것이 실질적

---

* 하인들의 소란은 끊임없이 주인의 휴식을 방해한다. 주인은 그토록 많은 아르고스들에게 아무것도 숨길 수가 없다. 주인의 그 채권자 무리는 주인으로 하여금 찬미자들 무리에게 비싼 대가를 치르게 한다. 그의 아파트는 너무도 멋져서, 편안하게 있기 위해서는 그는 누추한 집에서 잠을 자지 않을 수 없다. 그리하여 때로 그의 원숭이가 그보다 더 좋은 곳에 거주한다. 그가 식사를 하고 싶다면, 그것은 그의 요리사 마음에 좌우될 문제이지 그의 배고픔에 좌우될 문제가 아니다. 그가 외출을 하고 싶다면, 그것은 그의 말들의 마음에 달린 문제다. 수많은 장애가 그의 길을 막는다. 그는 빨리 도착하고자 애태우지만 자신에게 다리가 있다는 것을 더 이상 알지 못한다. 클로에가 그를 기다리고 있지만 진창길이 그를 붙잡고, 옷에 달린 금의 무게가 그를 짓누른다. 그리하여 그는 스무 걸음도 가지 못한다. 그러나 비록 정부(情婦)와의 약속을 놓칠지라도 그는 행인들에 의해 보상받는다. 모두가 그의 거창한 의복을 보고 감탄하며 큰 소리로 "저분이 모씨 어른 아니야" 하고 외칠 것이기 때문이다.

인 유용성을 갖는, 자연의 진정한 필요에 한정되는 그런 사물의 질서는 이성의 인정을 받을 뿐 아니라 눈과 마음까지 만족시키는 광경을 제공합니다. 그런 광경 안에서는 사람들이 자족하기에, 자신의 나약한 모습이 드러나지 않고 그 명랑한 광경이 슬픈 생각을 전혀 불러일으키지 않는 그런 기분 좋은 조망 속에 있게 됩니다. 저는 분별 있는 사람이면 누구에게나 이렇게 말할 수 있습니다. 군주의 궁정과 그곳의 번쩍이는 호화로움을 한 시간만 바라보면 우울한 생각에 빠지지 않을 수 없고 인간의 운명을 슬퍼하지 않을 수 없다고 말입니다. 그러나 이 집과 식솔들의 한결같고 소박한 모습은 보는 이의 마음에 끊임없이 커가는 은밀한 매력을 퍼뜨립니다. 친절하고 온화하며 서로의 필요와 온정에 의해 결합된 소수의 식솔들은 저마다의 책임을 다하며 합심하여 공통의 목표를 위해 노력합니다. 저마다 자신의 상태에 만족하기에 거기에서 벗어나고픈 마음을 갖지 않으며, 당연히 평생 그 상태에서 살 것처럼 그 상태에 애착을 갖습니다. 그들에게 한 가지 염원이 있다면 그것은 자기 의무를 다하는 것입니다. 명령하는 사람들에게는 너무도 큰 절도가 있고 복종하는 사람들에게는 너무도 큰 열정이 있어서 신분이 동등한 사람들이었다면 똑같은 일자리를 분배받을 수 있었을 것이며, 아무도 그 분배에 불평하지 않았을 것입니다. 그러므로 아무도 타인의 일자리를 시샘하지 않으며, 공동 재산의 증식 없이 자기 개인 재산을 늘릴 수 있으리라 생각하지 않습니다. 주인들조차 자신들 곁에 있는 하인들의 행복으로 자신들의 행복을 판단합니다. 이곳에서는 유용한 것밖에 볼 수 없고 또 모든 것이 유용한 것이어서 더할 것도 뺄 것도 없습니다. 그리하여 이곳에서는 이곳에 없는 것은 아무것도 원할 필요가 없으며, '여기에는 왜 더 많은 것이 없지?'라고 말할 여지가 없습니다. 여기에 장식 줄이나 그림, 샹들리에, 그리고 금박을 더해보세요. 즉각 모든 것이 되레 빈약해지고 말 겁니다. 필요한 것이 풍족하게 있으면서 남아도는 흔적이 전혀 없는 것을 보며 사람들은 '필요한 것이 없는 것은 이들이 그것을 원하지 않았기 때문이고, 이들이 원하기만 하면 그것이 풍족하게 제공될 거야'라고 생각하게 됩니다. 또 가난한 자들을 돕는 일 때문에 재산이 계속 밖으로 빠져나가는 것을 보며 사람들은 '이 집은 부를 온전히 간직할 수가 없구나'라고 말하게 됩니다. 그것이 제게는 오히려 진정한 화려함으로 보입니다.

이런 부유한 삶을 유지하는 데 어느 정도의 돈이 드는지 알게 되었을 때 저는 걱정이 되었습니다. 그리하여 볼마르 씨 부부에게 말했습니다. "당신들은 망하겠어요. 이렇게 보잘것없는 수입으로 이토록 많은 지출을 감당할 수 없을 테니까요." 그들은 웃기 시작했습니다. 그러고는 생활비를 전혀 깎지 않아도 자신들이 어떻게 하느냐에 따라 망하기는커녕 오히려 많이 절약하여 수입을 증대시킬 수 있다고 알려주었습니다. 그들은 이렇게 말했습니다. "부자가 되기 위한 우리의 핵심 비법은 돈을 거의 갖지 않는 것이며, 우리의 재화를 이용하는 데 있어서 가능한 한 생산물과 그 생산물의 사용 사이의 매개적 교환을 피하는 것입니다. 교환 중에 손실이 발생하지 않는 교환은 없는데, 이런 손실이 증가하면 아름답던 금빛 케이스가 이리 팔리고 저리 팔리며 계속 고물이 되어 싸구려 장신구로 전락하는 것처럼 꽤 많은 재산을 날려버립니다. 우리의 소득은 현장에서 사용되기 때문에 수송이 필요 없습니다. 그것을 현물로 소비하기에 교환도 필요 없습니다. 어쩔 수 없이 남는 것을 팔고 모자라는 것을 사야만 할 때에는 손실을 배가하는 금전을 통한 구입과 구매 대신에 계약 당사자들의 편리가 서로의 수익을 대신하는 현물 교환을 추구합니다."

제가 그들에게 말했습니다. "그 방식의 이점들을 이해합니다. 하지만 불편이 없지 않은 것 같습니다. 그 방식이 당신들에게 안겨주는 번거로운 일들은 차치하더라도, 수익이 있을 것 같지만 사실은 없습니다. 당신들이 재산 관리에 하나하나 매달림으로써 보는 손실이 어쩌면 소작인들이 당신들과 함께 얻을 수익보다 더 많을지도 모릅니다. 농부가 당신들보다 항상 더 경제적으로 일할 것이며, 보다 더 주의 깊게 수확을 할 수 있을 테니까요." 그러자 볼마르 씨는 이렇게 대답했습니다. "그렇지 않아요. 농부는 생산물을 늘리는 것보다는 비용을 절약하는 것에 더 신경 씁니다. 왜냐하면 수익이 주는 유익함보다 선불하는 토지세가 안겨주는 고통이 더 크기 때문입니다. 농부의 목적은 토지를 개량하는 것이라기보다는 오히려 토지에 거의 비용을 들이지 않는 것이기 때문에, 만일 그에게 실제적인 수익이 있다면 그것은 토지를 개량하는 것이라기보다는 황폐하게 하는 것에서 발생할 겁니다. 최선의 방법은 토지를 황폐하게 하는 것이라기보다는 아예 방치하는 것입니다. 그러므로 아무 일도 하지 않는 땅 주인은 수고 없이 조금의 돈을 벌기 위해 자기 자신이나 자기 자식들에게 큰 손실과 큰 고역을, 그리고 때로는 세습지의 파멸을 초래하기도 합니다."

볼마르 씨가 말을 계속했습니다. "하기야 내가 소작인에게 경작을 맡기는 것보다 더 많은 비용을 들여 경작한다는 것을 부인하지 않습니다. 하지만 소작인만큼의 수익을 냅니다. 나의 경작법이 훨씬 더 나아서 수확량이 훨씬 더 많기 때문입니다. 그러므로 더 많이 지출하지만 그래도 더 큰 이득을 얻습니다. 그뿐만이 아닙니다. 그 과다한 지출은 겉으로만 과다해 보일 뿐 실제로는 아주 많은 절약을 가져옵니다. 남이 우리 땅을 경작할 경우 우리는 빈둥빈둥 놀고먹을 것이고, 도시로 나가 머물러야 할 것이며, 도시에서는 생활비가 더 많이 들 것이고, 이곳에서보다 효과는 덜하지만 비용은 더 많이 드는 오락을 즐겨야 할 것이기 때문이지요. 당신이 번거롭다고 말하는 그 일들은 우리의 의무이자 즐거움입니다. 미리미리 순서를 예상하여 정리하는 덕분에 그 일이 전혀 힘들지 않고, 파멸을 초래하는 수많은 엉뚱한 생각과 행동들을 대체하게 됩니다. 전원생활이 그런 생각과 행동들을 예방해주거나, 아니면 그런 쪽으로 기우는 취향을 제거해주거든요. 그리하여 우리의 행복에 기여하는 것은 모두가 우리에게 즐거움이 됩니다."

이 현명한 가장은 이렇게 덧붙였습니다. "주위를 둘러보세요. 거의 힘들이지 않고 쓸데없는 비용을 많이 절약하게 해주는 유익한 것들이 보일 겁니다. 우리 식탁에는 우리 땅에서 나는 농산물만 올라옵니다. 옷과 가구는 거의 다 이 고장에서 나는 직물과 재료로 만듭니다. 흔하다고 해서 경시되는 것도 없고, 드물다고 해서 높이 평가받는 것도 없습니다. 멀리서 오는 것은 모두 속임수를 쓰거나 변조된 것일 가능성이 크기 때문에 우리는 절제와 맛을 위해 우리 주변에서 나는 보다 나은 것, 믿을 만한 품질을 가진 것들만을 선택합니다. 우리의 음식은 소박하지만 정선된 것들입니다. 먼 곳의 식재료로 차려지지 않는다는 것만 빼면 우리의 식탁은 호화롭기에 부족할 것이 없습니다. 그 식탁에서는 모든 것이 맛있기 때문에 모든 것이 귀한 것이 될 겁니다. 어떤 미식가가 이곳 호수의 송어를 파리에서 요리해 먹으면 아마 훨씬 더 맛있다고 생각할 겁니다.

당신도 알다시피 몸치장에도 소홀하지 않은데, 몸치장의 선택에도 같은 규칙이 적용됩니다. 그러나 몸치장에서 주가 되는 것은 오직 우아함입니다. 화려함은 전혀 보이지 않습니다. 유행은 더욱더 보이지 않습니다. 사람들이 사물에 부여하는 가치와 실제 가치 사이에는 큰 차이가 있습니다. 쥘리가 중요하게 여기는 것은 바로 후자의 가치뿐입니다. 옷감이 문제일 때 그녀는 그것이 옛날 것인지 새것인지, 좋은 것인지 자기에게 어울리는 것인지에 그렇게 신경 쓰지 않습니다. 종종 신상품은 신상품이라는 이유만으로 그녀에게 거절당합니다. 신상품이 신작이라는 사실만으로 터무니없이 비쌀 때는 말입니다.

이곳에서 각 물건의 효과는 물건 그 자체보다는 오히려 그 물건의 유용성과 그 물건과 나머지 다른 물건들 간의 조화에서 온다는 것을 다시 한번 유념하세요. 따라서 쥘리는 별로 가치가 나가지 않는 부분들을 가지고 큰 가치가 나가는 전체를 만들었습니다. 취향은 창조하는 것과 물건들에 가치를 부여하는 것을 좋아합니다. 유행의 법칙은 변덕스럽고 돈이 많이 드는 반면, 그녀의 법칙은 경제적이고 지속적입니다. 좋은 취향이 일단 인정하는 것은 언제나 좋은 것으로 남습니다. 그것은 유행이 되기는 어려울지 몰라도 절대로 우스꽝스럽지는 않습니다. 또한 그것은 검소함과 소박함을 지니고 있기에 유행이 사라진 뒤에도 남는 확실하고 변치 않는 규칙을 물건들의 적합성에서 끌어냅니다.

끝으로, 필요한 것은 남아돌아도 남용으로 변질되지 않는다는 것을 덧붙입시다. 필요한 것에는 자연스러운 절도가 있고, 참된 욕구에는 절대로 과도함이 없기 때문입니다. 인간은 단 한 벌의 옷에 스무 벌은 살 돈을 쓸 수도 있고 한 끼 식사비로 일 년치 수입을 낭비할 수도 있습니다. 그러나 동시에 두 벌의 옷을 입을 수는 없으며 하루에 두 번의 저녁 식사를 할 수는 없습니다. 이렇게 인간의 견해는 무한한 반면 자연은 우리를 사방에서 저지하기에, 열악한 상태에서도 안락함에 만족하는 사람은 파멸할 위험이 없습니다."

사려 깊은 볼마르 씨가 말을 계속했습니다. "친구여, 이런 식으로 절약하고 각별히 신경을 씀으로써 자기 재산으로 누릴 수 있는 것 이상을 누릴 수 있습니다. 우리가 삶의 방식을 변화시키지 않고도 재산을 늘리는 것은 완전히 우리가 어떻게 하느냐에 달려 있습니다. 이곳에서는 생산물을 목적으로 하지 않는 가불은 없고, 우리가 소비하는 모든 것은 소비에 필요한 것을 우리에게 훨씬 더 많이 돌려줍니다."

그렇지만 에드워드 경, 언뜻 보아서는 이 모든 것들 중 어떤 것도 알아챌 수 없습니다. 도처에 보이는 풍요로운 모습은 그것을 만들어내는 질서를 드러내 보이지 않습니다. 유복함과 즐거움으로 이끄는 사치 단속령을 이해하기까지는 시간이 좀 걸립니다. 처음에는 어떻게 절약을 즐길 수 있는지 이해하기 힘듭니다. 하지만 그것에 대해 숙고해보면 만족감이 커집니다. 왜냐하면 만족의 원천은 마르지 않으며 인생의 행복을 맛보는 기술은 다시 그 행복을 연장시키는 데 사용된다는 것을 알기 때문입니다. 그토록 자연에 부합하는 상태에 어떻게 싫증이 날 수 있겠어요? 매일 자신의 유산의 생산성을 높이는데 어떻게 그것이 고갈될 수 있겠어요? 자신의 수입만 소비하는데 어떻게 도산에 이를 수 있겠어요? 해마다 이듬해에 대해 확실히 전망할 수 있는데 누가 금년의 평화를 깰 수 있겠어요? 이곳에서는 과거의 노고의 결실이 현재의 풍요를 유지해주며, 현재의 노고의 결실이 미래의 풍요를 예고합니다. 이곳에서는 소비하는 것도 거두어들이는 것도 동시에 즐기고, 현재의 안전을 확고히 하기 위해 다양한 시간들이 힘을 모읍니다.

저는 이 가정을 세세하게 다 들여다보았지만 어디서나 똑같은 정신이 지배하는 것을 보았습니다. 자수와 레이스는 모두 여자들만 출입하는 방에서 만들어집니다. 모든 직물은 뒤뜰에서, 혹은 먹을 것을 제공받는 불쌍한 여자들에 의해 직조됩니다. 양모는 공장으로 보내고, 그 대신에 하인들에게 옷을 해 입힐 모직물을 얻습니다. 포도주와 기름, 빵은 집에서 만들어지고, 땔감은 쓸 만큼만 규칙적으로 숲에서 벌채하여 사용합니다. 푸주한은 가축으로 대금을 지불받으며, 식료품 장수는 물건 값 대신 밀을 받습니다. 일꾼과 하인들은 자신들이 일구는 땅에서 나온 수확물로 급료를 받으며, 도회지의 집에서 들어오는 집세는 그들이 지금 거주하고 있는 집의 가구비로 충당되기에 충분합니다. 공채의 이자는 가정교사에게 보수를 지급하고 식기를 좀 구매하는 데 사용되며, 남는 약간의 포도주와 밀을 판매하여 들어온 돈은 특별 지출을 위한 비축 자금이 되어줍니다. 이 자금은 쥘리가 신경 써서 관리하여 고갈되지 않게 하는데, 그 돈으로 적선도 하기 때문에 늘어나지도 않습니다. 그녀는 순수한 낙(樂)을 주는 일들에, 자기 집에서 이루어지는 노동에서 나오는 이익, 개간한 땅에서 나오는 이익, 그리고 심게 한 나무에서 얻는 이익을 조화시킵니다. 그렇게 해서 생산물과 그 생산물의 사용이 항상 자연적으로 균형을 이루어 그 균형이 깨질 수가 없기에, 그들은 금전적으로 궁핍할 수가 없습니다.

게다가 제가 언급한 그 절제된 관능에 의해 그녀가 자신에게 부과하는 절약은 또 다른 즐거움의 수단인 동시에 절약의 방편입니다. 예를 들어 그녀는 커피를 아주 좋아해서 어머니의 집에서 살던 때에는 매일 커피를 마셨습니다. 그런데 이제는 커피를 더 맛있게 마시기 위해 그 습관을 버리고, 손님을 맞을 때에만 커피를 마십니다. '아폴론의 방'에서 다른 사람들에게 축제 분위기를 더 고조시키기 위해서 말입니다. 그것은 그녀를 더 즐겁게 해주면서도 돈이 절약되는 조그만 감각적 쾌락의 하나로, 그런 식으로 그녀는 자신의 식도락을 돋우는 동시에 통제합니다. 그와는 반대로 그녀는 아버지와 남편의 취향을 알아차리고 만족시키는 데는 끊임없이 주의를 기울이며, 그들에게 사랑을 가득 담아 즐거운 마음으로 자연 그대로의 것을 풍부하게 제공하여 그들이 더 맛있게 먹게 합니다. 두 사람 다 스위스 식으로 식사 시간을 좀 오래 끌기를 좋아하기에, 그녀는 저녁 식사가 끝난 뒤에는 보통 수준의 것보다 더 맛있고 오래된 포도주를 내놓는 것을 잊지 않습니다. 그 포도주들은 실제로 아주 맛있었는데, 저는 처음에는 그것들에 붙어 있는 화려한 이름들이 진짜인 줄 알았습니다. 포도주들에 붙은 이름이 그 포도주들의 진짜 생산지인 줄 알고 마신 저는 그녀가 그녀의 원칙을 아주 명백히 위반한 것에 대해 책망했습니다. 그러자 그녀는 웃으면서 플루타르코스의 한 구문을 제게 환기했습니다. 거기서 플라미니우스[11]는 수많은 야만스러운 이름을 가진 안티오코스[12]의 아시아 군대들을, 한 친구에게서 대접받은 한 가지 고기로 만든 다양한 스튜 요리에 비유합니다. 그녀는 이렇게 말했습니다. "당신에게 저를 비난하게 한 이 외국산 포도주들도 그와 마찬가지예요. 당신이 아주 즐겁게 마시는 란시오, 슈레, 말라가, 샤세뉴, 시라쿠사는 사실 다양하게 빚어진 라보산(産) 포도주들일 뿐이에요. 당신은 이 모든 멀리 떨어진 나라의 포도주를 생산하는 포도밭을 여기에서 볼 수 있어요. 이것들은 진짜 그 이름의 유명한 포도주들보다 질이 떨어질지는 몰라도 마시는 데는 지장이 없어요. 무엇을 넣어 빚은 것인지 알기 때문에 적어도 위험 없이 먹을 수 있어요." 그녀는 말을 계속했습니다. "저는 아버지와 남편이 아주 귀한 포도주들만큼이나 이 포도주들을 좋아한다고 믿게 되었어요." 그러자 볼마르 씨가 말했습니다. "이 포도주들에는 다른 어떤 포도주에도 없는 맛이 있어요. 저 사람이 이것들을 빚으면서 느끼는 즐거움이라는 게 바로 그 맛이지요." 그녀가 말을 이었습니다. "아, 그것들은 언제나 아주 맛있을 거예요!"

이곳에는 이토록 돌봐야 할 일이 많으니 외부와의 교제, 방문, 모임을 수반하지 않을 수 없게 하는 무위와 한가함이 끼어들 여지가 거의 없을 거라고 판단되겠지요. 이들은 유쾌한 교제를 하기에 적당한 만큼만 이웃을 방문합니다. 거기에 얽매일 정도로까지는 절대 하지 않아요. 이곳에서는 찾아오는 손님을 언제나 환영하지만 손님이 오기를 바라는 것은 결코 아닙니다. 이들은 조용한 삶에의 취향을 간직할 수 있을 만큼의, 꼭 그만큼의 사람들만 만납니다. 여러 농사일이 오락을 대신합니다. 가정에서 행복한 교제를 갖는 사람에게는 그 외의 것은 전혀 재미가 없습니다. 이곳에서 시간을 보내는 방식은 너무도 단순하고 단조로워서 많은 사람들의 마음을 끌 수 없습니다.* 그 방식이 그 방식을 받아들인 사람들에게 흥미를 끄는 것은 그들 마음의 성향 때문입니다. 건전한 영혼의 소유자가 인간에게 가장 소중하고 가장 매력적인 의무들을 이행하고 서로의 삶을 행복하게 만들어주는 데 싫증을 낼 수 있겠습니까? 매일 자신의 하루 일과에 만족하는 쥘리는 다음 날이 그날과 다른 하루가 되기를 바라지 않습니다. 매일 아침 그녀는 전날과 같은 하루가 되게 해달라고 신에게 기도합니다. 그녀가 늘 같은 일을 하는 것은 그 일들이 만족스럽기 때문이고, 또 그 이상으로 더 잘할 무엇이 있는지 알지 못하기 때문입니다. 확실히 그녀는 인간에게

* 나는, 우리 재사들 중 한 사람이 이 나라를 여행하다가 지나는 길에 이 집에 들러 극진한 대접을 받고는 이 집 사람들의 시골스러운 삶에 대한 아주 우스꽝스러운 이야기를 친구들에게 해주었으리라 생각한다. 그뿐만 아니라, 나는 케이츠비 부인의 편지들을 통해 이런 취향이 프랑스에 고유한 것이 아니라는 것을, 분명 영국에서도 주인들의 환대에 조롱으로 보답하는 것이 관례라는 것을 알 수 있다.

허락된 모든 행복을 이런 식으로 향유할 겁니다. 자신의 현재 상태가 지속되기를 바라는 것은 그 상태의 삶이 행복하다는 확실한 표시가 아닌가요?

비록 이곳에서는 소위 훌륭한 모임이라고 불리는 그 할 일 없는 사람들 무리는 거의 볼 수 없지만, 이곳에 모여드는 모든 사람은 어떤 유익한 측면들에 마음이 끌려 온 것이며, 몇몇 어리석음들을 수많은 미덕으로 벌충합니다. 사교적이지도 않고 정중하지도 않은 평화로운 농촌 사람들. 그렇지만 그들은 선하고 단순하고 정직하며 자신들의 처지에 만족합니다. 퇴직 장교들, 부를 쌓는 일에 싫증 난 상인들, 딸들에게 겸허함과 미풍양속을 가르치는 사려 깊은 가정주부들, 쥘리의 주변에 모이는 사람들은 바로 그런 사람들입니다. 그녀의 남편은, 호된 대가를 치르고 지혜를 얻은 뒤에 후회 없이 돌아와 아버지의 땅을 경작하는, 다시는 그곳을 떠나고 싶어 하지 않을, 나이와 경험을 통해 개심한 건달들 또한 때때로 그 사람들 안에 받아들이기를 꺼리지 않습니다. 누군가 식탁에서 자신의 인생 역정에 관해 이야기하는 경우, 그것은 동양풍의 그 나른한 태도로 자신이 어떻게 돈을 벌게 되었는지를 이야기하는 그 부유한 신드바드의 기막힌 모험담은 전혀 아닙니다. 그것은 운명의 변덕과 인간의 부정(不正)들로 인해 헛되이 거짓 행복을 추구하는 것에 싫증을 느끼고 진정한 행복에의 취향을 되찾게 된 분별 있는 사람들의 더 소박한 이야기입니다.

농부들의 대화조차 현명한 사람이 배우고 싶어 할 그런 고상한 영혼들의 매력을 풍긴다면 믿으시겠습니까? 현명한 볼마르 씨는 자기 자신이기보다는 타인처럼 보이는 도시민의 획일적인 가면 쓴 모습에서보다 순박한 시골 사람에게서 더 개성이 뚜렷한 사람들, 그리고 스스로 생각할 줄 아는 더 많은 사람들을 발견합니다. 다정한 쥘리는 그들에게서 아주 조그만 애정 표시에도 감사하는, 그녀가 자신들의 행복에 관심을 가져주는 것만으로도 행복해하는 마음을 발견합니다. 그들의 마음이나 정신은 인위적으로 형성되지 않았습니다. 그들은 우리 같은 사람들을 본보기로 삼아 자신들을 형성하는 법을 배우지 않았기에, 그들에게서 자연에서 태어난 인간 대신에 인간에게서 태어난 인간을 보게 될 우려는 없습니다.

볼마르 씨는 산책 중에 종종 어떤 선량한 노인과 마주치는데, 그의 양식과 분별력에 강한 인상을 받아 그와 즐겁게 담소를 나누곤 합니다. 그는 그 노인을 아내에게 데려오기도 하는데, 그녀는 자신의 신분에 따른 태도나 정중함에 의해서가 아니라 성격에서 나오는 온정과 인정으로 노인을 따뜻하게 맞이합니다. 그들은 노인을 붙잡아 점심 식사를 하고 가게 하는데, 쥘리는 자기 옆에 노인을 앉혀 친절하게 식사 시중을 들면서 즐겁게 이야기를 나누고 그의 가정과 일에 대해 물어봅니다. 그녀는 난처해하는 노인을 비웃지 않으며, 그의 촌스러운 태도에 주의를 기울여 그를 거북스럽게 만드는 대신 아주 너그럽게 그를 편안하게 해주며, 나무랄 데 없는 지난 긴 인생살이에 의해 영예롭게 늙은 사람에게 걸맞은 그런 다정하고 감동적인 존경의 마음을 표시합니다. 노인은 매우 만족해하면서 마음을 터놓습니다. 그는 잠시 젊음의 활력을 되찾는 것처럼 보입니다. 젊은 부인의 건강을 위해 건배하며 마시는 포도주는 반잔만으로도 취하고 남습니다. 그는 자신의 과거와 사랑, 원정, 참전, 자국 군인들의 용맹함, 전쟁이 끝난 뒤의 귀환, 아내와 자식들, 농사일, 그리고 자신이 본 악습과 그 악습의 치유법에 대한 생각 등을 말하면서 기운이 납니다. 연륜이 담긴 그의 긴 이야기에서는 자주 훌륭한 도덕적인 교훈이나 농사일에 대한 가르침이 배어 나옵니다. 그가 자기 말에 취해 자기만 즐거워할지라도, 쥘리는 그 말들을 듣는 것으로써 즐거워할 것입니다.

식사가 끝나면 그녀는 자기 방으로 가서 약소하나마 노인의 아내나 딸들에게 맞을 만한 옷가지를 가져와 아이들을 시켜 그에게 선물합니다. 그에 대한 보답으로 노인은 아이들에게 그녀가 몰래 맡긴, 아이들이 좋아하는 간소한 선물을 줍니다. 이런 식으로 여러 신분을 맺어주는 긴밀하고 친절한 온정이 곧 형성됩니다. 아이들은 노인을 존경하고 소박함을 소중히 여기며 모든 신분의 가치를 찾아내는 데 익숙해집니다. 농부들은 늙은 아버지가 존경할 만한 집에 초대되어 주인의 식탁에서 대접받는 것을 보며 자신들이 초대되지 않은 것에 대해 조금도 불쾌해하지 않습니다. 그들은 자신들이 신분 때문이 아니라 나이 때문에 아직 초대받지 못한다고 생각합니다. 그들은 '우리는 초대받기에는 너무 가난해'라고 말하는 대신 '우리는 너무 젊어서 그런 대접을 받을 수 없어'라고 말합니다. 자신들의 어른들이 받는 존경과 언젠가는 자신들도 그와 같은 존경을 받으리라는 희망은 그들에게 아직 그런 대접을 받지 못하는 것에 대한 위안이 되며 그럴 만한 자격이 있는 사람이 되도록 그들을 고무합니다.

한편, 자기가 받은 환대에 감동하며 집으로 돌아온 노인은 서둘러 아내와 자식들에게 가지고 온 선물을 보여줍니다. 약소한 것이지만 그 선물은 그 부부가 그렇게 신경 써주고 있음을 알게 된 그 집 식구들 사이에 기쁨이 번지게 합니다. 노인은 자신이 받은 대접과 음식, 포도주, 그 부부의 친절한 말과 싹싹함에 대해서, 그 부부가 자기 가족에 대해 얼마나 많이 알려고 했는지에 대해서, 하인들의 친절 등 대체로 자신이 받은 존경과 호의의 표시에 중요성을 부여할 수 있는 것을 과장하여 가족들에게 말해줍니다. 그는 이런 이야기를 하면서 다시 한번 즐거움을 느끼며, 이 가족 모두 또한 가장에게 표해진 존경을 즐기는 듯합니다. 어른들에게는 모범이 되고 아이들에게는 보호자가 되며, 가난한 자를 무시하지 않고 백발노인을 공경하는 이 관대한 명문가를 위해 모두가 하나같이 신의 가호를 빕니다. 자비로운 영혼들을 기쁘게 해주는 칭찬은 바로 이런 것입니다. 신이 들어주는 축도가 있다면 그것은 찬양받는 사람들 앞에서 아첨과 비열함이 내뱉게 하는 축도가 아니라 농촌 가정의 난롯가에서 소박하고 고마워하는 마음이 은밀히 올리는 축도일 것입니다.

그런 식으로 상냥하고 친절한 감정은 냉담한 마음의 따분한 인생을 매력으로 가득 채울 수 있습니다. 그런 식으로 배려와 노동과 은거는 그것들을 운영하는 수완에 따라 오락이 될 수 있습니다. 건강한 육체가 아주 보잘것없는 음식도 맛있게 먹는 것처럼 건강한 영혼은 평범한 일들에도 의욕을 갖습니다. 너무 까다로워 즐거운 마음을 갖기 어려운 그 권태로운 사람들은 하나같이 자신의 악덕 때문에 권태를 느끼며, 의무감 때문에 기쁨의 감정도 잃어버립니다. 쥘리는 그와 정반대입니다. 예전에 영혼의 어떤 무력감 때문에 소홀히 했던 배려와 보살핌이 이제는 그것들을 고취하는 동기에 의해 그녀의 관심사가 되었습니다. 언제나 무기력하려면 무관심해지면 될 것입니다. 그녀의 활력은 옛날에 그 활력을 억눌렀던 똑같은 원인들에 의해 증대되었습니다. 과거에 그녀의 마음은 마음에 스며든 사랑을 조용히 탐닉하기 위해 은거와 고독을 추구했습니다. 이제 그녀는 새로운 유대를 맺으면서 활기를 되찾았습니다. 그녀는 행동해야 할 때 그저 공부만 하는, 자기 의무를 이행하는 데 들여야 할 시간을 타인의 의무들을 아는 데 낭비하는 그런 게으른 가정주부가 아닙니다. 그녀는 과거에 배운 것을 오늘 실천하고 있습니다. 그녀는 더 이상 공부도 하지 않고 책도 읽지 않습니다. 그녀는 행동합니다. 그녀는 남편보다 한 시간 늦게 일어나기에 한 시간 늦게 잠자리에 듭니다. 그 한 시간이 그녀가 아직도 공부에 바치는 유일한 시간입니다. 그녀에게 낮 시간은 그녀가 보살피고 싶은 모든 일을 다 끝낼 수 있을 만큼 길게 느껴지지 않습니다.

에드워드 경, 이상이 이 집의 가정 경제에 대해, 이 집을 다스리는 주인들의 사생활에 대해 당신에게 얘기해드려야 했던 것입니다. 자신의 처지에 만족하기에 그들은 평화롭게 자신의 그 처지를 향유합니다. 자기 재산에 만족하기에 그들은 자식들을 위해 재산을 증식하려고 애쓰지 않습니다. 그러나 그들은 자신들이 물려받은 유산과 함께 기름진 땅과 헌신적인 하인들, 노동과 질서와 절제에의 취향, 그리고 양식 있는 사람들로 하여금 비록 조촐하지만 정직하게 획득한 만큼 현명하게 보존한 재산의 향유를 행복하고 매력적인 일로 여기게 하는 모든 것을 자식들에게 물려주려고 애씁니다.

:: 편지 3*

에드워드 경에게

우리는 요 며칠 손님들을 치렀습니다. 손님들은 어제 떠났고, 그리하여 우리 세 사람은 마음속에 서로에게 숨기고 싶은 것이 전혀 없는 만큼 더욱 유쾌한 교제를 다시 시작했습니다. 제가 다시 당신의 신뢰를 받을 만한 인간이 되어 얼마나 기쁜지 모릅니다! 저는 쥘리와 그녀의 남편에게 존경의 표시를 받을 때마다 어떤 자부심을 느끼면서 "이제 용감하게 그에게 내 마음을 보여드려야지"라고 혼잣말을 합니다. 당신의 배려 속에서, 그리고 당신이 보는 앞에서, 저는 제 과거의 과오들 때문에 현재의 상태를 명예롭게 하고 싶습니다. 식어버린 사랑이 영혼을 쇠약하게 만든다면, 제압된 사랑은 승리감과 더불어 영혼에 새로운 고양과, 위대하고 아름다운 모든 것을 향한 보다 강렬한 성향을 부여합니다. 너무도 큰 희생을 치르고 얻은 결실을 누가 잃고 싶겠어요? 아닙니다, 에드워드 경, 저는 제 마음이 당신을 본받아 극복한 모든 열정적인 감정을 잘 활용할 것 같은 느낌이 듭니다. 저는 제가 되고자 하는 인간이 되기 위해서는 과거의 저와 같은 인간이었어야 한다는 것을 느낍니다.

냉담한 사람들과 시시한 대화를 나누면서 엿새를 허비한 우리 세 사람

---

* 다른 시기에 쓰인 두 편지가 이 편지의 주제에 관한 것이어서 쓸데없는 반복이 많아졌다. 이러한 반복을 없애기 위해 나는 그 두 편지를 하나로 합했다. 그러나 이 편지 모음집을 이루는 편지들 중 몇몇이 지나치게 긴 것에 대해 변명할 생각은 없고, 다만 은둔자들의 편지는 길고 잦지 않은 반면에 사교계 사람들의 편지는 잦고 짧다는 것을 말해두고자 한다. 당장 그 이유를 알려면 이러한 차이만 눈여겨보면 된다.

은 오늘 함께 모여 묵묵하게, 함께 있는 즐거움과 명상의 달콤함을 동시에 맛보면서 영국 식으로 오전을 보냈습니다. 이런 상태의 환희를 아는 사람은 너무도 드뭅니다! 프랑스에서는 이런 상태의 환희에 대해 조금이라도 아는 사람을 전혀 보지 못했습니다. 그들은 이렇게 말합니다. "친구들 사이에서는 절대로 대화가 끊이지 않아요." 하찮은 애정에도 수다야 쉽게 떨 수 있다는 것은 맞는 말입니다. 그렇지만 에드워드 경, 우정이라는 것이 있어요. 우정 말이에요! 생기 넘치는 숭고한 감정인 우정이여, 어떤 이야기가 네게 어울리겠는가? 어떤 언어가 감히 너의 마음을 대변하겠는가? 친구에게 이야기하는 것을 친구 곁에서 느끼는 것에 비할 수 있는가? 아아! 꽉 쥔 손, 생기 있는 시선, 따뜻한 포옹과 그 포옹에 뒤따르는 한숨 소리는 얼마나 많은 것을 말해주는지! 그러다가 종국에 가서 내뱉는 첫마디는 얼마나 냉랭한지! 오, 브장송의 야회(夜會)들! 침묵에 바쳐진, 우정이 거두어들인 순간들이여! 오, 봄스턴! 위대한 영혼, 숭고한 친구여! 그래요, 저는 저를 위해 당신이 한 일을 과소평가하지 않았지만, 저의 입은 그에 대해 당신에게 한마디도 하지 않았습니다.

이런 명상의 상태가 감수성 예민한 사람들에게 커다란 매력 중의 하나인 것은 확실합니다. 하지만 저는 방해자들이 그 상태를 맛보지 못하게 방해한다는 것, 친구들이 아무 말 하지 않고 편하게 있기 위해서는 제삼자가 있어서는 안 된다는 것을 늘 깨닫게 됩니다. 사람들은 이를테면 서로에게 몰두하기를 원하기에, 일말의 주의 산만도 곤란하고 일말의 구속도 견디기 힘듭니다. 설령 때로 마음에서 우러나오는 한마디 말을 입 밖으로 낼지라도, 스스럼없이 그 말을 할 수 있다는 것은 너무도 감미로운 일입니다. 사람들은 자유롭게 말하지 못하는 것을 감히 자유롭게 생각할 수는 없는 것 같습니다. 낯선 사람이 단 한 명만 있어도 감정이 억제되며, 그 낯선 사람이 없으면 서로를 잘 이해할 영혼들이 억압받는 것 같습니다.

에피쿠로스의 신들의 냉랭한 평온보다 천배는 더 달콤하고 고요한 그

부동의 무아경 속에서 그렇게 우리는 두 시간을 보냈습니다. 보통 때는 아침을 먹고 나면 아이들은 어머니의 방으로 들어갑니다. 그러나 그녀는 평소와 달리 아이들과 함께 자기 방에 들어가 틀어박히는 대신, 우리가 서로 못 보고 지낸 그간의 시간을 보상하기 위해 아이들을 곁에 남아 있게 했습니다. 그리하여 우리는 점심 식사 때까지 헤어지지 않았습니다. 바느질을 배우기 시작한 앙리에트는 팡숑 앞에 앉아 수를 놓았고, 팡숑은 베개를 작은 의자 등받이에 받치고 앉아 레이스를 뜨고 있었습니다. 두 사내아이는 책상에서 그림첩을 보고 있었는데, 형이 동생에게 그림의 주제들을 설명해주었습니다. 그 그림첩을 외우다시피 잘 알고 있는 앙리에트는 형의 설명이 틀리지는 않는지 주의를 기울이면서 잘못된 부분을 정정해주곤 했습니다. 그녀는 두 아이가 어떤 판화에 관해 말하고 있는지 모르는 체하면서 그것을 핑계로 자주 일어나 의자에서 책상까지 왔다 갔다 했습니다. 이 오고 감이 그녀에게는 싫지 않았고, 귀여운 둘째에게 계속해서 장난기 어린 행동을 부추겼습니다. 때로는 그 어린 입이 아직 잘 할 줄 모르는 입맞춤이 더해지기도 했습니다. 그러나 이미 더 어른스러운 앙리에트는 그런 행동들을 너그럽게 받아줍니다. 그런 작은 가르침을 별로 주의를 기울이지 않고, 또 조금의 스스럼도 없이 주고받는 동안, 동생은 책 밑에 숨겨놓았던 놀이용 회양목 막대들을 몰래 세고 있었지요.

볼마르 부인은 창문 가까이에서 아이들을 마주 보고 앉아 수를 놓았습니다. 저는 그녀의 남편과 다과 상 옆에서 신문을 읽고 있었는데 그녀는 신문에는 거의 관심을 기울이지 않았습니다. 그러나 프랑스 왕의 병과 그에 대한 그 나라 국민의 애정, 즉 게르마니쿠스[13]에 대한 로마인들의 애정밖에 견줄 대상이 없는 그 독특한 애정에 대한 기사에서만은 그녀는 온갖 나라로부터 미움을 받지만 어떠한 나라도 미워하지 않는 그 온순하고 너그러운 나라의 선한 천성[14]에 관해 몇 가지 의견을 말하고는, 최고의 신분인 그 왕에게서 부러워할 점은 사랑받는 기쁨뿐이라고 덧붙였습니다. 그녀의 남편은 내게도 허락되었을 어조로 그녀에게 이렇게 말했습니다. "부러워할 것 없어요. 우리는 모두 오래전부터 당신의 신하니까." 이 말에, 놓고 있던 자수가 그녀의 손에서 떨어졌습니다. 그녀가 고개를 돌려 어찌나 감동적이고 다정한 시선으로 남편을 바라보던지 저 자신도 그 때문에 마음이 움찔했습니다. 그녀는 아무 말도 하지 않았습니다. 그 시선에 버금가는 어떤 말을 그녀가 할 수 있었을까요? 우리의 눈도 서로 마주쳤습니다. 저는 그녀의 남편이 저의 손을 꽉 쥐는 것을 보며 똑같은 감동이 우리 셋을 사로잡았다는 것을, 그리고 멀리까지 미치는 그녀 영혼의 부드러운 영향력이 그녀의 주위에서 작용하여 그의 무감각조차 물리쳤다는 것을 느꼈습니다.

당신에게 아까 말씀드린 그 침묵은 바로 이런 준비 속에서 시작되었습니다. 당신은 그것이 냉담함이나 권태의 소산이 아니었음을 잘 판단할 수 있겠지요. 그 침묵은 오직 아이들의 가벼운 작은 장난질에 의해서만 중단되곤 했지만, 그때조차 우리가 말을 멈추면 이내 아이들은 모두의 명상을 깨뜨릴까 봐 두려워하기라도 하는 양 우리를 흉내 내어 재잘거림을 자제했습니다. 맨 먼저 목소리를 낮추고 다른 아이들에게 손짓으로 말하며 발뒤꿈치를 들고 걷기 시작한 것은 그 어린 '여자 감독관'이었습니다. 그 가벼운 구속이 놀이에 새로운 재미를 더함으로써 아이들의 놀이는 더욱 재미있어졌습니다. 우리의 감동을 오래 끌기 위해 우리 눈앞에 펼쳐진 것만 같던 이런 광경은 자연스러운 효과를 가져왔습니다.

입은 침묵하지만 마음이 말을 한다.

입을 열지 않고 얼마나 많은 것이 말해졌는지 모릅니다! 말이라는 차가운 매개적 수단 없이 얼마나 많은 열정적인 감정이 서로에게 전달되었는지 모릅니다! 서서히 쥘리는 다른 모든 감정들을 누르고 하나의 감정에 빠지게 되었습니다. 그녀는 세 아이에게서 잠시도 눈을 뗄 줄 몰랐습니다. 그토록 감미로운 도취에 빠져 황홀한 그녀의 마음이 매력적인 그녀의 얼굴을 어머니의 사랑이 가질 수 있는 가장 감동적인 모습으로 생기를 띠게 만들었습니다.

그 이중의 응시에 몰두하며 볼마르 씨와 저는 몽상에 빠져들었고, 그러다가 그 몽상을 야기한 아이들에 의해 몽상에서 깨어났습니다. 재미있게 그림을 보고 있던 큰애가 동생이 놀이용 회양목 막대들 때문에 주의를 기울이지 않는 것을 보고, 동생이 막대기들을 손에 다 움켜쥐기를 기다렸다가 그의 손을 쳐서 와르르 방바닥에 떨어뜨렸습니다. 마르슬랭이 울기 시작하자, 볼마르 부인은 화를 내어 그의 울음을 그치게 하지 않고 팡숑에게 그 막대기들을 가져가라고 말했습니다. 아이는 당장 울음을 그쳤지만, 막대기들이 치워졌는데도 제 예상과 달리 다시 울지 않았습니다. 그 자체로는 아무것도 아닌 이 상황은 제가 전혀 주의를 기울이지 않았던 다른 많은 상황을 떠올려보게 했습니다. 그 상황들을 생각해보지만, 이런 식으로 부모가 주의를 별로 주지 않아도 성가시게 굴지 않는 아이들을 본 적이 있는지 기억이 나지 않습니다. 이 집 아이들은 어머니 곁을 거의 떠나지 않습니다. 그런데도 사람들은 그 애들이 거기 있다는 것을 거의 느끼지 못합니다. 그 애들은 각자의 나이에 어울리게 발랄하고 덤벙거리고 명랑합니다. 그렇지만 전혀 성가시거나 소란스럽지 않습니다. 그 애들은 사려 깊음에 대해 배우기도 전에 사려 깊게 행동한다는 것을 알 수 있습니다. 그 점에 대해 성찰하면서 가장 놀라웠던 점은 그런 행동이 마치 저절로 나오는 것 같았다는 것이며, 그렇기에 쥘리가 아이들에게 아주 강한 애정을 가지고 있음에도 불구하고 아이들로 인해 힘들어하지 않았다는 것입니다. 실제로 저는 그녀가 아이들에게 말하라거나 조용히 하라고 몰아치는 것도, 이런저런 것을 명령하거나 금지하는 것도 보지 못합니다. 그녀는 아이들과 전혀 언쟁하지 않으며 아이들의 놀이를 방해하거나 못하게 막지 않습니다. 그녀는 아이들을 보고 사랑하는 것에 만족하는 것 같으며, 아이들이 그녀와 함께 하루를 보냈을 때 어머니로서의 의무가 완수되었다고 생각하는 것 같습니다.

그 조용한 평온이 다른 어머니들의 불안한 염려보다 더 보기 좋긴 하지만, 그럼에도 불구하고 저는 제 생각과 그다지 부합되지 않는 어떤 무관심에 놀랐습니다. 저는, 만족할 이유가 아무리 많아도 그녀가 여전히 만족하지 않기를 더 바랐던 것 같습니다. 필요 이상의 활동은 모성애에 너무도 잘 부합하는 것이니까요! 저는 아이들에게서 본 모든 선한 점을 그녀의 보살핌 덕분으로 돌릴 수 있기를 바랐던 것 같습니다. 아이들이 자연보다는 오히려 어머니에게 빚지기를 더 바랐던 것 같습니다. 아이들이 결점을 가져서 그녀가 그 결점을 교정하는 데 열심인 모습을 더 보고 싶었던 것 같습니다.

오랫동안 말없이 이렇게 성찰한 뒤 저는 침묵을 깨고 그녀에게 그 성찰의 결론을 전했습니다. 제가 이렇게 말했지요. "나는 하늘이 어머니들의 미덕에 대해 아이들의 선한 천성으로 보답해준다고 생각합니다. 그러나 이 선한 천성은 계발될 필요가 있습니다. 아이들의 교육은 태어날 때부터 시작되어야 합니다. 아이들이 파괴해야 할 어떠한 형태도 아직 갖지 않은 때보다 교육에 더 적합한 시기가 있을까요? 아이들을 어린 시절부터 제멋대로 내버려둔다면 그 아이들이 몇 살이 돼야 온순해질까요? 아이들에게 가르칠 것이 아무것도 없다 할지라도 당신에게 복종하는 법을 가르쳐야 할 것입니다." 그러자 그녀가 이렇게 대답했습니다. "아이들이 제게 복종하지 않는다고 느끼세요?" 저는 대답했습니다. "당신이 아이들에게 아무것도 명령하지 않으니, 답변하기가 쉽지 않을 것 같습니다." 그녀가 남편을 바라보며 웃기 시작했습니다. 그러더니 제 손을 잡고 서재로 데려갔습니다. 우리 세 사람은 그곳에서 아이들에게 방해받지 않고 대화를 나눌 수 있었습니다.

거기서 그녀는 자신의 원칙을 천천히 설명해주었고, 저는 그녀가 겉으로 보이는 그렇게 무관심한 모습 이면에서 어머니의 사랑이 기울일 수 있는 가장 세심한 주의를 기울이고 있음을 알게 되었습니다. 그녀는 제게 이렇게 말했습니다. "오랫동안 저도 당신처럼 조기 교육에 대해 생각해왔어요. 첫아이를 가졌을 때 제게 닥친 모든 의무와 보살핌에 겁먹은 저는 불안한 마음으로 남편에게 자주 그 문제에 대해 말했어요. 저한테 아버지로서의 관심과 철학자로서의 냉정을 겸비한 견식 있는 관찰자보다 더 나은 안내자가 어디 있겠어요? 저분이 제 기대를 채워주고 만족시켜주었어요. 저분은 제 편견을 없애주었고, 힘을 덜 들이고도 훨씬 더 큰 결과를 얻는 법을 가르쳐주었어요. 저분은 가장 중요한 교육이자 첫 번째 교육으로서 모두가 잊고 있는 교육*이 바로 아이를 배우기에 적합한 상태로 준비시키는 것임을 가르쳐주었어요. 지식을 뽐내는 모든 부모의 공통적인 실수는 자기 아이들이 태어날 때부터 분별 있다고 생각하는 것이며, 아이들이 말을 배우기도 전에 그들에게 어른들에게 말하듯이 말을 하는 거예요. 이성을 아이들을 가르치는 도구로 여기기는커녕, 다른 도구들이 이성이라는 도구를 형성하는 데 이용되어야 합니다. 인간에게 적합한 모든 교육 중에서 인간이 가장 늦게, 그리고 가장 어렵게 습득하는 것이 바로 이성입니다. 아이들에게 어릴 때부터 그들이 알아듣지 못하는 말을 하다 보면 아이들은 빈말에 만족하고 또 다른 사람들을 빈말로 만족시키게 되며, 다른 사람들에게 들은 말을 모두 반박하게 되고, 자신이 스승만큼 현명하다고 생각하게 되고, 논쟁을 좋아하고 말을 잘 안 듣게 되는 습관이 붙습니다. 게다가 합리적인 동기에 의해 아이들이 얻는다고 여겨지는 모든 것, 그것은 실제로는 합리적인 동기에 언제나 결합되지 않을 수 없는 두려움이나 허

---

* 로크 자신이, 그 현명한 로크가 이 교육을 잊었다. 그는 사람들이 아이들에게 요구해야 하는 것을, 그렇게 요구하기 위해 해놓아야 하는 것보다 훨씬 더 많이 말하고 있다.

영의 동기에 의해서만 얻어집니다.

아이를 그렇게 키우면 마침내 아이가 인내력이 없어집니다. 부모 자신들 때문에 아이들이 습관 들인 끝없는 치근거림에 질리고 불쾌해지고 짜증 나 더 이상 애들의 성가심을 견딜 수 없는 부모는 아이들에게서 벗어나기 위해 아이들을 가정교사에게 맡길 수밖에 없는 거예요. 마치 가정교사에게는 아버지가 가질 수 있는 것보다 더 많은 인내와 친절을 기대할 수 있기라도 한 것처럼 말이에요."

쥘리는 말을 계속했습니다. "자연은 아이들이 어른이 되기 전에는 아이답기를 원해요. 이 질서를 왜곡하려 할 경우 우리는 숙성도 안 된 맛없고 설익은 과일을 생산하게 될 것이고 그 과일은 곧 썩어버릴 거예요. 우리는 꼬마 박사들과 애늙은이들을 갖게 될 거예요. 유년기에는 그 시기에 적합한 보고 생각하고 느끼는 방식이 있어요. 이 방식을 우리 어른이 보고 생각하고 느끼는 방식으로 대체하는 것보다 몰상식한 일은 없을 거예요. 열 살짜리 아이에게 판단력을 갖추기를 요구하는 것은 그 아이의 키가 150센티미터가 되기를 요구하는 것과 마찬가지일 거예요.

이성은 여러 해 나이를 먹은 뒤에야 형성되기 시작해요. 신체가 어느 정도 견실해질 때 말이에요. 그러니 자연의 의도는 신체가 먼저 튼튼해진 뒤에 정신이 단련되는 것입니다. 아이들은 끊임없이 움직이지요. 그들의 나이는 움직이지 않는 것과 성찰을 싫어해요. 집에 틀어박혀 열심히 공부만 하는 삶은 그들의 성장과 발육을 저해합니다. 그들의 정신과 육체는 속박을 견디지 못해요. 늘 책과 함께 방 안에 틀어박혀 있게 되면 활력을 다 잃고 말아요. 그들은 까다롭고 허약하고 건강하지 못하게 되며, 분별 있기보다 오히려 둔해지지요. 그래서 영혼은 평생 신체의 쇠약을 느끼고요.

설령 이 모든 조기 교육이 아이들의 판단력에 해로움 못지않게 이로움을 준다 하더라도, 각 아이의 재능에 최대한 알맞은 교육을 고려하지 않고 무차별하게 교육할 경우 훨씬 더 큰 해를 끼치겠지요. 인간은 모두에게 공통적으로 주어진 체질 외에, 각자의 재능과 성격을 결정하는, 바꾸거나 억압하는 것이 중요한 게 아니라 연마하고 완성하는 것이 중요한 개인적 기질을 갖고 태어나요. 모든 성격은 그 자체로 선량하고 건강하다고 볼마르 씨는 말해요. 남편의 말에 의하면, 자연에는 오류가 없어요.* 사람들이 본성 탓으로 돌리는 모든 악덕은 그 본성이 받아들인 그릇된 행위 양식의 결과예요. 어떤 간악한 인간 성향이라도 더 좋은 지도를 받았더라면 위대한 미덕을 빚어냈을 거예요. 유익한 재능을 끌어내지 못할 잘못된 정신은 없어요. 뒤틀린 기형의 얼굴도 그 얼굴의 관점에서 보면 아름답고 균형이 잘 잡힌 듯이 보이는 것처럼 그 정신을 어떤 각도에서 잘 이용하면 말이에요. 우주의 체계 속에서는 모든 것이 공통의 선에 협력하지요. 모든 인간에게는 사물의 가장 훌륭한 질서 속에 배정된 자리가 있어요. 그 자리를 찾고 그 질서를 왜곡하지 않는 것이 중요해요. 각 정신의 놀라운 다양성에 대한 고려 없이 항상 동일한 방식으로 요람에서부터 시작된 교육은 어떤 결과를 가져오겠어요? 대부분의 아이들에게 해롭거나 부적당한 교육을 하는 것, 아이들에게서 그들에게 적합한 교육을 박탈하는 것, 어디에 가나 본성을 방해하는 것, 영혼의 훌륭한 자질을 없애고 전혀 현실성 없는 보잘것없고 허울뿐인 자질로 대체하는 것, 똑같은 일들에 너무 많은 재능을 무차별하게 훈련시킴으로써 재능들이 서로를 퇴색시켜 서로 구별되지 못하게 만드는 것, 쓸데없는 많은 배려 때문에 아이들이 선천적인 참된 재능을 망가뜨린 뒤 그 재능보다 더 선호되었던 일시적이고 경박스러운 반짝임은 곧 흐려지지만 억눌린 본성은 결코 회복되지 못하는 것을 보게 되는 것, 우리가 파괴했던 것과 만들었던 것을 동시에 잃는 것, 결국은 경솔하게 들인 그토록 많은 수고의 대가로 그 모든 비범한 아이들이 무기력과 무용성만 두드러지는, 힘없는 정신의 소유자와 장점 없는 인간이 되

* 볼마르 씨의 너무도 진실인 이 견해는 나를 놀라게 한다. 그 이유는 곧 알게 될 것이다.

는 것 등이겠지요."

저는 쥘리에게 이렇게 대꾸했습니다. "그 원칙들을 이해합니다. 하지만 자신의 행복을 위해서든 사회의 진정한 이익을 위해서든 각자의 천성과 재능을 계발함으로써 얻게 되는 소량의 이점에 대한 당신 자신의 견해와 그 원칙들을 조화시키기가 쉽지 않습니다. 이성적인 인간과 정직한 인간의 완벽한 모델을 창조한 뒤 교육의 힘을 통해 각 아이들을 그 모델에 접근시키는 편이 훨씬 더 낫지 않을까요? 어떤 아이는 고무하고 어떤 아이는 제지하며, 정열은 억제하고 이성은 연마하고 본성은 교정하면서 말입니다……" "본성을 교정한다고요!" 볼마르 씨가 제 말을 끊으며 말했습니다. "그것 참 훌륭한 말이군요. 하지만 그 말을 사용하기 전에 쥘리가 방금 한 말에 대해 답변부터 하셨어야지요."

내 생각에, 반론의 여지가 없는 답변은 그 원칙을 부정하는 것이었기에 저는 그렇게 답변했습니다. "당신은 개인을 구별짓는 정신과 재능의 다양성이 자연의 작품이라고 항상 가정합니다만 그것은 전혀 명백하지 않습니다. 왜냐하면 결국 정신들이 각각 다르다면 그것들이 불평등한 것이기 때문입니다. 그런데 만일 자연이 정신들을 불평등하게 만들었다면 자연은 감각의 섬세함, 기억력의 크기, 또는 주의력을 어떤 정신들에게보다 다른 쪽 정신들에게 더 많이 베풀어준 것입니다. 그런데 감각과 기억력에 관해서라면, 그 크기와 완전성의 다양한 정도는 인간의 정신의 척도가 아니라는 것이 실험에 의해 증명되었습니다. 그리고 주의력에 관해서는, 그것은 단지 우리를 고무하는 열정의 힘에 의존할 뿐입니다. 그리고 또 모든 인간은 정신의 우월성과 관련된 주의력의 정도를 사람들에게 부여할 만큼의 강한 열정을 본성상 가질 수 있다는 것도 증명되었습니다.

만일 정신들의 다양함이 본성으로 말미암은 것이 아니라 교육으로 말미암은 것이라면, 다시 말해 유년기부터 우리를 사로잡은 대상들, 우리가 처하는 상황들, 우리가 받아들이는 모든 인상들이 우리에게 불러일으키는 다양한 관념과 감정의 결과라면, 아이들을 교육하기 위해 그들의 정신의 특징을 알기를 기다리는 대신, 반대로 그들에게 부여하려는 정신의 특징에 알맞은 교육을 통해 이 특징을 서둘러 적절하게 결정지어 주어야 할 것입니다."

이에 그는 자신이 본 것을 설명할 수 없다고 해서 그것을 부인하는 것은 자신의 방법이 아니라며 이렇게 말했습니다. "마당에 있는 저 두 마리 개를 보세요. 저것들은 한배에서 났습니다. 똑같이 먹여 길러졌지요. 서로 헤어져본 적도 없고요. 그런데도 한 놈은 활발하고 명랑하고 아양을 잘 부리며 매우 영리합니다. 다른 놈은 둔하고 굼뜨며 공격적이지요. 그래서 아무것도 가르쳐줄 수가 없었어요. 우리에게서 오직 내부 조직의 차이가 정신 구조의 차이를 가져온 것처럼, 오직 기질의 차이가 저놈들에게 성격의 차이를 가져왔습니다. 나머지는 모두 유사했지만……" 제가 그의 말을 가로막았습니다. "유사하다고요? 얼마나 다른데요! 얼마나 많은 사소한 것들이 한 마리에만 작용하고 다른 한 마리에는 작용하지 않았는데요! 당신이 알아차리지 못하는 사이에 얼마나 많은 사소한 상황들이 저것들에게 다르게 영향을 끼쳤는데요." 그러자 그가 말을 이었습니다. "저런, 당신은 정말 점성술사들처럼 추론하는군요. 같은 별자리로 태어난 두 사람이 너무 다른 운명을 가지고 있다는 반론에 봉착하자 그 점성술사들은 이 동일성을 단호히 거부했어요. 그들은 천체의 빠른 움직임을 가정하면 두 사람의 출생 시의 천상도는 엄청나게 달랐다는 것, 만일 그들의 출생 순간이 정확히 기록될 수 있었다면 그 이의가 반증되었으리라는 것을 주장하면서요.

이 모든 미묘한 사항들은 이만 제쳐두고 관찰로 만족합시다. 이 관찰은 거의 태어날 때 예상되는 성격들이 있다는 것과, 유모의 품속에서 연구할 수 있는 아이들이 있다는 것을 가르쳐줍니다. 전자는 특수한 부류로, 이 아이들은 태어나는 순간부터 배우기 시작합니다. 그러나 보다 더디게 발달되는 아이들의 경우, 그들의 정신을 알기도 전에 그 정신을 형성하고자 하는 것은 자연이 만든 좋은 것을 망치고 그 대신에 나쁜 것을 만드는 위험에 봉착하는 것입니다. 당신의 스승인 플라톤은 인간의 모든 지식과 철학은 인간의 영혼에서 자연이 그 영혼에 맡겨둔 것밖에 끌어낼 수 없다고 주장하지 않았습니까? 어떠한 화학 작용도 합성물로부터 그것이 이미 지니고 있는 양 이상의 금을 추출할 수 없는 것처럼 말입니다. 그것은 우리의 감정이나 관념 어느 쪽에 대해서도 맞지 않는 말입니다. 하지만 감정이나 관념을 습득하는 우리의 자질에 대해서는 맞는 말입니다. 정신을 변화시키기 위해서는 내부 조직을 변화시킬 필요가 있고, 성격을 변화시키기 위해서는 성격을 좌우하는 체질을 변화시킬 필요가 있습니다. 화를 잘 내는 성격이 침착해졌다든지, 조리 있게 생각하는 냉정한 정신이 상상력을 획득했다든지 하는 말을 들어보신 적 있습니까? 내 생각에는 갈색 머리를 금발로, 바보를 영리한 사람으로 만드는 일이 훨씬 더 쉬울 것 같습니다. 그러므로 각기 다른 정신을 하나의 공통적인 모델에 따라 개조할 것을 주장해보았자 헛일일 겁니다. 정신을 속박할 수는 있어도 변화시킬 수는 없으니까요. 사람들에게 그들 자신의 모습을 보여주지 못하게 방해할 수는 있으나, 그들을 다른 사람으로 만들 수는 없습니다. 당신은 사람들이 일상에서 자신의 다른 모습을 보일지언정 중요한 때에는 언제나 본래의 성격을 되찾는다는 것을, 그리고 그 성격에 몸을 맡기게 될 때에는 더 이상 규율을 알지 못하는 만큼 더욱더 미미한 규율만으로 성격에 몸을 맡긴다는 것을 보았을 것입니다. 다시 말하지만, 성격을 바꾸고 천성을 굴복시키는 것이 아니라, 그 반대로 가능한 한 그것들을 키우고 가꾸어 쇠퇴하지 않게 하는 것이 중요합니다. 그런 식으로 인간은 충분히 자기 자신이 될 수 있으며, 교육을 통해 자연의 작품이 인간 안에서 완성되기 때문입니다. 그렇기는 하지만 성격을 기르기 전에 먼저 성격을 연구하고, 성격의 모습이 드러나기를 끈기 있게 기다리고, 성격에 자신을 드러낼 기회를 제공하고, 부적당하게 행동하기보다는 오히려 아무것도 하지 않도록 항상 자제할 필요가 있습니다. 어떤 천성에는 날개를 달아줄 필요가 있고 또 어떤 천성에는 족쇄를 채울 필요가 있습니다. 어떤 천성은 촉진할 필요가 있고 어떤 천성은 억제할 필요가 있습니다. 어떤 천성은 치켜세워 줄 필요가 있고 어떤 천성은 협박할 필요가 있습니다. 때로는 계몽할 필요가 있고 때로는 바보로 만들 필요가 있습니다. 어떤 사람은 인간의 지식을 최고의 단계까지 이르게 하기 위해 태어났으며, 어떤 사람에게는 읽을 줄 아는 것이 해롭기까지 합니다. 이성의 최초의 번쩍임을 기다립시다. 성격이 생겨나게 하고, 성격에 참된 형태를 부여하는 것이 바로 이성입니다. 사람들이 성격을 기르는 것도 바로 그 이성에 의해서입니다. 그러므로 이성이 생겨나기 전에는 인간을 위한 참된 교육은 없습니다.

당신은 쥘리의 원칙들에 대해 반대하는데 나로서는 거기에 반대할 게 뭐가 있는지 잘 모르겠습니다. 나는 그 원칙들에 전적으로 동의하기 때문입니다. 각자는 자신만의 성격과 천성과 재능을 갖고 태어납니다. 전원에서 소박하게 살도록 태어난 사람들은 행복하기 위해 자기 능력을 계발할 필요가 없습니다. 그들의 숨은 재능은 공익을 위해서 채굴이 금지된 발레 지방의 금광과도 같습니다. 그러나 두 팔보다는 오히려 머리를 더 필요로 하고, 또 자신의 온갖 가치에 의해 자기 자신에 대해서도 타인들에 대해서도 책임을 져야 하는 시민 신분에게는 그들에게서 자연이 부여한 모든 것을 끌어내고, 그들을 가장 멀리 갈 수 있는 방향으로 인도하고, 무엇보다 그들의 성향을 유익하게 만들 수 있는 온갖 것으로 그 성향을 키우도록 그들을 가르치는 것이 중요합니다. 첫 번째 경우는 인간이라는 종과 관련된 문제이니, 각 개인은 다른 모든 사람이 하는 대로 합니다. 모범이 유일한 규칙이며 습관이 유일한 재능입니다. 어느 누구나 자신의 영혼 중에서 모두에게 공통된 부분만을 이용합니다. 두 번째 경우는 개인에게 적용됩니다. 모든 인간에게서, 어떤 개인에게는 다른 사람보다 더 많이 가질 수 있는 모든 것이 추가됩니다. 자연이 인도하는 데까지 그를 따라가 보다가, 만일 그가 사람들 중 가장 위대한 사람이 될 만한 능력이 있다면 그를 그렇게 만들어야 합니다. 이 원칙들은 거의 모순되지 않기에 그 실행은 유년기에는 동일합니다. 시골 아이를 가르치지 마세요. 아직 배우기에 적절치 않으니까요. 도시 아이도 가르치지 마세요. 어떤 교육이 그 아이에게 더 적절한지 아직 모르니까요. 어쨌든 이성이 싹트기 시작할 때까지는 육체가 형성되도록 내버려두세요. 바로 그때가 이성을 기를 때입니다."

제가 말했습니다. "이 모든 것은 만일 제가 거기에서 당신이 이 방법에 대해 기대하는 이익을 크게 훼손하는 한 가지 단점을 보지 못한다면 아주 좋아 보일 것입니다. 이를테면 그 단점이란, 좋은 습관에 의해서만 예방할 수 있는 수많은 나쁜 습관에 아이들이 물들도록 내버려둔다는 것입니다. 혼자 방치해둔 아이들을 보세요. 그 아이들은 곧 모든 결점에 물들어 미덕은 전혀 따르지 않게 됩니다. 결점은 따라 하기 쉽기 때문에 본보기가 눈에 잘 들어오는 반면에 미덕은 실천하기가 힘드니까요. 무엇이든 손에 넣는 데 익숙해져 있고 어떤 경우에도 무분별하게 제멋대로 행동하는 데 익숙해져 있는 그들은 반항적이고 고집불통이고 길들일 수 없는 존재가 됩니다……" 그러자 볼마르 씨가 다시 말했습니다. "그렇지만 당신은 우리 아이들에게서 그와 반대되는 것을 주목했고, 바로 그것 때문에 이런 얘기를 꺼내게 된 것 같은데요." 제가 말했습니다. "그건 그렇습니다. 바로 그 점이 저를 놀라게 합니다. 쥘리는 어떻게 해서 아이들을 온순하게 만든 건가요? 어떻게 행동한 거지요? 규율의 속박 대신 무엇을 이용했지요?" 그는 당장 이렇게 말했습니다. "훨씬 더 엄격한 속박이지요. 필연성이라는 속박 말입니다. 그렇지만 이 사람에게 직접 그 방법에 대해 자세히 설명을 들으면 더 잘 이해가 될 겁니다." 그러면서 그는 그녀에게 방법을 설명해주라고 권했습니다. 잠시 후 그녀는 대략 이런 설명을 해주었습니다.

"사랑하는 친구, 천성이 훌륭하게 태어난 아이는 운이 좋은 거예요! 저는 볼마르 씨처럼 우리의 노력을 과대평가하지는 않아요. 남편의 원칙들에도 불구하고 저는 나쁜 성격이 언젠가 훌륭하게 이용될 수 있다는 것과, 모든 천성이 선하게 바뀔 수 있다는 것에 대해 회의적이에요. 그러나 남편의 방법이 옳다고 확신하기에 저는 가정을 다스리는 모든 행동에 있어서 그 원칙을 따르려고 노력한답니다. 저의 첫 번째 바람은, 제 뱃속에서 악한 아이가 나오지 않았으면 하는 거예요. 두 번째 바람은, 신이 제게 주신 아이들을 아버지의 교육 아래 언젠가 그 아이들이 다행히도 아버지를 닮게 될 만큼 잘 키우는 거예요. 그러기 위해 저는 남편이 제게 정해준 규칙들에다가 철학적인 면은 덜해도 모성애에는 더 적합한 원리를 부여함으로써 그 규칙들을 제 것으로 삼으려고 노력했어요. 말하자면 제 아이들이 행복해해야 한다는 원리를요. 그것은 엄마라는 감미로운 말을 들으면서 마음속으로 제일 처음 한 맹세였어요. 제 삶의 모든 노력은 그 맹세를 이행하는 데 바쳐졌어요. 큰아들을 처음 안았을 때 저는 어린 시절이 긴 인생에서 거의 사분의 일을 차지한다는 것을, 나머지 사분의 삼을 맞이하는 것은 드문 일이라는 것을, 어쩌면 오지 않을지도 모를 남은 생의 행복을 보장하기 위해 인생의 이 최초의 시기를 불행하게 만드는 것은 아주 가혹한 신중함이라는 것을 생각했어요. 힘없는 어린 시절에는 자연이 아이들을 너무도 여러 방법으로 속박하는데, 그토록 제한적이며 그들이 거의 남용할 수 없는 자유마저 그들에게서 박탈함으로써 그 속박에 우리의 변덕의 폭정까지 추가하는 것은 잔인한 처사라고 생각했어요. 저는 가능한 한 제 아이가 속박의 피해를 입지 않게 할 것이며, 아이가 자신의 보잘것없는 힘을 모두 사용할 수 있도록 놓아둘 것이며, 아이에게서 일어나는 자연의 움직임들을 조금도 방해하지 않겠다고 결심했어요. 그렇게 함으로써 이미 두 가지 큰 이득을 보았어요. 하나는 싹트는 그 애의 영혼에서 거짓말, 허영, 자만, 분노, 시샘 등 요컨대 노예 상태에서 생겨나는, 우리가 아이들에게 요구하는 것을 얻으려다가 되레 아이들에게 조장하지 않을 수 없는 모든 악덕에의 접근을 차단하게 된 거예요. 다른 하나는 본능이 아이에게 요구하는 끊임없는 운동을 통해 자유롭게 아이의 신체를 단련한 것이고요. 농부들처럼 맨머리로 태양빛과 추위 속을 숨차게 달리며 땀을 흘리는 데 익숙한 그 애는 농부들처럼 야외 노출 속에서 단련되며, 더 즐겁게 살면서 더 강건해집니다. 이것은 어른이 되었을 때와 인간이 겪게 될 사고(事故)를 생각한 경우예요. 말씀드렸다시피, 저는 과잉보호로 아이를 나약하게 만들고 여자같이 만드는, 끊임없는 속박으로 아이를 고통스럽게 하는, 수없는 쓸데없는 주의로 아이를 억압하는, 아이를 잠깐 동안 보호하려다가 평생 위험에 처하게 하는, 어린 시절 아이를 감기로부터 보호하려다가 어른이 된 뒤 폐렴과 늑막염, 일사병, 죽음을 가져다주는 그 심약함이 걱정돼요.

제멋대로 하도록 내버려둔 아이들이 당신이 말한 그런 결점들 대부분을 갖게 되는 것은 그들이 혼자서 자기 맘대로 행동하는 데 그치지 않고 타인들에게도 그렇게 행동하는 경우예요. 예를 들면 자기 아이에게 오냐오냐해주는 사람을 마음에 들어 하는 어머니들의 그런 어리석은 관대함 같은 것에 의해서요. 친구, 당신은 우리 아이들이 지위가 가장 낮은 하인들을 대할 때조차 그들에게서 영향력과 권위의 기미를 전혀 보지 못했을 것이며, 우리 아이들에 대한 사람들의 위선적인 배려와 아첨에 제가 은근히 박수를 보내는 것을 보지 못했을 거예요. 저는 제가 아이를 자유롭고 온화하며 상냥하고 온순하게 만들기 위해 새롭고 확실한 길을 따르고 있다고 믿어요. 아주 단순한 방법으로 그렇게 하는데, 아이에게 자기가 어디까지나 아이일 뿐이라는 것을 납득시키는 것이 바로 그것이에요.

어린 시절 그 자체를 생각해보면, 아이보다 더 나약하고 불쌍하고 자신을 둘러싼 모든 것에 좌우되며 동정심과 사랑과 보호를 필요로 하는 존재가 세상에 또 어디 있겠어요? 바로 그 때문에 자연이 아이에게 준 최초의 소리가 외침과 신음이며, 아이에게 다가가는 모든 사람이 아이의 나약함을 불쌍히 여겨 서둘러 아이를 보호하도록 자연이 아이에게 너무도 애처로운 얼굴과 가여운 모습을 준 것 같지 않아요? 오만하고 반항적인 아이가 자기 곁에 있는 모든 사람에게 명령하고, 자기를 내다 버리는 것만으로 자기를 죽일 수 있는 사람들에게 되레 뻔뻔스럽게 주인처럼 구는 것과, 분별없는 부모가 그 뻔뻔스러움을 칭찬함으로써 그 아이를 자기 유모의 폭군으로, 마침내는 자기 부모의 폭군으로 기르는 것보다 더 충격적이고 질서에 반하는 일이 대체 뭐가 있겠어요?

저는 제 아들을 권력과 노예 상태의 위험한 이미지에서 멀리 떼어놓기 위해, 그리고 그 아이에게 자신이 연민보다 오히려 의무에 의해 보살핌을 받고 있다고 생각할 여지를 절대로 주지 않기 위해 어떤 노력도 아끼지 않았어요. 이 점은 어쩌면 교육에서 가장 어렵고 가장 중요한 부분일 거예요. 아이가 어머니의 정성 어린 사랑과, 돈으로 고용된 하인들의 섬김을 너무나 재빠르게 구별하는 본능을 습득하지 못하도록 막기 위해 제가 취해야 했던 모든 세세한 조심들을 다 말씀드리려면 끝이 없을 거예요.

제가 사용한 중요한 방법들 중 하나는, 좀 전에 말했듯이, 그 애의 나이에는 우리의 도움 없이 살아가기가 불가능하다는 점을 잘 이해시키는 것이었어요. 이어서 저는 아이에게, 타인에게서 받지 않을 수 없는 모든 도움은 의존 행위라는 것, 하인들에게는 아이가 전혀 쓸모 없는 반면에 아이는 하인들 없이는 지낼 수가 없기 때문에 하인들이 아이보다 진짜로 우월한 존재라는 것을 어렵지 않게 보여주었어요. 그리하여 아이는 하인들의 보살핌을 오만하게 받아들이는 대신에, 일종의 굴욕감을 느끼면서 그 보살핌을 자신의 나약함에 대한 증거로 받아들이지요. 따라서 아이는 스스로 자신을 보살필 수 있을 만큼 자라고 힘이 강해질 때를 열렬히 바란답니다."

제가 말했습니다. "그런 사상은 부모가 아이들처럼 섬김을 받는 집에서는 수립되기 어려울 겁니다. 그러나 당신을 비롯해 모두가 해야 할 임무를 띠고 있으며 주인과 하인의 관계가 섬김과 배려의 끊임없는 교환인 이 집에서라면 수립되기 불가능하다고 생각지 않습니다. 그렇지만 자신의 욕구를 사람들이 재빨리 알아차려 만족시켜주는 데 익숙한 아이들이 어떻게 이 권리를 변덕으로 확장하지 않는지, 또는 종종 하인들이 아이들의 참된 욕구를 떼쓰는 것으로 치부할 경우 하인의 신경질에 아이들이 어떻게 마음 아파하지 않겠는지 등을 이해하는 일이 제게 남습니다."

볼마르 부인이 다시 말을 이었습니다. "친구, 분별력 없는 어머니는 모든 것을 괴상하게 만들지요. 어른들과 마찬가지로 아이들에게서도 진정한 욕구는 아주 한정돼 있어요. 그러므로 우리는 단 한 순간의 행복보다는 지속적인 행복에 더 관심을 가져야 해요. 당신은 전혀 속박받지 않는 아이가 어머니의 눈앞에서 가정교사의 신경질에 상처 받아 그로 인해 불쾌해하리라고 생각하세요? 당신은 이미 물든 악덕에서 나쁜 점들이 생겨난다고 가정하면서, 제 모든 배려가 그 악덕의 발생을 막는 것이었다는 것은 생각하지 않는군요. 여자들은 천성적으로 아이를 사랑해요. 그들 사이의 불화는 한쪽이 다른 쪽을 자신의 변덕에 예속시키고자 할 때에만 생겨나지요. 그러나 이곳에서는 이런 일이 일어날 수 없어요. 아이는 아무런 요구도 받지 않고, 가정교사도 아이로부터 아무런 명령을 받지 않으니까요. 이 점에서 저는, 아이가 하인에게 복종하기를 원하는 척하지만 실제로는 하인이 아이에게 복종하기를 원하는 다른 어머니들과는 정반대의 입장을 따랐어요. 여기에서는 명령하는 사람도 복종하는 사람도 없어요. 그러나 아이는 자신에게 다가오는 사람들에게 자신이 베푸는 만큼의 배려만을 그들에게서 받을 뿐이에요. 그리하여 아이는 자신이 주위의 모든 사람에게 친절 외에는 어떤 권위도 갖고 있지 않다는 것을 느낌으로써 온순해지고 상냥해지며, 타인들의 마음이 자신에게 애착을 갖게 만들려고 애쓰면서 아이의 마음도 그들에게 애착을 갖게 되지요. 인간은 사랑을 받을 때 사랑을 하는 것이니까요. 이것은 이기심의 확실한 효과인데, 우리가 모든 아이들에게 끊임없이 권장하지만 그들에게서 결코 얻은 적이 없는 좋은 품성들이, 바로 그 평등함에서 생겨난 상호 애정에서 힘들이지 않고도 생겨납니다.

저는 어린이 교육에서 가장 본질적인 부분, 매우 정성을 기울인 교육에서는 전혀 문제 되지 않는 그 부분은 아이로 하여금 자신의 비참함과 나약함과 의존성, 그리고 제 남편이 당신에게 말했듯이 자연이 인간에게 부과하는 필연이라는 그 무거운 멍에를 분명히 느끼게 하는 것이라고 생각해요. 그런데 그것은 이 멍에를 가볍게 해주기 위해 하는 것임을 그가 느낄 수 있도록 하기 위해서뿐만 아니라, 무엇보다 신이 그를 어떤 지위에 있게 했는지를 일찍 알도록 하기 위해서, 자신의 능력을 넘어서지 않도록 하기 위해서, 그리고 또 인간의 일이라면 그와 관련 없는 일이 아무것도 없게 보이도록 하기 위해서입니다.

태어나면서부터 방종 속에서 길러지고 모든 사람에게 떠받쳐지고 원하는 것은 모두 쉽게 얻을 수 있었던 탓에 모두가 자신의 변덕에 복종해야 한다고 생각하게 된 아이들은 그런 어리석은 편견을 가지고 세상을 살기 시작하는데, 흔히 모욕과 굴욕, 실망을 실컷 겪은 뒤에야 그 편견을 고치게 돼요. 그런데 저는 첫 교육부터 아들로 하여금 사물에 대해 보다 더 올바른 견해를 갖게 함으로써 이러한 굴욕적인 제2의 교육을 면해주고 싶어요. 처음엔 저는 자연의 최초의 움직임들은 항상 바람직하고 유익하다고 믿어 아들이 요구하는 것을 모두 들어줄 생각이었어요. 하지만, 아이들이 사람들이 자신에게 복종할 의무가 있다고 생각하면서 거의 태어나면서부터 자연 상태에서 벗어나며, 우리를 본받아 우리의 악덕에 물들고 우리의 무분별로 아이들 자신의 악덕에 물든다는 것을 이내 알게 되었어요. 제가 아이의 변덕을 다 받아준다면 이 변덕은 저의 친절과 더불어 커갈 것이며, 멈춰야 할 지점, 아이가 거절에 익숙지 않을수록 그만큼 더 거절을 고통스럽게 느낄 그런 지점이 항상 있을 것임을 깨달았어요. 그리하여, 이성이 싹틀 때까지는 아이에게 모든 고통을 면해줄 수가 없어서 저는 고통이 보다 적고 보다 빨리 끝나는 쪽을 택했어요. 저는 먼저 아이가 거절을 덜 가혹하게 느끼도록 아이가 거절에 익숙해지게 했어요. 그리고 아이가 실망과 고통과 반항을 오래 끌지 않도록, 일단 거절하면 번복하지 않았어요. 가능한 한 거절을 최소화하고, 거절하기 전에 재고해보는 것은 사실이에요. 아이에게 허락하는 것은 무엇이든 처음에 요구받자마자 조건 없이 허락합니다. 그 점에 대해서는 우리는 아주 관대하지요. 그러나 아이는 치근거리는 것으로는 아무것도 얻지 못해요. 마찬가지로 눈물과 아양도 소용없고요. 아이는 그 점을 너무 잘 알기 때문에 그런 수법을 쓰지 않아요. 나의 첫마디에 확실히 상황을 파악하고는, 먹고 싶은 사탕 봉지가 닫히는 것을 봐도, 잡고 싶은 새가 날아가는 것을 봐도 더 이상 고민하지 않아요. 어느 것이건 똑같이 더 이상 가질 수 없다는 것을 아니까요. 아이는 우리가 뭔가를 빼앗아 가면 자신은 그것을 지킬 수 없다는 것, 그리고 우리가 뭔가를 거절하면 자신은 그것을 얻을 수 없다는 것 이외에는 아무것도 알지 못해요. 아이는 테이블을 두드리며 주먹을 아프게 하지도 않을 것이고, 거절하는 사람을 때리지도 않을 거예요. 아이는 자기에게 신경질나게 하는 모든 것에서 필연의 힘과 자신의 나약함을 느낄 뿐이지 타인의 악의를 느끼지는 않아요……" 그녀는 제가 대꾸하려는 것을 알고는 좀 강한 목소리로 이렇게 말했습니다. "잠깐만요! 이의를 말씀하시려는 거지요. 좀 있다 들을게요.

아이들의 잉잉거림에 굴복하기 위해서든 그것을 그치게 하기 위해서든, 그 잉잉거림에 응하는 것은 그것을 부추기는 일밖에 안 돼요. 어쩌다 아이들이 자기가 우는 것을 부모가 바라지 않는다는 것만 알게 되면 아이들은 하루 종일 울지요. 아이들 비위를 맞춰주는 것이든 아이들을 윽박지르는 것이든, 아이들을 입 다물게 하기 위해 취하는 방법은 모두 해로우며 거의 언제나 효과가 없어요. 아이들의 울음에 신경 쓰는 한 그것은 아이들에게는 계속 울 이유가 될 뿐입니다. 하지만 아이들은 부모가 자신의 울음에 주의를 기울이지 않는다는 것을 알게 되면 곧 버릇을 고치게 돼요. 어른이건 아이건 헛고생하기 좋아하는 사람은 없으니까요. 이것은 바로 제 큰아들에게 있었던 일이에요. 처음에는 아이가 조금만 울어도 모두들 어쩔 줄을 몰랐어요. 그런데 보시다시피 지금은 아이가 없는 집인 것처럼 이 집에서 아이 울음소리가 더 이상 안 들려요. 이 아이도 아플 때에는 울어요. 그것은 결코 억누르지 말아야 해요. 자연의 소리이니까요. 하지만 아픈 게 나으면 즉각 울음을 그쳐요. 따라서 저는 그 애가 공연히 울 리 없다는 것을 확신하기 때문에 아이가 울면 아주 큰 주의를 기울여요. 아이의 울음을 통해서 그 애가 아픈지 안 아픈지, 건강한지 안 건강한지를 알게 돼요. 투정 부리느라 우는 아이들에게서는 얻을 수 없는 장점이지요. 그런데 저는 이 점이 유모와 가정교사를 통해서는 얻기 쉽지 않다는 것을 인정해요. 왜냐하면 아이가 계속해서 불평하는 것을 듣는 것보다 더 성가신 일은 없으며, 이 착한 여인들은 지금 이 순간만을 생각하기에 오늘 아이를 달래면 내일은 아이가 더 울게 되리라는 사실을 생각하지 않기 때문이지요. 가장 나쁜 점은 몸에 밴 고집이 나이 들어서 중대한 결과를 초래한다는 거예요. 세 살 때 그를 징징대는 아이로 만드는 바로 그 원인이 열두 살 때 그를 고집불통으로 만들고 스무 살 때 호전적인 인간으로 만들며 서른 살 때 오만한 인간으로 만들고, 결국 평생에 걸쳐 넌더리 나는 사람으로 만들어요."

"이제 당신의 문제로 들어가지요." 그녀가 미소지으며 내게 말했습니다. "아이들은 어른들에게 허락받은 모든 것에서, 자기 비위를 맞춰주려 하는 마음을 쉽게 알아봐요. 반면에 요구받거나 거절당한 모든 것에서는 틀림없이 이유가 있을 거라고 추측해요. 이유를 묻지는 않아도요. 이것은 필요한 경우 아이들에게 설득보다 오히려 권위를 사용할 수 있다는 또 다른 이점이에요. 아이들은 때때로 우리가 이렇게 권위를 사용하는 이유를 알아차리지 못하기에, 그 이유를 아직 알 수 없을 때 추측해보는 것은 자연스러운 일이겠지요. 그와 반대로 아이들은 우리가 어떤 것을 자신들의 판단에 맡기자마자 모든 것을 자기가 판단하겠다고 고집하며, 궤변적으로 되고, 까다로워지고, 불성실하게 되며, 억지가 가득해져 자신들의 별 볼일 없는 지식에 마음 약하게 노출되는 사람들을 끊임없이 침묵으로 몰아넣으려 애씁니다. 그들이 이해할 수 없는 것을 어쩔 수 없이 설명해주어야 할 때, 그것이 자신의 이해 범위를 넘어서자마자 그들은 가장 신중한 행동조차 변덕 탓으로 돌려버립니다. 요컨대 그들을 이성에 순종케 하는 유일한 방법은 그들과 이성적으로 이치를 따지는 것이 아니라, 그들의 나이에는 아직 이성적일 수 없다는 것을 그들에게 잘 납득시키는 것입니다. 그때 아이들은, 다르게 생각할 정당한 동기를 부여받지 못하는 한, 이유가 있어야 하는 쪽으로 그 이유를 추측하기 때문이에요. 아이들은 우리가 자기들을 사랑한다고 확신하면 우리에게 자기들을 괴롭히려는 마음이 없다는 것을 잘 알아요. 게다가 아이들은 우리가 자기들을 사랑하는지 아닌지를 거의 틀리지 않고 알아요. 그러므로 저는 제 아이들에게 어떤 것을 거절할 때 이런저런 말을 늘어놓지 않아요. 거절하는 이유를 말해주지 않아요. 하지만 가능한 한 아이들이 그 이유를 알도록 하는데, 때로는 나중에라도 그 이유를 반드시 알게 해요. 이런 식으로 아이들은, 그 이유를 항상 이해하는 것은 아니지만 제가 절대로 정당한 이유 없이 거절하는 것은 아니라는 것을 이해하는 데 익숙해졌어요.

같은 원리에서 저는 제 아이들이 분별 있는 사람들의 대화에 끼어들어 무분별한 수다를 떨 때 듣는 사람들이 견뎌준다고 해서 자기들이 그 사람들과 어깨를 나란히 하고 있다고 어리석게 착각하는 것 또한 용납하지 않을 거예요. 저는 제 아이들이 먼저 나서서 말하지 말고, 무엇보다 존경해야 하는 연장자들 틈에 게재에 맞지 않게 끼어들어 질문하지 말고, 질문을 받을 때만 겸손하게 간단히 대답하기를 바라요."

제가 그녀의 말을 끊으며 말했습니다. "쥘리, 그토록 다정한 어머니의 면모에 비해 정말 굉장한 엄격함이군요! 피타고라스도 제자들에게 당신이 아들에게 한 것보다 더 엄격하지는 않았어요.[15] 당신은 아이들을 어른으로 대하지 않을 뿐 아니라 너무 빨리 어린 시절이 끝나는 것을 두려워하는 것 같아요. 아이들이 자기가 모르는 것을 자기보다 더 잘 아는 사람에게 묻는 것보다 더 즐겁고 확실하게 배울 수 있는 방법이 어디 있습니까? 자기 아이들이 너무 일찍부터, 너무 오랫동안 수다를 떠는 것은 아니라고 생각하며, 아이들이 어렸을 때 떠드는 무례한 언사를 통해 그들이 어른이 되어 가지게 될 기지를 판단하는 파리의 귀족 부인들은 당신의 원칙에 대해 어떻게 생각할까요? 볼마르 씨라면, 수다를 잘 떠는 것이 최고의 능력이며 말만 잘하면 생각 같은 것은 하지 않아도 되는 나라에서는 그게 좋을 수도 있다고 말하겠지요. 그러나 당신은 아이들을 아주 행복하게 해주고 싶은 사람인데 그 많은 속박으로 어떻게 그들을 행복하게 해줄 것이며, 또 이 모든 구속 가운데서 당신이 아이들에게 맡겨두고자 하는 자유는 어떻게 되겠습니까?"

그러자 그녀는 즉각 이렇게 말했습니다. "이런. 아이들이 우리의 자유를 침해하지 못하게 하는 것이 그들의 자유를 구속하는 것인가요? 함께 있는 모든 사람이 묵묵히 그들의 유치한 언행을 칭찬하지 않는 한 그들은 행복할 수 없다는 건가요? 아이들에게 허영심이 생겨나지 않도록 막아야 돼요. 적어도 허영심이 커지지는 않도록 해야 돼요. 그것이 바로 진심으로 아이들의 행복을 위해 힘써야 할 일이에요. 인간의 허영은 지극히 큰 인간의 모든 고뇌의 원천이에요. 허영 때문에 기쁨보다는 훨씬 더 큰 슬픔을 당하지 않을 만큼, 그렇게 아주 완전하게 축복받은 사람은 없어요.*

주위의 모든 분별 있는 사람들이 자기 말에 귀 기울이고 자기에게 아양 떨고 자기를 칭찬하며 비굴하게 자기 입에서 나오는 고견을 열심히 기다

* 허영이 이 지상에서 어떤 사람을 행복하게 만든 적이 있다면 분명 그 사람은 바보였을 것이다.

리고 자신의 버릇없는 말이 나올 때마다 떠들썩하게 기쁨의 탄성을 지르는 것을 보면 아이가 자기 자신에 대해 어떻게 생각하겠어요? 성인의 머리도 그 모든 거짓 갈채를 견뎌내기 아주 어려울 텐데 아이들의 머리가 어떻게 될지를 생각해보세요! 아이들의 실없는 소리는 점성술사들의 예언과도 같아요. 그토록 많은 헛된 말들 가운데 재수 좋게 우연히 맞히는 것이 하나도 없다면 이상한 일이지요. 자기 마음에 이미 너무 미혹된 불쌍한 어머니와 무슨 말인지도 모르면서 떠들어대는데도 칭찬받게 되는 아이에게 아첨의 함성이 어떤 결과를 가져올지 상상해보세요! 오류를 식별한다고 해서 제가 오류를 범하지 않는다고는 생각하지 마세요. 아니에요, 저는 잘못을 알면서도 잘못에 빠지기도 해요. 하지만 저는 아들의 재치 있는 대꾸에 감탄하더라도 은근히 하지요. 그렇기에 아이는 제가 칭찬하는 것을 보지만 수다스러워지는 것도 자만해지는 것도 배우지 않아요. 또 아첨쟁이들은 저로 하여금 아들의 대꾸를 되풀이하게 함으로써 저의 마음 약함을 비웃는 즐거움을 갖지 못하지요.

어느 날 우리 집에 사람들이 와 있었는데, 제가 몇 가지 일을 시키러 나갔다가 돌아오니 네댓 명의 바보 같은 어른이 제 아이와 놀고 있었어요. 그들은 아이한테 방금 들은 아주 재치 있는 말에 감탄하여 과장되게 제게 그것을 말해주려 했어요. 저는 그들에게 아주 냉담하게 말했어요. '여러분, 저는 당신들이 꼭두각시들에게 아주 재미있는 말을 시킬 수 있음을 의심치 않아요. 하지만 저는 언젠가 제 아이들이 어른이 되어 스스로 행동하고 말하게 되기를 바라요. 그때 저는 그 애들의 훌륭한 말과 행동을 언제나 기쁜 마음으로 보게 될 거예요.' 제 마음을 사려는 그 방법이 성공하지 못했음을 알고부터 그들은 어릿광대가 아닌 어린애들과 함께 놀 때처럼 제 아이들과 놀아요. 그런 사람들이 더 이상 오지 않게 되고, 그런 감탄을 받지 않게 되고부터 아이들은 눈에 띄게 더 나은 아이들이 되었어요.

저는 아이들의 질문을 무차별하게 막지는 않아요. 알아야 할 것이 있으면 뭐든 아버지나 제게 개인적으로 조용히 물어보라고 아이들에게 말하는 사람이 저인걸요. 그러나 저는 애들이 머리에 떠오르는 대로 무례한 질문으로 진지한 대화를 끊어 모두의 주의를 빼앗는 것은 용납하지 않아요. 질문하는 기술은 의외로 그리 쉽지 않아요. 그것은 학생들의 기술이라기보다는 선생들의 기술에 훨씬 가까워요. 자신이 모르는 것을 질문할 수 있으려면 이미 많은 것을 배워 알고 있어야 해요. 인도 속담에 의하면, 박식한 사람은 알기에 뭔가를 묻지만 무지한 사람은 무엇을 물을지조차 알지 못해요.* 예비지식이 없으면, 제멋대로인 아이들은 아무 쓸모 없는 부적절한 질문이나, 그들이 해결할 수 없는 심오하고 까다로운 질문밖에 거의 하지 않아요. 아이들이 모든 것을 알 필요는 없기 때문에 아이들에게는 모든 것을 물을 권리가 없어야 해요. 그것이 바로, 일반적으로 말해, 아이들이 그들 자신의 질문보다 우리가 그들에게 하는 질문을 통해서 더 많이 배우는 이유랍니다.

이 방법이 우리가 생각하는 만큼 아이들에게 유익할지라도 그들에게 유익한 가장 중요한 최초의 교양은 사려 깊음과 겸양에 관한 것이 아닐까요? 아이들이 그 교양을 무시하고 배워야 할 어떤 다른 지식이 있나요? 말할 나이도 안 된 아이들에게 마음대로 말하게 내버려두는 것, 뻔뻔스럽게도 어른들을 자신들의 질문에 따르게 하는 권리가 과연 아이들에게 어떤 결과를 가져오겠어요? 종알거리는 아이 질문자들은 배우기 위해서라기보다는 그 질문들로 모든 사람을 귀찮게 하고 모든 사람의 주의를 빼앗기 위해서 질문하며, 때로 사람들이 자신들의 무분별한 질문들에 당황하는 것을 보면 더욱더 종알대고 싶어 하지요. 그래서 그들이 입을 열자마자 모든 사람이 불안해집니다. 이것은 그들을 교육하는 방법이라기보다는 오히려 그들을 경솔하고 건방지게 만드는 수단이에요. 제가 생각하기엔, 아

* 이 속담은 샤르댕의 저서에서 따온 것이다. 제5권, 170쪽.

이들은 그 방법을 통해 이득을 보기보다는 해를 입을 뿐입니다. 무지가 조금씩 줄어들지언정 허영은 어느 때보다 커지니까요.

이 신중함이 너무 연장될 경우 일어날 수 있는 최악의 사태는 제 아들이 철이 들었을 때 대화의 경쾌함이 덜하고 말의 생기와 구변이 덜한 것일 거예요. 무가치한 이야기나 하며 인생을 보내는 그런 습관이 얼마나 정신을 편협하게 하는지를 생각하면 저는 이런 어눌함을 나쁘게 보기보다는 오히려 좋게 보겠어요. 항상 권태를 느끼는 할 일 없는 사람들은 자신들을 즐겁게 해주는 기술에 아주 큰 가치를 부여하려 애쓰지요. 그리하여 마치 쓸모없는 선물만 하는 것처럼 쓸데없는 말만 하는 것이 예절인 것 같아요. 하지만 인간 사회는 더 고상한 목적을 가지고 있으며 그 사회의 참된 즐거움은 더 확고부동해요. 인간에게서 가장 가치 있는 기관인 진리의 기관은 인간을 동물과 구별해주는 유일한 기관으로서, 동물들이 자기 울음소리를 이용하는 것보다도 못하게 쓰이라고 인간에게 주어진 것이 아니에요. 인간은 알맹이 없는 말을 할 때 동물들보다 하등의 존재로 전락해요. 인간은 기분 전환에서까지도 인간이어야 합니다. 쓸데없는 수다로 모두를 귀찮게 하는 예의범절이 있다면, 제게는 다른 사람 먼저 말하게 하고, 자신이 말하는 것보다 다른 사람들이 말하는 것을 더 중시하며, 그들을 너무도 존경하기에 하찮은 말로는 그들을 즐겁게 할 수 없다고 생각한다는 것을 보여주는 것이 훨씬 더 진정한 예의범절로 보여요. 우리로 하여금 가장 따르게 하고 가장 소중히 여기게 하는 훌륭한 예의범절은 자신이 빛나는 것보다는 타인들을 빛나게 하고, 겸손하게 처신함으로써 타인들이 마음껏 뽐내게 하는 거예요. 오로지 자제와 사리 분별에 의해 잡담을 삼갈 뿐인 재기 발랄한 사람이 어느 때에는 바보로 여겨질 수 있지 않을까 하는 걱정은 접기로 해요. 어느 나라에서든 한 인간을 그가 하지 않은 말로 판단할 수 없고, 그가 말을 하지 않았다고 경멸할 수 없어요. 그와 반대로 우리는 대체로 과묵한 사람들이 우리를 압도하여, 사람들이 그들 앞에서 말을 조심하고 그들이 말할 때에는 깊이 주의를 기울이는 것을 목격하지요. 그렇게 되면 그들이 기회를 선택할 수 있고 그들이 하는 말을 사람들이 한마디도 놓치지 않게 됨으로써 전적으로 그들에게 유리한 상황이 됩니다. 아무리 현명한 사람이라도 말을 오래 많이 하면서 마음의 평정을 완전히 유지하기란 너무 어려운 일이에요. 한가로이 뉘우칠 일이 입 밖으로 새어 나가지 않기가 매우 힘들어서, 나쁜 것을 무릅쓰느니 좋은 것을 억제합니다. 결국, 그가 침묵을 지키는 것이 재치가 없어서 그런 것이 아닐 경우, 그가 아무리 신중하다 할지라도 말을 하지 않으려 한다면, 그 잘못은 그와 함께 있는 사람들에게 있는 거예요.

하지만 여섯 살에서 스무 살까지는 아주 긴 시간이에요. 제 아들은 언제까지나 아이로 머물러 있지는 않을 거예요. 아이 아버지는 아이의 이성이 싹트기 시작하면 당연히 그 이성이 단련되도록 내버려두고자 할 거예요. 저의 임무는 거기까지 미치지는 않아요. 저는 아이들을 양육하는 것이지, 그들을 인간으로 만들어내겠다는 자만은 갖지 않아요." 그녀는 남편을 바라보며 이렇게 말했습니다. "저는 더 훌륭한 손길이 그 고상한 일을 맡기를 원해요. 저는 아내이자 어머니로서 저의 자리를 지킬 줄 알아요. 다시 한번 말씀드리지만 제 임무는 자식들을 교육하는 것이 아니라 교육받을 준비를 시키는 거예요.

저는 이 일에서도 볼마르 씨의 방식을 하나하나 따를 뿐인데, 갈수록 그 방식이 얼마나 훌륭하고 옳은지, 얼마나 저의 방식과 많이 일치하는지를 더욱더 느껴요. 제 아이들, 특히 제 큰아이를 보세요. 그 애보다 더 행복하고 더 명랑하며 덜 성가신 아이가 세상에 또 있던가요? 당신은 제 아이들이 아무에게도 성가시게 굴지 않고 하루 종일 웃으면서 즐겁게 뛰어논다는 것을 알아요. 그들이 향유하지 못하거나 남용하는 어떤 기쁨, 어떤 독립성이 그 나이에 가능하겠어요? 그 애들은 제가 옆에 있어도 제가 없을 때나 다름없이 거의 구애받지 않고 행동해요. 도리어 제 앞에서는 늘 더 자신감을 가져요. 그 애들은 자기들이 부닥치는 모든 엄격함의 장본인이 저임에도 불구하고 언제나 저를 가장 엄격하지 않은 사람으로 여겨요. 왜냐하면 저는 그 애들이 세상에서 가장 사랑하는 이가 제가 아닌 것을 견딜 수 없을 테니까요.

우리 곁에 있을 때 그 애들에게 부과되는 규칙이 있다면 그것은 자유 그 자체의 규칙뿐입니다. 이를테면 함께 있는 사람들이 아이들을 방해하지 않는 것 이상으로 그 애들 역시 함께 있는 사람들을 방해하지 말아야 하고, 사람들의 말소리보다 더 크게 소리치지 말아야 한다는 규칙 말이에요. 우리가 애들로 하여금 우리에게 신경 쓰지 않게 하는 것처럼, 저는 그 애들이 자기들에게 신경 써주기를 우리에게 바라는 것도 원하지 않아요. 그들이 너무도 공정한 그 규칙을 어길 경우에 받는 벌은 당장 이곳에서 내보내지는 것인데, 이것이 벌이 되게 하기 위한 저의 기술이라고는 어디에도 여기만큼 편한 곳이 없게 해주는 것뿐이에요. 이 점을 제외하면 그 애들은 아무것에도 구속받지 않아요. 누구도 그들에게 무엇인가를 배우도록 강요하지 않으며, 쓸데없는 제재로 그 애들을 귀찮게 하지 않아요. 우리는 애들을 나무라지 않아요. 그들이 받는 유일한 교육은 자연의 단순함에서 얻는 실천적인 교육입니다. 모두가 이 점에 대해서는 잘 교육받아서 이해와 배려로 저의 의도를 따라주기에 저는 더 바랄 게 없어요. 어떤 잘못이 염려되는 경우라도 저의 성실한 보살핌이 그것을 예방하거나 고쳐줄 수 있고요.

예를 들면, 어제 큰아이는 동생에게서 북을 빼앗아 동생을 울렸어요. 팡숑은 아무 말도 하지 않았지만, 한 시간 뒤 큰아이가 빼앗은 북을 아주 재미있게 가지고 놀 때 그에게서 다시 북을 빼앗아버렸어요. 큰애는 북을 달라며 그녀 뒤를 따라갔어요. 이번에는 자신이 울면서요. 그러자 그녀는 그 애에게 이렇게 말했어요. '도련님이 그걸 힘으로 동생에게서 빼앗았으니 나도 같은 방법으로 빼앗은 거예요. 뭐 할 말 있어요? 내가 힘이 더 센 거 아니에요?' 그러고 나서 그녀는 매우 재미있다는 듯이 그 애처럼 북을 치기 시작했어요. 그때까지는 모든 것이 훌륭했어요. 그런데 얼마 뒤 그녀가 북을 동생에게 돌려주려 하자 제가 말렸어요. 그것은 더 이상 자연의 교훈이 아니며, 그로 인해 형제 간에 시기가 싹틀 수 있기 때문이었어요. 북을 빼앗기면서 둘째는 필연의 법칙의 가혹함을 감내했어요. 그리고 큰아이는 자신의 부당성을 느꼈어요. 그러니 둘 다 자신의 약함을 알게 된 거지요. 그들은 잠시 후에 위로를 받았습니다."

그러한 계획은 너무도 새롭고 너무도 통념에 반하는 것이어서 처음에는 저는 어리둥절했었습니다. 그러나 그들이 열심히 설명한 덕분에 마침내 저는 그 계획의 찬미자가 되고 말았습니다. 저는 인간을 지도하는 데는 자연의 흐름이 항상 최상의 방법이라는 것을 느꼈습니다. 그 방법에는 결점이 딱 하나 있고, 그 유일한 결점이 제게는 아주 큰 결점으로 보였는데, 어린아이들이 원기 왕성할 때에는 가지고 있지만 나이가 들수록 약화될 뿐인 그 유일한 능력을 경시한다는 것이었습니다. 그들의 방식을 따를 경우, 이해력의 작용이 약하고 불충분할수록 공부를 지속시키기에 매우 알맞은 기억력을 더 신장하고 향상시켜야 할 것 같았습니다. 저는 이렇게 말했습니다. "이성이 아직 싹트지 않았을 때는 이성을 대신하고 이성이 태어났을 때는 이성을 향상시키는 것이 바로 기억력입니다. 아무런 훈련도 받지 않는 정신은 활동하지 않는 동안 아둔해지고 둔감해집니다. 씨앗은 준비가 제대로 안 된 밭에서는 싹을 틔우지 않습니다. 이성적이 되도록 가르치기 위해 바보가 되는 것부터 시작하다니, 아주 이상한 준비군요." 그러자 볼마르 부인이 즉각 소리쳤습니다. "어머, 바보라니요? 너무도 달라서 거의 대립적이기까지 한 두 자질, 즉 기억력과 판단력을 당신은 혼동하시는군요?* 아직 박약한 두뇌에 채워진, 이해도 잘 안 되고 서로 연관도 없

* 이것은 나로서는 이해가 잘 안 되는 말이다. 판단에 기억력만큼 필요한 것은 없다. 당연히 그것은 단어들에 대한 기억력은 아니다.

는 많은 것들이 이성에 해롭기보다 오히려 이로운 것처럼 말씀하시네요! 저는 인간의 모든 능력 중에서 가장 먼저 계발되는 것이자 어린이에게서 가장 신장하기 쉬운 것이 기억력이라는 것을 인정해요. 그런데 아이들이 배우기에 가장 쉬운 것과 가장 중요하게 알아야 하는 것 중에서 당신은 어느 쪽을 택하시겠어요?

아이들에게 그 용이성을 이용한다는 것, 아이들에게 강제로 시켜야 한다는 것, 아이들의 기억력을 자랑하기 위해 끊임없는 속박을 강요해야 한다는 것에 대해 생각해보세요. 그리하여 그들이 기억력에서 얻는 유용성과 기억력 때문에 겪는 아픔을 비교해보세요. 아니! 자기 나라 말도 배우기 전에, 써먹지도 않을 언어를 공부할 것을 아이에게 강요하는 것, 아이로 하여금 전혀 이해하지 못하는, 전체적인 해조(諧調)를 겨우 이해할 뿐인 시구들을 끊임없이 반복해 읽고 분석하게 하는 것, 아이가 전혀 짐작도 못하는 원과 구(球)로 정신을 혼란시키는 것, 끊임없이 혼동하며 매일 다시 익히는 수많은 도시 이름으로 아이를 괴롭히는 것, 이런 것들이 아이의 판단력을 위해서 기억력을 계발하는 것인가요? 획득된 이 모든 하찮은 지식이 그 때문에 아이가 흘리는 단 한 방울의 눈물만큼이나 가치가 있나요?

이 모든 것이 단지 무익하기만 하다면 저는 그것들에 대해 그렇게 심하게 반대하지는 않았을 거예요. 그런데 아이에게 빈말에 만족해하고 자기가 이해하지도 못하는 것을 아는 것처럼 믿도록 가르치는 게 아무것도 아니라는 말인가요? 그런 쓸데없는 지식 더미가 머리에 넣어야 할 최초의 개념들에 해가 되지 않을 수 있을까요? 필요하지 않은 이 모든 허드레 지식으로 머리를 채우는 것보다 차라리 기억하지 않는 것이 낫지 않을까요?

그래요, 설령 자연이 아이들의 두뇌에 모든 종류의 인상을 받아들이기에 적합하게끔 유연성을 주었다 해도, 그것이 왕의 이름이나 날짜, 가문(家紋)과 구와 지리학에 대한 어휘 등 그들 나이에 아무 의미도 없고 몇 살이 되든 아무 쓸모도 없는, 가련하고 초라한 유년 시절을 짓누르기만 할 뿐인 모든 단어들을 머릿속에 새겨 넣기 위한 것은 아니잖아요? 그와 반대로 그것은 인간의 상태에 관한 모든 관념, 즉 인간의 행복과 관련된, 인간의 의무에 대해 계몽하는 모든 관념이 일찍부터 지울 수 없는 흔적으로 새겨져 인간이 평생 자신의 존재와 능력에 적합한 방식으로 행동하도록 돕기 위한 것이 아닌가요?

책에서 배우지 않는다고 해서 아이의 기억력이 놀고 있는 것은 아니에요. 아이가 보고 듣는 모든 것이 그에게 인상을 남기고 아이는 그것들을 기억하지요. 아이는 자기 안에 어른들의 행동과 말을 기록해요. 아이 주변의 모든 것이 책이어서, 아이는 자기도 모르게 그 책 안에서 자신의 기억을 계속 풍부하게 해요. 판단력이 그것을 이용할 수 있을 때를 기다리면서요. 아이의 능력 중 으뜸인 그 능력을 계발하는 참된 기술은 그 대상들을 선택하는 데 있으며, 그가 알아야 할 것들을 끊임없이 그에게 제시하고 몰라야 할 것들은 숨기는 세심함에 있습니다. 그런 식으로 젊은 시절 동안 그의 교육에, 그리고 평생의 행동에 이용될 지식의 창고를 만들어주기 위해 노력해야 해요. 이 방법은 신동을 만들지도 못하며, 여자 가정교사와 남자 선생님의 이름을 드날리지도 못하는 것이 사실이에요. 그러나 이 방법은 건강한 신체와 이해력을 가진 건장한 사람을 만들어요. 그들은 어릴 때 찬탄을 받지는 못하지만 어른이 되어서는 존경을 받아요."

쥘리는 말을 계속했습니다. "그렇지만 당신이 그토록 중요시하는 이 배려들을 여기에서 완전히 무시한다고는 생각지 마세요. 조금이라도 주의 깊은 어머니라면 자기 아이들의 열정을 장악하고 있어요. 아이들에게 이런저런 것들을 배우고 행할 마음을 불러일으키고 품게 하는 수단들에는 여러 가지가 있어요. 이러한 수단들이 아이의 가장 완전한 자유와 양립할 수 있고, 또 아이에게 어떠한 악덕의 씨앗도 싹틔우지 않는 한 저는 그 수단들을 아주 흔쾌히 사용합니다. 하지만 성공적이지 않을 때는 이 수단들을 고집하지 않아요. 아이에게는 배울 시간은 언제라도 있지만 선한 본성을 길러주는 데 있어서 낭비할 시간은 없으니까요. 볼마르 씨는 이성의 초기 발달에 대해 그런 생각을 갖고 있어서, 아들이 열두 살에 아무것도 알지 못할지라도 열다섯 살에는 좀 더 배우게 될 것이라고, 그리고 또 말할 필요조차 없는 것이지만 박학한 것만큼 불필요한 것은 없고 현명하고 선량해지는 것만큼 필요한 것은 없다고 주장해요.

알다시피, 우리 큰아들이 이미 그런대로 글을 읽을 줄 알아요. 그 애가 어떻게 읽는 법을 배우려는 의욕을 갖게 되었는지 말씀드리지요. 저는 아이를 즐겁게 해주기 위해 종종 라 퐁텐의 우화를 들려줘야겠다고 생각하고 있었어요. 그리하여 어느 날 시작했는데, 그 애가 제게 까마귀도 말을 하느냐고 묻는 것이었어요. 순간 저는 그 애로 하여금 우화와 허구의 차이를 아주 명확하게 느껴 알게 하는 것이 어려운 일임을 깨달았고, 일단 되는대로 그 곤경을 넘겼어요. 이후, 우화는 어른들에게 적합하며 아이들에게는 언제나 꾸밈없는 진실을 말해주어야 한다고 확신하여 저는 라 퐁텐을 그만두었어요. 그 대신에 대부분《성서》에서 취한 재미있고 교육적인 짧은 이야기들의 모음으로 대체했어요. 애가 흥미를 느끼는 것을 보고는, 더욱더 유익하게 만들어야겠다는 생각에 저 스스로 최대한 재미있게 꾸며보려고 노력했어요. 그리고 그 이야기들을 그때그때의 필요에 맞게 응용했어요. 또한 저는 그림으로 장식된 책에 그 이야기들을 기록하여 잘 숨겨놓고는 가끔씩 그중 하나를 지루하지 않게 조금씩 읽어주었으며, 때로는 설명을 붙여 같은 이야기를 반복해서 읽어주다가 다른 이야기로 넘어가고는 했어요. 하는 일 없이 노는 아이는 심심함을 면할 수 없는데, 그 짧은 이야기들은 심심함의 타개책으로 이용되었어요. 그런데 아이가 아주 열심히 듣고 있을 때 저는 종종 처리할 일이 생각나 가장 재미있는 지점에서 책을 그냥 놔두고 아이 곁을 떠나곤 했어요. 그러면 아이는 즉각 하녀나 팡숑, 또는 다른 누군가에게 가서 책을 끝까지 다 읽어달라고 부탁했어요. 하지만 그 애가 누구에게도 명령을 할 줄 모르는데다가 제가 미리 그 애의 부탁을 들어주지 말라고 말해놓았기에 아무도 부탁에 응하지 않았어요. 어떤 사람은 거절했고, 어떤 사람은 할 일이 있다고 했으며, 또 어떤 사람은 우물쭈물하며 알아들을 수 없는 말을 중얼거렸고, 어떤 사람은 저처럼 몇 줄 읽어주는 척하다가 그 애를 놔두고 가버렸어요. 애가 그토록 타인에게 의존할 수밖에 없는 상황에 아주 곤란해하는 것을 보고는 누군가가 그 의존에서 벗어나 마음대로 책을 읽으려면 글 읽기를 배우라고 은근슬쩍 애에게 제안했어요. 애는 그 제안이 마음에 들었어요. 그리하여 그 애를 가르치고 싶어 할 만큼 친절한 사람들을 구해놓아야 했어요. 생각만큼 쉽지 않은 또 다른 어려움도 나타났어요. 그 모든 대비에도 불구하고 애가 서너 번 싫증을 낸 것이지요. 그때마다 저는 마음대로 하라고 내버려두었어요. 그러면서 저는 그 이야기들을 훨씬 더 재미있게 만들려고 노력했어요. 그러자 아이는 너무도 열심히 다시 도전했고, 글을 배우기 시작한 지 6개월도 안 되었지만 곧 그 모음집을 혼자서 읽을 수 있게 된 거예요.

대부분 그런 식으로 저는 그 애의 열의와 의지를 자극하려 노력해, 일관성과 열의를 요하는, 그의 나이에 적합할 수 있는 지식을 얻게 해줄 거예요. 하지만 그 애가 읽기를 배울지라도 책에서 지식을 얻지는 않을 거예요. 지식은 책 속에 있는 것이 아니니까요. 게다가 독서는 결코 아이에게 적합하지 않아요. 저는 또한 아이가 일찍부터 단어들이 아니라 이해를 통한 지식으로 머릿속을 채우는 버릇을 갖게 하고 싶어요. 그렇기에 저는 아이에게 전혀 아무것도 외우게 하지 않아요."

"전혀요?" 제가 이렇게 물으며 말을 끊었습니다. "그건 과언이겠지요. 아이도 교리문답서와 기도문들은 알아야 할 테니까요." 그러자 그녀가 대답했습니다. "그건 잘못 생각하시는 거예요. 기도문은 매일 아침저녁으로 제가 아이들 방에서 큰 소리로 낭송하기 때문에 굳이 암기시키지 않아도 아이들이 충분히 외우게 돼요. 교리문답서의 경우, 애들은 그게 뭔지도 몰라요." "뭐라고요, 쥘리! 아이들이 교리문답서를 모른다고요?" "그래요, 친구. 제 아이들은 교리문답서를 배우지 않아요." 그러자 제가 몹시 놀라며 말했습니다. "그토록 신앙심 깊은 어머니가 어찌!…… 도저히 이해가 안 되는군요. 왜 아이들이 교리문답서를 배우지 않는 거지요?" 그녀가 대답했습니다. "아이들이 언젠가 그것을 믿도록 하기 위해서지요. 저는 언젠가는 아이들을 기독교도로 만들 작정이에요." "아, 알았어요!" 제가 소리쳤습니다. "당신은 아이들의 신앙이 말로만의 신앙이 아니기를 바라는군요. 아이들이 자기 종교를 아는 것이 아니라 믿기를 원하는군요. 인간은 자기가 이해하지 못하는 것은 믿지 못한다고 생각하는군요. 옳습니다." 그러자 볼마르 씨가 웃으며 말했습니다. "당신 참 까다롭군요. 혹시 기독교도인가요?" 제가 단호하게 대답했습니다. "되려고 노력하고 있습니다. 종교에 관해 저는 제가 이해할 수 있는 것은 모두 믿어요. 이해하지 못하는 것일지언정 거부하지 않고 존중해요." 쥘리가 제게 동의한다는 모습을 보였습니다. 그리하여 우리는 다시 본래의 대화 주제로 돌아왔습니다.

그녀는 어머니의 열의란 얼마나 적극적이고 지칠 줄 모르는 것인지를 깨닫게 한 또 다른 상세한 이야기들을 들려준 뒤, 자신의 방법이 자신이 정한 두 가지 목적, 즉 아이들의 천성이 발휘되도록 내버려두는 것과 그 천성을 연구하는 것에 정확히 관련된다는 것을 지적하는 것으로 말을 맺었습니다. 그녀는 이렇게 말했습니다. "제 아이들은 어떤 구속도 받지 않아요. 하지만 그들의 자유를 남용할 수 없을 거예요. 그러니 그들의 성격은 타락할 수도, 억압받을 수도 없어요. 저는 그들의 신체가 방해받지 않고 튼튼해지고 판단력이 싹트도록 내버려둡니다. 그들의 영혼은 예속으로 타락하지 않아요. 타인들의 시선이 그들의 허영심을 조장하지 않아요. 그들은 자신들을 힘센 사람이나 사슬에 묶인 동물이 아닌 행복하고 자유로운 아이들로 생각해요. 자신에게 있지 않은 악덕으로부터 자신을 보호하는 것에 관해서라면, 그들은 자신들이 전혀 이해하지 못하거나 이내 싫증 날 설교보다 더 강력한 예방책을 갖고 있는 것 같아요. 그 예방책이란 다름 아니라 그들 주변의 모든 사람들의 품행의 본보기와, 그들이 듣는, 이곳에서는 모두에게 자연스러운, 그들을 위해 일부러 만들어낼 필요가 없는 대화이며, 또 그들이 목격하는 평화와 화합이며, 그들이 보는, 모든 사람의 행동 각각과 각 개인의 언행에서 끊임없이 넘쳐나는 일치감입니다.

아직 최초의 순박함 속에서 길러지고 있다면, 그 애들에게 그들이 실례를 보지 못한 악덕들, 그들이 느낄 기회가 전혀 없는 정열들, 무엇으로도 그들에게 불러일으킬 수 없는 편견들이 어디에서 올 수 있겠어요? 보시는 바와 같이, 어떠한 비행도 그들에게 접근하지 못하며 어떠한 나쁜 성향도 그들에게 나타나지 않습니다. 그들의 무지는 완고하지 않으며 그들의 욕망은 집요하지 않아요. 악에의 경향은 예방되며 본성은 정당화돼요. 이 모든 것으로 보아 우리가 비난하는 자연의 결함들은 자연의 소행이 아니라 우리 인간의 소행임이 분명해요.

그렇게 해서 우리 아이들은 자기 마음의 경향을 따르며 그 무엇으로도 자기 마음을 위장하거나 변질시키지 않은 채, 인공적인 외부 형태를 받아들이지 않고 본래의 성격의 형태를 그대로 보존하지요. 그렇게 해서 이 성격은 우리가 보는 앞에서 구속받지 않고 나날이 발달하고, 우리는 본성의 움직임을 가장 내밀한 근원까지 고찰할 수 있어요. 꾸짖음을 당하지도, 벌을 받지도 않는다는 것을 확신하는 그들은 거짓말을 할 줄도, 자신의 감정을 숨길 줄도 모르며, 자기들끼리 하는 말이든 우리에게 하는 말이든 그 무엇에서도 마음 깊숙이 품고 있는 것을 모두 거리낌 없이 내보입니다. 하루 종일 자기들끼리 자유롭게 수다를 떠는 그들은 내 앞에서도 잠시일망정 거북하다는 생각을 하지 않습니다. 저는 그들을 나무라지도 않고 그들에게 조용히 하라고 말하지도 않으며 그들의 말에 귀 기울이는 척하지도 않아요. 그뿐만 아니라 그들이 세상에서 가장 비난받을 만한 것에 대해 말하더라도 저는 그에 대해 모른 척할 거예요. 하지만 실제로는 그 애들이 알아채지 못하게 아주 주의를 기울여 그들의 말을 듣지요. 그렇기에 저는 애들의 말과 행동을 정확히 기억하고 있어요. 그것들은 천성의 자연스러운 산물과 같아서 가꿀 필요가 있어요. 그들의 입에서 나오는 타락한 말은 바람에 날려 온 씨앗에 의해 생겨난 낯선 풀과 같아요. 제가 질책함으로써 그것을 잘라버리더라도 곧 다시 자라날 테니, 저는 그렇게 하는 대신 은밀히 그 뿌리를 찾아내어 조심스럽게 뽑아내 버려요." 그녀는 웃으며 말했습니다. "저는 정원사의 하녀일 뿐이에요. 정원의 잡초를 뽑고, 몹쓸 풀을 제거하지요. 좋은 풀을 가꾸는 것은 정원사가 해요.

성공을 기대하기 위해서 제가 들인 모든 수고 외에도 훌륭한 도움을 받을 필요가 있었다는 것, 제 배려의 좋은 결과는 어쩌면 이곳만의 상황들의 협력에 힘입은 바 컸다는 것 또한 인정해야 할 거예요. 태어날 때부터 아이들을 지도하는 참된 기술을 기존의 편견을 넘어 식별하기 위해서는 분별 있는 아버지의 견식이 필요했으며, 그것을 실행하기 위해서는 자신의 행위가 자신의 가르침에 어긋나지 않는 아버지의 온갖 인내가 필요했어요. 그리고 또 자연이 자신의 유일한 작품을 사람들로부터 사랑받을 수 있도록 충분히 배려해준, 좋은 천성의 아이들과 주인의 견해를 받아들이는 데 조금도 싫증 내지 않는 영리하고 호의를 품은 하인들이 우리 곁에 필요하기도 했어요. 거칠거나 아첨하는 하인 한 명만으로도 모든 것을 망치기에 충분해요. 실제로 얼마나 많은 이상한 원인들이 아주 훌륭한 계획들을 방해할 수 있으며 미리 아주 잘 준비된 계획들을 뒤집을 수 있는지 생각하면 우리는 인생에서 행하는 모든 일에 대해 운명에 감사해야 하며, 또 지혜가 상당 부분 행복에 좌우된다고 말해야 해요."

그러자 제가 불쑥 말했습니다. "그보다는 행복이 지혜에 좌우된다고 말하세요! 당신이 매우 만족스러워하는 이 협력은 당신의 작품이라는 것을, 그리고 당신에게 다가오는 모든 사람은 당신을 닮지 않을 수 없다는 것을 당신은 이해 못합니까? 주부들이여! 당신들이 사람들의 도움을 받지 못한다고 불평할 때, 자신의 능력을 얼마나 잘못 알고 있는 것인지! 당신들 다워지면, 모든 장애를 극복할 텐데. 당신들이 스스로의 의무를 잘 이행하면 다른 모든 사람들로 하여금 그들의 의무를 이행케 할 수 있을 텐데. 당신들의 권리는 자연의 권리가 아닌가? 악덕의 원칙들이 무엇이든 간에 당신들의 권리는 언제나 인간의 마음에 소중하다. 아아, 모두들 부인다워지고 어머니다워지기를. 그러면 지상에서 가장 부드러운 지배력은 마찬가지로 가장 존경받는 지배력이 될 것이니!"

이 대화를 마무리하면서, 쥘리는 앙리에트가 온 뒤로 모든 일이 더 수월해졌다고 말했습니다. "제가 두 형제 사이에 경쟁심을 끌어들이고자 한다면 틀림없이 배려와 솜씨 따위는 그다지 필요하지 않을 거예요. 그렇지만 이 방법은 제게는 너무 위험해 보여요. 저는 애를 더 많이 써야 하는 한이 있더라도 위험한 일은 조금도 시도하고 싶지 않아요. 제가 다하지 못한 부분을 앙리에트가 보충해주고 있어요. 이 아이는 성별도 다르고 두 형제보다 나이가 많으며 그들의 사랑을 열렬히 받고 있는데다가 나이에 어울리지 않게 분별력이 있어서, 저는 어떻게 보면 이 애를 두 형제의 첫 번째 가정교사로 삼고 있어요. 이 애의 가르침은 두 동생에게 믿음을 주는 만큼 더 성공적이에요.

이 애를 교육하는 것은 저의 일이에요. 그런데 그 교육 원칙은 너무도 달라서 별도의 대화가 필요할 거예요. 적어도 이 말만은 먼저 해드릴 수 있어요. 이 애한테서 자연이 준 선물을 증대시키기는 어려우리라는 것, 이 세상에 이 애 어머니에게 버금가는 사람이 있다면 이 애야말로 어머니 자신에 버금갈 만하리라는 것을 말이에요."

에드워드 경, 우리는 날마다 당신을 기다리고 있습니다. 이 편지가 저의 마지막 편지가 되었으면 합니다. 하지만 저는 당신이 왜 부대에 더 머물러야 하는지를 알기에, 그 이유가 저를 몸서리치게 합니다. 쥘리 역시 그 때문에 불안해하고 있습니다. 그녀는 당신이 더 자주 소식을 주기를, 그리고 당신이 위험에 처할 경우 친구들 마음이 얼마나 불안할지 생각해주기를 간청합니다. 저로서는 당신에게 아무 할 말이 없습니다. 당신의 의무를 다하세요. 소심한 충고는 당신의 마음에 다가갈 수 없는 만큼 제 마음에서도 더 이상 나올 수 없군요. 사랑하는 봄스턴, 저는 너무 잘 알고 있습니다. 당신의 생애에 합당한 유일한 죽음은 조국의 영광을 위해 피 흘리는 것임을요. 하지만 당신은 오로지 당신만을 위해서 목숨을 부지한 사람에게 자신의 목숨에 대해 아무런 설명도 하지 않으시렵니까?

:: **편지 4**

에드워드 경으로부터

당신이 보낸 최근의 두 통의 편지를 보니, 분명 부대로 보낸 첫 번째 편지에 해당할, 이것들 이전의 편지 한 통이 없어졌음을 알겠군요. 볼마르 부인의 은밀한 괴로움에 대한 설명이 있었을 편지 말입니다. 나는 그 편지를 받지 못했는데, 그것이 탈취당한 우편물 트렁크 속에 있었던 게 아닐까 추측됩니다. 그러니 친구, 그 편지의 내용을 다시 한번 이야기해줘요. 이성이 갈피를 못 잡으니 마음이 불안합니다. 다시 말하지만, 쥘리의 마음속에 행복과 평화가 없다면 이승 어디에 그것들의 안식처가 있겠습니까?

그녀는 내가 위험에 처해 있다고 생각하는데, 안심시켜줘요. 우리는 너무도 민첩한 적군과 맞서고 있어서, 위험을 무릅쓸 수가 없어요. 적군은 병력은 얼마 안 되지만 우리의 모든 힘을 무력화시키고 있으며, 도처에서 우리의 공격 수단을 모두 빼앗고 있어요. 그렇지만 우리는 자신이 있기에 더 위대한 장군들이라 해도 극복할 수 없을 장애를 잘 물리쳐 마침내 프랑스군의 진을 뺄 수 있을 겁니다. 나는 우리가 첫 승리에 비싼 대가를 치르게 될 것이며 데팅겐 전투에서의 승리 때문에 플랑드르 전투에서는 패배할 것이라고 예측합니다. 우리는 위대한 지휘관을 따르는 군대와 맞서고 있습니다. 게다가 그는 휘하 군대의 신뢰를 받고 있습니다. 자기 장군을 믿는 프랑스 군인은 무적의 용사입니다. 그와 반대로, 자신들이 경멸하는 조신들의 지휘를 받을 경우에는 프랑스 군대를 이기는 것은 너무나 쉽습니다. 그런 일은 너무 자주 일어나서, 대륙에서 가장 용감한 그 나라를 확실히 정복하기 위해서는 궁정의 음모와 기회를 기다리기만 하면 됩니다. 그들 자신도 그 점을 너무도 잘 압니다. 말버러 경은 블렌하임*에서 포로가 된 한 병사의 훌륭한 용모와 호전적인 태도를 보고 그 군인에게 이렇게 말했습니다. '프랑스 군대에 그대 같은 병사가 쉰 명만 있었으면 이렇게 깨지지는 않았을 것이네.' 그러자 그 정예병은 '아, 제기랄!' 하며 말을 받았어요. '나 같은 병사는 충분히 있었습니다. 단지 당신 같은 사람 한 명이 없었을 뿐이지요.' 그런데 현재 그자와 같은 한 사람이 프랑스 군대를 지휘하고 있는 데 반해 우리 군에는 그런 사람이 없어요. 그러나 우리는 그 문제를 거의 생각하지 않아요.

어쨌든 나는 이 전장의 나머지 작전들을 보고 싶습니다. 그래서 이 전장이 방위 구역으로 들어갈 때까지 군대에 남아 있기로 결심했습니다. 이 지체는 우리 모두에게 이로운 일이 될 것입니다. 산을 넘기에는 겨울이 너무 깊어져서 우리는 당신이 있는 곳에서 겨울을 보내고, 봄이 시작될 무렵에나 이탈리아로 출발할 것입니다. 볼마르 씨 부부에게 전해줘요. 당신이 그토록 잘 묘사한 감동적인 광경을 한가롭게 향유하기 위해, 또 그 부부와 함께 살고 있는 도르브 부인을 보기 위해 내가 다시 일정을 조정해보겠다고요. 사랑하는 친구, 변함없는 관심을 가지고 계속 편지를 보내줘요. 당신은 그 어느 때보다 더 내게 기쁨을 전해줄 것입니다. 나는 여행 장비 일체를 빼앗겨서 책이 없습니다. 그러나 당신의 편지들을 읽으

* 이것은 영국인들이 회흐슈테트 전투에 붙인 이름이다.

면 될 것입니다.

:: 편지 5

에드워드 경에게

우리가 클라랑에서 함께 겨울을 보낼 것이라는 당신의 말씀이 얼마나 큰 기쁨을 안겨주었는지 모릅니다! 하지만 당신이 부대 체류를 연장함으로써 저로 하여금 그 기쁨에 대해 얼마나 비싼 대가를 치르게 하는지요! 무엇보다 마음에 안 드는 것은, 당신이 우리가 헤어지기 전에 이미 전쟁에 참여하기로 결정해놓고도 제게 일언반구 내비치지 않았다는 것이 확실하다는 점입니다. 에드워드 경, 저는 당신이 숨긴 이유를 이해하지만 그것에 대해 당신에게 감사할 수는 없습니다. 당신이 죽어도 저는 사는 게 좋다고 생각할 만큼 당신은 저를 경멸하시는 겁니까? 아니면 저의 애정이 친구와 함께 죽는 명예를 택하지 않을 만큼 그렇게 값싼 것이라고 생각하신 겁니까? 제가 당신을 따를 자격이 없는 사람이라면 당신은 저를 런던에 남겨두어야 했으며, 그렇게 했더라면 저를 이곳에 보낸 것보다 저를 덜 모욕했을 것입니다.

당신의 최근 편지로 보아 제 편지 한 통이 중간에 없어진 것이 분명합니다. 그 분실로 인해 그 뒤의 두 통의 편지가 틀림없이 많은 점에서 이해하기 아주 어려웠을 겁니다. 그러나 두 편지를 제대로 이해하는 데 필요한 설명은 천천히 해드리겠습니다. 지금 가장 시급한 것은 볼마르 부인의 남모르는 슬픔에 대한 당신의 걱정을 풀어드리는 것입니다.

그녀의 남편이 집을 비운 뒤 나눈 대화들에 대해서는 말씀드리지 않겠습니다. 이후로 너무 많은 일이 일어나서 그 대화가 다 생각나지 않습니다. 게다가 그가 없는 사이에 우리가 워낙 많은 대화를 나누어서, 말의 반복을 피하기 위해 개요만 말씀드리는 것으로 그치겠습니다.

그녀는 자신의 행복을 위해 혼신을 다 바치는 남편이 자신의 모든 괴로움의 유일한 원천이며, 부부 간의 애정이 진실할수록 자신이 더 고통스럽다고 말해주었습니다. 에드워드 경, 이런 것이 생각이나 되시나요? 그토록 현명하고 분별 있으며, 온갖 악덕과 멀리 떨어져 있으며, 인간의 열정에 그렇게도 굴복하지 않는 이 사람이 미덕에 가치를 부여하는 것은 전혀 믿지 않고, 흠잡을 데 없는 고결한 삶을 살면서도 마음속에는 악인들이나 지닐 법한 끔찍한 평화를 지니고 있다는 것 말입니다. 이런 대조가 불러일으키는 고찰이 쥘리의 괴로움을 더 크게 만듭니다. 그녀는, 남편이 창조주를 두려워할 만한 더 많은 원인이 있거나 아니면 남편이 창조주에게 도전하려는 더 큰 오만을 갖고 있어서 창조주를 멸시하는 것이라면 차라리 용서할 것처럼 보입니다. "한 죄인이 자신의 이성을 희생시켜 양심을 진정시키는 것이라면, 대중과 다르게 생각한다는 명예심이 독단적으로 말하는 사람을 고무하는 것이라면, 적어도 이런 잘못은 이해가 돼요." 그녀는 한숨지으며 말을 이었습니다. "하지만 너무도 성실하고 너무도 자기 지식에 자만하지 않는 사람으로서, 신을 믿지 않는 것은 바로 고통입니다!"

이 부부의 성격을 알 필요가 있습니다. 부부가 가정에 온 정신을 쏟으며 서로에게 가정 이외의 세계를 대신한다는 것을 상상할 필요가 있습니다. 또한 그 밖의 모든 것에서 그들 사이를 지배하는 일체성을 이해할 필요가 있습니다. 이 단 한 가지 점에 대한 그들의 갈등이 그 일체성의 매력을 얼마나 떨어트릴 수 있는지 알기 위해서는 말입니다. 그리스 정교의 의식 속에서 자란 볼마르 씨는 그토록 우스꽝스러운 예배의 부조리를 감당하기에 적합하지 않습니다. 그의 이성은 사람들이 가하려 하는 터무니없는 속박을 크게 능가할 만큼 탁월해서, 곧 그 속박을 멸시하면서 거기서 벗어났습니다. 너무도 의심스러운 권위로부터 오는 모든 것을 한꺼번에 거절해버림으로써 반종교적이 될 수밖에 없었던 그는 결국 무신론자가 되었습니다.

그는 그 후로도 계속해서 가톨릭 국가들에서 살아왔지만, 그곳에서 공언되는 신앙으로 인해 기독교 신앙에 대해 더 좋게 생각하는 법을 배우지 못했습니다. 그는 거기에서 성직자들의 사리 추구 외의 다른 종교를 보지 못했습니다. 그는 거기에서도 또한 모든 것이 아무 의미도 없는 말들로 더욱 교묘하게 뒤발라 그럴듯하게 만든 위선적인 가식으로 이루어져 있는 것을 보았으며, 모든 '신사들'이 하나같이 자신과 일치된 견해를 보이는데다가 그 견해를 숨기지도 않는다는 것, 성직자조차 공개석상에서 설교한 내용을 좀 더 조심스럽다뿐이지 몰래 조롱한다는 것을 알게 되었습니다. 그는 오랫동안 많이 관찰해보았지만 지금까지 살아오는 동안 신을 믿는 신부는 세 명밖에 보지 못했다고 제게 종종 주장했습니다.* 그는 이 문제에 대해 성실하게 규명하고 싶어서 형이상학의 암흑 속에 파묻혔는데, 그곳에서 인간은 자신들이 지니는 체계 이외의 다른 안내자를 갖고 있지 못합니다. 어디를 가나 의문과 모순밖에 보지 못하다가 마침내 기독교인들 사이에서 살게 되었을 때는 이미 너무 늦어버려서 그의 신념은 이미 진리에 마음의 문을 닫아버렸고, 그의 이성은 더 이상 확신에 다가갈 수 없었습니다. 사람들이 그에게 증명해준 모든 것은 그로 하여금 어떤 하나의 견해를 확립하게 하기보다는 이미 확립된 견해마저 파괴하게 하여, 마침내 그는 모든 종류의 교리들 한결같이 반박하다가, 무신론자이기를 그치기는 했지만 회의론자가 되어버렸습니다.

---

* 내가 이런 가혹하고 무모한 주장을 인정하고 싶지 않으면 좋으련만. 나는 다만, 이런 주장을 하는 사람들이 있다는 것, 모든 나라, 모든 종파의 성직자들의 행위를 보면 이런 주장을 하는 사람들이 정당한 경우가 너무 많다는 것만을 인정한다. 그러나 이 주를 다는 의도는 비열하게 나를 보호하려는 것이기는커녕 그 점에 대한 나 자신의 다음과 같은 견해를 아주 명백히 하기 위한 것이다. 진정한 신자라면 누구도 불관용적일 수도, 박해적일 수도 없다는 것이 그것이다. 만일 내가 사법관이어서 법에 의해 무신론자들에게 사형을 언도해야 한다면 나는 다른 사람을 무신론자라고 고발하러 오는 사람은 누구나 무신론자로서 화형에 처하는 일부터 시작하리라.

당신으로 하여금 그토록 순수한 믿음과 그토록 온화한 신앙심을 느끼게 하는 쥘리에게 하늘이 맺어준 남편은 바로 이런 사람입니다. 하지만 이 다정한 영혼이 얼마나 천성적으로 신앙심에 이끌리는지를 알기 위해서는 그녀의 사촌과 저처럼 그녀와 친하게 어울려 살았어야 합니다. 지상의 그 무엇도 그녀가 괴로워하는 사랑의 욕구를 만족시킬 수 없어서 이 지나친 민감성은 그 근원까지 거슬러 올라가지 않을 수 없는 것 같습니다. 이것은, 성 테레사처럼, 자신을 속이고 또 대상을 혼동하고 싶어 하는 사랑에 빠진 마음이 아닙니다. 이것은 사랑도 우정도 고갈시킬 수 없는, 넘쳐흐르는 애정을 흡수할 자격이 있는 유일한 존재에게 그 애정을 지니고 가는 진정 마르지 않는 마음입니다.* 신에 대한 사랑은 그녀를 피조물들에게서 분리시키지 않으며, 그녀가 냉혹함도 독살스러움도 갖지 않게 합니다. 같은 원인에서 생겨난 이 모든 애정은 서로에게 활기를 더해주면서 더 매력적이고 감미로운 애정이 됩니다. 만일 아버지, 남편, 아이들, 사촌, 그리고 저를 사랑하는 그녀의 마음이 덜 다정하다면 그녀가 덜 독실할 것이라고 저는 생각합니다.

이상한 점은, 그녀는 자기가 독실할수록 덜 독실하다고 생각한다는 것이며, 자기 안에서 신을 사랑할 줄 모르는 메마른 영혼을 느낀다고 한탄한다는 것입니다. 그녀는 자주 이렇게 말합니다. "아무리 노력해도 마음은 감각이나 그 감각을 묘사하는 상상을 통해서만 애착을 느끼게 되니 어떻게 그 위대한 존재의 광대함을 알 수 있으며, 상상할 수 있겠어요!** 저는

---

* 뭐라고! 신이 피조물들의 찌꺼기만 가질 것이라고? 그와 반대로 피조물들이 인간의 마음속에서 차지할 수 있는 부분은 너무 작아서, 인간의 마음이 피조물들로 채워져 있다고 여겨질 때도 그 마음은 여전히 비어 있다. 인간의 마음을 채우기 위해서는 무한의 대상이 필요하다.

** 영혼을 신에 관한 숭고한 이념에까지 드높이려 한다면 영혼을 지치게 해야 함은 분명하다. 더 감성적인 예배는 사람들의 정신의 피로를 풀어준다. 사람들은 신을 생각하는 것을 면해주는 신앙의 대상들을 제공받는 것을 좋아한다. 그 원칙에 기초해서 가톨릭 신자들이 자신들의 성인전, 달력, 교회를 작은 천사들, 아름다운 소년들, 예쁜 성녀들로 채우는 것이 잘못된 일인가? 매력적이고 겸허한

그 존재를 향해 나아가고 싶지만 제가 지금 어디에 있는지 잘 모르겠어요. 그분과 저 사이의 어떤 관계도 깨닫지 못하니 무엇을 통해 그분께 다다를 수 있는지 알지 못하며, 더 이상 아무것도 보지 못하고 느끼지 못해요. 저는 일종의 허탈 상태에 빠져 있어요. 그렇기에 만일 제가 감히 저 자신에 비추어 타인들을 판단해보면, 광신자들의 그 황홀경은 충만한 마음보다 텅 빈 두뇌에서 오는 것이 아닐까 걱정스럽기도 해요."

그녀는 계속했습니다. "혼란스러운 이성의 환영들에서 벗어나려면 도대체 어떻게 해야 하지요? 저는 제 능력을 초월하는 그 숭고한 명상들을, 조잡하지만 제 능력이 미치는 예배로 대신해요. 유감스럽지만 저는 신의 존엄을 격하시켜요. 그리하여 감각적 대상들을 신의 존엄과 저 사이에 놓아요. 신의 본질 속에서 그것을 명상할 수 없기에, 저는 적어도 그분의 작품들 속에서 명상하고, 그분의 은총 속에서 사랑해요. 그러나 제가 어떤 식으로 처신하든 저는 그 존엄이 요구하는 순수한 사랑 대신 타산적인 감사밖에 그분께 드릴 것이 없어요."

섬세한 마음속에서 모든 것은 이런 식으로 감정이 됩니다. 쥘리는 온 세상 속에서 오로지 감동과 감사의 대상들만을 발견해요. 그녀는 어디에서나 신의 자비로운 손길을 느낍니다. 그녀의 아이들은 신에게 부여받은 소중한 기탁물입니다. 그녀는 대지의 산물들 속에서 신의 선물을 거두어들입니다. 신의 배려로 풍성해진 자신의 식탁을 보며, 신의 가호 아래 잠자리에 듭니다. 신은 그녀를 평화롭게 잠에서 깨어나게 해줍니다. 그녀는 불행으로부터 신의 가르침을 배우며, 기쁨 속에서 신의 은총을 느낍니다. 그녀에게 소중한 모든 사람이 향유하는 그 모든 행복은 마찬가지로 찬미의 새로운 동기들입니다. 우주의 신이 그녀의 눈에 보이지 않을지라도 그

어머니의 품속의 어린 예수는 기독교 신앙이 신도들에게 제공할 수 있는 가장 감동적인 동시에 가장 기분 좋은 광경들 중 하나이다.

녀는 어디에서나 인류 공통의 아버지를 봅니다. 그처럼 그분의 지극한 은총을 영광스럽게 하는 것은, 최선을 다해 무한한 존재를 섬기는 것이 아닙니까?

에드워드 경, 함께 생활하면서도 그 생활을 소중하게 만드는 희망은 함께할 수 없는 사람과 은거지에서 함께 산다는 것이 얼마나 괴로운 일인지 생각해보세요! 그 사람과 함께 신의 작품들을 찬양할 수도, 신의 호의가 우리에게 약속하는 행복한 미래에 관해 이야기를 나눌 수도 없다는 것, 그 사람이 선행을 하면서도 그 선행을 유쾌하게 만드는 모든 것에 대해 무관심한 것을 본다는 것, 그 사람이 아주 이상한 모순에 빠져 불경한 생각을 하며 기독교인으로 사는 것을 본다는 것이 얼마나 괴로운 일인지 생각해보세요! 남편과 함께 산책하는 쥘리를 상상해보세요. 쥘리가 대지가 펼쳐 보이는 풍요롭고 찬란한 풍경 속에서 조물주의 작품과 선물에 감탄하는 반면, 남편은 이 모든 것에서 맹목적인 힘에 의해 연결되었을 뿐인 우연한 조합만을 봅니다. 그럼에도 불구하고 진실하게 결합된 부부를 상상해보세요. 상대방에게 폐를 끼칠까 봐 감히 남편은 주위의 대상들이 자신에게 불러일으키는 성찰에 몰두하지 못하고, 아내는 그것들이 불러일으키는 감정에 몰두하지 못한 채 서로를 끊임없이 구속하는 의무만을 자신들의 애정 자체로부터 끌어내는 이 부부를 말입니다. 쥘리와 제가 산책할 때마다 너무도 아름다운 경치가 그녀에게 그 괴로운 생각들을 환기합니다. 그녀는 슬픔에 잠겨 이렇게 말했습니다. "아아! 저것은 우리에게는 너무나 생명력 넘치는 자연의 광경이지만 불행한 볼마르의 눈에는 죽은 것처럼 보이지요. 모든 것이 이토록 감미로운 목소리로 신을 표현하는, 존재들의 이 거대한 조화 속에서 그는 오로지 영원한 침묵만을 느껴요."

쥘리를 잘 아는 당신, 마음을 터놓는 이 영혼이 얼마나 자기 마음을 털어놓기 좋아하는지를 아는 당신, 그녀가 이 상호 간의 조심 때문에 고통스러워하는 것을 생각해보세요. 설사 모든 것을 공유해야 하는 사람들 사이에 그토록 한심한 의견 분열 외에는 다른 어떤 불편도 없을지라도 말입니다. 그러나 그보다 더 불길한 생각들이 아무리 싫더라도 뒤이어 밀어닥칩니다. 그녀는 그 원하지도 않은 공포를 떨치고 싶어 하지만 그 공포는 순간순간 다가와 그녀를 불안에 빠뜨립니다. 다정한 아내로서 지고의 존재를 자신의 신성을 무시한 자에 대한 징벌자로 상상하는 것, 그녀를 행복하게 해주는 남편의 행복이 그의 생명과 더불어 끝나야 한다고 생각하는 것, 아이들의 아버지에게서 그저 신에게 버림받은 자의 모습만을 보게 될 뿐이라고 생각하는 것은 얼마나 두려운 일입니까! 이 끔찍한 이미지에, 그녀의 큰 온화함도 그녀의 절망을 막아주지 못하며, 남편의 무신앙을 괴로워하게 만드는 그 종교만이 그녀에게 버틸 힘을 줍니다. 그녀는 자주 이렇게 말합니다. "제가 이 신사를 개종시키는 것을 하늘이 거절하신다면 제게는 하늘에 구할 은총이 하나밖에 안 남는데, 제가 먼저 죽는 것이 그것이에요."

에드워드 경, 이상이 그녀의 은밀한 슬픔의 너무도 정당한 이유이며, 자신의 양심으로 하여금 타인의 완고함에 대해 책임을 지게 하려는 것 같은, 숨기려고 애쓰면 애쓸수록 더욱더 그녀에게 가혹해질 뿐인 그녀의 내면적 고통입니다. 가톨릭교도들 사이에서 공공연히 활개치는 무신론도, 이성이 신을 믿는 것을 허용하기 때문에 무신앙자들의 유일한 변명 거리가 없어진 모든 나라에서는 숨지 않을 수 없습니다. 이런 체계는 당연히 정말 가슴 아픈 것입니다. 이 체계는 그것의 혜택을 받는 귀족과 부유한 자들에게는 지지를 받을지 몰라도 압제에 신음하는 비참한 민중들에게는 어디에서든 혐오감을 일으킵니다. 압제자들이 자신들에게 구속력이 있는 유일한 견제로부터 자유로워지는 것을 보면서, 현세에 자신들에게 남겨진 유일한 위안을 내세에 대한 희망 속에서 또다시 빼앗기는 그 비참한 민중들에게는 말입니다. 따라서 남편의 회의주의가 이 집에 나쁜 영향을 끼칠 것이라고 느낀 볼마르 부인은 무엇보다 자식들을 그토록 위험한 본보기로부터 보호하고 싶었기에, 성실하고 진실하면서도 신중하고 순박하고 허영심 없는, 유감스럽게도 자신에게는 없는 미덕을 남들에게서도 없애 버리려는 마음 따위는 단연코 갖고 있지 않은 한 사람에게 그 생각을 비밀에 부쳐줄 것을 큰 어려움 없이 부탁할 수 있었습니다. 그는 전혀 독단적으로 말하지 않으며, 우리와 함께 교회에 가고, 기존의 관례를 따릅니다. 자신이 갖지 않은 신앙을 입으로 공언하지 않으면서도 그는 빈축을 피하며, 국가가 시민에게 요구할 수 있는 모든 것을 법으로 규정된 종교 예식에 따라 이행합니다.

그들이 결혼한 지 거의 8년이 되어가건만 도르브 부인만이 그 비밀을 알고 있습니다. 그녀에게만 그 비밀을 털어놓았기 때문이지요. 게다가 그런 낌새가 전혀 감지되지 않을 정도로 너무 잘 감추어져 있는데다 그다지 부자연스럽지 않아서, 매우 친밀하게 6주를 함께 보냈음에도 저는 의심을 품지 않았기에, 쥘리가 알려주지 않았다면 저는 그 점에 대한 실상을 결코 알지 못했을 것입니다.

몇몇 동기에서 그녀는 그 비밀을 털어놓기로 결심했습니다. 먼저, 어떤 조심이라 한들 우리 사이를 지배하는 우정과 양립될 수 있겠습니까? 자신의 슬픔을 친구와 함께 나누는 감미로움을 빼앗는 것은 공연히 그 슬픔을 더하는 일이 아니겠습니까? 게다가 그녀는 자신의 마음과 너무도 깊은 관련이 있는 주제에 대해 그들이 자주 갖는 대화에 저라는 존재가 더 오래 장애가 되는 것을 바라지 않았습니다. 마지막으로, 그녀는 당신이 곧 우리와 합류하리라는 것을 알았을 때 남편의 동의하에 당신이 그녀의 감정에 대해 미리 알고 있기를 바랐습니다. 왜냐하면 그녀는 당신의 지혜에 우리의 헛된 노력의 보완책과 당신에게 어울리는 결과를 기대하기 때문입니다.

그녀가 자신의 고뇌를 제게 털어놓기 위해 택한 시기로 미루어 저는 그녀가 제게 말하기를 삼갔던 또 다른 이유가 있는 것은 아닌지 의심하게 되었습니다. 그녀의 남편은 집을 떠났고, 우리만이 남았습니다. 우리의 마음은 한때 서로 사랑했기에 아직도 마음에 그 기억이 남아 있었습니다. 만일 한순간이라도 자제심을 잃었다면 모든 것은 우리를 타락의 구렁텅이로 몰아넣을 것입니다. 저는 그녀가 저와 마주 앉아 이야기하기를 두려워하며 그런 상황을 피하려 하는 것을 분명히 느꼈습니다. 메유리에서의 사건은 둘 중에 자기 자신을 의심하는 감정이 덜한 사람이라도 오로지 자신을 의심하지 않으면 안 된다는 사실을 너무도 생생히 가르쳐주었습니다.

천성적인 소심함이 그녀에게 불러일으키는 부당한 두려움 속에서, 그녀는 존경해야 하는 증인을 늘 곁에 두는 것과, 은밀한 행동들을 보고 마음속을 읽을 줄 아는 정직하고 무서운 심판관을 제삼자로 소환하는 것보다 더 확실한 예방책을 생각해내지 못했습니다. 그녀는 지고한 위엄으로 둘러싸여 있었고, 저는 그녀와 저 사이에 끊임없이 신이 있는 것을 보았습니다. 어떤 죄스러운 욕망이 그런 방위 수단을 돌파할 수 있었겠습니까? 제 마음은 그녀의 열의의 불에 정화되었으며, 저는 그녀의 미덕을 공유했습니다.

그녀의 남편이 없는 동안 우리의 모든 대면은 거의 이런 무거운 대화들로 채워졌으며, 남편이 돌아온 뒤에도 우리는 그와 함께 자주 이런 대화를 되풀이합니다. 그는 마치 다른 사람에 관한 일인 것처럼 이 대화에 참여하여, 우리의 걱정을 경시하지 않으면서, 우리가 그와 함께 토론할 때 어떤 식으로 해야 하는지에 대해 자주 유익한 조언을 해줍니다. 바로 그 점 때문에 우리는 성공을 단념하게 됩니다. 만일 그가 성실하지 못하다면 우리는 그의 무신앙을 키우는 영혼의 악덕을 비난할 수 있을 것입니다. 그러나 단지 설득하는 것만이 문제라면 그가 갖지 않은 지식과 그를 벗어난 이성을 우리가 어디에서 찾겠어요? 그와 논쟁하고 싶었을 때, 저는 제가 사용할 수 있는 모든 논거가 이미 쥘리에 의해 고찰되었지만 소용없었다는 것을, 그리고 또 저의 무뚝뚝함이 그녀의 입에서 흘러나오는 그 부드러운 설득과 마음의 웅변과는 도저히 비교가 안 된다는 것을 알게 되었습니다. 에드워드 경, 우리는 이 사람을 절대로 신앙으로 돌아오게 하지 못할 것입니다. 그는 너무 냉정하지만 악하지는 않습니다. 그를 감동시키는 것이 문제가 아닙니다. 그에게는 내적인 증명, 즉 감각적인 증명이 없는데, 오직 그 증명만이 다른 모든 증명을 타파할 수 없는 것으로 만들어줄 수 있습니다.

그의 아내가 그에게 슬픔을 감추려고 아무리 노력해도 그는 그 슬픔을 느끼고 함께 나눕니다. 그의 눈은 그 정도로 통찰력 있어서 아무도 그 눈을 속이지 못합니다. 억누르는 그녀의 슬픔은 그에게 더 잘 느껴질 뿐입니다. 그는, 그녀를 안심시키기 위해 외견상 양보하며 자신에게 있지도 않은 감정들이 있는 척 가장하고픈 마음이 여러 번 들었다고 제게 말했습니다. 하지만 그런 저속한 영혼은 그와는 너무도 거리가 멉니다. 이러한 위장은 쥘리를 속이지 못하고 오히려 그녀에게 새로운 고통 거리를 줄 뿐이었습니다. 선의, 솔직함, 그리고 그토록 많은 고통을 달래주는 마음과 마음의 결합이 그들 사이에서 사라진 것이니까요. 그가 아내의 존경을 덜 받으면서까지 아내의 불안을 안심시킬 수 있었겠습니까? 그는 자신이 생각하는 바를 그녀에게 숨기지 않고 진실하게 말합니다. 그가 통속적인 견해를 멸시하지도, 자유사상가들의 그 빈정거리는 오만을 보이지도 않고 너무 순박한 어조로 말해서 이 우울한 고백들은 쥘리로 하여금 화나게 하기보다는 더욱더 고뇌에 잠기게 했으며, 그녀는 남편에게 자신의 생각과 바람을 전하지 못하기에 남편이 그의 지복의 한계로 정한 이 덧없는 행복을 보다 더 신경 써서 그의 주변에 모으려고 애씁니다. 그녀는 괴로워하며 이렇게 말했습니다. "아아! 만일 저 불행한 사람이 이 세상에다 자신의 낙원을 만든다면 어쨌든 그 낙원을 가능한 한 감미롭게 만들어주기로 해요!"*

이 견해의 불일치 때문에 그들의 결합을 덮고 있는 우울의 장막은 그 우

---

* 인정이 충만한 이 감정은, 불신자들을 현세부터 영벌에 처하고 악마들의 선구자로 만들려는 듯 언제나 불신자들을 괴롭히는 데 열심인 박해자들의 끔찍한 열의보다 더 자연스럽지 않은가? 나는 다음과 같은 말을 반복하기를 그치지 않을 것이다. 그 박해자들은 신자가 아니라 위선적인 인간들이다.

울이 섞여 있는, 그리하여 어쩌면 지상에서 유일하게 그 우울을 어루만져 줄 수 있었던 그녀의 위안에 의해 쥘리의 거역할 수 없는 영향력을 다른 어떤 것보다 더 잘 증명해줍니다. 이 중요한 문제에 대한 그들의 모든 갈등과 언쟁은 신랄함이나 경멸, 싸움으로 변하기는커녕 그들을 서로에게 더 소중한 존재로 만들어줄 뿐인 어떤 감동적인 장면으로 언제나 끝이 나곤 했습니다.

어제는, 우리 셋이 있을 때 자주 되풀이되는 이 주제에 대화가 집중되었을 때, 우리는 악의 기원에 대한 대화로까지 나아가게 되었습니다. 저는 생물계 내에 절대적이고 일반적인 악은 없을 뿐 아니라 개별적인 악들까지도 첫눈에 보이는 것보다 훨씬 적으며, 결국 개체적이고 개별적인 선이 그것들을 훨씬 능가한다는 것을 보여주려고 노력했습니다. 저는 볼마르 씨에게 그 자신을 예로 들어주었습니다. 그의 상황에 대해 아주 행복해하는 저의 마음이 너무도 진실한 표현으로 그 상황을 묘사하자 그는 감동하는 것 같았습니다. 그는 저의 말을 가로막으며 말했습니다. "바로 그것이 쥘리의 매력입니다. 그녀는 항상 이성 대신에 감정을 사용하여 그 감정을 너무 감동적인 것으로 만들기에 대답 대신에 언제나 그녀를 포옹해야 하지요." 그는 웃으면서 이렇게 덧붙였습니다. "그녀는 그와 같은 논증 방식을 자신의 철학 선생한테 배우지 않았을까요?"

두 달 전까지만 해도 저는 그 농담에 몹시 당황했겠지만 이제 그럴 때는 지났습니다. 이번에는 제가 웃기만 했는데, 쥘리는 얼굴이 약간 붉어졌지만 저보다 더 당황한 것 같지는 않았습니다. 우리는 하던 대화를 계속했습니다. 볼마르 씨는 악의 양(量)에 대해서는 논쟁하지 않은 채, 많든 적든 악은 어쨌든 존재한다는 것을 인정해야 했으며, 그것에 만족했습니다. 그리고 악의 존재 자체로부터 그는 제1원인에 힘, 지혜 또는 선의가 결핍되어 있다는 것을 추론했습니다. 반면에 저는 물질의 본질 속에서 육체적인 악의 기원을, 인간의 자유 의지 속에서 정신적인 악의 기원을 증명하려고 노력했습니다. 저는 그에게 신은 자신만큼 완벽하고 또 악에 어떠한 틈도 허락하지 않는 실체들을 창조하는 것 이외에는 못할 일이 없다고 주장했습니다. 우리가 한창 논쟁을 벌이고 있을 때 저는 문득 쥘리가 사라진 것을 알아차렸습니다. 이리저리 눈을 돌려 그녀를 찾는 저를 보고 그가 말했습니다. "어디 갔는지 한번 알아맞혀 보세요." 그러자 제가 대답했습니다. "집안일 몇 가지를 지시하러 갔겠지요." "아닙니다"라고 그가 대답했습니다. "그녀는 이 시간을 다른 일에 할애하지 않을 겁니다. 그녀가 내 곁을 떠나지 않아도 모든 게 잘 돌아가지만, 저는 그녀가 아무것도 안 하고 있는 것을 본 적이 없어요." "그러면 아이들 방에 있나요?" "그렇지 않을 겁니다. 그녀에게는 아이들보다 나의 구원이 더 소중하니까요." 저는 다시 말했습니다. "저런, 그녀가 뭘 하고 있는지 도무지 모르겠는걸요. 하지만 그녀가 돌볼 필요가 있는 일을 하고 있다는 것만은 아주 확신해요." "그런 것은 더더욱 아닙니다"라고 그가 냉랭하게 말했습니다. "자, 이리 와보세요. 내 짐작이 맞는지 알게 될 겁니다."

그는 조용히 걷기 시작했고, 저는 발끝으로 살금살금 그의 뒤를 따라갔습니다. 우리는 작은 방문 앞에 다다랐는데 문이 닫혀 있었습니다. 그가 벌컥 문을 열었지요. 에드워드 경, 얼마나 놀라운 광경이었는지요! 두 손을 모으고 눈에 가득 눈물을 머금은 채 무릎을 꿇고 있는 쥘리의 모습이 시야에 들어왔습니다. 그녀는 서둘러 일어나 얼굴을 감싸고 눈물을 훔치면서 도망치려 했습니다. 저는 그와 같은 부끄러움은 본 적이 없었습니다. 남편은 그녀에게 도망갈 여유를 주지 않았습니다. 그는 일종의 열광 상태에서 그녀에게 달려가 포옹하면서 말했습니다. "소중한 당신! 당신 소망의 그 열렬함이 그 소망의 정당성을 말해주고 있어요. 뭐가 부족해서 소망이 안 이루어지겠어요? 자, 소망이 하늘에 들린다면, 곧 이루어질 겁니다." "이루어질 거예요." 그녀는 단호하고 확신에 찬 어조로 그에게 대답했습니다. "하지만 언제 이루어질지, 어떤 기회에 이루어질지는 알지 못해요.

아무쪼록 목숨을 바쳐서라도 그것을 얻을 수 있으면 좋겠어요! 그러면 저의 마지막 날들이 가장 잘 이용된 것일 텐데."

에드워드 경, 돌아오세요. 당신의 그 하찮은 전투를 단념하세요. 돌아와서 더 고귀한 의무를 완수하세요. 현명한 사람이 어디 한 사람을 구할 수 있는 배려보다 여러 사람을 죽이는 명예를 더 선호하던가요?*

:: **편지 6**

에드워드 경에게

뭐라고요! 부대를 떠난 뒤 다시 파리로 간다고요! 도대체 당신은 클라랑과 그곳에 살고 있는 여인을 잊었단 말인가요? 당신은 우리보다 하이드 경16에게 더 소중한가요? 이곳에서 애타게 당신을 기다리는 사람들보다 그 친구가 더 당신에게 필요한 거예요? 당신은 우리로 하여금 당신의 소원과 반대되는 소원을 빌게 하는군요. 또 저로 하여금 당신이 기다리는 여권을 얻지 못하도록 프랑스 궁정에 영향력을 행사하고 싶어 하게 합니다. 그렇지만 당신 뜻대로 하세요. 당신의 그 훌륭한 동국인을 보러 가세요. 그 사람의 본의도 당신의 본의도 아니겠지만 우리는 이 선택에 대해 보복할 것입니다. 당신이 그 사람과 함께 지내며 어떤 즐거움을 맛보든 다음에 우리와 함께 있게 될 때 지금 우리에게 시간을 할애하지 않은 것을 후회하게 될 것임을 저는 압니다.

당신의 편지를 받고서 처음에 저는 더 가치 있는 임무…… 평화의 중재자 같은 어떤 비밀 임무가 당신에게 주어진 것은 아닐까 생각했습니

* 여기에 에드워드 경이 쥘리에게 보낸 긴 편지가 있었다. 이 편지에 관해서는 나중에 언급될 것이다. 그러나 몇 가지 정당한 이유에서 나는 그 편지를 빼지 않을 수 없었다.

다…… 그런데 왕들이 덕망 높은 사람들을 신뢰하던가요? 감히 진리에 귀 기울이던가요? 참된 재능을 존경할 줄 알기나 하나요?…… 아닙니다, 그렇지 않습니다, 에드워드 경. 당신은 대신(大臣)이 되기에는 적합하지 않습니다. 저는 당신을 너무도 훌륭하게 생각하기에, 당신이 영국 상원의원으로 태어나지 않은 한은 상원위원이 되었으리라고 생각할 수가 없습니다.

친구, 이리로 오세요. 궁정보다 클라랑이 더 편할 겁니다. 오, 당신이 우리의 재회에 대한 희망을 저버리지 않는다면 우리끼리 얼마나 멋진 겨울을 보내게 될지요! 서로에게 너무도 소중하며 서로 사랑해 마땅한, 당신만을 기다릴 뿐 세상의 다른 사람들을 필요로 하지 않는 것 같은, 그 혜택받은 영혼들 중 하나를 이곳에 불러들인다면 우리는 매일 그 재회를 잘 준비하는 것이 되겠지요. 너무나 운 좋은 우연의 일치로 데탕주 남작의 소송 상대가 이곳을 지나간다는 것을 알고는 당신은 그 마주침에서 발생할 모든 일을* 예견했고, 그 일이 실제로 발생했습니다. 이 늙은 소송인은 그의 상대방만큼 굽힐 줄 모르고 고집스러웠지만, 우리 모두의 마음을 휘어잡은 그 지배력에는 저항할 수 없었습니다. 쥘리를 만나 그녀의 말을 듣고 대화를 나눈 뒤 그는 그녀의 아버지에게 소송을 건 것에 수치심을 느꼈습니다. 그는 아주 기분 좋게 베른으로 떠났습니다. 현재 화해도 아주 잘 진행되고 있어서 남작의 최근 편지를 보면 머지않아 그가 곧 돌아올 것으로 기대됩니다.

이상은 당신이 볼마르 씨를 통해 이미 알고 있는 내용일 겁니다. 그러나 아마도 당신이 아직 모르고 있는 것이 있을 텐데, 마침내 자기 볼일을 다 끝낸 도르브 부인이 목요일부터 이곳에 와 있다는 것, 그녀는 이제 자

* 다른 많은 곳처럼 여기에서도 중간에 편지가 몇 통 빠졌음을 알 수 있다. 이와 같은 누락으로 아주 편리하게 궁지에서 벗어나게 되었다고 독자는 말할 것이다. 나도 전적으로 독자의 생각과 같다.

기 친구의 거처 외에 다른 거처는 사용하지 않을 것이라는 것입니다. 그녀의 도착 날짜에 대해 미리 기별을 받았기 때문에 저는 볼마르 부인 모르게 그녀를 마중하러 나갔습니다. 그녀가 볼마르 부인을 놀라게 해주고 싶어 했거든요. 저는 뤼트리[17] 이쪽 편에서 그녀를 만나 함께 돌아왔습니다.

저는 그녀가 어느 때보다 더 생기 있고 매력적이라고 생각했습니다. 그러나 그녀가 변덕스럽고 부주의하며 제 말에 거의 귀 기울이지 않고 반응도 잘 안 보이며 앞뒤가 맞지 않게 단속적으로 말한다는 것을, 요컨대 갈망했던 것을 막 얻게 될 때의 억누를 수 없는 그런 불안에 휩싸여 있다는 것을 알게 되었습니다. 그녀는 되돌아가게 될까 봐 줄곧 불안에 떨고 있는 것 같았습니다. 오래 연기되었던 그녀의 귀환이 너무 갑자기 이루어져서 여주인과 하인들이 멍해졌습니다. 그녀가 가지고 온 작은 여행 가방 속은 우스꽝스럽게도 뒤죽박죽이었습니다. 하녀가 무언가를 빠뜨렸을까 봐 걱정하면 클레르는 언제나 그것을 마차 트렁크에 싣게 했다고 주장했습니다. 재미있는 것은, 그 안을 열어보니 아무것도 없었다는 것입니다.

그녀는 쥘리가 마차 소리를 듣지 못하게 하려고 길에서 내렸고, 미친 사람처럼 달려 마당을 가로질렀으며, 너무 황급히 계단을 올라가느라 숨이 차서 다 올라가기 전 첫 번째 층계참을 지나 숨을 돌려야 했습니다. 볼마르 씨가 그녀 앞에 나타났을 때 그에게 한마디도 할 수 없을 정도였습니다.

방문을 열며 저는 쥘리가 자주 그러듯이 어린 앙리에트를 무릎에 앉힌 채 창문을 향해 앉아 있는 것을 보았습니다. 클레르는 자기 나름대로 애정과 기쁨이 섞인 재미있는 이야기를 생각해놓고 있었지만 문지방을 넘는 순간 그 이야기도, 기쁨도 모두 잊어버리고 말았습니다. 그녀는 형언하기 힘든 흥분된 목소리로 고함을 지르면서 친구에게 날듯이 달려갔습니다. "사촌, 언제나, 영원히, 아니 죽을 때까지!" 앙리에트는 자기 엄마를 알아보고는 마찬가지로 온 힘을 다해 "엄마! 엄마!" 하고 소리치며 펄쩍 뛰어내려 그녀에게 달려갔습니다. 너무도 거칠게 안기는 바람에 가여운 딸은 넘어지고 말았습니다. 그 뜻밖의 출현, 앙리에트의 넘어짐, 기쁨, 그리고 소동이 쥘리에게 너무도 강한 충격을 주어서, 그녀는 아주 날카로운 소리를 내지르며 두 팔을 벌리고 일어났다가, 그만 다시 넘어지며 기절하고 말았습니다. 자기 딸을 일으켜 세우려던 클레르는 친구가 창백해지는 것을 보았습니다. 그녀는 당황하여 어느 쪽으로 달려가야 할지 갈피를 잡지 못했습니다. 마침내 제가 앙리에트를 일으켜 세우는 것을 보고는 실신한 쥘리를 도우러 달려가더니, 그만 같은 상태로 그녀 위에 쓰러졌습니다.

앙리에트가 두 사람이 움직이지 않는 것을 보고 울며 고함을 지르기 시작하자 팡숑이 달려왔습니다. 앙리에트는 자기 엄마에게, 팡숑은 자기 주인마님에게 달려갔습니다. 저는 너무 놀라 당황하고 멍해져서, 간헐적으로 탄성을 내뱉으며 제어할 수 없는 발작적인 몸짓으로, 무엇을 하는지도 모르면서 성큼성큼 방 안을 왔다 갔다 했습니다. 볼마르가, 그 냉정한 볼마르조차 감동했습니다. 오, 감정이여, 감정이여! 영혼의 감미로운 생명이여! 네가 감동시키지 못한 그 비정한 마음은 대체 어떻게 생겼는지? 네가 눈물을 자아내지 못한 그 불행한 자는 대체 어떻게 생겼는지? 이 행복한 남편은 쥘리에게 달려가는 대신 안락의자에 몸을 던져 이 매혹적인 광경을 정신없이 바라보았습니다. 우리가 어쩔 줄 몰라 하는 모습을 바라보며 그가 말했습니다. "걱정 말아요. 이 기쁨과 환희의 광경은 단지 체질에 새로운 활력을 불어넣기 위해 잠시 그것을 고갈시키는 것뿐입니다. 전혀 위험하지 않아요. 내가 맛보는, 당신도 함께 맛보는 이 행복을 내가 향유하도록 해줘요. 당신에게는 이 행복이 어떤 것입니까? 나는 이런 행복을 느껴본 적이 없습니다. 그러니 나는 우리 여섯 사람 중에서 가장 행복하지 못한 사람입니다."

에드워드 경, 이 첫 순간으로 미루어 당신은 그 후의 일을 판단하실 수 있을 겁니다. 이 상봉은 집안 전체를 환희의 도가니로 몰아넣었으며, 이때 일어난 마음의 동요는 아직도 가라앉지 않았습니다. 쥘리는 그녀답지 않게 극도로 흥분해 있었는데, 저는 지금까지 그런 그녀를 한 번도 본 적이 없습니다. 하루 종일 또 다른 감격 속에서 끊임없이 서로를 바라보고 포옹하는 것 외에는 아무것도 생각할 수 없었습니다. 아폴론의 방조차 생각하지 못했습니다. 도처가 환희로 가득했으니 생각할 필요가 없었던 것입니다. 다음 날에야 우리는 겨우 축하연을 준비할 만큼 냉정을 되찾았습니다. 볼마르 씨가 아니었다면 모든 것이 잘 진행되지 못했을 겁니다. 저마다 최선을 다해 몸치장을 했습니다. 오락을 위해 필요한 것 외에는 아무것도 허용되지 않았습니다. 축하연은 성대하지는 않았지만 열광적으로 진행되었습니다. 혼란이 축하연을 지배하며 감동적으로 만들었고, 무질서가 가장 아름다운 장식이 되었습니다.

오전은 도르브 부인을 감독관직, 즉 저택 여주인직에 취임시키는 일로 보냈습니다. 그녀는 이 직책을 어린애처럼 재빠르게 수행하려고 함으로써 우리를 웃겼습니다. 점심 식사를 위해 그 아름다운 아폴론의 방으로 들어가면서 두 사촌은 사방에서 자기들 이름의 머리글자가 조합되어 꽃으로 만들어져 있는 것을 보았습니다. 쥘리는 이내 이 배려가 어디에서 나온 것인지 짐작하고는 기쁨에 사로잡혀 저를 껴안았습니다. 클레르는 예전의 습관과는 달리 저를 껴안기를 주저했습니다. 볼마르가 이 주저에 대해 책망하자 그녀는 얼굴을 붉히면서 자기 사촌을 따라 할 결심을 했습니다. 제가 확연히 감지한 그 얼굴 붉힘이 뭐라 말할 수 없는 어떤 효과를 제게 불러일으켰습니다. 저는 그녀의 팔에 안겨 감동을 느끼지 않을 수 없었습니다.

오후에는 규방에서 맛있는 간식을 함께 먹었습니다. 이번에는 주인과 저에게도 그 방에 들어가는 것이 허락되었습니다. 남자들은 도르브 부인이 내건 상품을 따기 위해 과녁 맞히기 놀이를 했습니다. 새로 온 하인이 이겼습니다. 다른 사람들보다 덜 능숙했음에도 불구하고요. 클레르는 그의 솜씨에 속지 않았습니다. 한즈 자신도 모르지 않아 상을 받기를 거절했지만, 동료들은 기어코 그에게 상을 안겨주었습니다. 그러니 당신은 그들의 그러한 신의가 사라지지 않았다고 판단하셔도 됩니다.

저녁에는 사람이 세 명 더 늘었고, 가족 전원이 춤을 추기 위해 모였습니다. 클레르는 미의 여신들의 손으로 단장된 것 같았으며, 그날보다 더 화사한 적이 없었습니다. 그녀는 춤을 추거나 잡담을 나누었으며, 웃거나 지시를 하기도 하며 모두를 만족시켰습니다. 그녀는 저를 녹초로 만들겠다고 단언했고, 몹시 숨이 차도록 대여섯 번 아주 힘차게 카드릴을 추고 나서는 제가 철학자처럼 춤을 춘다고 평상시처럼 책망하는 것 또한 잊지 않았습니다. 저는 그녀가 작은 요정처럼 춤을 추지만 사람을 녹초로 만들며, 밤이든 낮이든 저를 쉬게 내버려두지 않을 것 같아 걱정된다고 말했습니다. 그러자 그녀가 말했습니다. "반대겠지요. 그로 인해 당신은 곤히 잘걸요." 그러고는 그녀는 곧 저를 붙잡고 다시 춤을 추기 시작했습니다.

그녀는 피곤한 줄을 몰랐지만 쥘리는 그렇지 않아서, 몸을 가누기가 쉽지 않았습니다. 춤을 추는 그녀의 다리가 떨렸습니다. 그녀는 너무나 감동해, 명랑할 수가 없었습니다. 그녀의 눈에서는 자주 기쁨의 눈물이 흘렀으며, 그녀는 황홀함 속에서 사촌을 물끄러미 바라보고는 했습니다. 그녀는 이 축하연에서 자신을 이방인으로 여기고 클레르를 자신에게 명령을 내리는 여주인으로 여기고 싶었습니다. 식사를 마친 뒤 저는 제가 중국에서 가져온 불꽃을 쏘아 올렸는데 아주 인상적이었습니다. 우리는 즐겁게 놀았고, 마침내 헤어져야 했습니다. 도르브 부인은 지쳐 있었습니다. 틀림없이 그랬을 것입니다. 그래서 쥘리는 모두가 일찍 잠자리에 들기를 바랐습니다.

평온과 질서가 서서히 되살아났습니다. 클레르는 아주 쾌활하지만 필요하면 언제든지 우리를 압도하는 권위적인 말투를 되찾을 줄 압니다. 그녀는 또한 양식과 섬세한 분별력, 그리고 볼마르의 통찰력과 쥘리의 선량함을 지니고 있습니다. 그녀는 극도로 관대하지만 아주 신중하기도 합니다. 아주 젊은 나이에 미망인이 되어 딸의 유산 관리도 맡게 되었지만 자신의 재산도 딸의 재산도 그녀의 수중에서 불어만 갔습니다. 그러니 혹시 그녀가 이 집을 전보다 잘 꾸려나가지 못할까 봐 걱정할 이유가 없습니다. 그 덕분에 쥘리는 자신이 가장 좋아하는 일, 즉 아이들 교육에 전념하는 즐거움을 누릴 수 있습니다. 저는 앙리에트가 두 엄마 중 한 엄마가 다른 엄마의 짐을 덜어주게 될 상황에서 아주 큰 득을 보리라 의심하지 않습니다. 제가 '그 애의 두 엄마'라고 말한 것은, 그녀들이 앙리에트와 함께 사는 방식을 보면 진짜 엄마를 구분하기가 어렵기 때문입니다. 오늘 우리 집에 온 손님들은 이 점을 더욱 의심스러워하거나, 아니면 의심스러워하는 것같이 보입니다. 실제로 두 사람 다 똑같이 그 애를 '앙리에트야'라고 부르거나 '내 딸'이라고 부릅니다. 그 애는 친엄마는 '엄마'라고 부르고 쥘리는 '귀여운 엄마'라고 부릅니다. 양쪽 다 그 애한테 똑같은 애정을 쏟습니다. 그 애 또한 두 엄마 말을 똑같이 잘 듣습니다. 손님들이 그 애가 누구 딸이냐고 물으면 그녀들은 하나같이 "내 딸입니다"라고 대답합니다. 그들이 앙리에트에게 물으면 그 애한테는 엄마가 둘이라는 것을 알게 됩니다. 사람들은 더 사소한 일로도 당황할 것입니다. 가장 통찰력 있는 사람들조차 그 애가 정말 쥘리의 딸이라고 생각합니다. 아버지가 금발이었기에 앙리에트는 쥘리처럼 금발인데다가 그녀와 많이 닮았습니다. 어머니로서의 애정은 클레르의 명랑한 시선보다 쥘리의 매우 다정한 눈에서 더 잘 드러납니다. 어린 앙리에트는 쥘리에게 더 존경하는 태도와 주의 깊은 태도를 보입니다. 그 애는 무의식적으로 더 자주 그녀 곁에 있는데, 쥘리가 더 자주 그 애에게 할 말이 있기 때문입니다. 겉으로 보기에는 모든 것이 그 애를 '귀여운 엄마'의 딸로 잘못 알게 한다는 것을 인정할 필요가 있습니다. 그런데 그 착오가 두 사촌에게는 너무 기분 좋은 일이어서, 때로는 그 착오가 아주 의도적일 수 있으며, 그들의 환심을 사는 수단이 될 수 있으리라는 것을 저는 알아차렸습니다.

에드워드 경, 2주 후[18]에 이곳에는 오직 당신만 없을 것입니다. 당신이 이곳에 와 있다면, 이 집에서 발견되지 않을 미덕과 기쁨을 이곳 외의 다른 곳에서 찾으려는 사람들은 모두 잘못 생각하는 것임이 틀림없을 겁니다.

:: **편지 7**

에드워드 경에게

3일 전부터 저녁마다 당신에게 편지를 쓰려고 했습니다. 하지만 낮에 일을 하다 보니 집에 돌아오면 잠이 절로 왔습니다. 아침에는 해가 뜨자마자 다시 일을 시작해야 합니다. 포도주보다 더 달콤한 취기가 제 마음속을 감미로운 떨림으로 채워줍니다. 그리하여 저는 완전히 새로워지는 기쁨들에서 한순간도 벗어날 수가 없습니다.

이곳에서 만나는 사람들과 함께라면 대체 어떤 체류가 마음에 들지 않을 수 있을지 정말 모르겠습니다. 클라랑에서 뭐가 마음에 드는지 아십니까? 그것은 진짜로 시골에 있는 듯한 기분이 난다는 것이고, 아마도 처음으로 제가 그렇게 말을 많이 할 수 있었다는 것입니다. 도시 사람들은 전혀 시골을 사랑할 줄 모릅니다. 시골에서 지낼 줄조차 모릅니다. 시골에 있으면 뭘 해야 할지를 거의 모릅니다. 그들은 시골의 일과 즐거움을 업신여깁니다. 그러한 것들을 무시하지요. 시골에 있으면 그들은 마치 외국에 있는 것 같습니다. 그러니 그들이 시골에서 갑갑해해도 전혀 놀랄 일이 아닙니다. 시골 마을에서는 시골 주민이 되어야 합니다. 그렇지 않으면 그곳에 가지 말아야 합니다. 도대체 뭐하러 그곳에 갑니까? 시골에 간다고 생각하는 파리 주민들은 시골에 가는 것이 전혀 아닙니다. 그들은 그곳으로 파리를 짊어지고 갑니다. 가수, 재사, 작가, 그리고 기식자들이 그들의 수행원들입니다. 도박, 음악, 희극은 그들이 시골에서 하는 유일한 일입니다.* 그들의 식탁은 파리에서처럼 거창한 음식들로 차려져 있으며, 그들은 파리에서와 동일한 시간에 식사를 합니다. 동일한 음식이 똑같이 화려하게 차려집니다. 그들은 시골에서도 파리에서와 똑같이 삽니다. 시골에 머무는데 파리에서만큼 돈이 듭니다. 아무리 부자여도, 아무리 신경을 써도 그들은 언제나 약간의 결핍을 느끼는데, 파리에 있는 모든 것을 가지고 갈 수는 없을 것이기 때문입니다. 그렇기 때문에 그들은 자신들에게 그토록 소중한 변화를 피하는 겁니다. 그들은 단 한 가지 생활 방식밖에 알지 못하고, 그렇기에 그 생활 방식에 언제나 싫증을 느끼게 됩니다.

시골의 일은 그저 바라보기엔 즐거운 일입니다. 그러나 동정을 유발하여 마음을 뒤흔들 만큼 그렇게 고된 일은 없습니다. 공적이면서도 사적인 유용성이라는 목적이 그 일을 매력 있는 것으로 만듭니다. 게다가 그것은 인류의 첫 번째 천직이기도 해서, 정신에는 유쾌한 생각을, 그리고 마음에는 황금기의 모든 매력을 상기시킵니다. 상상력은 경작과 수확의 풍경에 무관심하지 않습니다. 목축과 농경 생활의 순박함은 언제나 감동을 주는 어떤 면을 지니고 있습니다. 건초를 만들며 노래를 부르는 사람들로 가득한 목초지와 저 멀리 산재해 있는 가축 떼들을 바라보게 해보세요. 이유는 모르지만, 보는 사람들이 자기도 모르게 감동을 느끼게 됩니다. 그래서 때로 본연의 목소리가 우리의 흉포한 마음을 한층 누그러뜨려줍니다. 비록 그 목소리를 듣고 괜한 회한을 느끼더라도 그 소리는 너무도 감미로워서 들을 때마다 기쁨을 느끼지 않을 수 없습니다.

저는 징세 청부인이 토지의 산물을 게걸스럽게 삼켜버리는 몇몇 나라들에서는 들판을 메우는 빈곤, 그리고 욕심 많은 농부의 이악스러운 탐욕

---

* 여기에 사냥도 덧붙여야 한다. 그런데 그들은 너무나 편하게 사냥을 하기 때문에 별로 피곤하지도 않고 즐겁지도 않다. 그렇지만 나는 여기에서는 사냥에 관한 문제에는 손을 대지 않겠다. 그 문제에 대해서는 너무 할 말이 많아서 하나의 주에서 다룰 수 없다. 아마 다른 곳에서 언급할 기회가 있을 것이다.

과 비인간적인 주인의 완고한 가혹함이 그 광경의 매력을 많이 반감시킨다는 것을 인정합니다. 회초리에 죽어가는 피골이 상접한 말들, 못 먹어 기진맥진 녹초가 되고 누더기를 걸친 불쌍한 농부들, 그리고 오막살이들로 이루어진 촌락들은 우울한 광경을 보여줍니다. 피를 빨리고 사는 불행한 사람들을 생각할 때면 인간인 것이 후회스럽습니다. 그러나 선량하고 현명한 관리인들이 자기 땅을 경작하는 것을 자신의 혜택과 오락과 기쁨의 수단으로 만들고, 신이 준 재능을 풍성하게 쏟아 부으며, 곳간과 지하창고와 곡간에 넘치는 부로 사람과 가축 등 주위의 모든 것을 살찌우고, 자기 주변을 풍요와 환희로 채우고, 자신들을 부유하게 해주는 노동을 끊임없는 축제로 만드는 것을 보면 얼마나 매력적인지요! 그런 대상들이 낳는 감미로운 환상을 어떻게 뿌리칠 수 있겠습니까? 그들은 자신들이 살고 있는 세기와 자신들과 같은 시대 사람들을 잊은 채 자신들이 구약 시대와 같은 족장 시대에 살고 있다고 생각합니다. 그들은 일을 직접 하고자 하며, 노동과 그에 결부되어 있는 것으로 생각되는 행복을 함께하기를 원합니다. 오, 여자들은 상냥하고 정숙했으며 남자들은 소박하고 만족스럽게 살았던 사랑과 순결의 시대여! 오, 라헬! 그토록 한결같이 사랑받은 매력적인 처녀여. 너를 얻기 위해 14년의 노예 생활도 후회하지 않는 사람은 행복하리라![19] 오, 나오미의 온순한 학생이여, 네가 발을 따뜻하게 해주고 마음을 훈훈하게 해주는 선량한 노인은 행복하리라![20] 그렇습니다. 농사일이 한창일 때보다 아름다움이 더 영향력을 가지고 군림한 적이 없습니다. 시골에서야말로 아름다움이 최고조로 빛나며, 순박함이 아름다움을 장식하고 명랑함이 아름다움을 고조시킵니다. 그래서 자기도 모르게 그 아름다움을 숭배하지 않을 수 없습니다. 죄송합니다, 에드워드 경, 우리 일로 다시 돌아오겠습니다.

한 달 전부터 가을 더위가 풍요로운 포도 수확을 준비하고 있습니다. 며칠간의 첫서리를 신호탄으로 하여 수확이 시작되었습니다.* 포도송이를 드러낸 시든 포도 가지들은 바쿠스 신의 선물을 눈앞에 펼쳐놓으며 따 먹으라고 권유하는 것 같습니다. 불행한 사람들로 하여금 가난을 잊게 하려고 하늘이 주는 그 유익한 과일로 가득 찬 포도밭들. 사방에서 들려오는 통과 양조통과 레그르파스**에 테를 끼우는 소리. 포도밭에 울려 퍼지는 포도 따는 여인들의 노랫가락. 압착기가 있는 곳으로 포도를 짊어지고 가는 사람들의 그치지 않는 발소리. 노동을 고무하는 전원 악기들의 쉰 소리. 이 순간 대지 표면에 펼쳐진 것 같은 온통 환희에 찬 아름답고 감동적인 풍경. 너무나 매력적인 공연을 보여주기 위한 극장의 막처럼 아침이 되면 태양이 거두어들이는 안개 장막. 이 모든 것이 시골에 축제 분위기를 불어넣는 데 협력합니다. 축제란 인간이 유익함과 유쾌함을 결합할 줄 알았던 유일한 것이라는 걸 생각하고 성찰해보면, 이 축제는 더 아름다워집니다.

이곳에 있는 볼마르 씨의 땅 중 가장 좋은 땅이 포도밭인지라 그는 필요한 모든 준비를 미리 해놓았습니다. 양조통과 압착기, 지하 저장고, 술통은 그것들이 받아들여야 하는 달콤한 액체를 기다리고 있습니다. 볼마르 부인은 수확을 책임지고 있는데, 일꾼 선택과 지시, 일의 분배가 그녀의 소관입니다. 도르브 부인은 포도 수확 축하연과 정해진 규범에 따른 일일 노동자의 임금을 책임집니다. 저의 일은 발효 통에서 발산되는 기체에 머리 아파하는 쥘리를 대신해 압착실에서 쥘리의 지침이 제대로 지켜지도록 감독하는 것입니다. 이 직책은 완전히 술꾼의 관할 아래 있는 것이니, 제가 이 직책을 맡는 것에 클레르가 갈채를 보내기를 잊지 않았습니다.

일의 분담은 그러하며, 비어 있는 시간들을 채우는 공통의 일은 포도 수확입니다. 모두가 이른 아침부터 일어나, 함께 모여 포도밭으로 갑니

---

* 보 지방에서는 포도 수확이 아주 늦다. 주요 수확물이 백포도주용 포도인데 그것을 위해서는 서리를 맞히는 것이 좋기 때문이다.

** 보 지방의 큰 통의 일종.

다. 활력이 남아도는 도르브 부인은 늑장 부리는 사람들에게 주의를 주고 꾸짖는 일을 추가로 맡고 있습니다. 저는 그녀가 저에 대해 짓궂은 감시로 그 임무를 수행한다고 자신 있게 단언할 수 있습니다. 모두가 일을 하고 있는 동안 노 남작께서는 총을 메고 산책을 하다가 종종 포도를 수확하는 여자들 틈에서 저를 살짝 불러내 가지고는 지빠귀 사냥에 데리고 갑니다. 그러면 사람들은 어김없이, 제가 그렇게 하기로 몰래 그와 약속을 해놓았던 거라고 말합니다. 그래서 저는 점점 철학자라는 명칭을 잃고 게으름뱅이라는 명칭을 얻어가고 있습니다. 그런데 사실 그 둘은 크게 다르지 않습니다.

방금 제가 남작에 관해 쓴 것을 통해 당신은 우리의 화해가 진심 어린 것이라는 것, 볼마르가 자신의 두 번째 시험에 당연히 만족해하고 있다는 것을 아실 겁니다.* 제가 제 친구의 아버지를 미워하다니! 아닙니다. 제가 그분의 아들이었더라도 그분을 이보다 더 철저하게 존경하지는 못했을 것입니다. 실제로 저는 모든 면에서 그 선량한 분보다 더 곧고, 솔직하고, 관용적이고, 존경할 만한 사람을 알지 못합니다. 그러나 그분의 이상한 편견은 불가사의입니다. 제가 더 이상 그녀의 것일 수 없다는 것을 확신한 뒤 그분은 저를 친절하게 대해주고 있어요. 제가 사위가 아닌 한, 그분은 쾌

---

* 이것은 이 편지 모음집에 수록되지 않은 쥘리의 편지에서 발췌한 다음 구절을 보면 더 잘 이해될 것이다.

"나를 따로 잡아끌며 볼마르 씨가 말했어. '내가 그에게 준비한 두 번째 시험은 이런 거였어요. 만일 그가 당신 아버지를 포옹하지 않았다면 나는 그를 믿지 않았을 거예요.' 그러자 내가 말했어. '하지만 당신 스스로 발견한, 이 사람과 아버지 사이의 반감을 애정이나 당신의 시험과 어떻게 양립시킬 수 있겠어요?' 그가 대답했어. '반감은 더 이상 없어요. 당신 아버지의 편견은 그 편견이 낳을 수 있는 모든 고통을 생 프뢰에게 주었어요. 하지만 이제 그에게는 염려할 편견이 하나도 없어요. 그는 그 편견을 더 이상 증오하지도 않고 한탄하지도 않아요. 남작 쪽에서도 그를 더 이상 두려워하지 않아요. 남작은 선량한 마음을 가지고 있어서, 자신이 그에게 많은 고통을 주었다는 것을 알고는 그에 대해 민망해하고 있어요. 나는 그들이 서로 아주 잘 지낼 것으로, 즐겁게 만날 것으로 압니다. 따라서 이 순간부터 나는 그를 전적으로 신뢰해요'라고 말이야."

히 제 밑에라도 있을 겁니다. 제가 그분에게서 용서할 수 없는 단 한 가지는 우리끼리만 있을 때 종종 그분이 소위 그 철학자가 전에 가르친 것에 대해 비웃는 것입니다. 그 농담은 저로서는 고통스러워서 언제나 받아들이기가 쉽지 않습니다. 그러나 그분은 제가 화를 내는 것을 비웃으며 이렇게 말합니다. "지빠귀나 잡으러 갑시다. 논쟁은 이만하면 충분하니까." 그러고는 지나는 길에 큰 소리로 이렇게 말합니다. "클레르, 클레르! 네 선생에게 맛있는 저녁을 준비해주려무나. 내가 그의 입맛을 돋워놓을 테니까." 실제로 그분은 그 나이에도 불구하고 저만큼 기운차게 총을 들고 포도밭을 달립니다. 게다가 저와 비교도 안 될 만큼 총을 잘 쏩니다. 조금이라도 그분의 조롱에 대한 복수가 되는 것은 그분이 자기 딸 앞에서 감히 아무 말도 하지 못한다는 것입니다. 그 어린 학생은 자기 가정교사 못지않게 자기 아버지에게도 존경심을 불러일으킵니다. 포도 수확 이야기로 다시 돌아가겠습니다.

이 유쾌한 일을 일주일 동안 했지만 겨우 반밖에 끝내지 못했습니다. 조심스럽게 포도를 따는 것 외에 별다른 도리가 없는 그 친절한 요정은 팔기 위한 포도주와 집에서 먹는 포도주 외에 집안의 술꾼들을 위해 더 맛있는 또 다른 포도주를 준비합니다. 말씀드렸다시피 저는 그 마술적인 작업을 돕습니다. 동일한 포도밭에서 모든 지방의 포도주를 얻기 위해서 말입니다. 어떤 포도주를 담그기 위해서는 포도송이가 시들어갈 때 비틀어 그루터기 위에 놓아두고 햇빛에 시들게 하며, 또 어떤 포도주를 담그기 위해서는 포도송이에서 포도 알을 따 양조 통에 바로 넣게 합니다. 또 어떤 포도주를 만들기 위해서는 해가 뜨기 전에 적포도를 수확하여 아직 분홍빛 상태의 열매를 포도나무 꽃과 함께 조심스럽게 압착기에 넣습니다. 백포도주 빛이 돌게 하기 위해서입니다. 그녀는 불에 졸여져 시럽이 된 포도즙을 통에 섞어 달콤한 포도주를, 그리고 발효를 막아 단맛이 없는 포도주를 만들고, 위장에 좋은 압생트 포도주*와, 약초들을 넣은 사향 포도주를 만듭니다. 이 여러 가지 술은 특별한 준비물을 요하며, 그 모든 준비물은 건강에 좋고 자연 그대로의 것입니다. 이런 식으로 알뜰한 창의력이 토양의 다양성 부족을 보충하여 스무 종류의 토양을 단 한 가지 토양에 모이게 합니다.

당신은 이 모든 일이 얼마나 열심히, 얼마나 즐겁게 이루어지는지 짐작도 못하실 겁니다. 하루 종일 노래와 웃음이 끊이지 않습니다. 그럴수록 일은 더 능률이 오르지요. 모두가 더할 수 없이 친근하게 생활합니다. 모두가 동등하며, 누구도 무시되지 않습니다. 귀부인들은 점잔을 빼지 않습니다. 농부의 아내들은 정숙하고, 남자들은 농담을 잘하지만 무례하지 않습니다. 제각기 가장 훌륭한 노래를 찾아내려 하고, 가장 훌륭한 이야기를 해주려 하며, 가장 재치 있는 말을 하려 합니다. 협력할 때조차 익살스러운 싸움을 낳으며, 서로를 성가시게 하지만 그것은 오로지 서로를 얼마나 신뢰하는지를 보여주기 위해서일 뿐입니다. 우리는 집으로 돌아와 젠체하지 않고, 하루 종일 포도밭에 나가 있습니다. 쥘리는 추울 때 몸을 녹이고 비가 올 때 피할 수 있는 오두막을 한 채 짓게 했습니다. 우리는 농부들과 함께 점심 식사를 하고, 또 일을 합니다. 우리는, 조금 거칠지만 신선한 채소가 들어간, 몸에 좋은 맛있는 수프를 아주 맛있게 먹습니다. 우리는 그들의 서툰 태도와 촌스러운 찬사를 거만하게 냉소하지 않고, 그들을 편하게 해주기 위해 자연스럽게 응합니다. 그들에게는 늘 이런 배려와 친절이 따르며, 그들은 그 배려와 친절을 잘 의식하고 있습니다. 그들은 그것에 민감합니다. 우리가 그들을 위해 우리의 신분에서 벗어나고자 하는 것을 보면서, 그들은 그만큼 더 기꺼이 자신의 신분에 만족합니다. 점심 식사 때 우리는 아이들을 데려와 이후의 낮 시간을 포도밭에서 보내게 합니

* 스위스에서는 압생트 술을 많이 마신다. 일반적으로 알프스의 이 풀은 평야의 것보다 효능이 더 좋기에 스위스에서는 약을 달이는 데 더 많이 사용된다.

다. 선량한 마을 사람들은 아이들이 오는 것을 보고 얼마나 즐거워하는지 모릅니다! 그들은 억센 팔로 아이들을 꼭 껴안으며 이렇게 말합니다. "오, 축복받은 아이들, 자비로우신 신께서 우리의 삶을 희생시켜 이들의 삶을 연장시켜주시기를! 부모님을 닮거라. 그분들처럼 이 나라의 축복이 되거라!" 남자들 대부분이 병역을 치렀기 때문에 칼과 보병총을 낫과 괭이처럼 다룰 줄 안다는 것을 자주 생각하면서, 그토록 매력적이고 존경받는 쥘리와 그녀의 아이들이 그들에게 감동적인 갈채를 받는 것을 보면서, 저는 자기 아들을 게르마니쿠스의 부대원들에게 보여주는 저명하고 고결한 아그리피나를 자주 떠올립니다. '쥘리! 비길 데 없는 여인이여! 당신은 소박한 사생활 속에서도 지혜와 선행으로 절대적인 영향력을 행사하고 있어요. 당신은 이곳 모두를 위해 맡겨진, 모두가 자신들의 생명을 바쳐 방어하고 또 보존하고 싶어 하는 소중하고 성스러운 기탁물입니다. 당신은 당신을 사랑하는 모든 사람들 틈에서 자신의 모든 병사들로 둘러싸인 왕들보다 더 안전하게, 더 명예롭게 살고 있어요.'

저녁이 되면 우리는 모두 함께 즐겁게 돌아옵니다. 우리는 포도 수확기 동안 머물면서 일하는 일꾼들을 먹여주고 재워줍니다. 심지어 일요일에도 우리는 저녁 예배가 끝난 뒤에는 그들과 함께 모여 저녁 식사 때까지 춤을 춥니다. 다른 날들에도 우리는 내내 함께 지내다가 각자 숙소로 돌아갈 때에야 서로 헤어집니다. 밤참을 먹지 않고 저녁 일찍 잠자리에 드는 남작과, 그분이 잠자리에 들 때까지 아이들과 함께 그분 방에 올라가 있는 쥘리만 예외지요. 이 점을 제외하면, 포도 수확이 시작될 때부터 끝날 때까지 시골 생활에 도시 생활이 혼합되는 일은 없습니다. 이 사투르누스 축제는 로마 시대의 사투르누스 축제보다 훨씬 더 유쾌하고 절제 있습니다. 로마인들이 가장했던 계급의 전도는 너무도 공허해서 주인에게도 노예에게도 깨우침을 주지 못했습니다. 하지만 이곳을 지배하는 기분 좋은 평등은 자연의 질서를 회복시켜서 주인들에게는 깨우침을, 하인들에게는 위안을 주며, 모든 사람을 우정으로 맺어줍니다.*

회합 장소는 불이 활활 타오르는 큰 벽난로가 있는 고대풍 홀입니다. 세 개의 등잔이 그 방을 밝혀주는데, 볼마르 씨는 연기를 차단하고 불빛을 반사시키기 위해 등잔들에 양철 덮개를 씌우게 했습니다. 볼마르 부부는 선량한 사람들이 시샘과 섭섭함을 느끼지 않도록 그들 집에 없는 것을 과시하려 하지 않으며, 흔한 것들 가운데서 좋은 것을 고르고 좀 더 넉넉하게 제공하는 것 외에는 어떠한 부유함도 보여주지 않으려고 노력합니다. 밤참은 두 개의 긴 식탁에 펼쳐집니다. 연회의 사치나 화려함은 찾아볼 수 없습니다. 그 대신에 풍성함과 기쁨이 있습니다. 주인, 날품팔이 일꾼, 하인들 모두가 함께 식탁에 앉습니다. 배제나 우선순위 같은 것 없이 누구나 원하면 일어나 식사를 돕는데, 그 일은 언제나 우아하고 즐겁게 이루어집니다. 술은 자유롭게 마십니다. 자유에는 예의라는 제한밖에 없습니다. 그토록 존경받는 주인이 옆에 있기에 모두가 자제를 하지만, 그것이 편안하고 즐거운 분위기를 방해하지는 않습니다. 누군가 자제심을 잃는 일이 발생할지언정 그를 책망하느라 축제를 방해하는 일은 없습니다. 그러나 다음 날 그는 가차 없이 해고당합니다.

저 또한 이 고장의 즐거움과 이 계절을 이용합니다. 저는 다시금 자유롭게, 발레 사람들 방식으로 살고, 물 타지 않은 포도주를 자주 마십니다. 그러나 저는 두 사촌이 따라주지 않는 술은 마시지 않습니다. 그녀들은 제

---

* 그래서 만일 낮은 쪽 신분 사람들에게도 높은 쪽 신분 사람들 못지않은 어떤 공통의 축제 상태가 생긴다면, 모든 신분이 거의 신분을 따지지 않게 되어, 사람들이 자신들의 신분에서 때때로 벗어날 수도 있고 또 벗어나기를 원할 수도 있지 않을까? 거지들은 언제나 거지이기 때문에 불행하고, 왕들은 언제나 왕이기 때문에 불행하다. 벗어나기가 더 쉬운 중간 신분은 그 신분 이상의, 그리고 그 이하의 즐거움을 제공해준다. 이 신분은 또한 이 신분 사람들의 지식을 넓혀준다. 그들로 하여금 보다 더 많은 편견을 깨우치게 하고, 보다 더 많은 단계를 비교하게 함으로써 말이다. 바로 이것이 아주 행복하고 아주 훌륭한 양식을 가진 사람들이 일반적으로 보잘것없는 신분에서 발견되는 주된 이유인 것 같다.

가 취하지 않을 만큼 주량을 조절해 제가 이성을 잃지 않도록 하는 책임을 맡고 있습니다. 제 이성을 어떻게 다스려야 하는지 그녀들보다 잘 아는 사람이 누가 있겠으며, 제게서 이성을 빼앗거나 돌려주는 기술을 그녀들보다 잘 아는 사람이 누가 있겠습니까? 하루의 노동과 명랑한 식사와 길어지는 식사 시간 때문에 그 사랑스러운 손들이 부어준 술의 힘이 배가된다면 저는 제 열정이 거리낌 없이 발산되도록 내버려둡니다. 제게는 더 이상 그 열정을 침묵시킬 이유가 없기 때문입니다. 절도 있는 볼마르가 옆에 있어도 방해될 게 없습니다. 저는 그의 양식 있는 눈이 제 마음속을 읽을까 봐 걱정하지 않습니다. 그리고 사랑의 추억이 제 마음속에 되살아나려 하면 클레르의 시선이 그 추억을 차단하고, 쥘리의 시선이 저의 그런 마음을 부끄럽게 만듭니다.

밤참 후에는 삼 껍질을 벗기면서 한두 시간 더 즐거운 모임을 갖습니다. 각자 돌아가며 노래를 부르는데, 때로는 포도 수확하는 여인들이 모두 합창을 하며, 또 때로는 번갈아가며 독창을 하거나 후렴을 부릅니다. 노래의 대부분이 옛 연가여서 곡조가 그리 재미있지는 않지만, 이 곡조들은 끝내 감동을 주고 마는 뭔가 고대풍의 즐거움 같은 것을 지니고 있습니다. 가사는 순수하고 소박하며 종종 우울합니다. 그렇지만 마음에 듭니다. 이 노래들에서 우리가 예전에 사용했던 문체와 표현을 깨닫게 될 때면 클레르는 미소를 띠지 않을 수 없고, 쥘리는 얼굴이 붉어지지 않을 수 없으며, 저는 한숨을 쉬지 않을 수 없습니다. 그러면 저는 그녀들에게 눈길을 던지고 멀어져간 시절을 회상하게 되는데, 전율이 저를 엄습하고, 갑자기 견딜 수 없는 중압감이 제 마음을 짓누르면서 쉽게 지워지지 않는 어떤 불길한 인상을 남겨놓습니다. 그렇지만 그 즐거운 저녁 모임에는 뭐라 설명할 수는 없지만 아주 뚜렷하게 느낄 수 있는 어떤 매력이 있습니다. 이런 여러 계층의 모임과 노동의 단순성, 휴식과 화합과 평온에 대한 생각, 그리고 그 생각이 마음에 가져다주는 평화로운 감정이 감동적인 어떤 것을 가지고 있어서 이 노래들이 보다 더 흥미롭게 여겨지게 됩니다. 여인들의 합창 소리에도 감미로움이 없지 않습니다. 저는 모든 해조 중에서 제창보다 더 듣기 좋은 것은 없으며, 화음이 우리에게 필요한 것은 우리에게 퇴폐한 취미가 있기 때문이라고 확신합니다. 사실 모든 해조는 어떤 소리에도 있는 것이 아닙니까? 조화로운 소리의 상대적인 힘 속에 자연이 확립해놓은 균형을 손상시키는 일 없이 그 해조에 무엇을 추가하는 게 가능합니까? 한쪽 소리를 배가하면서 다른 소리를 그렇게 하지 않으면, 다시 말해 그것들을 동일한 비율로 강화하지 않으면, 우리는 이 균형을 즉각 없애는 것이 아닐까요? 자연은 만물을 가능한 한 훌륭하게 만들어놓았습니다. 그러나 우리는, 훨씬 더 잘 만들고 싶어 하지만 모든 것을 망칠 따름입니다.

낮일에서 그렇듯이 이 밤일에서도 경쟁심이 치열합니다. 제가 어제 밤일에서 쓰려 했던 속임수는 제게 조금 모욕을 안겨주었습니다. 저는 삼 껍질을 벗기는 일에 솜씨가 없는데다가 자주 방심하는 탓에 일을 가장 적게 했다는 지적을 계속 받았는데, 난처해진 제가 제 더미를 크게 보이게 하기 위해 바로 제 곁에 있는 사람들의 삼대를 천천히 발로 끌어당겼습니다. 그런데 그만 무자비한 도르브 부인이 그것을 알아차리고 쥘리에게 눈짓을 했고, 쥘리는 현장에서 저를 붙잡아 가차 없이 나무랐습니다. 그녀는 큰 소리로 이렇게 말했습니다. "사기꾼 씨, 부정한 짓을 하면 안 돼요. 장난으로라도요. 그렇게 하다가 정말 고약한 짓에 익숙해지는 거예요. 더욱 나쁜 건, 재미 삼아 그렇게 하는 것이에요.*"

밤은 그렇게 지나갑니다. 물러갈 때가 다가오면 볼마르 부인이 말합니다. "불꽃을 쏘아 올리러 가요." 그러면 즉각 모두가 자기 작업의 명예로운 표시인 삼대 더미를 들고 안뜰 가운데로 의기양양하게 나가, 삼대 더미를 한곳에 쏟아 부어 전승 기념물을 만든 뒤 불을 붙입니다. 하지만 불을

* 이익을 밝히는 인간이여! 이 의견은 당신에게 아주 잘 어울릴 것 같다.

붙이는 명예는 원한다고 해서 아무나 누릴 수 있는 것이 아닙니다. 쥘리가 그 명예를 부여합니다. 그날 저녁에 작업을 가장 많이 한 사람에게 이 기념물에 붙일 불을 주는 것입니다. 그 사람이 자기 자신이라 하더라도 그녀는 사양하지 않고 그 명예를 자기 것으로 삼습니다. 이 엄숙한 의식에는 환호성과 박수갈채가 따릅니다. 삼대에 붙은 불꽃은 환하고 찬란하게 타올라 구름에까지 이르는데, 그 진정한 환희의 불꽃 주위에서 모두가 즐겁게 뛰어다니고 미소 짓습니다. 이어서 모인 사람 모두에게 마실 것이 제공되는데, 각자는 승리자의 건강을 위해 축배를 든 뒤 노동과 기쁨과 순결 속에서 지나간 하루에 만족하며 잠자리로 향합니다. 그들은 다음 날도, 또 그다음 날도, 아니 평생 동안이라도 똑같은 날이 다시 시작하는 것을 불만스러워 하지 않을 겁니다.

:: **편지 8**

볼마르 씨에게

사랑하는 볼마르, 당신의 배려가 낳은 결실을 향유하세요. 이 정화된 마음의 경의를 받으세요. 그렇게도 큰 수고를 하여 그런 경의를 바쳐도 손색이 없는 마음을 만드셨으니까요. 당신이 도모한 일을 일찍이 어떤 사람도 도모한 적이 없고, 당신이 행한 일을 일찍이 어떤 사람도 시도한 적이 없습니다. 감사할 줄 아는, 그리고 민감한 영혼에게조차 당신이 제게 품게 한 그런 감정은 느껴진 적이 없었습니다. 저의 영혼은 쾌활함과 활력과 존재를 잃었었는데, 당신은 그 모든 것을 회복시켜주었습니다. 저는 행복에 있어서도 미덕에 있어서도 끝장난 사람이었습니다. 되살아난 것이 느껴지는 이 도덕적인 삶은 당신 덕입니다. 오, 저의 은인이여! 오, 저의 아버지여! 저는 제 모든 것을 당신에게 바치지만, 신께 그러하듯 당신에게도, 당신에게서 받은 선물밖에는 드릴 게 없습니다.

저의 나약함과 두려움을 당신에게 고백할 필요가 있을까요? 지금까지 저는 항상 저 자신을 믿지 못했습니다. 일주일 전까지만 해도 저는 제 마음을 부끄러워했고, 당신의 모든 호의가 소용없다고 여겼습니다. 그 순간은 미덕을 위해서는 견디기 어렵고 실망스러운 순간이었습니다. 하늘의 은총과 당신 덕분에 그 순간은 지나가, 이제 다시는 오지 않을 것입니다. 저 자신이 치유되었다고 생각하는 것은 당신이 그렇게 말해서가 아니라 저 자신이 그렇게 느끼기 때문입니다. 이제 당신이 저를 책임져줄 필요가 없습니다. 당신은 저 스스로가 저를 책임질 수 있게 만들어주셨으니까요. 당신의 도움 없이 제가 어떻게 살 수 있는지 알기 위해 저는 당신과 그녀를 떠날 필요가 있었습니다. 그녀가 사는 곳에서 멀리 떨어져 있어봐야 저는 제가 그곳에 접근하는 것을 더 이상 두려워하지 않는다는 것을 알게 됩니다.

저는 우리의 여행에 관해 도르브 부인에게 편지로 상세히 알리고 있습니다. 그러니 당신에게 되풀이하지 않겠습니다. 저는 당신이 제 모든 나약함을 알기를 원하지만 당신에게 그것을 말할 힘이 없습니다. 사랑하는 볼마르, 그것은 저의 마지막 잘못입니다. 저는 이미 그 잘못으로부터 멀리 떨어져 있는 것을 느끼기에, 그것을 떠올릴 때마다 긍지를 갖습니다. 하지만 그 잘못을 범한 순간이 여전히 너무 가까워서 괴로움 없이는 잘못을 고백할 수가 없습니다. 저의 미혹을 용서할 수 있었던 당신인데, 그것에 대한 후회가 야기한 수치심을 어찌 용서해주지 않겠습니까?

이제 저의 행복에는 부족한 것이 아무것도 없습니다. 에드워드 경에게 다 들었습니다. 사랑하는 친구, 제가 당신의 식구가 될 거라고요? 제가 당신 아이들을 가르칠 거라고요? 셋 중 가장 나이 많은 아이가 두 동생들을 가르칠 거라고요? 제가 얼마나 열렬히 원했던 일인지 모릅니다! 그토록 소중한 일에 적합한 사람으로 평가받고 싶어서, 당신의 배려에 부응하기 위해 제가 얼마나 노력을 배가했는지 모릅니다! 그 점에 대해 감히 얼마나 여러 번 쥘리에게 제 열의를 드러내 보였는지 모릅니다! 당신의 말과 그녀의 말을 얼마나 자주 저에게 유리한 쪽으로 해석하며 즐거워했는지 모릅니다! 그러나, 그녀가 저의 열의를 알아채고 또 그 열의의 목적을 승인하는 것처럼 보였음에도 불구하고, 저는 그녀가 좀 더 솔직하게 언급할 만큼 정확하게 저와 견해를 같이했다고는 생각하지 않았습니다. 저는 그 명예로운 일을 요구하기 전에 먼저 그에 합당한 자격을 갖추어야 한다고 생각했습니다. 그리고 당신과 그녀에게서 이와 같은 신뢰와 인정의 표시가 있기를 기다려왔습니다. 저의 희망은 저를 저버리지 않았습니다. 친구들이여, 당신들의 희망은 당신들을 저버리지 않을 것입니다.

우리가 당신 아이들의 교육에 대해 대화를 나눈 뒤 제가 그 대화를 통해 얻게 된 생각들을 적어놓았음을 당신은 압니다. 당신 역시 그 생각들에 동의했고요. 떠나온 뒤 저는 그 문제에 대한 성찰을 계속했고, 그 성찰 전체를 일종의 체계로 만들어보았습니다. 당신이 검토해볼 수 있도록, 생각들을 더 잘 소화한 뒤에 말씀드리겠습니다. 우리가 로마에 도착한 뒤에나 당신에게 보일 만한 상태가 돼 있지 않을까 생각합니다. 이 체계는 쥘리의 체계가 끝나는 곳에서 시작됩니다. 아니 더 정확히 말해 그것은 쥘리의 체계의 연속이자 발전에 불과합니다. 왜냐하면 모든 것이 자연인을 사회에 적응시키되 타락시키지 않는 데 있기 때문입니다.

당신의 배려로 저는 이성을 되찾았습니다. 마음이 다시 자유롭고 건강해진 저는 제게 소중한 모든 사람들에게 사랑받고 있음을 느낍니다. 아주 매력적인 미래가 제 앞에 나타나고 있습니다. 저는 매우 즐거운 상황에 놓이게 되겠지만, 제가 결코 평온한 영혼을 갖지 못하리라는 것은 숙명과도 같습니다. 우리의 여행이 끝나감에 따라 저는 제 눈부신 친구의 운명의 시간이 다가옴을 봅니다. 말하자면 바로 제가 그의 운명을 결정해야 하는 것입니다. 그가 그토록 자주 저를 위해 했던 일을 적어도 한 번은 제가 그를 위해 할 수 있을까요? 제가 제 생애에서 가장 위대하고 가장 중요한 의무를 당당히 이행할 수 있을까요? 사랑하는 볼마르, 저는 당신의 모든 가르침을 마음속에 담아 가는데, 그 가르침을 유용하게 써먹기 위해 당신의 지혜 또한 가져갈 수는 없는 건가요! 아! 언젠가 제가 행복한 에드워드를 볼 수 있다면, 또한 그와 당신의 계획에 따라 우리 모두가 다시 만나 더 이상 헤어지지 않게 된다면 그 이상 바랄 게 뭐가 있을까요? 단 한 가지뿐입니다. 하지만 그것을 실현할 수 있는 사람은 당신도, 저도, 세상 그 누구도 아닙니다. 오직 당신 아내의 덕행에 상을 주시고 당신의 선행을 은밀하게 셈하고 계시는 그분께 달려 있을 뿐입니다.

:: 편지 9

도르브 부인에게

매력적인 사촌, 어디에 있습니까? 그토록 많은 이유로 당신이 함께해준, 또 그토록 여러 번 당신이 위로해준 이 나약한 마음의 속내 이야기를 들어주는 사랑스러운 사람이여, 지금 어디에 있습니까? 와서 오늘 이 마음이 마지막 잘못을 당신의 마음에 털어놓게 해주세요. 당신에게는 이 마음을 정화시켜야 할 의무가 있지 않습니까? 당신에게 잘못을 다 털어놓고도 그 마음이 계속해서 자책할 수 있겠습니까? 아닙니다. 나는 더 이상 예전의 내가 아닙니다. 그런데 이 변화는 당신 덕분입니다. 제게 이 새로운 마음을 만들어준 사람이 바로 당신이니, 이 마음은 당신에게 만물을 바칩니다. 하지만 나는 내가 버리는 마음도 당신 손에 맡긴 뒤에야 그로부터 나 자신이 해방되었다고 생각하겠습니다. 오, 이 마음이 생기는 것을 본 당신, 이 마음의 마지막 숨결도 받아주세요!

당신은 이런 날이 오리라고 생각해봤습니까? 살면서 내가 나 자신에게 가장 만족스러웠던 때는 당신과 헤어졌을 때입니다. 오랜 미혹에서 깨어난 나는 늦었지만 바로 그때 내 의무로 복귀하게 되었습니다. 나는, 내 배려를 필요로 하는 척하면서 실제로는 그 자신의 배려가 성공적인지를 시험한 지혜로운 사람이자 은인인 이를 따르기 위해 그토록 소중한 거주지에서 떠남으로써 마침내 그동안 진 막대한 우정의 빚을 갚기 시작했습니다. 이 떠남이 고통스러울수록, 나는 이와 같은 희생을 점점 더 영광으로 여겼습니다. 불행한 정열에 빠져 삶의 절반을 잃은 뒤에야 나는 나머지 절반을 그 정열을 정당화하는 데, 그리고 그토록 오랫동안 내 마음의 온갖 찬양을 받은 여인에게 덕행으로써 보다 더 품위 있는 경의를 보내는 데 바쳤습니다. 나는 이날을 당신에게도, 그녀에게도, 그리고 내게 소중했던 모든 사람에게도 나 자신을 부끄럽게 만들지 않는 내 생애의 첫날로 대담하게 생각해보았습니다.

에드워드 경이 이별의 슬픔을 걱정했기에, 우리는 아무도 모르게 떠나고 싶었습니다. 하지만 모두가 아직 잠들어 있어도, 우리는 경계를 게을리하지 않는 당신의 우정은 따돌릴 수 없었습니다. 반쯤 열려 있는 당신의 방문과 하녀가 망을 보고 있는 것을 알아차리면서, 당신이 우리를 맞으러 오는 것을 보면서, 그리고 방으로 들어가 탁자에 차가 준비된 것을 발견하면서, 상황의 유사함에 지난날의 일이 생각났습니다. 기억에 떠오르는 지난날의 출발과 이번 출발을 비교하면서, 나는 내가 그때의 나와 너무도 다름을 느꼈고, 이 다름을 에드워드 경이 목격한 것에 기뻐하며 밀라노에서는 그로 하여금 브장송에서의 그 가증스러운 모습을 정말 잊게 하리라 생각했습니다. 나는 그토록 용기백배한 적이 없었으며, 당신에게 그 용기를 보여주는 것을 자랑스러워하고 있었습니다. 나는 당신 옆에서 당신이 내게서 결코 본 적이 없는 의연함을 갖추고 있었고, 당신을 떠나면서 잠시 동안이나마 당신에게 미래의 내 모습을 보여주는 것에 자긍심을 느끼고 있었습니다. 이런 생각은 내게 용기를 더해주었고, 나에 대한 당신의 신뢰로 나는 강해졌습니다. 당신의 눈물이 내 뺨 위로 흘러 내 눈물과 뒤섞이지만 않았다면 나는 아마 마른 눈으로 당신에게 작별을 고했을 것입니다.

출발할 때 내 마음은 온갖 의무로 가득 차 있었고, 특히 당신의 우정이 내게 과한 의무들에 깊이 감동되어, 남은 인생을 통해 그 우정을 받을 만한 사람이 되겠다고 굳게 결심했습니다. 에드워드는 내 모든 잘못을 하나하나 검토하면서 다시 한번 내 눈앞에 즐겁지 못한 광경을 다시 떠올려 놓았습니다. 너무도 많은 나의 약함에 대한 그의 정당하고 준엄한 비난을 보며 나는 그가 그 과오들을 따라 하기를 거의 두려워하지 않는다는 것을 알았습니다. 하지만 그는 두려워하는 척했습니다. 그는 내게 자신의 로마 여행과, 본의 아니게 자신을 로마로 되돌아가게 한 가증스러운 애정에 관해 불안하게 말해주었습니다. 그러나 나는, 그가 자신의 위험을 부풀려 나로 하여금 그것에 더 몰두하게 하려는 것임을, 또 내가 처한 위험으로부터 그만큼 더 나를 멀리 떼어놓으려는 것임을 쉽게 판단할 수 있었습니다.

우리가 빌뇌브 가까이 왔을 때 성질 고약한 말을 타고 있던 하인이 말에서 떨어져 머리에 가벼운 타박상을 입었습니다. 그의 주인은 그에게 사혈을 하게 해주었고, 그날 밤엔 그곳에서 유숙하기를 원했습니다. 우리는 점심 식사를 일찍 마친 뒤, 말을 타고 제염소를 보러 베로 갔습니다. 에드워드 경은 개인적인 이유에서 그 흥미로운 방문에 나선 것이었으므로 나는 바닷물을 농축하는 건물의 크기와 설계도를 얻었습니다. 우리는 밤에야 빌뇌브로 돌아왔는데, 밤참을 먹은 뒤에는 펀치를 마시고 잡담을 나누며 꽤 늦게까지 즐거운 시간을 보냈습니다. 그때에야 그는 내게 어떤 일이 맡겨져 있는지, 이 준비를 실현 가능케 하기 위해 어떤 일이 행해졌는지를 가르쳐주었습니다. 당신은 이 새로운 이야기가 내게 어떤 효과를 불러왔을지 상상할 수 있을 것입니다. 그러한 대화로 인해 잠이 달아나 버렸습니다. 그렇지만 결국 잠자리에 들어야 했습니다.

내게 배정된 방으로 들어가면서 나는 그 방이 예전에 시옹에 갈 때 묵었던 바로 그 방이라는 것을 알아보았습니다. 그 방을 보고 나는 뭐라 묘사하기 힘든 어떤 감명을 받았습니다. 그 느낌이 너무도 강렬해서 순간 그때로 돌아간 것 같았습니다. 그 순간 내 인생의 10년이 사라져버리고 나의 모든 불행이 까맣게 잊혔던 것입니다. 아아! 그것은 잠깐의 착각이었고, 다음 순간 나는 예전의 모든 고통에 더 무겁게 짓눌리고 말았습니다. 그 최초의 환희에 이어 얼마나 우울한 반성이 뒤따랐던지! 머릿속에서 얼마나 고통스러운 비교가 이루어졌던지! 아직 젊디젊었던 시절의 매력이여, 그 시절의 사랑의 환희여, 왜 너희는 비애에 짓눌리고 그 자체로 너무나 무거운 그런 마음으로 되돌아가려 하는가? 오, 그 시절, 행복했던 시절이여, 너는 더 이상 존재하지 않는구나! 나는 사랑했으며, 사랑을 받았지. 나는 순결의 평온함 속에서 서로 함께하는 황홀한 사랑에 빠졌었지. 나는 내가 맛본 그 감미로운 감정을 천천히 만끽했지. 달콤한 소망의 향기가 나의 마음을 취하게 만들었지. 황홀, 도취, 열광은 나의 모든 능력을 탕진해버렸지. 아아! 세상의 어떤 존재가 엄동설한에 메유리의 바위 위에서, 눈앞의 끔찍한 심연을 바라보며 나의 운명에 비견되는 운명을 누렸던가?…… 그런데도 나는 울었지! 그리고 나는 동정을 받을 만하다고 생각했지! 슬픔이 가당찮게 내게 다가왔던 거야!…… 모든 것을 소유했지만 모든 것을 잃은 오늘 나는 도대체 어떻게 해야 하는가?…… 나는 그런 불행을 당해 마땅해. 내 행복을 거의 느껴보지 못했으니!…… 내가 그때 울었다고? 네가 울었어?…… 불행한 자여, 너는 이제 울지 못해…… 너는 울 권리조차 없지…… 어찌하여 그녀는 죽지 않았는가! 나는 격분하여 감히 소리 질렀지. 그래, 그녀가 죽었으면 내가 덜 불행할 텐데. 나는 용감하게 괴로움에 몸을 맡길 텐데. 양심의 가책 없이 그녀의 차가운 무덤을 끌어안을 텐데. 나의 회한은 그것에 잘 어울릴 텐데. 나는 이렇게 말할 텐데. '그녀는 내 울부짖음을 듣고 있고, 나의 눈물을 보고 있어. 나의 흐느낌은 그녀의 마음을 울리고, 그녀는 내 순수한 경의를 인정하고 받아들이고 있어…… 내겐 적어도 그녀와 다시 만날 희망이 있을 텐데…… 하지만 그녀는 살아 있고, 행복하다!…… 그녀는 살아 있으니, 그녀의 삶은 나의 죽음이며 그녀의 행복은 나의 형벌이다. 하늘은 내게서 그녀를 빼앗은 것으로도 모자라 그녀를 그리워하는 즐거움마저 빼앗고 있다!…… 그녀는 살아 있지만 나를 위해 살고 있는 것이 아니다. 나의 절망을 위해 살고 있는 것이다. 나는 그녀가 더 이상 살아 있지 않은 것보다 백배는 더 그녀에게서 멀리 떨어져 있다.'

나는 이런 우울한 생각 속에서 잠자리에 들었습니다. 그 생각들은 잠을 자는 동안에도 떠나지 않아 불길한 이미지들로 잠을 채웠습니다. 견디기 힘든 고통과 후회와 죽음이 꿈속에 그려졌고, 내가 겪은 모든 불행이 수많은 다른 모습으로 다시 나타나 나를 괴롭혔습니다. 모든 꿈 중에서 가장 가혹한 한 가지 꿈이 끈질기게 나를 괴롭혔는데, 온갖 환영들이 뒤얽혀 나타났지만 항상 그 꿈으로 끝이 났습니다.

당신 친구의 위엄 있는 어머니가 보였는데, 어머니는 침대에 누워 죽어가고 있고, 딸은 그 앞에 무릎을 꿇고서 눈물을 흘리면서, 어머니 손에 입을 맞추면서 임종을 지켜보고 있었습니다. 예전에 당신이 묘사해준, 내 기억에서 결코 사라지지 않을 그 장면을 다시 본 것입니다. 쥘리는 내 영혼을 몹시 아프게 하는 어조로 이렇게 말했습니다. "오, 어머니, 당신이 주신 생명이 당신의 생명을 빼앗고 있다니요! 아아! 당신이 주신 생명의 은혜를 거두어들이세요. 당신이 없으면 그 은혜는 제게 불길한 선물일 뿐이에요." 그러자 다정한 어머니가 대답했습니다. "딸아, 운명을 따라야 해…… 신은 정의로우시다…… 너도 어머니가 될 거야……" 그녀는 말을 채 끝내지 못했습니다…… 나는 어머니를 향해 눈을 들고 싶었지만, 더 이상 그녀가 보이지 않았습니다. 그 대신에 쥘리가 보였습니다. 나는 그녀를 보았고, 그녀를 알아보았습니다. 그녀의 얼굴이 베일로 덮여 있었음에도요. 나는 소리를 지르며 그녀에게 달려가 베일을 벗기려 했지만 잡을 수가 없었습니다. 나는 팔을 뻗어 필사적으로 더듬었으나 아무것도 만져지지 않았습니다. 그녀가 작은 목소리로 내게 말했습니다. "친구, 진정하세요. 가공할 베일이 나를 덮고 있어서, 어떤 손도 이 베일을 벗기지 못해요." 그 말에 나는 발버둥 치며 다시 시도했는데, 그러다가 잠에서 깼습니다. 나는 피로에 짓눌리고 땀과 눈물로 뒤범벅된 채 침대에 누워 있었습니다.

공포는 이내 사라졌고, 녹초가 된 나는 다시 잠이 들었습니다. 똑같은 꿈이 내게 다시 똑같은 혼란을 가져다주었습니다. 나는 다시 잠에서 깨어났으며, 세 번째로 다시 잠을 청했습니다. 여전히 그 비통한 광경, 여전히 그 동일한 모습의 죽음이 나타났으며, 여전히 내 손은 안이 들여다보이지 않는 그 베일을 만질 수 없었으며, 내 눈은 그 베일에 덮여 있는 죽어가는 대상을 볼 수 없었습니다.

마지막으로 잠에서 깼을 때는 너무도 두려워서 깨어 있는 동안에도 그 두려움을 달래지 못했습니다. 나는 부지불식간에 침대 밑으로 몸을 던졌습니다. 유령이 내 주위를 어슬렁거리는 것 같아 나는 아이처럼 밤의 유령에 겁을 잔뜩 집어먹은 채 방을 이리저리 서성이기 시작했습니다. 귀에 그 애처로운 목소리가 아직도 들려와, 마음의 동요 없이는 결코 들을 수 없었습니다. 사물들을 비추기 시작한 여명은 나의 혼란스러운 상상력을 따라 그것들을 변형시킬 뿐이었습니다. 그러자 두려움은 증폭되었고, 나는 판단력을 잃었습니다. 겨우 방문을 더듬어 찾은 나는 도망치듯 방을 빠져나왔습니다. 나는 무심코 에드워드의 방으로 들어갔고, 그의 침대 커튼을 열어젖히고는 헐떡거리면서 다음과 같이 외치며 그의 침대 위로 쓰러졌습니다. "이제 끝장이에요. 이젠 그녀를 보지 못할 겁니다." 그는 소스라쳐 깨더니 잽싸게 검을 잡으러 달려들었습니다. 도둑이 든 줄 알았던 것이지요. 순간 그는 나를 알아보았으며, 나도 의식을 되찾았습니다. 내 인생에서 두 번째로 나는 그의 앞에서 당신도 짐작할 수 있는 그런 혼란에 빠졌습니다.

그는 나를 앉혀 마음을 진정시킨 뒤 자초지종을 말하게 했습니다. 상황을 파악한 그는 곧 농담을 던지며 분위기를 바꿔보려 했지만, 내가 워낙 크게 충격 받아 그 인상을 쉽게 떨쳐버리지 못하리라는 것을 알고는 어조를 바꾸었습니다. 그는 꽤 거칠게 이렇게 말했습니다. "당신은 나의 우정도 존중도 받을 자격이 없어요. 내가 당신에게 들인 배려의 반의반만이라도 내 하인에게 들였다면 나는 그를 남자다운 훌륭한 남자로 만들었을 겁니다. 그런데 당신은 지금 이게 뭡니까." 그러자 내가 말했습니다. "아아! 너무도 옳은 말씀입니다. 제가 지니고 있는 모든 선한 점은 다 그녀에게서 온 것입니다. 그런데 이제 다시는 그녀를 못 볼 테니 이제 나는 아무것도 아닌 인간이지요." 그는 미소를 짓더니 나를 껴안으며 말했습니다. "오늘은 안심하고 편히 지내세요. 내일은 더 나아질 겁니다. 나머지 일은 내게 맡기세요." 그러고는 화제를 바꾸어, 내게 출발할 것을 제안했습니다. 나는 동의했습니다. 그는 마차를 준비시켰으며, 우리는 옷을 갈아입었습니다. 마차에 오르며 에드워드 경은 마부의 귀에 대고 뭐라 한마디 했고, 마차는 출발했습니다.

달려가면서 우리는 아무 말도 하지 않았습니다. 나는 그 불길한 꿈에 너무 정신이 팔려 있어서 귀에 아무것도 들리지 않고 눈에 아무것도 보이지 않았습니다. 전날 저녁에는 내 왼편에 호수가 있었으나 오늘은 내 오른편에 있다는 사실도 알아채지 못했습니다. 나를 혼수상태에서 깨어나게 하여 우리가 클라랑으로 돌아가고 있음을 깨닫게 해준 것은 포장도로 위에 울리는 말발굽 소리뿐이었습니다. 얼마나 놀라웠는지 짐작하기 어렵지 않을 것입니다. 에드워드 경은 창살문에서 얼마 떨어지지 않은 곳에 마차를 세운 뒤, 나를 옆으로 데리고 가 이렇게 말했습니다. "당신은 내 계획을 알 테니 설명은 필요 없겠지요." 그는 내 손을 꼭 쥐며 다시 말했습니다. "망상가여, 가보세요. 그녀를 보러 가세요. 당신의 터무니없는 행동을 당신을 사랑하는 사람들에게만 보여주어 다행입니다! 서둘러 다녀오세요, 여기서 당신을 기다릴 테니. 하지만 무엇보다 당신의 머릿속에 짜여 있는 그 운명적인 베일을 꼭 찢어버리고 돌아오세요."

내가 무슨 말을 할 수 있었겠습니까? 나는 아무 대답 없이 출발했습니다. 잰걸음으로 걸었는데, 집 가까이에 이르자 깊은 생각에 빠져 발걸음이 느려졌습니다. 어떤 태도를 취해야 하는가? 감히 어떻게 그들 앞에 나타난단 말인가? 이 예기치 못한 귀환에 대해 어떤 핑계를 댄단 말인가? 어떻게 뻔뻔스럽게 내 우스꽝스러운 공포를 핑계로 내세우고, 관대한 볼마르의 경멸적인 시선을 견뎌낸단 말인가? 집에 가까워질수록 나의 두려움이 더 유치하게 느껴졌고, 내 엉뚱함에 내가 불쌍한 생각이 들었습니다. 그렇지만 어떤 불길한 감정이 다시 나를 동요시켜, 조금도 안심이 되지 않았습니다. 나는 느리기는 했지만 계속해서 앞으로 걸어가고 있었습니다. 내가 이미 안뜰 가까이 왔을 때 엘리시온의 문이 여닫히는 소리가 들렸습니다. 아무도 나오지 않는 것을 확인한 나는 바깥으로 돌아 가능한 한 물가를 따라 새 사육장으로 다가갔습니다. 곧 누군가 다가오는 소리가 들려 귀를 기울였더니 당신들 둘이서 말하는 소리가 들렸습니다. 나는 한마디도 제대로 알아듣지 못했지만, 뭔가 모르게 나른하고 다정스러운 당신의 목소리를 듣고 감동했습니다. 평상시처럼 다정하고 애정이 담겨 있는 그녀의 목소리는 평화롭고 평온했는데, 정말이지 즉시 나를 몽상에서 깨어나게 해주었습니다.

그 즉시 나는 나 자신이 너무도 변화된 것을 느꼈고, 나 자신과 나의 공연한 불안에 대해 조소했습니다. 다시는 보지 못하리라 생각했던 여인의 활기차고 건강한 모습을 보려면 울타리 하나와 약간의 관목만 헤치면 된다고 생각하니, 나는 불안과 공포와 망상을 아주 깨끗이 떨쳐버릴 수 있었고, 그녀를 보지 않고 다시 떠날 것을 어렵지 않게 결심했습니다. 클레르, 맹세합니다. 내가 그녀를 보지 않았을 뿐만 아니라, 그녀를 보지 않은 것과 끝까지 나약하지도 순진하지도 않았던 것, 그리고 적어도 에드워드라는 친구에게 꿈을 극복한 명예를 돌려드렸다는 것에 대해 자랑스러워하며 돌아왔다는 것을 말입니다.

사랑하는 사촌, 이상이 내가 당신에게 할 말의 전부이며 당신에게 해야 할 마지막 고백입니다. 그 외의 우리의 여행에 대한 자질구레한 이야기들은 재미있을 게 하나도 없습니다. 그때 이후로 에드워드 경이 나에 대해 만족할 뿐 아니라, 내가 그가 생각하는 것보다 훨씬 더 완벽하게 치유되었음을 느끼는 나는 나 자신에 대해 훨씬 더 만족한다는 것을 당신에게 단언하는 것만으로 충분합니다. 그에게 쓸데없는 불신을 남길까 봐 나는 당신들 두 사람을 만나보지 않았다는 것을 그에게 숨겼습니다. 그가 내게 베일이 벗겨졌는지 물었을 때 나는 주저 없이 그렇다고 대답했고, 우리는 그에 대해 더 이상 언급하지 않았습니다. 그래요, 사촌, 베일은 영원히 벗겨졌습니다. 나의 이성을 오랫동안 흐리게 했던 그 베일 말입니다. 나의 모든 불안한 격정은 사그라졌습니다. 나는 내 모든 의무를 이해하며, 그것들을 사랑합니다. 당신들 두 사람은 어느 때보다 제게 소중합니다. 하지만 내 마음은 당신들 둘을 구분하지 않습니다. 떨어질 수 없는 사람들을 떼어놓지 않습니다.

우리는 그저께 밀라노에 도착했습니다. 모레 다시 떠나 일주일 후에 로마에 도착할 예정입니다. 그곳에 도착하여 당신의 소식을 듣기를 기대합니다. 세상에서 가장 훌륭한 사람의 평화를 그토록 오랫동안 방해하고 있는 그 두 놀라운 사람을 한시바삐 만나고 싶습니다. 오, 쥘리! 오, 클레르! 그를 행복하게 할 자격이 있으려면 당신들에 필적하는 사람이어야 할 것입니다.

:: 편지 10

도르브 부인의 답장

우리는 당신의 소식을 애타게 기다렸어요. 당신의 편지가 이 조그만 공동체에 얼마나 기쁨을 주었는지 말할 필요가 없겠지요. 하지만 당신은 제가 이 집에서 그 편지에 대해 가장 덜 기뻐하는 사람이라는 것은 상상도 못할 것입니다. 그들은 모두 당신이 무사히 알프스를 넘었다는 것을 알게 되었지만, 저는 당신이 그 너머에 있구나 하는 생각을 했으니까요.

당신이 제게 해준 그 자세한 이야기를 우리는 남작에게 전혀 비치지 않았어요. 저는 아무 의미 없는 몇 가지만 중얼거리듯 모두에게 이야기해주었어요. 볼마르 씨는 솔직하게 당신을 빈정댈 뿐이었으나, 쥘리는 어머니의 마지막 순간을 떠올리며 또다시 회한에 젖어 눈물을 흘렸어요. 그녀는 당신의 꿈에서 자신의 고통을 되살리는 것에만 주목했던 거예요.

사랑하는 선생님, 저는 말이에요, 당신이 어떤 터무니없는 행동에 종지부를 찍고 현명해지기 시작했다면서 계속 자신을 치켜세우는 것을 봐도 더 이상 놀랍지 않아요. 전날에 자기를 책망하고 다음 날에는 자기를 칭찬하는 당신의 반복 습관은 이미 오래되었으니까요.

저는, 우리에게 거의 다 온 상태에서 발길을 돌린 당신의 그 용기 있는 노력이 제게는 당신에게만큼 그렇게 대단해 보이지 않는다는 것 또한 고백해야겠어요. 저는 그런 행동이 분별 있다기보다는 경박하다고 생각해요. 결국, 좀 더 이성을 가지고 그런 식으로 힘을 헛되게 쓰지 않았으면 좋았을 것 같아요. 그렇게 돌아갈 바에야 뭐하러 왔었는지 물어봐도 될까요? 당신은 당신의 모습을 보여주기가 부끄러웠던 거예요. 그런데 부끄러워해야 하는 것은 감히 당신의 모습을 보여주지 못했다는 점이에요. 친구들을 보는 즐거움이 그 친구들의 조롱을 살 때 느끼는 조그만 슬픔보다 백배는 크다는 것을 당신은 몰랐던 것 같아요! 당황한 모습을 보여 우리의 비웃음을 살지언정 당신으로서는 우리를 보는 것이 훨씬 더 행복하지 않았겠어요? 어쨌든 저는 그때 당신을 비웃지 않았어요. 하지만 오늘은 그때 그러지 않았던 만큼 당신을 더 비웃어요. 당신을 화나게 하는 것이 기쁘지는 않지만, 그렇게 좋은 뜻으로 웃을 수가 없네요.

불행히도 더욱 나쁜 일은, 당신의 그 모든 두려움이 제게 번져 당신처럼 제가 그 두려움을 떨쳐버리지 못하고 있다는 거예요. 그 꿈은 저도 모르게 저를 불안하고 우울하게 하는 어떤 두려운 면을 가지고 있어요. 당신의 편지를 읽는 동안 저는 당신의 흥분 상태를 비난했는데, 다 읽은 후에는 당신의 안심을 비난하게 되었어요. 당신이 왜 그토록 흥분 상태에 빠졌었는지, 그리고 동시에 왜 그렇게 당신이 평온해졌는지 알 수 없어요. 당신이 아주 우울한 그 예감들을 제거할 수 있었으면서도 그때까지 간직한 채 제거하려 하지 않았다는 게 이상한데, 어떤 이유에서였지요? 한 발짝, 한 몸짓, 한 마디면 모든 것이 끝났었는데요. 당신은 까닭 없이 불안해했으며, 마찬가지로 까닭 없이 안심했어요. 그러나 당신은 그 두려움이 제게 번지게 해놓고는 더 이상 두려움을 갖지 않아요. 당신은 단 한 번 당신의 인생에서 힘을 얻었는데, 저를 희생시키고 그리 된 것입니다. 당신의 그 치명적인 편지 이후 저는 비통한 마음에서 벗어나지 못했어요. 저는 쥘리에게 다가갈 때마다 쥘리를 잃을까 봐 걱정이 돼요. 쥘리의 얼굴에서 끊임없이 주검의 창백함이 보이는 것만 같아요. 오늘 아침 그녀를 포옹하면서 까닭 모르게 눈물이 솟는 느낌을 받았어요. 그 베일! 그 베일!…… 그것에는 제가 그것을 떠올릴 때마다 마음을 어지럽히는 뭔지 모를 불길한 것이 있어요. 그래요, 저는 당신이 그 베일을 벗길 수 있었는데도 벗기지 않은 것을 용서할 수 없어요. 저는 당신을 쥘리 곁에서 다시 보지 못하면, 이후로 더 이상 한 순간도 만족을 느끼지 못하게 될까 봐 몹시 두려워요. 당신이 그토록 오랫동안 철학에 관해 이야기해오더니, 결국 이렇게 아주 부적절하게 철학자임을 드러냈다는 것을 또한 인정하세요. 아아! 계속해서 꿈을 꾸고, 당신 친구들을 만나세요. 그들을 피하고 현자가 되는 것보다 그게 더 낫습니다.

에드워드 경이 볼마르 씨에게 보낸 편지에 따르면, 에드워드 경은 이곳에 와 우리와 함께 사는 것을 진지하게 고려하고 있는 것 같아요. 그가 그쪽에서 해결책을 찾고 마음을 정하면 두 분 모두 기쁘고 안정된 마음으로 돌아오세요. 그것이 이 작은 공동체의 소망, 특히 당신 친구의 소망이에요.

클레르 도르브.

추신. 엘리시온에서의 우리 대화가 전혀 들리지 않았다니 당신에게는 어쩌면 잘된 일일 거예요. 저는 사람들을 보지만 그들은 저를 보지 못할 만큼 제가 민첩하다는 것, 엿듣는 사람들을 빈정거릴 만큼 제가 심술궂다는 것을 당신은 알 테니까요.

:: **편지 11**

볼마르 씨의 답장

나는 에드워드 경에게 편지를 썼고, 그에게 당신에 대해 너무 자세하게 언급했기에 당신에게 이렇게 편지를 쓰면서도 그의 편지를 참조하라고 말하는 일만 남았습니다. 당신의 편지는 아마도 당신에 대한 내 생각을 정직하게 말해달라고 요구하는 것 같습니다. 하지만 당신을 나의 가정이라는 울타리 안으로 불러 형제나 친구로 대우하는 것, 당신의 애인이었던 여인을 당신의 누이로 삼게 하는 것, 당신에게 우리 아이들에 대한 부권을 이양하는 것, 그리고 당신의 권리를 빼앗은 뒤이기는 하지만 내 권리를 당신에게 위임하는 것, 내가 보기엔 이런 것들이 다 당신이 받아 마땅한 칭찬들입니다. 당신으로서는, 만일 나의 행위와 배려가 타당하다고 생각한다면 당신이 충분히 나를 칭찬한 셈이 될 것입니다. 나는 존중하는 마음으로 당신을 명예롭게 하려고 노력했습니다. 그러니 당신도 당신의 미덕으로 나를 명예롭게 해주세요. 그 밖의 찬사는 우리 사이에서 모두 추방되어야 합니다.

나는 당신이 꿈에 충격을 받은 것에 놀라기는커녕, 왜 당신이 그것을 자책하는지 잘 모르겠습니다. 자기 체계를 가진 사람에게는 꿈을 한 번 더 꾸는 것이 그렇게 큰일은 아닌 것 같습니다.

그런데 내가 기꺼이 책망하고 싶은 것은 꿈의 결과라기보다는 꿈의 종류인데, 그것은 당신이 생각할 수 있는 것과는 아주 다른 이유에서 그렇습니다. 예전에 한 폭군은 꿈속에서 자신을 칼로 찔러 죽이는 모습으로 나타난 사람을 죽였습니다. 그가 댄 살해의 동기를 상기해, 당신에게 그것을 적용해보세요. 어떻게 그럴 수가! 친구의 운명을 결정하러 가면서 당신의 옛사랑을 생각하다니요! 전날 저녁의 대화가 없었다면 나는 당신의 그 꿈을 결코 용서하지 못할 것입니다. 낮 동안에는 로마에서 뭘 할 것인지를 생각하세요. 그러면 밤 동안엔 브베에서 있었던 일이 별로 생각나지 않을 겁니다.

팡숑이 아픕니다. 그 때문에 아내가 일이 많아져 당신에게 편지 쓸 짬을 못 내고 있습니다. 이곳에는 그 일을 기꺼이 대신해줄 사람이 있습니다. 운 좋은 젊은이여! 모든 것이 당신의 행복을 위해 협력하고 있습니다. 미덕에 대한 모든 대가가 당신을 쫓아다니니, 당신은 그 대가를 받을 만한 사람이 아닐 수 없습니다. 나의 친절에 대해 보상하는 것과 관련해서는, 당신 이외의 그 누구에게도 책임을 돌리지 마세요. 나는 오로지 당신에게만 그것을 기대하니까요.

:: 편지 12

볼마르 씨에게

이 편지의 내용은 당신과 저만 알기를 바랍니다. 바라건대, 비밀이 철저히 지켜져 세상에서 가장 덕망 있는 사람의 과오가 영원히 감추어졌으면 좋겠습니다. 저는 어떤 위험한 상황에 빠져 있는지요? 오, 나의 현명하고 관대한 친구여! 어찌 저는 당신의 호의들을 마음속에 간직하듯, 당신의 모든 조언을 기억 속에 간직하지 못하는지요! 저는 이토록 사리 분별이 필요한 상황에 직면해본 적이 결코 없고, 분별력이 부족하다는 두려움이 그리 많지 않은 분별력을 이토록 방해했던 적도 결코 없습니다. 아아! 아버지 같은 당신의 보살핌은 어디에 있습니까? 당신의 교훈과 식견은 어디에 있습니까? 당신이 없으면 제가 어떻게 될지요? 이 위기의 순간에 일주일만 당신을 제 곁으로 불러올 수 있다면 저는 인생의 모든 희망을 걸겠습니다.

저의 모든 추측은 빗나갔습니다. 저는 지금까지 잘못 생각하고 있었습니다. 저는 후작부인만 두려워하고 있었습니다. 그녀를 만나본 후, 그녀의 아름다움과 교활함에 놀라 그녀에게서 그녀 옛 애인의 고상한 영혼을 완전히 떼어놓으려고 노력했습니다. 저는 우려할 게 전혀 없는 쪽으로 그를 데려가게 된 것을 기뻐하며 로르가 제게 불러일으킨 존경과 감탄의 마음을 담아 그녀에 관해 그에게 이야기했습니다. 저는 그의 너무나 강렬한 애정을 다른 애정을 이용하여 완화함으로써, 마침내 그 두 애정이 깨져버리기를 기대했습니다.

처음에 그는 저의 계획에 동의했습니다. 그는 만족감을 과장하기까지 했는데, 아마도 제가 좀 불안해하면서 성가시게 구는 것을 벌하고 싶어서인 듯, 로르에 대해 자신이 생각했던 것 이상의 열의를 가지고 있는 척했습니다. 오늘 제가 당신에게 무슨 말을 해야 할까요? 그의 열의는 여전하지만, 이제 그는 아무것도 가장하지 않습니다. 그의 마음은 너무도 많은 갈등으로 지친 나머지 나약해지고 말았는데, 그녀는 그 마음 상태를 이용했습니다. 누가 됐든 그녀에 대한 사랑을 오랫동안 숨기기가 어려울 텐데, 그녀를 불타오르게 하는 정열의 상대 자신이라면 어떻겠는지 생각해보세요. 실제로 그 불행한 여자를 보면 그녀의 태도와 표정에 감동을 받지 않을 수 없습니다. 그녀의 매력적인 얼굴에서 사라지지 않는 무기력하고 낙담한 인상은 얼굴의 발랄함을 잃게 함으로써 오히려 더 관심을 끌게 만들고, 고통으로 빛을 잃은 그녀의 눈은 구름 사이로 새어 나오는 햇빛처럼 보다 더 자극적인 불길을 분출합니다. 그녀가 당하는 굴욕조차 겸손에서 오는 모든 매력을 다 띠고 있어서, 그녀를 보면 동정심이 생겨나고, 그녀의 목소리를 들으면 존경심이 생겨납니다. 요컨대 저는 친구를 변호하기 위해서, 그녀 곁에 아무런 위험 없이 있을 수 있는 남자라고는 제가 세상에서 단 두 명밖에 알지 못한다는 것을 말해야겠습니다.

오, 볼마르, 그는 혼란에 빠져 있습니다! 그 혼란이 보이고, 느껴집니다. 저는 쓰라린 마음으로 이 사실을 당신에게 고백합니다. 그의 혼란이 그 자신과 그 자신의 의무를 어느 수준까지 망각하게 할 수 있을지 생각하면 소름이 끼칩니다. 그로 하여금 세간의 평을 무시하게 하는 미덕에 대한 그 불굴의 사랑이 그를 또 다른 극단으로 몰고 가지 않을지, 그래서 그가 품위와 예의라는 신성한 규범을 계속해서 대수로이 여기지 않게 되는 것은 아닐지 저는 걱정이 됩니다. 에드워드 봄스턴이 그런 결혼을 하다니!…… 한번 생각해보세요!…… 친구의 눈앞에서!…… 그것을 허용하다니!…… 그것을 묵인하다니!…… 그에게 모든 것을 빚지고 있는 친구라는 자가!…… 그는 자기 손을 그렇게 더럽히기 전에 먼저 그 손으로 제 심장을 찢어버려야만 할 겁니다.

그렇지만, 어떻게 해야 합니까? 제가 어떻게 행동해야 합니까? 당신은 그의 격렬한 성격을 압니다. 말로써는 그를 이길 수가 없습니다. 얼마 전부터 그의 말은 저의 불안을 진정시키기에 적절치 못하게 되었습니다. 처음에는 제가 그의 말을 이해하지 못하는 척했습니다. 저는 일반적인 원칙을 빌려 간접적으로 이치를 따져가며 말했습니다. 그러자 이번에는 그가 저의 말을 이해하지 못합니다. 제가 좀 더 그의 아픈 데를 건드리려고 하면 그는 격언으로 응수하고는 저를 반박했다고 생각합니다. 제가 계속하면 그는 화를 내는데, 친구라면 몰라야 할 말투, 우정이 응수할 수 없는 말투를 취합니다. 이런 경우, 저는 당황하지도 우유부단하지도 않다는 것을 믿어주세요. 사람은 자기 의무를 다하고 있을 때 매우 대담해지고 싶어 합니다. 그러나 지금은 대담해지는 것이 문제가 아니라 성공하는 것이 문제입니다. 잘못된 시도는 가장 좋은 수단에 해가 될 수도 있습니다. 저는 그와 어떠한 논쟁도 감히 하지 않습니다. 당신이 제게 준 경고, 즉 그가 추론에 관해 저보다 더 강하다는 것, 그렇기에 논쟁으로 그를 흥분시키지 말아야 한다는 것이 옳음을 매일 느끼고 있기 때문입니다.

게다가 저에 대한 그의 마음이 좀 식은 것 같습니다. 뭣 모르는 사람들은 제가 그를 못살게 군다고 말할지도 모르지요. 모든 점에서 그토록 우수한 사람도 잠시의 과오로 얼마나 품격을 잃게 되는지! 위대하고 숭고한 에드워드가 자기 친구이자 자신의 창조물이며, 자기 학생이기도 한 인간을 두려워하다니요! 심지어 그는 결혼하지 않을 경우 자신의 주거를 선택하는 일에 대해 몇 마디 말을 던져, 저의 관심을 통해 저의 충실성을 시험하려는 것처럼 보이기까지 합니다. 그는 제가 자신을 떠나지도 않을 것이고, 떠나기를 원하지도 않으리라는 것을 잘 압니다. 오, 볼마르, 저는 제 의무를 다할 것이며, 제 은인을 어디든 따라갈 것입니다. 제가 비열하고 야비한 인간이라 해도, 제가 배신을 통해 얻을 것이 뭐가 있겠습니까? 쥘리와 그녀의 훌륭한 남편이 배신자에게 자기 아이들을 맡기겠습니까?

당신은 제게 자주 말했지요. 사소한 정열은 변함이 없기에 언제나 목적을 향해 가지만, 위대한 정열은 그 자체에 맞서 싸우게 될 수 있다고 말입니다. 저는 여기서 그 잠언을 사용할 수 있다고 생각했습니다. 실제로 연민, 편견에 대한 멸시, 습관 등 이 경우에 에드워드를 결심시키는 모든 것은 너무도 사소한 나머지 포착되지가 않아 공격하기도 불가능합니다. 반면에 참된 사랑은 관용과 분리될 수 없고, 우리는 항상 이 관용을 통해 사랑에 대해 어떤 영향력을 갖습니다. 저는 이 간접적인 방법을 시도했기에, 성공을 단념하지 않습니다. 이 방법은 가혹해 보입니다. 그래서 저는 그것을 사용했지만 혐오감을 갖지 않을 수 없었습니다. 그러나 심사숙고해보니, 이것이 로르 자신에게도 도움이 되는 일이라고 생각됩니다. 자신의 신분이 올라갈 수 있을지언정 자신의 옛 치욕을 드러내 보이는 것 외에 그녀가 할 수 있는 일이 뭐가 있겠어요? 그렇지만 현재의 신분으로 산다면 그녀는 매우 훌륭해질 수 있을 거예요! 만일 이 묘한 여인에 대해 제가 잘 알고 있는 거라면, 그녀는 자신이 거절해야 하는 신분을 가지느니 희생을 택할 인간으로 태어났습니다.

이런 해결 방법이 제대로 구실을 못한다면, 종교상의 이유로 정부를 개입시키는 방법이 한 가지 남아 있기는 합니다. 하지만 그 방법은 최후에 가서 다른 방법이 없을 때에만 사용되어야 합니다. 어쨌든 저는 불명예스럽고 파렴치한 결혼을 막기 위해 어떠한 수단도 불사하겠습니다. 오, 존경하는 볼마르! 저는 살아 있는 동안 언제나 당신의 호의를 갈망합니다. 에드워드 경이 당신에게 뭐라고 쓰든, 당신이 무슨 말을 듣든, 제 심장이 뛰는 한 어떤 대가를 치르더라도 로레타 피사나는 결코 봄스턴 부인이 되지 못하리라는 것을 잊지 마세요.

당신이 저의 조치에 동의하신다면, 답장은 보내지 않으셔도 됩니다. 만일 제 생각이 틀렸다면 제게 가르침을 주세요. 하지만 빨리요. 한순간도 허비할 시간이 없으니까요. 주소는 다른 사람의 손으로 적도록 하겠습니다. 제게 답장을 줄 때도 마찬가지로 해주세요. 해야 할 일에 대한 검토가 끝나면, 이 편지를 태워버리고 내용을 잊어주세요. 이것이 제가 살면서 두 사촌에게 숨겨야 할 처음이자 유일한 비밀입니다. 만일 제가 저의 식견을 한층 더 신뢰할 용기가 있다면, 당신조차 이 사랑에 대해 아무것도 알지 못했을 것입니다.*

:: **편지 13**

볼마르 부인이 도르브 부인에게

이탈리아에서 온 우편마차는 마치 네가 출발하기만을 기다렸다가 도착한 것 같아. 그를 기다리느라 네가 출발을 미룬 것에 대해 벌을 주기라도 하려는 듯이 말이야. 이 재미있는 사실을 간파한 사람은 내가 아니야. 여덟 시에 마차를 준비시켰는데도 네가 열한 시까지 출발을 미룬 것이 우리에 대한 사랑 때문이 아니라 우체부가 보통 열 시에 지나가기 때문이라는 것을 주목한 사람은 바로 나의 남편이었어. 열 시가 되었는지 네가 스무 번은 물어봤으니까 말이야.

너는 사랑에 사로잡혀 있어, 가엾은 사촌. 너는 더 이상 부인할 수 없어. 샤요의 예측에도 불구하고, 너무도 쾌활한, 더 정확히 말해 너무도 현명한 그 클레르조차 끝까지 사랑에 버티지는 못했어. 너는 네가 그렇게 애써 나를 빼내주었던 것과 동일한 올가미las**에 걸려들어 버렸구나. 네가 내게 회복해준 자유를 너는 너 자신을 위해 보존할 수 없게 되어버렸구나. 이제 내가 웃을 차례가 된 거니? 사랑하는 친구, 너처럼 농담을 잘할 수 있으려

---

* 이 편지와 제6부의 편지 3을 더 잘 이해하기 위해서는 에드워드 경의 연애 사건에 대해 알 필요가 있을 것이다. 그래서 처음에 나는 이 편지 모음집에 그것을 첨가하려고 했었다. 하지만 다시 생각해 보니, 그의 기이한 이야기로 두 연인의 이야기의 단순함을 변질시켜서는 안 되겠다 싶었다. 어떤 것은 독자의 상상에 맡겨두는 편이 더 낫다.

** 나는 도르브 부인에게 지적받은 제네바 식 발음 때문에 'lacs'로 내버려두고 싶지 않았다. 제6부 편지 5.

면 너와 같은 매력과 우아함이 필요하고, 또 농담 자체에 애교 어린 사랑스럽고 감동적인 어조를 더할 필요가 있어. 그런데 우리 사이에는 얼마나 큰 차이가 있는지! 내게 원인이 있는, 네가 내게 면하게 해주려다 대신 겪고 있는 불행에 대해 내가 어떻게 뻔뻔스럽게 조롱할 수 있겠니? 네 마음에는 내 마음에 어떤 고마움을 불러일으키지 않는 감정이라고는 없어. 너의 나약함에 이르기까지 네 안의 모든 것은 너의 미덕이 낳은 결과야. 바로 그 때문에 나는 위로와 즐거움을 얻지. 나는 내 잘못을 한탄해야 했고, 눈물 흘려야 했어. 하지만 너로 하여금 네 애정만큼 순수한 애정을 부끄러워하게 하는 나쁜 수줍음이라면 아랑곳하지 않아도 돼.

이탈리아에서 온 우편마차 이야기로 돌아오자. 그러니 도덕성 문제에 대해서는 잠시 제쳐두자. 그것을 다루는 건 나의 예전 자격을 너무 남용하는 일일 거야. 읽는 이를 졸리게 하는 것은 허락되지만 읽는 이의 인내력을 시험하는 것은 허락되지 않으니까. 그래, 내가 그토록 지연시킨 우편마차는 대체 무엇을 가져왔을까? 우리 친구들의 안부를 알려주는 편지, 그리고 네 앞으로 온 장문의 편지 한 통뿐이야. 아아! 네가 벌써 미소 지으며 숨을 돌리는 것이 상상돼. 편지가 왔으니, 이제 너는 거기 뭐라고 씌어 있을지 궁금해서 더욱 안달이 나겠지.

너무 기다리게 하기는 했지만, 그 편지는 더욱 가치가 있어. 왜냐하면 그 편지가 환기하는 것이 너무…… 하지만 나는 네게 새로운 것들만 알려주려고 해. 내가 하려던 말은 분명 새로운 것은 아니야.

이 편지와 함께 에드워드 경이 내 남편에게 보낸 편지도 왔어. 우리에 대한 두터운 우정을 표시한 편지야. 그 편지에는 정말 여러 가지 소식이 담겨 있어. 첫 번째 편지에 아무 소식도 적혀 있지 않은 터라 예상치 못했던 내용이었지. 그들은 다음 날 나폴리로 떠날 거라고 했어. 에드워드 경이 그곳에 몇 가지 볼일이 있어서. 그곳에서 또 그들은 베수비오 화산을 보러 갈 거고…… 사랑하는 사촌, 그 전망이 얼마나 멋질지 상상할 수 있겠지?

그리고 로마로 돌아와서, 클레르, 생각해봐, 상상해봐…… 에드워드가 곧 결혼할 거래…… 다행히도 그 파렴치한 후작부인하고는 아니야. 오히려 그는 그녀가 아주 부정하다고 말하고 있거든. 그렇다면 누구하고 하겠어? 로르야, 그 사랑스러운 로르 말이야. 그녀는…… 그렇지만…… 얼마나 놀라운 결혼이니!…… 우리의 친구는 그것에 대해 한마디도 안 하고 있어. 그들 세 사람은 곧 이곳으로 와서 여기에서 최종 준비를 할 거래. 남편은 어떤 준비인지는 말해주지 않았어. 하지만 그는 생 프뢰는 우리 곁에 남을 거라고 여전히 생각하고 있어.

남편의 침묵 때문에 좀 불안하다는 것을 고백해야겠어. 이 모든 것이 나로서는 이해가 잘 안 돼. 거기서는 기묘한 상황과, 도무지 이해가 안 되는 인간의 마음 작용이 보이거든. 그토록 고결한 사람이 어떻게 그 후작부인처럼 행실 나쁜 여인에게 그토록 지속적인 열정을 지닐 수 있었을까? 격렬하고 잔혹한 성격을 가진 그 여자가 어떻게 자기와 닮은 점이라고는 거의 없는 남자에게 그토록 강렬한 사랑을 품고 키울 수 있었을까? 죄악을 야기할 수 있는 열광을 사랑이라는 이름으로 영광스럽게 할 수 있다면, 가능할까? 로르의 마음처럼 관대하고 친절하고 욕심 없는 젊은 마음이 어떻게 그렇게 자신의 첫 문란함을 용납할 수 있었을까? 자신의 성별을 타락시키기에 알맞은 그 기만적인 성향에도 불구하고 그녀의 마음은 어떻게 그 문란함에서 벗어났으며, 그토록 많은 정숙한 여인을 파멸시키는 사랑이 어떻게 그렇게 정숙한 여인을 만드는 데 성공할 수 있었을까? 클레르, 말해봐. 서로 어울리지 않는데 서로 사랑하는 두 사람을 떼어놓는 것, 서로 이해하지 못하지만 서로에게 어울리는 두 사람을 결합시키는 것, 사랑을 사랑 자체로 극복하게 하는 것, 악덕과 불명예의 한가운데서 행복과 미덕을 끌어내는 것, 친구를 끔찍한 인간으로부터 구해내기 위해 그에게 이를테면 동반자를…… 불행하지만 사랑스럽고 정숙하기까지 한, 적어도 인간이 다시 정직해질 수 있다면 그러리라고 내가 감히 믿을 수 있는 그런 여자를 만들어내는 것에 대해서 말이야. 말해줘. 이 모든 일을 한 사람이 있다면, 그는 잘못한 것일까? 이 모든 일을 묵인한 사람이 있다면 그는 비난받아야 할까?

그런데 봄스턴 부인이 여기에 올 거라고? 여기에 말이야, 응? 어떻게 생각해? 교육 때문에 타락했고 자기 마음 덕에 구원받은, 사랑을 통해 미덕으로 나아간 이 놀라운 처녀는 결국 정말 경탄의 극치가 아닐까? 나보다 더 그녀에게 탄복할 사람이 누가 있겠니? 그와는 정반대로 행동하면서, 모두가 나를 올바른 길로 인도하기 위해 협력하던 때에 오로지 내 애정 때문에 그 길에서 벗어났던 나보다 말이야. 그녀에 비하면 내가 덜 타락했던 건 사실이야. 하지만 내가 그녀만큼 고결해졌던가? 내가 그녀만큼 많은 함정을 피하고, 그녀만큼 많은 희생을 했던가? 그녀는 최고의 불명예에서 최고의 명예로 다시 올라갈 수 있었어. 그녀가 아무 죄가 없었다고 가정하더라도, 그런 경우보다 지금의 그녀가 백배는 더 존경받을 만해. 그녀는 사랑스럽고 정숙해. 그녀가 우리를 닮는 데 뭐가 더 필요하겠어? 젊은 시절의 과오에 대한 반성이 없다면 내가 무슨 권리로 더 많은 관용을 요구하며, 누구에게 자비를 구하겠어? 그녀에 대한 존중을 거부하면서 내가 어떤 명예를 바랄 수 있겠어?

그래, 사촌, 나의 이성은 그렇게 말하지만 나의 마음은 그것에 대해 불평하고 있어. 이유는 모르겠지만, 나는 에드워드가 이 결혼을 하는 것과 그의 친구가 이 일에 참견하는 것에 대해 좋게 생각하기가 어려워. 오, 세론, 세론이라는 것! 그것의 속박에서 벗어나기가 얼마나 어려운지! 세론은 언제나 우리를 불의로 이끌어. 과거의 선은 현재의 악에 의해 지워지는데, 과거의 악은 현재의 어떠한 선에 의해서도 지워지지 않는 것일까?

나는 남편에게 이 일에서 생 프뢰가 취하고 있는 행동에 대한 걱정을 내비쳤어. 나는 이렇게 말했어. "그 사람은 클레르에게 그 일에 대해 말하기를 수치스러워하는 것 같아요. 그는 비열하지는 않지만 나약하고…… 친구의 과오에 대해 너무 관대해요……" 그러자 남편이 말했어. "아니에요, 그는 자기 의무를 다했고, 앞으로도 그럴 거라고 생각해요. 그 밖에는 아무 말도 할 수가 없어요. 생 프뢰는 정직한 청년입니다. 내가 그 사람을 보증해요. 당신도 그 사람에 대해 만족할 거예요……" 클레르, 볼마르는 내게 거짓말을 하지 않아. 자기 자신을 속이지도 않고. 너무도 확실한 그의 말에 나는 스스로 반성했어. 내 모든 불안은 단지 부적절한 민감성에서 비롯되었을 뿐이라는 것, 만일 내가 자만심이 덜하고 보다 더 공정하다면 봄스턴 부인이 그의 신분에 잘 어울린다는 생각으로 더 기울리라는 것을 나는 깨달았어.

하지만 봄스턴 부인 문제는 이제 좀 제쳐두고 우리 이야기로 돌아오자. 이 편지를 읽다 보면 우리의 친구들이 생각보다 일찍 돌아올 것 같은 느낌이 들지 않니? 그런 마음 안 들어? 나의 마음을 너무도 닮은 너의 그 친절한 마음이 평소보다 더 두근거리지 않니? 너는, 사랑하는 사람과 가족처럼 지내고 매일매일 그를 보며 그와 한 지붕 밑에서 살 때의 위험에 대해 생각하지 않니? 나의 과오들에도 불구하고 너는 나에 대한 존중을 거두지 않았지만, 나의 전례가 네게 두려움을 안겨주지는 않니? 우리가 어렸을 때 이성과 우정과 명예가 나 때문에 네게 얼마나 많은 걱정을 불러일으켰는지! 하지만 나는 눈먼 사랑 때문에 그 걱정을 경시했었지! 이제는 내 차례야, 다정한 친구. 게다가 나는 내 말에 귀 기울이게 할, 경험이라는 슬픈 권위를 가지고 있어. 나의 과오를 슬퍼하며 인생의 반을 보낸 네가 이제는 너의 과오를 한탄하며 인생의 나머지 반을 보내는 것이 아닐지 염려되니, 때가 때인 만큼 내 말에 귀 기울여줘. 무엇보다 그 쾌활한 명랑성을 더 이상 믿지 마. 그 명랑성은 두려워할 게 아무것도 없는 여인들은 보호하지만 위험에 처한 여인들은 타락시키니까. 클레르, 클레르! 너는 전에 사랑을 비웃었지만, 그것은 네가 사랑을 몰랐기 때문이야. 사랑의 화살을 느껴보지 못했기 때문에 너는 자신이 그 화살의 사정거리 밖에 있다고 생각했던 거야. 이제 그 사랑이 복수하며 비웃고 있어. 사랑의 위험한 기쁨을 경계하는 법을 배워. 아니면 언젠가 네가 그 기쁨으로 인해 많은 눈물을 흘리게 될 것임을 걱정해. 사랑하는 친구, 이제 너 자신에게 네가 누구인지를 보여줄 때야. 이제까지 너는 너 자신을 명확히 보지 않았기에, 네 성격을 잘못 알고 있었고, 네 진정한 가치를 평가할 줄 몰랐어. 너는 샤요의 말을 신용했어. 너의 익살맞은 발랄함 때문에 그녀는 네가 그렇게 감수성이 예민하지 않다고 생각했어. 그러나 너의 마음과 같은 마음은 그녀가 이해할 수 없는 것이었어. 샤요는 너를 알기에 적합하지 않았어. 나를 제외하면 세상 누구도 너를 잘 알지 못했어. 우리의 친구조차 너의 모든 가치를 파악했다기보다는 그저 느꼈을 뿐이야. 나는 너의 잘못된 생각이 네게 유용할 수 있는 한은 그렇게 생각하도록 내버려두었어. 이제는 그 잘못된 생각이 너를 타락시킬 수도 있기 때문에 네게서 그 생각을 없애야 할 필요가 있어.

너는 발랄하고, 자신이 그렇게 감수성 예민한 사람이 아니라고 생각하고 있어. 딱한 친구, 너는 얼마나 잘못 알고 있는지 몰라! 너의 발랄함조차 그 반대를 증명해주고 있어. 너의 발랄함은 언제나 감정적인 일에서 나타나는 것이 아니니? 너의 발랄함은 너의 마음에서 오는 것이 아니야? 너의 조롱은 타인의 칭찬보다 더 가슴 뭉클한 관심의 표시야. 너는 장난치면서 나를 어루만져주지. 너는 웃지만, 그 웃음은 영혼 속까지 스며들어. 너는 웃지만, 그 웃음은 상대를 애정으로 눈물 흘리게 해. 그리고 나는 네가 아무래도 상관없는 사람들에게조차 거의 언제나 진지하게 대하는 것을 봐.

만일 네가 스스로 주장하는 그런 존재일 뿐이라면 무엇이 우리를 그토록 강하게 결합시켰을 것인지 어디 한번 말해봐. 우리 사이의 유례없는 우정 관계를 어디에서 또 볼 수 있을까? 그러한 애착이 별로 애정을 지닐 수 없는 마음을 특히 찾아온 것이라면, 그것은 얼마나 놀라운 일이겠니? 뭐라고! 오로지 친구를 위해 살았던 여자가 사랑을 할 줄 모른다고? 친구를 따라가기 위해 아버지와 남편, 친척, 그리고 나라까지 버리려 했던 여자가 우정을 중시할 줄 모른다고? 그럼 감수성 예민한 마음을 가진 내가 한 건 대체 뭐지? 사촌, 나는 사랑에 몸을 맡겼어. 그러고는 내 모든 감수성을 발휘하여 네가 내게 준 것에 못지않은 우정을 네게 돌려주려는 것이 고작이었어.

이런 모순은 너의 성격에 관해, 너처럼 몹시 쾌활한 여자가 이제까지 품을 수 있는 것 중에서도 가장 엉뚱한 생각을 갖게 했어. 그것은 너를 열렬한 친구인 동시에 무정한 연인이라고 생각하는 것이야. 깊이 스며든 것을 느낀 다정한 우정을 부인할 수 없었기에, 너는 열렬한 친구의 역할만 할 수 있다고 생각했지. 너는 너의 쥘리를 제외하고 누구도 네 마음을 움직이지 못할 것이라고 생각했어. 마치 타고난 다정한 마음이 어떤 한 대상에게만 다정할 수 있다는 듯이, 또한 마치 네가 나밖에 사랑할 줄 몰라서 나를 정말 사랑할 수 있었다는 듯이 말이야. 너는 영혼에도 성별이 있느냐고 익살맞게 물었지? 그래, 사랑하는 친구, 영혼에는 성별이 없지만 영혼이 품고 있는 애정은 성별을 구별하고, 너는 그것을 과도하게 느끼기 시작했어. 너는 네 앞에 나선 첫 번째 애인에게 마음이 움직이지 않은 탓에 곧 자신을 사랑을 느끼지 못하는 여인으로 여겼어. 너를 사랑하는 남자에게 사랑의 감정이 느껴지지 않아서 너는 아무에게도 사랑을 느끼지 못할 것이라고 생각했던 거야. 그렇지만 그가 네 남편이 되었을 때, 너는 그를 사랑했어. 너무도 사랑해서 우리 사이의 친교조차 그 사랑을 견디지 못했어. 그토록 무감각한 영혼이, 한 신사를 만족시킬 만큼 아주 상냥한 추가물을 사랑에서 찾아낼 줄 알았던 거야.

가엾은 클레르! 이제 너 자신의 의심은 너 자신이 해결해야 해. 그리고 '무정한 애인이야말로 약간 신뢰할 수 있는 친구'*라는 것이 사실이라

---

* 원래의 시구는 이와 반대로 되어 있다. 아름다운 부인들에게는 실례가 되겠지만 저자가 의미하는 것이 더 진실하고 더 아름답다.

면, 나는 지금 너를 믿기 위한 이유를 너무 많이 갖게 될까 봐 크게 걱정이 돼. 하지만 나는 그 점에 대해 내가 생각하는 바를 남김없이 말해야겠어.

나는, 생각하는 것보다 훨씬 더 빨리 자신도 모르게 네가 사랑을 한 게 아닌가, 아니면 적어도 나를 파멸시켰던 것과 똑같은 애정이—— 만일 내가 너보다 먼저 유혹되지 않았다면—— 너를 유혹한 게 아닌가 생각해. 그렇게 자연스럽고 감미로운 마음이 생겨나는 데 시간이 그렇게 많이 걸릴 수 있다고 생각하니? 그 무렵의 우리 나이에 매력 있는 젊은 남자와 무난히 친밀해질 수 있으리라 생각하니? 또는 우리는 모든 취향에서 너무도 일치하는데 그 취향만이 우리와 공통되지 않으리라고 생각하니? 그렇지 않아, 나의 천사야. 나는 말이야, 만일 내가 먼저 그를 사랑하지 않았다면 네가 그를 사랑했을 것이라고 확신해. 나보다 덜 약하면서 나 못지않게 민감한 너는 나보다 더 행복하지는 않았을지 몰라도 더 현명했을 거야. 하지만 너의 정직한 영혼 속에서, 어떤 애정이 배신과 불충실에 대한 혐오감을 이겨낼 수 있었을까? 우정이 너를 사랑의 함정에서 구해주었어. 너는 친구의 애인을 친구로만 생각했어. 그리하여 너는 나의 마음을 희생시켜 너의 마음을 구했어.

이 추측들은 네가 생각하는 것만큼 단순한 것이 아니야. 만일 내가 잊어야 하는 시절을 상기해본다면, 너는 내게만 호감을 가졌다고 생각하지만 내게 소중했던 사람에게도 마찬가지로 네가 생생한 호의를 가지고 있다는 것을 발견해내기란 쉬운 일일 거야. 너는 감히 그를 사랑하지 못했기 때문에 내가 그를 사랑하기를 바랐어. 너는 우리 서로가 서로의 행복에 필요한 존재라고 생각했어. 그리하여 세상에 비길 데 없는 너의 마음은 우리 두 사람 모두를 더욱 다정하게 아끼고 있어. 너 자신의 나약함이 없다면 너는 확실히 덜 관대했을 거야. 그러나 너는 정당한 엄격함을 질투라 생각하며 자책했을 거야. 너는 내 마음속에서 억제해야 했던 나의 애정과 싸울 권리가 너에게 있다고 느끼지 않았어. 너는 현명해지는 것보다는 오히려 배신하는 것을 걱정했기에, 우리의 행복을 위해 너의 행복을 희생함으로써 미덕을 위해 충분하게 행동했다고 생각했어.

클레르, 이상은 너에 관한 이야기야. 이렇게 해서, 너의 전제적인 우정은 나로 하여금 내 수치에 대해서는 네게 감사하게 하고, 또 내 잘못들에 대해서는 네게 고마워하게 해. 그렇지만 내가 이 점에서 너를 따라 하려 한다고는 생각하지 마. 나는, 네가 나의 예를 따를 마음이 없듯이 너의 예를 따르고 싶지 않아. 이젠 내가 과오를 범할까 봐 네가 걱정하지 않아도 되니까 더 이상은 네가 내게 관용을 베풀 이유가 없어. 네가 회복시켜준 내 미덕을 네가 미덕을 잃지 않도록 돕는 데 사용하는 것보다 더 가치 있게 사용할 방법이 뭐가 있겠니?

그러니 네게 너의 현재 상태에 대해 다시 내 의견을 말해줄 필요가 있겠어. 우리 선생님의 오랜 부재에도 불구하고 그에 대한 너의 태도는 변하지 않았어. 네가 다시 자유로운 몸이 되었고, 또 그가 돌아왔으니 새로운 시기가 도래했고, 사랑이 그것을 이용할 수 있었지. 너의 마음속에 새로운 감정이 인 것이 아니라, 그토록 오랫동안 네 마음속에 숨겨져 있던 감정이 보다 더 편하게 드러난 것뿐이야. 너는 그 감정을 감히 스스로 인정하는 것을 자랑스럽게 생각하면서 너는 서둘러 내게 그 감정을 말했어. 너는 그 감정을 완전히 결백한 것으로 만들기 위해서 그 고백이 필요하다고 생각했던 것 같아. 그러나 그 감정은, 너의 친구인 나에게는 죄가 되지만 네게는 더 이상 죄가 되지 않았어. 어쩌면 너는 내가 그에게서 온전히 벗어날 수 있도록 네가 오래전부터 상대해 싸워온 바로 그 악에 무릎을 꿇어버린 것 같아.

나는 이 모든 것을 느꼈단다, 사랑하는 친구야. 나에게 보호막이었던, 그리고 너에게는 자책 거리가 되지 않는 애정을 거의 걱정하지 않았어. 우리가 우정 어린 분위기 속에서 평화롭게 함께 보낸 이번 겨울은 내게 훨씬 더 안도감을 안겨주었어. 너의 명랑함이 조금이라도 사라지기는커녕 더 커진 것 같아 보여서 말이야. 내가 보기에 너는 상냥하고 열성적이고 주의 깊은 모습이었어. 그러나 애정에 대해서는 솔직했고, 장난을 칠 때도 모든 것에서 비밀도 술수도 없이 순진했지. 또한 너의 지극히 발랄한 교태 속에서도 순수한 기쁨이 모든 것을 씻어주었어.

엘리시온에서의 대화 이후 나는 너에 대해 그리 만족스러워할 수 없게 되었어. 너는 우울하고 생각에 잠긴 듯이 보여. 너는 나와 함께 있는 것만큼이나 혼자 있는 것을 좋아해. 너는 어휘들은 바꾸지 않았는데, 어조가 변했어. 너의 농담은 전에 비해 소극적이야. 이제는 그에 대해 과감히 말하는 네 모습을 보기 힘들어. 너는 그가 네 말을 듣기라도 할까 봐 항상 걱정하는 것 같아. 또 너의 안절부절못하는 모습으로 보아 너는 그의 소식을 묻기보다는 기다리지.

착한 클레르, 나는 네가 네 모든 병을 느끼지 못할까 봐, 또 네가 두려워하는 것처럼 보인 것 이상으로 사랑의 화살이 훨씬 더 깊이 박힐까 봐 걱정이 돼. 그러니 너의 병든 마음을 잘 들여다봐. 다시 말하지만, 아무리 지혜로운 사람이라도 자기가 사랑하는 사람과 위험 없이 오랫동안 사는 것이 가능한 일인지, 나를 파멸시킨 자신감이 네게는 전혀 위험이 없는지 잘 생각해봐. 너와 그는 모두 자유로운 사람들이야. 바로 그 점이 기회들을 더 의심스럽게 만드는 거야. 고결한 마음 속에는 양심의 가책에 굴복하는 나약함이 전혀 없어. 나도 너처럼, 여자는 언제나 죄에 상당히 강하다고 생각해. 그런데 아아! 누가 죄에 나약해지는 것을 피할 수 있겠니? 그렇지만 그 뒤에 오는 여파를 생각해보고, 불명예가 가져오는 결과들에 유념해. 존경받기 위해서는 자기 자신을 존경해야 해. 자신에 대한 존경심 없이 어떻게 타인의 존경을 받을 수 있으며, 겁 없이 악덕의 길에 첫발을 내디딘 여인의 끝이 어떻겠니? 도덕과 종교를 헌신짝처럼 여기고 남들의 의견만을 규범으로 삼는 사교계의 여인들에게 나는 그렇게 말했을 거야. 그러나 정숙한 기독교 신자인 너, 자기 의무를 알고 소중하게 여기는 너, 대중의 의견 이외의 다른 의견을 알고 그것을 따르는 너, 그런 너의 첫째가는 명예는 네 양심이 허락하는 것이고, 중요한 것은 바로 그런 명예를 지키는 일이야.

이 모든 일에서 너의 잘못이 무엇인지 알고 싶니? 다시 말하는데, 그것은 결백한 것으로 만들기 위해서는 공언하기만 하면 되는 정직한 감정에 대해 부끄럽게 생각하는 것이야.* 그런데 너의 온갖 장난스러운 기질에도 불구하고, 너보다 소심한 사람은 없어. 너는 용감한 척하기 위해 농담을 하지만 내게는 너무도 떨고 있는 너의 가련한 마음이 보여. 너는 네가 비웃는 척하는 사랑 때문에, 마치 밤이면 무서워서 노래를 부르는 아이들처럼 행동하지. 오, 사랑하는 친구! 네가 천 번은 했던 그 말을 생각해봐. 수치심을 야기하는 것은 수줍음이며, 미덕은 옳지 못한 것을 부끄러워할 줄 아는 것이라는 말을. 사랑이 그 자체로 죄악이겠어? 그것은 본성의 가장 순수하고 또 가장 감미로운 성향이 아니니? 그것은 고상하고 찬양할 만한 목적을 가지고 있지 않니? 그것은 저속하고 비루한 영혼을 경멸하지 않니? 그것은 위대하고 강한 영혼들에는 활기를 주지 않니? 그것은 그들의 모든 감정을 고양하지 않니? 그것은 그들의 존재를 두 배로 늘리지 않니? 아아! 정숙하고 현명해지기 위해 사랑의 화살에 동요되지 않아야 한다면, 말해봐, 지구 위에 미덕을 위해 무엇이 남아 있겠니? 쓰레기 같은 본성과 가장 비루한 인간들이겠지.

도대체 네가 무슨 자책할 일을 했어? 너는 한 신사를 선택하지 않았어? 그는 자유로운 사람이 아니니? 너도 그렇지 않니? 그는 너의 모든 존경을 받을 만한 사람이 아니니? 너도 그에게 존경을 받지 않니? 네가 친구

---

* 왜 발행인은 다른 많은 편지들처럼 이 편지에도 가득한 끊임없는 반복 표현을 그냥 내버려두는 것인가? 이유는 아주 간단하다. 이 편지들이 그런 질문을 하는 사람들의 마음에 들게 하는 일에 전혀 신경 쓰지 않기 때문이다.

라는 이름에 그렇게도 걸맞은 친구를 행복하게 해주고, 너의 마음과 몸으로 네 친구인 나의 오래된 빚을 갚아주고, 운명에 의해 모욕당한 재능 있는 자를 너의 신분으로 끌어올림으로써 명예롭게 만드는 것이 별로 행복하지 않니?

사소한 근심거리가 너를 붙잡는 것이 보여. 자신이 이미 언명한 결심을 부인하는 것, 죽은 자의 후임자를 지명하는 것, 사람들에게 자신의 나약함을 드러내는 것, 협잡꾼과 결혼하는 것 등일 거야. 불명예스러운 칭호를 언제라도 헤프게 쓰는 비열한 영혼들은 그런 칭호를 잘 찾아낼 줄 알테니까. 이런 것들이 네가 너의 사랑을 변호하기보다 자책하고, 네 불같은 열정을 정당한 것으로 만들기보다 마음속에 은밀히 숨기려 하는 이유들이야? 그런데 미안하지만, 사랑하는 사람과 결혼하는 것이 부끄러운 일이니, 아니면 그를 사랑하면서도 그와 결혼하지 않는 것이 부끄러운 일이니? 그것은 네가 선택해야 할 문제야. 네가 죽은 자를 명예롭게 하는 길은, 그의 미망인을 아주 정중히 대해 그녀에게 애인보다는 차라리 새로운 남편을 만들어주는 것이야. 그리고 만일 네가 아직 젊어 그의 빈자리를 채우지 않을 수 없다면, 그에게 소중했던 남자를 선택하는 것이 그에 대한 기억에 다시 경의를 표시하는 것이 아니겠어?

신분상의 불평등에 관해 말하자면, 덕성과 훌륭한 품행이 문제인데도 그토록 하찮은 이유로 반대하는 것은 네 감정을 상하게 하는 일일 거야. 나는 성격이나 교육에서 유래하는 것 외의 다른 불명예스러운 불평등은 알지 못해. 저속한 행동 원칙에 물든 사람이 어떤 지위에 오르든, 그와 결합하는 것은 언제나 수치스러운 일이야. 그러나 명예 속에서 양육된 사람은 그 누구와도 동등해. 어떤 지위에 있든 그는 제 자리를 찾지. 너는 우리의 친구와 나 사이의 문제가 발생했을 때 너희 아버지의 견해가 어땠는지 알아. 그의 집안은 변변치 않지만 평판이 좋아. 그는 사람들에게 존경을 받는데, 그럴 만한 자격이 있어. 그것만 있으면, 그가 가장 미천하다고 할지라도 망설일 필요가 없을 거야. 미덕에 어긋나는 행동을 하는 것보다는 신분에 어긋나는 행동을 하는 것이 더 낫고, 또 숯 굽는 사람의 아내는 왕의 애인보다 존경받을 만하기 때문이야.

네가 먼저 사랑을 고백해야 한다는 것이 또 다른 어려움이라는 것 또한 나는 잘 느껴. 왜냐하면, 너도 느끼는 바겠지만, 그가 용기를 내어 너를 열망할 수 있으려면 네가 그에게 그것을 허락해야만 하기 때문이야. 그리고 불평등에 대한 정당한 보답 중의 하나는, 높은 신분의 사람이 자주 굴욕적인 제안을 먼저 하는 것이기 때문이야. 이 어려움 때문이라면 나도 너를 너그럽게 봐주겠지만, 만일 내가 신경 써서 그 어려움을 제거하지 않으면 아주 심각한 문제가 될 것 같다는 것 또한 인정해. 나를 믿고, 내가 그렇게 하는 것이 너의 평판을 위태롭게 하지는 않을 것임을 믿어주기 바라. 나로서는 자신을 가지고 그 일을 떠맡을 만큼 성공을 확신해. 왜냐하면, 너와 그가 예전에 여자 친구를 애인으로 전환시키는 어려움에 관해 말한 적이 있기는 하지만, 만일 내가 예전에 잘 읽을 수 있었던 그 마음을 지금도 잘 알고 있다면 이 경우 나의 시도가 대단한 수완을 요한다고는 생각되지 않기 때문이야. 그러니 이 교섭을 내게 맡겨줄 것을 제안하는 거야. 네가 그의 귀환이 안겨줄 기쁨에 숨김도 아쉬움도, 위험도 수치심도 없이 빠져들 수 있도록 말이야. 아아, 사촌! 그토록 서로 잘 어울리고, 너무도 오래전부터 내 마음속에 섞여 있는 두 마음을 영원히 결합시킨다는 것은 내게 얼마나 매력적인 일인지! 가능하면 그 두 마음이 내 마음속에 훨씬 더 잘 섞이기를. 너와 그 두 사람을 위해서도 나를 위해서도 오직 하나가 되어줘. 그래, 나의 클레르, 너의 사랑을 이루면서 네 친구인 나도 도와줘 봐. 너와 그 사람 사이에서 내 감정을 더 이상 구별하지 못할 때, 나는 나 자신의 감정을 더 믿게 될 거야.

이런 내 이유에도 불구하고 이 계획이 네 마음에 들지 않는다면 너나 내게 항상 두려운 존재인 그 위험한 남자를 어떤 대가를 치르더라도 우리에게서 떼어놓아야 한다는 것이 내 생각이야. 무슨 일이 있어도, 우리 아이들의 교육이 그들의 어머니의 미덕보다 우리에게 더 중요할 수는 없으니까. 네가 여행하는 동안 이 모든 것에 대해 깊이 생각해볼 시간을 갖기를 바라. 돌아온 뒤에 다시 이야기 나누자.

나는 이 편지를 곧바로 제네바로 보내기로 했어. 로잔에서는 네가 하룻밤만 머물기로 되어 있기에 이 편지가 네게 닿지 않을 것 같아서야. 그 작은 공화국에 대한 세세한 이야기를 많이 가지고 오도록 해. 그 매력적인 도시에는 좋은 것이 아주 많다고들 하니, 만일 내가 친구들을 내주고 얻는 즐거움을 중시할 수 있다면 나는 네가 그 도시를 구경하러 가게 되어 행운이라고 생각할 거야. 나는 결코 호사를 좋아하지 않았는데, 얼마나 오랫동안이 될지는 몰라도 그 호사가 너를 내게서 빼앗아 갔으니 이제 나는 그것을 증오해. 사랑하는 친구, 너나 나는 모두 제네바로 가서 혼수품을 장만하지 않았지. 그러나 너희 오빠가 아무리 능력 있는 사람이라 해도 플랑드르산 레이스와 인도산 옷을 걸친 너희 올케가 소박하게 사는 우리보다 더 행복하리라고는 생각지 않아. 그렇지만 나의 언짢음에도 불구하고, 그녀에게 권해 클라랑에 와서 결혼식을 올리도록 할 임무를 네게 부여하겠어. 우리 아버지는 너희 아버지께 편지를 쓰셨어. 그리고 내 남편은 신부의 어머니께 편지를 썼어. 그렇게 할 것을 부탁하기 위해서 말이야. 여기 그 편지들을 동봉하니 전해드려. 되살아나는 너의 영향력을 이용하여 이 초대를 도와줘. 나 없이는 결혼식이 치러질 수 없도록 하기 위해 내가 할 수 있는 일은 그것뿐이야. 고백건대 나는 무슨 일이 있어도 가정을 떠나고 싶지 않기 때문이야. 안녕, 사촌. 너의 소식 간단히 써서 보내줘. 적어도 내가 언제까지 너를 기다려야 하는지 알려줘. 네가 떠난 지 벌써 이틀이 되었구나. 하지만 이제 나는 그렇게 오랫동안은 너 없이 살 수 없어.

추신. 중단했던 이 편지를 마저 쓰고 있는데 앙리에트 양도 편지를 쓰고 있는 것 같았어. 나는 아이들이 언제라도 자기 생각을 누구의 강요에 의해서가 아니라 스스로 말하기를 원하기 때문에 그 호기심 많은 아이가 쓰고 싶은 말을 모두 쓰도록 내버려두었어. 단 한 자도 내가 고치지 않았어. 내 편지에 동봉된 세 번째 편지가 그거야. 그렇지만 이것 역시 네가 이 봉투 안을 샅샅이 뒤지며 곁눈질로 찾았을 그 편지는 아닐 거라고 짐작돼. 그 편지라면, 더 이상 봉투 안에서 찾으려 하지 마. 못 찾을 테니까. 그 편지는 클라랑으로 보냈으니, 그곳에 가서 읽어보도록 해. 그 점에 대해 마음의 준비를 해두렴.

:: **편지 14**

앙리에트가 어머니에게

엄마, 대체 지금 어디 있어요? 사람들이 그러는데 엄마가 제네바에 있대요. 그리고 그곳은 너무 멀어서 거기까지 가려면 하루 종일 쉬지 않고 걸어도 이틀은 족히 걸린대요. 도대체 세계 일주라도 하고 싶은 거예요? 귀여운 아빠는 오늘 아침 에탕주로 떠났어요. 귀여운 할아버지는 사냥하러 가셨고요. 그리고 귀여운 엄마는 편지를 쓰려고 방금 방으로 들어갔어요. 그래서 페르네트와 팡숑만 남아 있어요. 아이, 참! 어떻게 된 영문인지 모르겠어요. 어쨌든 우리의 좋은 친구가 떠난 뒤로 모두가 제각각이에요. 엄마, 엄마가 제일 먼저 떠난 거예요. 엄마가 괴롭히는 일이 없으니 모두들 벌써 아주 심심해졌어요. 오! 엄마가 떠난 뒤로 더욱더 나빠졌어요. 귀여운 엄마의 기분이 엄마가 여기 있을 때만큼 좋지 않기 때문이에요. 엄마, 저의 귀여운 장난꾸러기는 잘 지내지만 더 이상 엄마를 사랑하지 않아요. 어제는 엄마가 그 애를 보통 때처럼 그를 기뻐 펄쩍 뛰게끔 해주지 않았으니까요. 하지만, 엄마가 아주 일찍 돌아와 사람들이 이토록 지루해하지 않도록 해준다면 나는 다시 엄마를 조금은 사랑해줄 생각이에요. 나를 말끔히 달래주고 싶으시다면, 저의 귀여운 장난꾸러기가 좋아할 만한 것을 사오세요. 그 애를 달래려면 어떻게 해야 하는지도 잘 생각해두어야 할 거예요. 아, 이런! 만일 우리의 좋은 친구가 여기에 있다면 벌써 그것을 얼마나 잘 알아맞혔을까! 내 예쁜 부채는 완전히 부서져버렸고, 하늘색 장신구는 누더기가 되다시피 했고, 비단 레이스는 너덜너덜해요. 투명한 장갑은 못 쓰게 되어버렸어요. 좋은 하루 보내세요, 엄마. 편지를 끝내야겠어요. 귀여운 엄마도 이제 막 편지를 다 쓰고 방에서 나왔거든요. 귀여운 엄마의 눈이 빨개진 것 같지만 그렇다는 말은 차마 못하겠어요. 그래도 귀여운 엄마가 이 편지를 읽으면 내가 그 눈을 봤다는 걸 알게 되겠죠. 사랑하는 엄마, 엄마는 정말 너무 심술궂어요. 귀여운 엄마를 울리니까요!

추신. 외할아버지께 키스를 보내요. 외삼촌들, 새로 얻게 된 외숙모, 그리고 외숙모의 엄마께도 키스를 보내요. 엄마만 빼고 모두에게 키스를 보내요. 엄마, 내 말뜻 알죠. 엄마에게 키스를 보낼 만큼 내 팔이 길지 않잖아요.

제6부

JEAN-JACQUES ROUSSEAU

:: 편지 1

도르브 부인이 볼마르 부인에게

로잔을 떠나기 전에 몇 자 적어, 내가 이곳에 도착했으며 기대했던 것만큼 즐겁지 않다는 것을 알려야겠구나. 너 자신도 그토록 자주 유혹당했던 이 여행을 나는 즐거운 마음으로 기다렸어. 그러나 너는 거절함으로써 내가 이 여행을 거의 귀찮아하도록 만들었지. 이 여행에서 내가 무슨 기대를 하겠니? 이 여행이 지루하다면 그 지루함은 모두 내 몫일 것이고, 이 여행이 유쾌하다면 나는 너 없이 즐겁게 지내는 것을 아쉬워하게 될 테니 말이야. 네가 내세운 이유들에 대해 내가 아무런 이의를 제기하지 않는다고 해서 너는 내가 그것으로 만족한다고 생각하니? 너는 정말 잘못 알고 있어. 내게 화를 낼 권리조차 없다는 것이 내겐 또 다른 불만이야. 말해봐, 인정머리 없는 친구야. 네가 언제나 너의 친구에게 따져 묻는 것이, 그리고 그녀에게 불평을 털어놓을 기회조차 남겨주지 않음으로써 그녀에게 기쁨을 주기를 거부하는 것이 부끄럽지 않아? 네가 남편과 가정과 아이들을 일주일 동안 방치했다 하더라도 모든 것이 엉망이 되어버리지는 않았을걸. 그렇다면 너는 정말 경솔한 짓을 한 것일 테지만. 하지만 너는 백배는 더 훌륭한 사람이야. 너의 일에 완벽을 기하려 들다가는 너는 더 이상 아무짝에도 쓸모없게 될 것이고, 천사들 사이에서나 친구들을 찾아야 할 거야.

과거의 불만들에도 불구하고 나는 다시 우리 가족들 품에 안기면서 감동하지 않을 수 없었어. 그들은 나를 기쁘게 맞아주었어. 아니 기쁘게는 아닐지라도 적어도 큰 호의를 갖고 맞아주었어. 오빠에 대한 얘기는 내가 그를 잘 알게 된 다음에 해줄게. 꽤 미남인 그는 자기 출신지 특유의 뻣뻣한 태도를 가지고 있어. 그는 진지하고 냉정해. 심지어 좀 거만하기까지 해. 그 못난 사람 때문에 걱정이야. 그는 우리의 남편들만큼 착한 남편이기는커녕 '에헴' 하며 주인 노릇이나 할 것 같거든.

아버지는 나를 보고 너무 기뻐서, 얼마 전 프랑스인들이 우리 친구의 친구의 예언을 증명이라도 하듯이 플랑드르를 상대로 싸워 이긴 대전투에 관한 이야기를 하다 말고 나를 안아주셨어. 에드워드가 그 전투에 나가지 않은 것이 얼마나 다행인지! 그 용감한 에드워드가 영국군이 도망가는 것을 보는 것이, 그리고 그 자신이 도망가는 것이 상상이 되니?…… 아니야, 절대 아니야!…… 그는 차라리 자기 목숨을 백 번은 끊었을 거야.

그런데 우리의 친구들한테서 편지를 받은 지가 오래되었네. 우편배달부가 오는 날이 어제였던 것 같은데. 만일 네가 그들에게 편지를 받는다면 그 편지에 관심 있는 나를 잊지 말아줘.

안녕, 사촌. 이제 출발해야겠어. 제네바에서 너의 편지를 기다릴게. 우리는 내일 저녁 식사 때쯤 도착하게 될 거야. 그런데 네가 참석하지 않으면 무슨 일이 있어도 결혼식은 거행되지 않을 것이며, 네가 로잔에 오려 하지 않는다면 나는 내가 아는 사람들을 몽땅 데리고 가 클라랑을 약탈하고 온 세상의 포도주들을 다 마셔버릴 것임을 경고하겠어.

:: 편지 2

도르브 부인이 볼마르 부인에게

멋져, 설교자 자매! 하지만 너는 네 설교의 유익한 효과를 좀 과신하는 것 같아. 그 설교들이 옛날에 네 친구를 졸리게 했는지 어떤지는 몰라도, 오늘 나로서는 그 설교가 전혀 졸리지 않다고 말해야겠어. 어제 저녁에 내가 들은 설교는 졸음을 부추기기는커녕 저녁 내내 내게서 잠을 앗아 가버렸어. 나의 아르고스의 해석을 조심해. 그가 이 편지를 본다면 말이야! 하지만 그가 이 편지를 읽지 않도록 내가 잘 처리하겠어. 맹세하는데, 그에게 이 편지를 보여주느니 차라리 네 손가락들을 태워버려야 할 거야.

만일 내가 너의 요점을 하나하나 되짚어본다면, 나는 너의 권리를 침해하게 될지도 몰라. 그러니 나의 두뇌를 따라가는 편이 더 나을 거야. 게다가 보다 더 겸손하게 보이기 위해서, 또 너에게 좋은 기회를 너무 많이 주지 않기 위해서, 나는 우리의 여행자들과 이탈리아의 우편물에 대해 먼저 말하지 않겠어. 부득이하게 먼저 말해야 하는 경우에는 끝 부분을 시작으로 해서 편지를 다시 쓰면 될 거야. 장래의 봄스턴 부인에 대해 이야기해보자.

나는 이 칭호만으로도 화가 나. 나는 에드워드가 그 처녀에게 그 칭호를 부여하는 것보다도, 또 네가 그 칭호를 인정하는 것보다도, 생 프뢰가 그녀에게 그 칭호를 쓰도록 내버려둔 것을 용서하지 못할 것 같아. 쥘리 드 볼마르가 자기 집에 로레타 피사나를 맞아들이다니! 쥘리 곁에 그녀가 있는 것을 허용하다니! 아아, 얘야, 설마 그러지는 않겠지? 그게 얼마나 잔인한 친절이니? 너를 둘러싸고 있는 공기가 불명예에 치명적이라는 것을 몰라? 그 가련하고 불행한 여자가 감히 자기 숨결을 너의 숨결과 뒤섞는다고? 감히 그녀가 네 곁에서 숨을 쉰다고? 그녀는 마귀 들린 사람이 성유물에 닿는 것보다 더 불편해할 거야. 네가 쳐다보기만 해도 그녀는 땅속으로 기어들 거야. 너의 그림자만 봐도 그녀는 죽고 말 거야.

나는 로르를 경멸하지 않아. 경멸이라니, 당치도 않아. 그와 반대로, 그런 반성이 영웅적이고 드문 것인 만큼 더 그녀를 찬미하고 존경해. 너 자신을 감히 모독하는 그런 저속한 비교를 허락하는 것만으로도 충분한 거지? 마치 참된 사랑도 극도의 나약한 상태에서는 몸을 보호해주지 못하고 명예를 더 열망하지도 못하는 것처럼 말이야. 하지만 나는 너를 이해해. 그러니 너를 용서해. 멀리 떨어져 있는 저속한 대상들이 지금 너의 눈에는 뒤섞여 보이겠지. 너는 엄청나게 높은 곳에서 지상을 바라보기 때문에 그곳의 기복이 더 이상 보이지 않아. 너의 경건한 겸허는 너의 미덕까지도 이용할 줄 알아.

그렇지만 이 모든 게 무슨 소용이 있어? 그렇다고 자연의 감정이 덜 우러나오니? 자존심이 덜 작용하니? 너는 자기도 모르게 혐오감을 느끼고 있으면서, 그 혐오감을 오만이라고 비난하며 맞서려고 하고, 그 혐오감을 세론의 탓으로 돌리고 있어. 바보같이! 언제부터 악덕의 치욕이 세론 속에만 있는 거지? 누가 자기 앞에서 순결, 정숙, 미덕이라는 말을 할 때마다 수치스러워 눈물 흘리고 고통을 되새김하고 자신의 참회를 거의 모멸하는 그런 여인과 무슨 교류가 가능하겠니? 나의 천사야, 내 말을 믿어. 로르를 존중해야 하지만 그녀를 만날 필요까지는 없어. 그녀를 피하는 것이야말로 정숙한 여인들이 그녀에게 표해야 하는 경의야. 그녀는 우리와 함께 있으면 너무 고통을 받을 테니까.

잘 들어봐. 그 결혼은 성사되어서는 안 된다고 네 마음이 말하고 있지? 그 결혼은 이루어지지 않을 것이라고 너에게 말하고 있지 않아?…… 우리의 친구가 편지에서 그 문제에 대해 언급하지 않았다고 했니?…… 그가 내게 썼다는 그 편지에서?…… 그리고 그 편지가 매우 길다고?…… 그다음에 네 남편의 말이 나와 있고…… 네 남편은 참 알 수 없는 사람이야!…… 너와 네 남편은 공모해서 나를 속이는 교활한 부부야. 하지만……

그의 견해는 이 문제에서는 별로 필요가 없었어…… 무엇보다 그 편지를 본 너에게는 말이야…… 그 편지를 보지 않은 나에게도 그렇고…… 왜냐하면 나는 온갖 철학보다는 너의 친구이자 나의 친구를 더 믿으니까.

아, 참! 그 성가신 사람이, 이유는 모르지만 벌써 다시 오고 있다고? 이런, 그가 다시 돌아올까 두려우니, 그의 문제에 관해 논하는 이상 철저히 생각해봐야 해. 그래야 그 문제를 두 번 다시 논할 필요가 없을 거야.

망상의 나라에서 길을 잃지 말자. 만일 네가 쥘리가 아니었거나 네 친구가 네 애인이 아니었다면 그가 너에게 어떤 사람이었을지 나는 알지 못해. 나 자신이 어떤 사람이었을지도 알지 못하고. 내가 잘 아는 것이라고는, 만일 그의 불운한 별이 그를 내게 먼저 보냈더라면 그의 가련한 머리가 끝장났으리라는 것, 또 내가 미쳤든 아니든 그를 확실히 미치게 만들었으리라는 것이야. 그러나 내가 어떤 사람이 될 수 있었는지가 뭐가 중요해? 지금 내가 어떠한지에 대해 이야기해보자. 내가 맨 처음 한 일은 너를 사랑하는 것이었어. 우리의 어린 시절부터 나의 마음은 너의 마음에 흡수되었어. 내가 아무리 친절하고 상냥했어도 나 혼자서는 사랑할 줄도 모르고 느낄 줄도 몰랐어. 나의 모든 감정은 너에게서 온 거야. 너만이 내게 모든 것을 대신해주었어. 나는 오로지 너의 친구가 되기 위해서 살았어. 샤요는 바로 이 점을 알아봤어. 나를 바로 그렇게 판단했어. 대답해봐, 사촌, 그녀가 잘못 생각한 거야?

네가 알다시피 나는 네 친구를 나의 오빠로 삼았어. 내 친구의 애인은 내게 마치 내 엄마의 아들 같았어. 그런 선택은 나의 이성이 한 것이 아니라 나의 마음이 한 거야. 내가 훨씬 더 감수성 예민한 사람이었더라도 나는 그를 다른 식으로 사랑하지는 못했을 거야. 나는 너의 가장 소중한 반쪽을 포옹하면서도 너를 포옹했던 거야. 내 포옹의 순수함을 보증하는 것은 바로 그 포옹 자체의 발랄함이야. 처녀가 자기 애인을 그렇게 대해? 너도 그를 그렇게 대했어? 아니야, 쥘리, 우리에게 사랑은 두렵고 수줍은 거야. 조심성과 부끄러움은 사랑을 위한 수작이고, 사랑은 거절에 의해 예고되기에, 포옹을 애정의 표시로 바꾸자마자 그 가치를 잘 알아볼 줄 알게 되지. 우정은 관대하지만 사랑은 인색한 거야.

나와 그가 과거와 같은 그 젊은 나이라면 너무 친밀한 관계는 언제나 위험하다는 것을 인정해. 그러나 같은 대상으로 마음을 가득 채우고 있는 우리 두 사람은 우리 사이에 그 대상을 두는 것에 너무도 익숙해서, 가운데 있는 너를 없애지 않는 한 더 이상 서로에게 다가갈 수 없었어. 우리 사이에 감미롭게 습관이 든 친숙함 자체가, 다른 모든 경우라면 그토록 위험한 그 친숙함이 이때는 나의 보호자였어. 우리의 감정은 우리의 생각에 좌우돼. 그러므로 그 생각이 한번 어떤 방향을 취하면 그 방향을 바꾸기란 쉽지가 않아. 우리는 그에 대해 어떤 한 가지 어조로 너무 많이 이야기했기에, 다른 어조로 다시 시작할 수는 없어. 우리는 이미 너무 멀리 와서 온 곳으로 되돌아갈 수는 없어. 사랑은 스스로의 힘으로 모든 발전을 이루기를 원하기에, 우정에 그 여정의 반을 내주는 것을 전혀 좋아하지 않아. 어쨌든, 내가 전에도 말한 적 있고 아직도 당연히 그렇게 믿고 있는 것처럼, 순수한 키스를 한 바로 그 입술에 떳떳하지 못한 키스를 하는 일은 거의 없는 법이야.

이 모든 것을 뒷받침하기 위해, 하늘이 내 삶에 짧은 행복을 주기 위해 정해주신 사람이 왔어. 사촌, 너도 알듯이 그는 젊고 멋지고 정직하고 세심하며 친절했어. 그는 네 친구와는 달리 사랑을 할 줄을 몰랐어. 하지만 그가 사랑한 것은 물론 나였어. 우리가 마음을 주고 있는 상대가 없을 때 우리에게 호소하는 열정은 언제나 어느 정도는 전염성을 띠니까 말이야. 그래서 나는 내 마음속에 남아 있는, 그가 취할 수 있는 모든 열정을 그에게 주었고 그가 받은 몫은 그의 선택에 대해 후회하지 않을 만큼 넉넉했어. 그런데 나는 무엇을 두려워했던가? 나는 의무의 권리와 결합된 여성의 권리가 잠시 너의 권리를 해쳤다는 것과, 새로운 상황에 처한 내가 친구이기보다는 아내였다는 것도 인정해. 그러나 너에게 돌아오면서 나는 하나의 마음이 아니라 두 개의 마음을 가지고 왔고, 그 이후 나는 혼자서 이 이중의 빚을 지고 있다는 것을 잊어본 적이 없어.

사랑하는 친구, 무슨 말이 더 필요할까? 우리의 옛 선생님이 돌아왔을 때는, 이를테면 그는 새로 알아야 할 사람이었어. 나는 그를 다른 눈으로 보는 것 같았어. 그를 포옹하면서 나는 그때까지 느껴본 적이 없는 가벼운 전율을 느끼는 것 같았어. 그 떨림이 달콤할수록 더 두려웠어. 나는, 더 이상 죄스러운 감정이 아니기 때문에 아마도 존재했을 뿐인 감정에 대해 마치 떳떳하지 못한 감정인 것처럼 겁을 먹었어. 나는 너의 애인이 이미 너의 애인이 아니라고, 이미 너의 애인이 될 수도 없다고 지나치리만큼 생각했던 거야. 그도 자유로운 처지이고 나 또한 그렇다는 것을 나는 너무 많이 의식했던 거야. 사랑하는 사촌, 그 후의 일은 너도 잘 알아. 나의 두려움, 나의 주저는 내게 느껴지는 것만큼 네게도 빨리 느껴졌어. 경험이 없는 내 마음이 그를 향한 그토록 새로운 심신의 상태에 너무 겁을 먹어서 나는 서둘러 너에게 합류하려는 열망을 자책했어. 마치 그 열망이 이 친구가 돌아오기 전부터 품었던 것이 아닌 것처럼 말이야. 나는 내가 그토록 있고 싶었던 바로 그곳에 그가 있는 것이 마음에 들지 않았어. 그 열망이 전적으로 너로 인한 것이 아니라고 생각하는 것보다는, 차라리 그것을 좀 더 미지근히 느끼는 것이 나로서는 덜 괴로웠을 것 같아.

마침내 나는 너와 합류했고, 거의 안심하게 되었어. 너에게 나의 나약함에 대해 고백하고 나니, 내 나약함에 대한 자책이 덜해졌어. 네 곁에 있게 되자, 나의 나약함에 대한 자책이 훨씬 덜했어. 나는 이번에는 너의 보호 아래 있다고 생각했고, 나에 대해 두려워하지 않게 되었어. 너의 조언을 따라 나는 그에 대한 나의 태도를 바꾸지 않겠다고 결심했어. 더 큰 조심성은 틀림없이 일종의 사랑의 고백이 되었을 거야. 그런 종류의 고백이 나도 모르게 넘칠 만큼 내게서 흘러나올 수 있었지. 그리하여 나는 수치심 때문에 계속 쾌활했고, 신중하기 위해 계속 허물없게 굴었어. 그러나 이 모든 행동이 덜 자연스러웠을 것이고, 더 이상 전처럼 절도 있지 않았을 거야. 쾌활했던 내가 이젠 완전히 경솔해져버렸어. 그렇게 해도 별 탈이 없다고 느꼈기에, 그런 행동에 대해 점점 안심하게 된 거야. 자신을 되찾은 너의 예가 내게 너를 흉내 낼 힘을 더욱 불어넣어 주었기 때문이든, 나의 쥘리가 자신에게 다가가는 모든 사람의 마음을 정화해주기 때문이든, 나는 완전히 평온해졌어. 그리하여 나의 처음의 떨림들 중에서 오직 아주 감미롭지만 정말 평온하고 고요한 떨림밖에 남지 않았기에, 그 떨림은 그 상태 그대로 지속되는 것밖에 내 마음에 요구하는 것이 없었어.

그래, 소중한 친구, 나는 너만큼 친절하고 정이 많지만 너와는 다른 방식으로 그래. 나의 애정은 보다 열렬하지만, 너의 애정은 보다 깊이 파고들어. 어쩌면 나는 더욱 발랄한 관능을 가지고 있으면서도, 그 관능을 속이기 위한 수단을 훨씬 더 많이 가지고 있을 거야. 그리고 그토록 많은 사람들에게 순결을 잃게 한 쾌활함이, 내게는 항상 순결을 지켜주었어. 고백하는데, 그것이 항상 쉬운 일만은 아니었어. 어떻게 내 나이에 과부로 남아 있을 수 있겠으며, 어떻게 내 인생이 절반밖에 안 남았다고 느끼지 않을 수 있겠니? 그러나 네가 말한 것처럼, 그리고 네가 깨닫고 있듯이, 현명함 자체가 현명해지기 위한 훌륭한 수단이지. 하지만 아무리 네가 태연하다 해도, 나는 네 경우가 내 경우와 매우 다르다고는 생각지 않아. 그럴 때에는 명랑함이 내게 도움을 주러 오는데, 어쩌면 미덕을 위해 이성의 엄숙한 교훈이 하는 것보다 더 많은 역할을 할 거야. 자기 자신에게서 도망칠 수 없는 밤의 고요 속에서 나는 다음 날 칠 장난을 궁리하며 얼마나 여러 번 성가신 생각들을 쫓아버렸는지 몰라! 얼마나 여러 번 엉뚱한 기지를 발휘해 단둘이 있는 위험을 모면했는지 몰라! 그래, 사랑하는 친구, 마음이 약해지면 명랑함이 진지함으로 변하는 순간이 언제나 있지. 그렇지만 내게는 그 순간이 오지 않을 거야. 바로 이것이 지금의 내 느낌인 듯하며 감히 너에게 보증하는 것이야.

그래서 나는 마음에 생겨나는 것을 느낀 그 애정과 이 겨울에 내가 누린 모든 행복에 관해 엘리시온에서 네게 말한 모든 것을 솔직하게 확언해. 나는 내가 사랑하는 사람들과 함께 사는 매혹에 빠져서, 더 이상 바랄게 하나도 없다는 것을 느꼈어. 그 시간이 영원히 지속되었다면, 나는 그 외의 다른 시간을 결코 원하지 않았을 거야. 나의 명랑함은 기교가 아니라 만족에서 나왔어. 나는 그에게 끊임없이 관심을 쏟는 즐거움을 장난으로 바꿨던 거야. 나는 그저 웃기만 하면 눈물을 자초하지 않을 거라고 느꼈어.

물론 나는 그가 장난을 그리 싫어하지 않는다는 것을 때때로 느꼈어. 그 약은 사람은 화가 나도 불쾌해하지 않았어. 그는 너무도 힘들게 마음을 가라앉힐 수 있었기에 더 오랫동안 그런 상태로 있었어. 그래서 나는 이 기회를 이용하여 그를 놀리는 척하면서 그에게 꽤 다정한 말을 했어. 둘은 앞다투어 더 어린애같이 되려 했지. 네가 없을 때 그가 네 남편과 장기를 두고 나는 같은 방에서 팡숑과 배드민턴을 하고 있던 어느 날, 그녀는 내가 무슨 짓을 하려는지 알고 있었고, 나는 우리의 철학자를 관찰했어. 겸손하면서도 만족해하는 그의 태도와 빠르게 장기를 두는 모습에서 나는 그가 이기고 있다는 것을 알았어. 테이블이 작아서 장기판이 쑥 나와 있었어. 나는 때를 노리다가 실수로 그러는 척하면서 백핸드를 하며 라켓으로 장기판을 뒤집어버렸어. 너는 이제까지 살면서 그와 같은 분노는 보지 못했을 거야. 그가 너무나 성을 내서 내가 벌로서 따귀를 때리든 키스를 하든 알아서 하라고 그에게 뺨을 내밀자, 그는 옆으로 몸을 돌려버렸어. 내가 용서를 구했지만 그는 끄떡도 안 했어. 아마 내가 무릎을 꿇었어도 그는 나를 그대로 놓아두었을 거야. 결국 나는 또 다른 장난을 침으로써 그로 하여금 앞서의 장난을 잊게 했고, 우리는 어느 때보다 더 좋은 친구가 되었지.

다른 방법이었다면 그 곤경에서 그보다 잘 벗어나지는 못했으리라고 확신해. 언젠가 나는 장난이 심각해지면 지나치게 심각해질 수 있다는 것을 깨달은 바 있어. 레오의 그토록 순수하고 감동적인 이중창곡 〈나는 죽네, 사랑하는 사람이여〉를 그의 반주에 맞춰 우리 둘이서 노래하던 밤이었어. 너는 아주 건성으로 노래를 불렀어. 그러나 나는 그렇지 않았지. 노래의 가장 감격적인 순간에 나 또한 감동하여 하프시코드 위에 한 손을 얹자 그가 내 손에 키스했고, 나는 그 키스를 마음으로 느꼈어. 나는 사랑의 키스에 대해 잘 알지 못해. 하지만 내가 말할 수 있는 것은, 우정은, 우리의 우정조차 그런 식의 키스를 주고받은 적이 없었다는 거야. 그러니 얘야, 그와 같은 순간들이 지나간 뒤 홀로 몽상하게 될 때, 그 순간에 대한 추억을 간직하는 여인은 어떻게 되겠니? 나는 음악을 중단시켰어. 나는 춤을 추어야 했고 철학자도 춤을 추게 했어. 우리는 밤참을 먹는 둥 마는 둥 하고는 밤이 깊을 때까지 즐겁게 놀았어. 나는 아주 피곤한 상태로 잠자리에 들었기 때문에 곧바로 잠들었어.

그러므로 나는 내 기질을 구속하지도, 내 행동을 바꾸지도 않을 훌륭한 이유를 갖게 된 셈이야. 그 변화가 필요하게 될 순간이 너무 임박해서, 그것을 예상할 필요까지는 없어. 얌전한 체하고 조심스러워져야 할 시간이 너무도 빨리 다가올 거야. 아직 이십대이니, 나는 서둘러 내 권리를 행사하고 있어. 왜냐하면 여자는 서른이 넘으면 더 이상 경솔하지는 않지만 우스꽝스럽고, 너의 그 흠 잡기 좋아하는 남자는 이제 내게는 젊은 시절이 6개월밖에 안 남았다고 감히 내게 말하고 있기 때문이야. 어디 두고 봐라! 이 야유에 대해 대가를 치르게 하기 위해 나는 6년 후에도 젊음을 유지할 작정이야. 맹세하는데, 그에게 내 젊음을 꼭 보여줄 거야. 그렇지만 이제 우리 이야기로 돌아오자.

우리는 우리 감정은 마음대로 할 수 없을지라도 적어도 행동만큼은 마음대로 할 수 있어. 물론 나는 보다 더 평온한 마음을 내려달라고 하늘에 부탁할 거야. 그러나 내가 죽는 날 최후의 심판자 앞에서 이번 겨울의 내 삶만큼 떳떳한 삶을 보여드릴 수 있으면 좋으련만! 사실 나는 나를 떳떳하지 못하게 만들 수 있는 단 한 남자와 함께 있는 동안 자책할 만한 일은 아무것도 하지 않았어. 사랑하는 쥘리, 그런데 그가 떠난 뒤로는 사정이 달라졌어. 그가 없는 동안 그를 생각하는 데 익숙해진 나는 하루 종일 그를 생각해. 그래서 나는 그의 이미지가 실제의 그보다 더 위험하다고 생각해. 그가 멀리 있으면 나는 그와 사랑에 빠져. 그가 가까이 있으면 나는 그저 쾌활하기만 할 뿐이야. 그가 다시 돌아왔으면 좋겠어. 나는 더 이상 그가 돌아오는 것을 두려워하지 않아.

그가 멀리 떨어져 있음에서 오는 슬픔에다가 그에 대한 몽상의 불안이 더해졌어. 만일 네가 그 모든 것을 사랑 탓으로 돌린다면, 잘못 생각한 거야. 우정도 내 슬픔에 한몫했어. 그들이 떠난 뒤로 너는 활기가 없어지고 달라졌어. 매 순간 병든 너를 보는 것만 같았어. 나는 순진하지는 않지만 겁이 많아. 나는 공상이 사건을 초래하지는 않는다는 것을 아주 잘 알지만, 공상이 사건을 초래하지 않을까 항상 걱정이 돼. 그 고약한 공상이 나를 거의 하룻밤도 평온하게 놔두지 않았어. 네가 완전히 회복되어 본래의 안색을 되찾은 것을 보았을 때까지 말이야. 나는 나도 모르게 이 열의에 의심을 품기는 했지만, 그가 바보처럼 돌아갈 때 그 모습이 나타나도록 하기 위해서라면 틀림없이 무슨 일이든 했을 거야. 마침내 나의 근거 없는 두려움은 너의 병자 같은 안색이 사라짐과 동시에 사라져버렸어. 너의 건강과 식욕은 너의 농담보다 더 큰 일을 했어. 네가 식탁에서 나의 두려움에 대해 너무도 효과적인 반론을 폈기에 두려움이 완전히 사라져버린 거야. 게다가 다행히도 그가 돌아오고 있는 중이어서 나는 모든 점에서 아주 기뻐. 그가 돌아오는 것에 대해 나는 전혀 불안하지 않아. 오히려 마음이 편해. 그러니 우리가 그를 만나는 즉시, 나는 네 생명에 대해서도 내 마음의 평화에 대해서도 조금도 두렵지 않게 될 거야. 사촌, 내가 내 친구인 너를 잃지 않도록 해줘. 그리고 너의 친구인 나 때문에 걱정하지 마. 그녀가 너를 데리고 있는 한, 나는 그녀를 책임지겠어…… 하지만 아아, 까닭 모르게 나를 여전히 불안하게 하고 가슴 졸이게 하는 그것은 대체 뭐지? 아아, 얘야, 언젠가는 우리 둘 중 하나는 죽고 다른 하나는 살아 있게 되겠지? 그토록 가혹한 운명에 처하게 되는 쪽은 얼마나 불행할까! 그녀는 거의 살아 있을 만한 가치가 없을 거야. 아니면 살아도 사는 게 아니겠지.

내가 왜 이렇게 어리석은 비탄으로 나를 소진하는 것인지 말해줄 수 있겠니? 제기랄, 상궤를 벗어나는 이 까닭 모를 공포라니! 죽음에 대해 이야기하는 대신 결혼에 대해 이야기하자꾸나. 그게 더 재미있을 거야. 이 생각은 네 남편에게 오래전에 떠올랐어. 그런데 만일 그가 내게 그 얘기를 하지 않았다면 아마 나 스스로 그 생각을 떠올리지는 못했을 거야. 그때부터 나는 때때로 결혼에 대해 생각해보았어. 하지만 항상 경멸하듯이 했지. 제기랄! 그 생각은 한 젊은 과부를 늙게 만들어. 만일 내가 재혼을 해서 아이를 갖는다면, 나는 나를 초혼에서 얻은 아이들의 할머니로 여기게 될 거야. 나는 네가 네 친구의 명예를 가볍게 여기고 이러한 조처를 너의 너그러운 자비의 배려로 생각하는 것을 보고 네가 매우 착하다고 생각해. 그러나 너의 친절한 염려에 기초한 모든 이유가 재혼을 거부하는 내 이유 중에서 가장 사소한 것에도 비길 만하지 못한다는 것을 나는 네게 말해주어야겠어.

진지하게 이야기해보자. 나는 나 자신하고만 한 무모한 약속을 취소하는 수치나, 나의 의무를 다하면서도 받을 비난에 대한 두려움, 또는 재산의 불평등 때문에 둘 중 한 사람이 자신의 명예를 상대방에게 신세지고 싶을 때 모든 명예가 둘 중 한 사람에게 돌아갈 경우의 곤란 등을 이 이유에다가 포함시킬 만큼 저속한 영혼을 갖고 있지는 않아. 그러나 나의 자유로운 성미와 결혼의 굴레에 대한 타고난 혐오에 대해서는 너에게 그토록 여러 번 이야기한 만큼 이제는 더 반복하지 않겠지만, 단 한 가지 반박의 논거만은 붙잡아야겠어. 세상 누구도 따를 수 없을 만큼 네가 존경하는 그 성스러운 목소리가 그 반론의 원천이야. 사촌, 이 반박의 논거를 제거해줘. 그러면 내가 굴복할게. 그 모든 장난에 대해 너는 아주 큰 두려움을 갖고 있지만, 내 양심은 평온해. 남편에 대한 회상에는 내 얼굴을 붉히게 하는 것이 전혀 없어. 나는 그를 나의 순결의 증인으로 삼는 것을 좋아해. 그러니 내가 과거에 그의 앞에서 했던 모든 것을 그의 이미지 앞에서 한들 뭐가 두렵겠니? 하지만 쥘리, 만일 내가 남편과 나를 결합해주었던 성스러운 약속을 위반한다면? 만일 내가 그토록 자주 그에게 맹세했던 영원한 사랑을 감히 다른 남자에게 맹세한다면? 만일 불륜을 저지른 나의 마음이 남편에 대한 기억의 일부를 빼앗아 그의 뒤를 잇는 남자에게 줌으로써, 한 사람을 모욕하지 않고는 다른 한 사람에게 해야 할 의무를 이행할 수 없다면, 그래도 사정은 마찬가지일까? 내게 그토록 소중한 그 이미지는 내게 두려움과 공포밖에 주지 않을 것이고, 끊임없이 다가와 나의 행복을 망가뜨릴 것이며, 내 삶의 행복인 그에 대한 추억은 내 삶의 고통이 될 거야. 너는 네 남편의 뒤를 잇는 남자는 없을 거라고 맹세해놓고 어떻게 내게는 내 남편의 뒤를 잇는 남자를 가지라는 말을 감히 하는 거니? 마치 네가 내게 내세우는 이유들이 똑같은 경우에 너에게는 보다 덜 적용될 수 있기나 한 것처럼 말이야! 그들이 서로 사랑했다고? 그렇다면 훨씬 더 나쁜 일이지. 자기에게 소중했던 남자가 자기 권리를 빼앗고 자기 아내를 부정하게 만드는 것을 보면 그가 얼마나 분개할 것인지! 마지막으로, 내가 더 이상 그에게 아무 의무도 없는 것이 사실이라 해도, 그의 사랑의 소중한 증표[21]에 대해서도 아무 의무가 없는 걸까? 내가 어느 날 그의 외동딸을 다른 남자의 아이들과 뒤섞여 있게 하리라는 것을 그가 예견했다면, 그가 일찍이 나를 아내로 원했으리라 내가 믿을 수 있을까?

마지막으로 한마디만 더 할게. 모든 장애가 다 내게서 비롯되는 것이라고, 누가 그랬어? 이 결혼에 관련된 남자를 책임진다면서, 너는 너의 능력보다는 오히려 너의 바람을 더 고려하지 않았어? 설령 네가 그의 동의를 확신한다 해도, 너는 다른 정열로 지친 마음을 내게 주는 것에 대해서는 도대체 전혀 양심의 가책을 안 느낀단 말이야? 너는 내 마음이 그것에 만족하리라고 생각해? 내가 행복하게 해주지 못할 사람과 내가 행복할 수 있다고 생각해? 사촌, 이 점을 더 생각해봐. 나는 나 자신이 느낄 수 있는 이상의 사랑을 요구하지 않으면서, 내가 허락하는 모든 감정이 보답받기를 원해. 그런데 나는 너무 솔직한 여인이어서 내가 남편의 마음에 들지 않으면 견딜 수가 없어. 도대체 너는 너의 희망을 무엇으로 보증할 건데? 그저 우정의 결과에 불과할 수도 있는, 서로를 보는 어떤 기쁨? 우리 나이에는 단순히 성차에서 생겨날 수도 있는, 일시적인 어떤 격정? 그런 것들이 그 희망을 정당화하기에 충분한 거야? 만일 이 격정이 어떤 지속적인 감정을 야기했다면, 그가 나뿐만 아니라 너에게도, 그리고 이 이야기를 오로지 호의적으로만 받아들였을 네 남편에게도 그 감정에 대해 입을 다물었으리라고 믿을 수 있어? 그가 누구에게도 그 감정에 대해 한마디도 말한 적 없지? 그와 나 둘만의 대화에서도 오직 너만이 문제였잖아? 너희 둘만의 대화에서 내가 문제 된 적이 있었어? 그가 그 점에 대해 지키기 힘든 어떤 비밀을 가지고 있는데도 그의 거북스러워함을 내가 전혀 알아채지 못했을 수 있다고, 또 그 비밀이 그의 입에서 자기도 모르게 새어 나오지 않을 수도 있다고, 내가 생각할 수 있겠어? 마지막으로, 심지어 그가 떠난 후에도 우리 둘 중 그의 편지들에서 더 많이 언급된 사람이 누구이고, 그의 생각을 더 많이 채운 사람이 누구지? 너는 내가 예민하고 다정하다고 생각하면서 내가 그 모든 것을 염두에 둘 것임을 생각지 못했다니, 놀랍기만 하다! 하지만 나는 너의 술책을 알고 있어, 귀여운 것. 전에 너의 마음을 희생시켜 나의 마음을 구했다고 네가 나를 비난하는 것은 바로 너에게 앙갚음의 권리를 주기 위해서야. 나는 이런 책략에 속아 넘어갈 사람이 아니야.

이상이 내 고백의 전부란다, 사촌. 나의 이 고백은 너에게 실상을 말해주기 위한 것이지 너를 반박하기 위한 것이 아니야. 내게는 아직 이 일에 대한 나의 결심을 너에게 밝힐 일이 남아 있어. 너는 지금 내 마음속의 생각을 나 자신만큼이나, 아니 어쩌면 나보다 더 잘 알고 있어. 나의 명예와 행복은 나만큼이나 너에게도 소중해. 열정이 가라앉으면, 이성은 내가 그것들을 어디에서 찾아야 하는지를 나보다는 너에게 더 잘 가르쳐줄 거야. 그러니 내 행동을 책임져줘. 나는 그 지도를 전적으로 너에게 맡기겠어. 우리들 본연의 상태로 돌아가서 서로 역할을 바꾸자고. 우리 둘 모두 곤경에서 더 수월하게 벗어날 수 있을 거야. 나를 다스려줘. 순종할게. 내가 무엇을 해야 하는지 원하는 것은 네 몫이야. 네가 원하는 것을 하는 것은 내 몫이고. 네 영혼으로 내 영혼을 안전하게 감싸줘. 서로 떨어질 수 없는 사람들이 두 개의 영혼을 가져봐야 무슨 소용이 있겠어?

자, 그럼! 이제 우리 여행자들에 관한 이야기로 돌아오자. 하지만 한 사람에 대해 이미 너무 이야기를 많이 해서 다른 한 사람에 대해서는 감히 더 말 못하겠어. 문체의 차이가 좀 지나치게 느껴지지 않을까 하는 염려도 있고, 또 그 영국인에 대해 내가 우정을 느끼는 것 자체가 내가 그 스위스 사람에게 호의적이라는 것을 지나치게 시사하는 것은 아닐까 하는 염려도 있어서야. 게다가 아직 보지도 못한 편지들에 대해 무슨 말을 할 수 있겠어? 너는 적어도 내게 에드워드 경의 편지를 보내주어야 했어. 하지만 다른 편지는 빼놓고 차마 그것만 보내줄 수는 없었겠지. 그건 잘한 일이지만…… 더 잘할 수도 있었는데…… 아아, 이십대의 샤프롱들 만세! 그녀들은 삼십대보다 다루기 쉬워.

너의 그 훌륭한 조심성 때문에 어떤 일이 생겼는지 말해주는 정도의 복수는 해야겠지? 그것은 내가 그 문제의 편지에 대해 상상하게 되었다는 거야…… 만약 그 편지가…… 가정의 강도를 백배로 높여서 '만약' 그 편지가 실제로는 그런 편지가 아니라면 하고 말이야. 홧김에 나는 그 편지를 그 안에 담을 수 없을 내용으로 가득 채우고 싶어져. 그래, 그 편지에서 내가 사랑받는 것으로 드러나지 않을 경우 나는 환상을 버려야 하는 것에 대해 너로 하여금 모든 대가를 치르게 할 거야.

사실, 아무튼 나는 어떻게 네가 감히 그 이탈리아에서 온 우편물 얘기를 꺼낼 수 있는지 모르겠어. 너는, 그 우편물을 기다린 것이 아니라 그 우편물을 오래 기다리지 않은 것이 나의 잘못임을 증명하고 있어. 겨우 15분만 더 기다렸다면, 나는 우편물을 맞으러 나가서 제일 먼저 그것을 재빨리 낚아채고는, 내 마음대로 다 읽은 뒤, 이번에는 내가 으스댔겠지. 너무 설익어 신 포도인 셈이야.[22] 너는 두 통의 편지를 내게 주지 않고 있어. 하지만 나도 다른 두 통을 가지고 있는데, 네가 믿든 안 믿든 나는 분명코 이것들을 그 편지들과 바꾸지 않을 거야. 세상의 모든 '만약'을 끌어다가 가정을 하더라도 말이야. 단언하는데, 앙리에트의 편지가 너의 편지와 같은 위치에 있지 않다면 그것은 그 애의 편지가 네 것을 능가하기 때문이고, 너나 나나 평생 그만큼 귀여운 편지는 쓰지 못할 것이기 때문이야. 그런데도 어른들은 그 비범한 아이를 무례한 아이로 대하며 잘난 체하겠지! 아아, 그것은 순전히 질투임이 분명해. 정말이지 너, 언젠가는 사람들 앞에서 그 애 앞에 무릎을 꿇고 그 애의 두 손 하나하나에 겸손하게 키스라도 하게 되는 거니? 네 덕분에 그 애는 그렇게 동정녀처럼 겸허하고, 카토처럼 근엄하며, 자기 어머니까지 모두를 존경해. 그 애의 말에는 이제 농담이 없어. 그 애의 글도 아마 그럴 거야. 내가 이 새로운 재능을 발견했으니, 나는 네가 그 애의 말에 대해 그런 것처럼 그 애의 편지들도 망쳐버리기 전에, 누가 우편물 꾸러미를 슬쩍하지 못하도록 이탈리아식 우편함을 그 애의 방과 내 방 사이에 설치할 생각이야.

잘 있어, 귀여운 사촌. 되살아나는 내 신뢰를 존중할 것을 네게 알려주는 몇 가지 답변은 이상과 같아. 이 나라와 이 나라 주민들에 대해 네게 말해주고 싶었지만, 이만 긴 편지를 끝내야겠어. 게다가 너는 엉뚱한 생각으로 나를 완전히 당황하게 만들었고, 그 '남편' 문제 때문에 나는 손님들을 잊다시피 했어. 이곳에 머물 날이 아직 오륙일 남아 있어서 내가 본 얼마 안 되는 것에 대해 좀 더 잘 검토할 시간이 있을 것이기에, 너로서는 기다려서 나쁠 게 없을 거야. 출발하기 전에 제2부의 편지를 쓸 테니, 기대해도 좋아.

:: **편지 3**

에드워드 경이 볼마르 씨에게

그래요, 친애하는 볼마르 씨. 당신은 전혀 잘못 생각하지 않았습니다. 그 젊은이는 믿을 만한 사람입니다. 하지만 저는 별로 그렇지 못합니다. 저는 경험을 통해 그 점을 확신했지만, 그 때문에 호된 대가를 치를 뻔했습니다. 그가 아니었다면, 제가 그를 위해 준비했던 시험을 저 스스로 포기했을 것입니다. 그의 고마워하는 마음을 만족시키고, 그의 마음을 새로운 대상들로 채우기 위해 제가 이 여행에 실제 이상의 중요성을 부여한 척했다는 것을 당신은 압니다. 한 번 더 옛 애정을 만족시키고 오랜 습관을 따르는 것, 이상은 생 프뢰와 관련된 것임과 동시에 저로 하여금 여행을 기도하게 했던 동기의 전부였습니다. 제 청춘의 애정에 마지막 작별을 고하는 것과 친구를 완전히 회복시켜 다시 데리고 오는 것, 바로 이것이 제가 그 여행에서 거두고자 했던 성과의 전부였습니다.

저는 빌뇌브에서 꾼 꿈 때문에 몇 가지 불안에 시달리고 있다는 것을 당신에게 말했습니다. 그 꿈은, 그가 당신의 아이들을 교육하는 것, 당신들과 함께 사는 것을 마음대로 할 수 있다는 것을 알려주었을 때 그가 느낀 기쁨의 열광을 의심스러워하게 만들었습니다. 그가 마음을 토로할 때 그를 더 잘 관찰하기 위해, 저는 우선 그가 맞닥뜨릴 곤란을 미연에 방지해 주었습니다. 저도 당신과 함께 정착할 것이라고 그에게 말함으로써, 그의 우정이 당연히 이의를 제기하지 못하도록 만들어놓았지요. 하지만 새로운 결심이 저로 하여금 말투를 바꾸게 했습니다.

그가 후작부인을 세 번도 채 안 봤는데, 이미 우리는 그녀에 대해 의견을 같이했습니다. 그녀에게는 불행한 일이지만, 그녀는 그의 마음을 얻고 싶어 했으나 그에게 자기 계략만 드러내 보일 뿐이었습니다. 불행한 여자이지요! 대단한 자질을 가지고 있지만 미덕이 결여되어 있습니다! 대단한 사랑이지만 명예감이 결여되어 있습니다! 그 열렬하고 진실한 사랑은 저를 감동시켜 그녀에게 애착을 갖게 했으며, 저의 마음에 사랑을 품게 했습니다. 하지만 이 사랑은 그녀의 검은 영혼의 빛깔을 띠어, 마침내 제게 혐오감을 불러일으켰습니다. 그녀는 더 이상 문제가 되지 않았습니다.

생 프뢰가 로르를 만나보고 그녀의 마음과 그녀의 미모, 그녀의 지력, 그리고 저를 행복하게 하기에 너무도 적절한 그 전례 없는 애정을 알게 되었을 때, 저는 그녀를 이용하여 생 프뢰의 입장을 명확히 알아보기로 결심했습니다. 저는 그에게 이렇게 말했습니다. "나는 로르와 결혼하더라도, 누군가 그녀를 알아볼 수 있을 런던이 아니라, 미덕이 있어 사람들이 그 미덕을 명예롭게 할 줄 아는 곳이면 어디든 그곳으로 그녀를 데려갈 계획입니다. 당신은 당신에게 맡겨진 일을 하세요. 우리는 계속 함께 사는 겁니다. 만일 내가 그녀와 결혼하지 않는다면, 물러나 조용히 살 때가 된 것입니다. 당신은 옥스퍼드셔의 우리 집을 알지요. 그러니 당신의 한 친구의 아이들을 교육하든, 물러나 사는 나를 따라가든 둘 중 하나를 택하면 됩니다." 그는 제가 예상할 수 있는 답변을 주었습니다. 하지만 저는 그의 행동을 통해 그를 관찰하고 싶었습니다. 왜냐하면 그가 클라랑에 살기 위해서 자신이 비난해야 할 결혼을 두둔하든, 아니면 그 미묘한 상황에서 자신의 행복보다 자기 친구의 명예를 택하든, 어느 쪽이라 해도 시험은 행해진 것이고, 그의 마음은 가늠되는 것이었으니까요.

처음에 저는 그가 그에 대해 제가 바라던 그대로라고 생각했습니다. 그는 제가 가지고 있는 척한 그 계획에 단호하게 반대했고, 로르와의 결혼을 막아야 하는 온갖 이유들로 무장하고 있었습니다. 저는 그 이유들을 그 사람보다 더 잘 의식하고 있었지만, 끊임없이 그녀를 만나면서 그녀가 몹시 괴로워하면서도 다정하다는 것을 알게 되었습니다. 저의 마음은 완전히 후작부인에게서 멀어져, 이 열렬한 교제로 안정되었습니다. 저는 로르의 감정 속에서, 그녀가 제게 불러일으킨 애정을 키우기에 충분한 이유를 발견했습니다. 저는 제가 경멸하는 여론에, 그녀의 장점에 대해 가져야 하는 존경심을 희생시키는 것을 수치스럽게 여겼습니다. 저의 말에 의해서는 아닐지라도, 적어도 저의 배려에 의해 제가 그녀에게 준 희망에 대해 제가 책임져야 할 것이 전혀 없는 것일까요? 약속한 것이 없으니 지킬 것도 없다는 것은 그녀를 기만하는 것이었습니다. 그런 기만은 야비합니다. 결국 저의 애정에 일종의 의무를 더함으로써, 그리고 저의 영예보다는 저의 행복을 더 생각함으로써, 저는 이성적으로 그녀를 사랑하게 되었습니다. 만일 제가 정당하게 다른 방식으로 이 곤경을 벗어날 수 없다면, 저는 이 위장된 행동을 가능한 한 멀리까지, 현실에 이르기까지 밀고 나가기로 결심했습니다.

하지만 저는 그 젊은이에 대한 불안이 커가는 것을 느꼈습니다. 그가 자신이 맡은 역할에 최선을 다하지 않는 것을 보았거든요. 그는 저의 생각에 반대했습니다. 그는 제가 맺으려는 인연에 대해 찬성하지 않았습니다. 하지만 그는 싹트는 저의 애정을 충분히 억제하지 못했으며, 되레 제게 로르에 대한 지나친 찬사를 늘어놓았기에, 로르와의 결혼을 단념시키려는 것처럼 보이면서도 실제로는 오히려 그녀에 대한 저의 애정을 키우고 말았습니다. 그런 자가당착은 제게 경각심을 불러일으켰습니다. 저는, 그가 응당 단호해야 하는데 그렇지 못하다고 생각했습니다. 그는 저의 감정에 감히 맞서지 않으려는 듯이 보였으며, 저의 저항에 주춤했습니다. 그는 또 저를 화나게 만들까 봐 두려워하기까지 했으며, 제 생각에 그는 의무를 사랑하는 사람들에게 생기는 대담함을 자신의 의무로 삼지 않는 것 같았습니다.

또 다른 관찰들이 저의 불신을 키웠습니다. 저는 그가 로르를 몰래 만난다는 것을 알게 되었으며, 그들 사이의 공모의 낌새 몇 가지가 제 눈에 띄었던 것입니다. 자기가 그토록 사랑한 남자와 결합한다는 희망은 그녀에게 전혀 기쁨을 주지 않았습니다. 저는 그녀의 눈길 속에서 여느 때와 똑같은 애정을 읽었지만, 그 애정에는 제가 가까이 다가가도 더 이상 기쁨이 섞여 있지 않았고, 언제나 우울이 그 마음을 지배하고 있었습니다. 그녀의 마음에 사랑의 감정이 크게 일렁일 때면 저는 자주 그녀가 그 젊은이를 몰래 바라보는 것을 발견하고는 했습니다. 그렇게 바라볼 때면 그녀의 눈에서 살짝 눈물이 비쳤고, 그녀는 제게 눈물을 감추려고 애썼습니다. 마침내 의심이 커져 저를 불안으로까지 내몰았습니다. 저의 놀라움을 상상해보세요. 제가 무슨 생각을 했겠습니까? 내가 배은망덕한 자에게 호의를 베푼 것은 아닌가? 어디까지 내 의심을 감히 밀고 나가지 말아야 하는가, 또 어디까지 그가 예전의 부당한 행위를 다시 한다고 생각하지 말아야 하는가? 우리는 나약하고 불운하지만 우리에게 불행을 가져다주는 것은 바로 그런 우리 자신인 것이다! 선량한 자들이 이미 서로를 괴롭힌다면, 악한 자들이 우리를 괴롭힌다고 어떻게 투덜댈 수 있다는 말인가?

이 모든 생각은 제 마음을 결심하도록 재촉할 뿐이었습니다. 비록 그 음모의 내용은 알지 못했지만, 저는 로르의 마음이 여전히 변함없다는 것을 알 수 있었기에, 이 시험도 그녀를 제게 더 소중한 존재로 만들어줄 뿐이었습니다. 저는 결말을 짓기 전에 그녀에게 따질 생각이었습니다. 하지만 마지막 순간까지 기다리며 혼자 힘으로 가능한 한 많은 정보를 얻어보려 했습니다. 그 사람에 관해서는, 그에게 무엇인가를 말하거나 그와 관계되는 어떤 결심을 하기 전에, 나 자신도 그도 납득시키기로, 요컨대 철저하게 알아보기로 결심했습니다. 불가피한 결별을 예상하면서, 그렇지만 선한 기질과 20년 동안의 명예를 혐의와 저울질하고 싶어 하지 않으면서 말입니다.

후작부인은 우리들 사이에 일어난 일을 전혀 몰랐습니다. 그녀는 로르의 수녀원에 염탐꾼들을 두고 있어서 결혼에 관한 문제라는 것을 알기에 이르렀습니다. 그녀의 분노를 사는 데는 그 이상의 것이 필요 없었습니다. 그녀는 제게 협박 편지를 보냈습니다. 그녀는 편지를 쓰는 것 이상의 행동도 했지만, 이것이 처음이 아니었고 또 우리도 방심하지 않았기에 그녀의 기도는 소용이 없었습니다. 그렇지만 저는 이 경우에 생 프뢰가 일에 몸을 던질 줄 안다는 것과, 친구의 목숨을 구하기 위해서는 자신의 목숨도 아끼지 않는다는 것을 알고 기뻤습니다.

분노를 못 이긴 후작부인은 병이 들어 더 이상 일어나지 못했습니다. 그녀의 고뇌와 죄는 그렇게 끝이 났습니다.* 저는 그녀의 상태에 대해 이야기를 들을 때마다 괴로워 견딜 수 없었습니다. 저는 그녀에게 의사 에스윈을 보냈습니다. 생 프뢰가 저 대신 함께 갔습니다. 그녀는 의사도 생 프뢰도 보려 하지 않았습니다. 저에 관한 말은 들으려고 하지도 않았고, 제 이름이 언급될 때마다 지독한 저주를 퍼부었습니다. 저는 그녀 때문에 가슴이 아파 제 마음의 상처가 도지려는 것을 느꼈습니다. 하지만 이성이 다시 이겼습니다. 그러나 저는 제게 그토록 소중했던 여인이 죽음의 문턱에 가 있는데도 결혼할 생각이나 하는 인간 말단이었습니다. 생 프뢰는 제가 그녀를 보고 싶은 욕망을 끝내 억누르지 못할까 봐 염려하여 제게 나폴리 여행을 제안했으며, 저는 그 제안을 받아들였습니다.

우리가 도착한 다음다음 날, 그가 단호하고 엄숙한 태도로 손에 편지를 한 통 들고 제 방으로 들어오는 것을 보고 저는 외쳤습니다. "후작부인이 죽었군요!" 그러자 그가 냉정하게 말했습니다. "살아서 못된 짓을 하는 것보다는 차라리 없는 게 낫습니다. 하지만 제가 당신에게 하려는 얘

---

* 앞에서 삭제된 에드워드 경의 편지를 보면, 그가 악한들이 죽으면 그들의 영혼도 사라진다고 생각하고 있음을 알 수 있다.

기는 그녀에 대한 것이 아닙니다. 제 말 좀 들어보세요." 저는 조용히 기다렸습니다.

그는 말을 이었습니다. "에드워드 경, 당신은 저를 친구라는 신성한 명칭으로 불러주실 때, 그 명칭을 유지하는 법을 가르쳐주셨습니다. 저는 당신이 제게 맡기신 역할을 수행했습니다. 그리하여 당신이 자제심을 잃으려는 것을 볼 때, 당신이 정신을 차리도록 해야 했습니다. 당신은 한 사슬을 다른 사슬로만 끊을 수 있었습니다. 두 여인 다 당신에게 어울리지 않았어요. 단지 신분이 다른 결혼만이 문제였다면 저는 이렇게 말했을 겁니다. '당신은 영국의 대귀족이라는 것을 잊지 마세요. 그러니 세상의 예우를 포기하든지, 아니면 세론을 존중하든지 하세요.' 그런 천한 결혼을!…… 당신이!…… 배우자를 좀 더 잘 선택하세요. 정숙한 것만으로 충분하지 않습니다. 흠이 없어야 해요…… 에드워드 봄스턴의 아내는 찾기가 쉽지 않습니다. 제가 어떻게 했는지 한번 보세요."

그러면서 그는 제게 그 편지를 넘겨주었습니다. 로르에게서 온 것이었습니다. 편지를 뜯으면서 저는 마음의 동요를 느끼지 않을 수 없었습니다. 그녀는 제게 이렇게 썼습니다. '사랑이 승리하여, 당신은 저와 결혼하고 싶어 했어요. 저는 만족스러워요. 당신의 친구가 제게 저의 의무를 슬쩍 가르쳐주었어요. 저는 후회 없이 그 의무를 다했어요. 제가 당신의 명예에 해를 끼쳤다면 저도 불행하게 살았을 거예요. 하지만 제가 당신의 명예를 지켜준다면 저 또한 그 명예를 나누어 가지는 것이라고 생각해요. 이토록 가혹한 의무를 위해 저의 모든 행복을 희생하니, 그 희생이 제 젊은 시절의 수치를 잊게 해줘요. 안녕. 이 순간부터 저는 당신이나 저의 지배하에 있기를 멈추겠어요. 영원히 안녕! 오, 에드워드! 제가 물러나 사는 곳에 절망을 가져오지 말아요. 저의 마지막 소원을 들어주세요. 제가 채울 수 없었던 자리를 다른 누구에게도 주지 마세요. 세상에 당신을 위해 만들어진 하나의 마음이 있었다면, 그것은 로르의 마음이에요.'

저는 흥분하여 말을 할 수 없었습니다. 제가 떠난 뒤 그녀는 그녀가 머물러 있던 수녀원의 수녀가 되었는데, 그녀가 루터파 신도와 결혼하기로 되어 있다는 것을 안 로마 교황청이 제가 그녀를 다시 보지 못하게 하라는 명령을 내렸다고, 저의 침묵을 이용하여 그가 제게 말했습니다. 그러면서 그는 자신이 그녀와 협력해 이 모든 일에 신경 썼다고 솔직하게 고백했습니다. 그는 계속해서 말했습니다. "저는 당신이 후작부인에게 돌아갈까 봐 로르의 열정을 이용하여 옛 열정을 변화시키고 싶었기에, 당신의 계획에 강력하게 반대할 수도 있었지만 그렇게 하지 않았습니다. 당신이 필요 이상으로 앞서 나가는 것을 보면서 저는 먼저 이성에 의지했습니다. 그러나 저 자신의 잘못들로 인해 너무도 당연하게 이성을 믿지 않게 된 저는 로르의 마음을 살폈습니다. 그 마음에서 진실한 사랑과 따로 떼어 생각할 수 없는 온갖 고결함을 발견한 저는 그 고결함을 이용하여 그녀가 방금 보여준 그 희생에 나설 것을 그녀에게 설득했습니다. 자신이 더 이상 당신의 멸시의 대상이 아니라는 확신은 그녀의 용기를 북돋워, 그녀를 더욱 당신의 존경을 받을 만한 사람으로 만들었습니다. 그녀는 자신의 의무를 다했습니다. 그러니 이제 당신도 당신의 의무를 다해야 합니다."

그러고는 그는 흥분해서 다가와 저를 껴안으면서 이렇게 말했습니다. "친구, 저는 하늘이 우리에게 내려보내는 공통의 운명에서, 하늘이 우리에게 명하는 공통의 계율을 읽어냅니다. 사랑이 지배하던 시대는 지나갔으니 우정이 지배하는 시대가 시작되게 하세요. 이미 저의 마음은 신의 성스러운 목소리밖에 듣지 못하며, 저를 당신에게 이어주는 사슬 이외의 다른 사슬은 알지 못합니다. 당신이 살고 싶은 곳을 택하세요. 클라랑, 옥스퍼드, 런던, 파리, 아니면 로마, 저는 어디든 좋습니다. 우리가 함께 살기만 한다면요. 그러니 당신이 원하는 곳으로 가세요. 어떤 곳이든 좋으니 가서 거처를 찾으세요. 저는 어디든 당신을 따라가겠습니다. 살아 계신 신 앞에서 엄숙하게 맹세합니다. 이제 죽을 때까지 당신 곁을 떠나지 않겠습니다."

저는 감동했습니다. 이 열렬한 젊은이의 열의와 불같은 열정이 그의 눈 속에서 이글거렸습니다. 저는 후작부인과 로르를 잊었습니다. 이 세상에 친구를 한 명이라도 간직한다면, 도대체 무엇을 아쉬워할 수 있겠습니까? 또한 저는 이 상황에서 그가 주저 없이 결심한 바를 통해서, 그가 정말로 치유되었다는 것과 당신의 수고가 헛되지 않았음을 알게 되었습니다. 마지막으로, 저는 제 곁에 머물겠다는 그의 진심 어린 맹세를 들으면서 그가 자신의 옛 애정보다 미덕에 더 충실하다는 것을 감히 믿게 되었습니다. 그러므로 저는 마음 푹 놓고 그를 당신에게 다시 데려갈 수 있겠습니다. 그래요, 친애하는 볼마르, 그는 인간을 교육할 자격이 있을 뿐만 아니라, 당신의 집에서 살 자격도 있습니다.

며칠 뒤 저는 후작부인이 죽었다는 소식을 들었습니다. 제게는 그녀가 이미 오래전에 죽은 사람이었기에, 그 죽음은 더 이상 저의 마음을 동요시키지 않았습니다. 지금까지 저는 결혼이라는 것을 세상에 태어난 모든 사람이 각자 인류와 자기 나라에 지고 있는 빚으로 여겨왔습니다. 그렇기에 저는 애정보다는 의무감에서 결혼할 결심을 했었습니다. 결혼이라는 의무는 모두에게 공통적이지는 않습니다. 그것은 운명에 의해 놓이게 된 각자의 신분에 달린 문제입니다. 서민, 장인(匠人)들, 농부 같은 정말로 유익한 사람들에게는 독신 생활이 불법입니다. 다른 계층을 지배하는 계층들, 모두가 끊임없이 지향하기에 언제나 잘 충원되는 계층들에게는 독신이 허용되며 적절하기까지 합니다. 그렇지 않을 경우, 국가는 국가에 부담이 되는 신민들의 증가로 인구 감소를 가져올 뿐입니다. 사람들은 언제나 너무 많은 주인을 갖게 될 것이고, 영국은 대귀족보다는 농부들이 더 적어질 것입니다.

그러므로 저는 하늘이 제게 부여한 이 조건 안에서 자유로우며 저 자신을 마음대로 할 수 있다고 생각합니다. 제 나이에는, 제 마음이 입은 손실은 복구될 수 없습니다. 저는 제게 남아 있는 사람들과 친히 교제하는 데 이 마음을 바치겠지만, 어디에서도 클라랑에서보다 그 사람들을 더 잘 모으지는 못할 것입니다. 그러므로 저는 제 재산이 무용하지 않도록 하기 위해 그것을 클라랑에 둔다는 조건 하에 당신의 모든 제안을 받아들이겠습니다. 생 프뢰가 한 약속으로 미루어 보아, 저는 제가 그곳에 머무르는 것 외에는 그를 당신 곁에 붙잡아둘 방법을 모르겠습니다. 그리고 만일 그가 언젠가 거기서 불필요한 존재가 되면 제가 그곳을 떠나는 것으로 충분할 것입니다. 제게 남은 유일한 걱정거리는 저의 영국 여행입니다. 왜냐하면 제가 국회에서 더 이상 영향력이 없기는 하지만 아직 국회의원이기에 끝까지 의무를 다해야 하기 때문입니다. 하지만 제게는 현재 저 대신 일을 맡아줄 만한 동료이자 신의 두터운 친구가 하나 있습니다. 제가 꼭 가봐야 한다고 생각되는 때에는 우리의 학생도 같이 갈 수 있습니다. 그 학생이 가르치는 아이들이 좀 더 자라, 당신이 정말 우리에게 그 아이들을 맡기고 싶어지면 그들도 함께 갈 수 있지요. 이 여행은 아이들에게 아주 유용할 것이며, 어머니를 많이 걱정시킬 정도로 그렇게 길지도 않을 것입니다.

저는 이 편지를 생 프뢰에게 보여주지 않았습니다. 당신 부인과 그녀의 사촌에게도 편지 전체를 보여주지는 마세요. 이 시험에 대한 계획은 꼭 당신과 저만 알아야 합니다. 그것 외에는, 제 훌륭한 친구에게 명예가 되는 것이라면 제게 피해가 되더라도 그녀들에게 아무것도 숨기지 마세요. 안녕히 계십시오, 친애하는 볼마르. 제 별채의 설계도를 보내니, 수정해보세요. 좋을 대로 바꿔보세요. 가능하면 곧바로 해보세요. 저는 거기에서 음악실을 없애고 싶었습니다. 저의 음악 취미가 다 사라져버려, 더 이상 아무 관심이 없으니까요. 그 음악실에서 당신 아이들을 연습시킬 생각을 하고 있는 생 프뢰의 부탁으로 그것을 남겨둘 것입니다. 당신의 서재를 더 채워줄 몇 권의 책도 보냅니다. 하지만 당신이 책에서 무슨 새로운 것을 발견하겠습니까? 오, 볼마르, 인간들 중에서 가장 현명한 인간이 되기 위해 당신에게 부족한 것은, 자연이라는 책을 읽는 법을 배우는 것뿐입니다.

:: **편지 4**

답장

친애하는 봄스턴, 저는 오래 끈 당신의 연애 사건이 해결되리라 예상했습니다. 그렇게 오래 애정에 저항한 뒤, 그것을 극복하기 위해 한 친구가 도와주러 오기를 기다린다는 것이 정말 이상하게 보였습니다. 사실, 자기 자신만을 믿을 때보다 타인에게 의지할 때 흔히 더 나약해지는데도 말입니다. 그렇지만 저는 로르와의 결혼을 완전히 결정된 일로 제게 알려준 당신의 최근 편지에 마음이 편치 못했음을 고백합니다. 저는 당신의 확신에도 불구하고 그 결정을 의심했습니다. 만일 저의 기대가 어긋났다면 저는 살아 있는 동안 생 프뢰를 다시 보지 않았을 것입니다. 당신들 둘 다 당신들에 대한 저의 기대를 저버리지 않음으로써 당신들에 대한 저의 판단이 옳았음을 너무도 잘 증명해주었기에, 이렇게 저는 당신들이 우리의 첫 번째 결정을 이행하는 것을 보고 기쁘지 않을 수 없습니다. 보기 드문 사람들이여, 와서 이 집의 행복을 크게 하고 함께 나누세요. 저 세상에 대한 신자들의 소망이 어떤 것인지는 모르겠지만, 저는 그들과 함께 이 세상에서 살고 싶습니다. 그리고 당신들이 불운하게도 저처럼 생각하는 것보다, 당신들의 현재의 모습 그대로가 더 제 마음에 든다고 저는 생각합니다.

게다가 당신은 당신이 떠날 때 그 사람에 대해 제가 한 말을 알고 있습니다. 저는 그를 판단하기 위해 당신이 한 시험을 필요로 하지 않았습니다. 이미 저의 시험은 끝났으며, 한 인간이 타인을 알 수 있는 한도 내에서 저는 그를 안다고 생각하기 때문입니다. 그뿐만 아니라 저는 그의 마음을 신뢰할 여러 이유를 가지고 있으며, 또 그 자신보다 더 확실하게 그것을 보증할 수 있습니다. 당신의 결혼 포기를 보고 그가 당신을 따라 하려는 것처럼 보이지만, 어쩌면 당신은 여기에서 그를 설득하여 생각을 바꾸게 할 만한 것을 발견할지도 모릅니다. 당신이 돌아오면 제 생각을 더 잘 설명해드리겠습니다.

저는 독신 생활에 대한 당신의 구별이 아주 새롭고 매우 예리하다고 생각합니다. 국가 내의 각 힘들 간의 균형 유지를 위해 그 힘들을 조절하는 정치가라면, 그 구별은 현명하다고까지 생각됩니다. 그렇지만 당신의 원칙들에 근거할 때 그 이유들이, 개개인에게 자연에 대한 의무들을 면제해줘도 될 만큼 충분히 공고한지 모르겠습니다. 생명은 그것을 계속해서 전한다는 조건 하에서만 우리가 부여받는 재산이자 세대를 거쳐 전해져야 하는 일종의 대체물인 것 같고, 아버지를 가졌던 사람이면 누구나 아버지가 되어야 하는 것 같습니다. 이것이 지금까지의 당신 감정이었으며, 당신의 여행 동기 중 하나였습니다. 하지만 저는 당신의 이 새로운 철학이 어디서 왔는지 압니다. 그리고 또 저는 로르의 메모에서 당신의 마음이 반박할 수 없는 논거를 보았습니다.

귀여운 사촌은 쇼핑과 다른 여러 볼일 때문에 일주일 내지 열흘 전부터 친정 식구들과 함께 제네바에 머물고 있습니다. 우리는 매일 그녀가 돌아오기를 기다립니다. 저는 당신의 편지 가운데 제 아내가 알 필요가 있는 것은 모두 그녀에게 말해주었습니다. 우리는 미올 씨를 통해 결혼이 파기되었다는 것을 알았지만, 아내는 생 프뢰가 그 사건에 관여했다는 것은 모르고 있었습니다. 당신의 호의를 받을 자격이 있고 당신의 존경을 받는 것이 정당하다는 것을 증명하기 위해 그가 하는 모든 일을 그녀가 안다면 더할 나위 없이 기뻐할 것임을 믿어주세요. 그녀에게 당신 별채의 설계도를 보여주었는데, 아주 고상한 취미라고 생각하더군요. 그렇지만 부지 문제도 있고 해서 몇 가지 변경을 가할 텐데, 그 변경은 당신의 주거를 더 편안하게 만들어줄 것이므로 당신은 분명 그 변경에 찬성할 것입니다. 우리는 설계도를 변경하기에 앞서 클레르의 의견을 기다리고 있습니다. 당신도 알겠지만, 우리는 그녀 없이는 아무것도 할 수 없으니까요. 그동안 저는 이미 사람들을 시켜 일을 시작했는데, 겨울이 오기 전에 석공 일에 큰 진척이 있었으면 합니다.

보내준 책, 고맙습니다. 그런데 저는 이제 이해되는 책은 읽지 않으며, 또한 제가 이해하지 못하는 책을 읽어서 알기에는 너무 늦었습니다. 그렇지만 저는 당신이 비난하는 것만큼 그렇게 무지하지는 않습니다. 제게 자연이라는 참된 책은 인간들의 마음이고, 제가 그 마음을 읽을 줄 안다는 증거는 당신에 대한 저의 우정 속에 있습니다.

:: 편지 5

도르브 부인이 볼마르 부인에게

사촌, 나는 이곳에 체류하는 대가로 피해가 많아. 가장 심각한 것은, 이곳에 남아 있고 싶어진다는 거야. 이 도시는 매력적이야. 주민들은 친절하고, 풍속은 건실해. 그리고 내가 무엇보다 사랑하는 자유가 이곳에 피신해 있었던 것 같아. 이 작은 나라에 대해 숙고하면 할수록 조국을 갖는 것이 좋다는 생각이 들어. 자신들이 조국을 가지고 있다고 생각하지만 실은 그저 고향을 가지고 있을 뿐인 모든 사람들을 신이 재난으로부터 보호해주시기를! 만일 내가 이곳에서 태어났다면 완전히 로마적인 영혼을 가졌을 것 같아. '로마는 이제 로마에 있지 않고, 내가 있는 모든 곳이 로마다'[23]라는 말이 있지. 하지만 지금은 감히 이런 말은 안 할 거야. 왜냐하면 네가 장난으로 그 반대로 생각할까 봐. 그런데 도대체 왜 로마인 거야? 왜 여전히 로마인 거지? 제네바에 머물자고.

이 나라의 지형에 대해서는 말하지 않겠어. 산이 더 적고 더 전원적이며, 샬레가 별로 비슷하지 않다는 것 말고는 우리나라의 풍경과 비슷해.* 정부에 대해서도 말하지 않겠어. 신의 가호가 있다면, 우리 아버지가 네게 상세히 말해주시겠지. 아버지는 하루 종일 관리들과 아주 즐겁게 정치 이야기를 하며 지내시는데, 신문들이 제네바에 대해 너무 언급하지 않는다고 아주 분개하고 계셔. 그들의 대화가 어떨지 내 편지를 통해 너도 상상할 수 있겠지. 그 대화가 견디기 힘들면 나는 빠져나와 버리지. 그러고는 이렇게 기분 전환을 위해 너를 따분하게 만들고 있어.

그들의 긴 대화 가운데 기억에 남는 것은 이 도시에 널리 퍼져 있는 훌륭한 양식(良識)에 대한 깊은 존경심뿐이야. 국가의 균형을 유지시켜주는 모든 부분의 상호 작용과 반작용을 보면, 모든 것이 대중에 의해 유지되기에 국가를 통치하는 고삐가 어느 바보의 손아귀에 들어가도 별 탈 없이 돌아갈 수 있는 아주 방대한 제국들의 통치보다 이 작은 공화국의 통치에서 더 큰 솜씨와 참된 재능이 발휘된다는 것을 의심할 수 없을 거야. 이곳은 그런 제국들과는 전혀 다르다는 것을 보증해. 나는 사람들이 이 큰 궁정들의 세력 있는 대신들에 대해 우리 아버지에게 이야기하는 것을 들을 때마다, 로잔에 있는 우리의 큰 오르간grand Orgue**을 너무도 심하게 난타하던, 그러면서 큰 소리를 낸다는 이유로 자신이 아주 연주를 잘한다고 생각하던 그 딱한 음악가가 생각나. 여기 사람들은 스피넷밖에 안 갖고 있지만, 조율이 잘 안 되어 있을 때가 많긴 해도, 훌륭한 화음을 끌어낼 줄 알아.

이 도시에 대해서는 더 얘기하지 않겠어…… 하지만 너에게 아무 말도 안 해주고 끝내지는 않을 거야. 얘기하고 넘어갈 것만 얘기하고 끝마치자. 제네바 사람들은 세상의 모든 국민 중에서 가장 자신의 성격을 안 숨기는

---

* 발행인도 두 곳의 풍경이 좀 닮았다고 생각한다.

** grande Orgue로도 쓰였다. 나는 말을 정확히 한다고 자부하는 우리의 스위스와 제네바 사람들에게 다음 사항을 지적해두고자 한다. 즉, Orgue라는 단어는 단수에서는 남성이고 복수에서는 여성이며, 단수로도 복수로도 사용된다. 그러나 단수가 더 우아하다.

국민이어서 가장 빨리 파악되지. 그들의 미풍양속에는, 아니 심지어 악덕에도, 솔직함이 섞여 있어. 그들은 자신들이 천성적으로 선하다고 생각해. 그것만으로도 그들이 있는 그대로의 자신의 모습을 보여주는 것을 두려워하지 않기에 충분해. 그들은 관용과 양식과 통찰력이 있지만, 돈도 너무 좋아해. 내가 보기에 그 결함은 돈을 필요로 하게 만드는 상황에서 비롯되는 것 같아. 영토가 주민들을 먹여 살리기에 충분하지 못한 것이지.

바로 그 때문에, 부를 찾아 유럽 전역에 퍼져 있는 제네바 사람들이 외국인들의 뽐내는 태도를 모방하는 거고, 자기가 살았던 나라의 악덕을 지닌 채* 부와 함께 의기양양하게 고향으로 돌아오는 거야. 그리하여 다른 나라 사람들의 사치가 그들로 하여금 전통적인 소박함을 경멸하게 하지. 자랑스러운 자유는 그들에게 역겹게 보이고. 그들은 자신들을 위해 은 족쇄를 만드는 셈이야. 결박용 사슬로 이용하기 위해서가 아니라 장식으로 이용하기 위해서 말이야.

이런! 나 역시 그 지독한 정치 이야기를 하고 있잖아? 난 정치가 뭐가 뭔지 모르겠어. 도통 갈피를 못 잡겠어. 정치 이야기에 넌더리가 나. 어떻게 그 이야기에서 빠져나올지 모르겠어. 여기에서 난 아버지가 우리와 함께 있지 않을 때가 아니면 다른 이야기는 듣지를 못해. 그런데 아버지가 우리와 함께 있지 않을 때라고는 우편배달부가 오는 시간뿐이야. 우리는 가는 곳마다 영향을 받아. 왜냐하면 다른 점에서 보면 이 나라 사람들의 대화는 다양하면서도 유익하기 때문이야. 이곳에서의 대화에서 좋은 것을 배울 수 없다면, 책에서도 전혀 배울 것이 없을 거야. 일찍이 영국의 풍속이 이 나라에까지 침투해 들어와서 여전히 우리나라 사람들보다 좀 더 여자들과 떨어져 사는 이곳 남자들은, 대화할 때 좀 더 근엄한 어조를 띠며 전반적으로 더 딱딱해. 그렇지만 이러한 장점에는 금방 감지되는 단점도 딸

* 이제 그들은 악덕을 찾으러 가는 수고를 하지 않아도 된다. 밖에서 악덕을 가지고 온다.

려 있어. 언제나 말이 너무 긴 것, 논쟁, 허식이 좀 있는 서두, 그리고 때로 활달함도 좀처럼 없고, 깊이 생각도 하기 전에 견해를 진술해서 말로 표현된 생각을 매우 돋보이게 하는 그 자연스러운 소박함도 전혀 없는 말 같은 것들이지. 말을 하는 것처럼 글을 쓰는 프랑스인들과는 달리, 그들은 글을 쓰는 것처럼 말을 해. 그들은 잡담을 나누는 대신에 자기 입장을 늘어놓지. 그들은 항상 자기 견해를 주장할 준비가 되어 있는 사람들로 여겨질 거야. 그들은 구분하고 분류하며 대화를 항목별로 나눠서 다뤄. 대화에서도 책에서와 똑같은 방법을 사용해. 그러니 그들은 저술가들이야. 언제라도 저술가들이지. 그들은 말을 할 때 책을 읽는 것 같아. 그 정도로 그들은 어원을 잘 지키며, 주의를 기울여 모든 문자를 발음해. 그들은 포도 찌꺼기 '마르marc'를 사람 이름인 '마르크Marc'처럼 발음해. 또한 '타바taba'가 아니라 '타바크taba-k'로, '파라솔parasol'이 아니라 '파르솔pare-sol'로, '아방이에avanhier'가 아니라 '아방티에avan-t-hier'로, '스그레테르Segrétaire'가 아니라 '스크레테르Secrétaire'로 정확히 발음해. 질식하는 것이 아니라 익사하는 것인 '라크다무르lac-d'amour'도 정확히 발음해. 어디에서나 어미의 s와 부정법의 r를 정확히 발음해. 요컨대 그들의 화법은 언제나 일관되고, 그들의 이야기는 긴 연설이야. 그들은 마치 설교하는 것처럼 떠벌려.

특이한 점은, 단정적이고 차가운 어조를 취함에도 불구하고 그들이 날카롭고 격렬하며 아주 뜨거운 열정을 지니고 있다는 거야. 그래서 그들은, 모든 걸 다 말하지만 않는다면, 혹은 귓속말로만 말한다면 감정적인 것도 충분히 잘 이야기할 수 있을 거야. 그러나 그들의 마침표나 쉼표는 너무도 참을 수 없어. 그들은 그토록 강렬한 감동을 하도 침착하게 묘사해서, 그들이 말을 끝냈을 때 그들이 묘사한 것을 느끼는 사람이 과연 있을지 모르겠어.

게다가 나는 그들의 마음에 대해 좋게 생각하고, 그들이 악취미를 가지고 있지는 않다고 생각할 만한 보상을 조금 받았음을 고백해야겠어. 혼기에 이른, 아주 부자라는 한 매력적인 귀족이 영광스럽게도 내게 친절을 베풀어주고 있으며, 그의 말이 아주 친절해서 나로 하여금 그 말의 저자를 다른 곳으로 찾으러 가게 하지 않았다는 것을 네게 은밀히 알려주고 싶어. 아아! 그가 18개월 전에 나타났다면, 나는 군주를 나의 노예로 삼고 멋진 귀족의 넋을 빼앗는 데서 얼마나 큰 기쁨을 맛보았을까! 하지만 지금 나의 머리는 그 유희를 유쾌해할 만큼 더 이상 올바르지 못하고, 나는 내 모든 우스개 짓거리가 이성과 함께 사라지고 있음을 느껴.

제네바 사람들을 사고하도록 이끄는 그 독서 취향에 대한 이야기로 돌아오겠어. 그 취향은 모든 계층으로 확산되어, 모두를 이롭게 하고 있어. 프랑스 사람들은 책을 많이 읽지만, 신간들만 읽어. 더 정확히 말하면, 그것들을 읽기 위해서라기보다는 그저 읽었다고 말하기 위해서 대충 훑어보는 거지. 제네바 사람들은 양서들만 읽어. 그들은 그것들을 읽고 소화하지. 그들은 그것들을 평가하지 않지만, 그것들의 가치는 알아. 평가와 선택이 파리에서 행해지고, 제네바에는 거의 그 선정된 책들만 들어와. 그래서 그곳에서 독서는 덜 잡다하고, 보다 더 유익하게 이루어져. 집에서 조용히 은거하는 부인들*도 책을 읽기에, 그들의 어조도 독서의 영향을 받지만 다른 식으로 받지. 이곳의 아름다운 부인들은 우리나라에서와 똑같이 재치 있고 재기 발랄해. 도시의 처녀들조차 책 속에서 보다 잘 정리된 객설을 배우고, 아이들이 종종 씀직한 표현을 사용함으로써 사람들을 놀라게 하는 그런 표현 선택을 배워. 남자들이 현학적인 표현을 쓰지 않고 여자들이 태깔 부리는 표현을 쓰지 않는다고 생각하게 하기 위해서는, 남자들은 양식(良識)이 필요하고 여자들은 쾌활함이 필요하며 남녀 공히 재

---

* 이 편지가 오래전의 것이라는 사실을 기억할 것이다. 이런 은거가 너무 쉬워 보일까 봐 매우 우려된다.

치가 필요하지.

어제 내 창문 맞은편에 있는 가게 앞에서 그곳에서 일하는 아주 예쁜 두 처녀 직공이 아주 명랑하게 잡담을 나누고 있었어. 나는 호기심이 생겨 귀를 기울였지. 둘 중 한 명이 웃으면서 일기를 쓰자고 제안하더라. 그러자 다른 한쪽이 곧장 "그러자. 아침마다 일기를 쓰고 저녁에 평을 해주기로 하자" 하고 대답했어. 너는 이 대화에 대해 어떻게 생각해? 나는, 그런 말이 처녀 직공들에게서 나올 만한 것인지 어떤지는 모르겠지만, 매일 일기를 쓰고 평가를 해주기 위해서는 시간이 아주 많이 필요하다는 것은 알아. 분명 그중 나이 어린 쪽은《천일야화》의 모험담을 읽었을 거야!

스타일이 좀 어색하기는 하지만, 제네바 여인들은 그래도 발랄하고 재치가 있어. 이곳에서도 세계의 어느 도시 못지않게 대단한 열정들이 발견돼. 아주 소박한 장식을 한 그녀들은 우아하고 좋은 취향을 가지고 있는데, 대화와 태도에서도 그래. 남자들은 여자들의 마음에 들기 위해 애쓰기보다는 친절하고, 여자들은 아양을 떨기보다는 상냥해. 그 상냥함은 심지어 가장 정숙한 여자들에게조차 사람들 마음에 가 닿는 상쾌하고 세련된 재치를 불어넣어 주고, 그러한 재치는 사람들 마음에서 모든 섬세함을 끌어내게 되지. 제네바 여인들은 제네바 여인으로 남아 있는 한, 유럽에서 가장 사랑스러운 여인들일 거야. 하지만 그녀들은 곧 프랑스 여인들이 되고 싶어 하겠지. 그러니 프랑스 여인들이 그녀들보다 더 나은 걸 거야.

그러니까 모든 것이 풍속과 더불어 쇠퇴해. 가장 훌륭한 취향은 미덕 자체와 관계있어. 그것은 미덕이 사라질 때 사라지고, 유행의 작품일 뿐인 인위적이고 기교적인 취향에 자리를 내주게 돼. 참된 재치도 이와 거의 같은 상황이야. 우리 여성에게 남자들의 교태를 뿌리칠 능력을 주는 것은 바로 우리 여성의 신중함이 아닐까? 그리고 남자들에게 자기 말에 귀 기울이게 하는 기술이 필요하다면, 마찬가지로 우리 여성들에게는 그들의 말에 귀 기울이지 않는 기술이 필요한 게 아닐까? 우리 여성의 재치와 혀를 해방시켜 우리로 하여금 더 날카롭게 반격riposte*하게 하고 그들을 조롱하지 않을 수 없게 하는 것은 바로 남자들 자신이 아닐까? 어떻든 네가 아무리 말해도 소용없어. 짓궂고 빈정대는 어떤 교태는 침묵이나 경멸보다 훨씬 더, 여자를 연모하는 남자들로 하여금 갈피를 못 잡게 하지. 셀라동 같은 미남이 재치 있는 대꾸마다 당혹해하고 혼란에 빠지며 뭐가 뭔지 몰라 하는 것을 보는 것, 사랑의 화살보다 덜 뜨겁지만 더 날카로운 화살들로 그에게 맞서 자신을 둘러싸는 것, 그리고 또 냉기로 오싹하게 하는 얼음 화살촉을 그에게 퍼붓는 것은 얼마나 즐거운 일이니! 너는 무관심한 체하는데, 그런 너의 순진하고 상냥한 태도와 수줍고 부드러운 모습이 나의 모든 경솔한 언동보다 계략과 교묘함을 덜 감추고 있다고 생각해? 아아, 귀여운 쥘리, 너와 내가 비아냥거린 구혼자들을 헤아려볼 때, 네가 아닌 척해도 네가 비아냥거린 상대가 더 많을 것 같아! 그 가엾은 콩플랑을 생각하면 아직도 웃지 않을 수 없어. 너무나 분개하여, 네가 자기를 너무 사랑한다고 내게 비난하러 왔던 그 사람 말이야. 그는 내게 이렇게 말했어. "그녀는 어찌나 상냥한지 불평할 게 전혀 없습니다. 그녀의 말은 너무 분별력이 있어서 나의 부족한 분별력을 부끄러워하게 만듭니다. 그리고 나는 너무도 강하게 그녀를 친구로 여기기 때문에, 감히 그녀의 애인이 될 수 없습니다."

세상 어디에도 이 도시에서보다 더 화목한 부부들과 훌륭한 가정은 없을 거야. 가정생활은 유쾌하고 행복해. 남편들은 친절하고, 아내들은 거의 쥘리 너 같아. 너의 삶의 방식은 이곳에서 아주 잘 입증되고 있어. 남녀는 서로에게 싫증 나는 것을 막아주는 상이한 일과 오락을 가짐으로써 어쨌든 큰 효과를 보고 있고, 서로 만날 때마다 더 즐겁게 만나게 돼. 이처럼,

* 이탈리아어 risposta에서 온 말이므로 risposte로 써야 했다. 그렇지만 riposte로도 사용되기에 그대로 두겠다. 최악의 경우라 해도 또 한 번의 오류를 더하게 될 뿐이다.

현명한 사람의 즐거움은 더욱 커져. 즐기기 위해서 절제한다는 것, 이것이 곧 너의 철학이지. 이것이 이성의 쾌락주의야.

불행히도 이러한 전통적 절제는 쇠락하기 시작했어. 사람들은 서로 가까워지지만 마음은 멀어지고 있어. 우리나라처럼 이곳에서도 모든 것에 선악이 혼합되어 있어. 둘 사이의 비율은 다르지만 말이야. 제네바 사람들의 미덕은 그들 자신에게서 유래해. 그들의 악덕은 다른 곳에서 들어와. 그들은 여행을 많이 할 뿐만 아니라 다른 나라 사람들의 풍습과 습관을 쉽게 받아들여. 그들은 모든 언어를 쉽게 말해. 그들은 아주 눈에 띄는 단조롭고 길게 늘어지는 억양을 갖고 있지만──여행할 기회가 적은 여인들의 경우에는 특히 더──그 모든 언어의 억양을 어렵지 않게 배울 줄 알아. 그들은 자기 나라의 자유를 자랑스러워하기보다는 나라가 작다는 것에 창피를 느껴서, 외국에서 자기 조국에 대해 부끄러워해. 이를테면 그들은 마치 자기 나라를 잊기라도 하려는 듯 서둘러서 자기가 체류하는 나라의 풍속을 따르지. 어쩌면 돈벌이에 악착스럽다는 그들에 대한 평판에서 이 온당치 못한 수치심이 비롯되었을 거야. 그들은 이기적이지 않게 행동함으로써 제네바 사람이라는 명칭의 치욕을 제거하는 것이 좋을 거야. 그 명칭을 갖는 것을 달가워하지 않음으로써 그 명칭을 더욱 모독하기보다는 말이야. 하지만 제네바 사람들은 제네바 사람이라는 명칭을 존경받을 만한 것으로 만들 때조차 그 명칭을 수치로 여기지. 그리고 그들이 자신의 공적으로 자기 나라를 영광스럽게 하지 않는 것은 훨씬 더 큰 잘못이야.

그들은 탐욕스러울지는 몰라도 비열하고 맹목적인 수단으로 재산을 추구하지는 않아. 그들은 귀족들에게 달라붙지 않으며, 궁정에서 비굴하게 굴지 않아. 그들은 시민적인 예속 못지않게 개인적인 예속을 매우 싫어해. 알키비아데스처럼 유순하고 상냥하지만 그들 역시 예속을 참지 못해. 그들은 타인들의 관습을 따를 때는 그것을 모방하지, 그것에 복종하지는 않아. 부자가 되는 방법 가운데 가장 자유와 양립될 수 있는 상업이야말로 제네바 사람들 또한 가장 선호하는 것이야. 그들은 거의 모두 상인이거나 은행업자들이야. 그래서 그들의 이 커다란 욕망의 대상은 자주 자연이 그들에게 아낌없이 부여한 보기 드문 재능을 사장시키지. 이 점이 나를 이 편지의 출발점으로 다시 돌아가게 만들어. 그들은 재능과 용기가 있으며 명민하고 통찰력이 있어. 그들은 어떤 옳은 일도, 어떤 위대한 일도 못할 게 없어. 그러나 풍족하게 살기 위해 명예보다는 돈에 더 열중하는 그들은 이름 없이 세상을 떠나고, 그들이 아이들에게 남겨주는 모범이라고는 그들이 아이들을 위해 번 재물에 대한 사랑뿐이야.

나는 이 모든 이야기를 제네바 사람들 자신에게서 들었어. 그들은 자기 자신에 대해 아주 공정하게 말하거든. 나는 그들이 타지에서는 어떻게 행동하는지 잘 몰라. 하지만 그들이 자기 나라에서 친절하다는 것은 알아. 그래서 나는 제네바에 미련을 두지 않고 떠나는 방법은 한 가지밖에 몰라. 그 방법이 뭐냐고? 오! 물론, 네가 겸손한 척해봐야 소용없어. 네가 아직 짐작 못했다고 말한다면 그건 거짓말일 테니까. 축제 분위기로 출항 준비를 하고 있는 예쁜 브리강탱 호에 즐거운 무리가 승선하는 것은 모레가 될 거야. 우리는 계절 탓에, 그리고 또 모두가 함께 가기 위해서 물길을 택했거든. 출발하는 날 저녁에는 모르주에서 잘 거야. 다음 날엔 예식에 참석하기 위해서 로잔*에서 잘 거고. 그리고 그다음 날엔…… 말 안 해도 알겠지. 멀리서 깃발들이 나부끼고 삼각기가 휘날리는 것을 보게 되면, 대포 소리가 쿵쿵 울리는 것을 듣게 되면 미친 듯이 온 집 안을 뛰어다니면서 이렇게 소리치도록 해. '무기를 들어라! 무기를 들어! 적이 쳐들어왔다! 적이!'

* 어떻게 이리 됐을까? 로잔은 호숫가에 있지 않다. 항구에서 도시까지는 아주 좋지 않은 길로 2킬로미터는 떨어져 있다. 게다가 그 모든 대단한 준비가 바람에 의해 방해받지 않을지 조금 예측해볼 필요가 있다.

추신. 집의 방 배분은 분명 나의 임무에 따르는 권한이지만 이 경우에는 사양하고 싶어. 다만, 아버지가 지도(地圖) 때문에 에드워드 경의 별채에 머무시는 것과 머무시는 방의 벽을 완전히 지도로 장식하는 것만을 원해.

:: **편지 6**

볼마르 부인으로부터

이 편지를 쓰기 시작하면서 얼마나 마음이 즐거운지 몰라요! 난생 처음으로 저는 두려움이나 수치심 없이 당신에게 펜을 들 수 있었어요. 저는 유례없을 정도로 이전 상태로 되돌아온 것이 자랑스러운 것처럼, 우리를 결합해주는 이 우정 또한 자랑스러워요. 대단한 정열은 억제될 수는 있지만, 좀처럼 정화되지 못해요. 명예가 그러기를 원할 때 우리에게 소중했던 것을 잊는 것, 그것은 보통의 성실한 영혼이 하는 노력이지요. 그러나 과거의 우리를 버리고 오늘의 우리가 되는 것, 그것은 진정 미덕의 참된 승리예요. 사랑을 끝맺게 하는 원인은 악덕일 수도 있겠지만, 다정한 사랑을 그에 못지않은 강렬한 우정으로 변화시키는 원인은 수상쩍을 수가 없어요.

우리의 힘만으로 이와 같은 진전을 보았을까요? 절대로 그렇지 않아요, 친구, 절대로요. 그러한 시도 자체가 무모한 일이있어요. 우리에게는 서로를 피하는 것이 의무의 첫 번째 법칙이었어요. 이 법칙은 어떤 일이 있어도 위반해서는 안 되는 것이었어요. 우리는 물론 서로를 변함없이 존경했을 테지만 만나는 것도 편지를 쓰는 것도 그만두었을 거예요. 우리는 서로를 더 이상 생각하지 않으려고 노력했을 것이고, 우리가 서로에게 표할 수 있는 가장 큰 경의는 우리 사이의 모든 교제를 끊는 것이었어요.

그 반면, 현재의 우리 상황이 어떤지를 생각해보세요. 세상에 이보다 더 기분 좋은 상황이 있을까요? 우리는 이런 상태에 이르기 위해 치러야 했던 싸움에 대해 하루에도 천 번은 보상받고 있지 않나요? 서로 바라보고, 서로 사랑하고, 그것을 느끼고, 그것에 만족해하고, 우애로운 친밀과 순결한 평화 속에서 함께 날들을 보내고, 서로에게 신경을 쓰고, 양심의 가책 없이 서로를 생각하고, 얼굴 붉히지 않고 서로에 대해 말하고, 그토록 오랫동안 자책했던 바로 그 사랑이 자기 자신의 눈에 자랑스러운 것. 바로 이 상태가 현재 우리가 도달해 있는 상태예요. 오, 친구! 우리는 이미 얼마나 명예로운 길을 걸어왔는지! 우리, 그렇게 걸어온 것에 대해 긍지를 가짐으로써 이 상태를 유지하는 법을 배우고, 기왕에 그 명예로운 길에 발을 들여놓은 만큼 그 길을 끝까지 가기로 해요.

이토록 드문 행복이 누구 덕분이지요? 당신은 알고 있어요. 저는, 가장 훌륭한 사람의 호의로 가득한 당신의 예민한 마음이 그 호의에 깊이 젖어 들고 싶어 하는 것을 보았어요. 그런데 그 호의가 당신에게나 저에게나 어떻게 부담이 될 수 있겠어요? 그 호의는 우리에게 새로운 의무는 전혀 부과하지 않아요. 그것은 우리에게 이미 아주 신성한 것인 의무를 더욱 소중하게 만들어줄 뿐이에요. 그의 배려에 고마움을 표하는 유일한 방법은, 그 배려에 합당한 사람이 되는 거예요. 그리고 그 배려에 대한 모든 보답은 오로지 그 배려의 성공에 있어요. 그러니 우리의 열의의 토로는 이 정도로 해두도록 해요. 우리의 미덕으로 우리 은인의 배려에 보답하기로 해요. 우리가 그에게 빚지고 있는 것은 오직 그것뿐이에요. 그가 우리를 우리 자신으로 회복시켜주었다면, 그는 우리를 위해서나 그 자신을 위해서나 충분히 잘한 거예요. 우리는 함께 있든 함께 있지 않든, 죽었든 살았든, 우리 셋 중 어느 누구에게도 지워지지 않을 증거를 어디에나 가지고 갈 거예요.

남편이 당신에게 아이들 교육을 맡기려고 생각할 때, 저도 그런 생각을 하고 있었어요. 에드워드 경이 당신과 함께 돌아온다는 사실을 알려 왔을 때 다시 그런 생각이 떠올랐고, 또 다른 생각들도 떠올랐는데, 이제 때가 된 만큼 그것들을 당신께 전해야 할 것 같아요.

문제는 제가 아니라 당신이에요. 전혀 사심 없이 하는 조언이기에, 그리고 저의 안전을 목적으로 하는 것이 아니라 오직 당신 자신에 관계되는 조언이기에 더더욱 저는 당신에게 이런 조언을 할 수 있다고 생각해요. 당신은 저의 애정 어린 우정을 의심해서는 안 돼요. 그리고 저는 당신으로 하여금 제 의견에 귀 기울이게 해도 좋을 만큼 많은 지식을 쌓았어요.

당신이 맞이할 상황에 대해 말해드리겠어요. 그 상황에 당신을 두렵게 할 만한 것이 없는지 당신 스스로 검토해보도록 하기 위해서예요. 오, 훌륭한 청년! 당신이 미덕을 사랑한다면, 순결한 귀로 이 친구의 조언을 잘 들어보세요. 이 친구는 덮어두고 싶을 만한 말을 떨리는 마음으로 시작하렵니다. 그 말을 하지 않고 덮어두는 것이 어떻게 당신을 저버리지 않는 일이 될 수 있겠어요? 당신이 두려워해야 할 것들을 그것들이 당신을 나쁜 길로 이끌 때가 되어서야 겨우 알아차리면 되겠어요? 그래서는 안 돼요, 친구. 저는 세상에서 당신에게 그것들을 알려줄 만큼 당신과 친숙한 유일한 사람이에요. 필요할 경우, 누이나 어머니처럼 당신에게 이야기를 해줄 권리가 제게 없겠어요? 아아! 만일 정직한 마음에서 나온 교훈들이 당신의 마음을 더럽힐 수 있다면, 저는 그 교훈들을 당신에게 전하는 일을 진작 그만두었을 거예요.

당신은 당신의 인생이 끝났다고 말합니다. 하지만 당신의 인생이 나이에 앞서 끝났다는 것을 인정하세요. 사랑은 꺼졌어요. 하지만 관능은 아직도 남아 있어요. 그 관능의 망상은, 그것을 억제해주었던 유일한 감정이 더 이상 존재하지 않기에 그만큼 더 두려운 것이며, 더 이상 아무것에도 집착하지 않는 사람에게는 모든 것이 나쁜 길로 빠지게 하는 원인이 되지요. 한 열정적이고 감수성 예민한 젊은 독신 남성이 정숙하고 순결하고 싶어 해요. 모든 미덕을 만들어내는 영혼의 힘은 그 모든 미덕을 살찌우는 순결성과 관련 있다는 것을 그는 알고 있고 느끼고 있으며, 또한 수없이 그렇게 말했어요. 젊은 시절에 사랑이 그를 나쁜 행실로부터 보호해줬다면, 이

제 그는 이성이 언제나 자신을 나쁜 행실로부터 보호해주기를 원해요. 그는 힘든 의무들에 대해서는 그 엄격함에 대해 위안을 주는 보상이 있다는 것을 알아요. 게다가 자신을 이겨내고자 할 때 싸움이 고통스럽더라도, 그가 예전에 자신이 섬기는 애인을 위해 했던 만큼의 일을 오늘 자신이 숭배하는 신을 위해 하지 못하겠어요? 제가 보기에는, 이런 것이 바로 당신의 도덕 원칙이에요. 그러므로 이것은 당신의 행동 규범이기도 해요. 당신은 외관에 만족하고 말과 행동이 다른, 자신은 손대고 싶어 하지 않는 무거운 짐을 타인에게 맡기는 그런 사람들을 언제나 멸시했으니까요.

이 현명한 사람은 자신에게 정한 규율을 따르기 위해 어떤 삶을 택했나요? 그는 철학자이기보다는 덕망 높은 기독교도이기에, 틀림없이 자신의 오만함을 안내자로 삼지 않았을 거예요. 인간에게는 유혹을 피하는 것이 유혹을 극복하는 것보다 더 자유로우며, 중요한 것은 격화된 열정을 억제하는 것이 아니라 그런 열정이 생기지 못하게 막는 것이라는 점을 그는 알아요. 그럼 그가 위험한 경우들을 피하긴 하나요? 자신의 마음을 뒤흔들 수 있는 대상들을 피하나요? 자기 자신에 대한 겸허한 경계심을 미덕의 보증으로 삼고 있나요? 정반대로, 그는 가장 무모한 싸움에 몸을 내던지는 것을 주저하지 않아요. 서른 살에 그는 자기 또래의 여인들과 함께 은둔 생활을 하려 해요. 그중 한 여인은 너무나 위험한 어떤 추억이 지워지기에는 그에게 너무 소중하며, 또 다른 여인은 그와 함께 매우 친하게 지내고 있으며, 세 번째 여인[24]은 은혜에 감사하며 여전히 그에게 애착을 갖고 있지요. 그는 완전히 꺼지지 않은 정열의 불꽃을 되살릴 수 있는 모든 것에 직면하게 될 것이고, 자신이 가장 두려워할 함정에 몸을 던지게 될 거예요. 지금 그의 상황에서는 자신의 힘을 경계하지 않아도 되는 관계라고는 하나도 없어요. 만일 그가 한순간이라도 약해지면, 그를 영원히 비천하게 만들어버리지 않을 관계는 하나도 없어요. 그가 감히 그토록 신뢰하는 그 위대한 정신력은 대체 어디 있는 거지요? 그의 미래를 책임지는 그 정신력이 지금까지 뭘 했지요? 그 정신력이 그를 파리의 그 대령네 집에서 끌어냈던가요? 지난여름 메유리의 사건을 지시한 것이 그 정신력인가요? 이번 겨울에 그를 또 다른 대상의 마력으로부터 구한 것, 이번 봄에 그를 어떤 꿈의 두려움으로부터 구한 것이 그 정신력인가요? 그가 적어도 한 번이라도 그 정신력으로 자신을 극복해 항상 그럴 수 있으리라는 기대를 갖게 한 적이 있던가요? 그는 의무가 요구하면 친구의 열정을 억제하기 위해 노력할 줄 알아요. 하지만 자기 자신의 열정은요?…… 아아, 더없이 아름다웠던 그의 절반의 생으로 보건대, 그는 나머지 절반의 생에 대해 얼마나 신중하게 생각해야 하는지요!

지독한 상태라도 일시적인 것일 때는 견딜 수 있어요. 6개월이나 일 년은 아무것도 아니에요. 그 상태의 끝을 생각해보고 용기를 내지요. 그러나 그 상태가 지속된다면 누가 견뎌낼 수 있겠어요? 죽음에 이를 때까지 자기 자신을 이겨낼 수 있는 사람이 누가 있겠어요? 오, 친구! 인생은 쾌락을 위해서는 짧아도 미덕을 위해서는 얼마나 긴지! 단 한 순간도 방심해서는 안 돼요. 즐길 수 있는 때는 지나가면 다시 오지 않지만, 나쁜 짓을 할 수 있는 때는 지나가더라도 끊임없이 다시 와요. 한순간 방심하면 파멸이에요. 이런 끔찍한 상태에서 평온한 날들을 보낼 수 있을까요? 위험에서 벗어난 날들이라고 해서, 그 날들이 이후의 날들을 더 이상 위험에 처하지 않게 하는 이유가 될 수 있나요?

당신이 벗어난 것만큼이나 위험한, 게다가 더 나쁘게는 그것 못지않게 예측 불허인 그런 경우들이 얼마나 많이 다시 발생할 수 있는지요! 두려워해야 할 기념물들이 메유리에만 있다고 생각하세요? 그것들은 우리가 있는 곳이면 어디에나 있어요. 왜냐하면 우리는 그것들을 몸에 지니고 다니기 때문이에요. 아! 감동된 영혼은 우주 전체를 자신의 열정에 연루시킨다는 것을, 그렇기에 심지어 치유 후에도 자연의 모든 대상은 예전에 우리가 그것을 보며 느꼈던 것을 다시 환기한다는 것을 당신은 너무도 잘 압니다. 그렇지만 저는 그런 위험이 이젠 다시 오지 않으리라는 것을 믿어요. 그래요, 감히 그렇게 믿어요. 저의 마음이 당신의 마음을 보증해요. 그러나 당신의 유순한 마음이 비열한 행동을 초월했다 해서, 나약함을 초월한 것인가요? 그리고 또 이곳에서 그 마음이 어쩌면 괴로워하면서 존경할 사람이 저 혼자뿐인가요? 생 프뢰, 제게 소중한 모든 사람이 당신이 제게 보여줘야 하는 존경과 똑같은 존경을 받아야 한다는 것을 명심하세요. 당신은 매력적인 한 여인의 악의 없는 유희를 줄곧 악의 없이 견뎌내야 한다는 것을 명심하세요. 만일 당신의 마음이 감히 한순간 자제심을 잃고 그토록 많은 이유에서 존경해야만 하는 것을 모독한다면 당신은 영원히 경멸받아 마땅하리라는 것도 명심하세요.

저는 의무와 신앙과 옛 우정이 당신을 억제해주기를, 미덕에 의해 반박된 반론이 당신에게서 감히 헛된 희망을 제거해주기를, 그리고 적어도 이성에 의해 당신이 쓸데없는 기원을 억누르기를 바라요. 하지만 그렇다고 해서 당신이 관능의 지배와 상상의 함정에서 해방될까요? 당신은 우리 둘을 존중하고 우리가 여성이라는 것을 잊도록 강요받은 끝에, 우리에게 봉사하는 여인들 속에서나 여성을 발견하게 될 거예요. 당신은 당신을 비천하게 만들면서도 당신을 정당화한다고 생각할 테지만, 실제로 그렇다고 당신이 죄를 덜 짓는 것일까요? 또 신분의 차이가 이렇게 잘못의 본질을 바꾸는 것일까요? 그와 반대로, 성공의 수단이 덜 정직한 만큼 당신은 한층 더 비천해질 거예요. 얼마나 비겁한 수단인가요! 뭐라고요! 당신이?…… 아아! 마음을 매수하고 사랑을 돈으로 좌우하는 비열한 인간은 파멸하기를! 바로 그런 인간들이 방탕으로 저질러지는 죄로 세상을 뒤덮는 거예요. 한번 몸을 판 여인이 어떻게 계속 몸을 팔지 않겠어요? 그 여자가 곧 빠져들게 되는 치욕 가운데서, 어느 쪽이 그녀를 비참하게 만든 장본인이지요? 그녀를 갈보집에서 거칠게 다루는 짐승 같은 인간과, 그녀를 그곳으로 끌고 가 그녀의 애정에 처음으로 값을 매기는 유혹자 중에서 말이에요.

제가 잘못 생각한 게 아니라면 당신을 감동시킬 고찰 하나를 감히 덧붙여볼까요? 당신은 제가 이곳에 규율을 세우고 미풍양속을 정착시키기 위해 어떤 신경을 썼는지 보았어요. 이곳에서는 겸허와 평화가 지배하고, 모두에게서 행복과 순결이 넘쳐흘러요. 친구, 당신과 저를, 우리의 과거의 모습과 현재의 모습, 그리고 미래의 모습을 생각해보세요. 언젠가 제가 저의 헛수고를 후회하면서, '우리 집의 문란의 씨앗은 그 사람이에요'라고 말해야 하나요?

필요하다면, 우리 다 말해버리기로 해요. 그리고 미덕에 대한 참된 사랑을 위해 절제 그 자체도 포기해요. 인간은 독신 생활에 맞게 태어나지 않았어요. 그렇기에 너무도 자연에 어긋나는 독신 상태가 공공연한 또는 숨겨진 문란을 초래하지 않기는 아주 어려워요. 자기 자신에게 끊임없이 붙어 다니는 적에게서 언제라도 벗어날 수 있나요? 인간이 아니기를 맹세하는 그 무모한 인간들일랑 다른 나라들에서나 보세요. 신을 시험한 것에 대해 벌하기 위해 신은 그들을 버려요. 그들은 성인(聖人)이라 자칭하지만, 파렴치해요. 그들의 허울뿐인 금욕은 타락에 불과하며, 인간성을 경멸한 것 때문에 그들은 인간 이하로 떨어지지요. 겉치레로만 규율을 준수할 때는 규율에 대해 엄격한 것이 별로 힘든 일이 아니라는 것을 저는 알아요.* 그렇지만 진실로 덕망 있는 인간이기를 원하는 사람은 자신에게 새로운 의무를 부과하지 않아도 그저 인간의 의무만으로도 충분히 어깨가 무겁다는 것을 느낍니다. 사랑하는 생 프뢰, 기독교도의 참된 겸허

---

* 어떤 사람들은 이유도 없이 금욕 생활을 하고, 또 어떤 사람들은 미덕으로 금욕 생활을 한다. 나는 많은 기독교 사제들이 후자의 경우임을 의심하지 않는다. 그러나 로마 교회의 성직자처럼 그렇게 구성원 수가 많은 집단에 독신 생활을 강요하는 것은, 그 집단에 아내를 가지는 것을 금지하는 것이라기보다는 타인의 아내들로 만족하라고 명령하는 것이다. 미풍양속이 아직 지켜지고 있는 모든 나라에서 법과 행정관들이 그토록 파렴치한 서원을 용납하고 있는 것이 놀랍다.

는 이런 것이에요. 즉, 그것은 자신의 임무가 자기 능력을 벗어나는 것을 언제라도 인정하는 것이며, 임무를 늘리려는 오만과는 거리가 멀어요. 이 규칙을 당신에게 적용하세요. 그러면 당신은 다른 남자라면 단순히 불안해할 상태가 수많은 이유에서 틀림없이 당신을 전율케 한다는 것을 느낄 거예요. 당신은 두려워할 것이 적으면 적을수록 더 두려워해야 해요. 만일 당신이 당신의 의무에 대해 두려움을 느끼지 않는다면, 그 의무를 완수하리라 기대하지 마세요.

이런 것들이 이곳에서 당신을 기다리고 있는 위험들이에요. 아직 늦지 않았으니 그것에 대해 생각해보세요. 저는 당신이 부정한 행동에 고의로 몸을 맡기지 않으리라는 것을 알아요. 그렇기에 당신이 저지를 수도 있는 유일하게 부정한 행동은 당신이 예상치 못한 채 행하는 것입니다. 그러므로 제 말은, 제가 말한 이유들을 바탕으로 마음을 결정하시라는 것이 아니라 그 이유들을 숙고해보시라는 거예요. 그 이유들에서 만족스러운 어떤 대답을 발견해보세요. 저는 그것으로 만족해요. 용기 있게 당신 자신을 믿으세요. 그러면 저도 당신을 믿겠어요. '나는 천사야'라고 제게 말해보세요. 그러면 저는 두 팔을 활짝 벌려 당신을 맞아들이겠어요.

맙소사! 언제나 절제와 고통이 따른다니요! 언제나 가혹한 의무를 완수해야 한다니요! 언제나 우리에게 소중한 사람들을 피해야 한다니요! 안 돼요, 친절한 친구. 현세에서부터 미덕에 대해 보상해줄 수 있는 사람은 행복하기를! 미덕을 위해 싸우고 인내할 줄 아는 사람에게 걸맞은 한 가지 보상을 저는 알아요. 저는 저 자신을 과신하지는 않지만, 제가 감히 당신에게 해드리는 이 보상은 제 마음이 당신 마음에 진 빚을 모두 갚아줄 거예요. 당신은, 하늘이 우리의 최초의 애정을 축복했을 경우에 당신이 얻었을 것보다 더 많은 것을 갖게 될 거예요. 저는 당신을 천사로 만들 수 없기에, 당신의 영혼을 지켜주고 정화하며 소생시켜주는 천사를 하나 보내주고 싶어요. 그 천사의 보호 아래 당신은 천국의 평화 속에서 우리와 함께 살 수 있게 될 거예요. 제가 말하려는 사람이 누구인지 짐작하기 그리 어렵지 않을 거예요. 그 대상은 이미 당신 마음속에 거의 자리를 잡고 있고, 만일 저의 계획이 성공한다면 틀림없이 언젠가는 당신 마음을 가득 채우게 될 거예요.

저는 이 계획의 모든 어려움을 알지만 그 때문에 물러서지는 않아요. 이 계획은 정직한 계획이니까요. 저는 제가 사촌에 대해 온갖 영향력을 갖고 있다는 것을 알고 있으며, 당신을 위해 그 영향력을 남용하여 행사하기를 겁내지 않아요. 그러나 당신은 그녀의 결심을 알고 있어요. 그 결심을 흔들기 전에 저는 먼저 당신의 의향을 확인해야 해요. 당신이 그녀에게 구혼하는 것을 허락하도록 그녀를 설득하면서, 제가 당신과 당신의 감정을 보증할 수 있도록 말이에요. 왜냐하면 운명이 당신들 둘 사이에 세워놓은 신분의 차이 때문에 당신이 직접 구혼할 권리를 빼앗길지라도 그녀는 당신이 이 권리를 어떻게 사용할지도 모르면서 그것이 당신에게 주어지는 것을 허락할 수는 없을 테니까요.

저는 당신의 모든 신중함을 알아요. 그렇기에 당신이 이의를 갖고 있다 해도 저는 그 이의가 당신보다는 오히려 그녀를 위한 것임을 알아요. 그 쓸데없는 불안은 그만두세요. 제 사촌의 명예를 당신이 저보다 더 바랄까요? 아니에요, 당신이 아무리 제게 소중한 존재여도 제가 그녀의 명예보다 당신의 이익을 더 원하지 않을까 하는 걱정은 마세요. 하지만 저는 양식 있는 사람들의 평판에 가치를 부여하는 만큼, 거짓 광채에 현혹되어 올바른 것은 전혀 보지 못하는 많은 대중의 경솔한 판단을 경멸해요. 신분의 차이가 그것보다 그토록 중요한가요? 재능과 좋은 품행이 도달하지 못할 신분은 없는데, 한 남자를 친구로 삼는 것을 명예롭게 생각하는 한 여인이 무슨 이유로 그를 남편으로 삼는 것을 감히 거절하겠어요? 당신은 그 점에 대한 그녀와 저의 원칙이 무엇인지 알고 있어요. 부끄러움과 비난에 대한 두려움은 선한 행동보다는 악한 행동을 더 부추겨요. 미덕은 나쁜 면에 대해서만 부끄러워할 줄 알아요.

당신에 대해 말하자면, 제가 때로 당신에게서 느끼는 그 자존심은 이 경우에만은 계제에 맞지 않을 수 있어요. 그녀에게서 받는 은혜가 더 클까 봐 염려한다면, 그것은 배은망덕한 일일 거예요. 게다가, 당신이 아무리 까다롭다고 해도 친구보다는 아내 덕에 재산을 얻는 것이 더 기분 좋고 더 어울린다는 것을 인정하세요. 왜냐하면 당신은 아내의 보호자 및 친구의 피보호자가 되고, 또 사람들이 뭐라 말하든 신사에게는 아내보다 나은 친구는 없기 때문이에요.

새로운 약속에 대해 별로 내키지 않는 마음이 남아 있다손 치더라도, 당신의 명예와 제 마음의 평화를 위해 너무 서둘러 그것을 없애려 해서는 안 돼요. 왜냐하면 저는, 오로지 당신이 반드시 되어야 할 그런 사람이 정말로 될 때에만, 그리고 당신이 자신이 이행해야 하는 의무를 좋아하게 될 때에만 당신과 저에 대해 만족할 것이기 때문이에요. 이봐요, 친구! 저는 그 내키지 않는 마음보다는 오히려 당신의 옛 애정과 너무 관계가 있는 열의를 더 두려워해야 할 거예요. 당신에 대한 의무를 이행하기 위해서라면 제가 무슨 일인들 마다하겠어요? 저는 약속한 것 이상을 이행해요. 제가 당신에게 주는 사람 또한 쥘리가 아닌가요? 당신은 저의 가장 좋은 부분을 갖게 되는 게 아닌가요? 그래서 당신이 저의 나머지 부분에게 더 소중한 존재가 되지 않겠어요? 그때 저는 당신에 대한 저의 애정에 거리낌 없이 몰두할 텐데, 그것은 얼마나 매혹적인 일일까요! 그래요, 당신이 제게 했던 서약을 그녀에게도 하세요. 당신의 마음이 저와 한 모든 약속을 그녀와 지켜주세요. 당신의 마음이 저의 마음에 아직 빚지고 있는 모든 것을 가능한 한 그녀에게 돌려주세요. 오, 생 프뢰! 저는 이 오래된 빚을 그녀에게 양도하겠어요. 그 빚은 갚기가 쉽지 않다는 것을 잊지 마세요.

친구, 이상이 우리가 위험 없이 다시 함께 살기 위해 제가 생각해낸 방법이에요. 당신이 우리 마음속에서 차지하는 것과 동등한 자리를 우리의 가정에서 차지하도록 당신에게 줌으로써 말이에요. 우리 모두를 결합해줄 소중하고 신성한 인연 속에서, 우리는 서로 형제자매일 뿐일 거예요. 당신은 이제 당신 자신의 적도, 우리의 적도 아닐 거예요. 우리의 아주 감미로운 감정은 합법성을 인정받아서 더 이상 위험하지 않을 거예요. 그 감정은, 더 이상 억누를 필요가 없게 되면 두려워할 필요도 없게 될 거예요. 그토록 매력적인 감정을 억누르기는커녕, 우리는 그것을 우리의 의무이자 기쁨으로 삼을 거예요. 바로 그때 우리 모두는 서로를 더 완전하게 사랑할 것이며, 함께 지내면서 우정과 사랑과 순수의 매력을 진정으로 맛볼 거예요. 당신이 맡고 있는 일에서, 우리 아이들에 대한 당신의 배려에 하늘이 아버지가 되는 행복으로 보답해주신다면, 그때 당신은 우리를 위해 했을 일에 대한 보상이 무엇인지 스스로 알게 될 거예요. 인간의 진정한 행복에 만족한 당신은 친지들을 유익하게 하는 삶이라는 즐거운 짐을 기쁘게 지는 법을 배울 거예요. 마침내 당신은 악한들의 헛된 지혜로는 결코 믿을 수 없었던 것을 느낄 것이며, 이 세상에는 미덕을 사랑하는 사람들에게만 남겨진 행복이 있다는 것을 느낄 거예요.

제가 제안하는 결혼 상대에 대해 여유를 가지고 숙고해보세요. 그 결혼 상대가 당신 마음에 드는지 알기 위해서가 아니라——이 점에 대해서는 저는 당신의 답변이 필요 없어요——당신이 도르브 부인의 마음에 드는지, 그리고 그녀가 당신을 행복하게 해주듯이 당신이 그녀를 행복하게 해줄 수 있는지 알기 위해서 당신의 답변이 필요해요. 당신은 그녀가 여성으로서의 모든 신분에서 어떻게 자신의 의무를 이행했는지를 알아요. 그러니 현재의 그녀를 토대로, 그녀가 무엇을 요구할 권리가 있는지 판단해보세요. 그녀는 쥘리처럼 사랑하고, 쥘리처럼 사랑받아야 해요. 당신이 그녀에게 어울릴 만한 사람이라고 느낀다면 그렇다고 말하세요. 제 우정은 그 밖의 일을 시도하겠지만, 그녀의 우정에 모든 것을 기대해요. 혹시 제가 당신에게 너무 많은 것을 기대했는지 몰라도, 적어도 당신은 신사이며,

또 그녀의 섬세한 감정을 알고 있어요. 그러니 그녀의 행복을 앗아 가는 행복을 바라지는 않으시겠지요. 당신의 마음이 그녀에게 어울렸으면 해요. 그렇지 않다면 당신 마음을 그녀에게 절대로 바치지 말았으면 해요.

다시 한번 말하지만, 충분히 숙고하세요. 답변을 하기 전에 깊이 생각해 보세요. 인생의 운명이 걸려 있는 문제에서, 신중함은 가볍게 결정하는 것을 허락하지 않지요. 그러나 영혼의 운명과 미덕의 선택이 걸려 있는 문제에서, 모든 경박한 숙고는 죄악이에요. 오, 내 좋은 친구, 지혜의 모든 도움을 받아 당신의 영혼을 견고히 하세요. 나쁜 부끄러움이 있다면 제가 당신에게 가장 필요한 것을 환기하는 데 방해가 되겠지요? 당신은 종교를 가지고 있어요. 그러나 저는, 종교가 삶에 주는 모든 이점을 당신이 종교에서 끌어내지 못할까 봐, 철학적인 오만이 기독교적인 소박함을 경멸할까 봐 염려돼요. 저는 당신에게서 기도에 관해 제가 결코 동의할 수 없는 원칙들을 발견했어요. 당신에 따르면, 그 겸허한 행위는 우리에게 무익하며, 신은 우리를 선으로 이끌 수 있는 모든 것을 양심이라는 형태로 주신 다음 우리를 우리 자신에게 내맡겨 우리의 자유가 작용하도록 내버려두시지요. 당신도 알다시피, 그것은 성 바울의 교의도 아니고, 우리의 교회에서 공언되는 교의도 아니에요. 우리는 자유로운 것이 사실이지만 무지하고 나약하며 악에 빠지기도 쉬워요. 그렇다면 빛과 힘이 그것의 원천인 분에게서가 아니면 어디에서 우리에게 올 것이며, 그것들이 우리에게 필요하지 않다면 무엇 때문에 우리가 그것들을 얻으려 하겠어요? 친구, 인간의 오만으로 인해 위대한 존재에 대한 당신의 숭고한 관념에다가, 인간과 관련된 저급한 관념들을 섞지 않도록 조심하세요. 그것은 마치, 우리의 나약함을 위로해주는 수단들이 신의 능력에 적합하다고, 또 일들을 더 용이하게 처리하기 위해 그것들을 일반화하듯이 신의 능력도 수완을 필요로 한다고 말하는 것과 같아요. 당신 말을 들어보면, 신의 능력으로는 각 개인을 돌보기가 어려운 것 같아요. 당신은 공유된 지속적인 주의(注意)가신의 능력을 피곤하게 만들지 않을까 염려하며, 또 신의 능력이 일반적인 법칙들에 따라 모든 것을 행하는 것이 훨씬 더 좋으리라고 생각하지요. 아마도 일반 법칙들이 신의 능력의 수고를 덜 요구하리라는 이유에서요. 오, 위대한 철학자들이여, 신은 이처럼 편리한 방법들을 제공해주고 일을 줄여주는 것에 대해 당신들에게 얼마나 고마워해야 하는지!

당신은 다시 이렇게 말해요. '신에게 뭔가를 요구해봤자 무슨 소용이 있지요? 신은 우리가 필요로 하는 것을 모두 알고 있지 않은가요? 신은 그것들을 마련해주기에 우리의 아버지가 아닌가요? 우리가, 우리에게 필요한 것을 신보다 더 잘 아나요? 우리가, 신이 우리의 행복을 바라는 것보다 더 진심으로 우리의 행복을 바라나요?' 사랑하는 생 프뢰, 얼마나 헛된 궤변들인지요! 우리의 욕구 중 가장 큰 욕구이자 우리가 만족시켜줄 수 있는 유일한 욕구는 욕구를 느끼려는 욕구이며, 우리가 비참에서 벗어날 수 있는 첫걸음은 그 비참을 아는 거예요. 지혜로워지기 위해 우리 겸손해져요. 우리 함께 우리의 나약함을 봐요. 그러면 우리는 강해질 거예요. 그렇기 때문에 정의는 관용과 일치하며, 그렇기 때문에 은총과 자유는 동시에 힘을 발휘해요. 나약함으로 인해 노예가 된 우리는 기도로써 자유로워져요. 왜냐하면 우리 스스로 힘을 갖는 것은 우리에게 달린 일이 아니지만, 힘을 요구하여 얻는 것은 우리에게 달려 있기 때문이에요.

그러니 어려운 경우에는 항상 당신 자신의 조언이 아니라, 우리로 하여금 결심하게 하고 그 결심을 최선의 것으로 만들어줄 줄 아는, 신중함과 힘을 겸비한 분의 조언을 얻는 것을 배우세요. 인간의 지혜의 큰 결점은, 심지어 미덕만을 목적으로 삼는 인간의 지혜도 예외 없이 갖는 결점으로서, 현재에 의해 미래를, 그리고 한순간에 의해 삶 전체를 판단하게 하는 지나친 자신감이에요. 사람들은 잠시 확고함을 느꼈을 뿐이면서도 결코 흔들림이 없다고 생각해요. 경험으로 매일 오만함이 꺾이는데도 오만으로 가득 차서, 한 번 피한 함정은 더 이상 두려워할 필요가 없다고 생각해요. 용맹에 대한 겸허한 말투는 '나는 어느 날에는 용감했다'이지요. 하지만 '나는 용감하다'라고 말하는 사람은 자신이 내일 어떤 사람이 될지 알지 못해요. 자신에게 주어지지 않은 능력을 자신의 것으로 간주하기에, 그는 그 능력을 이용할 때가 와도 당연히 이용할 수가 없어요.

시간의 지속성도 공간의 거리감도 없는 신 앞에서, 우리의 모든 계획은 얼마나 우스꽝스러우며 우리의 모든 추론은 얼마나 어리석고 엉뚱한지요! 우리는 멀리 떨어져 있는 것은 아무것도 아닌 것으로 여기고, 우리와 인접해 있는 것만 봐요. 장소를 바꾸면 우리의 판단은 완전히 반대가 될 것이고, 근거가 약화될 거예요. 우리는 오늘 우리에게 적합한 것을 토대로 미래를 결정해요. 그것이 내일 우리에게 적합할지 알지도 못하면서 말이에요. 우리는 우리 자신이 언제나 변함이 없다고 생각해요. 매일 변하는데도 말이에요. 우리가 지금 사랑하는 사람을 미래에도 사랑할지, 지금 원하는 것을 미래에도 원할지, 현재의 우리가 미래에도 동일할지, 무관한 대상과 신체의 노쇠가 영혼을 몹시 변화시켜놓지는 않을지, 그리고 우리의 행복을 위해 궁리한 일들 속에서 오히려 우리의 비참을 발견하게 되지는 않을지 누가 알겠어요? 인간의 지혜의 규칙을 제게 보여주세요. 그러면 저는 그것을 안내자로 삼겠어요. 그러나 만일 그 지혜의 가장 훌륭한 교훈이 우리에게 그 지혜를 믿지 말라고 가르치는 것이라면, 잘못 생각하게 하지 않는 지혜에 도움을 청하기로 해요. 그 지혜가 우리에게 불러일으키는 일을 행하기로 해요. 저는 제가 어떤 조언을 해야 할지 가르쳐달라고 그 지혜에 청하니, 당신은 어떤 결심을 해야 할지 가르쳐달라고 그 지혜에 청하세요. 당신이 어떤 결심을 하든 당신은 올바르고 정직하기만을 바라리라는 것을 저는 잘 알아요. 그렇지만 그것만으로는 아직 충분하지 않아요. 항상 그러할 것을 바라야 해요. 그렇지만 당신도 저도 그것에 대한 심판자는 아니에요.

:: 편지 7

답장

쥘리! 당신의 편지!…… 7년이나 침묵을 지키더니…… 그래요, 이것은 당신의 편지예요. 나는 그렇게 생각하고, 그렇게 느껴요. 내 마음이 잊지 못한 필적을 내 눈이 알아보지 못할까요? 맙소사. 내 이름을 기억하고 있었습니까? 아직도 그 이름을 쓸 줄 아는 겁니까?…… 그 이름*을 쓰면서 손이 떨리지는 않았나요?…… 혼란스럽군요. 그것은 당신의 잘못입니다. 형식, 봉투, 봉인, 주소 등 이 편지의 모든 것이 지난날의 편지들과 너무 다르다는 것을 느끼게 합니다. 마음과 손이 서로 모순되게 말하는 것 같습니다. 아아! 당신은 다른 감정을 쓰는 데 같은 필적을 사용해야 했습니까?

제가 당신의 옛 편지들을 끔찍이 생각하는 것이 바로 당신의 이 편지를 너무나 정당화한다고 어쩌면 당신은 생각하겠지요. 당신은 잘못 생각하고 있어요. 나는 나 자신을 잘 의식하고 있어요. 내가 더 이상 예전의 내가 아니거나, 아니면 당신이 더 이상 예전의 당신이 아니거나, 둘 중 하나입니다. 매력과 선량함을 제외하고, 예전에 내가 당신에게서 발견했던 것 가운데 재발견하게 되는 그 모든 것이 나를 새삼 놀라게 하는 동기가 되니, 그것이 바로 그 증거입니다. 이 관찰은 당신의 불안에 미리 답해줍니다. 나는 내 힘을 믿는 것이 아니라, 내 힘에 의지하지 않아도 되는 감정을 믿습니다. 내가 열렬히 사랑하기를 그만둔 그녀에게서 여전히 존경해야 할 온갖 요소를 발견하는 나는, 과거의 나의 경의가 어떤 존경으로 승화되어야 하는지를 압니다. 더할 나위 없이 다정한 감사의 마음으로 가득 찬 나는 어느 때보다 당신을 사랑합니다. 정말입니다. 그러나 나로 하여금 당신에게 가장 애착을 갖게 하는 것은, 나의 회복된 이성입니다. 내 이성은 있

* 말했듯이, 생 프뢰라는 이름은 가명이다. 아마도 주소에는 본명이 적혀 있었을 것이다.

는 그대로의 당신 모습을 내게 보여주며, 사랑 자체보다 더 잘 당신을 섬깁니다. 만일 내가 죄를 지은 채로 남아 있었다면, 당신이 내게 그만큼 소중하지는 않을 겁니다. 그렇고말고요.

내가 현혹된 감정을 좇지 않게 되고, 통찰력 있는 볼마르가 나의 진정한 감정을 일깨워준 이래, 나는 나를 아는 법을 더 잘 배웠기에 나의 나약함에 대해 덜 불안해합니다. 나의 나약함이 나의 상상을 기만하든, 그러한 과오가 내게 여전히 달콤하든, 그 나약함이 더 이상 당신을 모욕할 수 없다는 것만으로 내 마음은 충분히 평화롭습니다. 또한, 망상을 좇다 보면 길을 잃게 되는데, 그처럼 길을 잃게 하는 망상이 실제적인 위험에서 나를 구해줍니다.

오, 쥘리! 세월로도 배려로도 지우지 못하는 영원한 인상들이 있습니다. 상처는 치유되지만, 자국은 남습니다. 그 자국은 다른 상처로부터 마음을 지켜주는 훌륭한 보증입니다. 변심과 사랑은 양립 불가능합니다. 변하는 애인은 변하는 게 아닙니다. 그는 사랑을 시작하거나 끝내는 것입니다. 나는 끝냈습니다. 그러나 당신의 사람이기를 그만두었으면서도, 나는 당신의 보호 아래 남아 있습니다. 나는 이제 당신을 두려워하지 않는데, 당신은 내가 또 다른 당신을 두려워하는 것을 막고 있습니다. 아니에요, 쥘리. 그렇지 않아요. 존경받을 만한 여인이여, 당신은 내게서 당신의 자아의 친구, 당신의 미덕의 연인밖에 보지 못할 것입니다. 그러나 우리의 사랑, 최초이자 유일한 사랑은 내 마음에서 결코 떠나지 않을 것입니다. 나의 꽃다운 시절은 내 기억 속에서 시들지 않을 것입니다. 내가 몇 세기를 산다 해도, 내 청춘의 감미로웠던 시기는 다시 올 수도, 내 기억에서 지워질 수도 없을 것입니다. 우리가 이제 전과 달라졌다 해도 소용없습니다. 나는 우리의 과거를 잊을 수 없을 테니까요. 자, 이제 당신의 사촌에 대해 이야기해봅시다.

사랑하는 친구, 고백해야겠군요. 내가 당신의 매력을 감히 더 이상 응시하지 못하게 된 이래, 그녀의 매력에 더 민감해지고 있다는 것을요. 아무에게도 고정되지 않고 계속 이 미녀 저 미녀로 떠돌기만 하는 눈이 어디 있겠습니까? 나의 눈은 아마도 너무나 즐겁게 그녀를 다시 보았던 것 같습니다. 내가 멀리 떠나온 이래, 내 마음속에 이미 각인된 그녀의 모습이 더 깊은 인상을 주고 있습니다. 성소는 닫혔지만, 그녀의 상은 신전 안에 있습니다. 조금씩 나는 그녀에 대해, 내가 당신을 보지 않았다면 되었을 그런 사람이 되어가고 있습니다. 나로 하여금 그녀가 내게 불러일으키는 것과 사랑의 차이를 느끼게 하는 것은 오로지 당신뿐이었습니다. 그 무시무시한 정열에 구속받지 않는 관능은 우정이라는 부드러운 감정과 결합되고 있습니다. 그렇다고 해서 우정이 사랑으로 바뀌나요? 쥘리, 아아, 얼마나 큰 차이인지요! 열광은 어디에 있나요? 맹목적인 사랑은 어디에 있나요? 이성 자체보다 더 빛나고 더 숭고하며, 더 강하고 백배는 더 나은 이성의 그 신성한 일탈은 어디에 있나요? 일시적인 불길이 나를 태웁니다. 한순간의 열광이 나를 엄습하여 뒤흔들다가 떠나갑니다. 나는 그녀와 나 사이에서, 서로 다정하게 사랑하고 또 서로에게 사랑한다고 말하는 두 친구를 되찾습니다. 하지만 두 연인이 서로 사랑하는 것일까요? 아닙니다. '당신'과 '나'는 그들의 언어에서 금지된 단어들입니다. 그들은 더 이상 둘이 아니라 하나이니까요.

그러니 내가 과연 평온할까요? 어떻게 내가 평온할 수 있겠습니까? 그녀는 매혹적이고, 당신의 친구이자 내 친구입니다. 감사하는 마음이 나를 그녀에게 묶어놓고 있습니다. 그녀는 나의 아주 달콤한 추억 속으로 들어옵니다. 감수성 예민한 영혼에 대해 가질 수 있는 권한이 얼마나 되겠으며, 너무도 훌륭한 그 많은 감정들로부터 어떻게 더 다정한 감정을 분리해내겠어요! 아아! 그녀와 당신 사이에서 나는 한순간도 평화롭지 않을 것 같습니다!

여인들이여, 여인들이여! 자연이 우리에게 고통을 주기 위해 아름답게 장식해놓은 소중하지만 불길한 대상들이여! 당신들은 당신들에게 도전하는 사람은 벌을 주고 당신들을 두려워하는 사람은 괴롭힌다! 당신들에 대한 증오도 사랑도 똑같이 우리에게 해로우며, 당신들을 쫓아다니든 피하든 우리는 벌을 받지 않을 수 없다! 아름다움이여, 매력이여, 유혹이여, 연민이여! 불가해한 존재 혹은 환상이여, 고통과 쾌락의 심연이여! 너를 생성시킨 자연력보다 인간들에게 더 무시무시한 아름다움이여, 너의 기만적인 평온에 몸을 내맡기는 자에게 불행이 있을지니! 인류에게 고통을 안겨주는 폭풍우를 만들어내는 것은 바로 너, 아름다움이구나! 오, 쥘리! 오, 클레르! 당신들은 당신들이 감히 내게 자랑하는 그 잔인한 우정을 내게 얼마나 비싸게 파는지!…… 나는 폭풍우 속에서 살았고, 그것을 불러일으킨 것은 언제나 당신들이었습니다. 당신들은 내 마음으로 하여금 얼마나 다양한 출렁임을 겪게 했는지! 제네바 호수의 파도는 거대한 대양의 파도와 닮지 않았습니다. 전자는 민첩하고 짧은 물결로서, 지속적으로 단호하게 일렁이고 요동치고 때로는 침수시키지만 긴 흐름은 절대로 형성하지 않습니다. 그러나 겉으로 보기에 고요한 바다에서는, 우리는 거의 눈에 띄지 않는 느린 파도에 의해 높이 들어 올려지고 부드럽게 멀리까지 떠밀려지는 것을 느낍니다. 그 자리에서 밀려가지 않는 것 같아도 세상 끝에 이르게 됩니다.

이것이 당신의 매력과 그녀의 매력이 내게 야기한 효과의 차이입니다. 내 일생의 운명을 결정한 그 최초이자 유일한 사랑, 사랑 자체로밖에는 극복할 수 없었던 사랑이 나도 모르게 생겨났는데, 나는 그것에 끌려가고 있었으면서도 그런 줄을 미처 알지 못했습니다. 나는 길을 잃고도 길을 잃은 줄 몰랐습니다. 바람이 부는 동안 나는 하늘, 혹은 심연 속에 있었던 것입니다. 다시 평온이 찾아왔지만, 나는 내가 어디에 있는지 알지 못합니다. 그와 반대로, 나는 그녀 곁에서 내 혼란을 보고 느낍니다. 그리고 그 혼란을 실제보다 크게 상상합니다. 나는 일시적이고 산만한 열광을 느끼며, 한

순간 흥분했다가 잠시 뒤 다시 평온해집니다. 파도가 배를 뒤흔들지만, 소용없습니다. 바람이 돛을 부풀게 하지 않으니까요. 내 마음은 그녀의 매력에 만족하지만, 그 매력에 환상을 갖지는 않습니다. 그녀는 상상할 때보다 직접 볼 때 더 아름다워서, 나는 멀리 있을 때보다 가까이 있을 때 그녀가 더 두렵습니다. 이것은 당신이 내게 일으키는 효과와는 거의 반대되는 효과이며, 나는 클라랑에서 그 두 가지 효과를 한결같이 느꼈습니다.

내가 떠나온 뒤로, 그녀가 종종 내게 더 위력적으로 보이는 것이 사실입니다. 그러나 불행히도, 나로서는 그녀만을 마음에 그리는 것이 어려운 일입니다. 마침내 마음에 그녀를 그리게 되더라도, 그것으로 그만입니다. 그녀는 내게 사랑이 아니라 불안을 남겼습니다.

이상이 정확히 당신들 두 사람에 대한 나의 감정입니다. 당신들을 제외한 나머지 여성들은 모두 내게는 이제 아무것도 아닙니다. 나의 오랜 고뇌는 나로 하여금 모든 여성을 잊게 했습니다.

나의 인생은 한창 때에 끝났습니다.

불행은 내게 본능을 극복하고 유혹을 물리칠 힘을 대신해주었습니다. 고통스러울 때는 욕망이 거의 없는 법입니다. 게다가 당신은 욕망에 저항하면서 욕망을 가라앉히는 법을 가르쳐주었습니다. 불행한 결말을 맞은 큰 정열은 지혜에 이르는 훌륭한 수단입니다. 내 마음은 이를테면 내 모든 욕망의 표현 수단이 되어버렸습니다. 내 마음이 평온할 때에는 욕망도 전혀 없습니다. 당신들 두 사람이 내 마음을 평화롭게 내버려두세요. 그러면 차후 내 마음은 영원히 평화로울 것입니다.

이러한 상태에서 내가 나 자신에 대해 무엇을 두려워해야 하며, 어떤 잔인한 조심성에서 당신은 내 행복을 잃을 위험을 제거한답시고 되레 그 행복을 내게서 빼앗으려 하는 것입니까? 나로 하여금 싸워 이기게 해놓고,

그 승리의 상을 내게서 빼앗아 가는 것은 얼마나 큰 변덕인지요! 이유도 없이 무릅쓴 위험을 비난받을 만한 것으로 만드는 것은 바로 당신이 아닙니까? 왜 당신은 그토록 많은 위험을 무릅쓰고 나를 당신 곁으로 불렀으며, 당신 곁에 머물러 있을 자격이 있는 나를 왜 이제 추방하려는 것입니까? 당신은 남편에게 아무 쓸데 없이 그렇게 큰 고통을 주어야 했나요? 당신 자신은 배려를 무용한 것으로 만들 작정이었으면서, 그로 하여금 그러한 배려를 포기하게 하지 않았다니! 왜 당신은 그에게 이렇게 말하지 않았지요? '그를 세상 끝에다 내버려두세요. 나도 마찬가지로 그를 그곳으로 보내버리고 싶으니까요'라고 말이에요. 아아, 유감이군요! 당신이 나를 염려하면 할수록 더 당신은 서둘러 나를 다시 불러야 할 겁니다. 그래요. 위험은 당신 곁이 아니고 당신이 없는 곳에 있어서, 나는 당신이 없는 곳에서만 당신을 두려워해요. 이 두려운 쥘리가 나를 괴롭히면, 나는 볼마르 부인 곁으로 피신합니다. 그러면 평온을 찾습니다. 이 피신처를 빼앗긴다면 나는 어디로 도망갈까요? 그녀에게서 멀리 떨어져 있으면 어디서든 항상 나는 위험합니다. 도처에서 나는 쥘리와 클레르를 만나요. 과거에도 현재에도 두 사람은 돌아가면서 나를 흔듭니다. 그리하여 끊임없이 혼란스러운 내 상상은 당신을 만날 때만 고요해져서, 오로지 당신 곁에서만 내가 나에 대해 안심합니다. 당신 곁에 다가갈 때 느껴지는 변화를 어떻게 설명할 수 있을까요? 여전히 당신은 변함없는 권위를 발휘하지만, 그것의 효력은 정반대입니다. 이번의 권위는 당신이 예전에 야기하곤 했던 열광을 억제해주는 것이기에 훨씬 더 크고 더 숭고합니다. 정열의 동요에 이어 평화와 평정이 옵니다. 언제나 당신의 마음을 토대로 형성되는 나의 마음은 당신의 마음처럼 사랑을 했고, 당신의 마음을 본받아 평화로워지고 있습니다. 그러나 이 일시적인 평화는 휴전일 뿐입니다. 그리고 당신 앞에서 내가 아무리 나를 당신 높이까지 고양하려 해도 소용이 없습니다. 당신을 떠나면 다시 나 자신에게로 떨어져버리니까요. 쥘리, 사실 내게는 두 영혼이 있는 것 같아요. 그중 선한 영혼은 당신의 손에 맡겨져 있어요. 아아, 당신은 그 선한 영혼으로부터 나를 떼어놓고 싶은가요?

아니, 당신은 관능으로 인한 실수를 걱정하는 겁니까? 근심 때문에 시들어버린 청춘의 잔해를 두려워하는 겁니까? 당신의 보호 아래 있는 젊은 사람들에 대해 염려하는 겁니까? 지혜로운 볼마르도 나에 대해 하지 않은 걱정을 당신은 하고 있군요! 오, 이런! 이런 모든 두려움이 내게 얼마나 굴욕적인지! 도대체 당신은 당신 친구를 말단 하인보다 못하게 보는 것입니까? 나는 당신이 나에 대해 나쁘게 생각하는 것은 용서할 수 있지만, 당신 자신을 존경할 의무가 있는데도 존경하지 않는 것은 용서할 수 없습니다. 그래요, 그렇습니다. 내가 불태웠던 정열이 나를 정화했습니다. 이제 나에게는 보통 사람과 같은 점이라고는 아무것도 없습니다. 과거의 내가 그랬듯이, 만일 내가 한순간이라도 비열해진다면 나는 세상 끝으로 숨어버릴 겁니다. 그래도 내가 당신에게서 충분히 멀리 떨어져 있다고는 생각되지 않을 겁니다.

맙소사! 내가 스스로 그토록 기쁘게 찬미했던 이 마음에 드는 질서를 깨트릴 거라고요? 내가 스스로 그토록 경건한 마음으로 살았던 그 순수와 평화의 거주지를 더럽힐 거라고요? 내가 매우 비열한 사람일지도 모르지만…… 아아, 인간 중에서 가장 타락한 자일지라도 어떻게 그토록 매력적인 광경에 감동받지 않겠습니까? 어떻게 그 안식처에서 성실함에 대한 사랑을 되찾지 않겠습니까? 그는 자신의 나쁜 품행을 그곳으로 가지고 가기는커녕, 그곳에 가서 그것을 버릴 것입니다…… 누가요? 내가요, 쥘리? 내가요?…… 이제 와서요?…… 당신 눈앞에서요?…… 사랑하는 친구, 두려워 말고 당신의 집을 내게 열어주세요. 당신의 집은 내게 미덕의 사원입니다. 그곳에서는 어디서나 미덕의 엄숙한 우상이 보이니, 나는 당신 곁에서는 오직 미덕만을 섬길 수 있어요. 당연히 나는 천사가 아니지만, 천사들의 거주지에서 살 것이며 그들을 본받을 것입니다. 천사를 닮고 싶어 하지 않는 사람이나 천사들을 피하는 법이지요.

당신이 보다시피, 나는 당신 편지의 주된 문제로 들어가기가 힘듭니다. 가장 먼저 생각해봐야 하는 문제이자, 그것이 예고하는 행복을 내가 감히 열망한다면 신경을 써야 할 유일한 문제인데도 말입니다. 오, 쥘리! 자비로운 영혼, 비할 데 없는 친구여! 당신의 훌륭한 반쪽을, 세상에서 당신 다음으로 귀중한 보물을 내게 내줌으로써 당신은 그동안 나를 위해 했던 것보다 더 많은 것을 가능한 만큼 해주고 있습니다. 사랑은, 맹목적인 사랑은 당신으로 하여금 당신을 내주지 않을 수 없게 했지만, 당신의 친구를 내주는 것은 의심할 바 없는 존중의 증거입니다. 이 순간부터 내가 진정으로 가치 있는 사람이 된 것 같습니다. 내가 당신에게 존중받으니까요. 그러나 이 명예의 증거는 내게 얼마나 가혹한지! 내가 그 명예를 받아들인다면 그 명예를 부인하는 일이 될 것입니다. 그러니 그 명예를 받을 자격이 있으려면 그 명예를 포기해야만 합니다. 당신은 나를 잘 알고 있으니, 나를 판단해보세요. 당신의 사랑스러운 사촌은 사랑받는 것만으로는 충분하지 않습니다. 그녀가 당신처럼 사랑받아야 한다는 것을 나는 압니다. 그녀는 그렇게 될까요? 그렇게 될 수 있을까요? 그리고 이 점과 관련해, 그녀에게 진 빚을 갚는 것이 내게 달린 문제인가요? 아아, 만일 그녀와 나를 엮어주고 싶다면, 왜 당신은 내게 그녀에게 줄 마음을, 그녀가 내게 새로운 감정을 불러일으키고 내가 그 감정의 첫물을 그녀에게 줄 수 있는 그런 마음을 남겨두지 않은 겁니까! 당신을 사랑할 줄 알았던 마음만큼 그녀에게 덜 어울리는 마음이 있습니까? 도르브 씨를 본받아 그녀에게만 몰두하려면, 착하고 현명한 도르브의 자유롭고 평화로운 영혼을 지녀야 할 것입니다. 그의 뒤를 잇기 위해서는 그 사람만 한 가치를 지녀야 할 것입니다. 그렇지 않으면 그녀는 옛날과 비교하며 현재의 상태를 더 견딜 수 없어 하게 될 것입니다. 두 번째 남편의 건성으로 하는 약한 사랑은 첫 번째 남편을 잃은 그녀에게 위안이 되기는커녕, 그녀로 하여금 그를 더 그리워하게 할 것입니다. 그녀는 친절하고 고마운 친구를 저속한 남편으로 만들게 될지도 모릅니다. 이 맞바꿈이 그녀에게 무슨 득이 될까요? 그녀는 이중으로 손해를 보게 될 것입니다. 그녀의 섬세하고 민감한 마음은 그 손실을 너무도 크게 느낄 것입니다. 그럴 때, 내가 원인이 되었지만 내가 치유해줄 수 없는 그 부단한 슬픔의 광경을 어떻게 견디라는 말입니까? 아아! 그러면 나는 괴로워서 그녀보다 먼저 죽고 말 것입니다. 안 돼요, 쥘리. 나는 그녀의 행복을 희생하고 행복해지지는 않을 겁니다. 나는 그녀를 너무 사랑해서 그녀와 결혼할 수가 없습니다.

내 행복이라고요? 안 됩니다. 그녀를 행복하게 해주지도 못하면서 내가 행복할까요? 결혼에서 둘 중 한 사람만 독점적인 조건을 지닐 수 있습니까? 결혼에서 행복과 불행은 어쩔 수 없이 공유하는 것이 아닙니까? 서로에게 주는 고통은 항상 그것을 야기하는 사람에게 되돌아오지 않습니까? 나는 그녀가 친절해도 행복하지 않을 것이며, 그녀가 괴로워하면 당연히 불행할 것입니다. 호의, 아름다움, 장점, 애정, 재산 등 모든 것이 나의 행복에 협력할 테지만 내 마음, 이 내 마음만은 이 모든 것에 해독을 끼치면서 행복한 가운데서도 나를 비참하게 만들 것입니다.

그녀의 곁에 있음으로써 나의 현재 상태가 매력이 넘친다 해도, 더욱 긴밀한 결합에 의해 그 매력이 증가할 수 있기는커녕 내가 거기에서 느끼는 대단히 감미로운 기쁨마저 내게서 사라지고 말 것입니다. 그녀의 익살맞은 기질은 그녀의 우정을 마음껏 발휘시킬 수 있지만, 이 애정의 표시에 대한 목격자가 있을 때 그렇습니다. 나는 그녀 곁에 있으면 너무도 강렬한 어떤 감동을 느낄 수 있지만, 당신이 옆에 있어 나의 주의를 딴 데로 돌릴 때 그렇습니다. 그녀와 내가 마주 대하고 있을 때조차 우리의 그 상태를 더없이 기분 좋게 만들어주는 것은 항상 당신입니다. 우리의 애정이 커갈수록, 우리는 그 애정을 낳은 끈을 더욱더 상기하게 됩니다. 우리 우정의 달콤한 유대는 긴밀해지고, 우리는 당신에 대해 이야기하기 위해 서로를 사랑합니다. 그처럼 당신의 클레르에게 소중하고, 당신의 친구인 나에게는 더욱더 소중한 수많은 추억이 그녀와 나를 결합하고 있습니다. 만일 다른 끈으로 결합된다면, 우리는 그 추억들을 단념해야 할 것입니다. 너무도 매력적인 그 추억들은 그녀에게는 그만큼 부정(不貞)한 것이 아닐까요? 존경과 사랑을 받는 아내에게 내 속내를 털어놓아 나도 모르게 그녀를 모욕한다면 얼마나 뻔뻔스러운 일일까요? 그러므로 이 마음은 더 이상 그녀의 마음에 자신을 토로하지 못할 것이고, 그녀가 다가오면 닫혀버릴 것입니다. 그녀에게 더 이상은 감히 당신 이야기를 못할 것이기에, 곧 나는 나 자신에 대해서도 이야기하지 않게 될 것입니다. 의무와 명예는 내게 그녀를 대할 때의 새로운 조심성을 강요함으로써 내 아내를 내게 낯선 사람으로 만들어버릴 것입니다. 그렇게 되면 나는 이제 내 영혼을 밝혀주고 내 잘못을 교정해줄 안내도 조언도 얻지 못할 것입니다. 이것이 바로 그녀가 기대해야 하는 존경이라는 것입니까? 이것이 바로 내가 그녀에게 가져가야 할 애정과 감사의 조공이라는 것입니까? 나더러 이런 식으로 그녀의 행복과 나의 행복을 만들어가라는 것입니까?

쥘리, 당신은 당신의 서약과 함께 나의 서약도 잊은 겁니까? 나는 결코 잊지 않았습니다. 나는 모든 것을 잃었지만 내가 한 서약만은 남아 있습니다. 그것은 죽을 때까지 내게 남아 있을 것입니다. 나는 당신의 사람으로 살 수 없었습니다. 그러니 나는 자유로운 몸으로 죽을 것입니다. 그 약속을 해야 한다면, 오늘 하겠습니다. 결혼이 하나의 의무라 해도, 더욱더 면할 수 없는 의무는 어느 누구도 불행하게 하지 말아야 한다는 것이기 때문입니다. 그리고 다른 인연을 맺음으로써 내가 느끼게 될 것이라고는 오직, 내가 감히 열망했던 인연에 대한 영원한 미련뿐입니다. 나는 이 신성한 결합에서, 예전에 그런 결합에서 발견해보기를 기대했던 것에 대한 상념을 갖게 될 것입니다. 이 상념은 내게 고통을 줄 것이며, 한 불행한 여인에게도 고통을 줄 것입니다. 나는, 당신에게서 기대했던 행복한 생애에 대한 책임을 그녀에게 전가할 것입니다. 나는 얼마나 많이 비교를 하게 될까요! 세상의 어떤 여인이 그런 비교를 견딜 수 있을까요? 아아! 나는 당신의 것이 아니라는 것과 다른 여인의 것이라는 것에 대해 어떻게 동시에 내 마음을 달랠까요?

사랑하는 친구, 내 인생의 평화를 좌우할 결심을 흔들지 마세요. 내가 빠져 있는 실의의 상태에서 나를 꺼내려고 애쓰지 마세요. 내가 내 존재에 대한 의식과 더불어 내 불행에 대한 의식을 되살리게 될까 봐 두렵고, 또 어떤 격렬한 상태가 내 모든 상처를 덧나게 할까 봐 두렵습니다. 돌아온 뒤로 나는 당신의 친구에게 이전보다 더 강렬한 호기심을 느꼈지만, 그에 불안해하지는 않았습니다. 내 마음의 상태가 그 호기심이 도가 지나치는 것을 허락하지 않을 것임을 알고 있었기 때문입니다. 또한 내가 그녀에 대해 항상 가지고 있었던 이미 아주 다정한 애정에 새로운 호감이 더해지는 것을 보면서, 나는 내가 바뀌도록 도와주고 나로 하여금 당신의 모습을 별로 고통스럽지 않게 견뎌내게 해준 어떤 감정에 기뻐했습니다. 그 감정에는 뭔가 사랑의 달콤함 같은 것은 있지만, 사랑의 고통은 없습니다. 그녀를 보는 기쁨은 그녀를 소유하고 싶은 욕망으로 흔들리지 않았습니다. 이번 겨울을 보낸 것처럼 내 일생을 보내는 것에 만족하는 나는 당신들 둘 사이에서 미덕의 엄격함을 완화하고 미덕의 교훈을 마음에 들어 하게 만드는 평화롭고 달콤한 상황*을 발견합니다. 어떤 쓸데없는 열광이 한순간이나마 나를 흔든다 해도, 모든 것이 그것을 억눌러 침묵시켜버립니다. 나는 더 위험한 열광들도 너무 많이 극복해서, 두려워할 열광이 전혀 남아 있지 않습니다. 내가 당신의 친구를 사랑하며 또한 존경한다는 것, 그것이

* 그는 몇 쪽 앞에서는 정반대로 말했다. 예쁜 두 여인 사이에서 이 불쌍한 철학자는 괴상한 곤경에 처해 있는 것처럼 보인다. 그는 이쪽도 저쪽도 사랑하지 않고 싶은 것 같다. 그녀들 둘을 모두 사랑하기 위해서 말이다.

모든 것을 말해줍니다. 내가 내 이익만 생각한다 하더라도, 그녀 곁에서 누린 다정한 우정의 권리가 모두 내게 너무도 소중하기 때문에, 나로서는 그것을 확장하려고 애쓰다가 오히려 잃어버리는 위험을 무릅쓰지는 않습니다. 또한 단둘이 있을 때 그녀가 해석할 필요가 있거나 듣지 않을 필요가 있는 말을 단 한 마디도 하지 않기 위해서 내가 그녀에게 존경을 표해야 한다는 것을 생각할 필요까지는 없었습니다. 어쩌면 그녀가 나의 태도에서 좀 지나친 친절을 때때로 발견했을지도 모르지만, 그녀는 분명 나의 마음속에서 그 친절을 표현하려는 의지는 보지 못했을 것입니다. 나는 6개월 동안 그녀 곁에 있었던 것처럼, 평생을 그렇게 보낼 것입니다. 나는 당신을 제외하면 그녀만큼 그렇게 완벽한 사람을 알지 못합니다. 그러나 그녀가 당신보다 훨씬 더 완벽하다 해도, 내가 그녀의 애인이 될 수 있으려면 결코 당신의 애인이 되지 말았어야 하리라고 생각합니다.

당신의 편지에 대한 내 생각을 말하고 이 편지를 마무리해야겠습니다. 나는 당신의 편지에서 미덕의 온갖 조심성과 함께, 걱정하는 것을 의무로 여기는, 그리고 모든 것으로부터 자신을 보호하기 위해서는 모든 것을 두려워해야 한다고 믿는 겁 많은 영혼의 조심성을 발견합니다. 이런 지나친 소심함은 과도한 자신감만큼이나 위험을 안고 있습니다. 소심함은 있지도 않은 괴물들을 끊임없이 보게 함으로써 망상과 싸우게 하여 우리를 소진시키며, 또 이유도 없이 겁을 먹게 함으로써 실제의 위험에 대해서는 오히려 경계를 늦추게 하고 실제의 위험에 대한 우리의 판별력을 떨어뜨립니다. 지난해에 에드워드 경이 당신 남편의 문제에 대해 쓴 편지를 때로 다시 읽어보세요. 여러 가지 점에서 당신이 사용할 수 있는 좋은 의견들을 발견할 것입니다. 나는 당신의 신앙심을 비난하지 않습니다. 그것은 당신처럼 감동적이고 사랑스럽고 부드러워서 당신 남편의 마음에 들 것이 틀림없습니다. 그러나 그 신앙이 당신을 소심하고 용의주도하게 만든 나머지 정반대의 길을 통해 당신을 정적주의로 이끌지 않도록, 그리고 가는 곳마다 당신을 위험에 빠뜨려 마침내 당신을 어떤 것에도 동의하지 않는 사람으로 만들지 않도록 조심하세요. 사랑하는 친구, 당신은 미덕이 전쟁 상태와 같다는 것을, 그리하여 그 속에서 살기 위해서는 항상 자기 자신과 어떤 싸움을 치러야 한다는 것을 모릅니까? 우리의 영혼이 그 어떤 사태에 대해서도 준비돼 있도록 만들기 위해서, 위험보다는 우리 자신에게 더 신경을 씁시다. 위험을 추구하다 보면 그 위험에 마땅히 굴복하게 되고, 지나치게 조심스럽게 위험을 피하다 보면 흔히 중대한 의무를 받아들이지 않게 되지요. 끊임없이 유혹을 생각하는 것은 바람직하지 않습니다. 유혹을 피하기 위해서라 해도 말입니다. 내가 위험한 순간들을 추구하거나 여자와 단둘의 대화를 추구하는 일은 결코 없을 것입니다. 그러나 이후 신이 나를 어떤 상황에 몰아넣든 클라랑에서 보낸 8개월이 나를 보증하기에, 이제 나는 당신이 내게 가져다준 상을 누가 빼앗아 갈까 봐 염려하지 않습니다. 나는 과거의 나보다 더 나약하지 않을 것이며, 더욱 큰 싸움도 하지 않을 것입니다. 나는 회한의 쓰라림을 느꼈고, 승리의 달콤함도 맛보았습니다. 비교를 많이 하고 나면 선택에 주저하지 않게 되는 법이지요. 내 과거의 잘못까지 포함해 모든 것이 내게 미래를 보증해줍니다.

우주의 질서와 우주를 이루는 존재들의 추이에 대해서는 당신과 또 다른 토론을 하고 싶지 않으니, 그저 다음과 같은 얘기로 그치겠습니다. 즉, 인간의 능력을 벗어나는 문제들의 경우, 인간은 자기가 보지 못하는 것들을 자기가 보는 것들에 기초한 추론을 통해서만 판단할 수 있다는 것, 그리고 모든 유비는 당신이 거부하는 것처럼 보이는 일반 법칙들을 옹호한다는 것입니다. 이성 자체도, 또한 우리가 지고의 존재에 대해 품을 수 있는 가장 건전한 관념들도 이 의견에 매우 유리합니다. 왜냐하면, 지고의 존재자의 능력이 일을 단축하기 위한 방법을 필요로 하지 않는다 하더라도, 방법에서는 물론 결과에서도 무용함이 전혀 없으려면 가장 단순한 길을 선호하는 것이 그의 지혜에 어울리기 때문입니다. 인간을 창조하면서

신은 인간에게, 자신이 인간에게 요구한 것을 이행하는 데 필요한 모든 능력도 부여했습니다. 그리하여 우리가 신에게 선하게 행동할 힘을 요구하더라도, 그것은 신이 이미 우리에게 부여한 것 이상을 요구하는 것이 아닙니다. 그는 선한 것이 무엇인지 알도록 우리에게 이성을 주었으며, 선한 것을 사랑하도록 양심을 주었으며, 선한 것을 선택하도록 자유를 주었습니다.* 바로 그 숭고한 선물에 신의 은총이 있으며, 우리 모두는 그 선물을 받았기 때문에 그것에 대해 책임이 있습니다.

나는 인간의 자유에 대해 반박하는 추론을 많이 듣는데, 그 궤변들을 모두 경멸합니다. 어떤 추론가가 내가 자유롭지 않음을 증명한다 해도 소용없습니다. 나는 그의 모든 논거보다 더 강한 내적 감정이 끊임없이 그런 궤변을 부인하고, 어떤 토론에서 내가 어느 편을 들든지 간에, 편을 드는 것은 오직 내게 달려 있다는 것을 완전히 느끼니까요. 궤변론자 유파의 그 모든 번쇄한 주장들은 전혀 무용합니다. 왜냐하면 그것들은 너무 많은 것을 증명하고, 진실도 거짓도 똑같이 반박하며, 자유가 존재하든 아니든 똑같이 자유가 존재하지 않는다는 것을 증명하는 데 이용될 수 있기 때문입니다. 그 사람들의 주장을 들어보면, 신조차 자유롭지 않습니다. 그렇기에 자유라는 말은 아무 의미도 갖지 못할 것입니다. 그들은 문제를 해결한 것에 대해서가 아니라 그 자리에 망상을 가져다 놓은 것에 대해서 의기양양합니다. 그들은 모든 지적 존재는 순전히 수동적이라는 가정에서 시작합니다. 이어 이러한 가정으로부터 그 존재들이 능동적이지 않다는 것을 증명하기 위한 결론들을 이끌어냅니다. 그들이 거기에서 발견한 방법론은 얼마나 편리한지요! 만일 그들이 반대자들이 똑같은 방식으로 추론한다고 비난한다면, 그들은 틀린 것입니다. 우리는 우리가 능동적이고 자

* 생 프뢰는 도덕적 양심을 판단력이 아니라 감정으로 여기는데, 이는 철학자들의 정의와 반대된다. 그렇지만 나는 이 점에 관해, 자칭 철학자들의 동료라는 이 사람이 옳다고 생각한다.

유롭다고 가정하는 것이 아니라, 그렇다고 느낍니다. 그들은 이 감정이 우리를 속일 수 있을 뿐만 아니라 실제로 속이고 있다는 것을 증명해야 합니다.* 클로인의 주교는 표상에 아무런 변화를 주지 않아도 물질과 물체는 존재하지 않을 수 있다는 것을 증명했습니다.[25] 그것들이 존재하지 않는다는 것을 입증하는 데 이것으로 충분한가요? 이 모든 논의에서는, 단지 표상만 해도 실재라는 것보다 더 복잡합니다. 나는 더 단순한 것으로도 만족하겠습니다.

그러므로 나는 신이 인간이 필요로 하는 것을 어떻게든 마련해주셨기에, 어떤 한 사람에게 다른 사람보다 특별한 도움을 더 준다고는 생각하지 않습니다. 모두에게 공통적인 도움을 남용하는 사람은 특별한 도움을 받을 자격이 없으며, 그것을 잘 이용하는 사람은 특별한 도움을 필요로 하지 않습니다. 어떤 사람에게 특별한 도움을 더 주는 그러한 차별은 신의 정의를 욕되게 하는 것입니다. 그런 냉혹하고 실망스러운 교의가 비록 성경 자체에서 추론된다 하더라도 내 첫 번째 의무는 신을 공경하는 것이 아니겠습니까? 나는 당연히 성경에 경의를 표해야 하겠지만, 성경의 저자에게 훨씬 더 그래야 합니다. 나는 신이 부당하거나 악의적이라고 생각하기보다는, 성경이 위조되었거나 불가해하다고 생각하고 싶습니다. 성 바울은 항아리가 도공에게 '왜 나를 이렇게 만들어놓았습니까?'라고 말하는 것을 원하지 않습니다. 도공이 항아리에게 자신이 의도한 용도 이외의 것을 요구하지 않는다면, 그것은 아주 좋은 일입니다. 그러나 만일 그가 항아리를 자신이 의도하지 않은 용도에 적합하지 않다고 비난한다면 항아리가 '왜 나를 이렇게 만들어놓았습니까?'라고 말하는 것이 잘못입니까?[26]

---

* 문제는 이것이 아니다. 의지가 원인 없이 결정되는지, 또는 의지를 결정하는 원인이 있다면 무엇인지 아는 것이 문제다.

그로부터 기도가 무용하다는 결론이 나오는 겁니까? 내 나약함에 저항케 하는 이 원천이 내게서 없어지지 않기만을 바랄 뿐! 우리를 신에게 이르게 하는 오성의 모든 활동은 우리로 하여금 우리를 초월하게 합니다. 신의 도움을 간청함으로써 우리는 신을 발견하는 법을 배웁니다. 우리를 변화시키는 것은 신이 아닙니다. 신을 향해 올라가면서 우리가 우리 자신을 변화시키는 것입니다.* 신에게 품위 있게 요구하는 것은 모두 주어집니다. 당신이 말했듯이, 우리는 우리의 나약함을 인정함으로써 힘을 키웁니다. 그러나 만일 기도를 남용하여 신비주의자가 된다면 높이 오르려 하다가 파멸하게 되고, 은총을 추구하다가 이성을 포기하게 되며, 하늘의 선물을 한 가지 받기 위해 다른 선물을 짓밟게 되고, 신이 우리의 길을 밝혀주기를 집요하게 원하면서 신이 우리에게 부여해준 깨달음의 빛을 스스로 제거하게 됩니다. 우리가 뭐라고 신에게 기적을 행해달라고 강요하려 드는 겁니까?

당신도 알다시피, 선한 것도 과도하면 비난받을 일이 됩니다. 심지어 신앙심도 정신착란으로 변해버립니다. 당신의 신앙심은 너무 순수해서 절대로 그런 상황에는 이르지 않을 것입니다. 그러나 미망을 야기하는 광신은 미망 이전에 시작됩니다. 그러므로 당신은 그 최초의 경계를 알아채야 합니다. 나는 당신이 금욕주의자들의 법열을 비난하는 것을 자주 들었습니다. 그 법열이 어떻게 생기는지 압니까? 인간의 약함이 허용하는 것 이상으로 기도에 들이는 시간이 늘어나면서 생깁니다. 그때 정신은 완전히

---

* 우리의 친절한 철학자는 아벨라르의 행동을 모방해놓고, 그의 교의 또한 취하고 싶어 하는 것 같다. 기도에 대한 두 사람의 견해는 많이 닮았다. 이 이단적인 생각을 지적하는 많은 사람들은 그가 오류에 빠지느니 차라리 계속 미망 속에 있는 것이 더 나았겠다고 생각할 것이다. 그러나 나는 그렇게 생각하지 않는다. 잘못 생각하는 것은 작은 손실이지만, 잘못 행동하는 것은 큰 손실이다. 내 생각에, 이것은 내가 앞에서 잘못된 도덕 원칙의 위험에 대해 말한 것과 모순되지 않는다. 그러나 독자에게 판단을 맡길 필요가 있다.

지쳐버리며, 상상력은 자극받아 환영을 만들어냅니다. 그들은 계시를 받은 자, 즉 예언자가 되지만 광신으로부터 보호해주는 의식(意識)도 재능도 더 이상 갖지 못합니다. 당신은 자주 서재에 파묻혀 명상을 하고 끊임없이 기도합니다. 당신은 아직 경건주의자들*을 만나지는 않지만, 그들의 책을 읽습니다. 나는 그 선량한 페늘롱[27]의 저작을 좋아하는 당신의 취향에 대해 비난한 적이 없습니다. 하지만 그의 제자의 저작들에 대해서는 어떻게 하고 있습니까? 당신은 뮈라를 읽습니다. 나 역시 읽습니다. 하지만 내가 그의 편지를 선택하는 데 반해 당신은 그의 《신적인 본능》을 선택합니다. 그가 생을 어떻게 끝냈는지 살펴보고, 그 현명한 사람의 미망을 개탄하면서 당신을 생각해보세요. 경건한 기독교도 여인이여, 당신은 독신자(篤信者)로만 머물렵니까?

사랑하고 존경하는 친구, 나는 어린아이의 순종으로 당신의 충고를 받아들이고 아버지의 열의로 당신에게 조언합니다. 미덕이 우리의 관계를 끊기는커녕 확고하게 만든 이래 미덕의 의무가 우정의 권리와 뒤섞이고 있습니다. 우리 두 사람은 같은 교훈을 받아들이고 같은 이해(利害)에 이끌립니다. 우리의 마음이 서로 이야기를 주고받고 우리의 눈이 서로 마주볼 때면 언제나 우리를 함께 드높여주는 어떤 명예롭고 영광스러운 것이 우리 두 사람 모두에게 주어지게 됩니다. 그러니 우리 각자의 완성은 서로에게 언제나 중요할 것입니다. 그러나 토의는 함께 할지라도 결정은 그렇지 않습니다. 결정은 오로지 당신 자신의 권한일 뿐입니다. 오, 언제나 나의 운명을 결정한 당신, 내 운명의 심판자가 되는 것을 멈추지 말고, 내 고찰을 검토한 뒤에 판결을 내리세요. 당신이 나의 운명을 결정할지라도 나

---

* 기독교도라는 환상을 가지고 성경을 글자 그대로 따르려 하는 일종의 미치광이들. 오늘날의 영국 감리교도, 독일 모라비아교도, 프랑스 얀센파들과 거의 같다. 얀센파의 경우 주류가 되지 못한 점이 다른데, 그렇기에 그들의 적보다 더 가혹하지도 더 편협하지도 않다.

는 순종하며, 앞으로도 나는 적어도 계속 당신의 지도를 받아야 하는 인간일 것입니다. 내가 당신을 더 이상 보지 못한다 할지라도 당신은 언제나 내 안에서 살고, 언제나 내 행동을 주재할 것입니다. 당신이 내게서 당신 아이들을 교육하는 영광을 빼앗아 갈지라도, 내가 당신에게서 얻는 미덕은 빼앗아 가지 못할 것입니다. 그 미덕은 당신의 영혼이 낳은 아이들이고, 내 영혼이 그 아이들을 입양하니 어떠한 것도 내게서 그 아이들을 빼앗아 가지 못합니다.

쥘리, 솔직하게 말해주세요. 내가 느끼고 생각하는 바를 당신에게 잘 설명해주었으니, 이제 내가 어떻게 해야 하는지 말해주세요. 당신은 내 운명이 훌륭한 내 친구의 운명에 어느 정도로 연결되어 있는지 압니다. 나는 이 상황에 대해서 그에게 전혀 조언을 구하지 않았으며, 이 편지도 당신의 편지도 그에게 보여주지 않았습니다. 만일 그의 계획에, 더 정확히 말해 당신 남편의 계획에 당신이 찬성하지 않는다는 것을 그가 안다면 그 역시 이 계획에 찬성하지 않을 것입니다. 그렇다고 내가 이를 이유로 내세워 당신의 불안감에 대해 반박하려는 것은 전혀 아닙니다. 다만, 당신의 결심이 완전히 설 때까지 그가 당신의 불안에 대해 모르는 게 더 나을 것입니다. 그동안 나는 우리의 출발을 연기할 수 있게끔, 그를 놀라게 할 수 있으면서도 그가 반드시 동의할 만한 구실을 찾아놓겠습니다. 나로서는 당신에게 또다시 작별 인사를 하기 위해 당신을 다시 만나느니, 차라리 더는 당신을 만나지 않는 것이 낫겠습니다. 당신의 집에서 이방인으로 지내는 것을 배우는 것은 굴욕적인 일이며, 나는 그런 굴욕을 당할 만한 사람이 아니었습니다.

:: 편지 8

볼마르 부인으로부터

이런! 아직도 당신의 상상은 겁에 질려 있는 것이 아닌지요? 뭐 때문에 그런 거지요? 당신이 일찍이 제게 받은, 더할 수 없이 진실한 존경과 우정의 표시, 당신의 진정한 행복을 염려하는 마음에서 비롯된 저의 평온한 성찰, 이제까지 당신이 받아본 제안 중에서 가장 친절하고 가장 유리하고 가장 명예로운 제안, 풀 수 없는 고리로 당신을 저의 가정에 묶어놓으려 하는 어쩌면 주제넘은 친절, 그리고 제가 더 이상 자신을 친구로 받아들이지 않는다고 믿거나 믿는 척하는 어떤 배은망덕한 인간을 제 인척, 제 혈족으로 만들려는 저의 욕망, 이런 것들 때문에요? 당신이 느끼고 있는 듯한 그런 불안에서 벗어나기 위해서는, 당신은 제가 쓴 것을 가장 자연스러운 의미로 받아들여야 했어요. 그러나 오래전부터 당신은 부당한 해석으로 당신을 괴롭히기를 좋아했지요. 당신의 편지는 당신의 삶과 같아요. 숭고하면서도 비굴하고 힘과 유치함으로 가득한 당신의 삶 말이에요. 사랑하는 나의 철학자, 당신은 계속 어린아이로 남아 있을 건가요?

당신은 대체 어떤 구절에서, 제가 당신에게 법칙을 강요하고, 당신과 관계를 끊고, 당신의 표현에 따르면 당신을 세상 끝으로 쫓아낼 생각을 한다고 받아들이신 건가요? 솔직히, 제 편지의 진의를 이해하신 건가요? 전혀 그렇지 않은 것 같습니다. 저는 당신과 함께 사는 기쁨을 미리 향유하면서, 그 기쁨을 방해할 수도 있는 장애 요소들에 대해 염려한 것입니다. 저는 당신의 장점과 당신에 대한 저의 애정에 합당한 처지를 당신에게 만들어줌으로써, 그 장애 요소들을 유쾌하고 기분 좋게 예방하는 방법에 신경을 썼습니다. 그것이 저의 죄라면 죄일 뿐, 당신을 그토록 크게 불안하게 할 만한 것은 없었다고 생각됩니다.

친구, 당신이 틀렸어요. 당신이 제게 얼마나 소중한 존재인지 모르고 있으니까요. 하지만 당신은 이 말을 다시 듣고 싶어 하는군요. 저도 그 말을 되풀이하는 것을 싫어하지 않으므로, 당신은 불만스러워하거나 언짢아하는 반응 없이 원하는 것을 쉽게 얻을 수 있을 거예요.

그러니, 당신이 이곳에서 체류하는 것이 유쾌하다면 저도 똑같이 그러하며, 볼마르 씨가 저를 위해 한 모든 일 가운데 당신을 우리 집으로 불러들여 거기 머물도록 배려한 것보다 더 제 마음에 와 닿는 것은 없다는 것을 믿으세요. 저는 우리가 서로에게 유익하다는 것을 기꺼이 인정해요. 스스로 좋은 의견을 내는 것보다 좋은 의견을 받아들이는 데 더 능력이 있는 우리는 둘 다 안내자를 필요로 해요. 한 사람의 마음에 드는 것이 무엇인지를, 그를 아주 잘 아는 사람보다 더 잘 아는 사람이 누가 있겠어요? 제 길을 찾아 가는 데 드는 모든 고통을 아는 사람보다 길 잃을 위험을 더 잘 감지하는 사람이 누가 있겠어요? 어떤 대상이 우리에게 이 위험을 더 잘 상기시킬 수 있겠어요? 그토록 큰 희생의 가치를 깎아내리는 것에 대해 우리가 누구 앞에서 그렇게 부끄러워하겠어요? 그런 관계를 끊어버린 뒤, 우리가 그 관계를 끊게 한 동기에 어울리지 않는 일은 전혀 하지 않을 수 있었던 것은 그 관계에 대한 기억 덕택이 아닌가요? 그래요. 당신을 항상 제 삶의 모든 행위의 증인으로 삼는 것, 그리고 어떤 감정들이 제게 활기를 줄 때마다 '이것은 제가 당신보다 더 좋아했던 거예요'라고 당신에게 말하는 것이야말로 제가 당신에 대해 언제나 간직하고 싶은 충직함이에요. 아아, 친구! 저는 제 마음이 그토록 잘 느낀 것을 존중할 줄 알아요. 저는 전 세계 사람 앞에서는 나약한 존재일지 몰라도 당신 앞에서는 제 언행을 보증해요.

우리가 서로 곁에 있을 때 경험하는, 당신처럼 제게도 느껴지는 듯한 그 영혼의 고양과 내면의 힘의 이유는 볼마르 씨의 치밀한 분별보다는 오히려 참된 사랑 뒤에 항상 살아남는 그 섬세함에서 찾아야 해요. 이 해석이 적어도 볼마르 씨의 해석보다는 우리의 마음에 더 자연스럽고, 더 명예로

우며, 선한 행동을 하도록 스스로를 격려하는 데 더 나아요. 그것만으로도 이 해석을 택하기에 충분해요. 그러므로 저는 당신이 추측하는 그 엉뚱한 의향과는 거리가 멀다는 것, 아니 정반대라는 것을 믿어주세요. 만일 우리가 함께 모여 사는 계획을 포기해야 한다면 저는 그 변경이 당신과 저와 제 아이들에게, 심지어 당신도 알다시피 당신이 이곳에 오기를 바라는 제 이유에 대해 깊이 공감하는 제 남편에게도 큰 불행이라고 여길 거예요. 그러나 저의 개인적인 애정에 관해서만 말하자면, 당신의 도착 순간을 기억해보세요. 당신이 제게 다가오면서 느낀 기쁨보다, 제가 당신을 보며 드러낸 기쁨이 더 작았던가요? 당신의 클라랑 체류가 제게 지루하거나 힘들어 보였나요? 당신이 클라랑을 떠나는 것에 대해 제가 기뻐하는 것처럼 보였나요? 철저하게 해서, 평소처럼 솔직하게 말해야겠어요? 직선적으로 고백하자면, 우리가 함께 보낸 지난 6개월은 제 인생에서 가장 감미로운 시간이었으며, 저는 제 감성으로 생각할 수 있는 모든 좋은 일을 그 짧은 기간에 맛보았어요.

당신의 여행기와 당신 친구의 사랑 이야기를 읽은 뒤 아폴론의 방에서 밤참을 먹었던 지난 겨울 어느 하루를 저는 결코 잊지 못할 거예요. 그곳에서 저는 신이 이 세상에서 제게 보내준 큰 행복을 생각하면서 제 바로 곁에 있는 모든 사람들, 즉 제 아버지와 남편과 아이들, 사촌, 에드워드 경, 그리고 당신을 보았어요. 물론 그 광경을 조금도 해치지 않는 팡숑도 빠뜨려서는 안 되겠지요. 그들 모두는 행복한 쥘리를 위해 모여 있었어요. 저는 속으로 이렇게 말했지요. '이 작은 방에는 내 마음에 소중한 사람들, 어쩌면 지상에서 가장 선량한 사람들이 다 있어. 내 관심을 끄는 사람들 모두에게 둘러싸여 있으니, 나에게는 우주 전체가 여기에 있구나. 나는 친구들에 대한 나의 애정과 그들이 내게 보내는 애정, 그리고 그들이 서로 나누는 애정을 동시에 향유해. 그들의 상호 온정은 내게서 유래하거나, 아니면 나와 관련이 있어. 내 존재를 확장하지 않거나 분열시키는 사람은 아무도 보이지 않아. 내 존재는 나를 둘러싸고 있는 모든 것 속에 있어서, 그 어떤 부분도 먼 곳에 떨어져 있지 않아. 내 상상력은 이제 아무 할 일이 없고, 나는 바랄 것이 전혀 없어. 느끼는 것과 향유하는 것은 내게는 같은 거야. 나는 내가 사랑하는 모든 사람들 안에서 동시에 살고 있기에, 행복과 삶을 실컷 즐기고 있어. 오, 죽음이여, 원하면 언제라도 오렴! 나는 이제 너를 두려워하지 않아. 나는 삶을 즐겼고, 너를 예상했어. 나에게는 이제 더 이상 알아야 할 새로운 감정이 없으니, 너는 내게서 훔쳐 갈 것이 아무것도 없다.'

제가 당신과 함께 사는 기쁨을 느끼면 느낄수록 이 기쁨을 기대하는 것이 더욱 감미로운 일이 되었고, 이 기쁨을 깨뜨릴 수 있는 모든 것에 대한 불안감이 그만큼 더 커졌어요. 당신이 책망하는 저의 염려하는 훈계와 소위 신앙심이라는 것은 잠시 옆으로 밀어둬요. 어쨌든 우리 사이를 지배했던 교제의 모든 매력은 마음을 열 때 생긴다는 것을 인정하세요. 그 개방된 마음은 모든 감정과 모든 생각을 공유하며, 각자로 하여금 자신을 존재해야만 하는 그대로라고 느끼면서 있는 그대로를 모두에게 보여주게 하지요. 어떤 은밀한 계략, 감출 필요가 있는 어떤 관계, 조심스럽고 비밀스러운 어떤 동기를 잠시 가정해보세요. 서로 만나는 즐거움은 즉시 모두 사라져버리고, 상대방 앞에서 서로 거북스러워져 자신을 감추려고 애쓰며, 함께 모일 때도 서로 피하려 하지요. 조심성과 예의범절이 불신과 혐오를 가져오는 것이지요. 두려운 사람을 오랫동안 사랑할 수 있겠어요? 서로서로 귀찮은 존재가 되고 말지요…… 성가신 쥘리라니!…… 친구에게 성가신 존재라니!…… 아니, 안 돼요, 그런 일은 있을 수 없어요. 두려워해야 할 불행이 있다 해도, 감당할 수 있는 것 이외의 것은 안 돼요.

저는 제 불안감을 있는 그대로 당신에게 내보였는데, 당신의 결심을 바꾸기 위해서 그렇게 한 것이 아니라 그 불안감을 명확히 해주기 위해서였어요. 모든 여파를 예견하지 못하고 결심함으로써, 그 결심을 감히 취소하지 못할 때 그에 대해 후회하게 될까 봐 두려웠던 거예요. 볼마르 씨가 갖지 않은 두려움이 있는데, 그것을 가져야 하는 것은 그의 일이 아니라 당신의 일이에요. 당신에게서 비롯되는 위험에 대한 심판자는 오직 당신밖에 될 수 없어요. 잘 생각해본 뒤 그런 위험이 없다고 말하신다면, 저도 그 위험일랑 더 이상 생각하지 않겠어요. 제가 당신의 정직함을 잘 아는 만큼 제가 의심하는 것은 당신의 의도가 아니니까요. 당신의 마음이 뜻밖의 잘못을 범할 수는 있을지언정, 계획적인 악행이 당신 마음에 근접하는 일은 분명 없을 거예요. 바로 이것이 악한 사람과 나약한 사람의 다른 점이에요.

게다가, 제 논거가 제가 견고하다고 믿고 싶어 하는 이상으로 견고하다 해도 당신처럼 최악의 경우를 먼저 가정할 필요가 뭐가 있지요? 저는 미리 대비해야 할 것을 당신만큼 심각하게 생각해보지 않아요. 그러니, 당신의 모든 계획을 그렇게 빨리 취소하고 영원히 서로를 피할 필요가 있나요? 아니에요, 사랑스러운 친구. 그토록 한심한 방책은 이제 필요하지 않아요. 당신은 머리는 아직 어린아이인데 마음은 벌써 늙었어요. 식어버린 큰 정열은 더 이상의 정열에 염증을 느끼기 마련이지요. 큰 정열에 뒤이어 오는 영혼의 평화는 향유함으로써 커지는 유일한 감정이에요. 예민한 마음은 자신이 알지 못하는 평화를 두려워하지만, 일단 평화를 느끼면 이제 그것을 잃고 싶어 하지 않아요. 너무도 상반되는 두 상태를 비교해봄으로써, 우리는 더 나은 상태를 선택하는 법을 배우지요. 하지만 비교하기 위해서는 두 상태를 알 필요가 있어요. 저는 당신이 안심해도 되는 때가 어쩌면 당신이 생각하는 것보다 더 가까이 와 있으리라고 봐요. 당신은 이미 너무 많이 느껴서 오랫동안 느낄 수가 없었고, 이미 너무 사랑해서 무관심해지지 않을 수 없었어요. 화덕에서 꺼낸 재는 다시 불을 붙이지는 못하지만, 완전히 다 타려면 기다려야 해요. 당신 자신에 대해 몇 년 정도 더 주의를 기울이면, 당신에게는 더 이상 무릅써야 할 위험이 없을 거예요.

제가 당신에게 마련해주고 싶었던 그 운명이라면 그런 위험일랑 절멸시켰을 텐데. 그러나 이러한 고려와 관계없이 그 운명은 그 자체만으로도 틀림없이 선망을 살 만큼 감미로웠어요. 만일 당신이 그 신중함 때문에 감히 그런 운명을 열망할 수 없다면, 그와 같은 자제로 인해 당신이 어떤 고통을 겪었는지 제게 말해줄 필요는 없어요. 하지만 저는 당신의 이유에, 확고하기보다는 그럴싸한 구실들이 섞여 있지 않을까 염려돼요. 저는 당신이, 어떤 면에서 보더라도 지킬 필요가 없고 아무에게도 관계가 없는 그런 약속을 지킨다고 뽐내면서 거짓 미덕을 갖게 되지 않을까 걱정하는 거예요. 칭찬보다는 비난을 받아야 하며, 미래에는 완전히 격에 맞지 않을, 알 수 없는 어떤 쓸데없는 끈질김을 띠고 있는 그 거짓 미덕 말이에요. 제가 전에 말한 것처럼, 죄가 되는 서약을 지키는 것은 또 다른 죄악이에요. 당신의 서약은 죄가 되지 않았지만, 이제는 죄가 되어요. 그것만으로도 그 서약을 파기하기에 충분해요. 변함없이 지켜야 하는 약속은, 정직한 사람이 되겠으며 언제나 의무를 확실히 이행하겠다는 약속이에요. 의무가 변할 때 변하는 것은 경박한 것이 아니라 성실한 것이에요. 오늘은 지키는 것이 옳지 않은 약속일지 몰라도, 그때는 약속을 하는 것이 잘하는 일이었겠지요. 늘 미덕이 요구하는 대로 행하세요. 그러면 모순되게 행동하는 일은 결코 없을 거예요.

만일 당신의 조심성에 어떤 타당한 이의가 있다면, 우리가 천천히 검토해볼 수 있을 거예요. 그때까지 저는 당신이 제 계획을 저만큼 열중해서 검토하지 않은 것에 대해 그리 불만스러워하지 않겠어요. 그래야 저의 경솔한 행동이—제가 그런 행동을 했다면—당신에게 덜 가혹하게 느껴질 테니까요. 저는 사촌이 없는 동안 이 계획을 궁리했어요. 그녀가 돌아오고 저의 지난번 편지를 부친 뒤 저는 그녀와 재혼에 대한 일반적인 대화를 몇 번 나누었는데, 그녀가 워낙 재혼할 뜻이 없어 보여서, 저는 당신에 대한 그녀의 모든 애정을 알고 있음에도 불구하고, 그녀의 내키지 않는 마음을 무마하기 위해서는 비록 당신을 위해서일지언정 제게 합당한 것 이상의 권위를 사용해야만 할 것 같아 걱정입니다. 왜냐하면 우정의 지배력은 애정의 지배력과, 또 그 자체로는 임의적인 의무이지만 그것을 자신에게 부과하는 마음 상태와 관련 있는 그런 의무에 관해 각자가 가지는 원칙을 존중해야 하는 그런 지점이 있기 때문이에요.

그렇지만 고백건대 저는 아직도 제 계획에 집착하고 있어요. 이 계획은 우리 모두에게 너무도 적합하고, 이 세상에서 당신이 처해 있는 불안정한 상태로부터 당신을 너무도 명예롭게 끌어내 줄 것이고, 우리의 이해(利害)를 너무도 잘 합치시켜줄 것이며, 우리에게 너무도 다정한 우정을 너무도 자연스러운 의무로 만들어줄 것이기에 이 계획을 완전히 포기할 수는 없어요. 아아, 친구, 당신은 아무리 가까워지더라도 결코 제 가족이 되지는 못하겠지요. 당신이 저의 사촌이라 해도 충분하지 않아요. 아아! 당신이 제 오빠였으면 좋겠어요!

이 모든 생각들이 어떻든, 당신에 대한 제 감정의 가치를 더욱더 인정해주세요. 저의 우정과 신뢰와 존경을 기탄없이 향유하세요. 저는 이제 당신에게 명령할 것이 아무것도 없다는 것을, 그리고 또 그럴 필요가 있다고 생각하지도 않는다는 것을 기억하세요. 당신에게 조언할 권리를 제게서 빼앗지 마세요. 하지만 제가 그 조언을 명령으로 여긴다고는 생각지 마세요. 만일 클라랑에서 위험 없이 살 수 있다고 느끼신다면, 와서 지내세요. 저는 아주 기쁠 거예요. 만일 격렬한 청춘의 잔불이 여전히 의심스러워 아직도 몇 년을 더 만나지 말아야 한다고 생각하신다면, 자주 편지를 쓰세요. 그리고 원할 때 우리를 보러 오세요. 우리, 가장 친밀한 편지를 주고받아요. 이런 위로가 있다면 어떤 고통인들 완화되지 않겠어요? 생을 함께 마감할 수 있다는 기대가 있다면, 어떤 떨어져 있음인들 견뎌내지 못하겠어요? 제가 할 일은 또 있어요. 저는 제 아이 하나를 당신에게 맡길 준비가 되어 있어요. 제 손 안에 있는 것보다 당신 손 안에 있는 것이 더 나을 거라고 믿어서예요. 당신이 그 애를 제게 다시 데려올 때, 둘 중 누구의 귀환이 제게 더 감격스러운 일이 될지 저는 몰라요. 당신이 완전히 분별을 되찾아 마침내 망상을 추방한다면, 그리고 제 사촌을 받아들일 자격을 갖추고 싶다면, 와서 그녀를 사랑하세요. 그녀에게 잘해주세요. 그리하여 그녀의 마음을 사세요. 사실 저는 당신이 이미 그렇게 하기 시작했다고 생각해요. 그녀의 마음을 이겨내어, 그녀의 마음이 당신을 막으려고 쌓아둔 장애물들을 물리치세요. 저는 최선을 다해 당신을 돕겠어요. 그러니까 서로를 행복하게 해주세요. 그러면 저의 행복에 전혀 모자람이 없을 거예요. 하지만 당신이 어떤 결심을 하든, 심각하게 생각해본 후에 전적인 확신에서 그렇게 하세요. 당신을 믿지 않는다고 이 친구를 비난함으로써 저를 모욕하지 마세요.

당신을 너무 생각하다 보니 저 자신을 잊고 있군요. 그렇지만 이제 제 차례겠지요. 당신은 친구들과 논쟁할 때도 체스를 둘 때처럼 자신을 방어하면서 공격하니까요. 당신은 저를 독신자라고 비난하면서 당신이 철학자인 것을 변명해요. 그것은 마치 술 취한 사람은 당신인데도 제가 술을 끊는 것과 같아요. 당신 말에 따르면, 도대체 제가 독신자인가요, 아니면 독신자가 되려는 참인가요? 좋아요. 경멸적인 말을 붙인다고 사물의 본질이 바뀌나요? 신앙심이 좋은 것이라면, 신앙심을 갖는 것이 뭐가 잘못이지요? 하지만 이 말은 어쩌면 당신에게 너무 저속할지도 모르겠군요. 철학적인 위엄은 속된 숭배를 경멸해요. 그것은 신에게 더 고상하게 봉사하기를 원하면서, 자신의 자부심과 긍지를 하늘 높은 줄 모르고 드높여요. 오, 불쌍한 철학자들!…… 제 이야기로 다시 돌아오기로 해요.

저는 어린 시절부터 미덕을 사랑했고, 끊임없이 저의 이성을 단련했어요. 저는 감정과 이성의 빛으로 저를 다스리고 싶었어요. 하지만 올바르게 처신하지 못했어요. 제가 선택한 안내자를 빼앗아 가기 전에, 제가 믿을 수 있는 다른 안내자를 주세요. 훌륭한 친구! 누가 뭘 하든 항상 자존심이란 게 있지요! 당신을 드높이는 것도 그것이고, 저를 겸손하게 만드는 것도 그것이에요. 저는 다른 여자만큼 제가 가치 있다고 생각하지만, 저보다 더 현명하게 산 여인들이 수없이 많아요. 그러므로 그녀들은 제가 갖지 않은 수단을 지니고 있었어요. 제가 좋은 천성을 타고났다고 느끼면서, 왜 저는 저의 삶을 숨겨야 했지요? 저는 왜 제가 본의 아니게 행한 나쁜 일을 증오했지요? 저는 제 힘만을 알고 있었어요. 하지만 그 힘만으로는 제게 충분하지 못했어요. 저는, 인간이 자신 안에서 끌어낼 수 있는 모든 저항을 제가 다 했다고 생각해요. 그렇지만 저는 무릎을 꿇었어요. 저항에 성공하는 여인들은 어떻지요? 그녀들은 더 튼튼한 지지대를 지니고 있어요.

그녀들을 따라 저도 지지대를 지닌 뒤, 저는 이 선택에서 그동안 제가 생각하지 못했던 다른 이점을 찾아냈어요. 정열에 휩싸여 있는 동안에는 정열이 그것이 주는 고통을 견뎌내게 도와주지요. 정열은 욕망 곁에 희망을 함께 가져요. 욕망하는 한, 사람들은 행복하지 않아도 지낼 수 있어요. 행복해지기를 기대하니까요. 만일 행복이 오지 않으면 희망은 연장되고, 환상의 매력은 환상을 야기하는 정열이 지속되는 한 지속돼요. 그러므로 이 상태는 그 자체로 충분하며, 이 상태가 야기하는 불안은 현실의 부족한 부분을 메워주거나 어쩌면 현실 이상의 가치를 지니는 일종의 즐거움이에요.

욕망하는 것이 더 이상 없는 사람은 불행할 거예요! 이를테면 그는 자신이 가진 전부를 잃는 셈이에요. 우리는 얻는 것보다 기대하는 것을 더 좋아하고, 행복해지기 전에만 행복해요. 사실, 탐욕적이지만 능력은 한정되어 모든 것을 원하지만 거의 얻지 못하게 태어난 인간은 자신이 욕망하는 모든 것을 자신에게 접근시키는 능력을, 욕망하는 것을 자신의 상상력을 통해 존재하게 하고 느껴지게 하는 능력을, 어떻게 보면 욕망하는 것을 상상력에 전달해주고 그 상상의 소유물을 더 감미롭게 느끼게 하기 위해 자신의 정열의 의향대로 그것을 변화시켜주는 그런 위안이 되는 능력을 하늘로부터 부여받았어요. 그러나 이 모든 마력은 대상 자체 앞에서 사라져요. 대상을 소유한 자의 눈에 이 대상을 미화해주는 것은 더 이상 아무것도 없어요. 사람들은 자신이 보는 것에 대해서는 상상하지 않아요. 상상력은 소유하고 있는 것은 더 이상 미화하지 않기에, 소유가 시작되는 곳에서 환상이 멈춰요. 공상의 나라는 이 세상에서 살아볼 만한 유일한 곳이에요. 인간사의 허망함도 그러해서, 스스로 존재하는 존재를 제외하고는 qu'hors* 존재하지 않는 것보다 아름다운 것은 아무것도 없어요.

이러한 결과가 우리의 정열의 특정 대상들에서 항상 생기지는 않을지언정, 모든 정열을 포함하는 보통의 감정에서는 이러한 결과가 반드시 나타나요. 고통 없이 사는 것은 인간의 상태가 아니에요. 그렇게 사는 것은 죽어 있는 거예요. 신이 아니면서 모든 것을 할 수 있는 사람은 비참한 인간일 거예요. 그는 욕망하는 기쁨을 박탈당할 거예요. 다른 모든 박탈이 이것보다는 더 견딜 만할 거예요.**

이런 것이 제가 결혼한 이래로, 그리고 당신이 돌아온 이래로 제가 부분적으로 느끼는 것이에요. 어디를 보나 만족스러운 것뿐인데, 저는 만족스럽지가 않아요. 은밀한 우울감이 제 마음속에 스며들어요. 저는 마음이 텅 비어 부풀어 있는 것을 느껴요. 당신 마음이 그렇다고 당신이 예전에 말했던 것처럼 말이에요. 제게 소중한 모든 사람에 대한 저의 애정도 그 마음을 채우기에 충분하지 않아서, 제 마음에는 어떻게 사용할지 모르는 쓸데없는 힘이 남아 있어요. 이 고뇌가 정상적이지 않다는 것은 인정하지만 그렇다고 이 고뇌가 현실적이지 않은 것은 아니에요. 친구, 저는 너무 행복

---

* que hors라고 써야 했다. 분명 볼마르 부인도 그것을 모르지 않았을 것이다. 하지만, 몰라서 혹은 부주의해서 그녀가 범한 실수들 이외에, 그녀는 귀가 너무 얇아서 자신이 아는 규칙조차 항상 따를 수 없었던 것 같다. 그녀의 문체보다 더 순수한 문체를 사용하는 것은 가능하다. 그렇지만 그녀의 문체보다 더 부드럽고 더 잘 조화된 문체는 사용할 수 없을 것이다.

** 여기서, 전제주의를 갈망하는 모든 왕은 권태로 죽는 명예를 갈망하는 것이라는 결론이 나온다. 세상 모든 왕국에서 그 나라에서 가장 권태로운 남자를 찾는가? 언제나 곧바로 군주를 찾아가 보라. 그가 아주 전제적인 군주라면 특히. 비참한 사람들을 그토록 많이 만들 필요가 정말 있는 것인가! 좀 더 적은 비용으로 권태로울 수는 없는 것인가?

하지만, 그 행복이 저를 권태롭게 해요.*

이 행복에 대한 염증을 치유할 수 있는 약, 혹시 생각나세요? 고백하는데, 너무 합리적이지 못하고 자발적이지도 못한 이 감정이 제가 인생에 부여한 가치를 많이 제거해버렸어요. 게다가 저는 제게 부족하거나 제게 충분한 어떤 종류의 매력을 사람들이 인생에서 발견할 수 있을지 상상이 안 돼요. 다른 여인은 저보다 더 정이 많을까요? 그녀는 아버지와 남편과 아이들과 친구들, 그리고 주위 사람들을 저보다 더 사랑할까요? 그들로부터 저보다 더 사랑받을까요? 저보다 더 자기 취향에 맞는 삶을 살까요? 저보다 더 자유롭게 다른 삶을 택할 수 있을까요? 더 좋은 건강을 누릴까요? 권태를 치유하기 위한 더 나은 방편을 가지고 있을까요? 세상에 애착을 갖게 하는 끈을 저보다 더 많이 가지고 있을까요? 그렇지만 저는 불안하게 살고 있어요. 저의 마음은 자신에게 뭐가 모자라는지를 알지 못해요. 욕망하지만, 무엇을 욕망하는지를 몰라요.

그러므로 자신을 충족시킬 것을 이 지상에서는 발견하지 못하는 저의 탐욕스러운 영혼은 그 영혼을 채워줄 것을 다른 곳에서 찾아요. 제 영혼은 감정과 존재의 근원까지 올라가서, 그곳에서 자신의 메마름과 우울감을 떨쳐내요. 제 영혼은 그곳에서 소생하여 활력을 되찾으며, 그곳에서 새로운 기력을 얻고 새로운 생명을 길어 올려요. 육체의 정열과는 관련이 없는 또 다른 존재를 그곳에서 취하는 것이지요. 더 정확히 말하면, 제 영혼은 이제 저 자신 안에 있지 않아요. 그것은 자신이 명상하는 무한한 존재 안에 완전히 파묻히며, 잠시 속박에서 벗어나 언젠가는 자기 것이 되리라고 스스로 기대하는 좀 더 숭고한 상태를 시도해봄으로써 그 속박으로 되돌

* 이런, 쥘리! 당신에게도 모순이 있다니! 아아! 매력적인 독신자여, 나는 당신 역시 당신 자신과 별로 일치하지 않는 것은 아닌지 아주 염려가 된다. 게다가 이 편지가 내게는 백조의 노래처럼 보인다는 것을 고백한다.

아가는 것에 대해 마음을 달래지요.

당신은 비웃고 있군요. 비웃는 소리가 들려요, 친구. 저는, 지금은 좋아한다고 고백하는 이 기도 상태를 예전에는 비난하면서 저 나름의 판단을 내렸어요. 이 일에 대해 당신에게 할 말이 한마디밖에 없는데, 그것은 예전에는 제가 그 상태를 경험하지 못했다는 것이에요. 저는 어떻게 해서든 그 상태를 변호할 마음은 없어요. 저는 이 취향이 온건하다고 말하는 게 아니에요. 단지 그 상태가 감미롭고, 고갈되는 행복감을 보충해주며, 영혼의 공허함을 채워주고, 관심 받을 가치가 있는 과거의 삶에 대해 새로운 관심을 불러일으킨다는 것을 말하는 것뿐이에요. 만일 그 상태가 어떤 악한 것을 야기한다면, 물론 그것을 버려야 해요. 만일 그 상태가 거짓 즐거움으로 마음을 속인다면, 마찬가지로 그것을 버려야 해요. 하지만 대단한 자기 원리를 갖고 있는 철학자와 소박하게 사는 기독교도 중에서, 결국 누가 더 미덕에 애착을 갖겠어요? 이성을 가진 현명한 자와 착란에 빠진 독신자 중에서, 누가 더 이 세상에서부터 행복하겠어요? 저의 모든 능력이 상실된 순간, 제가 생각하고 상상할 게 뭐가 있겠어요? 도취에는 즐거움이 있다고 당신은 말하곤 했어요! 그래요, 이 착란도 하나의 도취예요. 저를 그와 같은 기분 좋은 상태로 놓아두든지, 아니면 어떻게 하면 제가 더 잘 있을 수 있는지 말해주세요.

저는 신비주의자들의 법열을 비난했어요. 그 법열이 우리로 하여금 의무에서 눈 돌리게 하니, 그리고 명상의 매력에 의해 활동적인 삶에 싫증을 느끼게 함으로써 우리를 정적주의로 이끄니, 저는 여전히 그것을 비난해요. 당신은 제가 그 정적주의에 아주 가까이 있다고 생각하지만, 저는 제가 당신만큼이나 그것에서 멀리 떨어져 있다고 생각해요.

신을 섬긴다는 것, 그것은 기도실에서 무릎을 꿇고 일생을 보내는 것이 아님을 저도 잘 알아요. 신을 섬긴다는 것은 신이 우리에게 부여한 의무를 지상에서 이행하는 것이며, 신을 기쁘게 할 목적에서, 신이 우리에게 부여한 그 상태에 적합한 모든 일을 행하는 것이에요.

그분께는 마음만으로 충분하고,
자신의 의무를 다하는 것이 곧 그분께 기도하는 것이에요.[28]

해야 할 일을 먼저 한 다음, 가능할 때 기도해야 해요. 이것이 제가 따르려고 노력하는 규칙이에요. 당신이 비난하는 저의 명상을, 저는 일이 아니라 휴식으로 생각해요. 그렇기에 제 능력으로 얻을 수 있는 모든 기쁨 가운데서 가장 느끼기 쉽고 가장 순결한 기쁨을 왜 스스로 금해야 하는지 모르겠어요.

당신의 편지를 받은 뒤, 저는 더 신경 써서 저 자신을 살펴보았어요. 당신이 너무 못마땅해하는 듯한 이 성향이 제 영혼에 초래하는 결과를 검토해보았는데, 지금까지는 잘못 이해된 신앙심에 의한 폐해를 적어도 이토록 빨리 제게 걱정시키는 것은 전혀 보지 못하고 있어요.

우선 저는 기도를 못하면 고통스럽다거나, 누가 기도를 못하게 하면 기분이 상할 정도로 아주 강한 기도 취미를 가지고 있지 않아요. 기도는 낮 동안에 저를 방심시키지 않으며, 의무의 이행에 대한 거부감이나 초조감도 느끼게 하지 않아요. 때때로 저만의 방이 필요한 것은 어떤 감동이 저를 동요시킬 때, 그리고 다른 어디를 가든 방보다 더 불편할 때예요. 바로 거기에서 저는 저 자신을 돌이켜보며, 이성의 평정을 되찾아요. 어떤 걱정거리가 저를 불안하게 하고, 어떤 고뇌가 저를 괴롭힐 때, 저는 그곳으로 그것들을 내려두러 가요. 그 모든 근심거리들은 더 큰 어떤 대상 앞에서 사라져버린답니다. 신의 모든 은혜를 생각하면서, 저는 그토록 별것 아닌 괴로움에 예민한 것과 그토록 큰 은총을 망각하는 것에 대해 부끄러워하지요. 제게는 그런 시간을 자주 갖는 것도, 오래 갖는 것도 필요치 않아요. 우울이 본의 아니게 그곳까지 따라 들어오면, 위로해주시는 이 앞에서 몇 방울 눈물을 흘리는 것으로 즉시 제 마음은 위로를 받아요. 저의 반성은 뼈저리지도, 고통스럽지도 않아요. 뉘우침조차 불안하지 않아요. 저의 과오들은 두려움보다 수치심을 주어, 저는 후회는 하지만 양심의 가책은 느끼지 않아요. 제가 받드는 신은 관용의 신이며, 아버지 같은 존재예요. 저를 감동시키는 것은 그분의 어짊이고, 그 어짊에 가려 그분의 다른 모든 속성은 제 눈에 띄지 않아요. 그것만이 제가 아는 신의 유일한 속성이에요. 그분의 힘은 놀라워요. 그분의 무한함은 저를 침묵시키며, 그분의 정의로움은…… 그분은 인간을 약하게 창조하셨어요. 그분은 정의롭기에 관대하십니다. 복수하는 신은 악한들의 신이기에, 저는 저를 위해 그분을 경외할 수도 없고, 다른 사람을 벌해달라고 그분에게 간청할 수도 없어요. 오, 평화의 신이여, 어진 신이여, 제가 숭배하는 것은 바로 당신입니다! 저는 바로 그런 당신의 작품임을 느껴요. 최후의 심판에서, 제가 사는 동안 당신이 저를 감동시키시는 그대로의 당신을 다시 뵙기를 빕니다.

이런 생각이 제 삶에 얼마나 행복을 주고, 제 마음에 얼마나 기쁨을 주는지 형언할 수가 없어요. 그렇게 마음을 차분히 정리하고 방에서 나오면, 저는 한층 더 가볍고 쾌활해졌음을 느껴요. 모든 괴로움과 근심걱정은 사라져버려요. 힘든 것도, 까다로운 것도 없어요. 모든 것이 쉽고 순조로워지며, 제 눈에 더 보기 좋은 모습으로 비쳐요. 호의를 베푸는 것은 더 이상 제게 전혀 힘든 일이 아니에요. 그래서 저는 제가 사랑하는 사람들을 훨씬 더 사랑하며, 그래서 또 그들에게 더욱 친절해져요. 남편조차 저의 기분에 더 만족해요. 그는 신앙심은 영혼에 대한 아편이라고 주장해요. 조금만 복용하면 그것은 기운을 북돋워주고 활기를 띠게 하고 힘을 돋워주지만, 과다한 복용은 잠들게 하거나 격하게 만들거나 죽게 만듭니다. 저는 그 정도까지 가지 않기를 원해요.

제가 이 독신자라는 명칭에 대해, 어쩌면 당신이 원하는 만큼 불쾌해하지 않는다는 것을 당신은 알고 있어요. 하지만 제가 당신이 생각할 법한 모든 가치를 그 명칭에 부여하는 것도 아니에요. 예를 들어 저는 그 상태를 부자연하게 꾸민 외관에 의해, 그리고 또 이것만 하면 다른 모든 일은 안 해도 되는 일종의 의무로 생각하여 과시하는 것을 좋아하지 않아요. 그렇기에 당신이 이야기해준 그 기용 부인은 신앙서를 쓰고 주교들과 언쟁하고 사람들이 전혀 이해하지 못하는 몽상 때문에 바스티유 감옥에 가기보다는, 어머니의 의무를 정성 들여 이행하고 아이들을 기독교적으로 키우고 가정을 지혜롭게 관리하는 것이 더 나았을 것 같습니다. 저 역시, 상상에서 오는 공상들로 마음을 살찌우고 신에 대한 참된 사랑을 세속적인 사랑을 흉내 낸 감정으로, 그리고 또 그런 사랑을 일깨우기에 너무도 적합한 감정으로 바꿔버리는 신비적이고 비유적인 그 언어를 좋아하지 않아요. 다정한 마음과 강렬한 상상력을 가질수록, 그런 마음과 상상력을 뒤흔드는 경향이 있는 것을 피해야 해요. 결국, 감각적인 대상을 보지 못한다면 어떻게 신비적인 대상과의 관련을 알 수 있으며, 어떻게 정숙한 여인으로서 감히 바라보지도 못할 대상들을 가당찮게 상상하겠어요*?

그러나 저로 하여금 직업적인 독신자들에 대해 가장 반감을 갖게 한 것은, 그들을 인간성에 무감각하게 만드는 그 가혹한 풍습과, 세상의 다른 모든 사람들을 동정의 눈초리로 바라보게 하는 그 지나친 오만이에요. 정신이 숭고하게 고양되어 있는 상태의 그들은 자신을 낮춰 어떤 선한 행동을 할지라도 태도가 너무 모욕적이고, 타인들을 동정할지라도 어조가 아주 가혹하고, 정의는 너무 엄격하며, 자비는 너무 무자비하고, 열의는 너무 신랄하고, 경멸은 너무도 증오에 가까워서, 사교계 사람들의 무관심조차 그들의 동정보다는 덜 잔인하답니다. 그들에게는 신에 대한 사랑이 아

---

* 이 이의가 너무도 확고하고 반박할 수 없어 보여, 만일 내가 교회에서 조금이라도 힘이 있다면 나는 그 힘을 이용하여 성서에서 〈아가(雅歌)〉를 삭제할 것이다. 그리고 너무도 늦도록 기다린 것에 대해 크게 유감스러워할 것이다.

무도 사랑하지 않기 위한 변명으로 이용되며, 심지어 그들은 서로를 사랑하지도 않아요. 독신자들끼리의 참된 우정을 본 적 있나요? 그러면서도 그들은 인간들로부터 멀어지면 멀어질수록 인간에게 더 많은 것을 요구하며, 오로지 지상에서 신의 권위를 행사하기 위해서만 신을 향해 높아지려는 것 같습니다.

저는 이 모든 악습에 혐오감을 느끼는데, 이 혐오가 저를 그 악습으로부터 자연스레 보호해주고 있음에 틀림없어요. 설령 제가 그런 악습에 빠지더라도 원해서 그런 것이 분명 아닐 것이고, 제 주위의 모든 사람의 우정에 의해 반드시 경고가 주어지리라 기대해요. 저는 오랫동안 남편의 운명에 대해 불안해했는데, 어쩌면 그로 인해 제 기질이 변했을지도 모른다는 것을 고백합니다. 다행히 당신이 매우 정당한 이유로 제게 참조케 한 에드워드 경의 현명한 편지와 위안을 주는 분별 있는 그의 이야기, 그리고 또 당신의 이야기는 저의 불안을 일소해버렸고, 저의 원칙을 변화시켜주었습니다. 저는 불관용이 영혼을 냉혹하게 만들지 않기는 불가능하다는 것을 알아요. 자신이 비난하는 사람을 어떻게 다정하게 사랑할 수 있겠어요? 영벌을 받은 사람들 사이에서 어떤 자비가 유지될 수 있겠어요? 그들을 사랑하는 것은, 그들을 벌주는 신을 증오하는 것입니다. 도대체 우리는 인간이기를 바라는 것인가요? 우리, 인간이 아니라 행위를 판단하기로 해요. 사탄들의 무시무시한 역할을 침범하지 않기로 해요. 우리의 형제들에게 그렇게 가볍게 지옥의 문을 열어주지 말기로 해요. 아아, 실수하는 사람들을 위해 그 지옥이 예정된 것이라면, 어떤 인간이 그 지옥을 피할 수 있을까요?

오, 나의 친구들이여, 당신들은 내게서 얼마나 무거운 마음의 짐을 덜어주었는지! 당신들은 실수는 죄악이 아니라는 것을 내게 가르쳐줌으로써, 수많은 염려스러운 불안으로부터 나를 해방시켜주었습니다. 저는 제가 이해하지 못하는 교의들의 모호한 해석일랑 그냥 내버려두겠어요. 저는 제 눈을 사로잡고 제 이성을 설득하는 자명한 진리에, 제게 제 의무를 알려주는 실천적 진리에 만족해요. 그 외의 모든 것에 대해서는, 예전에 당신이 볼마르 씨에게 한 답변*을 저의 원칙으로 삼았어요. 인간이 자기 마음대로 믿거나 믿지 않을 수 있나요? 제대로 논증할 줄 몰랐던 것이 죄인가요? 그렇지 않아요. 양심은 우리에게 사물에 대한 진리가 아니라 의무의 규칙을 말해줘요. 그것은 또 우리에게 무엇을 생각해야 하는지가 아니라 무엇을 행해야 하는지를 명령하며, 잘 논증하는 것이 아니라 잘 행동하는 것을 가르쳐줘요. 무슨 연고로 제 남편이 신 앞에서 죄인이지요? 신에게서 눈을 돌려서요? 아니에요, 신이 그의 얼굴에 베일을 씌운 거예요. 그가 진리를 피하는 것이 아니라, 진리가 그를 피하는 거예요. 그를 이끄는 것은 오만이 아니에요. 그는 누구도 길을 잃지 않게 하려 하며, 사람들이 자기처럼 생각하지 않는 것에 대단히 만족해요. 그는 우리와 같은 감정을 좋아하여, 그런 감정을 갖고 싶어 하지만 가질 수가 없어요. 우리가 갖는 소망이나 위안 등 모든 것을 그는 갖지 못해요. 그는 선행을 하지만, 보상을 기대하지 않아요. 그러니 우리보다 더 덕망이 높고, 더 사심이 없어요. 아아, 그는 동정을 받아야 해요! 무엇 때문에 그가 벌을 받겠어요? 아니에요, 그렇지 않아요. 선량함, 올바름, 좋은 행실, 정직, 미덕. 이런 것들이 신이 요구하는 것이며, 신이 보상해주는 것이에요. 이런 것들이 하늘이 우리에게 원하는 참된 예배이며, 하늘은 매일 그에게서 그러한 예배를 받고 있어요. 만일 신이 업적에 따라 신앙을 판단한다면, 선행을 하는 사람은 누구나 신을 믿는 것이 돼요. 참된 기독교인은 정의로운 사람이고, 진짜 불신자는 악한이에요.

그러니, 당신의 편지 가운데 우리가 의견을 달리하는 여러 관점에 대해 제가 논하지 않더라도 놀라지 마세요, 친구. 저는 당신을 너무도 잘 알아

---

* 제5부 편지 3을 보라.

서 당신이 생각하는 바에 대해 염려하지 않아요. 자유에 대한 그 모든 쓸데없는 물음이 제게 무슨 상관이 있겠어요? 제가 저 자신의 힘으로 선을 원하든, 기도함으로써 그러한 의지를 얻든, 제가 결국 선을 행하는 수단만 발견한다면 그 모든 것이 마찬가지 아닌가요? 제가 제게 없는 것을 요구하여 얻든, 신이 제 기도를 듣고 그것을 주시든, 그것을 얻기 위해 항상 그것을 요구해야만 한다면 제게 다른 설명이 필요하겠어요? 우리의 믿음이 주요한 점들에서 일치하여 너무도 행복한데, 우리가 그 이상 무엇을 찾겠어요? 바닥도 둑도 없는 그 형이상학의 심연으로 파고들어, 신을 공경하기에도 너무 짧은 시간을 신에 대해 논쟁하느라 허비하고 싶으세요? 우리는 신이 무엇인지 몰라요. 그렇지만 신이 존재한다는 것, 그것만으로 우리에게는 충분하다는 것을 알아요. 신은 자신의 작품들 속에 모습을 드러내며, 우리 안에서 신이 느껴지게 합니다. 우리는 물론 신에 대해 논박할 수는 있지만, 그분을 진심으로 부정할 수는 없어요. 신은 신을 알아차리고 접촉하게 하는 정도의 감수성은 우리에게 주셨어요. 그 감수성을 분배받지 못한 사람들을 불쌍히 여기기로 해요. 신을 대신하여 우리가 그들을 일깨워준다고 자만하지 말고 말이에요. 신이 하고자 하지 않았던 일을 우리 중 누가 하겠어요? 조용히 신의 뜻을 따르고 우리의 의무를 다하기로 해요. 그것이 다른 사람들에게 그들의 의무를 가르쳐주는 가장 좋은 방법이에요.

당신은 볼마르 씨보다 더 양식과 이성이 풍부한 사람을 알고 있나요? 그 사람보다 더 진실하고 더 곧고 더 정의로우며 정열에 덜 사로잡히는 사람을, 그리하여 신의 심판과 영혼의 불멸에서 더 많은 것을 얻을 누군가를 알고 있나요? 당신은 에드워드 경보다 더 강하고 더 고결하고 더 훌륭하며 더 격렬하게 논쟁하는 사람을 알고 있나요? 그 사람보다 더 미덕으로 신을 옹호할 만하고, 신의 존재를 더 확신하고, 신의 지고의 위엄을 더 깊이 새기고, 신의 영광을 위해 더 헌신하며, 그 영광을 유지하기에 더 적합한 사람을 알고 있나요? 당신은 클라랑에서 3개월 동안 어떤 일이 있었는지 보셨어요. 신분과 취향에서 학생처럼 꼬치꼬치 따지는 것과는 거리가 먼 두 사람이 서로에 대한 존경과 존중으로 가득 차, 둘 다 동일한 관심을 가지고 있을 뿐이어서 의견이 일치하는 것 이상을 바라지 않았던 문제에 대해, 인간의 이해력이 생각해낼 수 있는 모든 방법을 통해 지혜롭고 평온하지만 활기차고 심오한 토론을 하면서 서로를 가르쳐주고 공격하고 방어하고 이해하려고 애쓰며 겨울을 꼬박 보내는 것을 보셨어요.

무슨 일이 일어났던가요? 그들은 서로에 대한 존경심을 배가했지만, 각자의 견해에 머물러 있었어요. 이러한 예가 현명한 한 남자를 논쟁에서 영원히 벗어나게 하지 못한다면, 진리에 대한 사랑은 그 남자와는 거의 관련이 없을 거예요. 그는 눈에 띄려고 애쓰는 거예요.

저는 이 쓸데없는 무기를 영원히 버리고, 남편에게 제 종교에 대해 설명해야 할 때를 제외하고는 이제 종교에 대해 일체 말하지 않기로 결심했어요. 신의 관용에 대한 생각이 그가 종교를 가질 필요성에 대해 제가 무관심하도록 만든 것은 아니에요. 고백하는데, 저는 그의 미래의 운명에 대해 안심이 되지만 그것이 그의 개종에 대한 저의 열의를 감소시킨다는 느낌은 들지 않아요. 저는 제 피를 대가로 치르더라도, 그가 설득된 모습을 한 번 보고 싶어요. 저세상에서의 그의 행복을 위해서가 아니라 해도, 적어도 이 세상에서의 행복을 위해서 말이에요. 그가 얼마나 많은 즐거움을 박탈당했겠어요? 그가 고뇌 속에 있을 때 어떤 감정이 그를 위로할 수 있겠어요? 그가 은밀하게 행하는 선행을 어떤 목격자가 격려해주겠어요? 어떤 목소리가 그의 영혼 깊은 곳에 말해줄 수 있겠어요? 자신의 미덕에서 그가 어떤 대가를 기대할 수 있겠어요? 그가 죽음이라는 것에 대해 어떻게 생각해보겠어요? 그래요, 저는 그가 그 끔찍한 상태에서 죽음을 기다리지 않기를 원해요. 제게는 그런 죽음에서 그를 끌어낼 방편이 하나 남아 있어요. 그러니 그것에 여생을 바치겠어요. 그 방편이란 그를 설득하는 것이 아니라, 그를 감동시키는 거예요. 그의 마음을 사로잡는 예를 보여주어 종교가 그의 마음에 아주 들게 함으로써 그가 저항할 수 없게 만드는 거예요. 아아, 친구! 참된 기독교인의 삶은 신을 믿지 않는 사람을 반박하는 얼마나 훌륭한 논거인지요! 그 논거를 견뎌낼 영혼이 있을 거라고 생각하세요? 이것이 바로 앞으로 제가 저 자신에게 부과하게 될 일이에요. 당신들 모두 제가 이 임무를 수행하도록 도와주세요. 볼마르는 냉정해요. 그렇지만 무감각하지는 않아요. 우리가 그의 마음에 얼마나 멋진 광경을 보여줄 수 있을까요! 그의 친구들과 아내와 아이들 모두가 힘을 합쳐 그를 감화시키면서 그를 가르치게 될 때, 그들이 이야기로 신을 전도하는 게 아니라 신이 고취하는 행동 속에서, 신이 주재하는 미덕 속에서, 신을 기쁘게 하면서 발견하는 매력 속에서 그에게 신을 보여주게 될 때, 그가 자기 집에서 신의 이미지가 빛나는 것을 볼 때, 그리하여 날마다 '아니야, 인간은 혼자 힘으로는 이럴 수 없어. 인간 이상의 어떤 것이 이곳을 지배하고 있어' 라고 하루에도 백 번은 중얼거리지 않을 수 없을 때 말이에요.

만일 이 시도가 당신의 기호에 맞는다면, 그리고 당신 자신이 그것에 협력할 자격이 있다고 느끼신다면, 오세요. 우리 죽을 때까지 헤어지지 말고 함께 살아요. 만일 이 계획이 당신 마음에 안 들거나 당신을 두렵게 한다면, 당신의 양심에 귀 기울이세요. 그 양심이 당신의 의무를 가르쳐줄 거예요. 이제 저는 할 말을 다 했습니다.

에드워드 경이 우리에게 밝힌 대로, 다음 달 말경에 당신들 두 분이 오실 것으로 믿고 기다리겠어요. 당신은 당신의 거처를 몰라볼 거예요. 하지만 거기에 이루어져 있는 변화 속에서 그 방을 장식하며 기뻐한 선량한 여인의 정성과 마음을 느끼게 될 거예요. 당신은 또 그녀가 제네바에서 골라온 한 세트의 책을 보게 될 거예요. 비록 〈아도니스〉 같은 심심풀이용 책도 끼어 있긴 하지만, 그것보다 더 훌륭하고 더 고상한 책이지요. 하지만 조심하세요. 그녀가 이 모든 일을 자신이 했음을 당신이 알기를 원하지 않는 탓에, 저는 이에 대해 함구하도록 그녀에게 입단속을 당하기 전에 서둘러 이 얘기를 쓰고 있는 것이니까요.

그럼 안녕, 친구. 우리는 모두 함께 가기로 했던 시용 성*으로의 소풍을 내일 당신 없이 떠나요. 그렇기에, 비록 즐겁게 떠나지만 그렇게 좋지는 않을 거예요. 대법관께서 우리를 아이들과 함께 초대했기에, 저로서는 빠질 만한 핑계가 없었어요. 그런데 왠지, 벌써 소풍을 마치고 돌아와 있는 거라면 좋겠어요.

:: **편지 9**

팡송 아네로부터

아아, 선생님! 아아, 저의 은인이여! 어쩌다가 제가 선생님께 알려드리는 일을 떠맡게 되었는지?…… 마님께서!…… 불쌍한 안주인께서…… 오, 맙소사! 당신의 놀라는 모습이 벌써 눈에 선하네요…… 하지만 당신은 우리의 비탄을 보실 수 없겠지요…… 잠시도 허비할 시간이 없어요. 어서 당신께 알리고…… 달려가야 해요…… 당신께 이미 다 말씀드린 거라면 좋으련만…… 아아, 우리의 불행을 알게 되면 당신이 어떻게 되실지?

온 가족이 어제 시용 성으로 점심 식사를 하러 갔어요. 블로네 성에서 며

---

* 브베 대법관들의 옛 거주지인 시용 성은 호수 가운데에서 일종의 작은 반도를 형성하고 있는 바위 위에 자리 잡고 있다. 그 주위에서 수심을 재는 것을 본 적 있는데, 240미터를 넘어 거의 244미터를 들어가서도 바닥이 보이지 않았다. 수면 아래로 그 바위를 파고들어 지하 창고와 부엌을 만들었고, 필요할 때 수도꼭지를 통해 물을 끌어들인다. 바로 그곳에 생 빅토르의 수도원장 프랑수아 보니바르가 6년 동안 감금되어 있었다. 그는 보기 드문 능력과 곧음, 그리고 무엇이든 견뎌낼 수 있는 꿋꿋함을 지니고 있었다. 그는 사부아 사람이지만 자유를 애호했으며, 사제이지만 관대했다. 그런데 이 마지막 편지들이 쓰인 것으로 보이는 그해로 말하자면, 브베의 대법관들이 더 이상 거기에서 살지 않은 지 이미 아주 오래된 때였다. 뭐, 그 시기의 대법관이 그곳에 며칠 머물렀다고 추정할 수도 있을 것이다.

칠 지내기 위해 사부아로 가실 남작님은 점심 식사를 마친 뒤 출발하셨어요. 우리는 그분을 몇 걸음 배웅한 뒤, 둑을 따라 산책했어요. 도르브 부인과 대법관 부인은 주인어른과 함께 앞에서 걸었고, 마님은 앙리에트와 마르슬랭의 손을 잡고 그 뒤를 따랐어요. 저는 큰아이와 함께 그 뒤를 따랐고요. 누군가에게 말을 하느라 발걸음을 멈췄던 대법관께서 일행에게 와 합류했고, 마님께 팔을 내밀었어요. 그 팔을 잡기 위해 마님은 마르슬랭을 제게 보냈어요. 마르슬랭은 제게 달려왔고, 저도 그 아이에게 달려갔어요. 그런데 달려오던 아이가 그만 발을 헛디뎌 물에 빠져버렸어요. 제가 날카로운 비명을 지르자 마님이 뒤를 돌아보았고, 아이가 물에 빠진 것을 보고는 쏜살같이 물로 뛰어들었어요……

아아! 못나게도 왜 저는 그렇게 행동하지 못했는지! 거기서 제가 죽었어야 했는데!…… 아아, 정말! 저는 어머니를 따라 뛰어들려는 큰아이를 잡고 있었고…… 마님은 물에 빠진 아이를 팔에 안고 허우적거렸어요…… 그곳에는 하인도 배도 없었기에, 그 두 사람을 끌어내는 데 한참 시간이 걸렸어요…… 아이는 기력을 회복했지만 어머니는…… 오한, 체온 하락, 그것이 마님의 상태였어요…… 그 체온 하락이 얼마나 위험한 것인지 누가 저보다 더 잘 알까요!…… 마님은 오랫동안 의식이 없었어요. 겨우 의식을 되찾자 아들을 찾았어요…… 얼마나 기뻐하며 아이를 껴안던지! 저는 마님이 회복되었다고 생각했어요. 하지만 마님의 생기는 잠깐 동안밖에 지속되지 않았어요. 마님은 이곳으로 데려다주기를 바랐어요. 돌아오는 동안 몇 번이나 마님의 상태가 악화됐어요. 마님이 제게 한 몇 가지 지시로 보아, 마님은 자신의 회복을 믿지 않으신 것 같아요. 저는 너무 불행해요. 마님은 회복되지 못할 거예요. 도르브 부인은 마님보다 더 딴사람이 됐어요. 모두가 불안해해요…… 온 집안사람들 중에서 그나마 제가 가장 덜 불안해하는 사람이에요…… 제가 무엇에 신경을 쓰겠어요?…… 저의 착한 마님! 아아, 당신을 잃는다면, 제게는 더 이상 누구도 필요하지 않을 거예요…… 오, 사랑하는 선생님! 이 역경 속에서 신께서 당신을 지켜주시기를…… 안녕히 계세요…… 의사가 방에서 나오는군요. 어서 의사에게 가봐야겠어요…… 의사가 무슨 희망적인 얘기를 하면 당신께 알려드리겠어요. 만일 제게서 아무 말이 없으면……

:: 편지 10

도르브 부인이 쓰기 시작해서 볼마르 씨가 마침

다 끝나버렸어요. 경솔한 사람, 불행한 사람, 불행한 몽상가! 당신은 다시는 그녀를 보지 못할 거예요…… 베일이…… 쥘리는 이제 없어요……

그녀가 당신에게 편지를 썼습니다. 편지를 기다리세요. 그녀의 유언을 존중해주세요. 당신에게는 이 세상에서 이행해야 할 큰 의무들이 남아 있습니다.

:: 편지 11

볼마르 씨로부터

나는 당신이 처음에 느낄 고통이 조용히 지나가도록 내버려두었습니다. 내 편지는 그 고통을 악화시킬 뿐이었을 테니까요. 당신은 상세하게 이야기를 해주어야 할 나보다도 더 그 이야기를 감당할 수 없는 상태였어요. 하지만 이젠 당신이나 나나 좀 더 가볍게 그 이야기를 입에 올릴 수 있는 때가 되었는지도 모릅니다. 그녀가 내게 남겨놓은 것은 추억뿐이어서, 내 마음은 그 추억들을 모으기를 좋아합니다! 당신은 그녀에게 줄 것이 눈물밖에 없으니, 그녀를 위해 눈물을 흘리면서 위안을 얻겠지요. 불행한 자들의 이런 기쁨은 내 비참한 상태에는 거절되어, 나는 당신보다 더 불행합니다.

내가 당신에게 하려는 말은 그녀의 병에 관한 것이 아니라, 그녀 자신에 관한 것입니다. 다른 어머니들도 자식을 따라 몸을 던질 수 있어요. 사고나 열병, 죽음은 자연의 일부이며, 이것은 인간에게 공통된 운명입니다. 그러나 그녀가 마지막 시간들을 활용한 방법, 그녀의 말과 감정과 영혼, 이 모든 것은 오로지 쥘리만의 것이었습니다. 그녀는 다른 여자처럼 살지 않았어요. 내가 아는 한, 그녀처럼 죽은 사람은 아무도 없습니다. 그것이 바로 나만이 관찰할 수 있었던 것이고, 당신이 오직 나를 통해서만 알 수 있는 것입니다.

당신도 알듯이, 공포와 흥분과 체온 하락과 탈수 증세로 계속 쇠약해졌던 그녀가 이곳에 돌아와서야 완전히 회복되었습니다. 도착하자 그녀는 다시 아들을 찾았고, 아이가 왔습니다. 아이가 걷고, 또 자신의 포옹에 반응하는 것을 보자마자 그녀는 완전히 안심했고, 잠시 휴식을 취하는 것에 찬성했습니다. 잠은 짧았으며, 의사가 아직 도착하지 않았기에 그녀는 의사를 기다리며 우리를 침대 곁에 앉혔습니다. 팡숑과 사촌과 나를 말입니다. 그녀는 우리에게 아이들에 대해, 아이들에게 자신의 교육 방식을 취할 때 요구되는 끈기 있는 배려에 대해, 그리고 한순간이라도 아이들을 소홀히 할 때의 위험에 대해 말했습니다. 그녀는 자기 몸이 아픈 것에는 별로 신경 쓰지 않고, 그 아픔 때문에 자신이 써야 할 신경을 한동안 쓰지 못하리라는 것을 예견하고서 우리 모두에게 그 부분을 분담시켰습니다.

그녀는 자신의 모든 계획과 당신의 계획에 대해, 그 계획들을 성공시키기는 데 가장 적합한 방법에 대해, 그 계획들에 유리할 수도 있고 해로울 수도 있는 자신의 관찰에 대해, 마지막으로 자신이 어머니 역할을 중단할 수밖에 없는 동안 우리가 대신 해야 하는 모든 일에 대해 상세하게 말했습니다. 너무도 소중한 일을 단지 며칠 동안 못 하게 되었다고 생각하는 사람이라고 보기에는 그것이 참으로 큰 대비라고 나는 생각했습니다. 하지만 내가 정말 오싹해진 것은, 그녀가 앙리에트에 대해서는 훨씬 더 자세히 이야기하는 것을 보면서였습니다. 그녀는 아들들에 대해서는 유년 시절과 관련된 것에 그쳤습니다. 아들들이 소년기에 들어서게 되면, 그들을 돌보는 일을 다른 사람에게 맡기려는 듯이 말입니다. 딸에 대해서는 그녀는 모든 시기를 포괄했습니다. 이 점에 대해서는 자신의 경험에서 나온 성찰을 그 누구도 대신할 수 없으리라는 것을 절실하게 느낀 그녀는, 자신이 딸을 위해 짜놓은 교육안을 간략하게, 그러나 힘 있고 명확하게 우리에게 설명했습니다. 앙리에트의 어머니에게 그 계획을 따를 것을 권장하기 위해, 그녀 앞에서 아주 예리한 이유를 들고 아주 감동적인 격려의 말을 하면서요.

소녀들의 교육과 어머니의 의무에 대한 그 모든 생각은 잦은 자성(自省)과 뒤섞여, 대화에 열기를 불어넣지 않을 수 없었는데, 나는 그 대화가 너무 활기가 돈다고 생각했습니다. 클레르는 그녀의 한 손을 잡고 있었는데, 대답 대신에 흐느껴 울기만 하면서 끊임없이 그 손에 입술을 눌러댔습니다. 팡숑 역시 침착하지 못했습니다. 쥘리의 눈에서도 눈물이 흘러내렸지만, 그녀는 우리를 더 불안하게 만들까 봐 감히 흐느끼지 못하고 있었습니다. 그 모습을 보자마자, '그녀가 죽음을 예감하고 있구나' 하는 생각이 들었습니다. 내가 희망을 걸어볼 수 있는 것은 오직, 공포로 인해 그녀가 자신의 상태에 대해 잘못 생각하여 위험을 실제보다 더 크게 느낀 것일 수도 있다는 점뿐이었습니다. 불행히도 나는 그녀를 너무 잘 알아서, 그 착오에 크게 기대를 걸 수 없었습니다. 나는 여러 번 그녀를 진정시키려고 시도했습니다. 한가할 때 다시 할 수 있는 이야기이니 괜히 지금 그런 문제로 함부로 흥분하지 말라고 다시금 그녀에게 부탁했습니다. 그러자 그녀가 말했습니다. "아아, 여자에게 침묵만큼 아픔을 주는 것은 없어요! 게다가 저는 열이 좀 있는 듯해요. 이유 없이 헛소리를 하는 것보다는, 열 덕분에 유익한 주제들에 대한 수다를 떠는 것이 더 나을 거예요."

의사가 도착하자 집 안에는 형언할 수 없는 없는 어떤 불안이 감돌았습니다. 하인들은 모두 그녀의 방문 앞에 모여 두 손을 모은 채 불안한 눈길로 여주인의 상태에 대한 의사의 판결을 기다렸습니다. 마치 자기 운명에 대한 판결이라도 기다리는 것처럼 말입니다. 그 광경은 불쌍한 클레르를 흥분으로 몰아넣었는데, 그녀의 머리가 어떻게 된 게 아닌지 걱정이 될 정도였습니다. 그 공포의 광경을 그녀의 눈에서 떼어놓기 위해, 여러 핑계를 들어 하인들을 물리칠 필요가 있었습니다. 의사는 막연하게 약간의 희망을 주었지만, 내게서 희망을 앗아 가기에 족한 어조였습니다. 쥘리 역시 자신이 생각하고 있는 바를 말하지 않았습니다. 사촌이 곁에 있어서 감히 그럴 수 없었던 것입니다. 의사가 방을 나갈 때, 나도 그를 따라 나왔습니다. 클레르도 그렇게 하려 했지만 쥘리가 그녀를 붙잡으면서 내게 눈짓을 했고, 나는 그 의미를 이해했습니다. 나는 서둘러 의사에게, 만일 위험이 있다면 환자에게와 마찬가지로, 아니 그보다 더 주의를 기울여 도르브 부인에게도 그 사실을 숨겨야 한다고 알려주었습니다. 그녀가 절망에 휘둘려 친구를 간호할 수 없게 될까 봐 두려워서 말입니다. 그는 위험이 있는 것은 사실이지만 사고가 난 지 하루밖에 지나지 않았으므로 좀 더 두고 봐야 확실한 예측이 가능하다고, 또한 다음 날 저녁이 되어야 병의 귀추를 알 수 있을 것이며 다시 그다음 날에야 그에 대해 의사를 표명할 수 있을 것이라고 말했습니다. 팡숑만이 그 말을 함께 들었습니다. 어렵사리 그녀를 자제시킨 나는 도르브 부인과 그 밖의 집안사람들에게 뭐라 전할 것인지 그녀와 말을 맞추었습니다.

저녁 무렵 쥘리는, 전날 저녁을 그녀 곁에서 보냈고 그날 저녁도 그녀 곁에서 보내고자 하는 사촌을 몇 시간이라도 좀 쉬고 오라고 떠밀었습니다. 그동안, 의사가 발에 사혈을 해줄 것이고 처방전을 준비하고 있다는 것을 아는 그 환자는 의사를 불러들여 말했습니다. "뒤 보송 씨, 두려워하는 환자에게 병의 상태를 속일 필요가 있다고 생각하신다면, 인간적인 신중함이기에 저는 동의합니다. 하지만 모두에게 똑같이 필요 이상의 불유쾌한 배려를 아끼지 않는 것은 잔인한 일이에요. 그중에는 그런 배려가 전혀 필요 없는 사람들도 종종 있어요. 당신이 판단하시기에 제게 진정으로 유익한 것이라면 모두 처방해주세요. 저는 어김없이 지키겠어요. 그러나 상상에 대해서만 쓰일 약이라면 사용하지 말아주세요. 아픈 것은 저의 몸이지 저의 정신이 아니며, 또 제게는 삶을 마감하는 것이 두려운 일이 아니라 남은 삶을 잘못 사용하는 것이 두려운 일이니까요. 생의 마지막 순간은 너무도 소중해서 남용이 허용될 수 없어요. 만일 당신이 저의 생을 연장할 수 없다면, 적어도 자연이 제게 남겨둔 얼마 안 되는 순간을 제게서 빼앗음으로써 그 생을 단축하지는 말아주세요. 저의 생이 얼마 안 남았을수록, 당신은 그 생을 더욱 존중해주어야 합니다. 저를 살려주세요. 그러실 수 없다면 저를 내버려두세요. 저는 홀로 잘 죽을 수 있을 거예요." 평소의 교제 때에는 그토록 소심하고 그토록 온화한 여인이었지만, 중대한 상황이 닥치자 바로 이렇게 단호하고 진지한 어조로 말을 할 줄 알았던 것입니다.

그날 저녁은 가혹하고 결정적이었습니다. 호흡 곤란, 숨 막힘, 실신, 타는 듯한 건조한 피부. 격렬한 발열이 지속되었고, 그녀는 자주 마르슬랭을 애타게 불렀습니다. 마치 그 아이를 붙잡기라도 하려는 듯이요. 때로는 다른 이름을 부르기도 했는데, 예전에도 이와 비슷한 경우에 그 이름을 자주 부르곤 했었지요. 다음 날 의사는 그녀가 사흘을 못 넘길 것이라고 솔직하게 말했습니다. 나만이 그 끔찍한 비밀을 간직하고 있었는데, 내 삶에서 가장 무시무시했던 시간은 내가 그 비밀을 어떻게 처리해야 할지 몰라 마음 깊이 넣어두고 있던 그때였습니다. 나는 혼자 작은 숲 속을 배회했습니다. 해야 할 결심에 대해 곰곰이 생각하면서 말입니다. 좀 더 안락한 상태를 알기도 전에, 늙어가는 나를 지긋지긋했던 그 고독한 상태로 다시 이끌고 있는 운명에 대해 몇 가지 우울한 생각도 없지는 않았습니다.

전날, 나는 쥘리에게 의사의 진단을 성실하게 전해주겠노라고 약속했었습니다. 그녀는 내 마음을 감동시킬 수 있는 모든 것을 동원해, 나로 하여금 그 약속을 지키는 것에 관심을 갖게 했습니다. 그 약속이 양심에 부담이 되었습니다. 맙소사! 쓸모없는 어떤 비현실적인 의무 때문에 그녀의 영혼을 몹시 슬프게 하고, 그녀로 하여금 죽음을 천천히 맛보게 해야 한단 말인가? 그토록 가혹한 조심으로 뭘 얻겠다는 것인가? 그녀에게 마지막 시간을 알려주는 것은 그 시간을 앞당기는 것이 아닌가? 그토록 짧은 기간에, 욕망과 소망 등 삶의 요소는 어떻게 되는 것인가? 생명이 끝날 시간이 아주 가까웠음을 아는 것 역시 생을 향유하는 것인가? 그녀에게 죽음을 주는 것이 내가 할 일인가?

나는 이제까지 느껴본 적이 없는 어떤 마음의 동요 속에서 빠른 걸음으로 걷곤 했습니다. 그 오랜 괴로운 불안은 가는 곳마다 나를 따라왔습니다. 나는 그 견딜 수 없는 불안의 무게를 지고 다녔습니다. 그러다가 마침내 어떤 생각이 나를 결심시켰습니다. 그게 어떤 생각일지 생각해보려 애쓰지 말아요. 어차피 내가 이야기할 테니까요.

나는 누구를 위해 숙고하고 있는 것인가? 그녀를 위해서, 아니면 나를 위해서? 나는 어떤 원리에 근거해 추론하고 있는 것인가? 그녀의 사고 체계에 근거해서, 아니면 나의 사고 체계에 근거해서? 그녀의 사고 체계에 대해서나 나의 사고 체계에 대해서 내게 무엇이 입증되어 있는가? 내가 믿는 바를 믿기 위해 내가 가지고 있는 것은 몇몇 개연성으로 무장된 내 견해뿐이다. 어떠한 논증도 내 견해를 뒤집지 못하는 것은 사실이다. 그러나 어떤 논증이 그 견해를 확증하겠는가? 그녀는 자신이 믿는 바를 믿는 데 있어서 마찬가지로 자신의 의견을 가지고 있지만, 그녀는 거기에서 명백함을 본다. 그녀에게 그 견해는 논증된 것이다. 그녀가 문제가 되는 지금, 어떤 권리에서 나는 그녀가 논증된 것으로 간주하는 그녀의 견해보다 내가 의심스럽다고 인정하는 내 단순한 견해를 택하려 하는 것인가?

두 감정의 결과들을 비교해보자. 그녀의 감정을 따를 경우, 마지막 시간의 사용은 영원히 지속되는 그녀의 운명을 결정함에 틀림없다. 내 감정을 따를 경우, 내가 그녀를 위해 취하고 싶어 하는 배려는 사흘 후면 그녀와 무관해진다. 내가 생각하기에, 그녀는 사흘 후면 이제 아무것도 의식하지 못한다. 그러나 만약 그녀가 옳다면 얼마나 큰 차이가 있는가! 영원한 행복, 아니면 영원한 불행!…… 어쩌면!…… 이 마지막 말, 끔찍하구나…… 불행한 인간 같으니라고! 그녀의 영혼이 아니라 너의 영혼을 위태롭게 하고 있는 것이다.

당신이 그토록 자주 공격한 나의 회의에 대해 나 스스로 수상쩍어하게 만든 최초의 의심은 바로 이런 것이었습니다. 그때 이후로 그런 의심이 자주 일었습니다. 어쨌든 그 의심은 나를 괴롭히고 있던 의심에서 나를 해방시켜주었습니다. 나는 당장 결심을 했고, 그 결심을 번복할까 두려워 서둘러 쥘리의 침대로 달려갔습니다. 그리고 거기 있던 사람들을 모두 내보내고 앉았습니다. 나의 태도가 어땠을지 상상이 될 겁니다! 나는 그녀를 조심스럽게 대하지 않았습니다. 조심성은 보잘것없는 영혼들에게나 필요한 것이지요. 내가 아무 말도 안 했으나 그녀는 나를 보았고, 순간적으로 내 뜻을 이해했습니다. 그녀는 내게 손을 내밀며 말했습니다. "제게 그것을 알려주실 생각이지요? 그럴 필요 없어요, 친구. 저 스스로 잘 느껴요. 죽음이 바삐 다가오고 있으니, 이제 우리는 헤어져야 해요."

그러고는 그녀는 내게 긴 이야기를 했습니다. 언젠가 당신에게 말해주겠습니다만, 그렇게 하면서 그녀는 내 마음에 유서를 썼던 것입니다. 설령 내가 그녀의 마음을 잘 몰랐다 해도, 삶을 마감하는 그녀의 태도는 내가 그 마음을 알게 하기에 충분했을 것입니다.

그녀는 집안사람들이 자신의 상태를 아는지 내게 물었습니다. 나는 집안에 걱정이 가득하지만 다들 확실한 것은 아무것도 알지 못하며 뒤 보송이 나에게만 사실을 털어놓았다고 말했습니다. 그녀는 그 비밀을 하루의 남은 시간 동안 철저하게 지켜달라고 간청했습니다. 그리고 이렇게 덧붙였지요. "클레르는 제가 직접 충격을 안겨줘야 그 충격을 견뎌낼 수 있을 거예요. 다른 사람에 의해 충격을 받으면 죽고 말 거예요. 저는 그 우울한 임무를 내일 밤에 이행할 생각이에요. 의사의 소견을 듣고자 한 것은 무엇보다 그 때문이었어요. 그 불행한 여인이 제 느낌에만 근거해서 그토록 가혹한 타격을 무고하게 받아들이는 일이 없도록 하려고요. 때가 되기 전에는 그녀가 전혀 짐작 못하게 하세요. 그렇지 않으면 당신은 친구를 잃고, 당신의 아이들을 엄마 없는 아이들로 만들 우려가 있어요."

그녀는 자신의 아버지에 관해 말했습니다. 나는 그에게 사람을 보냈다고 고백했습니다. 그러나, 그 사람이 내가 지시한 대로 편지를 전하는 것에 그치지 않고 서둘러 사고에 대해 말했다는 것, 너무 서투르게 말한 탓에 내 오랜 친구가 자기 딸이 물에 빠져 죽었다고 생각하고 겁에 질려 계단에서 굴러 떨어졌으며, 부상을 당해 블로네에서 침대에 누워 오도 가도 못하고 있다는 것 등의 말은 덧붙이지 않았습니다. 아버지를 다시 본다는 희망에 그녀가 감격하는 것이 느껴졌습니다. 이 희망이 부질없다는 확신은 내가 견뎌야 했던 고통 중에서 가장 하찮은 것은 아니었습니다.

전날 저녁의 발열에 의한 발작은 그녀를 극도로 쇠약하게 했습니다. 그 긴 대화는 그녀를 회복시키는 데 도움이 되지 못했습니다. 그녀는 기력이 떨어져 낮 동안 조금 휴식을 취하려고 노력했습니다. 하지만 그녀가 낮 동안 내내 잠을 자지는 않았다는 것을, 나는 다음다음 날에야 알게 되었습니다.

그러는 동안 집 안에는 비탄이 가득했습니다. 다들 음울한 침묵 속에서, 누가 자신들을 고통에서 끌어내 주기를 기대했지만, 알고 싶은 것 이상의 것을 알게 될까 봐 두려워 감히 아무에게도 묻지 못하고 있었습니다. 모두들 이렇게 생각했습니다. '희소식이 있으면 사람들이 서둘러 전해주겠지. 그런데 좋지 못한 소식이 있으면 언제나 너무나도 빨리 알려질 거야.' 그들이 사로잡혀 있는 두려움 속에서는 무소식만으로도 충분했습니다. 그 음울한 평온 속에서, 도르브 부인만이 유일하게 활발하고 말이 많았습니다. 그녀는 쥘리의 방에서 나오자마자 자기 방으로 가 휴식을 취하는 대신에 집 안을 두루 돌아다니며 모두를 붙잡고 의사가 무슨 말을 했는지, 사람들이 무슨 말을 했는지 물어보는 것이었습니다. 그녀는 전날 저녁 일의 목격자였기에, 자신이 본 것을 무시할 수 없었습니다. 하지만 그녀는 자신을 속이려 했고, 자기 눈이 본 것을 인정하지 않으려 했습니다. 그녀에게 질문받은 사람들은 긍정적인 쪽으로만 대답했고, 그런 답변에 용기를 얻은 그녀는 다른 사람들에게 또 묻고는 했습니다. 그렇지만 질문을 할 때마다 그녀가 하도 심하게 불안해하고 너무나 두려워하는 모습이어서, 사람들은 진실을 잘 알고 있다 해도 그녀에게 말해줄 생각이 들지 않았을 것입니다.

쥘리 곁에서는 그녀는 자제했습니다. 눈앞에 보이는 애처로운 대상이 그녀를 격앙보다는 비탄으로 이끌었던 것입니다. 그녀는 무엇보다 쥘리에게 자신의 불안을 들킬까 봐 염려했지만 그것을 숨기는 데 성공하지 못했습니다. 침착하게 보이려는 가장에서까지도 그녀의 불안이 느껴졌습니다. 쥘리는 쥘리대로 그녀를 속이기 위해서라면 어떤 일도 서슴지 않았습니다. 그녀는 자신의 병세를 줄여 말하지 않고, 마치 지나간 일 대하듯이 그 병에 대해 말했으며, 회복하는 데 걸리는 시간에 대해서만 염려하는 것 같았습니다. 그녀들이 서로를 안심시키려 애쓰는 것을 보는 것 역시 내 고통 가운데 하나였습니다. 둘 중 누구도 마음속으로는 희망을 품고 있지 않으면서 상대방에게 희망을 불어넣으려 애쓰고 있다는 것을 나는 너무도 잘 알고 있었으니까요.

도르브 부인은 지난 이틀 동안 그녀 곁에서 밤을 새웠으니, 3일 전부터 옷을 벗지 못하고 있었지요. 쥘리는 그녀에게 가서 잠을 좀 자라고 권했지만 그녀는 그렇게 하려 들지 않았습니다. 쥘리는 이렇게 말했습니다.

"그러면 제 방에 작은 침대를 하나 가져다 놓게 해주세요." 이어서 그녀는 깊이 생각한 끝에 하는 말처럼 이렇게 덧붙였습니다. "그녀가 제 침대를 함께 쓰고 싶어 하지 않는 한 말이에요." 그러면서 그녀는 사촌에게 말했습니다. "사촌, 어떻게 생각하니? 내 병은 전염되지 않아. 그리고 넌 나를 싫어하지 않아. 그러니 내 침대에서 함께 자자." 이러한 해결책은 수용되었습니다. 그리하여 나는 그 방에서 쫓겨났지요. 사실 나는 휴식이 필요했습니다.

나는 일찍 일어났습니다. 밤새 아무 일 없었는지 걱정이 되어, 그 방에서 인기척이 나자 안으로 들어갔습니다. 전날의 도르브 부인의 상태로 미루어, 나는 절망에 빠져 있는 그녀, 극도의 흥분에 사로잡힌 그녀를 보게 되리라 생각했습니다. 방으로 들어가면서 나는 그녀가 해쓱하고 수척한 모습으로, 아니 더 정확히 말하면 창백한 모습으로, 눈이 납빛이 되고 빛을 잃은 상태로 안락의자에 앉아 있는 것을 보았습니다. 하지만 그녀는 온화하고 평온했으며, 말은 거의 안 했지만, 내 말에 대답 대신 행동으로 응했습니다. 쥘리는 전날 저녁보다 덜 쇠약해 보였습니다. 목소리가 더 또렷하고, 몸짓이 더 생기 있었습니다. 마치 사촌의 활력을 빼앗은 것 같았습니다. 그녀의 안색을 본 나는, 더 나아진 듯한 그 모습이 발열의 효과라는 것을 쉽게 알아챘습니다. 그러나 그녀의 눈에서 빛나는 왠지 모를 은밀한 기쁨이 그 모습에 일조했다는 것도 알아보았습니다. 하지만 의사는 전날의 소견을 다시 확인했습니다. 환자 역시 계속 의사와 같은 생각을 갖고 있었기에, 내게는 더 이상 아무런 희망이 없었습니다.

볼일이 있어 한동안 나갔다가 다시 그 방에 들어갔을 때, 나는 그 방이 정성스럽게 정돈되었음을 알아보았습니다. 그곳에 질서와 우아함이 깃들어 있었습니다. 그녀는 벽난로 위에 꽃병들을 놓아두게 했습니다. 커튼은 반쯤 벌어진 상태로 다시 매여 있었습니다. 환기가 된데다 상쾌한 향수 냄새도 나서, 환자의 방이라는 생각은 전혀 들지 않았습니다. 그녀는 전처럼 정성 들여 화장을 한 상태였고, 몸치장에 신경 쓰지 않았어도 여전히 우아함과 멋이 드러났습니다. 죽음을 앞둔 시골 부인이라기보다는, 차라리 동행을 기다리는 사교계 여인이라 할 만한 모습이었습니다. 그녀는 내가 놀라는 것을 보고 미소 지었습니다. 내 생각을 읽은 그녀가 내게 뭔가 말을 하려는 찰나, 아이들이 이끌려 들어왔습니다. 이제는 오로지 아이들만이 문제였습니다. 당신은 상상할 수 있을 것입니다. 아이들을 떠나기 직전이라고 느끼는 그녀의 포옹이 미지근하고 약했겠는지 말입니다! 심지어 그녀는 자신의 목숨을 잃게 한 아이를 더 자주, 그리고 훨씬 더 열렬히 껴안아주는 것이었습니다. 마치 그렇게 안아줌으로써 그 애가 그녀에게 더 소중해진 것처럼 말입니다.

그 모든 포옹과 한숨과 열광은 그 불쌍한 아이들로서는 뭐가 뭔지 알 수 없는 일이었습니다. 그들은 그녀를 다정스럽게 사랑했지만, 그것은 그들 나이의 다정스러움이었습니다. 그들은 그녀의 상태, 그녀의 더 잦은 포옹, 더 이상 아이들을 볼 수 없다는 데 따른 그녀의 회한 따위에 대해서는 전혀 이해하지 못했습니다. 그들은 우리가 슬퍼하는 것을 보고 눈물을 흘렸지만, 그 이상의 것은 알지 못했습니다. 설령 아이들에게 죽음이라는 단어를 가르쳐준다 해도, 그들은 죽음에 대해 아무것도 모르기 때문에 자신들을 위해서도 다른 사람들을 위해서도 죽음을 두려워하지 않습니다. 그들에게는 아픈 것이 두렵지, 죽는 것은 두렵지 않습니다. 어머니가 고통에 겨워 살짝 신음 소리를 내자 그들은 공기를 가르는 날카로운 비명을 질렀습니다. 어머니를 잃게 된다는 이야기를 들은 그들은 무감각해 보였습니다. 좀 더 나이가 많고 여자 아이여서 감정과 이성의 빛의 발달이 더 빠른 앙리에트만이, 아이들에게 항상 일어나 있는 모습만 보였던 귀여운 엄마가 침대에 누워 있는 것을 보고 불안해하고 걱정스러워하는 듯했습니다. 그 점과 관련해 나는, 쥘리가 베스파시아누스[29]의 어리석은 허영에 대해 완전히 그녀다운 생각을 했던 것을 기억합니다. 베스파시아누스는 움직일 수 있는 동안에는 누워 있었고, 더 이상 아무것도 할 수 없을 때에는 일어나 있었다지요.* 그녀는 이렇게 말했습니다. "저는 황제가 서서 죽어야 하는 건지 어떤지는 몰라요. 그렇지만 가정주부는 죽을 때가 되어서만 자리에 누워야 한다는 것은 잘 알아요."

그녀는 아이들에게 마음을 털어놓은 뒤 그들을 각각 포옹해주었는데, 누구보다 앙리에트를 오래 안아주었습니다. 그때 앙리에트가 그녀의 입맞춤을 받으며 슬피 흐느끼는 소리가 들렸습니다. 이어 그녀는 세 아이를 함께 불러 축복하고는 도르브 부인을 가리키면서 이렇게 말했습니다. "자, 내 아이들아. 너희 어머니의 발밑에 엎드리렴. 저분이 신께서 주신 너희 어머니시란다. 신은 너희에게서 아무것도 빼앗지 않으셨어." 그러자 그들은 즉시 그녀에게 달려가 무릎을 꿇고 그녀의 손을 잡으면서 좋은 엄마, 둘째 엄마라고 불렀습니다. 클레르는 아이들에게 몸을 숙였습니다. 하지만 아이들을 꽉 껴안으며 뭔가 말을 하려 애쓰다가 결국 못 하고 말았습니다. 흐느낌을 토해낼 뿐, 그녀는 한마디도 할 수 없었습니다. 그녀는 목이 메었습니다. 쥘리의 마음이 얼마나 안 좋았을지 상상해보세요! 그 광경이 너무 격렬해지기 시작했기에 나는 그 상황을 중지시켰습니다.

마음을 흔드는 그 순간이 지나가자 모두 침대 주위에서 다시 잡담을 나누기 시작했습니다. 쥘리는 다시 열이 올라 활력이 조금 떨어지긴 했지만, 얼굴에는 전과 다름없는 만족스러운 표정이 드러나 있었습니다. 그녀는 어떤 얘기를 하든 자상하고 흥미롭게 했는데, 그것은 그녀의 정신이 근심에서 벗어나 있다는 것을 보여주었습니다. 그녀는 아무것도 놓치지 않았

---

* 이것은 아주 정확한 얘기는 아니다. 수에토니우스는, 베스파시아누스가 병상에 누워 죽어가면서도 보통 때처럼 일을 했고, 심지어 접견까지 했다고 전한다. 그러나 아마도 실제로는 일어나 접견을 한 뒤 다시 누워 죽었다고 하는 편이 더 옳을 것이다. 나는 베스파시아누스가 위대한 사람은 아니었을지라도 적어도 위대한 왕이기는 했다는 것을 안다. 그게 무슨 상관인가. 인간은 살아 있는 동안 어떤 역할을 할 수 있었든지 간에, 죽을 때 코미디는 하지 말아야 한다.

고, 마치 해야 할 다른 일이 없는 것처럼 대화에 열중했습니다. 그녀는 가능한 한 우리와 떨어지지 않기 위해 점심을 자기 방에서 같이 먹자고 제안했습니다. 그 제안이 거절되지 않았다는 것은 내가 말 안 해도 아시겠지요. 우리는 조용히, 차근차근, 질서 있게, 그리고 아폴론의 방에서 그랬던 것처럼 정연하게 식사를 했습니다. 팡숑과 아이들은 식탁에서 식사를 했습니다. 쥘리는 우리의 식욕이 떨어진 것을 보고, 때로는 자기 요리사가 가르쳐준 지식을 구실 삼아, 때로는 자신이 음식을 맛볼 수 있을지 알고 싶어 하면서, 때로는 그녀를 시중들기 위해서는 우리에게 건강이 필요하다는 것에 관심을 불러일으키면서, 모두가 식사를 하게 하는 비결을 찾아냈습니다. 우리에게서 그녀의 제안에 거부할 수단을 모조리 빼앗기 위해 우리가 그녀에게 줄 수 있는 기쁨을 계속해서 일러주면서, 그리고 또 우리의 마음을 차지하고 있는 그 우울한 대상을 잠시 잊게 하기에 적합한 쾌활함을 이 모든 것에 섞으면서 말입니다. 요컨대, 환대를 베푸는 것에 주의를 기울이는 주부가 아주 건강한 상태에서 손님들에게 베푸는 어떠한 배려도, 죽어가는 쥘리가 가족에게 베푼 배려보다 더 강한 인상을 남기거나 더 친절하거나 더 다정하지 못할 것입니다. 예상하고 있어야 한다고 생각했던 일은 하나도 일어나지 않았고, 내가 본 것이 머릿속에서 전혀 정리가 안 됐습니다. 나는 그저 상상이나 할 줄 알았지, 뭐가 뭔지 알지 못했습니다.

점심 식사가 끝난 뒤, 목사가 찾아왔다는 전갈을 받았습니다. 그는 가족의 친구로서 온 것이었고, 이는 아주 자주 있는 일이었습니다. 쥘리가 요구하지 않아서 그를 부르러 보내지 않았던 것인데, 그가 찾아와 주어 매우 기뻤다는 것을 고백합니다. 그와 같은 상황에서는 아무리 열성적인 신자도 나보다 더 기쁘게 그를 만날 수는 없었을 것입니다. 그가 곁에 있음으로 해서 많은 의혹이 밝혀질 것이었고, 나는 야릇한 난처함에서 벗어나게 될 것이었습니다.

그녀에게 죽음이 임박했음을 알리게 한 나의 동기를 상기해보세요. 그 끔찍한 소식이 야기하리라 내가 믿어 의심치 않았던 예상 결과들을 생각하면, 실제로 일어난 결과를 어떻게 이해할 수 있겠습니까? 맙소사! 건강할 때는 하루도 빠짐 없이 명상을 하고 기도를 기쁨으로 삼는, 앞으로 이틀밖에 살지 못하며 두려운 심판자 앞에 설 준비를 하고 있는 이 여인이 이 끔찍한 순간에 대비하기는커녕, 자신의 양심을 깨끗이 정돈하기는커녕, 자기 방을 장식하고 화장을 하고 친구들과 잡담을 하고 그들의 식사를 흥겹게 해주다니요. 또한 그녀의 모든 대화에서는 신이니 구원이니 하는 말이 한마디도 나오지 않았습니다! 내가 그녀에 대해, 그리고 그녀의 진짜 기분에 대해 어떻게 생각해야 했겠습니까? 그녀의 신앙심에 대해 내가 가지고 있던 생각과 그녀의 행동을 어떻게 조화시켜야 했겠습니까? 그녀가 삶의 마지막 순간을 그런 식으로 이용한 것과, 그녀가 그 순간의 가치에 대해 의사에게 한 말을 어떻게 조화시켜야 했겠습니까? 그 모든 것이 내 의식 속에 풀 수 없는 수수께끼를 만들어놓았습니다. 마침내, 비록 그녀에게서 여성 독신자들의 독실한 체하는 온갖 하찮은 위선을 발견하리라고 예상하지는 않았지만, 그래도 그녀가 아주 중요하게 여기는 것, 어떠한 지체도 용납되지 않는 것들에 대해 생각해볼 때인 것처럼 보였습니다. 근심걱정 많은 생 동안에도 독신자였다면, 그 생을 떠나야 하는 순간, 저세상을 생각하는 일밖에 남아 있지 않은 순간에 어떻게 독신자로 있지 않겠습니까?

이러한 성찰들은 내가 도달하리라고 그다지 기대하지 않았던 어떤 지점으로 나를 이끌었습니다. 나는 경솔하게 주장한 내 견해가 마침내 그녀를 너무 압도해버린 것은 아닐까 불안해지기 시작했습니다. 나는 그녀의 견해를 취하지는 않았지만, 그녀가 자신의 견해를 포기하는 것을 원하지는 않았습니다. 만일 내가 병자라면 분명 나의 견해를 지키며 죽겠지만, 나는 그녀가 그녀의 견해를 지키며 죽기를 원했습니다. 나는, 이를테면, 내가 그녀의 견해를 따르는 것보다 그녀가 내 견해를 따르는 것이 더 위험하다고 생각했던 것입니다. 이 모순들은 당신에게 터무니없어 보일 것입니다. 나도 이 모순들이 합리적이라고 생각하지는 않습니다만, 그러나 엄연히 이런 모순들이 존재했습니다. 이 모순들을 해명하는 것은 내가 맡은 일이 아니니, 당신에게 이야기만 해주겠습니다.

마침내 나의 의혹이 밝혀질 순간이 왔습니다. 곧 목사가 자신의 직무의 대상이 되는 것에 관해 대화를 이끌어가리라고 쉽게 예상할 수 있었으니까요. 게다가, 쥘리가 위장된 답변을 할 수 있을지는 몰라도, 주의 깊고 예비지식을 갖춘 내가 그녀의 참된 감정을 간파하지 못할 만큼 위장하는 것은 아주 어려웠을 것입니다.

모든 것이 내가 예견한 대로 되었습니다. 목사가 본론으로 들어가기에 앞서 늘어놓았던 찬사 섞인 진부한 이야기들은 제쳐두겠습니다. 기독교적인 마감으로 자신의 훌륭한 삶의 최후를 장식하는 행복에 대해 그녀에게 해준 감동적인 이야기도 제쳐두겠습니다. 사실 그는 몇 가지 점에서 교회의 교의, 말하자면 가장 건전한 이성이 성경으로부터 추론할 수 있는 교의와 완전히 일치하지만은 않는 견해를 때때로 그녀에게서 발견했다고 덧붙였습니다. 하지만 그녀가 그 견해를 옹호하려고 고집을 부리는 일은 전혀 없었기 때문에, 그는 그녀가 신자들의 교제 속에서 살았던 것과 같이 죽을 때도 신자들의 교제 속에서 죽고자 하기를, 그리고 공통의 신앙고백에 완전히 동의하고자 하기를 기대했습니다.

쥘리의 답변은 내 의혹에 종지부를 찍었으며, 또한 진부한 이야기들을 장려하는 경우가 아니었기에 나는 그 답변을 거의 그대로 당신에게 전하겠습니다. 나는 그녀의 말을 귀 기울여 들었고, 곧장 달려가 그것을 적어두었거든요.

"목사님, 저를 도덕과 기독교 신앙의 올바른 길로 인도하기 위해 애써주신 모든 배려에 대해, 그리고 제가 잘못된 길로 들어섰을 때 온화하게 저의 잘못을 교정해주거나 참아주신 것에 대해 먼저 감사드립니다. 당신의 열의에 대한 존경과 당신의 호의에 대한 감사의 마음이 한없는 저는 제 모든 좋은 결심이 당신 덕분이라는 것, 당신은 항상 제가 선한 일을 하고 참된 것을 믿도록 해주셨다는 것을 즐겁게 말씀드립니다.

저는 성경과 이성에서 유일한 규칙을 끌어내는 신교도로 살다가 죽어갑니다. 제 마음은 제 입이 하는 말을 항상 확인했습니다. 당신의 가르침에 대해 제가 혹시 항상 순종만 하지는 못했다면, 그것은 온갖 종류의 위선에 대한 저의 혐오의 결과였습니다. 저는 믿을 수 없는 것을 믿는다고 말씀드릴 수는 없었습니다. 저는 언제나 신의 영광과 진리에 합당한 것을 진실되게 추구했습니다. 그 추구에서 제가 실수를 했을 수도 있습니다. 저는 제가 항상 옳았다고 생각할 정도로 교만하지 않습니다. 저는 어쩌면 언제나 틀렸을지도 모릅니다. 그러나 제 의도는 언제나 순수했습니다. 그리고 제가 믿는다고 말하는 것은 언제나 믿었습니다. 그 점에 관해서는 모든 것이 저의 선택에 달려 있었습니다. 설령 신이 저의 이성을 그 이상으로 밝혀주지 않으셨다 해도, 그분은 관대하고 정의로우십니다. 신께서 제게 내려주시지 않은 재능에 대해 제게 수지 계산서를 요구하실 수 있을까요?

목사님, 이것이 바로 제가 주장했던 견해에 대해 당신에게 말씀드려야 할 중요한 부분입니다. 그 외의 모든 것에 대해서는 저의 현재 상태가 저를 대변하고 있습니다. 고통 때문에 산만하고 열이 나서 정신이 어지러운 제가, 받았을 때와 똑같이 건전한 오성을 가지고 있던 때보다 더 잘 추론하려고 시도할 수 있겠어요? 만일 제가 그때에도 틀렸다면, 지금 그때보다 덜 틀릴 수 있겠어요? 쇠약해진 지금, 건강했던 때에 믿은 것과 다른 것을 믿는 것이 가능할까요? 인간이 선호하는 감정에 대해 결정하는 것이 바로 이성인데, 제 이성은 최상의 기능을 잃었으니 그 기능 없이 제가 택한 견해들에 무슨 신망이 있겠어요? 그러니 앞으로 제가 해야 할 일이 뭐겠어요? 그것은 제가 이전에 믿었던 것을 믿는 것이겠지요. 의도에서의 정직함은 변함이 없는데, 판단력은 더 나빠졌으니까요. 제가 오류에 빠져 있더라도, 그게 좋아서 그런 것이 아닙니다. 저로서는, 그것만으로도 저의 믿음에 대해 안심하기에 충분합니다.

죽음에 대한 준비라면, 목사님, 그것은 이미 되어 있습니다. 사실 잘 되어 있는 것은 아닙니다. 하지만 최선을 다했습니다. 적어도 지금 준비할 수 있는 것보다는 나을 거예요. 저는 이 중요한 의무를 이행함에서, 그것을 이행할 수 없을 때까지 기다리지 않으려고 노력했습니다. 건강한 상태에서는 기도했지만, 지금은 체념하고 있습니다. 인내가 곧 환자의 기도입니다. 죽음을 준비하는 것은 바른 삶입니다. 그 밖의 것은 모르겠습니다. 당신과 대화를 나누었을 때, 홀로 명상에 잠겼을 때, 신이 제게 부여한 의무를 이행하려고 노력했을 때, 바로 그때 저는 신 앞에 설 준비를 했으며, 바로 그때 저는 그분이 제게 부여하신 힘을 다 바쳐 그분을 경배했습니다. 그 힘을 잃어버린 오늘, 제가 무엇을 하겠습니까? 이성을 잃은 제 영혼이 그분에게 올라갈 수 있을까요? 반은 꺼지고 고통으로 소진된 남은 삶이 그분에게 바쳐질 가치가 있을까요? 그렇지 않아요, 목사님. 그분은 저로 하여금 사랑하게 하셨다가 이제는 헤어지게 하시려는 사람들에게 주라고, 그 남은 삶을 제게 남겨두신 것입니다. 저는 그분에게 가기 위해 그들에게 작별 인사를 하고 있어요. 그러니 그들에게 전념해야 해요. 곧 저는 다시 그분에게만 전념할 것입니다. 이 세상에서의 제 마지막 기쁨은 제 마지막 의무이기도 합니다. 제가 인간의 형체를 벗어버리기 전에 인간성이 제게 과하는 임무를 다하는 것도 그분을 섬기는 일이며, 그분의 의지를 행하는 일이 아닌가요? 제가 느끼지도 않는 불안을 가라앉히기 위해 무엇을 해야 하지요? 제 신앙은 동요되지 않아요. 때로 그것은 제게 두려움을 주었지만, 지금보다 더 건강할 때 그랬습니다. 제 믿음은 그 두려움을 씻어주는데, 제가 지은 죄보다 신의 관용이 더 크다는 것을 알려주기 때문입니다. 그리하여 그분에게 다가간다고 느끼면서, 제 안심은 한층 더 커집니다. 저는 불완전하고 때늦은, 그리고 두려움의 강요로 정직한 것일 수 없고 그분을 속여보려는 함정일 뿐인 강요된 뉘우침을 그분에게 가지고 가지는 않겠습니다. 제가 더 이상 아무것도 할 수 없을 때에만 그분에게 드릴 수 있는, 고뇌와 권태로 가득하고 병과 고통과 죽음에의 불안에 사로잡혀 있는 제 생의 잔해와 찌꺼기를 그분에게 가져가지도 않겠습니다. 저는, 죄악과 과오로 가득 차 있지만, 신앙심 없는 인간의 회한이나 악한의 죄는 없는 저의 생애 전체를 그분에게 가지고 가겠습니다.

신이 제 영혼에 어떤 고통을 선고하실 수 있을까요? 신에게 버림받은 사람들은 신을 증오한다지요! 그러니 신께서 굳이 저로 하여금 신을 사랑하지 못하게 하실 필요가 있을까요? 저는 그런 사람들의 수를 증가시킬까 봐 걱정하지는 않아요. 오, 위대한 존재여! 영원한 존재, 지고의 영적 존재, 생명과 지복의 원천, 창조자, 관리자, 인간의 아버지이자 자연의 왕, 제가 단 한 순간도 의심한 적이 없으며 당신의 눈앞에서 살기를 언제나 좋아했던 아주 강하시고 매우 선하신 신이시여! 저는 제가 곧 당신의 왕좌 앞에 가 서게 되리라는 것을 압니다. 그리고 그것이 기쁩니다. 며칠 뒤면 저의 영혼은 형체를 벗어버리고, 영원히 저를 행복하게 해줄 그 불멸의 경의를 더 의연하게 당신에게 바치기 시작할 거예요. 그때까지 제가 어떻게 되든, 저는 전혀 신경 쓰지 않겠어요. 제 육체는 아직 살아 있지만, 제 정신생활은 끝났어요. 저는 인생의 끝 지점에 와 있기에, 이미 과거에 근거해 심판을 받은 거예요. 고통스러워하는 것과 죽는 것이 제 남은 할 일의 전부예요. 그것은 자연의 일이지요. 그러나 저는 죽음을 생각할 필요가 없도록 살려고 노력했기에, 죽음이 임박한 지금 죽음이 다가오는 것을 보아도 두려움이 없어요. 아버지의 품 안에서 자는 잠에서 깨어나는 것에 대해 걱정하지 않아요."

무겁고 안정된 어조로 시작되었다가 점점 더 목소리가 크고 강해진 이 이야기는 나를 포함한 모든 입회자들에게 강렬한 인상을 주었는데, 말하는 사람의 눈이 어떤 초자연적인 불을 머금고 반짝이는 만큼 더 그랬습니다. 새로운 광채가 그녀의 안색에 생기를 띠게 하여, 그녀는 환하게 빛나는 것처럼 보였습니다. 천상의 이름을 받을 만한 것이 지상에 있다면, 그것은 바로 말할 때의 그녀의 얼굴일 것입니다.

목사까지도 자기가 조금 전 들은 말에 사로잡혀 어쩔 줄 모르면서, 하늘을 향해 눈과 손을 치켜들고 소리쳤습니다. "위대한 신이시여! 이것이 바로 당신을 영광스럽게 하는 예배입니다. 이 예배에 자비를 베푸소서. 인간들이 당신에게 이와 같은 예배를 드리기는 쉽지 않습니다."

그는 침대로 다가가면서 이렇게 말했습니다. "부인, 제가 당신을 가르친다고 생각해왔는데 오히려 당신이 저를 가르치는군요. 더 이상 당신에게 해드릴 말이 없습니다. 당신은 참된 신앙을 가지고 있습니다. 신을 사랑하게 하는 신앙 말입니다. 훌륭한 신앙에서 오는 이 소중한 안식을 가지고 가세요. 그것은 당신의 기대를 저버리지 않을 것입니다. 저는 당신과 같은 상태에 있는 기독교도를 많이 보았지만, 이 소중한 안식은 당신에게서만 보았습니다. 신이 들어줄 만한 것이 아니기에 헛되고 무미건조한 기도를 그토록 거듭할 뿐인 그 고통 받는 죄인들의 종말과 이토록 평화로운 종말 사이에는 얼마나 큰 차이가 있는지요! 부인, 당신의 죽음은 당신의 삶만큼 아름답습니다. 당신은 애덕을 위해 살았고, 모성애의 순교자로 죽을 것입니다. 신께서 당신을 본보기가 되도록 우리에게 되돌려 보내시든, 아니면 당신의 미덕에 상을 주시기 위해 그분에게로 불러 올리시든, 우리 모두는 존재하는 한 당신처럼 살고 당신처럼 죽을 수 있기를! 우리는 저 세상의 행복을 아주 확신할 것입니다."

그가 가려 하자 그녀가 붙잡으며 말했습니다. "당신은 제 친구이며, 제가 가장 기쁘게 만나는 사람들 가운데 한 분이에요. 저의 마지막 순간이 소중한 것은 그들 때문이에요. 우리는 이제 곧 너무 오랫동안 헤어지게 될 것이니, 이렇게 빨리 떠나지 마세요." 그는 남아 있는 것에 매우 기뻐했습니다. 그러고 나서 나는 방을 나왔습니다.

내가 돌아왔을 때에도 같은 주제의 대화가 계속되고 있었지만, 어조가 달라서 마치 사소한 주제에 관해 이야기하는 것 같았습니다. 목사는 기독교를 죽어가는 자들의 종교로, 그리고 목사들을 불길한 사람들로 여기는 잘못된 생각에 관해 말했습니다. 그의 말은 이러했습니다. "사람들은 우리를 죽음의 사자(使者)로 생각합니다. 15분의 회개만으로 50년의 죄를 지우기에 충분하다는 편리한 생각으로, 그 순간에만 우리를 만나보려 하기 때문입니다. 우리는 음울한 색상의 옷을 입어야 합니다. 엄숙한 태도를 가장해야 합니다. 사람들은 우리를 무시무시한 인간으로 만들기 위해 온갖 방법을 강구합니다. 다른 종교들에서는 훨씬 더합니다. 죽어가는 가톨릭 신자는, 그에게 두려움을 주는 대상들과 생매장하는 의식들에 둘러싸여 있을 뿐입니다. 그는 악마들을 쫓아내 주려는 배려 속에서, 오히려 자신의 방이 그 악마들로 가득 차 있는 것을 봅니다. 그는 생을 마감하기 전에 이미 공포에 질려 백 번은 죽지요. 교회는 죽어가는 기독교도의 돈을 갈취하기 위해 그를 바로 그런 공포 상태에 빠뜨리려 합니다." 그러자 쥘리가 말했습니다. "돈을 상속받기 위해 사람을 죽이고, 또 부자들에게 천국을 팔면서 이 세상에 만연하는 부당한 불평등을 저세상으로까지 옮겨가는, 그 돈에 매수되는 종교 속에서 태어나지 않은 것을 신께 감사드려야 해요. 저는, 이 모든 음울한 생각들이 불신앙을 낳고, 그런 생각들을 키우는 종교에 대해 자연스럽게 혐오감을 갖게 한다는 것을 의심하지 않아요." 그녀는 나를 바라보며 다시 이렇게 말했습니다. "우리의 아이들을 교육하게 될 사람은 그와 정반대되는 원칙을 취하기를, 또한 종교에 끊임없이 죽음에 대한 생각들을 혼합해 아이들로 하여금 종교를 음울하고 침통한 것으로 여기게 하지 않기를 바라요. 그가 아이들에게 훌륭하게 사는 법을 가르쳐준다면, 아이들은 아주 훌륭하게 죽는 법도 알 수 있을 거예요."

이 대화는 내가 당신에게 전해주는 것보다 덜 간결하게, 그리고 더 자주 중단되면서 계속되었는데, 이 대화 속에서 비로소 나는 쥘리의 원칙과 나의 분노를 샀던 행위들을 이해하게 되었습니다. 이 모든 것은, 그녀가 자신의 상태를 완전히 절망적인 것으로 느끼고 우리의 비탄을 딴 데로 돌리기 위해서였든 아니면 부질없이 슬프게 하는 광경을 스스로 보지 않기 위해서였든, 죽어가는 자들이 자신들을 공포로 둘러싸는 무익하고 침울한 도구를 그녀가 물리치는 것만을 생각했기 때문이었습니다. 그녀는 이렇게 말했습니다. "죽음은 그것만으로도 너무 힘들어요! 그런데 왜 그것을 더 끔찍하게 만들어야 하지요? 다른 사람들이 생명을 연장하고 싶어 허비하는 정성을, 저는 제 생명을 끝까지 즐기는 데 사용하겠어요. 운명이라 여기고 받아들이는 것만이 필요해요. 그러면 그 밖의 것은 모두 저절로 잘 될 거예요. 제가 마지막으로 신경 써야 할 일은 제게 소중한 모든 사람들을 제 곁으로 모으는 것인데, 제 방을 병원 같은 것으로, 혐오스럽고 우울한 대상으로 만들겠어요? 만일 저 때문에 이 방에 좋지 않은 공기가 괴어 있다면, 제 아이들을 이 방에서 격리시켜야 해요. 안 그러면 아이들의 건강이 위협받을 테니까요. 만일 제가 두려움을 주는 이상한 차림으로 있다면, 아무도 더 이상 저를 알아보지 못하겠지요. 저는 더 이상 전과 같은 사람이 아니어서, 모두들 저를 사랑했던 것을 기억하긴 하겠지만 더 이상 저를 견뎌낼 수는 없을 거예요. 저는 살아 있는데도 마치 이미 죽은 사람처럼, 제 친구들에게조차 공포를 불러일으킬 만한 끔찍한 모습을 하고 있을 거예요. 그 대신에 저는 생명을 연장하지는 못해도 확장하는 기술을 발견했어요. 저는 숨이 끊어질 때까지 존재하고, 사랑하고, 사랑받고, 살아 있어요. 죽음의 순간은 아무것도 아니에요. 자연에서 유래하는 고통은 아무것도 아니에요. 저는 세론에서 유래하는 모든 고통을 물리쳤어요."

이 모든 대화와 이와 유사한 다른 대화들이 환자, 목사, 때때로 의사, 팡숑, 그리고 나 사이에 이루어졌습니다. 도르브 부인 역시 계속 거기에 있었지만, 대화에는 전혀 끼어들지 않았습니다. 그녀는 친구에게 뭐가 필요한지 계속 신경 쓰고 있다가 신속히 친구를 도와주었습니다. 그 외의 시간에는 꼼짝도 않고, 거의 생기도 없이, 친구를 바라보았습니다. 아무 말 없이, 사람들 말에 전혀 귀 기울이지 않고요.

저는 쥘리가 말을 많이 해 기력이 떨어질까 봐, 목사와 의사가 이야기를 주고받기 시작하는 때를 포착하여 그녀에게 다가가 귀에 대고 속삭였습니다. "환자로서는 이야기가 너무 많아요! 이치를 따지는 일에 임할 수 없는 상태라고 생각되는 사람치고는 생각이 너무 많아요!"

그녀는 내게 아주 작은 목소리로 이렇게 대답했습니다. "그래요, 저는 환자로서는 말이 너무 많지요. 하지만 죽어가는 사람으로서는 그렇지 않아요. 곧 저는 더 이상 아무 말도 못 하게 될 테니까요. 이치를 따지는 일이라면, 저는 더 이상 하지 않지만 과거에는 했어요. 죽음을 피할 수 없다는 사실을 저는 건강할 때 알았어요. 저는 자주 저의 마지막 병에 대해 숙고해보았어요. 오늘은 저의 예측을 이용하는 거예요. 저는 이제 생각할 수도, 결심할 수도 없어요. 제가 생각했던 것을 말할 뿐이고, 제가 결심한 것을 실천할 뿐이에요."

몇 가지 사건을 제외하면, 그날도 마찬가지로 평온하게 지나갔습니다. 모두가 건강하던 때와 거의 똑같이요. 쥘리는 한창 건강하던 때처럼 상냥하고 다정했습니다. 그녀는 그때와 다름없는 의식과 정신적인 자유를 가지고 이야기를 했습니다. 때로는 명랑하기까지 한 평온한 모습이었습니다. 마침내 나는 그녀의 눈에서 갑자기 솟아오르는 어떤 기쁨을 계속 볼 수 있었는데, 그것이 점점 나를 더 불안하게 해서 나는 그에 대해 그녀에게 명확히 알아보기로 결심했습니다.

그날 저녁까지만 기다리면 되었습니다. 내가 둘만의 대화를 준비해왔다는 것을 알고 그녀는 내게 이렇게 말했습니다. "당신이 선수를 치셨군요. 당신에게 할 말이 있었는데." 그러자 나는 이렇게 대답했습니다. "좋아요. 하지만 내가 선수를 쳤으니 내가 먼저 말하리다."

나는 그녀 곁에 앉아서, 그녀를 뚫어지게 바라보며 말했습니다. "쥘리,

사랑하는 쥘리! 당신은 내 마음을 몹시 아프게 했어요. 아아, 당신은 너무 늦도록 기다린 것 같군요!" 나는 그녀가 놀라 나를 바라보는 것을 보면서 이야기를 계속했습니다. "그래요. 나는 당신의 마음을 알아챘어요. 당신은 죽는 것을 즐거워하고 있어요. 나를 떠나는 것을 아주 기뻐해요. 우리가 함께 살게 된 이래, 당신 남편의 행동이 어땠는지 상기해봐요. 내가 당신에게서 그토록 잔인한 감정을 받아 마땅한 인간이었습니까?" 그 순간 그녀는 내 손을 잡고 심금을 울리는 어조로 말했습니다. "누가요, 제가요? 제가 당신을 떠나길 원한다고요? 당신은 제 마음을 그렇게 읽으신 건가요? 우리의 어제 대화를 그토록 빨리 잊으셨어요?" 내가 대답했습니다. "그렇지만 당신은 만족해하며 죽음을 맞이하고 있어요…… 내 눈에는 그렇게 보였어요…… 지금도 그렇게 보이고요……" "그만하세요." 그녀가 말했습니다. "제가 만족해하며 죽어가는 것은 사실이에요. 하지만 그것이 당신의 아내인 것에 걸맞게 살았듯이 그에 걸맞게 죽는 것이에요. 그 점에 대해서는 더 이상 묻지 마세요. 이제 아무 말도 하지 않겠어요." 그녀는 긴 베개 밑에서 종이 한 장을 꺼내며 말을 계속했습니다. "자, 이걸 보시면 당신의 의문이 완전히 풀릴 거예요." 그 종이는 편지였는데, 나는 그것이 당신에게 보내는 편지임을 알게 되었습니다. 그녀는 그 편지를 내게 주며 이렇게 덧붙였습니다. "이 편지를 봉하지 않은 채 당신에게 맡기겠어요. 읽은 뒤에 당신의 사려와 제 명예에 가장 적합하다고 생각되는 바에 따라 보내든 말든 당신이 결정하세요. 제가 죽은 뒤에 읽어보시기를 바라요. 당신이 저의 간청대로 해주실 것임을 너무도 믿기에, 저는 당신의 약속조차 바라지 않아요. 친애하는 생 프뢰, 그 편지를 여기 동봉합니다. 이 편지를 쓴 사람이 죽었다는 것을 알아도 소용이 없군요. 그녀가 이제 아무것도 아니라는 것을 믿기가 힘들기 때문이지요.

이어 그녀는 자신의 아버지에 대해 걱정스럽게 이야기했습니다. 그녀가 말했습니다. "맙소사! 아버지는 딸이 위험에 처해 있다는 것을 알고 있는데, 저는 아버지에 대한 이야기를 전혀 듣지 못하고 있다니! 아버지께 무슨 불행이라도 닥친 걸까요? 아버지는 이제 저를 사랑하지 않으시는 걸까요? 아아, 나의 아버지!…… 그토록 다정한 아버지가…… 이렇게 나를 내버려두시다니!…… 아버지를 보지도 못하고 죽게 내버려두시다니!…… 아버지의 축복도 받지 못하고…… 마지막 포옹도 받지 못하고!…… 오, 이런! 나를 다시는 못 보게 되시면 얼마나 쓰라린 자책을 하실까!……" 이런 생각은 그녀에게 고통스러운 것이었습니다. 그녀에게는 무관심한 아버지라는 생각보다는 아픈 아버지라는 생각이 더 견딜 만하리라는 생각이 들어서, 나는 그녀에게 사실을 말해주기로 결심했습니다. 실제로 그녀가 그 사실로 인해 품게 된 불안은 처음의 추측보다는 덜 가혹했습니다. 그렇지만 더 이상 아버지를 볼 수 없다는 생각에 그녀는 몹시 슬퍼했습니다. 그녀는 이렇게 말했습니다. "아아! 제가 죽으면 아버지는 어떻게 되실까요? 무엇에 애착을 가지실까요? 가족을 먼저 다 떠나보낸다는 것은!…… 아버지의 삶은 어떻게 될까요? 혼자가 되면 더는 못 사실 거예요." 그 순간은 죽음의 공포가 느껴지는, 본성이 지배력을 되찾는 순간이었습니다. 그녀는 한숨을 쉬더니 합장하고 하늘을 우러러보았습니다. 나는 그녀가 자신이 환자의 기도라고 말한 그 어려운 기도를 하는 것을 실제로 보았습니다.

그녀는 다시 내게 관심을 돌려 이렇게 했습니다. "기력이 떨어지는 것이 느껴지니, 저는 이것이 우리의 마지막 대화가 될지도 모른다는 생각이 들어요. 우리의 결합과 그 결합의 증표인 우리의 소중한 아이들을 생각해서 이제 당신의 아내에 대해 부당하게 생각하지 마세요. 제가 당신을 떠나는 것을 기뻐하다니요! 오로지 저를 행복하고 지혜롭게 만들기 위해서 살았던 당신, 세상에서 제게 가장 어울리는 남자였던 당신, 함께 있어 제가 살림을 잘하고 착한 아내가 될 수 있게 해준, 아마도 유일한 사람! 아아, 만일 제가 삶에 어떤 가치를 부여했다면 그것은 당신과 함께 삶을 보낸 덕분이었다는 것을 믿어주세요!" 다정하게 표명된 이 말들에 너무 감동해 나는 잡고 있던 그녀의 두 손을 내 입술에 자주 갖다 댔는데, 그 손들이 내 눈물로 젖은 것을 느꼈습니다. 나는 내 눈이 눈물을 흘리기 위해 만들어진 것이라고 생각해본 적이 없었습니다. 내가 그렇게 눈물을 흘린 것은 세상에 태어나 처음 있는 일이었고, 죽을 때까지 마지막이 될 것입니다. 쥘리를 위해 눈물을 흘렸으니, 이제 하찮은 일로 눈물 흘려서는 안 되겠지요.

그날은 그녀에게는 피곤한 날이었습니다. 간밤의 도르브 부인에 대한 마음의 준비, 오전 중의 아이들과의 만남, 오후의 목사와의 대화, 저녁때의 나와의 대화로 그녀는 녹초가 되었습니다. 그날 밤, 그녀는 전날의 밤들보다 조금 더 휴식을 취했습니다. 쇠약해졌기 때문이든, 아니면 실제로 발열과 병세의 악화가 덜했기 때문이든 말입니다.

그다음 날 오전, 아주 허름한 옷차림의 한 남자가 부인을 사적으로 매우 만나고 싶어 한다는 얘기를 전해 들었습니다. 그녀의 상태를 말해주었는데도 끈질기게 요구한다는 것이었습니다. 선한 행동에 관계되는 일이며, 자신은 볼마르 부인을 잘 알고 있고, 그녀가 숨을 쉬는 한 선한 행동을 하고 싶어 하리라는 것을 알고 있다면서 말입니다. 그녀는 누구도, 특히 불행한 사람들을 매정하게 거절하지 않는 것을 신성한 규칙으로 삼았기 때문에, 사람들은 그를 돌려보내기에 앞서 내게 알린 것이었습니다. 나는 그를 데리고 오라고 했습니다. 그는 거의 누더기 차림이었으며, 빈곤한 자의 모습과 목소리를 가지고 있었습니다. 그러나 나는 그의 얼굴 모습과 말에서 그에 대해 비관적으로 예측하게 하는 것은 전혀 식별해내지 못했습니다. 그는 고집스럽게 쥘리하고만 이야기하려 했습니다. 나는, 만일 먹을 것을 돕는 구호의 문제라면, 그 때문에 임종에 가까운 한 여인을 귀찮게 하지 않고도 내가 그녀 대신에 그녀가 할 만한 일을 할 수 있을 것이라고 그에게 말했습니다. 그러자 그가 말했습니다. "아닙니다. 저는 돈을 요구하는 것이 아닙니다. 간절히 필요하기는 하지만 말입니다. 제가 요구하는 것은 제게 속하는 재산, 제가 지상의 온갖 보석보다 더 높게 평가하는 재산, 제 실수로 잃어버린, 제게 그것을 주신 부인만이 다시 돌려주실 수 있는 그런 재산입니다."

내가 전혀 이해할 수 없는 말이었지만, 이 말을 듣고 나는 결심을 했습니다. 부정직한 사람도 그와 똑같이 말할 수 있었을 테지만, 그의 어조는 그런 사람의 것이 절대로 아니었기 때문입니다. 그는 하인에게도, 하녀에게도 비밀로 해달라고 했습니다. 그런 조심성이 이상하게 보였지만, 나는 그의 요구대로 해주었습니다. 마침내 나는 그를 그녀에게 데려갔습니다. 그는 내게 도르브 부인도 안다고 말했지만, 그가 그녀 앞을 지나가도 그녀는 그를 전혀 알아보지 못했습니다. 나는 그것에 별로 놀라지 않았습니다. 하지만 쥘리는 곧 그를 알아보았습니다. 그토록 비참한 차림새의 그를 보고는, 그를 그렇게 내버려두었다며 나를 나무랐습니다. 그렇게 서로 알아보는 것을 지켜보면서 나는 가슴이 뭉클했습니다. 그 소리에 정신이 든 클레르가 다가와 비로소 그를 알아보았지만, 약간의 기쁜 기색을 드러낼 뿐이었습니다. 하지만 그녀의 착한 마음의 표시는 그녀의 깊은 고뇌 속에서 소멸되어버렸습니다. 단 한 가지 감정이 모든 것을 흡수해버린 것이지요. 그래서 그녀는 이제 어떠한 것에도 민감하게 반응하지 않았습니다.

그 사람이 누구인지는 말할 필요가 없을 듯합니다. 눈앞의 그의 모습은 많은 추억을 되살렸습니다. 하지만 쥘리는 그를 위로하고 소망을 북돋아 주다가 심각한 호흡 곤란에 빠졌고, 상태가 너무 안 좋아 곧 숨을 거둘 것만 같았습니다. 그녀를 구할 생각만 해야 하는 때에, 소동을 야기하지 않고 방심을 예방하기 위해 나는 그를 곁방으로 들여보낸 뒤 문을 닫으라고 했습니다. 이어 팡숑을 불렀고, 오랫동안의 간호 덕택에 마침내 환자는 정신을 되찾았습니다. 곁에서 우리 모두가 어리둥절해 있는 것을 보고 그녀가 말했습니다. "사랑하는 사람들, 이것은 하나의 시험에 불과해요. 생각하는 것만큼 그렇게 가혹하지 않거든요."

평온이 다시 찾아왔습니다. 하지만 나는 불안감이 너무 큰 나머지, 곁방에 있는 그 사람을 잊고 말았습니다. 쥘리가 아주 작은 소리로 그 사람 어떻게 되었느냐고 내게 물었을 때에는 이미 식탁이 차려지고 모두가 그곳에 모여 있었습니다. 나는 그 방에 들어가 그와 이야기하려 했지만, 그는 안에서 문을 걸어 잠가놓고 있었습니다. 내가 그러라고 했기 때문이지요. 그를 나오게 하기 위해서는, 저녁 식사가 끝난 뒤까지 기다려야 했습니다.

식사를 하는 동안 그곳에 함께 있던 뒤 보송은 재혼을 한다는 한 젊은 미망인 이야기를 하면서, 미망인들의 슬픈 운명에 대해 몇 마디 덧붙였습니다. 나는 이렇게 말했습니다. "훨씬 더 불쌍한 미망인들이 많이 있는데, 남편이 살아 있는 미망인들이 바로 그들입니다." "정말이에요." 팡숑은 자신과 관계있는 이야기라고 생각하며 말을 계속했습니다. "남편이 그녀에게 소중할 때는 특히 더 그렇지요." 그리하여 대화는 그녀의 남편 쪽으로 옮겨 갔습니다. 그녀는 언제나 남편에 관해 애정이 넘치게 말했기에, 그녀의 은인의 상실이 남편의 상실을 훨씬 더 가혹하게 만들 그 순간, 그녀가 그에 대해 마찬가지로 애정 넘치게 말하는 것은 자연스러운 일이었습니다. 더구나 그녀는 아주 감동적인 말로 남편의 착한 천성을 칭찬하고 그를 유혹한 나쁜 실례들을 유감스럽게 생각했으며, 너무도 진실하게 그를 그리워한 나머지 이미 슬픔에 젖어 있던 그녀는 슬픔이 격해져 눈물을 흘리고 말았습니다. 그런데 갑자기 곁방의 문이 열리더니, 넝마 차림의 그 사람이 맹렬히 달려 나와 그녀의 무릎을 감싸 안고 울음을 터뜨렸습니다. 그러자 그녀가, 들고 있던 유리컵을 떨어뜨리며 말했습니다. "아아, 딱한 사람, 어디서 오는 거예요?" 그녀가 그에게 털썩 몸을 내맡기는 바람에, 우리가 속히 그녀를 돕지 않았더라면 그녀는 기절했을 것입니다.

그 밖의 일은 상상하기 쉽겠지요. 잠깐 사이에 온 집안사람들은 클로드 아네가 돌아왔다는 것을 알게 되었습니다. 착한 팡숑의 남편 말입니다! 얼마나 유쾌한 축제 분위기였는지! 그가 방 밖으로 나오자마자, 사람들이 옷을 갈아입혔습니다. 사람마다 셔츠를 두 벌씩만 가지고 있다면, 아네는 다른 사람들 모두의 남은 셔츠를 합한 것만큼의 셔츠를 혼자서 가지게 되었을 것입니다. 그에게 옷을 입히도록 하기 위해 방에서 나왔을 때, 나는 사람들이 이미 그에게 옷을 챙겨주었으며, 그에게 필요한 것을 마련해준 사람들로 하여금 그것들을 전부 되찾아 가게 하기 위해서는 권위를 사용해야 한다는 것을 알게 되었습니다.

그러나 팡숑은 여주인을 떠나고 싶어 하지 않았습니다. 그녀에게 남편과 지낼 시간을 좀 주기 위해서, 우리는 아이들이 바람을 좀 쐬어야 한다는 구실을 대며 두 사람에게 아이들을 데리고 나가는 일을 떠맡겼습니다.

그 광경도 이전의 광경들처럼 환자를 전혀 불편하게 하지 않았습니다. 오히려 그 광경은 유쾌하기만 하여, 그녀에게 좋은 효과만을 가져다주었습니다. 오후에는 클레르와 나만이 그녀의 곁에서 지내며 두 시간 동안 조용히 대화를 나누었습니다. 그녀는 그 대화를 우리가 지금까지 나누었던 대화 중 가장 재미있고 가장 매력적인 대화로 만들었습니다.

그녀는 방금 우리에게 큰 감명을 주었고 또 자신의 청춘기를 너무도 생생하게 환기해준 그 감동적인 광경에 대한 몇 가지 고찰로부터 이야기를 시작했습니다. 이어 사건의 추이를 따라가며, 자신의 전 생애를 이렇게 짧게 요약했습니다. 모든 걸 따져보면, 그 생애는 안락하고 운이 좋았으며, 이 지상에서 허락된 행복의 절정에 서서히 이르렀고, 중간에 생을 마감하게 한 그 사고는 자신의 자연 수명에서 필시 선행과 악행의 분기점을 표시할 거라고요.

그녀는 선에 민감하고 선에 끌리는 마음, 건전한 오성, 호감 가는 얼굴을 주신 것에 대해 하늘에 감사했습니다. 그녀는 또 노예들 사이에서가 아니라 자유의 나라에서, 악인의 후예에게서가 아니라 명예로운 가문에서, 영혼을 부패시키는 사교계의 영화나 영혼을 천하게 만드는 궁핍 속에서가 아니라 적당한 재산을 가진 가정에서 태어나게 해주신 것에 감사했습니다. 덕망 높고 선량하며, 성품이 아주 곧고 명예감 가득한 부모에게서 태어난 것을 기뻐했습니다. 두 분은 서로의 결점을 보완하며 자신들의 나약함이나 편견을 그녀에게 주는 일 없이 자신들의 이성을 바탕으로 그녀의 이성을 형성해주었습니다. 그녀는 인간을 어리석게 만들기는커녕 고상하게 만들어주고 드높여주며, 무신앙이나 광신을 부추기지 않으면서 지혜로운 동시에 신앙을 갖게 해주고, 인간적인 동시에 독실하게 해주는 합리적이고 건전한 종교 안에서 길러진 이점을 찬양했습니다.

그러고 나서 그녀는 잡고 있던 사촌의 손을 꼭 쥐면서, 당신도 틀림없이 알고 있을 그 초췌해서 훨씬 더 애처로워진 눈으로 사촌을 바라보며 말했습니다. "이런 모든 소중한 것들은 다른 많은 사람들에게도 주어졌지요. 하지만 이 소중한 것은!…… 하늘이 저에게만 주셨어요. 저는 여자였고, 제게는 한 친구가 있었어요. 하늘은 우리를 같은 시기에 태어나게 해주셨고, 서로 부딪치지 않도록 우리에게 일치된 성향을 주셨어요. 하늘은 서로를 위하는 마음을 우리에게 주셨어요. 하늘은 우리를 요람에서부터 결합시키신 거예요. 저는 일생 동안 그녀를 잃지 않았기에, 그녀의 손이 제 눈을 감겨줄 거예요. 당신이 세상에서 이런 예를 더 찾아내신다면, 저는 더 이상 자랑하지 않겠어요. 그녀는 제게 너무나 지혜로운 조언들을 해주지 않았던가요? 너무나 큰 위험들에서 저를 구해주지 않았던가요? 너무나 큰 불행들에서 저를 위로해주지 않았던가요? 그녀가 없었다면 저는 어떻게 되었을까요? 제가 그녀의 말에 더 귀 기울였다면, 그녀가 저를 어떤 인간으로든 만들지 못했을까요? 그럼 어쩌면 오늘 저는 그녀에게 버금가는 사람이 되어 있었을 텐데!" 클레르는 그저 친구의 가슴에 머리를 파묻는 것으로 대답을 대신할 뿐이었으며, 눈물로 오열을 달래려 했습니다. 하지만 잘 되지 않았습니다. 쥘리는 오랫동안 말없이 그녀를 품에 꼭 안아주었습니다. 말도 눈물도 없는 순간이었습니다.

그녀들은 다시 이야기를 시작했고, 쥘리가 이렇게 말을 이었습니다.

"이 행복에는 어려움도 물론 있었어요. 그게 인간사의 운명이지요. 제 마음은 사랑을 위해 태어나서, 저 개인의 미덕에 대해서는 까다로웠고 세론에서 유래하는 이점에 대해서는 무관심했어요. 아버지의 편견이 제 성향과 일치하기는 거의 불가능했어요. 제게는 저 스스로 선택한 애인이 필요했어요. 그는 스스로 제 애인이 되고자 했어요. 제가 그를 선택한다고 생각했는데, 틀림없이 하늘이 그를 제게 선택해주신 거예요. 열정의 과오에는 빠져도 죄의 참화에는 빠지지 않도록, 그리고 정열이 사라진 뒤에도 미덕에 대한 사랑은 적어도 제 마음속에 남아 있도록 하기 위해서 말이에요. 그는 수많은 음흉한 남자들이 매일 좋은 천성의 수많은 처녀들을 유혹할 때의 그 예의바르고 간사한 언어를 사용했지만, 그런 많은 남자들 가운데 유일하게 정직한 남자였으며 말과 생각이 같았지요. 그를 식별해낸 것이 저의 신중함이었겠어요? 아니에요. 저는 처음엔 그에 대해 아는 것이라고는 그의 언어밖에 없었지만, 그에게 매료되었어요. 저는 다른 여자들이 뻔뻔스럽게 하는 일을, 절망적으로 했어요. 제 아버지의 말씀처럼, 저는 그에게 저 자신을 떠맡겼던 거예요. 그는 저를 존중해주었어요. 제가 그를 알 수 있었던 것은 바로 그때였어요. 그렇게 행동할 수 있는 사람은 누구나 아름다운 영혼을 가지고 있어요. 그래서 믿을 수가 있지요. 하지만 저는 먼저 그를 믿었고, 그다음에는 감히 저 자신을 믿었어요. 그렇게 사람들은 길을 잃게 되지요."

그녀는 흐뭇해하며 애인의 장점에 대해 상세하게 설명했습니다. 그의 좋은 점을 인정하면서 그녀가 얼마나 즐거워하는지 우리는 보았습니다. 그녀는 자신을 희생해가면서까지 그를 칭찬했습니다. 그녀는 그에 대해 너무나 공정한 나머지 오히려 자신에 대해서는 불공정했고, 그를 명예롭게 하기 위해 자신에게 더 피해를 입혔습니다. 그녀는 그녀 자신보다 그가 더 간통을 혐오했다고 주장하기까지 했습니다. 그 자신이 그 사실을 반박했다는 것을 기억하지도 못하고 말입니다.

그녀의 남은 삶의 모든 세부적인 일들은 이와 같은 정신 속에서 이어졌습니다. 그녀는 에드워드 경과 남편, 아이들, 당신의 귀환, 우리의 우정 등 모든 것을 매우 유리한 쪽으로 이해했습니다. 그녀의 불행조차 그녀에게는 더 큰 불행을 면하게 해준 것이었습니다. 그녀는 어머니를 여의는 것이 가장 가혹할 시기에 어머니를 잃었지만, 만일 하늘이 어머니를 살려주셨다면 곧 그녀의 가정에 혼란이 찾아왔으리라는 것이었습니다. 어머니의 지지는, 그것이 아무리 약하다 해도, 그녀에게 아버지에게 저항할 용기를 더해주기에 충분해서, 그로부터 불화와 추문이, 어쩌면 파탄과 불명예가 생겨났을 것이며, 만일 그녀의 오빠가 살아 있었다면 어쩌면 상황이 훨씬 더 악화되었을지도 모른다는 것이었습니다. 그녀는 자신이 전혀 사랑하지 않는 남자와 마지못해 결혼했지만, 다른 남자와 살았더라면, 아니 그녀가 사랑했던 사람과 살았더라도 절대로 그토록 행복하지는 않았을 것이라고 주장했습니다. 도르브 씨의 죽음은 그녀에게서 친구 한 명을 앗아갔지만, 그의 아내를 그녀에게 돌려주었고요. 그 훌륭한 친구를 말입니다. 그녀는 자신의 슬픔과 고통까지도 이득으로 생각했습니다. 그것들이, 그녀의 마음이 타인의 불행에 대해 무감각해지는 것을 막아주었다는 점에서 말입니다. 그녀는 이렇게 말했습니다. "자신의 고통과 타인들의 고통을 동정하는 것이 얼마나 즐거운 일인지 사람들은 몰라요. 감수성은 운명이나 사건들에 관계없이 언제나 자기 자신에 대한 어떤 만족을 영혼에 가져다주지요. 저는 얼마나 괴로웠는지 몰라요! 얼마나 많은 눈물을 흘렸는지 몰라요! 그래요, 같은 조건에서 다시 태어나야 한다면, 제가 지우고 싶은 유일한 것은 제가 저지른 잘못일 테지만, 잘못을 참고 견뎌낸 것은 역시 기쁜 일일 거예요." 생 프뢰, 나는 당신에게 그녀의 말을 전해주고 있지만, 당신이 그녀의 편지를 읽게 되면 아마도 그녀의 말을 더 잘 이해할 것입니다.

그녀는 계속했습니다. "보세요, 제가 어떤 행복에 다다랐는지를. 저는 매우 행복했지만, 더 큰 행복을 기대했어요. 제 가족의 번창과 아이들을 위한 훌륭한 교육, 그리고 내 곁에 있거나 아니면 내 곁에 모일 준비가 되어 있는 소중한 모든 사람. 현재도 미래도 똑같이 저를 기쁘게 했어요. 기쁨과 희망이 결합되어 저를 행복하게 했어요. 저의 행복은 점차 커져 최고조에 달했으니, 이제는 쇠퇴하는 일밖에 남아 있지 않았어요. 행복은 예기치 않게 왔고, 내가 그렇게 행복이 지속되리라 믿을 때 도망쳐버렸어요. 이 시점에서 운명이 무슨 수로 저의 삶을 지속시켜주겠어요? 영속적인 상태가 인간에게 적합한가요? 그렇지 않아요. 모든 것을 얻고 나면, 이제는 잃게 되어 있어요. 소유의 기쁨도 소유함에 의해 약화되는 것처럼 말이에요. 아버지는 이미 늙으셨어요. 아이들은 아직 생명이 완전히 안전하지만은 않은 나이에 있어요. 이제 제게는 얻을 수 있는 것이 없으니, 무슨 대단한 상실이 저를 괴롭힐 수 있겠어요! 모정은 끊임없이 커가는데, 아이들이 어머니에게서 멀리 떨어져 살아감에 따라 자식으로서의 사랑은 줄어들어요. 나이가 들어가면서, 제 아이들은 저와 더 많이 헤어져 살게 될 거예요. 아이들은 사교계에서 살아갈 것이고, 저를 소홀히 할 수 있을 거예요. 당신은 그들 중 한 애를 러시아로 보내고 싶어 하지요. 그 아이가 떠나면, 제가 얼마나 많은 눈물을 흘리겠어요! 모두가 조금씩 제게서 멀어질 거예요. 어떤 것도 저의 상실감을 메워주지 못할 거예요. 제가 당신을 남겨둔 그 상태에 저 자신이 얼마나 여러 번 있게 되었을지요! 그러다가 끝에 가서는 결국 죽어야 하지 않나요? 어쩌면 모두가 다 죽고 난 뒤에 제가 마지막으로 죽을지도 모르지요! 어쩌면 혼자 덩그러니 남아 있게 될지도 모르고요! 인간은 살수록 더 살고 싶어지기 마련이에요. 아무것도 향유하지 못하면서도 말이에요. 저는 늙으면 통상적으로 다가오는, 삶에 대한 권태와 죽음에 대한 공포를 갖게 되겠지요. 그렇게 되는 대신, 저의 마지막 순간은 아직 행복해요. 더구나 사랑하는 사람을 남겨두고 가는 것을 죽음이라 부른다면, 저는 죽음을 준비할 힘도 가지고 있어요. 아니에요, 친구들이여, 말하자면 저는 당신들을 떠나지 않는 거예요. 저는 당신들과 함께 남아 있는 거예요. 아이들아, 너희에게도 마찬가지야. 당신들 모두를 결합된 상태로 남겨놓는다면, 저의 정신과 마음은 당신들에게 남아 있는 거예요. 당신들은 당신들 사이에서 끊임없이 저를 볼 거예요. 끊임없이 제가 당신들 주변에 있는 것을 느낄 거예요…… 게다가 저는 우리가 다시 만나리라는 것을 확신해요. 착한 볼마르조차 제게서 벗어나지 못할 거예요. 힘겨운 순간에 신께로 돌아가면, 제 영혼은 평온해지고 진정될 거예요. 그분은 당신들에게도 저와 똑같은 운명을 약속하고 계세요. 제 운명은 저를 따라다니며 그 점을 확인해주고 있어요. 저는 행복했어요. 지금도 행복하고, 앞으로도 행복할 거예요. 제 행복은 정해져 있고, 저는 그 행복을 운명에서 끌어냅니다. 그렇기에 제 행복은 영원하기만 해요."

그녀의 이야기가 이 정도 진행되었을 때 목사가 들어왔습니다. 그는 진정으로 그녀를 존경했고, 높이 평가했습니다. 그는 그녀의 신앙이 얼마나 강렬하고 진실한지 누구보다도 잘 알고 있었던 것입니다. 그는 전날의 대화에, 그리고 어느 모로 보나 그녀에게서 발견되는 침착성에 큰 감명을 받았습니다. 그는 보란 듯이 죽는 것은 자주 보았지만, 그렇게 평안하게 죽어가는 것은 본 적이 없었던 것입니다. 그녀에 대한 그의 관심에는 어쩌면 그 평안이 끝까지 유지되는지 보고 싶은 은밀한 욕망이 섞여 있었을 것입니다.

그녀는 그 예기치 않은 방문객의 성격에 적합한 주제를 끌어내기 위해 화제를 크게 바꿀 필요가 없었을 것입니다. 한창 건강할 때의 그녀의 대화가 결코 경박하지 않았던 것처럼, 그녀는 침대에서도 변함없이 침착하게 자신과 자신의 친구들에게 흥미 있는 주제들을 계속해서 다루었습니다. 그녀는 사소하지 않은 문제들을 담담하게 토론했습니다.

자신의 부분이 우리와 함께 남을 수 있다는 것에 대한 자기 생각의 흐름을 따라가면서, 그녀는 육체에서 분리된 영혼의 상태에 관한 오랜 성찰을 우리에게 이야기했습니다. 그녀는, 친구들에게 저세상 소식을 전해주러 오겠다고 약속했던 사람들의 순박함에 감탄하며 이렇게 말했습니다. "그 이야기는 마치 영들이 목소리를 가지고 있어서 말을 하고 손을 가지고 있어서 때릴 수 있기라도 한 것처럼, 수없는 혼란을 야기하고 착한 여인들에게 고통을 주는 유령 이야기들만큼이나 합리적이에요!* 육체 속에 갇혀 있는, 그리고 이 결합에 의해 신체 기관들을 통해서만 무언가를 알아볼 수 있는 영혼에 순수한 영혼이 어떻게 작용할까요? 이런 것에는 아무 의미가 없어요. 그러나 예전에 이 세상에서 살았던 육체로부터 해방된 영혼이 다시 이 세상으로 돌아와 배회하면서 어쩌면 소중했던 사람들 곁에 머물 수도 있다고 가정하는 것이 전혀 터무니없지 않다는 것을 저는 인정해요. 그렇게 영혼이 이 세상으로 돌아오는 것은 우리에게 자신의 존재를 알려주기 위해서가 아니에요. 영혼은 그러기 위한 수단은 전혀 갖고 있지 않으니까요. 또한 영혼이 우리에게 영향을 미치거나 자신의 생각을 전달하기 위해서도 아니에요. 영혼은 우리의 뇌 기관을 흔들 만한 힘을 갖고 있지 않으니까요. 그리고 영혼이 우리가 하는 일을 알기 위해서도 아니에요. 그러려면 영혼이 감각 기관을 가져야 하니까요. 그렇게 영혼이 이 세상으로 돌아오는 것은, 직접적인 소통에 의해, 이를테면 신이 이 세상에서부터 우리의 생각을 간파하는, 그리고 저세상에서는 우리가 신을 마주 보며 역으로 신의 생각을 간파하는 그런 소통과 유사한 것에 의해, 우리가 생각하는 것과 느끼는 것을 영혼 스스로 알아내기 위해서예요.**" 그녀는 목사를

* 플라톤은, 이 세상의 오욕에 물들지 않은 정의로운 사람들의 영혼만이 죽을 때 전적으로 순수한 상태로 육체에서 분리된다고 말한다. 그리고 이 세상에서 정념에 굴복한 사람들의 영혼은 원래의 순수성을 되찾지 못하며, 육체의 잔해에 묶인 채 자신들을 붙잡고 있던 이 세상에 속한 부분들을 끌고 간다고 덧붙인다. 그는 이렇게 말한다. "바로 그렇기 때문에 감각 능력이 있는 유령들이 공동묘지들을 방황하는 것을 때때로 볼 수 있다. 그것들은 새로운 윤회를 기다리고 있는 것이다." 존재하는 것을 부인하고 존재하지 않는 것을 설명하려는 것은 모든 시대의 철학자들에게 공통적인 괴벽이다.

** 이것은 명언처럼 보인다. 신을 마주 대한다는 것, 그것이 최고의 예지를 알아내는 것이 아니고 무엇이겠는가?

바라보면서 이렇게 덧붙였습니다. "요컨대, 감각이 더 이상 아무 할 일이 없게 되면 그때 감각이 무슨 소용이 있겠어요? 신은 보이지도, 들리지도 않아요. 그분은 느껴져요. 그분은 눈이나 귀가 아니라 마음에다 말해요."

나는, 목사의 대답과 몇 가지 이해의 표시를 통해 이전에 그들 사이에 제기되었던 쟁점들 가운데 하나가 육체의 부활이라는 것을 이해했습니다. 또한 나는, 신앙과 이성이 동떨어지지 않은 쥘리의 종교의 신조들에 내가 좀 더 주의를 기울이기 시작했다는 것을 깨달았습니다.

그녀가 이런 생각에 너무 만족을 느껴, 이 옛 의견에 관한 자신의 방침을 결정하지 않았을지언정, 자신이 처한 상황에서 자신에게 너무도 감미로워 보이는 의견을 뒤집는 것은 잔인한 일이었을 것입니다. 그녀는 이렇게 말했습니다. "저는, 어머니가 나타나 딸의 마음을 읽고 칭찬하는 것을 상상하면서 어떤 선행을 할 때 백배는 더 즐거웠어요. 우리에게 소중했던 사람의 눈앞에서 계속해서 산다는 것에는 아주 큰 위안이 되는 뭔가가 있어요! 그러므로 그 소중한 사람은 우리에게는 반쯤밖에 죽은 것이 아니에요." 이 이야기가 계속되는 동안 클레르의 손이 자주 꼭 쥐어졌으리라는 것을 당신은 상상할 수 있겠지요.

목사는 모든 것에 아주 친절하고 적절하게 대답했고 또 그녀의 생각에 전혀 반대하지 않는 척까지 했지만, 다른 관점들에 대한 자신의 침묵이 동의로 간주될까 봐 잠시도 자신이 성직자임을 망각하지 않고 저세상에 대한 반대 의견의 개진을 두고 보지 않았습니다. 그는 신의 무한함과 영광과 속성들은 복자들의 영혼이 몰입할 유일한 대상일 것이고, 이런 숭고한 명상은 다른 모든 추억을 지워버릴 것이며, 사람들은 하늘에서조차 서로 만나보지도 알아보지도 못할 것이고, 그 매혹적인 광경 속에서는 사람들은 이 세상의 것은 이제 전혀 생각하지 않을 것이라고 말했습니다.

쥘리가 말을 계속했습니다. "그럴 수도 있겠지요. 신의 본질은 우리의 비천한 생각과는 너무도 거리가 멀어서, 우리는 그것을 명상할 수 있을 때조차 그것이 우리에게 야기할 결과를 판단할 수 없어요. 그렇지만 지금 저의 관념만을 토대로 추론할 수 있는 저는 저의 애정이 너무도 소중해지는 것을 느끼기에, 이제 그런 애정을 가질 수 없을 것이라고 생각하는 것은 저로서는 여간 괴로운 일이 아니라는 것을 고백해요. 저는 제 희망을 북돋워줄 일종의 논거를 갖기까지 했어요. 저는 제 행복의 일부가 훌륭한 신앙에 대한 증언이 될 것이라고 생각해요. 그러므로 저는 제가 이 세상에서 한 일을 기억할 것이고, 또한 제게 소중했던 사람들을 기억할 거예요. 그러니 그들은 제게 여전히 소중할 거예요. 그러므로 그들을 더 이상 보지 못하는 것*은 제게 고통일 테지만, 복자들의 거주지는 고통을 허용하지 않아요." 그녀는 아주 명랑한 태도로 목사를 바라보며 덧붙였습니다. "게다가, 제가 잘못 생각하는 건지는 모르겠지만, 하루 이틀의 과오는 곧 지나가 버릴 거예요. 그 점에 대해 저는 이제 곧 목사님보다 더 많이 알게 되겠지요. 그때까지 제게 아주 확실한 것은, 제가 이 세상에서의 삶을 기억하는 한 이 세상에서 사랑했던 사람들을 사랑하리라는 것, 그리고 목사님도 끝자리를 차지하지는 않으리라는 것이에요."

그날의 대화는 이렇게 이루어졌는데, 대화가 진행되는 동안 영혼의 안정, 기대, 안식이 쥘리의 영혼에서 그 어느 때보다 빛났습니다. 목사의 판단에 의하면, 그 대화는 쥘리의 영혼에 그녀가 곧 일원으로서 합류하게 될 복자들의 평화를 미리 안겨주었습니다. 그녀가 그때보다 더 다정하고 진실하고 상냥하고 사랑스러웠던 적은, 요컨대 더 그녀 자신이었던 적은 없었습니다. 여전히 양식(良識)이 있었고, 여전히 사랑이 있었으며, 여전히 지혜로운 자의 꿋꿋함이 있었고, 여전히 기독교도의 온화함이 있었습니

* 그녀가 이 '본다'라는 말로 오성의 순수 작용을 의미한다는 것은 쉽게 이해할 수 있다. 그것은 신이 우리를 보고 또 우리가 신을 볼 때의 작용과 유사하다. 감각은 영들과의 직접적인 소통을 상상할 수 없다. 그러나 이성은 그 소통을 아주 잘, 어떻게 보면 육체의 움직임에 의한 소통보다 더 잘 느끼는 것 같다.

다. 자만은 조금도 없었고, 허식도 전혀 없었으며, 거드름 피우는 일 또한 조금도 없었습니다. 대화 곳곳에서 그녀가 느낀 바에 대한 자연스러운 표현과 소박한 마음을 볼 수 있었습니다. 그녀가 고통에서 나왔을 신음 소리를 때로 억눌렀다면, 그것은 금욕적인 대담성을 연기하기 위해서가 아니라 곁에 있는 사람들을 매우 슬프게 할까 봐 염려해서였습니다. 죽음의 공포가 어느 순간 인간 본성을 괴롭히면 그녀는 두려움을 숨기지 않았으며, 주위의 위로에 자신을 맡겼습니다. 다시 괜찮아지면, 그녀는 곧 다른 사람들을 위로했습니다. 그녀의 회복은 보이고, 느껴졌습니다. 다정한 태도가 모두에게 그것을 말해주었습니다. 그녀의 명랑함은 전혀 어색하지 않았으며, 그녀의 농담조차 감명을 주었습니다. 우리는, 입술에는 미소를 띠고 있었지만 눈에는 눈물을 머금고 있었습니다. 곧 잃게 될 것을 즐길 수 없게 만드는 두려움만 없다면, 그녀는 건강할 때보다 더 호감이 가고 더 사랑스러웠습니다. 그녀의 생의 마지막 날은 가장 매력적인 날이기도 했습니다.

저녁 무렵, 그녀는 오전보다 약하기는 했지만 다시 발작을 일으켜 오랫동안 아이들을 보지 못했습니다. 그렇지만 그녀는 앙리에트가 변했다는 것을 알아차렸습니다. 앙리에트가 많이 울었고 아무것도 먹지 않았다고 누군가 그녀에게 말해주었습니다. 그녀는 클레르를 바라보며 이렇게 말했습니다. "앙리에트의 병은 고쳐지지 않을 거야. 유전병이거든."

상태가 많이 좋아진 것을 느낀 그녀는 자기 방에서 함께 저녁 식사를 하기를 원했습니다. 의사는 오전처럼 거기에 함께 있었습니다. 우리의 식사에 팡숑도 합석시키고자 할 때면 언제나 그녀를 불러야 했는데, 그날 저녁에는 부르지도 않았는데 팡숑이 먼저 왔습니다. 쥘리는 그것을 보고 미소 지으며 말했습니다. "그래요, 팡숑, 오늘 저녁에도 나와 함께 식사해요. 당신은 남편보다는 여주인을 더 먼저 잃게 될 테니까요." 그러고 나서 그녀는 내게 말했습니다. "당신에게 아네를 부탁할 필요는 없겠지요." 내가 답했습니다. "그래요. 당신의 호의로 명예롭게 된 모든 사람에 대해서는 내게 따로 부탁할 필요가 없어요."

저녁 식사는 생각했던 것보다 훨씬 더 즐거웠습니다. 쥘리는 자신이 빛을 견딜 수 있다는 것을 알고는 식탁을 가까이 가져오게 해 아주 맛있게 먹었는데, 그녀의 상태에서는 상상도 할 수 없는 일 같았습니다. 의사는 식욕을 채우는 것이 더 이상 나쁠 것이 없다고 생각해, 그녀에게 닭고기의 흰 살을 권했습니다. 그러자 그녀가 말했습니다. "아니에요. 못 먹을 것 같아요. 하지만 이 페라*는 잘 먹을 수 있을 것 같네요." 그러자 누군가 그녀에게 페라를 한 점 주었습니다. 그녀는 빵하고 같이 조금 먹고는 맛있다고 말했습니다. 그녀가 먹는 동안 도르브 부인이 그녀를 바라보는 것을 봐야만 했습니다. 봐야만 했다는 것은, 그것이 말로는 표현될 수 없기 때문이지요. 쥘리는 먹은 것 때문에 아프기는커녕, 식사 동안 기분이 더 나아 보였습니다. 심지어 그녀는 너무 기분이 좋아서, 오래전부터 내가 외국산 포도주를 마시지 않았다는 것을 질책하듯 지적하려 했습니다. 그녀는 "스페인산 포도주를 이 신사 분들에게 한 병 가져다 드리세요" 하고 말했습니다. 의사의 태도에서 그가 진짜 스페인산 포도주를 마실 기대에 부풀어 있음을 알아본 그녀는 사촌을 바라보며 다시 미소 지었습니다. 나는, 클레르가 이 모든 것에 주의를 기울이지 않고, 좀 동요되어 때로는 쥘리에게, 때로는 팡숑에게 무언가를 말하거나 요구하는 듯한 눈길을 간간이 던지기 시작했다는 것도 알아챘습니다.

포도주는 시간이 걸렸습니다. 지하 포도주 저장고의 열쇠를 아무리 찾아도 찾아내지 못했습니다. 그래서 사람들은 그 일을 담당하는 남작의 시종이 무심코 열쇠를 가지고 가버린 것이 틀림없다고 생각하게 되었습니다. 몇 가지를 조사해본 결과, 단 하루 분의 식량으로 5일을 지냈다는 것과, 포도주가 떨어졌지만 며칠 동안 밤샘을 하는 바람에 포도주가 떨어진

* 제네바 호수에서만 잡히는 맛있는 생선으로, 한정된 시기에만 발견된다.

줄도 몰랐다는 것이 밝혀졌습니다.* 의사는 어리둥절했습니다. 나는, 이렇게 깜빡 잊은 것을 하인들의 슬픔 탓으로 돌리든 절제 탓으로 돌리든, 이런 사람들을 통상적으로 조심한다는 것이 부끄러웠습니다. 그래서 지하 저장고의 문을 부수게 한 뒤, 이제부터는 모두가 포도주를 마음껏 마시라고 명령했습니다.

포도주가 도착했고, 모두가 마셨습니다. 포도주는 훌륭했습니다. 환자도 마시고 싶어 하여, 물을 탄 포도주를 조금만 달라고 부탁했습니다. 의사는 물을 타지 않은 포도주를 잔에 따라 건네면서 마시기를 바랐습니다. 클레르와 팡숑 사이에는 눈빛이 더 자주 오갔는데, 생각하는 바를 너무 많이 입 밖에 내기가 여전히 두려워 은밀하게 하려는 듯한 모습이었습니다.

절식과 쇠약, 그리고 평소의 식이요법 때문에 포도주는 그녀를 아주 빨리 취하게 했습니다. 그녀는 이렇게 말했습니다. "아아! 당신은 저를 취하게 만들었어요. 이렇게 늦게까지도 참았는데, 이제 와서 시작할 필요는 없었어요. 취한 여인은 아주 끔찍한 대상이니까요." 실제로 그녀는 수다를 떨기 시작했습니다. 그렇지만 여느 때와 같이 아주 분별 있게, 그러면서도 전보다 더 활기 있게 수다를 떨었습니다. 놀라운 것은, 그녀의 안색이 전혀 붉지 않다는 것이었습니다. 눈은 병으로 쇠약해진 탓에 약하게 반짝였습니다. 창백한 것을 제외하면 그녀가 건강하다고 여겨졌을 겁니다. 그때 클레르의 동요하는 모습이 역력했습니다. 그녀는 불안해하는 눈빛을 쥘리와 나와 팡숑에게, 그렇지만 주로 의사에게 번갈아 던졌습니다. 그 시선 하나하나가 다 뭔가를 묻고 싶어 하는 시선이었습니다. 그녀는 여전히 말을 하려는 것 같았지만, 불길한 답변에 대한 두려움이 그녀를 억제했던 것

* 훌륭한 하인들을 가진 독자들이여, 그런 하인들을 어디서 데려왔는지 빈정거리는 미소를 띠며 묻지 마시라. 이미 당신들에게 답변했다. 그들을 데려온 것이 아니라 양성한 것이라고. 모든 문제는 단 한 가지에 달려 있다. 쥘리만 찾아내라. 그러면 나머지 모든 것은 발견된다. 인간은 일반적으로 이런 자나 저런 자가 아니다. 그들은 만들어진다.

같습니다. 그녀는 불안이 너무 커서 불안에 짓눌리는 것처럼 보였습니다.

팡숑은 그 모든 징후에 용기를 얻어, 위험을 무릅쓰고 낮은 목소리로 떨면서 말했습니다. 주인마님이 오늘은 좀 덜 고통스러워하는 것 같다고…… 마지막 발작은 좀 덜 심했던 것 같다고…… 그리고 저녁에는…… 그녀는 더 이상 말을 잇지 못했습니다. 그녀가 말을 하는 동안, 나뭇잎처럼 떨고 있던 클레르가 불안해하는 눈으로 의사를 바라보았습니다. 그녀는 의사의 눈에서 시선을 떼지 않고 귀를 기울였으며, 행여 그가 하려는 말을 잘 듣지 못할까 봐 감히 숨도 제대로 쉬지 못했습니다.

바보가 아닌 이상 그 모든 것을 이해하지 못할 수가 없었습니다. 뒤 보송이 일어나 환자에게 가서 맥박을 짚어보더니 이렇게 말했습니다. "취기도 발열도 없습니다. 맥박은 아주 정상이고요." 그 순간 클레르가 두 팔을 반쯤 내밀며 소리쳤습니다. "그렇다면, 의사 선생님!…… 맥박도?…… 열도?……" 목소리가 나오지 않았지만, 그녀는 벌린 손을 여전히 앞으로 내밀고 있었습니다. 그녀의 눈은 초조함으로 반짝였고, 그녀의 얼굴은 움직이지 않는 근육이라고는 하나도 없이 실룩였습니다. 의사는 아무 대답도 하지 않고, 손목의 맥박을 다시 짚어보고 눈과 혀를 검사해보더니 잠시 생각에 잠겼습니다. 그러고는 마침내 이렇게 말했습니다. "부인, 무슨 말씀인지 잘 압니다. 현재로서는 확실한 말씀은 아무것도 드릴 수 없습니다. 그러나 내일 오전에도 여전이 이 상태라면 볼마르 부인의 생명을 보증합니다." 그 말에 클레르는 번개처럼 달려가 의사의 목을 끌어안으며 포옹했고, 흐느끼고 뜨거운 눈물을 흘리면서 그에게 키스를 퍼부었습니다. 그렇게 의사에게 달려드느라 그녀는 의자 두 개를 넘어뜨렸고, 하마터면 식탁까지 뒤집어엎을 뻔했습니다. 그녀는 여전히 그 같은 맹렬한 기세로 자기 손가락에서 비싼 반지를 빼더니, 의사의 뿌리침에도 불구하고 그의 손가락에 끼워주었습니다. 그러느라 숨이 가빠진 그녀는 이렇게 말했습니다. "아아, 의사 선생님! 쥘리를 우리에게 돌려주신다면 당신은 그녀만을 구하는 것이 아닙니다."

쥘리는 그 모든 것을 보았습니다. 그 광경에 그녀의 마음이 찢어졌습니다. 그녀는 친구를 바라보며, 다정하지만 고통스러운 어조로 이렇게 말했습니다. "아아, 잔인한 친구! 나로 하여금 이렇게 생명을 아쉬워하게 하다니! 내가 절망적인 마음으로 죽어야겠니? 네게 두 번이나 마음의 준비를 하게 해야겠어?" 이 몇 마디는 청천벽력 같았습니다. 그 말은 즉각 기쁨의 도가니를 가라앉혔지만, 다시 피어오르는 희망을 완전히 억누르지는 못했습니다.

순식간에 의사의 답변이 온 집안에 전해졌습니다. 선량한 하인들은 이미 여주인이 다 나았다고 생각했습니다. 그들은 만일 그녀가 회복되면 의사에게 함께 선물을 하기로 만장일치로 결정하여, 각자에게서 3개월치 급료를 거두었고, 거두어진 돈은 즉각 팡숑에게 맡겨졌습니다. 돈이 부족한 사람에게는 서로 빌려주었습니다. 이 합의가 너무도 열렬히 이루어져서, 쥘리는 침대에서 그들의 환호성을 들었습니다. 자신이 죽어간다고 느끼는 여인의 마음에 그것이 불러일으켰을 효과를 생각해보세요! 그녀는 내게 눈짓을 하고는 내 귀에 대고 이렇게 말했습니다. "저 사람들로 인해 저는 인정(人情)의 쓰고도 달콤한 술잔을 마지막 한 방울까지 다 마셨어요."

다들 물러갈 때가 되자, 지난 이틀 밤과 마찬가지로 사촌과 한 침대에서 잘 도르브 부인은 그날 밤에는 자기 방의 하녀를 불러 팡숑과 교대하게 했습니다. 하지만 팡숑은 그 제안에 화를 냈습니다. 만일 자기 남편이 돌아오지 않았다면 도르브 부인이 그런 제안을 하지 않았을 거라고 생각해 더욱 화를 내는 것 같았습니다. 하지만 도르브 부인은 그녀대로 고집을 부려서, 두 하녀가 함께 곁방에서 그날 밤을 보냈습니다. 나는 그 옆방에서 밤을 보냈는데, 희망이 너무도 열성을 되살려놓아서 명령을 해도 위협을 해도 단 한 명의 하인조차 잠자리로 보낼 수 없었습니다. 그렇게 집안사람 모두가 너무도 초조하게 그날 밤을 서서 보냈지만, 아침 9시에 그 자리에 있기 위해 목숨이라도 바치지 않을 사람이 거의 없었습니다.

밤중에 몇 번 분주하게 뛰어다니는 소리가 들렸지만, 나는 불안하지 않았습니다. 그러나 모든 것이 고요한 아침에 어렴풋이 어떤 소리가 내 귀를 때렸습니다. 나는 귀를 기울였습니다. 구슬피 우는 소리를 분간할 수 있었습니다. 나는 그 방으로 달려 들어가 침대 커튼을 열어젖혔습니다…… 생프뢰!…… 친애하는 생 프뢰!…… 두 친구가 서로 껴안은 채 움직임이 없었습니다. 한 사람은 실신해 있고, 다른 한 사람은 숨이 넘어가고 있었습니다. 나는 소리치며, 그녀의 마지막 숨을 늦추거나 아니면 거두어주려고 달려들었습니다. 그녀는 더 이상 이 세상에 존재하지 않았습니다.

신의 숭배자인 쥘리는 더 이상 존재하지 않았습니다…… 몇 시간 동안에 일어난 일에 대해서는 말하지 않겠습니다. 나 자신도 어떻게 된 일인지 모릅니다. 최초의 충격에서 벗어나자, 나는 도르브 부인의 상태에 대해 알아보았습니다. 그리고 그녀를 그녀의 방으로 데려가 그곳에 가둬두어야 했다는 것을 깨달았습니다. 그녀는 계속해서 쥘리의 방으로 다시 돌아와 쥘리의 시신에 몸을 던져, 자신의 체온으로 시신을 따뜻하게 함으로써 쥘리를 소생시켜보려고 노력했고, 시신을 껴안고 광분하듯 시신에 찰싹 달라붙은 채 수많은 열렬한 명칭으로 크게 그녀를 불렀으며, 그 온갖 쓸데없는 노력으로 자신의 절망을 키웠기 때문입니다.

그녀의 방으로 들어간 나는 그녀가 완전히 얼이 빠져 있는 것을 발견했습니다. 그녀는 아무것도 보지도 듣지도 못했고, 아무도 알아보지 못했습니다. 손을 뒤틀어 꼬고 의자 다리를 물어뜯고 잘 들리지 않는 목소리로 무슨 엉뚱한 말을 중얼거리며 방 안에서 뒹굴었으며, 긴 간격으로 날카로운 고함을 질러 듣는 이를 몸서리치게 했습니다. 아연실색하여 침대 발치에 꼼짝 않고 선 그녀의 하녀는 공포에 떨며 숨도 감히 제대로 못 쉬었고, 주인을 피하려 애쓰며 온몸을 덜덜 떨고 있었습니다. 그녀를 흥분시킨 그 경련은 정말 공포스러운 면이 있었습니다. 나는 하녀에게 물러가 있으라고 눈짓을 했습니다. 계제에 맞지 않게 내뱉는 한마디의 위로가 그녀를 격노케 하지 않을까 걱정이 되어서였습니다.

나는 그녀에게 말을 걸려고 애쓰지 않았습니다. 어차피 그녀는 내 말에 귀를 기울이지도 않았고, 심지어 그녀의 귀에는 아무 소리도 들리지 않았기 때문입니다. 그러다가 얼마간 시간이 흐른 뒤 그녀가 지쳐 늘어진 것을 보고, 나는 그녀를 붙잡아 안락의자에 앉혔습니다. 나는 그녀 곁에 앉아 그녀의 손을 잡았습니다. 그리고 아이들을 불러오게 하여, 그녀에게 다가가게 했습니다. 불행히도 그녀의 눈에 가장 먼저 들어온 아이는, 물론 무고했지만, 친구의 죽음을 불러온 바로 그 아이였습니다. 그 아이를 보자 그녀는 몸을 떨었습니다. 나는 그녀의 표정이 변하면서 어떤 공포감으로 그녀가 그 애한테서 눈을 돌리는 것을, 그리고 경련을 일으킨 그녀의 팔이 뻣뻣해지면서 그 애를 밀어내는 것을 보았습니다. 나는 그 애를 내게 끌어당기며 말했습니다. "불운한 녀석! 너는 한 여자에게 너무도 소중했기에 다른 여자에게는 보기도 싫은 아이가 되었구나. 그녀들은 모든 일에서 다 마음이 같지는 않았구나." 이 말에 그녀는 심히 화를 냈고, 나는 화를 내는 그녀에게 아주 신랄하게 퍼부었습니다. 그래도 그 말은 그녀에게 깊은 인상을 남겼습니다. 그리하여 그녀는 그 애를 품에 안고 어루만져주려 애썼지만 허사였습니다. 그녀는 그 애를 곧 내게 돌려주었습니다. 그녀는 지금도 여전히 그 애를 다른 아이만큼 기쁘게 보지 않아서, 나는 그 애가 그녀의 딸과 결혼하기로 되어 있는 애가 아닌 것을 아주 다행스럽게 생각합니다.

정 많은 사람들이여, 당신들이 나라면 어떻게 했겠습니까? 도르브 부인이 한 것처럼 했겠지요. 나는 아이들의 일과 도르브 부인의 일, 그리고 내가 유일하게 사랑했던 사람의 장례 문제를 처리한 뒤, 죽을 만큼 아픈 고통을 가슴에 안고, 더할 수 없이 가엾은 아버지에게 딸의 죽음을 전하기 위해 말을 타고 떠나야 했습니다. 그는 넘어져 고통을 겪고 있는데다가,

딸의 사건으로 불안과 혼란을 느끼고 있었습니다. 나는 겉으로는 드러나지 않고 아무런 몸부림도 외침도 야기하지 않지만 결국 사람을 죽이게 되는 그런 고뇌를 그 노인에게 안겨주지 않을 수 없었습니다. 분명 그는 그 고통을 결코 견뎌내지 못할 것입니다. 나는 그의 친구인 나의 불행에는 없는 최후의 일격을 미리 보고 있습니다. 그다음 날, 나는 어서 돌아와 세상에서 가장 훌륭한 여인의 장례를 치르려고 최대한 서둘렀습니다. 그런데 아직 이야기가 다 끝난 게 아니었습니다. 그녀가 소생했다는 소동이 벌어져, 나는 그녀를 잃는 공포를 두 번이나 겪었던 것입니다.

집에 가까워졌을 때, 하인 한 명이 헐레벌떡 달려오는 것이 보였습니다. 내가 그의 말이 들릴 만한 곳에 이르자 그가 소리쳤습니다. "주인어른, 주인어른, 서두르세요. 마님은 돌아가시지 않았습니다." 나는 그 엉뚱한 말이 무슨 뜻인지 도무지 이해할 수 없었지만, 어쨌든 말을 재촉하여 달렸습니다. 안뜰에 사람들이 가득 모여 기쁨의 눈물을 흘리면서 큰 소리로 볼마르 부인을 축복하고 있었습니다. 나는 자초지종을 물었지만, 모두가 열광의 도가니에 빠져 있어서 누구 한 사람 내게 대답하지 못했습니다. 하인들마저 제정신이 아닌 것을 보고, 나는 서둘러 쥘리의 방으로 올라갔습니다. 스무 명쯤 되는 사람들이 그녀의 침대 주위에 무릎을 꿇고 있었습니다. 그들은 그녀에게서 눈을 떼지 않았습니다. 나는 다가갔습니다. 옷을 갈아입고 단장을 한 그녀가 침대 위에 누워 있었습니다. 가슴이 두근거렸습니다. 나는 그녀를 자세히 살펴보았습니다…… 슬프게도, 그녀는 죽어 있었습니다! 그토록 빨리 잔인하게 꺼져버린 그 근거 없는 기쁨의 순간은 내 생애에서 가장 쓰라린 순간이었습니다. 나는 화를 내는 사람이 아니지만, 화가 치미는 것을 느꼈습니다. 나는 그 터무니없는 광경의 내막을 알고 싶었습니다. 모든 것이 위장되고 왜곡되고 변질되어 있어서, 진실을 분간하기가 아주 힘들었습니다. 마침내 진실을 밝혀내는 데 성공했는데, 기적의 이야기는 다음과 같습니다.

자기가 들은 그 사고 소식에 불안해진 나의 장인은 하인 없이도 지낼 수 있다고 생각하고는, 내가 도착하기 조금 전에 딸의 소식을 알아보러 하인을 보냈습니다. 말을 타는 것에 지친 그 늙은 하인은 밤 동안 배를 타고 호수를 건너 내가 도착하는 날 아침에 클라랑에 도착했습니다. 도착하여 망연자실의 광경을 목격한 그는 그 이유를 알고는 흐느끼며 쥘리의 방으로 올라갔습니다. 그는 그녀의 침대 발치에 무릎을 꿇고서 그녀를 들여다보고 눈물을 흘리며 그녀에 대해 돌이켜보았습니다. "아아, 착하신 마님! 아아, 신께서 당신 대신 저를 데려가셨어야 했는데! 늙고, 아무런 애착도 없고, 살아보았자 아무 쓸모도 없는 이 늙은 것이 이 세상에 더 살아 무엇하겠습니까? 그런데 가문을 명예롭게 하고 행복을 주며 불행한 자들에게 희망이 되시는 젊은 마님이…… 아아, 당신이 죽는 것을 보자고 제가 당신이 태어나는 것을 봤단 말입니까?……"

그녀의 얼굴에서 눈을 떼지 않은 채 열성과 선량한 마음에서 그처럼 외쳐대던 그는 어떤 움직임을 본 듯한 생각이 들었습니다. 상상력이 그를 사로잡았던 것입니다. 그는 쥘리가 자신에게 눈을 돌려 바라보면서 고갯짓을 하는 것을 보았습니다. 그는 흥분하여 일어나 온 집 안을 뛰어다니며 주인마님이 죽지 않았다고, 그녀가 자신을 알아보았다고, 자신은 그것을 확신한다고, 그러니 마님이 깨어날 것이라고 소리쳤습니다. 더 이상의 것이 필요 없었습니다. 이웃들, 가난한 자들을 비롯한 모든 사람이 슬픔을 억누르고 달려왔습니다. 그들이 소리쳤습니다. "마님은 돌아가시지 않았어!" 소문은 순식간에 퍼지고, 부풀려졌습니다. 기적을 좋아하는 사람들은 열심히 그 소식에 동조했습니다. 사람들은 그 소식을 자신이 바라는 대로 믿었지요. 각자는 그 공통의 맹신을 지지하면서 즐거워하려고 애썼습니다. 곧 고인은 고갯짓만 하는 것에 머물지 않았습니다. 그녀는 움직였고, 말을 했습니다. 게다가 전혀 일어나지 않은 자세한 사실들에 대한 현장 목격자가 스무 명이나 되었습니다.

그녀가 아직 살아 있다고 생각하자마자, 사람들은 그녀를 소생시키기 위해 온갖 노력을 기울였습니다. 그녀 주위에 몰려들어 말을 해보았고, 그녀에게 증류수를 흠뻑 적셔주었으며, 맥박이 다시 뛰는지 보기 위해 맥을 짚어보았습니다. 여주인의 몸이 그렇게 허술한 차림으로 남자들에게 둘러싸여 있는 것에 화가 치민 여자들이 모두를 내보냈고, 그러고 나서 사람들이 얼마나 잘못 생각하고 있는지를 곧 깨닫게 되었습니다. 그렇지만 그토록 소중한 착오를 차마 무산시킬 수 없어서, 그리고 어쩌면 자신들도 어떤 기적을 기대했기에, 그 여인들은 정성스럽게 시신에게 옷을 입혔습니다. 자신들이 여주인에게 물려받은 옷을 입힌 뒤, 시신을 훌륭히 단장했습니다. 그러고 나서 시신을 침대에 눕힌 다음 커튼을 열어둔 채로 다시 기쁨의 눈물을 흘리기 시작했습니다.

내가 도착한 것은 바로 그 술렁거림이 절정에 달했을 때였습니다. 나는 그들에게 분별을 찾아주는 것이 불가능하다는 것을, 만일 내가 문을 닫고 묘지로 시신을 옮기게 한다면 소동이 일어날지도 모르며, 내가 적어도 자기 아내를 산 채로 매장시킨 살인자 남편으로 통하게 될 것이고 이 나라 어디를 가든 몹시 미움을 받게 되리라는 것을 이내 알아챘습니다. 나는 기다리기로 작정했습니다. 그러나 36시간이 지나자 날씨가 너무 더워 시체가 부패하기 시작했습니다. 얼굴은 그녀의 이목구비와 온화함을 간직하고 있었지만, 이미 몇 가지 변질의 징후가 보였습니다. 나는 침대맡에 여전히 반쯤 죽어 있는 도르브 부인에게 그 사실을 말했습니다. 다행히도 그녀는 그토록 지나친 환상에 속을 만한 경신자는 아니었지만, 방에 계속 남아 있고, 자기 마음을 기꺼이 아프게 하고, 그 견딜 수 없는 광경에 몰두하고, 고통을 만끽할 구실을 찾기 위해 그 환상에 동참하는 체한 것이었습니다.

그녀는 내 말을 듣더니, 아무 말 없이 결심을 하고 방을 나갔습니다. 잠시 후 그녀는 당신이 인도에서 사다 준, 진주로 수놓은 금사 베일*을 들고 다시 들어오더군요. 그녀는 침대로 다가가 베일에 키스한 뒤 눈물을 흘리면서 그것으로 친구의 얼굴을 덮어주더니, 귀청을 찢을 듯한 소리로 이렇게 소리쳤습니다. "이 베일을 벗기는 더러운 손은 저주받으리! 이 흉해진 얼굴을 보는 불경한 눈은 저주받으리!" 이 행동, 이 말은 목격자들을 너무도 놀라게 해서, 마치 갑작스러운 계시라도 받은 듯 즉시 똑같은 저주가 수많은 외침으로 되풀이되었습니다. 그녀가 우리의 모든 하인과 이웃에게 너무도 강한 영향력을 미쳐서, 고인은 그렇게 옷을 입은 채 아주 조심스럽게 입관되어, 그 상태로 옮겨 매장되었습니다. 물론 베일에 손을 댈 만큼 대담한 사람은 아무도 없었습니다.**

가장 불쌍한 운명은, 여전히 타인들을 위로해야만 한다는 것입니다. 그것이 이제 내가 나의 장인과 도르브 부인, 친구들, 친척들, 이웃들, 그리고 하인들에게 해야 할 일입니다. 나의 오랜 친구! 도르브 부인! 이 사람들을 제외하고는 그리 크게 신경 쓰지 않아도 될 것입니다. 도르브 부인의 불행이 내 불행을 얼마나 증폭시키는지 판단하기 위해서는, 그녀의 불행을 알아야 합니다. 그녀는 나의 배려를 고마워하기는커녕, 비난합니다. 내가 주의를 기울이는 것은 그녀를 자극하고, 내 냉정한 슬픔은 그녀를 화나게 합니다. 그녀에게는 그녀가 느끼는 것과 유사한 쓰라린 애통함이 필요하며, 그녀의 잔인한 고통은 모두가 절망에 빠진 것을 보고 싶어 합니다. 더 난처하고 곤란한 것은 그녀를 전혀 믿을 수 없다는 것이어서, 한순간 그녀의 마음을 달래주는 것이 잠시 뒤엔 그녀를 화나게 합니다. 그녀가 하는 모든 행동, 그녀가 하는 모든 말은 광란에 가까워서 냉정한 사람들에게는 우스꽝스러워 보일 것입니다. 내게는 견뎌내야 할 일이 많습니다. 그렇지만 결

---

* 도르브 부인에게 베일을 덮는 방책을 떠오르게 하는 것은 생 프뢰가 꾸었던 꿈이라는 것을 충분히 알 수 있다. 그녀의 상상 속에는 그 꿈이 언제나 가득 차 있었다. 그것을 아주 면밀히 살펴본다면 많은 예언의 실현에서 그와 유사한 관계를 발견하리라 생각한다. 사건은 일어날 것이기 때문에 예언되는 것이 아니라, 예언되었기 때문에 일어나는 것이다.

** 보 지방 사람들은 개신교도이지만 여전히 극히 미신적이다.

코 포기하지 않을 것입니다. 쥘리가 사랑했던 사람들을 잘 보살피는 것이 눈물을 흘리는 것보다 더 그녀를 명예롭게 한다고 생각합니다.

단 한 가지 행동만으로도 당신은 다른 행동들을 미루어 짐작할 수 있을 것입니다. 나는, 클레르가 자기 친구가 맡긴 책임을 다할 수 있도록 건강을 유지하게 하는 것으로써 내 소임을 다했다고 생각했습니다. 흥분과 금식과 밤샘으로 초췌해진 그녀가 마침내, 정신 차려 일상생활을 다시 시작하고 다시 식당에서 식사하기로 결심을 한 것 같았습니다. 그녀가 처음 식당에 나왔을 때, 나는 아이들은 그들 방에서 식사를 하게 했습니다. 아이들 앞에서 이 시도의 위험을 무릅쓰고 싶지 않아서였습니다. 어떤 종류이건 격정의 광경을 보는 것은 아이들에게 가장 위험한 일 중 하나이니까요. 그러한 격정은 과도하면 항상 어떤 유치한 면을 띠어서, 아이들의 재밋거리가 되고 아이들을 유혹하며 아이들로 하여금 두려워해야 할 것을 좋아하게 하거든요.* 아이들은 이미 그런 격정을 너무 많이 보았습니다.

그녀는 들어오면서 식탁을 힐끔 쳐다보고는 식기가 두 벌만 놓여 있는 것을 알아보았습니다. 그 즉시 그녀는 자기 뒤에 놓여 있던 아무 의자에나 가 앉더니 식탁으로 오려 하지 않았고, 그 변덕의 이유도 말하려 하지 않았습니다. 나는 이유를 알 것 같아서, 그녀의 사촌이 평소에 앉던 자리에 세 번째 식기를 놓게 했습니다. 그러자 그녀는 자신의 손을 잡아 식탁으로 안내하는 내게 저항하지 않았고, 마치 자기가 그 빈자리를 방해할까 봐 염려스럽기라도 한 듯 자신의 옷매무새를 가다듬었습니다. 그녀는 수프를 뜬 첫술을 입에 댔다가 다시 내려놓더니, 퉁명스러운 말투로 그 자리에는 아무도 앉지 않는데 왜 식기를 놓았느냐고 물었습니다. 나는 그녀의 말이 옳다고 말하고, 그 식기를 치우게 했습니다. 그녀는 먹어보려고 애썼지만, 끝내 먹지 못했습니다. 가슴이 부풀어 오르더니, 호흡이 커져 마치 한숨처

* 바로 그 때문에 우리 모두는 연극을 좋아하고, 우리 중 몇몇은 소설을 좋아한다.

럼 들렸습니다. 마침내 그녀는 벌떡 일어나더니, 말 한마디 없이, 내가 하려는 말을 전혀 듣지 않고, 자기 방으로 돌아가 버렸습니다. 그리고 거기에서 하루 종일 차만 마셨습니다.

그다음 날도 그런 일이 반복되었습니다. 나는, 그녀의 변덕을 역이용해 그녀에게 이성을 되찾아주고 더 부드러운 감정으로 절망의 가혹함을 누그러뜨릴 방법을 하나 생각해냈습니다. 당신은 그녀의 딸이 볼마르 부인을 많이 닮았다는 것을 알 것입니다. 그녀는 같은 옷감으로 옷을 만들어 입혀 그 닮음을 강조하기를 좋아해서, 제네바에서 여러 벌의 닮은 의상과 장신구를 가져왔고, 두 사람은 같은 날 그 의상과 장신구로 치장을 하기도 했었지요. 그리하여 나는 앙리에트에게 최대한 쥘리와 비슷하게 옷을 입으라 하고는, 취지를 잘 설명한 뒤 전날처럼 식기를 놓은 세 번째 자리에 그 애를 앉혔습니다.

클레르는 첫눈에 내 의도를 알아챘습니다. 그녀는 감동했고, 다정하고 호의적인 시선을 보냈습니다. 그녀가 처음으로 나의 배려를 인식한 것이었기에, 나는 그녀를 누그러뜨릴 방법에 대해 낙관적 예측을 하게 되었습니다.

앙리에트는 돌아가신 귀여운 엄마를 재현한다는 것에 자부심을 느끼고, 자신의 역할을 완벽하게 해냈습니다. 너무도 완벽하게 해서 하인들이 눈물을 흘릴 정도였습니다. 그래도 앙리에트는 여전히 자기 엄마를 엄마라고 부르면서 적절한 존경심을 보이며 대했습니다. 그러나 그 역할의 성공에 힘입은, 그리고 내 승인을 아주 잘 알아챈 그녀는 대담해져서, 숟가락으로 손을 가져가며 재치 있게 "클레르, 이것 먹고 싶지?"라고 말할 생각을 해내기까지 했습니다. 몸짓과 어조가 그녀의 어머니가 소스라치게 놀랄 정도로 비슷했습니다. 잠시 후, 클레르는 폭소를 터뜨리며 일어나 자기 접시를 내밀면서 말했습니다. "그래, 얘야, 이리 주렴. 상냥하기도 하구나." 그러고는 그녀는 게걸스럽게 먹기 시작해 나를 놀라게 했습니다. 주의 깊게 그녀를 바라보자 그녀의 눈에서 혼란스러움이, 그녀의 몸짓에서 보통 때보다 더 거칠고 단호한 움직임이 보였습니다. 나는 그녀에게 더 먹지 못하게 했는데, 잘한 일이었습니다. 한 시간 뒤 그녀는 심한 소화불량에 걸렸는데, 만일 그녀가 계속 먹었다면 틀림없이 헐떡거리며 힘들어했을 것이기 때문입니다. 그때부터 나는 억제할 수 없을 정도로 그녀의 상상력에 불을 붙일 수 있는 장난은 모두 없애기로 결심했습니다. 광란보다는 고통을 치유하는 것이 더 쉬우므로, 그녀의 이성을 위험에 처하게 하느니 차라리 그녀가 괴로워하도록 내버려두는 것이 더 낫습니다.

친애하는 친구, 이상이 대략 지금 우리가 처해 있는 상황입니다. 남작이 돌아온 이래, 클레르는 내가 남작의 방에 있을 때든 외출하고 없을 때든 매일 아침 그 방에 올라갑니다. 그들은 한두 시간을 함께 보냅니다. 그녀가 그에게 정성을 쏟는 덕분에 우리가 그녀에게 정성을 쏟는 것이 좀 수월해졌습니다. 게다가 그녀는 아이들에게 더욱 붙어 있기 시작했습니다. 세 아이 중 한 아이는 아픕니다. 그녀가 가장 덜 사랑하는 바로 그 아이 말입니다. 그 사고는 그녀에게 아직 상실될 것이 남아 있다는 것을 느끼게 하여, 자신의 의무에 대한 열의를 되돌려주었습니다. 이 모든 일에도 불구하고 그녀는 아직 슬픔의 단계에는 이르지 못했습니다. 아직은 눈물이 흐르지 않습니다. 울음을 터뜨리기 위해 우리는 당신을 기다리고 있습니다. 눈물을 닦아줄 사람은 당신일 테니까요. 당신은 내 말을 들어야 합니다. 쥘리의 마지막 조언을 생각해보세요. 그 조언은 내 생각에서 먼저 나온 것인데, 그 어느 때보다 더 유용하고 현명한 조언이라 생각합니다. 돌아오세요, 그녀를 떠나보낸 우리 모두의 곁으로. 그녀의 아버지와 친구, 남편, 아이들 모두가 당신을 기다리고 있습니다. 모두가 당신을 원합니다. 모두에게 당신이 필요합니다. 여하튼 더 이상은 말하지 않을 테니, 어서 돌아와 나의 갑갑함과 근심을 함께 나누고 치유해주세요. 어쩌면 내가 누구보다 더 당신 덕을 봐야 할 사람일 것입니다.

:: 편지 12

쥘리로부터

이 편지는 앞의 편지에 동봉되었음

우리의 계획을 포기해야 해요. 모든 것이 변했네요, 좋은 친구. 이 변화를 불평 말고 견뎌야 해요. 이 변화는 우리보다 더 현명한 손에서 온 것이에요. 우리는 함께 모여 사는 것을 생각했어요. 하지만 좋지 않은 생각이었어요. 그것을 미리 막아주신 것은 하늘의 호의였어요. 틀림없이 하늘은 불행을 막아주고 계신 거예요.

저는 오랫동안 착각에 빠져 있었어요. 그 착각은 제게 유익했고, 제가 더 이상 그 착각을 필요로 하지 않게 되자 사라졌어요. 당신은 제가 치유되었다고 생각했지요. 저도 그렇게 생각했고요. 유익한 착오였던 만큼, 그 착오를 지속시켜준 분에게 감사해야 해요. 심연에 너무도 가까이 와 있다는 것을 알았다면, 제가 제정신이 아니었을지 누가 알겠어요? 그래요, 저를 살아가게 해준 최초의 감정을 아무리 억누르려 해도 소용이 없었어요. 그것은 제 마음속에 억제되어 있었어요. 더 이상 두려워할 필요가 없는 이 순간에, 그 감정이 마음속에 되살아나요. 제 기력이 떨어지고 있는 이때, 그 감정이 저를 지탱해주고 있어요. 제가 죽어가고 있는 이때, 그 감정이 제 힘을 북돋워주고 있어요. 친구, 저는 이런 고백을 하고 있지만 부끄럽지 않아요. 본의 아니게 남아 있는 이 감정은 무의식적인 것이어서, 제 결백을 조금도 해치지 않았어요. 제 의지에 속하는 것은 모두 제가 이행해야 할 의무의 대상이었어요. 설령 제 의지에 속하지 않는 마음이 당신을 위해 존재했다 해도, 그것은 저의 고통이지 죄는 아니었습니다. 저는 제가 해야 할 일을 했어요. 미덕은 흠 없이 제게 남아 있어요. 그리고 사랑은 회한 없이 제게 남았어요.

저는 감히 과거를 자랑스럽게 여겨요. 하지만 누가 제게 미래를 보증해줄 수 있었을까요? 하루만 더 지났어도 아마 저는 죄를 지었을 거예요! 당신과 함께 보낸 삶 전체에 대해서는 어땠겠어요? 알지도 못하면서 제가 얼마나 많은 위험을 무릅썼겠어요! 얼마나 더 큰 위험에 처하게 되었겠어요! 저는 당신 때문에 두려움을 느낀다고 믿었는데, 실은 저 때문에 느꼈을 거예요. 온갖 시련이 있었지만, 그것들은 언제든 다시 닥칠 수 있는 것들이었어요. 저는 행복을 위해서도, 미덕을 위해서도 충분히 충실하게 살지 않았나요? 삶에서 길어낼 수 있는 어떤 유용한 것이 제게 남아 있었나요? 하늘은 제게서 생명을 빼앗아 가면서도 애석해할 것은 아무것도 빼앗지 않아, 제 명예를 지켜주고 계세요. 친구, 저는 적절한 때에 떠나요. 당신에게도 제게도 만족한 채로요. 저는 즐겁게 떠나요. 하지만 이 떠남에는 가혹한 면은 조금도 없어요. 그토록 많은 희생을 했으므로, 제게 남겨진 희생은 별것 아니라고 생각돼요. 한 번 더 죽는 것일 뿐이니까요.

당신의 고통이 예상되고, 느껴져요. 당신이 동정받아야 할 사람으로 남게 된다는 것을 저는 너무 잘 알아요. 당신의 비탄을 의식하는 것이 저의 가장 큰 고통이에요. 하지만 제가 당신에게 얼마나 많은 위안거리를 남기는지도 아셔야 해요! 당신에게 소중했던 여인을 위해 이행해야 할 임무가 아주 많으니, 당신은 그녀를 위해 당신의 건강을 유지할 의무를 다해야 해요! 당신에게는 그녀의 가장 훌륭한 부분을 위해 그녀에게 봉사할 일이 남아 있어요. 당신이 쥘리에 대해 잃는 것은, 오래전에 이미 잃은 것밖에 없어요. 그녀의 가장 훌륭한 것은 모두 당신에게 남아 있어요. 그녀 가족의 품으로 돌아오세요. 그녀의 마음이 당신들 가운데 머물게 하세요. 그녀가 사랑하는 모든 사람이 한데 모여 그녀에게 새로운 존재를 부여하도록 하세요. 당신의 배려, 당신의 기쁨, 당신의 우정 등 모든 것은 그녀의 작품일 거예요. 그녀에 의해 만들어진, 당신들을 결합하는 매듭이 그녀를 소생시킬 거예요. 그녀는 당신들 모두 중 가장 늦게 죽는 사람하고 함께 죽게 될 거예요.

당신에게는 또 한 사람의 쥘리가 남아 있다는 것을 명심하시고, 당신이 그녀에게 빚지고 있는 것에 대해 잊지 마세요. 당신들은 저마다 생명의 반을 잃게 될 테니, 나머지 반의 생명을 보존하도록 결혼을 하세요. 그것이야말로 당신들 두 사람에게 남은, 제가 죽은 뒤에 제 가족과 아이들을 도우며 살 수 있는 유일한 방법이에요. 저로서는, 제게 소중한 모든 사람을 결합하는 데 이보다 단단한 매듭을 생각해낼 수가 없어요! 당신들이 서로에게 얼마나 소중해질지요! 이 생각은 당신들 사이의 상호 애정을 얼마나 더 깊게 해줄지요! 이 결혼에 대한 당신의 반대는 그것을 성사시키기 위한 또 다른 이유가 될 거예요. 저에 관해 말하면서 어떻게 당신들이 서로를 측은히 여기지 않을 수 있겠어요? 그래요, 클레르와 쥘리는 너무도 잘 섞여 있어서, 당신의 마음은 이제 그녀들을 분리할 수 없을 거예요. 그녀의 마음은 당신이 그녀의 여자 친구에 대해 느꼈을 모든 것을 당신에게 되돌려줄 거예요. 그녀는 또 당신의 마음속 이야기를 들어줄 사람이자, 그 속내 이야기의 대상이 될 거예요. 당신은 당신 곁에 남아 있을 그 여인으로 인해 행복할 거예요. 당신이 잃어버렸을 여인에게 계속해서 충실하면서 말이에요. 그토록 많은 후회와 고통을 겪었으니, 당신들은 살 때와 사랑할 때가 지나가기 전에 정당한 열정을 불태울 것이며, 죄 없는 행복을 누릴 거예요.

바루 이러한 정숙한 관계 속에서 당신은 방심하지 않고 불안해하지도 않으면서 제가 당신에게 맡기려는 일에 전념할 수 있을 테고, 그 일을 하고 나면 이제 당신은 이 세상에서 어떤 선행을 했는지에 대해 어렵지 않게 말할 수 있을 거예요. 당신도 알다시피, 행복을 누릴 만한 어떤 남자가 있는데, 그는 행복을 갈망할 줄을 몰라요. 그 사람은 당신의 해방자이며, 그가 당신에게 친구로 되돌려준 여자의 남편이지요. 생에 대한 흥미도 없이, 그 생에 뒤이어 오는 내세의 생에 대한 기대도 없이, 기쁨이나 위안이나 희망도 없이 그는 세상에서 가장 불행한 사람이 될 거예요. 당신은 그 사람이 당신에게 쏟은 정성에 빚지고 있으니, 그 정성을 유용하게 할 수 있는 것이 무엇인지 알고 있지요. 이전의 제 편지를 기억하세요. 당신의 삶을 그와 함께 보내세요. 저를 사랑했던 사람은 어느 누구도 그를 떠나지 못하게 하세요. 그가 당신에게 미덕에 대한 애착을 회복해주었으니, 당신은 그에게 미덕의 목적과 대가를 보여주세요. 기독교도가 되어 그에게 기독교도가 되도록 권유하세요. 성공은 당신이 생각하는 것보다 더 가까운 곳에 있어요. 그는 자신의 의무를 다했어요. 저도 제 의무를 다할 테니, 당신은 당신의 의무를 다하세요. 신은 정의로우십니다. 제 확신은 저를 저버리지 않을 거예요.

제 아이들에 대해서는 당신에게 할 말이 한마디밖에 없어요. 저는 아이들의 교육을 위해 당신이 얼마나 정성을 쏟을지도, 그러나 그 정성이 당신에게 힘겹지 않으리라는 것도 잘 알아요. 그 일에 불가피하게 수반되는 싫증을 느낄 때면 '이 애들은 쥘리의 아이들이야'라고 생각하세요. 그러면 더 이상 그 일이 귀찮지 않을 거예요. 당신의 의견서와 두 아들의 성격에 기초하여 제가 작성한 소견서를 볼마르 씨가 당신에게 전할 거예요. 그 소견서는 이제 시작 단계일 뿐이어서, 저는 그것을 규준으로서 드리는 것이 아니라 당신의 지식에 맡기겠어요. 아이들을 박식한 사람으로 만들지 말고, 자비롭고 정의로운 사람으로 만들어주세요. 때로 그 애들의 어머니에 대해 이야기해주세요…… 그 애들이 그녀에게 얼마나 소중한 존재였는지 당신은 아시잖아요…… 마르슬랭에게, 그 애를 위해 죽는 것이 제게는 전혀 고통스럽지 않았다고 말해주세요. 그 애의 형에게는, 제가 삶을 사랑했던 것은 바로 그 애 때문이었다고 말해주세요. 그 애들에게…… 피곤하군요. 이만 편지를 끝내야겠어요. 아이들을 당신에게 맡기니, 그 애들과 헤어지는 것이 덜 고통스러워요. 제가 아이들과 함께 남아 있다는 생각이 드니까요.

안녕, 안녕히, 사랑하는 친구…… 아아! 저는 삶을 시작했던 것처럼 이

제 삶을 마칩니다. 마음이 아무것도 감추지 않는 이 순간, 제가 말을 너무 많이 하고 있는 것이 아닌가 싶군요…… 아아, 왜 저는 제가 느끼는 것을 모두 말하는 것이 두려워지지요? 당신에게 말하는 것은 이제 제가 아니에요. 저는 이미 죽음의 포옹 속에 있어요. 당신이 이 편지를 읽을 때면, 당신 애인의 얼굴과 더 이상 당신을 품고 있지 않을 그녀의 가슴을 벌레들이 갉아먹고 있을 거예요. 그렇지만 제 영혼이 당신 없이 존재할까요? 당신 없이 제가 무슨 행복을 맛볼까요? 그래요, 저는 당신을 떠나지 않고 당신을 기다리고 있을 거예요. 이 세상에서 우리를 갈라놓은 미덕은 하늘나라에서 우리를 맺어줄 거예요. 저는 그런 행복한 기대 속에서 죽어요. 당신을 죄 없이 영원히 사랑할 권리를, 그리고 한 번 더 당신을 사랑한다고 말할 권리를 제 생명과 맞바꾸어 얻게 되어 너무 행복해요.

:: 편지 13

도르브 부인으로부터

곧 여기서 당신을 보게 되기를 기대해도 좋을 만큼, 당신의 마음이 진정되기 시작했다고 들었습니다. 친구, 나약함을 이겨내야 해요. 겨울이 당신을 가둬버리기 전에 산맥을 넘어야 해요. 이 나라에서 당신은 당신에게 적합한 분위기를 느끼게 될 거예요. 여기에서는 고통과 우울밖에 못 볼 테지만, 어쩌면 함께 느끼는 비탄이 당신의 비탄에 위안이 되어줄지도 몰라요. 제 비탄을 발산하기 위해서는 당신이 필요해요. 저 혼자서는 눈물을 흘릴 수도, 말을 할 수도, 저의 마음을 이해시킬 수도 없어요. 볼마르는 제 말을 들어는 주지만, 답변은 하지 않아요. 불행한 아버지의 고통은 그분의 내면에 응축되고 있어요. 그분은 이보다 더 가혹한 고통은 상상도 못하시니, 그런 것을 보실 줄도 느끼실 줄도 모른답니다. 노인들은 더 이상 심정을 토로하는 법이 없어요. 아이들은 저를 감동시키지만, 자신들을 감동시킬 줄은 몰라요. 저는 모두에 둘러싸여 있지만 외로워요. 우울한 침묵이 제 주위를 감돌아요. 어처구니없게도 실의에 빠져 있는 저는 더 이상 아무와도 교제하지 않아요. 제게는 죽음의 공포를 느낄 만큼의 힘과 목숨밖에 남아 있지 않아요. 오, 오세요. 저의 상실을 공유하는 당신! 와서 저의 고통을 함께 나누어요. 와서 당신의 회한을 제 마음의 양식으로 삼도록 해주세요. 당신의 눈물로 제 마음을 적셔줘요. 이것이야말로 제가 기대할 수 있는 유일한 위안이며, 제가 맛볼 수 있도록 남아 있는 유일한 기쁨이에요.

그런데 당신이 도착하기 전에, 그리고 누가 당신에게 말해준——당신에게 말해주었다는 사실을 저는 알고 있어요——계획에 대한 당신의 견해를 제가 알기 전에, 당신이 먼저 제 견해를 아는 것이 좋겠어요. 저는 순진하고 솔직해요. 당신에게 아무것도 숨기고 싶지 않아요. 저는 당신을 사랑했음을 고백해요. 어쩌면 아직도 사랑하고 있을지도 모르며, 영원히 그럴지도 몰라요. 하지만 저는 그것을 모르며, 알고 싶지도 않아요. 사람들이 그럴지도 모른다고 생각한다는 것을 저도 모르지 않아요. 그렇다고 그것 때문에 화가 나는 것도 아니며, 화를 내고 싶은 생각도 없어요. 그러나 제가 당신에게 말해야 하고, 당신도 유념해야 할 것이 있어요. 쥘리 데탕주의 사랑을 받고도 다른 사람과 결혼할 결심을 할 수 있는 남자는 제 눈에는 비열하고 비겁한 인간으로밖에 보이지 않아서, 친구로 삼는 것조차 수치스럽다는 거예요. 그리고 저는, 누가 됐든 이후 제게 감히 사랑에 대해 이야기하는 사람이 있다면 두 번 다시 제게 그런 이야기를 못하게 하리라는 것을 선언하는 바입니다.

당신을 기다리고 있는 일, 당신에게 부과된 의무, 그리고 그것들에 대해 당신한테서 약속을 받았던 여인을 생각하세요. 그녀의 아이들은 성장하고 커가고 있는데, 그녀의 아버지는 점점 쇠약해지고 있으며, 그녀의 남편은 불안과 동요 속에서 살고 있어요. 아무리 애를 써도 그는 그녀가 사라진 것을 믿지 못해요. 그의 마음은 어쩔 수 없이 그의 무익한 이성을 거역하고 있어요. 그는 그녀에 대해 이야기하고, 그녀에게 말하고, 한숨지어요. 그녀가 그토록 여러 번 소원했던 일이 이루어지는 것이 벌써 보이는 듯한데, 그 뛰어난 작품을 완성하는 것은 당신의 몫이에요. 당신들 두 사람을 이곳으로 끌어들이기 위해 필요한 얼마나 좋은 동기인지요! 우리의 불행을 보고도 결심을 바꾸지 않았다니, 과연 관대한 에드워드다워요.

그러니 오세요, 사랑하는 훌륭한 친구들이여. 그녀가 남기고 간 모든 사람들과 합류하세요. 우리, 그녀에게 소중했던 모든 사람들을 한데 모으기로 해요. 그녀의 정신이 우리에게 활력을 불어넣고, 그녀의 마음이 우리 모두의 마음을 결합시키라지요. 언제나 그녀가 보는 앞에서 살아가기로 해요. 저는, 여전히 사랑스럽고 다정한 그 영혼이 그녀가 지금 살고 있는 곳인 그 평화로운 천국으로부터 우리 사이로 기쁘게 돌아와, 그녀에 대한 기억으로 가득한 친구들을 다시 만나고, 그들이 그녀의 미덕을 따르는 것을 보고, 그들이 그녀에게 경의를 표하는 것을 듣고, 그들이 그녀의 무덤을 껴안고 그녀의 이름을 부르며 흐느끼는 것을 느끼고 있다고 믿고 싶어요. 그래요, 그녀는 자신이 우리에게 이토록 매력적인 곳으로 만들어준 이곳을 떠나지 않았어요. 이곳은 여전히 그녀로 가득 차 있어요. 저는 모든 대상에서 그녀를 보고, 한 걸음 한 걸음 걸을 때마다 그녀를 느끼며, 매 순간 그녀의 목소리의 억양을 들어요. 그녀가 살았던 곳은 바로 이곳이에요. 그녀의 유해가 휴식을 취하고 있는 곳도 바로 이곳이고요…… 그녀의 절반의 유해 말이에요. 일주일에 두 번 교회에 가면서…… 저는 봐요…… 슬프지만 존경할 만한 그 장소를 봐요…… 아름다움이여, 이곳이야말로 너의 마지막 안식처이구나!…… 신뢰와 우정, 미덕과 쾌락, 그리고 장난스러운 유희 등 그 모든 것을 흙이 삼켜버렸어요…… 저는 그곳으로 끌려드는 것을 느껴요…… 떨면서 다가가지요…… 그 성스러운 흙을 밟는 것을 두려워하면서 말이에요…… 저는 그 성스러운 흙이 발밑에서 고동치며 떠는 것을 느껴요…… 애처로운 목소리의 속삭임이 들려요!…… "클레르, 오, 나의 클레르, 어디 있니? 친구에게서 멀리 떨어져 뭐 하고 있니?"…… 그녀의 관 속에는 그녀의 전부가 들어가 있는 것이 아니에요…… 그 관은 나머지 먹이를 기다리고 있지만…… 오래 기다리지 않아도 될 거예요.*

* 이 편지 모음의 재독을 마치면서, 나는 왜 이 편지들에 대한 흥미가 그토록 기분 좋게 느껴지는지, 내 생각이지만, 왜 선한 천성을 가진 모든 독자에게도 기분 좋게 느껴질지 약간이나마 알 것 같다. 그것은, 적어도 그 약간의 흥미가 고뇌로 뒤범벅되어 있지 않고 맑고 순수하기 때문이다. 또한, 그 흥미가 흉악함이나 죄악에 의해 자극된 것이 아니고 거기에 증오의 고통이 섞여 있지 않기 때문이다. 나는, 간악한 등장인물을 상상하고 창작하면서, 그 인물을 묘사하는 동안 그의 처지가 되어보면서, 가장 압도적인 광채를 그에게 부여하면서 도대체 무슨 즐거움을 얻을 수 있는지 납득이 되지 않는다. 나는 혐오스러운 것으로 가득한 그 많은 비극의 저자들을 매우 가련히 여긴다. 그들은 고통 없이는 들을 수도 볼 수도 없는 인물들을 말하고 행동하게 하는 데 일생을 보낸다. 그토록 잔인한 작업을 하도록 강요당한다면, 사람들은 틀림없이 비명을 지르고 말 것 같다. 그런 작업을 재미 삼아 하는 사람들은, 공익에 대한 열의에 의해 완전히 삼켜져 사라져버릴 것임에 틀림없다. 나는 그들의 재능과 그들의 천재성을 진심으로 찬미하지만, 신이 내게 그런 것을 주시지 않은 것에 감사한다.

해설

이성에 대한 감정의 앞지름을 촉발한 획기적인 작품

김중현

1753년, 디종 아카데미는 '인간들 사이의 불평등의 기원은 무엇이며, 불평등은 자연법에 의해 허용되는가?'라는 제목으로 논문을 공모한다. 이미 3년 전 '학문과 예술의 진보는 풍속의 순화에 기여하는가?'라는 주제의 논문 현상 공모에서 루소에게 일등상을 수여했던 이 아카데미는, 이번에는 그에게 당선의 영예를 안겨주지 않는다. 그러나 루소는 이 논문을 2년 뒤인 1755년에 출판하는데, 이 작품이 바로《인간 불평등 기원론》이다. 이후로 6~7년은 루소에게 아주 중요한 시기가 되는데, 그의 대작들이 이 시기에 구상되고 집필되었기 때문이다.

루소는 먼저《정치 제도》라는, 역사와 정치에 대한 방대한 저서를 계획한다. 하지만 이 저작은 끝내 완성되지 못한다. 그의 힘에 부치는 작업이었기 때문이다. 다만 루소는 간간이 써놓았던 단편(斷片)들 가운데 중요하다고 생각되는 것들만 발췌하여 출판해 오랫동안 품어왔던 계획을 일부나마 실현함으로써 조금이나마 마음의 부담을 덜게 되는데, 그 작품이 바로《사회계약론》(1762)이다.

1743년, 루소는 뒤팽 부인과 그녀의 며느리인 슈농소 부인을 알게 된다. 아들에 대한 남편의 교육 방식을 마음에 들어 하지 않던 슈농소 부인은 그러한 교육이 아들에게 초래할 폐해를 걱정하던 차에 루소에게 좀 더 참다운 교육 방식에 대해 고찰해줄 것을 부탁한다. 루소는 마침 3년 전에 써놓은 〈생트 마리 씨의 교육에 관한 연구〉를 보완하면 되겠다 싶어 부인의 간곡한 부탁을 받아들인다. 애초의 생각과 달리 루소는 그 글을 보완하는 것으로는 만족하지 못했지만, 그렇다고 곧바로 그 주제에 몰두할 수도 없었다. 앞서 말한 정치 제도에 대한 저서를 이미 계획하고 있었고, 그에게는 이것이 더 흥미를 끄는 주제였기 때문이다. 그럼에도 그 집안과의 오랜 우정과 그 집안의 권위 때문에 그는 그 주제에서 해방될 수 없었다. 마침내 1759년부터 그 주제로 집필을 시작한 루소는 힘든 작업 끝에 1761년에 원고를 끝내고 다음 해에 출판하게 되는데, 이 작품이 바로《에밀》이다.

그런데 루소는 이 작품의 집필에 착수하기 3년 전인 1756년에 이미 또 다른 대작의 집필을 시작하고 있었다. 1748년에 알게 된 후원자 데피네 부인이 마련해준 몽모랑시의 숲 속 집 '레르미타주'로 이사한 뒤의 일이었다. 그곳에서 루소는 정치 교습서인《정치 제도》나 오래전에 슈농소 부인에게 부탁받은 교육 관련 글에 대해 깊이 생각하기도 했지만, "나이팅게일 소리, 시냇물이 졸졸 흐르는 소리……모든 것이 〔그를〕 너무나 유혹적인 무력함 속에 다시 빠트리려고 협력하는"[1] 그 아름다운 숲 속 집에서 그의 마음은 그와 같은 집중을 요하는 작업보다는 몽상과 사색에 더 이끌렸다. 그리하여 결국 루소는《신엘로이즈》를 구상하고 집필하기 시작한다. 중요한 것은《신엘로이즈》가 다른 두 작품, 즉《사회계약론》이나《에밀》보다 늦게 구상되었음에도 불구하고 먼저 완성되어 출판되었다는 사실이다. 그 때문에 다른 두 작품을 위해 사색하고 준비해놓았던 내용들이

1 장 자크 루소,《고백》, 박아르마 옮김(책세상, 근간). 이후 루소의《고백》인용은 특별한 언급이 없는 한 모두 이 번역본을 사용했다.

이 작품 속에 뒤섞이게 되었고, 결국 이 작품은 '루소 사상의 종합'으로서 당시에 제기된 모든 문제를 건드리게 되었다. 그리하여 이 작품은 단지 서간체 연애 소설이라는 범주를 넘어 문명 비판의 성격까지 지니고 있다. 이 작품은 "이론적 저작들에 비해 상대적으로 유연하며 더 합리적으로 문명을 비판함으로써 높은 사실성을 획득하고 있는데, 이 사실성은 이 작품을 뛰어난 문학 작품으로 만들어주는 한 요인이"[2] 된다.

루소는 《고백》(1770년 완성, 1782년 전반부 출판, 1789년 나머지 출판)의 제9권과 제11권에서 《신엘로이즈》에 대해 많은 부분을 할애했다. 이 해설에서는 《고백》의 이 부분들에 주로 기초하여 《신엘로이즈》가 어떻게 구상되었고, 구상 당시 루소의 마음 상태는 어떠했으며, 출판 당시의 반응은 어떠했는지를 살펴보고자 한다.

1. 몽상의 세계의 구축—《신엘로이즈》의 구상

> 1756년 4월 9일 나는 도시를 떠났고 더 이상 그곳에서 살지 않았다……내가 도착하던 그날 밤 처음 듣는 밤꾀꼬리의 노랫소리가 인상적이었다. 그 소리는 집 가까이에 있는 숲 속 바로 창가에서 들렸다. 나는 선잠을 자고 난 뒤 잠에서 깨어 이사를 했다는 것을 잊고는 아직도 그르넬 거리에 있다고 생각했다. 나는 새가 지저귀는 소리에 소스라치게 놀라 흥분하여 소리쳤다. "마침내 내 소원이 이루어졌어!" 내 첫 번째 관심은 자신을 둘러싸고 있는 시골 풍경에서 받은 인상에 완전히 빠져드는 일이었다. 나는 집 안을 정리하는 대신 산책을 나갈 채비를 시작했다. 다음 날에는 내가 둘러보지 못한 오솔길, 수풀, 작은 숲, 집 주위의 구석진 곳 하나 없을 정도였다. 나는 이 매력적인 은둔지

2 이동렬, 《이성의 문학, 빛의 세기》(문학과지성사, 2008), 319쪽.

를 살펴볼수록 이곳이 나를 위해 만들어졌다는 생각을 더욱더 하게 되었다.[3]

1756년에 루소는 후원자이자 친구인 데피네 부인이 시골에 마련해준 작은 은신처로 이사했는데, 이 은신처를 사람들은 레르미타주라고 불렀다. 파리 북쪽 몽모랑시 근처에 있는 데피네 부인의 영지 라 슈브레트 성의 정원 안에 자리 잡은 레르미타주는 작은 오두막(별채)으로, 황폐했던 이전의 모습을 벗고 말끔하게 단장돼 있었으며 아담한 채소밭이 딸려 있었다. 데피네 부인의 초대로 처음 라 슈브레트 성을 방문했던 때부터 그 한적한 곳을 마음에 들어 했던 루소는 조국 제네바로 돌아가 살려는 생각을 깨끗이 버리고 이 숲 속 은신처에 머물게 되었다. 그가 젊은 시절 연인이자 후원자였던 바랑 부인과 함께 그토록 행복하게 지냈던 레 샤르메트를 항상 그리워했고, 마치 시골에서의 은둔 생활을 위해 태어난 사람인 것처럼 언제나 푸른 숲과 졸졸 흐르는 시냇물, 고독, 그 고독 속에서의 산책을 그리워했던 만큼 이 거처는 그의 취향에 너무도 잘 부합하는 곳이었다.

그러나 시간이 흐르면서 이 거처에서 누리는 자유가 전적으로 편하지만은 않게 되었다. 데피네 부인이 갈수록 너무 자주 루소를 찾아와 "부드러운 독재로 긴 대화를 강요하곤"[4] 했던 것이다. 데피네 부인뿐만 아니었다. 몽모랑시는 파리에서 16킬로미터 정도 떨어진 곳이었지만, 시간을 어떻게 보내야 할지 모르는 사람들이 자주 레르미타주로 몰려들어 그의 시간과 마음의 평정을 빼앗았다. 사실, 루소에게는 그것이 훨씬 더 귀찮았다. 루소는《고백》에서 이때의 복잡한 심경을 다음과 같이 털어놓았다.

요컨대 나는 가장 갈망하던 행복의 한가운데서도 순수한 즐거움을 전혀

3 장 자크 루소,《고백》.

4 게오르크 홀름스텐,《루소》, 한미희 옮김(한길사, 1997), 121쪽.

맛보지 못했기에 문득 내 젊은 시절의 평온한 나날들로 되돌아가곤 했다. 나는 이따금 한숨지으며 이렇게 소리쳤다. "아! 여기도 아직 샤르메트가 아니구나!" 나는 내 일생 동안의 여러 시간들을 회상하다가, 내가 다다른 처지까지 심사숙고해보게 되었는데 이미 쇠락의 나이에 접어든 나를 발견하게 되었다. 고통스러운 불행에 시달리면서 내 인생의 마지막에 왔다고 생각하는 나를 발견한 것이다. 내 마음이 갈망하던 거의 어떤 즐거움도 마음껏 맛보지도 못하고, 내가 마음속에 쌓아둔 강렬한 감정을 발휘하지도 못하고, 내 영혼 속에서 은밀히 느낀 황홀한 그 쾌락을 만끽하지도 하물며 살짝 건드려보지도 못한 채 말이다. 그 쾌락은 대상이 없으니 내 한숨을 통해 발산될 수 있을 뿐 내 마음속에 항상 억제되어 있었다.

천성적으로 다정다감한 영혼을 지니고 있고, 산다는 것은 곧 사랑한다는 것이라고 생각하고 있던 내가 어떻게 지금까지 완전한 친구, 진정한 친구를 발견하지 못했을까? 나는 진정한 친구가 되기 위해 태어났음을 분명하게 느끼고 있는데 말이다. 그토록 타오르기 쉬운 관능과 사랑이 넘치는 마음을 지니고 있는 내가 어떻게 확실한 연인을 향하여 단 한 번도 열정을 불태우지 못한 것일까? 나는 사랑하고자 하는 욕구에 사로잡혀 있었으면서도 결코 그것을 제대로 충족시킬 수 없었다. 그런 내가 노년의 문턱에 이르러 제대로 살아보지도 못하고 죽어가고 있는 내 모습을 보았던 것이다.[5]

레르미타주에서 보낸 첫 여름에 루소는 이런 비애를 느끼며 작업보다는 몽상과 성찰, 사색에 더 끌렸으며, 자주 찾아와 귀찮게 하는 사람들을 피해 자연의 고독 속에서 명상에 잠기곤 했다. 가장 아름다운 계절인 6월의 어느 날에도 루소는 숲 속에 들어가 새소리와 흐르는 시냇물 소리를 들으며 그렇게 명상에 잠겨 있었는데, 지난날 자신의 삶에 등장했었던 이러

5 장 자크 루소, 《고백》.

저러한 여성들에 대한 추억과 그동안 억눌려 있던 여성에 대한 그리움이 한꺼번에 밀려들면서 그의 환상과 감각을 휘저어놓았다.

> ……또 다른 추억들이 떠올랐다. 얼마 되지 않아 젊은 시절 내 가슴을 울렁거리게 만들었던 모든 사랑하는 여인들이 내 주위에 모여 있는 것이 보였다. 갈레 양, 그라펜리드 양, 브레유 양, 바질 부인, 라르나주 부인, 내 예쁜 여자 제자들, 내 마음에서 잊힐 수 없는 요염한 줄리에타까지 나타났다. 나는 천상의 미녀들이 사는 궁전에 있는 것 같았다. 나는 그녀들을 오래전부터 알고 있었고, 그녀들에 대한 나의 더할 나위 없는 열렬한 애정은 새삼 새로운 감정이 아니었다. 내 피는 끓어올라 부글거렸고, 머리는 팽 돌아버렸다. 머리카락은 이미 백발이 되었는데도 말이다. 이리하여 제네바의 근엄한 시민이자 45세 가까운 엄격한 장 자크가 터무니없이 사랑에 넋이 나간 목동이 되어버린 것이다.[6]

루소를 사로잡은 이 갑작스러운 도취 상태는 매우 열광적이고 강력하고 지속적이었지만, 그로 인해 루소가 자신의 나이나 처지를 망각한 것은 아니었다. 루소는 단 한 번도 한 여인에게 사랑을 불태워보지 못했지만, 마흔다섯 살이 다 된 늙은이로서 이미 사랑할 때가 지났다는 것을 알고 있었기에, 자신이 사랑을 할 수 있다는 헛된 기대조차 갖지 않았다. 그는 "연애에 빠질 시기는 지났다는 것……나이 든 바람둥이가 사랑에 빠진다는 것은 우스꽝스럽다는 것을 너무나 잘 알고"[7] 있었고, 한창때에도 자신을 별로 대단하게 생각해본 적이 없는데다가 자신감조차 없었던 자신이 만년에 사랑에 빠질 리 없다고 생각한 것이다. 더욱이 "평화를 사랑하는" 그

---

6 장 자크 루소, 《고백》.
7 장 자크 루소, 《고백》.

로서는, 비록 열기가 많이 식기는 했지만 오직 그만을 사랑하며 10여 년 동안 곁에 있어준 테레즈 르바쇠르와의 관계를 어떤 한 여인을 사랑함으로써 회오리 속으로 몰아넣는다는 것이 두렵기도 했다.

이처럼 현실이 발목을 잡을 때 사람들은 대체로 "몽상의 세계의 구축 construction d'un monde de rêve"[8]을 추구하는데, 루소 또한 그 방편을 택하지 않을 수 없었다.

> 이 순간 나는 어떻게 했을까?……나는 현실의 존재에 도달하는 것이 불가능했으므로 몽상의 세계로 뛰어들었다. 나는 자신의 몽상에 걸맞은 존재를 전혀 찾지 못했으므로 그것을 이상적인 세계에서 키워나갔다. 나는 곧 자신의 창조적 상상력으로 그 이상적인 세계를 내 마음에 드는 존재들로 가득 채웠다. 이런 수단이 그때보다 더 시의적절하고, 그때보다 더 풍부한 결실을 맺은 적도 없었다. 나는 지속적인 도취 속에서 일찍이 인간의 마음속에 싹텄던 가장 감미로운 감정에 원 없이 취했다. 나는 인간이란 종족을 완전히 잊은 채, 자신들의 아름다움만큼이나 자신들의 미덕으로써도 천상계에 속하는 완벽한 피조물들과 사귀었고, 내가 이 세상에서는 결코 만나지 못한 그런 믿음직하고 다정하고 충실한 친구들과 교제했다. 나는 천상의 세계에서 나를 둘러싸고 있는 이 매력적인 대상들 사이를 날아다니는 데 상당한 재미를 붙여 세월이 가는 것도 몰랐다. 나는 다른 모든 일에 대한 기억은 잊어버리고, 서둘러 빵 한 조각을 먹자마자 내 숲을 다시 찾아 뛰어가려고 안절부절못하며 자리를 박차고 나왔다.[9]

---

8 Jean-Jacques Rousseau, *Jean-Jacques Rousseau. Oeuvres complètes* II(Paris : Gallimard, 1964), XXVII쪽.

9 장 자크 루소, 《고백》.

이상야릇한 사랑의 병을 앓는 가운데 발동한 그의 상상력은 지상에서 발견할 수 있는 온갖 유(類)의 사랑스러운 것을 아주 섬세하게 선택했고, 그래서 그 정수(精髓)는 그가 포기한 공상적 세계만큼이나 환상적인 것이었다. 그 "천상 세계의 존재들은 인간이 되어 내려왔다. 그들은 천상에서 지상의 아주 명확한 한 장소, 즉 레만 호숫가로 살러 내려왔던 것이다".[10] 이렇게 하여 인물과 그 인물들이 살게 될 배경을 포함한 어떤 줄거리가 막연하게나마 그의 머릿속에 그려지기 시작했다.

> 나는 내 마음속의 두 가지 우상인 사랑과 우정을 가장 황홀한 영상들로 상상해보았다. 나는 이것들을 내가 항상 숭배했던 여성의 온갖 매력으로 아름답게 장식하면서 즐겼다. 나는 남자 친구 두 사람보다는 여자 친구 두 사람을 상상했다……나는 두 여자 친구들에게 유사하지만 서로 다른 성격을 부여했다. 또한 완전하지는 않지만 내 취향에 맞는 얼굴을 부여하고, 호의와 감수성으로 생기를 불어넣었다. 나는 한 사람은 갈색 머리로, 다른 한 사람은 금발로, 이어서 한 사람은 활발하고 다른 한 사람은 유순하게, 마지막으로 한 사람은 현명하고 다른 한 사람은 연약하게 만들었다. 하지만 그것은 연민을 불러일으키는 연약함이어서 오히려 미덕이 득을 보는 듯싶었다. 나는 두 여성 중 한 여성에게는 연인을 마련해주었고, 다른 여성은 그 남자의 다정한 여자 친구, 더 나아가 그 이상의 사람이 되게 만들었다……나는 나의 등장인물들에게 걸맞은 거처를 마련해주려고 내가 여행 중에 보았던 가장 아름다운 장소들을 하나하나 차례로 떠올려보았다. 하지만 나는 무척이나 싱그러운 숲도 정말 감동적인 풍경도 전혀 발견하지 못했다……끝내는 내 마음이 끊임없이 그 주위를 떠돌아다녔던 호수를 택하고야 말았다. 나는 이 호숫가의 어느 장소에 거처를 정했는데, 그곳은 내가 운명적으로 만족해야만 했던 상상적 행

---

10 Jean-Jacques Rousseau, *Jean-Jacques Rousseau. Oeuvres complètes* II, XXX쪽.

복 속에서 오래전부터 내 거주지로 삼고자 소원했던 곳이었다. 내 가엾은 엄마의 고향이라는 사실도 내게는 특별한 매력이었다……이것이 내가 단번에 상상해낸 전부이고, 나머지는 그 후에야 덧붙여진 것에 불과했다.[11]

2. 피그말리온의 사랑—《신엘로이즈》의 집필

루소는 오랫동안 이러한 막연한 구상만으로 만족했다. 허구의 대상들에 대한 생각만으로도 그저 뿌듯하고 즐거웠던 것이다. 그렇지만 이 허구들은 그의 머릿속에서 오래도록 되새김질되면서 더욱 확실해지다가, 마침내 일정한 형태로 고정되었다. 공상에 현실성이 더해진 것이다. 바로 그때 루소는 그와 같은 허구들이 제공하는 몇몇 상황들을 종이에 옮겨 적어보려는 생각과, 애만 태울 뿐 충족시켜보지 못한 사랑의 욕망을 그렇게 해서라도 한껏 발산해보려는 생각을 갖게 되었다. 그리하여 그는《신엘로이즈》제1부의 정열과 그리움이 넘쳐나는 편지들을 써 내려가기 시작했다.

나는 우선 어수선한 편지 몇 통을 종이 위에 순서도 연관성도 없이 썼다. 내가 그 편지들을 짜 맞추고 싶다는 생각이 들었을 때는 종종 아주 곤란했다. 믿기 어렵겠지만, 제1부, 제2부 거의 전체가 이런 식으로 쓰였다는 것은 분명한 사실이다. 잘 계획된 어떤 구상도 없었고, 심지어는 언젠가 내가 정식 작품으로 만들어보겠다는 고려도 하지 않은 채로 말이다. 그런 이유로 이 두 부분은 그 자료들이 현재 배치된 자리에 딱 들어맞도록 다듬어지지 않았던 자료들로 나중에 만들어졌기 때문에, 다른 책들에서는 찾아보기 어려운 수다

---

11 장 자크 루소,《고백》.

스러운 맴질들로 가득 차 있음을 볼 수 있다.[12]

겨울이 시작되어 집 안에 틀어박히게 되자 루소는 집 안에서 소일거리를 가져보려고 했다. 그러나 그럴 수가 없었다. 그의 상상력이 창조해내고 미화한 그 매력적인 두 여자 친구와 그들의 남자 친구, 그들이 사는 아름다운 풍경의 레만 호숫가 등이 뇌리에서 떠나지 않았기 때문이다. 그는 자신이 만들어낸 그 모든 허구들을 떨쳐버리려고 온갖 노력을 했지만 소용없었다. 그는 그 허구들의 유혹에 완전히 걸려들어 헤어나지 못했다.

결국 그는 그 허구들에 약간의 질서와 일관된 맥락을 부여하여 그것을 일종의 소설로 엮어내려고 노력했다. 그러나 그 자신이 세워놓은 원칙에서 야기된 자가당착이 그의 이런 노력을 가로막았다.[13] 완전히 그 허구들에 사로잡혀 이러지도 저러지도 못하는 상태에 빠진 그는 그 노력을 끝까지 밀고 나가는 것밖에 방도가 없었다. 당시의 풍속과 도덕을 크게 거스르는 것으로 비쳐 거센 반발을 살 수도 있을 여주인공 쥘리가 걷게 될 길도 이미 구상되어 있었다.

나는 이제 다른 일은 접어두고 허구에 몇 가지 질서와 연속성을 부여하여 그것을 일종의 소설로 만들려 했다. 나는 너무나 명백하고 너무나 공공연하게 했던 자신의 말을 그런 식으로 번복한다는 수치심이 가장 곤혹스러웠다. 나는 그 난리를 치면서 엄격한 원칙을 세웠고, 그토록 강력하게 준엄한 규범

---

12 장 자크 루소, 《고백》.

13 루소는 소설을 풍속과 도덕에 해로운 것으로 여겼으며, 《달랑베르에게 보내는 연극에 관한 편지 *Lettre à M. d'Alembert sur les spectacles*》에서는 엄격한 칼뱅 도덕주의자 편에 서서 문학, 연극을 맹렬히 공격했다. "극장은 도덕성을 함양하는 학교가 아니며……관객들은 비극을 보고 허구적인 불행에 대해 눈물을 흘리게 될 뿐이고, 희극은 악한 행위를 하지 말라고 경고하는 것이 아니라 기껏해야 다른 사람한테 우스꽝스럽게 보이지 않도록 주의하라고 경고할 뿐"(게오르크 홀름스텐, 《루소》, 145~146쪽)이라는 것이었다.

을 설교했으며, 사랑과 안일함을 불러일으키는 유약한 책들에 대해 신랄한 비난을 퍼부었다. 그런 일이 있은 다음에 내가 그렇게나 심하게 비난했던 그 책들의 저자들 중 한 사람으로 느닷없이 내 이름을 손수 올린 그런 모습을 보고 그것보다 더 황당하고 더 눈에 거슬리는 일을 상상할 수 있었겠는가? 나는 그 같은 모순을 완전히 절감했고 그 일에 대해 자책했으며 얼굴이 붉어지고 화가 났다. 하지만 나는 이 모든 것에도 불구하고 이성을 되찾기에는 역부족이었다. 나는 완전히 굴복당하여 이제는 모든 위험을 무릅쓸 수밖에 없었으며 사람들이 뭐라고 하든 용감히 맞서기로 결심하는 수밖에 없었다…… 나는 결심이 서자 거침없이 몽상에 몰두했고, 그 몽상을 머릿속에서 이리저리 끌고 나간 끝에 마침내 여러분들이 그 결과를 본 바 있는 그런 종류의 구상을 하게 된 것이다……선에 대한 사랑은 내 마음에서 결코 사라진 적이 없었다……그런데 지금 유행하는 풍속을 보고 분노하지 않은 채 견딜 사람이 누가 있겠는가?……완전한 존재는 자연에는 없으며, 그러한 존재가 주는 가르침은 우리에게 그리 가까이 다가오지 않는다. 그러나 여기 정숙할 뿐 아니라 다정한 마음씨를 타고난 아가씨가 있어, 처녀 때는 사랑에 넘어가지만 아내가 되어 이번에는 힘을 되찾아 그 사랑을 극복하고 다시 미덕을 회복한다고 하자. 이런 묘사가 전체적으로 보아 추잡스럽고 쓸모없다고 여러분에게 말하는 사람이 있다면, 그는 거짓말쟁이이고 위선자이다. 그런 사람의 말에 귀 기울여서는 안 된다.

나는 근본적으로 사회 질서 전반에 관련된 풍속 및 부부 사이의 정조에 관한 주제 이외에 공중의 화합과 평화라는 더욱 은밀한 주제를 염두에 두고 있었다. 이것은 그 자체로서도 그렇지만 적어도 그 당시에는 아마 더욱 크고 중요한 주제였을 것이다.[14]

---

14 장 자크 루소, 《고백》.

그해 겨울, 루소는 그 구상의 초안을 바탕으로 전에 생각해놓았던 세부적인 장면들에 다시 손을 댄 뒤 그것들을 정리하여 마침내《신엘로이즈》의 제1부와 제2부를 완성했다. 그의 말에 따르면, 그해 겨울 동안 그는 말할 수 없는 기쁨 속에서 그것을 집필하고 정서했다. 그는 마치 자신이 피그말리온이라도 되는 것처럼, 열렬히 사랑하게 된 그 사랑스러운 두 여주인공을 위해서는 아무리 세련되고 예쁜 것도 충분하지 못하다고 생각했다. 저녁마다 그는 화롯가에서 동거녀인 테레즈와 그녀의 어머니에게 이 두 부를 반복해서 낭독해주었다. 테레즈는 두 애인의 안타깝고 정열적인 사랑에 감격하여 아무 말도 못하고 남편과 함께 그저 흐느껴 울 뿐이었다.

루소는 처음에는《신엘로이즈》를 4부로 계획했다. "봄(1757)이 돌아오자 사랑에 대한 망상이 더 심해졌다. 나는 에로틱한 격정 속에서《신엘로이즈》의 마지막 부분들을 구성하기 위한 편지를 여러 통 썼는데, 그 편지들을 읽으면 내가 그것을 쓰면서 빠져 있던 황홀경을 엿볼 수 있다. 그중에서도 엘리시온 정원과 호수에서의 뱃놀이를 언급하는 편지를 들 수 있는데, 내 기억이 맞는다면 그 대목은 제4부 끝에 있다"[15]라는《고백》의 언급으로 미루어 1757년 4월경에는 4부로 된 소설이 거의 완성돼 있었던 것으로 보이며, 루소는 같은 해 11월에 이를 출판하기로 결심하고 있었다. 그런데《고백》을 더 읽다 보면 다음과 같은 언급이 나타난다. "나는 그때 얼어붙은 그곳에서 눈보라가 몰아쳐도 피할 곳 하나 없이, 내 가슴의 불꽃 이외의 다른 불기라고는 없이, 3주 동안《달랑베르에게 보내는 연극에 관한 편지》를 썼다. 내가 글을 쓰면서 매력을 느낀 것은 그때가 처음이었다. 당연한 일이지만, 당시(1758년 2월)에는《신엘로이즈》를 아직 반밖에 쓰지 못했기 때문이다."[16] 이는 처음의 계획에 변동이 생겼음을 시사한다.

15 장 자크 루소,《고백》.
16 장 자크 루소,《고백》.

결국 루소는 1758년 9월 13일에 출판업자 마르크 미셸 레Marc Michel Rey에게 보낸 편지에서 자신의 소설이 완성되었다는 것과 그 소설이 6부로 되어 있다는 것을 알린다. 그해(1758) 겨울에 완성된 원고가 레에게 전달되었고, 그다음 해에《신엘로이즈》가 출판되었다.[17]

4부로 계획했던 것을 6부로 늘린 이유에 대해서 루소는 명확히 설명하고 있지 않다. 다만, 그가 이 소설에 대한 그 자신의 부정적인 판단과 이 소설이 그 자신의 원칙에 모순된다는 예견 가능한 비판을 의식하여, 소설에 도덕적인 내용과 미덕에 대한 사랑을 한층 보강하고자 했기 때문이라고 이유를 추측해볼 수도 있을 것이다. 그러나 이러한 보강은 결과적으로 작품을 지나치게 철학적으로 만들었고, 루소와 같은 시대를 산 독일의 철학자이자 비평가 멘델스존Moses Mendelssohn은 "루소가 소설이 아니라 철학적인 논문을 썼더라면 더 좋았을 것"[18]이라고 우회적으로《신엘로이즈》를 비판하기도 했다.

3. 생생한 사랑의 감정—《신엘로이즈》와 두드토 백작 부인

루소는《신엘로이즈》를 집필 중이던 1757년 봄에 두드토 백작 부인의 방문을 받는다. 이번이 그녀의 두 번째 방문으로, 루소로서는 전혀 예상치 못한 일이었다. 징세 청부인인 벨가르드의 딸이자 데피네 부인의 시누이인 그녀는 루소보다 열여덟 살 연하로 서른 가까운 나이였으며, 레르미타주에서 한 시간 거리에 위치한 몽모랑시 계곡 한가운데의 오본이라는 곳

17 "나는, 주변이 안정되자 내가 향유하던 한가로움과 자유를 이용하여 작업을 보다 더 지속적으로 했다. 그해 겨울에는《신엘로이즈》를 완성하여 레에게 보냈는데, 그는 이듬해에 그것을 인쇄했다." 장 자크 루소,《고백》.

18 게오르크 홀름스텐,《루소》, 145쪽.

에서 아름다운 집 한 채를 빌려 지내고 있었다. 루소는 그녀에 대해 다음과 같이 묘사했다.

두드토 백작 부인은 30세 가까운 나이였고 전혀 아름답지 않았다. 그녀는 얼굴에 수두 자국이 있었다. 그녀의 얼굴빛은 고운 데가 없었다. 그녀는 눈이 나빴고, 지나치다 싶을 정도로 눈도 둥글었다. 하지만 그녀는 그런 모든 점에도 불구하고 젊어 보였고, 생기 넘치고 온화한 얼굴에는 애교가 넘쳤다. 숱이 대단히 많은 검은 머리는 원래 곱슬머리인데 무릎까지 치렁치렁했다. 그녀의 몸매는 귀여웠고, 모든 행동에는 어색함과 우아함이 동시에 나타나 있었다……그녀는 매력적인 재치가 넘쳐흘렀는데, 그런 매력은 그녀가 애써 꾸며서 하는 것이 아니라, 이따금 자신도 모르게 튀어나오는 것이었다. 그녀는 사람들을 즐겁게 해주는 여러 가지 재능을 가지고 있었다……그녀의 성격에 대해 말하자면 천사와도 같아서, 온화한 마음이 그 바탕을 이루고 있었다.[19]

그녀는 소설에서나 봄직한 남장을 하고 루소를 찾았는데, 루소는 아름답지는 않은 그녀의 외모에 자기도 모르게 사로잡히고 말았다.

이번만은 사랑이었다고 말하겠다. 그 사랑은 내 삶에서 처음이자 유일한 것이었으며, 그 결과는 그 사랑을 내 기억 속에 영원히 남을 끔찍한 것으로 만들게 될 것이었다.[20]

상상 속의 인물인 쥘리와 생 프뢰의 사랑, 그리고 그들 사이의 연애편지를 수없이 묘사하고 써온 루소로서는 자신이 쓰고 묘사한 그 사랑과 편지

---

19 장 자크 루소,《고백》.
20 장 자크 루소,《고백》.

들 속의 몽상적인 감정에 빠져들 준비가 되어 있었다. 그리하여 그의 내면에서 상상 속의 인물 쥘리와 자기 앞에 있는 현실의 인물 두드토 백작 부인이 단번에, 그리고 자연스럽게 뒤섞이기 시작했다.

그녀가 왔고, 나는 그녀를 만났다. 나는 대상 없는 사랑에 도취되어 있었는데, 이 도취에 눈이 현혹되어, 그녀가 그 대상으로 정해졌다. 나는 두드토 부인에게서 나의 쥘리를 보았다. 얼마 지나지 않아, 나는 두드토 부인 이외에는 더 이상 아무것도 보이지 않았다. 나는 그녀를 온갖 장점들로 미화해놓았다. 그 직전에 내 마음의 우상들을 미화하기 위해 사용했던 그 장점들로 말이다……나는 그녀 곁에서 느꼈던 각별한 마음의 동요에도 불구하고 처음에는 내게 무슨 일이 일어났는지 알아채지 못했다. 그런데 그녀가 가버린 다음에야, 쥘리를 생각하려고 했는데 두드토 부인밖에는 더 이상 생각할 수 없다는 사실에 나는 깜짝 놀라고 말았다. 그때에야 나는 깨닫게 되었다. 나는 나 자신의 불행을 느꼈고, 그것을 한탄했지만 그 결과는 예측하지 못했다.[21]

기병대장인 그녀의 남편과, 파리에서 루소가 잘 알고 지냈던 그녀의 애인 생 랑베르 후작은 당시 모두 군 복무 중이어서 부재중이었다. 그녀의 애인 생 랑베르는 뛰어난 외모의 근위대 장교로, 과거에는 볼테르의 애인인 샤틀레 후작 부인의 애인이었다. 샤틀레 부인이 생 랑베르의 딸을 낳다가 목숨을 잃은 사실은 이미 사교계에 잘 알려져 있었다.

두드토 부인과 루소는 그 만남 후 세 달 동안 거의 매일 만났다.

우리는 마주 앉아 저녁을 먹었고, 단둘이서 작은 숲 속 달빛 아래에 있었다. 그리고 가장 열정적이고 가장 다정한 대화를 두 시간 동안 나눈 뒤 그녀는 한

21 장 자크 루소, 《고백》.

> 밤중이 되어서야 그 작은 숲과 친구의 품에서 벗어났다. 그녀는 숲 속에 들어왔을 때와 똑같이 몸과 마음이 흠 없고 순결한 상태였다.[22]

그들은 만나서 정다운 대화를 나누는 것으로 만족하지 않았다. 그들은 편지를 주고받았다. "너무나 늦게 참된 사랑을 느껴 그때에야 비로소 그의 감정과 관능에 제대로 그 연체료를 물게 했던" 이 관계는 결국 두 사람의 관계를 질투해온 데피네 부인의 방해 공작으로 파국을 맞는다. 그러자 두드토 부인은 후환을 우려해 루소에게 자신의 편지들을 돌려달라고 요구한다.

> 그녀는 자신의 편지들을 되찾기 위해서 내 편지들을 나에게 돌려주지 않을 수 없었다. 그녀는 내 편지들을 불태워버렸다고 나에게 말했다. 이번에는 내가 감히 그녀의 말을 의심했고, 아직도 의심하고 있다고 고백하는 바이다. 그럴 리가 없다, 그런 편지들을 불 속에 던져버릴 수는 없었다. 사람들은《신엘로이즈》의 편지들이 열정적으로 타오른다고 생각했다. 아, 맙소사! 그 편지들에 대해 과연 뭐라고 했을까, 사람들이 그것들을 보았다면? 천만에, 그 정도의 열정을 불러일으킬 수 있는 여인에게는 그 열정의 증거를 불태워버릴 만한 용기는 결코 없을 것이다.[23]

루소의 추측대로, 두드토 부인은 루소에게 받은 편지들을 잘 보관해두었다. 그러다가 그녀가 죽은 뒤에 그녀의 조카딸이 그것들을 불태웠다고 한다.

루소가 쓴 쥘리와 생 프뢰라는 인물 사이의 편지들은 감정에 있어서 두

22 장 자크 루소,《고백》.
23 장 자크 루소,《고백》.

드토 부인을 상대로 한 루소의 실제 사랑의 경험에 빚진 바 크다. 실제로 루소는 "청춘기의 몇몇 달콤한 추억과 두드토 부인이 없었더라면, 내가 느끼고 묘사한 사랑은 공기의 요정과 나누는 사랑과 다름이 없었을 것이다"[24]라며 그 점을 인정한다. 두드토 부인과 사랑을 나눈 실제 경험이 연인인 두 인물의 감정에 생생함과 사실감을 부여한 탓에 많은 독자들은 루소가 자신의 이야기를 썼으며 바로 루소 자신이 그 소설의 주인공이라고 확신할 정도였다.

루소는 후원자이자 친구인 데피네 부인과 마침내 결별했다. 콩데 대공의 법정 대리인 마타가 루소의 딱한 사정을 알고 몽모랑시 몽 루이의 자기 정원에 있는 조그만 집을 제공하겠다고 제안하자, 레르미타주에서 쫓겨날 처지에 있던 루소는 두말없이 그 제안을 받아들여 곧바로 그곳으로 이사했다. 1757년 12월 15일, 레르미타주로 이사한 지 20개월 6일 만의 일이었다.

4. 여성들, 책과 저자에 매료되다—《신엘로이즈》의 출판

마침내《신엘로이즈》가 출판되어, 암스테르담에서 레가 출판한 판본과 파리에서 로뱅이 출판한 판본이 1761년 1월 말에 거의 동시에 발매되었다. 그러나 저자용 기증본은 이미 12월 중순에 암암리에 유포되고 있었다. 《신엘로이즈》는 출판되자마자 특히 파리에서 아주 큰 성공을 거두었다. 출판업자 레는 루소의 고향 사람으로서 암스테르담에 거주하며 훗날 루소의《고백》도 출판한 인물인데,《신엘로이즈》가 출판된 1761년에만 당시로서는 엄청난 금액인 1만 리브르를 벌었다고 술회했다. 1761년부터

24 장 자크 루소,《고백》.

1800년까지 합법적인 간행본과 불법적인 복사본을 합해 최소한 100종의 《신엘로이즈》 간행본이 등장했다고 한다. 루소는 《고백》에서 《신엘로이즈》의 성공에 대해 이렇게 회고한다.

> 오래전부터 인쇄 중이던 《신엘로이즈》는 1760년 말까지 아직 출간되지 않았는데도 벌써부터 큰 반향을 일으키고 있었다……파리 전체가 이 소설을 보기 위해 안달이었다. 생 자크 거리와 팔레 루아얄 거리의 서적상들에게 이 소설에 대한 출판 소식을 물으러 사람들이 몰려들었다. 마침내 책이 출판되었고, 이 책의 이례적인 성공은 책의 출판을 열렬히 기다렸던 독자들의 기대에 부응해주었다……문인들 사이에서는 의견들이 엇갈렸지만, 세간에서는 일치했다. 무엇보다 여성들은 책과 저자에 크게 매료되어서 만일 내가 시도만 했더라면 지체 높은 부인들까지 정복하지 못할 여인들이 별로 없을 정도였다.[25]

《신엘로이즈》가 출간되자 비평가들은 이를 영국 소설가 새뮤얼 리처드슨Samuel Richardson의 작품들과 비교했다. 리처드슨의 서간체 소설인 《패멀라*Pamela*》와 《클러리사*Clarissa*》가 프레보 사제l'Abbé Prévost에 의해 프랑스어로 번역되어 큰 인기를 얻고 있었던 것이다. 실제로 루소는 《고백》에서 도덕가인 리처드슨에 대해 언급함으로써 《신엘로이즈》의 표현 방식인 서간체의 선택과 《신엘로이즈》의 이념 및 구성에 리처드슨이 미친 영향을 간접적으로 시인하고 있다. 물론 당시에 서간체 자체가 인기가 있었던 것도 사실이다. 무엇보다 몽테스키외의 《페르시아인의 편지*Lettres persanes*》(1721)가 훨씬 이전에 큰 성공을 거두었으며, 몽테스키외는 자신의 이 작품이 서간체 장르의 원조라고 주장하기까지 했다.

---

25 장 자크 루소, 《고백》.

디드로는, 리처드슨의 놀라울 정도의 다양한 장르와 수많은 등장인물들에 대해 격찬했다[26]……실제로 리처드슨은 모든 인물의 특징을 아주 잘 드러냈다는 장점을 지니고 있다. 그러나 등장인물의 숫자에 관해 말하자면, 그는 사상의 빈약함을 많은 인물과 모험담으로 벌충하려는 아주 따분한 소설가들과 공통점을 갖고 있다……그리고 다른 모든 조건이 같을 경우 주제의 단순성이 작품의 아름다움을 증대시키는 것이라면, 리처드슨의 소설들은 다른 많은 점에서는 우수하다고 해도 이 점에 대해서는 내 소설과 비교될 수 없을 것이다.[27]

또한 루소는 소설 제목이 암시하듯이 서간체 형식과 사랑이라는 주제에 있어서 신학자이자 스콜라 철학자인 아벨라르와 그의 아내 엘로이즈[28] 사이에 오간 편지들의 영향을 많이 받았다. 그 편지들은 1687년에 뷔시라뷔탱Bussy-Rabutin에 의해《두 연인의 편지*Lettres de deux amants*》라는 책으로 출간되었는데, 루소는 이 책을 읽을 수 있었다.[29]

루소는 낭만주의의 선구자로 일컬어지는데, 낭만주의자들은 루소를 "자연의 복음을 전파하는 예언자, 감정과 정열의 원초적 힘을 재발견하고

---

26 1761년에 출간된 디드로의《리처드슨에 대한 찬사*Éloge de Richardson*》를 언급하는 것이다.

27 장 자크 루소,《고백》.

28 1113년, 아벨라르는 당시 대표적인 성서학자 앙셀름에게 신학을 배우다가 가르침에 공허함을 느껴 파리로 돌아온다. 그곳에서 사람들을 공개적으로 가르치면서, 파리 대성당의 참사회원인 퓔베르의 조카딸 엘로이즈의 가정교사가 된다. 둘은 사랑에 빠져 아들을 낳았으며, 비밀리에 결혼한다. 그러나 엘로이즈는 삼촌의 진노를 사 파리 외곽에 있는 아르장퇴유 수녀원의 수녀가 된다. 아벨라르는 퓔베르가 보낸 사람들에 의해 거세당한 뒤, 파리 근처 생드니의 왕립 대수도원으로 들어간다. 훗날(1125) 아벨라르는 브르타뉴에 있는 생길다스드뤼 수도원의 대수도원장으로 선출되나, 수도원 공동체와의 알력으로 파리로 돌아온다. 한편 엘로이즈는 '파라클레'라는 새로운 수녀 공동체의 수장이 되는데, 아벨라르는 이 새 공동체의 대수도원장이 되어 규율을 제시해주고, 수녀들의 생활방식에 정당성을 부여해준다. 1130년대 초, 이전에 엘로이즈와 주고받았던 연애편지와 신앙 편지를 모음집으로 만들어 출판한다.

29 Jean-Jacques Rousseau, *Jean-Jacques Rousseau. Oeuvres complètes*, XXXIV쪽.

이를 사회의 모든 속박으로부터 해방시킨 사상가"[30]라고 평가하며, 바로 《신엘로이즈》가 그러한 평가의 시발점이 되었다. 에이리얼 듀랜트Ariel Durant와 윌리엄 듀랜트William James Durant는 《루소와 혁명*Rousseau and Revolution*》에서, 18세기의 문학 독자들이 그때까지 경험해보지 못한 절대적인 감정의 격정적인 토로와 영혼의 폭로, 그리고 자연 묘사의 도입을 용기 있게 시도한 《신엘로이즈》가 서양 문학사에서 차지하는 위치와 가치에 대해 이렇게 적절히 지적했다.

> 다른 사람의 눈앞에 모습을 드러내는 인간의 영혼만큼 흥미로운 것은 없다. 그 영혼이 비록 부분적이거나 무의식적인 것이라 해도 그렇다. 이제 주관적인 문학의 지배, 오늘날까지 이어지는 자기 폭로의 긴 전통, 공개적으로 비극 속에 멱을 감는 '아름다운 영혼들'의 전통이 시작된다. 이제 감정적이 된다는 것은 유행이 되었다. 프랑스에서뿐 아니라 영국에서도 독일에서도 그랬다. 질서, 이성, 형식이라는 고전적인 양식은 사라지기 시작했고, '철학'의 지배도 그 종말이 가까웠다. 1760년 이후 18세기는 루소의 것이었다.[31]

이처럼 "18세기의 딱딱한 이성은 루소에 의해 차츰 부드럽고 인간적이며 개인적인 감정에 의한 앞지름"[32]을 당하게 된다. 이 앞지름을 촉발한 것은, 알프스 산기슭의 예쁜 마을에 사는 두 연인 사이의 편지에 담긴 순수한 정신적 사랑을 통해 이성에 억눌려 있던 당시 프랑스인들의 감수성에 불을 댕기고, 인간의 영혼 속에 잠재한 전원에서의 행복과 이상적인 연애에 대한 욕망을 충족시켜준 《신엘로이즈》였다. 이처럼 "루소는 감정의

30 이동렬, 《이성의 문학, 빛의 세기》, 266쪽.

31 게오르크 홀름스텐, 《루소》, 141쪽에서 재인용.

32 김중현, 《세기의 전설》(좋은책만들기, 2001), 77쪽.

권리를 자각시켜주는 데 하나의 이정표를 세운 사람"[33]이었으며, 그 이정표가 되는 첫 작품이 바로 이 《신엘로이즈》였던 것이다.

33 이휘영 외, 《불문학개론》(정음사, 1981), 129쪽.

옮긴이주

1) 세소스트리스가 태어났을 때 그의 부왕은 이집트에서 그와 같은 날 태어난 아이들을 모두 데려오게 하여 그와 함께 키우고 함께 교육했다. 이렇게 하면 같이 자란 아이들이 나중에 커서 세소스트리스에게 더욱 애정을 갖게 될 것이고 전투에서도 더욱 그에게 충성할 것이라고 믿었기 때문이다.
2) 몽테뉴의 《수상록》 제3권 2. "율리우스 드루수스가 장인(匠人)에게 한 말은 점잖은 것이었다. 장인들이 그에게 3,000에퀴만 내면 그의 집을 이전과 같이 이웃들이 안을 들여다볼 수 없게 만들어주겠다고 하자 그는 이렇게 대답했다. '6,000에퀴를 줄 테니 누구든 모든 기둥과 주춧돌을 들여다보아도 좋게 만들어놓으시오.' "
3) 피타고라스는 음식물 중에서도 특히 육류, 어류, 술을 금지했다.
4) 그리스 신화에 나오는 낙원. 신들에게서 영원한 생명을 부여받은 영웅들이 사는 곳이다.
5) 누군가에게 영광이 되도록 하기 위해 바로 그 사람의 집 앞에 5월 1일에 심는 나무.
6) 자신을 사랑하지 않는 줄리와 결혼한 행동.
7) 중세의 신학자인 아벨라르와 비극적인 사랑을 나눈 것으로 유명한 여성. 물론 루소의《신엘로이즈》는 아벨라르와 엘로이즈가 정신적 사랑을 주고받았던 편지들에서 영감을 얻은 작품이다.
8) 영국을 가리킨다.

9) 스위스의 철학자, 신학자.

10) 기원전 1세기경의 로마 장군으로 은퇴한 뒤에 아주 사치스러운 생활을 즐겼다. '사치스러운'이라는 뜻의 영어 단어 'Lucullan'은 그의 이름에서 유래한 것이다.

11) 고대 로마의 정치 지도자로, 카르타고의 침입에 맞서 방어하다가 한니발의 기습을 받아 전사했다.

12) 셀레우코스 왕조의 왕인 안티오코스 3세(기원전 223~187 재위)를 가리킨다. 소아시아와 유럽에 대한 로마의 지배권에 도전했지만 실패했다.

13) 기원전 15~기원후 19. 로마 황제 티베리우스(14~37 재위)의 조카이자 양자. 일찍 죽지 않았다면 황제가 되었을 만큼 대단히 인기 있고 성공한 장군이었다. 또한 악랄한 독재자 티베리우스에게 맞선, 공화주의 원칙의 옹호자였다.

14) 루소는 프랑스에 대해 매우 우호적이었다.

15) 피타고라스는 제자들에게 5년의 침묵을 과했다고 한다. 플루타르코스, 《호기심에 관하여》 제14장.

16) 콘버리 자작 하이드를 가리킨다. 루소는 1740년에 파리에 체류 중인 그를 만났다.

17) 로잔에서 동쪽으로 4.5킬로미터 떨어진 곳으로, 레만 호수에 인접해 있다.

18) 남작이 돌아온 뒤를 가리킨다.

19) "야곱이 라헬을 위하여 7년 동안 라반을 섬겼으나 그를 사랑하는 까닭에 7년을 며칠같이 여겼더라." 〈창세기〉 29장 20절.

20) "보아스가 먹고 마시고 마음이 즐거워서 곡식 단 더미의 끝에 눕는지라 룻이 가만히 가서 그 발치 이불을 들고 거기 누웠더라." 〈룻기〉 3장 7절.

21) 아이를 가리킨다.

22) 라 퐁텐의 〈여우와 포도〉라는 우화에 빗댄 말이다. 여우가 자기가 닿을 수 없는 곳에 열려 있는 포도를 따 먹으려고 노력하다 결국 실패하자 그 포도는 어차피 시어서 먹을 수 없는 것이라고 합리화한다는 것이 〈여우와 포도〉의 이야기이다.

23) 코르네유의 〈세르토리우스〉 제3막 1장.

24) 팡숑을 가리킨다.

25) 클로인의 주교는 철학자 조지 버클리를 가리키며, 버클리는 《알키프론—세심한 철학자*Alciphron : or, The Minute Philosopher*》(1732)에서 이를 증명했다. 또한 그는 이 책에서 유신론과 그리스도교를 당당하게 옹호하고 이신론자(理神論者)와 자유사상가를 공격하며, 시각적 언어, 유추적 지식, 종교적 논증에서의 말의 기능 등

을 논한다.

26) 〈로마서〉 9장 21~22절 참조.

27) 17세기 프랑스의 대주교이자 신학자. 그는 정치와 교육에 관한 자유주의적 시각과 신비적 기도의 본질에 관한 논쟁에의 개입으로 국가 및 교회의 공격을 받았으며, 그의 교육관과 문학 작품은 프랑스 문화에 지속적인 영향을 끼쳤다. 자신의 신앙생활을 염려하던 그는 정적주의자(靜寂主義者)로부터 해답을 얻었다. 1688년 10월 정적주의의 주도적 인물인 기용 부인을 소개받은 그는 자신이 지적으로 입증했던 신의 존재를 직접 경험하는 방법을 배웠다. 저서로는《내면적 생활에 관한 성인들의 말씀 해설*Explication des maximes des saints sur la vie intérieure*》(1697)과 황태자를 교육하기 위해 쓴《텔레마코스의 모험*Les aventures de Télémaque*》(1699)이 있다.

28) 메타스타시오의 〈아벨라의 죽음〉.

39) 로마의 황제(기원전 69~79 재위). 비천한 가문 출신이었지만 내전에서 승리해 플라비우스 왕조의 창건자가 되었다.

장 자크 루소 연보

1712년 **6월** | 28일, 스위스 제네바의 라 그랑 뤼 거리 40번지에서 아버지 이자크 루소와 어머니 쉬잔 베르나르 사이에서 장 자크 루소 출생.

7월 | 베드로 사원에서 영세를 받음. 계속된 열병으로 어머니 사망. 고모 쉬잔 루소에 의해 길러짐.

1718년 아버지 이자크 루소, 생제르베 구의 쿠탕스로 이사.

1719년 아버지와 함께 여러 소설을 읽음.

1720년 **겨울** | 역사와 윤리 서적들을 읽음. 특히 플루타르코스를 탐독.

1722년 **10월** | 아버지, 한 퇴역 장교와 싸운 뒤 제네바를 떠나 니옹으로 이사. 루소, 사촌 아브라함 베르나르와 함께 제네바 근처 보세에 있는 랑베르시에 목사 집에 기숙 학생으로 들어감

1724년 **겨울** | 제네바로 다시 돌아와 외숙 가브리엘 베르나르의 집에 거주. 그 도시의 사법 서사 마스롱의 집에서 수습 서기로 일하나 별로 흥미를 느끼지 못함.

1725년 **4월** | 조각가 아벨 뒤 코뮝의 집에서 5년간 수련하기로 계약.

1726년 **3월** | 아버지 재혼.

1728년 **3월** | 산책에서 돌아오던 중 도시 출입문이 폐쇄된 것을 발견하고는, 뒤 코뮝의 집에 돌아가지 않기로 작정하고, 다음 날 제네바를 떠남. 안시에 도착해 콩피뇽 사제의 소개서를 들고 바랑 부인의 집을 찾음. 24일, 걸어서 토리노로 출발.

4월 | 12일, 토리노 소재 성령 수도원에 들어감. 신교를 버리고 가톨릭으로

개종.
여름부터 가을까지 토리노 주위를 떠돌며 3개월간 베르셀리 부인 집에서 하인으로 일함. 이때 리본을 하나 훔쳤는데, 발각되자 하녀 마리옹에게 덮어씌움. 훗날《고백》과《고독한 산책자의 몽상》에서 이를 고백하게 됨. 다시 구봉 백작의 하인으로 들어가 일하다가 그의 아들 구봉 사제의 비서로 자리를 바꿈.

1729년 **6월** | 바랑 부인이 살고 있는 안시로 돌아옴.
8~9월 | 성 라자르회 신학교에 두 달간 다님. 이어 성가대원 양성소의 기숙생이 됨.

1730년 **4월** | 성가대장과 함께 리옹에 감. 간질병 발작을 일으킨 성가대장을 버리고 안시로 돌아옴. 바랑 부인을 찾지 않고 파리로 떠남.
7월 | 프리부르까지 바랑 부인의 하녀를 따라감.
겨울 | 로잔을 거쳐 도착한 뇌샤텔에서 음악 개인 교사 노릇을 함.

1731년 **5월** | 여러 개의 소개서를 지니고 다시 파리로 옴.
6~8월 | 한 스위스 대령의 조카 집에서 하인 노릇을 함.
9월 | 몇 주 동안 리옹에서 지내다가 샹베리로 바랑 부인을 찾아감.
10월 | 사부아 지방의 측지소(測地所)에서 일하기 시작.

1732년 **6월** | 8개월 동안 일한 측지소를 떠나 음악 개인 교사가 됨.

1733년 **6~7월** | 브장송으로 잠시 여행을 다녀옴.

1735년 혹은 1736년 여름이 끝날 무렵부터 가을까지 샤르메트 계곡의 시골집 '노에레'에서 바랑 부인과 함께 체류.

1737년 **6월** | 시각을 잃을 뻔한 실험실 사고 뒤 유언장 작성.
7월 | 유산 상속 문제를 해결하기 위해 사람들 몰래 제네바에 다녀옴.
9월 | 의사 피즈에게 용종에 대해 진찰을 받기 위해 샹베리를 떠나 몽펠리에로 감. 라르나주 부인을 만나 잠시 사랑함.

1738년 **2~3월** | 샹베리로 돌아오나 환대받지 못함. 전해(1737) 여름부터 루소 대신 빈첸리트가 바랑 부인의 모든 일을 맡아 처리함.

1739년 **3월** | 혼자 샤르메트 계곡에 남아 독서를 하며 독학.

1740년 **4월** | 샹베리를 떠나 리옹으로 가 리옹 법원장 마블리의 두 아들의 가정 교사가 됨.
11~12월 | 《생트 마리 씨의 교육에 대한 연구*Projet pour l'éucation de M. de Sainte-Marie*》를 씀.

1741년 **3월** | 마블리의 집 가정 교사를 그만두고 샹베리로 돌아옴.

1742년 1월 | 새로운 음악 체계 수립을 위해 계속 연구.
7월 | 자신이 고안한 숫자 악보 체계를 가지고 파리로 감. 리옹에서 마블리 사제가 추천서를 여러 장 써줌.
8월 | 레오뮈르의 소개로 과학 아카데미에서 자신의《새로운 악보에 관한 연구*Projet concernant de nouveaux signes pour la musique*》를 낭독.
9월 | 아카데미가《새로운 악보에 관한 연구》에 대한 심사 후 루소에게 음악 자격증을 수여.
9~10월 |《새로운 악보에 관한 연구》를 출판하기 위해 개작.

1743년 1월 |《현대 음악론*Dissertation sur la musique moderne*》을 키요 출판사에서 출간.《보르드 씨에게 보내는 편지*Épître à M. Bordes*》출간.
봄 | 뒤팽 부인에게 소개됨.
5월 | 오페라 〈바람기 많은 뮤즈들Les Muses galantes〉 작곡 시작.
6월 | 베네치아 대사에 임명된 몽테귀 백작에게 비서 자리를 제안받음. 그 자리를 수락.
7월 | 10일, 파리를 출발. 이후 리옹, 마르세유, 제노바, 밀라노, 파도바를 거쳐 베네치아로 감.
9월 | 4일, 베네치아에 도착. 토마 키리니 궁에 있는 대사관에 거주.

1744년 8월 | 몽테귀 백작과의 심한 갈등 끝에 대사관을 떠남. 베네치아를 떠나 르 생플롱, 르발레, 제네바를 거쳐 10월에 파리 도착.
겨울 | 고프쿠르의 소개로 징세 청부인 라 풀리니에르의 집에 체류.

1745년 3월 | 오를레앙 출신인 23세의 여관 하녀 테레즈 르바쇠르를 알게 됨. 이후 이 여인은 루소와 사실혼 관계를 이루게 되며, 1768년 8월 정식으로 결혼식을 올림.
7월 | 〈바람기 많은 뮤즈들〉 완성.
9월 | 라 풀리니에르의 집에서 〈바람기 많은 뮤즈들〉 부분 공연. 이어 본발의 집과 리슐리에 공작 앞에서 전곡 공연. 디드로와 콩디야크를 알게 됨.
10~11월 | 볼테르와 라모가 함께 만든 〈나바라의 여왕 또는 라미르의 축제들 La Princesse de Navarre ou les Fêtes de Ramire〉을 가필.
12월 | 그것을 계기로 볼테르와 정중하고 공손한 편지를 교환.

1746년 가을 | 슈농소에 있는 뒤팽 부부 집에 체류. 그곳에서 뒤팽 부인과 그녀의 조카의 비서처럼 일하면서 〈실비의 산책길L'allée de Sylvie〉을 씀.
겨울 | 테레즈와의 사이에서 첫째 아이가 출생하나 아이를 고아원에 보냄.

1747년 5월 | 아버지 사망. 루소, 어머니의 남은 재산을 상속받음.

가을 | 다시 슈농소에 체류하면서 희극 〈무모한 약속L'engagement téméraire〉을 씀.

1748년 **2월** | 전해에 알게 된 데피네 부인이 곧 두드토 백작과 결혼할 시누이 벨그라드 양에게 루소를 소개함. 루소, 둘째 아이를 낳지만 역시 고아원에 보냄.

1749년 **1~3월** | 달랑베르가 부탁한《백과사전》의 음악 관련 항목들을 집필.

7월 | 디드로, 무신론적인 글 〈맹인에 관한 편지Lettres sur les aveugles à l'usage de ceux qui voient〉를 발표했다가 체포되어 뱅센 감옥에 감금됨.

8월 | 그림과 알게 됨.

10월 | 뱅센 감옥으로 디드로를 면회하러 가는 도중 '학문과 예술의 부흥이 풍속의 순화에 기여했는가?'라는 디종 아카데미의 논문 공모 주제를《메르퀴르 드 프랑스》지(誌)에서 읽음. 그때부터《학문예술론*Discours sur les sciences et les arts*》을 쓰기 시작.

1750년 **7월** | 디종 아카데미 논문 공모에서《학문예술론》으로 일등상을 수상.

겨울에서 다음 해 초 사이에《학문예술론》출판.

1751년 **2~3월** | 뒤팽 부인의 집에서 일하는 것을 그만두고 생활비를 벌기 위해 악보 베끼기를 시작함.

봄 | 셋째 아이를 낳고 고아원에 보냄.

9~10월 |《학문예술론》에 대한 폴란드 왕의 반박문이《메르퀴르 드 프랑스》에 익명으로 실림. 루소가 그 반박문에 답함.

11월 |《고티에 씨의 〈학문예술론〉 반박문에 관하여 그림에게 보내는 편지*Lettre de J.-J. R. à Grimm sur la réfutation de son Discours par M. Gautier*》출간.

1752년 봄에서 여름 사이에 〈마을의 점쟁이Le devin du village〉 작곡.

8월 | 라 슈브레트에 있는 데피네 부인 집에 거주.

10월 | 퐁텐블로에서 왕 앞에서 공연된 〈마을의 점쟁이〉가 대성공을 거둠. 하지만 루소는 다음 날 왕의 알현을 거부하고 퐁텐블로를 떠남.

12월 | 프랑스 극장에서 청년기 작품 〈나르시스Narcisse ou l'amant de lui-même〉를 공연.

1753년 **3월** | 오페라 극장에서 〈마을의 점쟁이〉 초연.

11월 | 디종 아카데미, '인간 불평등의 기원은 무엇인가, 그 불평등은 자연법에 의해 허락될 수 있는가?'라는 논문 공모 주제를《메르퀴르 드 프랑스》에 발표. 루소는 숲 속을 산책하며 그 주제에 대해 명상하기 위해 생제르맹에서 일주일을 보냄. 1752년에 쓴《프랑스 음악에 대한 편지*Lettre sur la musique française*》출간.

12월 | 이탈리아 음악에 적대적인 입장을 보인 것에 대한 보복으로 오페라 극장 무료 출입권을 박탈당함.

1754년 6월 | 테레즈와 고프쿠르와 함께 제네바로 떠남. 리옹에서, 바랑을 보기 위해 테레즈와 함께 샹베리로 감. 이어서 제네바에 도착.

8월 | 제네바 교회에서 다시 신교로 복귀. 제네바 시민권을 되찾음.

9월 | 테레즈와 배를 타고 레만 호를 돌아봄.《정치 제도*Institutions politiques*》와 산문 비극 〈루크레티우스Lucrèce〉 구상.

10월 | 파리로 돌아와 암스테르담 출판인 마르크 미셸 레에게 디종 아카데미 논문 공모에서 떨어진《인간 불평등 기원론*Discours sur l'origine de l'inéga-lité parmi les hommes*》 원고를 넘겨줌.

1755년 2월 | 볼테르, 제네바 근교에 그가 '희열의 집'이라고 이름 붙인 집을 빌림.

4월 |《인간 불평등 기원론》 출간.

8월 | 볼테르,《인간 불평등 기원론》을 받은 뒤 편지에 "인류에 반하는 당신의 신간을 고맙게 잘 받았습니다……"라고 씀.

9월 | 친절하게 볼테르에게 답장함. 라 슈브레트에 체류. 데피네 부인이 자신의 정원에 루소를 위해 마련한 작은 집 '레르미타주'에 거주하기로 약속.

1756년 4월 | 테레즈와 함께 레르미타주에 체류. 볼테르에게 자신의 책《신에 대한 편지*Lettre sur la Providence*》를 보냄. 볼테르, 회답으로 자신의《자연법에 대하여*Sur la loi naturelle*》와《리스본 참사에 대하여*Sur le désastre de Lisbonne*》를 보냄.

여름에서 가을에 걸쳐《신엘로이즈*Julie ou la nouvelle Héloïse*》의 인물들을 구상함.

레르미타주에서 겨울을 보냄.

1757년 1월 | 두드토 백작 부인, 레르미타주로 첫 방문.

3월 | 디드로의《사생아*Le fils naturel*》의 한 부분을 파리를 떠난 자신에 대한 직접적인 비난으로 해석해 비판.

4월 | 디드로와 화해.

봄에서 여름에 걸쳐 두드토 부인에게 정열을 기울임.

10월 | 두드토 부인과의 관계로 그림에게 절교의 편지를 보냄.

11월 | 두드토 부인, 루소에게 레르미타주를 떠나지 말 것을 간청.

12월 | 디드로, 레르미타주를 방문. 루소는 데피네 부인과 작별하고 테레즈와 함께 몽모랑시에 거주.《백과사전》 7권을 받음.

1758년 3월 |《달랑베르에게 보내는 연극에 관한 편지*Lettre à M. d'Alembert sur les spec-*

tacles》 완성.

5월 | 두드토 부인과의 모든 관계 청산.

9월 | 출판인 레에게 6부로 된 《신엘로이즈》의 완성을 알림.

1759년 1월 | 볼테르, 루소에게 《캉디드*Candide*》를 보냄.

4월 | 몽모랑시에 사는 뤽상부르 원수, 부활절에 루소를 방문. 루소가 테레즈와 함께 살고 있던 곳(몽 루이 정원)이 보수 공사에 들어가자 루소에게 근처 작은 저택을 제공. 루소는 5월부터 그곳에 거주.

5월 | 그 '황홀한 집'에서 《에밀*Émile ou de l'éducation*》 5부 집필.

7월 | 몽 루이 정원 보수 공사가 끝나자 전에 살았던 집으로 돌아감. 많은 사람의 방문을 받음.

11월 | 말제르브의 부추김으로 마르장시가 루소에게 《지식인 신문*Journal des savants*》의 편집부 자리를 제안하나 루소는 거절.

1760년 1월 | 《에밀》과 《사회계약론*Le contrat social*》에 힘을 기울임.

12월 | 《신엘로이즈》가 영국 런던에서 시판됨.

1761년 1월 | 《신엘로이즈》가 파리에서 시판되어 큰 성공을 거둠.

6월 | 자신의 종말이 임박했다고 믿고 테레즈를 뤽상부르 원수 부인에게 부탁함.

9월 | 《언어 기원론*Essai sur l'origine des langues*》을 말제르브에게 맡김.

11월 | 레에게 《사회계약론》 원고를 넘김. 《에밀》의 원고가 예수회의 손에 넘어갔다고 생각하며 그들이 원고를 훼손할까 봐 심각하게 걱정함.

12월 | 《에밀》, 암스테르담 네옴 출판사에서 인쇄.

1762년 4월 | 《사회계약론》 출간.

5월 | 《에밀》, 암암리에 판매되기 시작.

6월 | 경찰이 《에밀》을 압수. 소르본 대학이 《에밀》을 비난. 9일, 국회에서 《에밀》의 발행 금지령 통과. 루소에게 구속 영장 발부. 그날 오후에 루소 도피. 11일, 파리에서 《에밀》이 불태워짐. 제네바에서 《에밀》과 《사회계약론》의 판매가 금지됨.

7월 | 스위스 베른 근처 이베르동에 있는 친구 집에 도착. 흄, 지지와 우정을 담은 편지를 보내 옴. 이베르동에서 떨려나 모티에로 감. 프로이센 왕 프리드리히 2세에게 피신 요청. 테레즈, 모티에에 도착. 샹베리에서 바랑 부인 사망.

8월 | 프리드리히 2세, 루소의 체류를 허락. 루소, 몽몰랭 목사에게 신앙 고백. 소르본 대학, 《에밀》 견책.

9월 | 《에밀》을 비난하는 파리 주교 크리스토프 드 보몽의 교서가 발간됨. 제네바 목사 자코브 베른, 《에밀》의 '사부아 보좌 신부의 신앙 고백' 부분을 철회해줄 것을 요구.

1763년 3월 | 《보몽에게 보내는 편지*Lettre à Christophe de Beaumont*》 출판.

4월 | 포츠담으로 출발.

1764년 5월 | 레에게 자신의 전집 출간을 권유.

7월 | 식물학에 정열을 쏟음.

9~10월 | 크르시에의 뒤 페루 집에서 지냄.

11월 | 뇌샤텔의 포슈 출판사가 전집 출간 의사 표명.

12월 | 《고백*Les confessions*》을 쓸 것을 결심. 이해 말부터 다음 해 초 사이에 《고백》 서두 집필.

1765년 2월 | 《음악 사전*Dictionnaire de musique*》 원고를 뒤셴 출판사에 보냄.

3월 | 《산에서 쓴 편지*Lettres écrites de la montagne*》가 파리에서 불태워짐.

7월 | 비엔 호수 가운데에 있는 생피에르 섬에서 10여 일간 지냄.

9월 | 베르들랭 부인의 방문을 받음. 그녀는 루소에게 영국으로 가서 흄을 만나보기를 권유. 6일, 모티에 장날 저녁, 루소의 집에 사람들이 돌을 던짐. 12일, 다시 생피에르 섬으로 가 몽상에 젖으며 식물 채집을 함. 29일, 테레즈가 루소와 합류.

10월 | 베른 정부에 의해 추방됨. 흄, 루소에게 편지를 써서 영국으로의 피신을 제안. 25일, 생피에르 섬을 떠나 비엔에서 며칠을 보냄. 29일, 베를린으로 출발. 바젤을 거쳐 스트라스부르에 도착.

12월 | 여권을 교부받아 파리에 도착. 탕플 광장 콩티 왕자의 집에서 거주. 파리의 많은 사람들이 그를 만나기 위해 방문.

1766년 1월 | 흄, 드 뤼즈와 함께 파리를 출발해 런던에 도착. 치즈윅에 정착.

2월 | 테레즈, 루소와 합류.

3월 | 테레즈와 함께 우턴으로 떠남. 그곳에서 《고백》 앞부분 집필.

7월 | 흄과 불화.

11월 | 흄, 루소와의 불화와 관련해 루소에 대한 중상을 담은 《간략한 진상*Exposé succinct*》을 출간.

1767년 3월 | 영국 왕 조지 3세, 루소에게 매년 100파운드의 보조금을 지불키로 함.

5월 | 테레즈와 함께 우턴을 떠나 칼레로 가기 위해 도버에 도착.

6월 | 플뢰리수뫼동에 있는 미라보 후작의 집에 잠시 머물렀다가 트리에 있는 콩티 왕자의 집으로 감.

11월 | 《음악 사전》이 파리에서 시판됨.

1768년 6월 | 리옹으로 떠남.

7월 | 식물 채집을 위해 라 그랑드샤르트뢰즈에 감. 이어 그르노블에 도착. 25일, 샹베리에 있는 바랑 부인의 묘를 찾음.

8월 | 도피네의 부르구앵에 정착. 테레즈가 루소에게 옴. 두 사람은 그 도시의 시장 앞에서 결혼식을 올림.

1769년 1월 | 부르구앵 근처 몽캥에 있는 한 농가에서 지냄.

4월 | 레에게 편지를 써서 중상모략을 불러일으키고 있는 《고백》의 집필을 그만두겠다는 의사를 표명.

8월 | 르 비바레로 식물 채집을 하러 감.

11월 | 《고백》 집필을 다시 시작함. 몽캥에서 7~11장과 12장 일부를 집필.

1770년 1월 | 익명으로 서명하던 것을 중단하고 다시 본명 J. J. Rousseau로 서명하기 시작.

4월 | 몽캥을 떠나 리옹에 도착.

7월 | 파리에 돌아와 다시 플라트리에르 거리에 정착. 악보 베끼기와 식물 채집을 계속함.

9월 | 자신의 전집을 보내준 레에게 감사를 표함.

12월 | 《고백》 완성.

1771년 2월 | 스웨덴 왕자 앞에서 《고백》 낭독.

5월 | 데피네 부인, 《고백》 낭독을 금지시킬 것을 경찰에 요청.

7월 | 베르나르댕 드 생 피에르와 교류 시작.

1772년 《루소, 장 자크를 심판하다 — 대화*Rousseau juge de Jean Jaques. Dialogues*》를 집필하기 시작.

1773년 악보 베끼기와 식물학에 많은 시간을 할애하며 《루소, 장 자크를 심판하다 — 대화》를 계속 집필. 이 글의 집필에 애를 먹음.

1774년 4월 | 오페라 극장에서 공연된 글루크의 〈이피게네이아〉 초연 관람.

8월 | 글루크의 〈오르페우스와 에우리디케〉 초연 관람.

1775년 10월 | 루소의 허락도 받지 않은 채 코메디 프랑세즈 극장에서 그의 오페라 〈피그말리온Pygmalion〉이 공연되어 대성공을 거둠.

1776년 2월 | 자신에 대한 세간의 중상모략에 맞서 자신을 변호하려는 의도로 쓴 《루소, 장 자크를 심판하다 — 대화》의 원고를 노트르담 성당의 대제단에 놓아두러 갔다가 문이 닫혀 있음을 보고 하느님도 인간들의 부정한 행위를 돕고 있다고 생각하지만 그 사건에 대한 성찰은 그 또한 '하느님의 은혜'임을 깨

닫게 함.

4월 | 거리에서 〈아직도 정의와 진실을 사랑하는 모든 프랑스인에게À tout Français aimant encore la justice et la vérité〉라는 전단을 나누어 줌.

5월 | 그 전단을 지인들에게 우송함.

가을 | 《고독한 산책자의 몽상*Les rêveries du promeneur solitaire*》'첫 번째 산책' 집필.

10월 | 메닐몽탕 언덕에서 개와 부딪히는 사고.

12월 | 《아비뇽 통신*Courrier d'Avignon*》이 루소의 사망을 잘못 보도. 루소는 이달 말에서 다음 해 초 사이에 《고독한 산책자의 몽상》'두 번째 산책'을 집필.

1777년 **2월** | 물질적인 어려움 표명. 테레즈가 오래전부터 아팠기에 하녀를 둘 필요가 있었음.

봄에서 여름 사이에 《고독한 산책자의 몽상》'세 번째~일곱 번째 산책' 집필.

8월 | 악보 베끼기 포기.

1778년 겨울이 끝나갈 무렵에 《고독한 산책자의 몽상》'여덟 번째 산책' 집필.

3월 | '아홉 번째 산책' 집필.

4월 | 12일, '열 번째 산책'(미완성) 집필.

5월 | 에름농빌의 르네 드 지라르댕 후작의 초대에 응해 의사 르 베그 뒤 프렐과 함께 그곳에 감. 다음 날 테레즈도 합류.

6월 | 에름농빌 주위에서 식물 채집을 함.

7월 | 몸 여러 곳이 불편했지만 특히 심한 두통에 시달림. 2일, 공원을 산책하고 테레즈와 함께 아침을 먹은 뒤 오전 11시경에 사망. 3일, 우동이 루소의 데스마스크를 뜸. 4일, '포플러나무 섬Île des Peupliers'에 안장.

1794년 **10월** | 팡테옹으로 이상.

옮긴이 **김중현**

한국외국어대학교 불어과와 같은 학교 대학원을 졸업하고, 프랑스 낭시 2대학에서 발자크 연구로 불문학 박사 학위를 받았다. 현재 한국외국어대학교에서 강의를 하고 있다. 저서로《발자크 연구—서양문학 속의 아시아》,《사드》등이 있고, 역서로는《에밀》,《학문과 예술에 대하여 외》,《고독한 산책자의 몽상》,《텔레마코스의 모험》등이 있다.

루소전집 6

신엘로이즈 2

펴낸날 초판 1쇄 2012년 10월 20일

지은이 장 자크 루소
옮긴이 김중현

펴낸이 김직승
펴낸곳 책세상
주소 서울시 마포구 신수동 68-7(121-854)
전화 02-704-1251(영업부), 02-3273-1333(편집부)
팩스 02-719-1258
이메일 bkworld11@gmail.com
홈페이지 www.bkworld.co.kr
등록 1975. 5. 21. 제1-517호

ISBN 978-89-7013-822-0 04860
978-89-7013-807-7(세트)

* 잘못된 책은 바꾸어드립니다.
* 책값은 뒤표지에 있습니다.